"十二五"普通高等教育本科国家级规划教材

U0675023

会计名校名师
新形态精品教材

INTERMEDIATE FINANCIAL
ACCOUNTING

中级财务会计

微课版 第四版

石本仁 曾亚敏 主编

人民邮电出版社
北 京

图书在版编目（CIP）数据

中级财务会计：微课版：第四版 / 石本仁，曾亚敏主编. -- 北京：人民邮电出版社，2018.11
会计名校名师新形态精品教材
ISBN 978-7-115-49139-8

Ⅰ. ①中… Ⅱ. ①石… ②曾… Ⅲ. ①财务会计－教材 Ⅳ. ①F234.4

中国版本图书馆CIP数据核字(2018)第186772号

内 容 提 要

　　本书是依据 2006 年财政部颁布的《企业会计准则》及其贯彻实施过程中颁布的《企业会计准则讲解 2010》，以及 2014 年和 2017 年新修订或新颁布的《企业会计准则》、全面营改增后颁布的《增值税会计处理规定》编写而成的。全书分为 20 章，包括会计准则与会计规范体系、财务会计基本理论、货币资金、应收款项、存货、投资、固定资产、无形资产、流动负债与或有负债、长期负债、所有者权益、收入、所得税会计、租赁会计、会计变更及差错更正、资产负债表、利润表与所有者权益变动表、现金流量表、财务报告的充分披露等内容。

　　本书可作为高等学校会计学、财务管理、审计学、工商管理、国际贸易、市场营销、金融学等经济管理类专业本科生教材，也可作为会计从业人员的参考用书。

　　◆　主　　编　石本仁　曾亚敏
　　　　责任编辑　刘向荣
　　　　责任印制　焦志炜
　　◆　人民邮电出版社出版发行　　北京市丰台区成寿寺路 11 号
　　　　邮编　100164　电子邮件　315@ptpress.com.cn
　　　　网址　http://www.ptpress.com.cn
　　　　固安县铭成印刷有限公司印刷
　　◆　开本：787×1092　1/16
　　　　印张：29.75　　　　　　　　　　2018 年 11 月第 1 版
　　　　字数：854 千字　　　　　　　　2018 年 11 月河北第 1 次印刷

定价：69.80 元

读者服务热线：(010)81055256　印装质量热线：(010)81055316
反盗版热线：(010)81055315
广告经营许可证：京东工商广登字 20170147 号

总　序

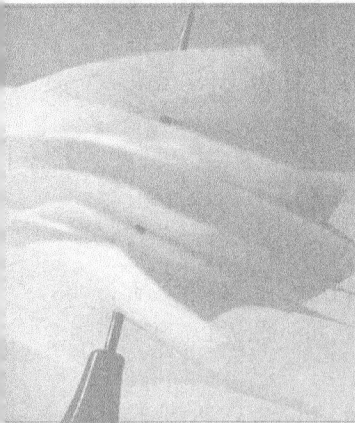

会计对经济的发展虽然起着十分重要的作用，但是从深层次上来看，会计的发展始终依赖于经济环境的变化。我国会计制度的改革就是为满足国企改革的需要而启动和展开的，是我国体制转轨中的一项基础性制度建设（马骏，2005）。20 世纪 80 年代开始的我国经济体制改革，采取的是一种渐进和稳健的方式，这就决定了我国会计制度的变迁也只能是渐进的，即逐步推进、分步到位。对外开放、引进外资点燃了我国会计制度改革的导火线；而现代企业制度和资本市场的建立则引发了我国的会计风暴；加入世界贸易组织（WTO），使我国会计制度进一步向国际惯例靠拢。2006 年 2 月，财政部出台了新的企业会计准则，标志着我国会计准则与国际会计准则的趋同已取得实质性进展。在经济与会计变迁中，会计的职能与角色也随之演化。

一、对外开放、引进外资是点燃我国会计制度改革的导火索

1978 年，党的十一届三中全会召开，确立了以经济建设和经济体制改革为全党的工作中心。我国建国 30 年来高度集权的计划经济体制，严重制约了企业的活力和劳动者的积极性，与加强经济建设、发展生产力的要求不相适应。改革经济管理体制、扩大企业自主权成为当务之急。基于这样的政治与经济背景，为适应经济环境变革的需要，一系列相关的法律制度与政策出台了。1979 年 7 月，第五届全国人民代表大会第二次会议审议通过了《中华人民共和国中外合资经营企业法》；1980 年 9 月，第五届全国人民代表大会第三次会议通过了《中华人民共和国中外合资经营企业所得税法》，由此拉开了我国对外开放、引进外资的经济改革的序幕。

会计制度改革是经济发展与经济环境变迁的必然结果。随着经济改革的推进，为保证和促进经济体制改革的顺利进行，保证和促进对外开放的进一步扩大，财政部于 1980 年在总结历史经验和广泛调查研究的基础上，对当时涉及面广、影响大、会计业务相对复杂且具有普遍性的《国营工业企业会计制度》进行修订。此后，为适应经济体制改革的需要，财政部先后于 1985 年和 1988 年对《国营工业企业会计制度》进行了两次重大的修订。修订的重点内容是调整与增加会计科目和改革会计报表，使其满足经济体制改革对企业会计核算的要求。

随着我国对外开放的发展，引进外商直接投资的工作有了较大进展，中外合资经营企业、中外合作经营企业和外资企业出现了蓬勃发展的局面。这些企业的出现突破了传统的计划经济体制，其经营方式与计划经济体制下的国营企业大不相同，其会计核算的要求也与计划经济体制下国营企业会计核算的要求大相径庭。为适应对外开放、引进外资的需要，财政部于 1985 年正式发布并实施《中外合资经营企业会计制度》《中外合资经营工业企业会计科目和会计报表》。这是一部具有划时代意义的会计制度，它的制定与实施，标志着我国会计制度迈开了与国际会计惯例协调的步伐。实际上，它是我国对社会主义商品经济乃至社会主义市场经济会计制度模式进行的一次积极的探索，是我国市场经济体制下企业会计制度改革的先导。

二、现代企业制度和资本市场的建立是引发我国会计风暴的基本动因

我国虽然根据经济体制改革的实际情况，对传统的会计核算体系进行了一系列改革和完善，但是传统的企业会计核算体系和管理模式并没有根本性改变。时至 1989 年的会计制度改革，我国会计核算规范主要是国家统一发布的，按各种所有制形式、部门制定的会计制度。随着社会主义市场经济体制的确立，这种会计制度模式已日益显露出其局限性和不适应性。市场经济的发展与完善，对会计制度的全面改革提出了越来越紧迫的要求。

1992 年经国务院批准，财政部发布了《企业会计准则》《企业财务通则》以及 13 个行业的企业会计制度和财务制度，简称"两则两制"，并于 1993 年 7 月 1 日起实行。故 1993 年被称为掀起"会计风暴"之年。《企业会计准则》在借鉴和参考国际会计经验，总结我国会计核算实践经验的基础上，改革了会计等式，即将我国传统会计中应用了 30 年的会计等式"资金占用=资金来源"改为国际通行的"资产=负债+所有者权益"的会计等式，明确了会计核算的基本前提和一般原则，规定了资产、负债、所有者权益、收入、费用、利润等会计要素的确认与计量方法以及财务会计报告的编写要求等。13 个行业会计制度则一改以往我国按照所有制成分，分不同部门或行业来设计和制定会计制度的模式，根据企业会计准则的要求，结合各行业生产经营活动的不同特点及不同的管理要求，将国民经济各部门划分为若干个行业并分别制定会计制度，从而形成了一个比较完整的企业会计核算制度体系。随着经济体制改革的全面展开，股份制也悄然出现于经济体制改革实践之中。1984 年 7 月，北京天桥百货股份有限公司成立，1984 年 11 月，上海飞乐音响股份有限公司首次向社会公开发行股票 50 多万元。1990 年，上海证券交易所成立，延中实业等几家企业在上海证券交易所上市，成为中华人民共和国成立以来首批上市公司。1991 年 4 月，深圳证券交易所宣告成立。1992 年 10 月，国务院证券委员会和中国证券监督管理委员会成立。为推动股份制试点工作的健康发展，规范上市公司会计核算及其会计信息的披露，财政部于 1992 年 5 月制定并发布《股份制试点企业会计制度》。这一会计制度一改传统计划经济体制下的会计制度模式，是一次企业会计制度改革的成功探索。1993 年 6 月底，证监会又发布与修订多项《公开发行股票公司信息披露内容与格式准则》，以规范公开发行股票公司的信息披露行为。随着经济体制改革的进一步深化，企业制度改革的进一步深入，财政部于 1998 年 1 月制定并发布《股份有限公司会计制度》。随着现代企业制度的建立、资本市场的快速发展，为适应市场经济发展的新需求，规范会计行为，保证会计信息的真实完整，提高经济效益，维护市场经济秩序，全国人民代表大会常务委员会于 1999 年 10 月 31 日审议通过了新修订的《中华人民共和国会计法》（以下简称《会计法》）。新修订的《会计法》突出强调了单位负责人对本单位会计工作和会计资料真实性、完整性的责任，进一步加强会计监督的要求，并进一步完善了会计核算规则。为了配合新修订的《会计法》的实施，规范企业财务报告，保证会计报告的真实与完整，财政部于 2000 年 12 月制定并发布《企业会计制度》。《企业会计制度》在总结现有会计制度实践经验的基础上，对资产、负债、收入、费用等规定了统一的确认和计量标准，促进了我国会计核算标准与国际会计准则的充分协调。

三、加入世界贸易组织使我国会计制度进一步向国际惯例靠拢

2001 年，中国加入 WTO，这对我国经济管理体制、政治体制和价值观念的改革等都产生了巨大的影响，对我国会计制度形成了"刚性约束"，并使我国会计制度变迁的路径依赖得到了摆脱（温美琴，2002）。诺斯曾指出，制度变迁中存在较强的路径依赖，人们过去的选择往往决定了他们现在可能的选择。沿着既定的路径，制度变迁可能进入良性循环的轨道，也可能顺着原来的错误路径往下滑。要从既定的路径中摆脱出来，就必须引入外生变量。加入 WTO 正是我国会计制度变迁中的外生变量，为我国会计制度从传统的具有中国特色的制度变迁路径中摆脱出来提供了机会，同时进一步加速了我国会计标准国际化的进程。随着我国经济体制改革和对外开放的深入，我国资本市场得到快速发展，经济的国际化程度不断提高。而全球经济一体化与资本市场国际化的迅猛发展则要求作为国际商业语言的会计提供具有国际可比性的会计信息。正是基于这样的经济背景，为适应我国资本市场发展的要求，促进市场经济体制的完善与对外开放，以及实现我国会计标准国际化的需要，2006 年 2 月，财政部出台了新的企业会计准则。财政部这次颁布的新会计准则体系由 1 项基本准则、38 项具体准则组成。该会计准则体系于 2007 年 1 月 1 日起在上市公司实施，并鼓励其他企业执行；2008 年在国有大中型企业中执行；2009 年，在所有中型以上企业执行。作为企业会计准则体系重要组成部分的《企业会计准则——应用指南》已于 2006 年 10 月出台。该指南由两部分组成，第一部分为各项会计准则的解释，第二部分为会计科目和主要账务处理。由财政部会计司编写组编写的《企业会计准则讲解》已于 2007 年 4 月出版，其主要内容是对会计准则更细致的解释，其中结合了大量实例，使得会计准则的运用更具可操作性。

四、新会计准则的特点

新会计准则的特点主要体现在以下几个方面。

第一，向国际惯例尤其是国际会计准则靠拢，实现了与国际会计准则的趋同。我国新会计准则在资产负债观的运用、公允价值的运用以及基本计量的要求上都趋同于国际会计准则，但由于中国特有的经济、政治与法律环境，新会计准则在资产减值、关联方披露、企业合并、退休福利、企业持有以备出售的流动资产、终止经营以及恶性通货膨胀经济中的财务报告等方面与国际会计准则还存在一定的差异。

第二，新会计准则形成了一个可单独实施的较为完善的准则与核算体系，并与会计制度相分离。财政部在 1992 年发布了《企业会计准则——基本会计准则》，而在 1993 年又颁布了 13 个行业会计制度，从此，企业基本上都是依据行业会计制度来进行核算。因此，1992 年的准则并没有什么实际意义，更多的是一种象征性的准则。但随着资本市场的快速发展，一系列新的问题暴露出来，尤其是琼民源事件——有关关联方收入确认方面的问题。于是，1997 年，财政部发布了第一个具体会计准则《企业会计准则——关联方关系及其交易的披露》。之后，随着问题的出现又陆续发布了 15 个具体会计准则，故有人把这些准则称为"救火式"准则。因此，原有的基本会计准则和 16 个具体会计准则并不是一个完整的准则体系，实际上从属于《企业会计制度》，对会计制度起补充作用。而新会计准则体系与国际会计准则体系基本相同，形成了一个较为完善的准则与核算体系，也标志着我国会计准则建设走上了一个新台阶。

第三，按公允价值计量是此次新准则的一个亮点，使决策有用性的目标得以充分体现，确立了资产负债表观的核心地位，并突出会计信息的价值相关性。但根据我国的实际情况，公允

价值的使用还存在一定的限制。本套新准则体系主要在金融工具、投资性房地产、非同一控制下的企业合并、债务重组以及非货币性资产交换等方面采用公允价值。

第四，将表外项目引入表内。例如，2006 年修订后的《企业会计准则第 20 号——企业合并》，要求当被购买方的或有负债预计很可能发生并且其公允价值能够可靠计量时，确认为对合并成本的调整。这就改变了过去对或有事项在报表附注中披露的做法，将表外项目引入表内。又如衍生金融工具、股份的支付、合并报表外延的扩大等。表外业务表内化，有利于及时、充分反映企业该类业务所隐含的风险及其对企业财务状况和经营成果的影响。

第五，引入开发费用资本化制度，完善成本补偿制度；要求正确核算职工薪酬，改变成本中低人工费用的格局；将企业承担的社会责任纳入会计体系；预计弃置费用计入固定资产成本；提高信息透明度，突出充分披露原则等。

五、新会计准则对财务会计教学的影响

新会计准则对财务会计教学的影响，主要体现在以下两个方面。

首先，是教材的编写。在新会计准则颁布之前，有关财务会计的教材都是依据企业会计制度、原有会计准则以及相关的法律法规制度来编写的。而新会计准则是一套可单独实施的、与国际准则趋同的会计准则体系，并且执行新会计准则的企业，不再执行原有准则、《企业会计制度》《金融企业会计制度》及各项专业核算办法和问题解答。这表明原有财务会计的教材已过时和落后于现有经济与会计的发展，根据新会计准则体系重新编写一套财务会计教材乃当务之急。

其次，是教学的安排。由上述新会计准则的特点可知，新会计准则体系与原有准则及相关会计制度发生了较大的变化，这要求财务会计的教学也应随之进行改变。如财务会计的基本框架、学时安排、各课程间的衔接、教学重点与难点等。同时还应加强法律与职业意识的培养，加强职业判断与职业道德的培养。另外，还有一点值得重视的是，在财务会计的教学中应该加强我国会计准则（CAS）与国际会计准则（IAS，IFRS）之间的比较与衔接，关注国际会计准则的最新发展动向，并引导学生学会把握准则，进而达到可直接根据准则对经济业务进行核算的目标。因为国际会计准则体系中并没有规定会计科目，企业要根据准则再结合自身的特点来设计适合本企业的会计科目。新会计准则体系考虑到我国会计人员整体素质较低、对原有做法与习惯的依赖性等，在《企业会计准则——应用指南》的附录部分附上了会计科目和主要账务处理。但随着会计标准国际化的进一步深入，这一做法可能会逐步取消而采用国际惯例的做法。因此，财务会计教学有义务和责任培养学生直接准确地把握会计准则的能力。

六、财务会计各门课程安排的初步设想

新会计准则体系的出台与实施标志着我国会计准则与国际会计准则的趋同已取得实质性进展，从而使得依据新会计准则体系所编教材的内容，不仅在质上而且在量上也发生了较大变化。财务会计学按其程度可分为初级财务会计（会计学原理）、中级财务会计与高级财务会计。而这三门课程的内容设计以及相互之间的衔接则是一个值得重视的问题。

有关这三门课程具体的内容安排及每门课程课时安排的初步设想如下。

初级财务会计（会计学原理）是财务会计的入门课程，重点讲述会计核算的基本程序与方法。与传统做法不同的是，我们在这门课程中将结合企业组织（独资、合伙、公司）、企业类型（服务业、商业、制造业）和经济业务（购进、生产、销售）讲解会计处理的程序与方法。例如，在讲述货币资产、应收款项时与销售业务结合起来；讲述成本时，与生产过程、企业的经济活动类型（服务业、商业、制造业）结合起来；讲述所有者权益时，与企业组织（独资、

合伙、公司）结合起来。使学生在学会记账的同时，又能将会计信息与企业组织、经济活动类型与经济业务有机联系起来。初级财务会计（会计学原理）的具体内容如图1所示。

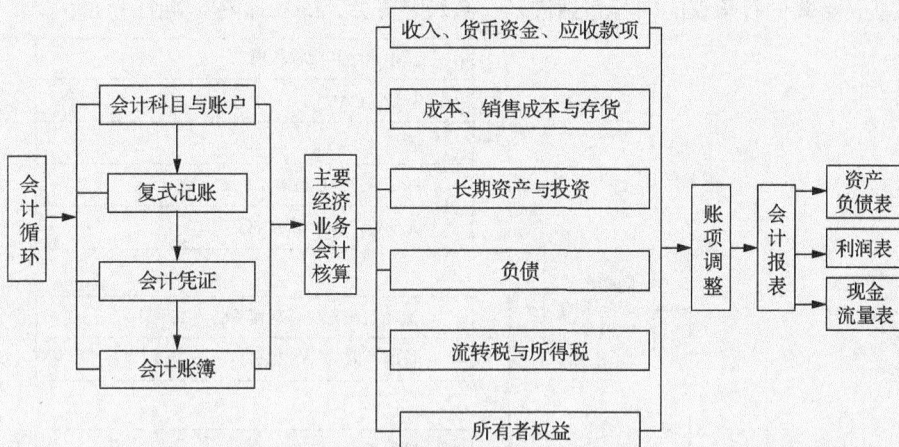

注：收入一章，主要包括收入的类型、收入的确认时间等；

　　成本一章，先讲公司的类型（服务企业、商业企业、制造企业）以及各种类型企业成本的特点；

　　所有者权益一章，主要讲述公司组织形式（独资、合伙与公司制）及各种组织形式所有者权益的特点；

　　会计学原理以讲解会计科目的运用为主，按主要经济业务的类型进行讲解。

图1　初级财务会计（会计学原理）的基本结构

中级财务会计主要围绕编制一般通用财务报告展开，内容包括六大会计要素的会计处理，另外，纳入所得税会计、租赁会计、养老金会计、会计变更与会计差错等。后面这些内容在我国原来的财务会计教材体系中差异较大，有的将其中部分内容放入高级财务会计，有的放在中级财务会计。我们则按照国际流行的做法，将这些内容放在中级财务会计中。中级财务会计和会计学原理在体系上有重复的内容，但在不同课程中同样内容讲解的侧重点是不一样的。如货币资金和应收款项，初级财务会计（会计学原理）与中级财务会计讲解的区别主要体现在，前者着重讲述核算，而后者主要讲述货币资金的管理与控制、结算、坏账准备的计提、应收票据的贴现。另外，初级财务会计（会计学原理）与中级财务会计相同的部分是前者着重会计科目的介绍与运用，后者则重点依照会计准则的规定讲述。中级财务会计的具体内容如图2所示。

一般而言，中级财务会计讲述的是通用财务报告的编制，针对一般企业的基本经济业务。而高级财务会计则是讲述中级财务会计没有涉及的一些内容。这些内容的特点可以用三个字来概括，就是"难""特"和"新"。"难"体现在会计处理的复杂性上，一般认为，高级财务会计中存在三大难点：合并会计、外币业务与外币报表折算、物价变动会计，后来随着衍生工具的大量出现，衍生工具会计成为高级财务会计的又一大难点*。"特"主要体现在两个方面，一是特殊组织会计，如合伙会计、政府与非营利组织会计；二是特殊业务，如企业重组与破产会计、遗产与信托会计等。"新"则体现在一些前沿领域，如人力资源会计、绿色会计（又称环境会计）、社会责任会计等。教材一个约定俗成的写法是将在理论研究中已经形成比较一致的观点，以及在实务中已经有了相应制度规范的内容进行阐述。由于高级财务会计本身带有一

---

* 我国著名会计学家常勋教授1999年出版专著《财务会计三大难题》（立信会计出版社），2002年又出版一本名为《财务会计四大难题》的专著（立信会计出版社），就反映了这种变化。后者已发行第三版。

些探索的意味，因此，一些编者会将还处于争议阶段的内容纳入高级财务会计中，但另一些编者则不采用这种做法，这就导致我们看到的国内高级财务会计的体系出入很大。我们采用一种稳健的做法，不将尚存争议的内容包括进来。高级财务会计的具体内容如图 3 所示。

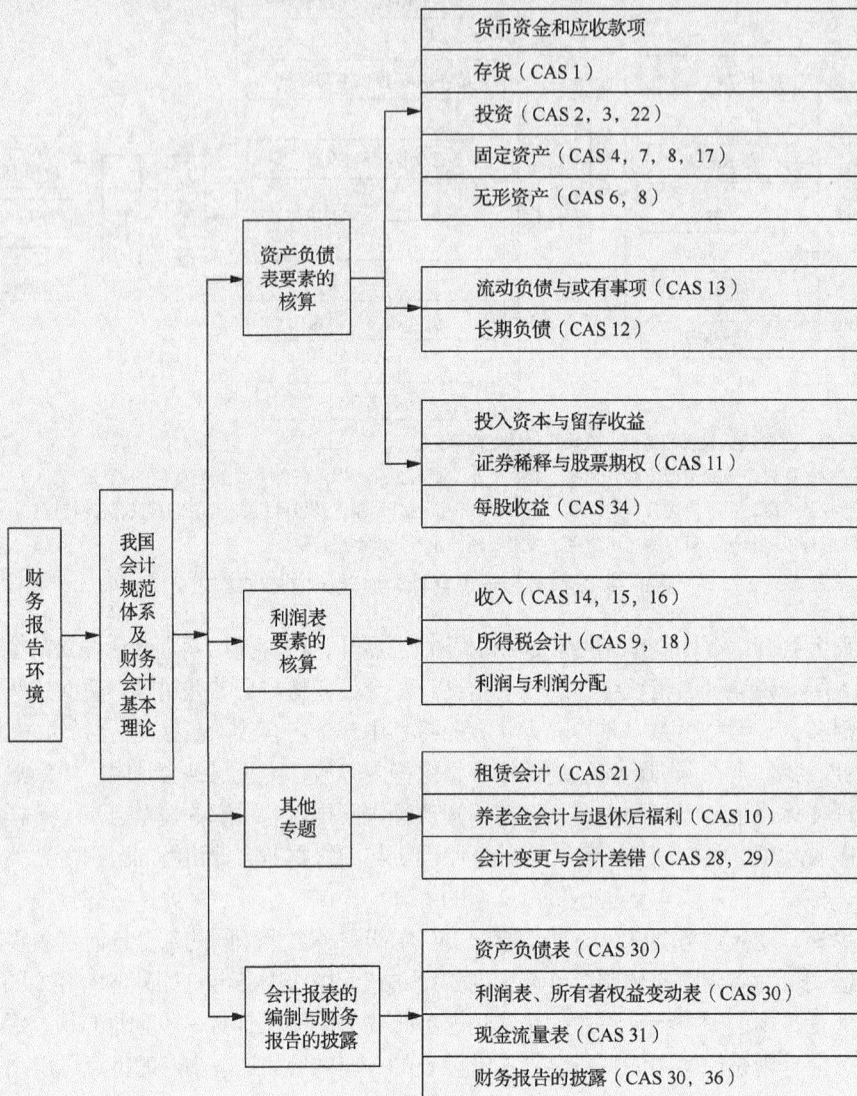

注：中级财务会计主要按准则的规定进行讲述。

图 2　中级财务会计的基本结构

此外，根据三门财务会计课程内容的多少以及难易程度，我们建议初级财务会计（会计学原理）安排 50～60 学时；由于中级财务会计讲述了一个企业的基本经济业务的会计核算，内容较多，一般需安排 60～80 学时；高级财务会计重点讲述难点业务与特殊业务的会计核算，难度较大，课时安排为 50～60 学时。在中级和高级财务会计课程中基本涉及新会计准则的大部分准则（请参见图 2 和图 3 的准则号标注），但仍有一部分特殊行业和特殊业务准则未能涉及，这部分内容则由专门的特种会计课程来讲述，如生物资产（CAS5）、原保险合同（CAS25）、再保险合同（CAS26）、石油天然气开采（CAS27）。

			长期股权投资与企业合并（CAS 2，20）
高级财务会计	三大难点	合并会计	合并财务报表编制程序（CAS 33）
			公司间交易的抵销（CAS 20）
		外币业务与外币报表折算	外币交易（CAS 19）
			外币报表折算（CAS 19）
		衍生金融工具会计	主要衍生工具的交易与定价机制
			主要衍生工具的会计处理（CAS 22，23，37）
			套期会计（CAS 23，24，37）
	特殊组织	合伙会计	合伙会计
		政府及非营利组织会计	政府会计
			非营利组织会计
	特殊业务	企业重整与破产会计	企业重整会计
			企业破产会计
		遗产与信托会计	遗产与信托会计
	其他专题	分支机构会计	分支机构会计
		上市公司信息披露	上市公司信息披露（CAS 36）
			分部报告（CAS 35）
			中期财务报告（CAS 32）

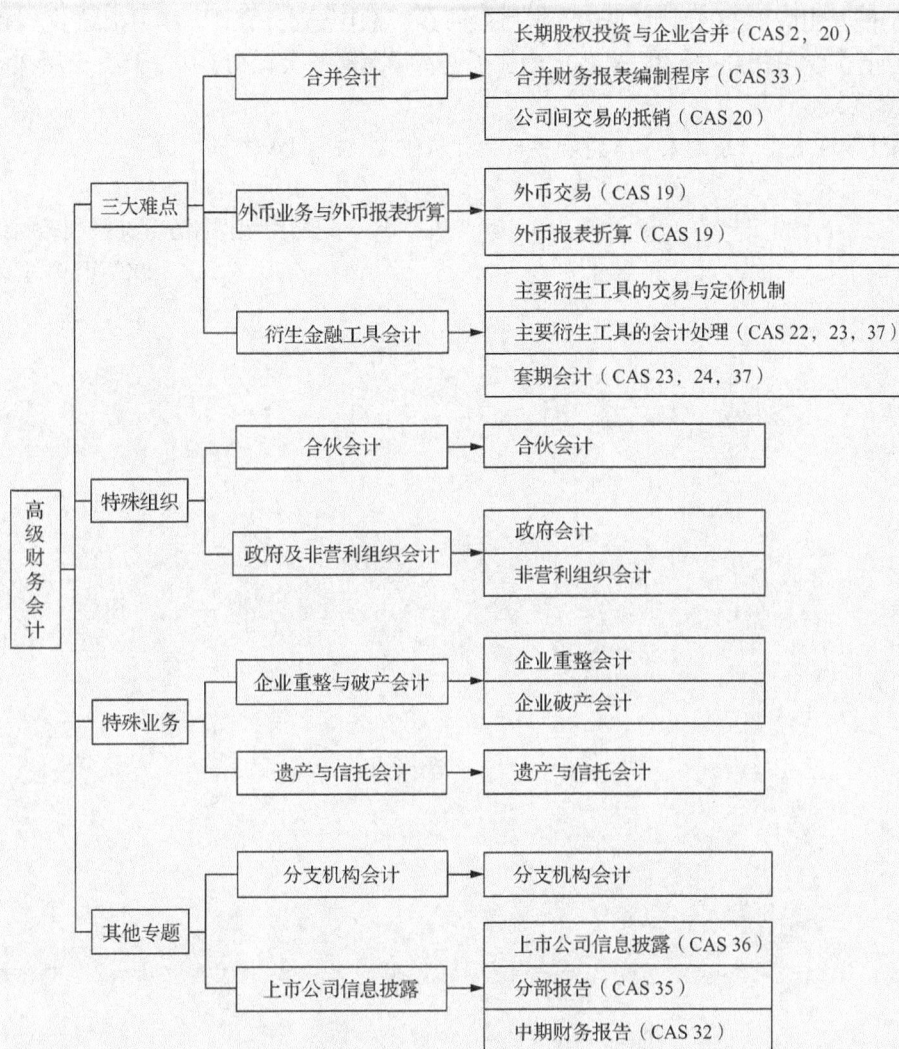

注：企业合并的难点问题及衍生工具更复杂的会计问题等可以作为研究生的教学内容。

上市公司信息披露以中国证券监督管理委员会相关信息披露规定为主。

一些还没有准则规范的内容借鉴国际会计准则和国际惯例进行讲解。

图3　高级财务会计课程结构

　　总的来说，会计是国际通用的商业语言，趋同是大势所趋。但会计准则毕竟只是一个提供与生产会计信息的技术规范，它解决的是"该如何办"的问题（楼继伟，2006），对会计准则的实施，则需要会计人员直接对其进行应用与操作。要想达到准则的目标，会计人员能较好地把握会计准则是必不可少的条件。众所周知，我国会计人员整体素质有待提高，而高等院校培养的会计学专业的学生是未来会计人员队伍的主力军和领军力量。因此，为保证新会计准则的顺利实施，根据新会计准则体系来展开财务会计改革及教学乃当务之急。

　　为了推动新会计准则的实施，我们按照上述设想，依据新会计准则编写出版了财务会计系列教材，分别是《会计学原理》《中级财务会计》和《高级财务会计》。为了方便教学和自学，我们相应配套出版了《〈会计学原理〉学习指导书》《〈中级财务会计〉学习指导书》和《〈高级财务会计〉学习指导书》。后来我们增加了一本涵盖财务会计初、中、高三个层次的《会计教学案例》。

本系列教材主要对象为大学本科学生、会计从业人员和 CPA 考试人员等。

暨南大学财务会计系列教材编写组

2007 年 9 月

前　言（第四版）

2014 年和 2017 年，我国财政部对《企业会计准则》进行了增补和修订。同时，国家税制也发生重大改革，如"营改增"、增值税条例、国地税合并和增值税税率调整等。为此，我们对本系列教材进行全面、重大的修订（第四版）。此外，本系列教材也从中国人民大学出版社转由人民邮电出版社出版。

此次《中级财务会计》（第四版）的重大变化是按新的税制和税率对全书进行修订与替换，同时，根据 2014 年和 2017 年会计准则的变化对一些会计处理做了相应调整，特别是根据 2017 年新修订的会计准则对投资和收入两章的内容和结构做了重大调整。另外，编者对相关的数据进行了更新，对几个章首故事进行了更新，增加了一些章后练习和思考题，更换了一些教材练习题。各章的具体调整如下。

第一章（会计准则与会计规范体系）：对相关资料和数据进行了更新。

第二章（财务会计基本理论）：对相关资料进行了更新，第五节由原来的标题"会计要素的确认与计量"更改为"会计假设、原则与约束"，内容也进行了相应的调整。

第三章（货币资金）：本章要点增加银行存款余额调节表，更新章首故事部分内容，将资产的定义移入第二章，删除定额备用金的相关内容与习题，更新货币资金的披露与分析。

第四章（应收账款）：本章要点增加其他应收款与预付账款的核算，调整有关坏账损失确认与核算的结构，更新账龄分析的案例，更新应收账款的披露与分析。同时将"应收账款融资"一节移入章末拓展资料部分。

第五章（存货）：简化周转材料中出租、出借的情况，将计划成本法的账务处理移入章末拓展资料部分。

第六章（投资）：按修订的第 22 号准则《金融工具确认和计量》进行了全面的调整，同时将金融资产减值的内容移入附录。另外，将第三版的第七章投资性房地产的相关内容移入章末拓展资料部分，并增加举例说明。最后更新了部分习题。

第七章（固定资产——初始确认与终止确认）：更新章首故事，调整本章标题与结构，将投资性房地产移出本章，将固定资产的处置移入本章，更新固定资产取得时增值税的处理，删除政府补助的部分，更新持有待售固定资产的相关内容，按更新后的结构调整习题。

第八章（固定资产——后续确认与计量）：更新章首故事，调整本章标题与结构，简化折旧方法的介绍，独立成节介绍固定资产的披露与分析，按更新后的结构调整习题。同时将递耗资产移入章末拓展资料部分。

第九章（无形资产）：更新章首故事，调整本章结构，更新无形资产相关法律法规，删除有关商誉的内容与习题。

第十章（流动负债与或有事项）：更新章首故事部分内容，更新增值税的账务处理，删除营业税相关内容与习题。

第十一章（长期负债）：增加对中票与短融的介绍，更新债券发行机制的介绍，删除长期应付票据的相关内容与习题。

第十二章（所有者权益）：调整了与股份公司相关内容的表述，对其他综合收益部分进行了重新表述，专门增加了一节"披露与分析"。

第十三章（收入）：除了保留有关"建造合同"会计处理等内容外，本章其他部分基本上按重新修订的第 14 号准则《收入》进行了编写，更新了章首故事，并按新的结构和内容更新了思考题和练习题。另外，特定交易的会计处理放入章末拓展资料部分。

第十四章（所得税会计）和第十五章（租赁会计）两章没有大的调整。

第十六章（会计变更及差错更正）：第二节会计政策变更中"首次执行企业会计准则会计政策变更的会计处理"进行了较大调整，第五节资产负债表日后事项中的例题进行了调整。

第十七章（资产负债表）：对相关表述按最新规定进行了更新，综合例题中的相关税率做了调整，并为此调整了相应的会计处理；同时调整了练习题中给出的资料和更新了答案。

第十八章（利润表与所有者权益变动表）：对相关表述和报表项目按最新规定进行了更新，综合例题中的相关税率做了调整，并为此调整了相应的会计处理；同时调整了练习题中给出的资料和更新了答案。

第十九章（现金流量表）：对综合例题中的相关税率做了调整，并为此调整了相应的会计处理；同时调整了练习题中给出的资料和更新了答案。

第二十章（财务报告的充分披露）：对相关表述按最新规定进行了更新，增加了审计意见的描述内容和统计资料。

本次修订的第三章、第四章、第五章、第七章、第八章、第九章、第十章和第十一章以及第六章"拓展资料"部分投资性房地产内容由曾亚敏教授完成，其他修订章节由石本仁教授负责完成。由于修订过程时间紧迫，不足在所难免，敬请读者提出宝贵意见。

编者

目录 Contents

＊ 老师可酌情选择对附录部分进行教学讲解

第一章

会计准则与会计规范体系

本章要点

- 我国会计演变的过程
- 促进我国会计向国际会计惯例靠拢的基本影响因素
- 我国会计准则的基本体系
- 我国会计规范体系的基本构成
- 中级财务会计的特点和学习方法

章首故事

单行本与合订本

2006 年，我国发布《企业会计准则》，并规定此后除小企业外，所有企业均执行企业会计准则。当年就出版了一套三本会计准则相关出版物：《企业会计准则（2006）》《企业会计准则——应用指南（2006）》和《企业会计准则讲解（2006）》，共同构成我国准则的基本体系。三本出版物的构成和分工如下：其中，《企业会计准则》是准则主体部分，主要规定基本会计要素的确认、计量和报告的基本原则，以及有关报告准则的基本规定和要求；《企业会计准则——应用指南》作为企业会计准则体系的重要组成部分，由两部分组成，第一部分为会计准则部分条文的解释，第二部分为会计科目和主要账务处理；《企业会计准则讲解》则列举了大量业务实例，作为对企业会计准则全面、系统和深入浅出的配套资料。三本出版物的一个共同特点是以合订本的形式出版，均包括 1 个基本准则和 38 个具体准则。随着会计准则实施中出现的问题，以及国际财务报告准则的修订，财政部随后于 2008 年和 2010 年又出版了修订的《企业会计准则讲解》，合订本的出版形式未变。

2014 年准则修订后，准则结构发生新的变化，并且新增和修订的准则是以单行本的形式发布，每项准则的结构包括四个部分：准则主体、应用指南、起草（或修订）说明及准则主体的英译文。中英文准则是准则主体的两种语言版本；应用指南包括原先应用指南的会计科目说明与运用部分的内容，以及原先准则讲解的详细说明与实例部分的内容；起草（或修订）说明为本次新增内容，包括起草（或修订）背景、过程，包括制定过程中反馈的不同意见、最后结论和理由等。2017 年后，准则编号已经增加到 42 号（但实际数量为 41 个，因为第 15 号《建造合同》将并入新修订的第 14 号《收入》准则中去）。此后，2006 年发布的《企业会计准则（2006）》《企业会计准则——应用指南（2006）》和修订后的《企业会计准则讲解（2010）》将逐步被取代。

国际会计准则理事会（IASB）2003 年前发布的为国际财务会计准则（IAS），共 41 份（现在有效的还有二十多份）。2003 年后发布的为国际财务报告准则（IFRS），目前共 17 份。每年以合订本的形式出版发行。新发布的准则会以单行本的形式发行，同时新增准则按新的编号登记。

美国财务会计准则委员会自 1973 年成立以来，开始发布财务会计准则公告（SFAS），到 2009 年为止，一共发布 168 份准则公告，2009 年实行准则汇编后，所有准则编号固定下来，并以合订本的形式每年出版发行。

掌握了基本的会计记账技术和方法后，我们就进入了中级财务会计的学习阶段。与会计学原理相比，中级财务会计最大的特点就是每一会计事项的处理都必须按照会计准则（或制度）规范进行。另外，除特殊和较难的会计业务外，中级财务会计涉及一个企业几乎所有的经济业务。通过这门课程的学习，我们大体能够独立编制企业整套财务报表（资产负债表、利润表、现金流量表和所有者权益变动表）。由于财务会计的最大特点是遵循一般的会计规范，尤其是会计准则（或制度），因此，本章主要对我国会计制度的演变、现行的会计规范体系，特别是会计准则框架做一个系统的阐述。最后，讨论该书的结构、学习方法与建议。本教材配套的学习指导书，列出了国际会计准则理事会（IASB）已经颁布的国际会计准则（IAS）和国际财务报告准则（IFRS）目录、中国企业会计准则（CAS）目录及两者的比较，还系统介绍了美国和IASB准则制定的发展历程。

会计准则与会计
规范体系

第一节　我国会计发展历程

一、共和国前期中国会计的发展

历史上，我国一直有重农抑商的传统，因此，现代市场经济以及现代会计不能产生于我国也就不足为奇了。但会计活动特别是应用于各朝代财政管理的会计（官厅会计）却是十分系统和活跃的。到了明清，民间会计开始活跃起来，在借鉴官厅会计的基础上，也发展出一套与西方复式簿记类似的中式簿记。

会计一职最早出现于西周，清代学者焦循在《孟子正义》一书中针对西周的会计，称"零星算之为计，总合算之为会"。周王由太师、太傅、太保"三公"辅佐。周王之下，设天、地、春、夏、秋、冬六官，称为"六卿"，即太史、太祝、太卜、太宰、太宗、太土，号称"三左三右"。天官之长大宰为六卿之首，其职权与太宰相同。天官以下设有两个主管部门：一是财物保管部门，采用分权管理体制，由天官所属小宰负责，掌管财政"预算"及天朝的各项支出，税收则由另一系统的地官大司徒掌管；二是会计部门，由天官所属司会中大夫掌管。司会分四个职能部门：司书、职内（音纳）、职岁、职币。

这一套会计方法在以后各朝代得以不断发展与完善，用于对朝廷财政的管理。到了宋代，官厅会计又有了进一步发展。宋代官厅会计把财政收支分为四个部分——旧管、新收、已支、现在，即"旧管+新收-已支=现在"，这一方法被称为"四柱清算法"或"四柱清册"，通过这种方法反映财政收支的来龙去脉。

宋代以后，特别是明清，民间商业得到较大的发展。元朝开始，宋代官厅会计中的"四柱清册"开始流传于民间。明末清初，商业和手工业开始繁荣，民间创造出以四柱为基础的"龙门账"。从这一时期开始，民间（企业）会计的发展水平开始超越官厅会计。

"龙门账"于明末清初产生于山西商界，是我国固有复式账法的起源。"龙门账"把全部账目划分为"进""缴""存""该"四大类。"进"类包括全部收入账目，"该"类则包括企业的资本和全部负债，"存"类包括企业的一切资产，而"缴"类则包括费用、税金等支出账目。"合龙"结算所运用的"进-缴=存-该"的基本公式，反映了我国古代会计工作者对复式簿记原理的初步认识。其基本原理如图1-1所示。

"龙门账"与同一时代的借贷复式记账法相比，在会计凭证运用、账簿设置、分类分项核算、试算平衡，以及成本计算和结转方面，还存在着很大的差距，显得粗糙、繁琐和不够科学系统，从这个意义上讲，它还是一种不成熟的复式账法。因此，到了民国时期，随着西方列强的入侵，一些西方企业开始进入中国，西方的复式簿记也被带入中国，被更多的中国商人和学者所认识。

由于西式簿记的系统性和科学性，这一时期形成了中式簿记与西式簿记并存的局面。

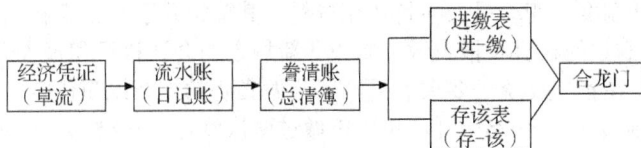

图 1-1 龙门账示意图

二、改革开放前我国会计制度的演进

中华人民共和国成立以前，我国的企业以私营为主，企业会计制度是不统一的，有的采用西式簿记，有的采用中式簿记，有的又采用改良中式簿记。会计基础也不统一，有的采用应计基础，有的采用现金基础。即使是同一行业，会计制度也各行其是，彼此的数据没有可比性，也无法据以合并。1949 年 10 月 1 日，中华人民共和国中央人民政府成立之后，开始实行社会主义经济制度。为加强中央对全国经济和企业的控制，首先就要求把中国企业的会计制度统一起来。

1950 年 3 月 9 日，中央人民政府政务院发布了"关于草拟统一的会计制度"的命令。根据中央的规定，重工业部于 1950 年召开了会计会议。遵照财政经济委员会的指示，将拟定的《中央重工业部所属企业及经济机构统一会计制度》送财政部审议修改，再经财政经济委员会批准，自 1950 年 7 月 1 日起试行，这是中华人民共和国成立后颁行的第一个统一会计制度。这一制度共分八个部分，分别为总则、会计报表、会计科目、会计业务处理程序、会计簿籍、会计凭证、会计组织系统图和附则。根据该制度总则的第十条，基本业务和基本建设的经济事项，从凭证到报表，各自严格划分，用两套独立的会计账目来处理，并严禁双方资金的互相使用，这就是所谓的专款专用。这种办法，为其后 40 余年的企业会计树立了规范。

1949 年 10 月至 1958 年 6 月，中国会计走的是向苏联学习的道路，经过这一阶段，中国会计逐步放弃了国际惯例，体现出所谓的社会主义会计特色，从而造成 40 年来，从严格意义上说，只有簿记而无会计的局面。1958 年"大跃进"后，中国会计进入一个十分混乱的局面（如很多地方出现无账会计）。为了扭转这种混乱局面，1961 年 12 月 11 日财政部颁行了《国营工业企业会计科目和使用说明》，1962 年 1 月 20 日颁行了《国营工业企业会计报表格式和编制说明》，1962 年 1 月 4 日颁布了《国营企业会计凭证账簿的格式和使用办法》。资产负债表正式改为资金平衡表。这时，就形成了我国会计的分所有制、分行业、分部门，不按权益来源编制资产负债表的会计体系。另外，会计的服务主体不是企业，而是国家，经营资金由国家拨付，利润及折旧则上缴国家，均以为宏观服务为主；企业不以权益来源编制资产负债表，无法反映企业的负债风险；商誉等无形资产，被认为是并不实际存在的，自然也不记账；国际惯例中的稳健主义原则是绝对否认的，不计提坏账准备；商品产品的实际成本是指它的全部成本，而非制造成本（工厂成本），企业生产成本不属于商业秘密，全部公开；借贷记账法被增减记账等方法所取代等。中国的会计与国际会计惯例的分离程度达到顶峰，从而形成社会主义会计与国际会计（资本主义会计）两种截然不同的体系。

1973 年 12 月，财政部颁发《国营企业会计工作规则（试行草案）》（以下简称《规则》），整个《规则》的精神在于一句话：一定要保证会计工作的正常进行。这说明，在任何时候会计都是不能乱的。和《规则》相配合的，还有《国营工业企业会计科目》《国营工业企业会计报表》和《国营工业企业成本核算办法》。

三、改革开放后我国会计制度的演进

上述 1973 年的制度，一直应用到 1980 年。财政部于 1980 年 9 月 18 日颁布了一套新的工业企业会计制度，要求有关单位从 1981 年 1 月 1 日起施行，这也是我国在 1978 年以后颁布的第一个工业企业会计制度，变动最大的是补充资料，其篇幅几乎与正表相当。1981 年的制度主要只是针对 1974 年制定的科目和报表做了修正。新规定的会计科目和报表允许各部、各地方根据各自的具体情况，在不违反统一要求的原则下，做必要的补充或简化。

1981 年实施的制度，在 1985 年和 1989 年做过两次修订。1985 年和 1989 年制度的会计报表分别为 10 种和 13 种。平衡表、利润表、商品产品成本表、生产费用表等几种主要报表照旧，但平衡表的编排有所改变，不再保持三段平衡①的格式。资金的占有方按从上到下的次序，分为固定资产、无形资产、长期投资、流动资产、专项资产五类；来源方分为固定及流动资金、借入资金、结算资金、专项资金四类。这一改变说明，由于经济体制的改革，出现了多种经济形式，资金的来源日趋多元化，已不能维持过去根据专款专用原则设计的三段式平衡。企业在资金的运用上有了较大自由，是一个很大的改进。

然而，真正推动中国会计（制度）发生巨大变化的，还是改革开放后外资的引入。之后，我国现代企业制度和资本市场（股票交易所）的建立，以及 2001 年中国加入 WTO，使得中国会计与国际惯例又一次走到一起。

（一）对外开放、引进外资是我国会计制度改革的导火索

1978 年，中国共产党第十一届三中全会召开，确立了经济建设为全党的工作中心。为了搞活我国经济，确立了对外开放的基本方针。外资的进入犹如一阵春风，将中国经济从严冬中吹醒。1979 年 7 月，中华人民共和国全国人民代表大会（以下简称全国人大）通过《中外合资经营企业法》；1980 年 9 月，全国人大又通过《中外合资经营企业所得税法》，由此拉开了我国对外开放、引进外资的经济改革的序幕。

为了配合外资的进入，会计与审计等相关配套制度相继出台。依据《关于成立会计顾问处的暂行规定》，1981 年 1 月 1 日在上海成立了全国第一家会计师事务所——上海会计师事务所。1983 年12 月 26 日，财政部发布《关于中外合资经营企业、外国企业委托会计师查账问题的若干规定》，强调指出外国注册会计师不能出具对我国有关部门有效的证明文件，必须委托中国注册会计师查账。

1983 年 3 月和 4 月由财政部分别发布《合资企业会计制度（试行草案）》和《中外合资经营工业企业会计科目和会计报表（试行草案）》。1985 年 3 月和 4 月这两个制度正式颁布。

这套会计制度有很多值得关注之处，具体如下。

第一，恢复使用国际通行的借贷复式记账法。

第二，根据权责发生制原则分别设立预提费用、待摊费用科目。

第三，区分资本支出与收益支出。

第四，企业所采用的会计处理方法，例如记账时所采用的汇率，存货发出的计价等会计政策，一经确定，前后各期必须一致，不得任意改变；如有改变，应经董事会同意，报当地税务机关备查，并在年度报告中加以说明。

第五，会计制度中首次出现"资本"一词，这是我国自 1949 年后在会计制度中第一次出现。

第六，各项存货如果由于市价下跌，可变现净值低于账面实际成本时，应在年度报告中列出这些存货的账面实际成本、可变现净值和可能发生的损失。

第七，企业由于特殊原因需要加速折旧和改变折旧方法的，应由企业提出申请，由税务机关批准。

第八，第一次在资产中确认"无形资产"。

第九，采用国际通行的制造成本概念，将工业企业的销售费用和管理费用从生产成本中转出，计入当期费用。

---

① 所谓三段平衡就是流动资金与流动基金、固定资金与固定基金、专用资金与专用基金的三段平衡。

第十，企业的利润总额中，减去应交所得税、准备垫补亏损用的储备基金、职工奖励及福利基金、企业发展基金后，剩余的为企业可供分配的利润。

第十一，编制国际通用的三大会计报表：资产负债表、利润表、财务状况变动表。

归纳上述这些变化，一个引人注目的特点是绝大部分会计处理向国际惯例靠拢。这些会计处理对当时大多数会计人员而言，还都十分陌生。这种变化源于两个方面：一是会计要明确界定合营双方的产权归属，并尽可能按市价进行记录；二是资产计价与收益确定必须遵循国际通行的做法，这样计算的利润才能得到合营双方的认可，利益分配才能确保公平。

（二）现代企业制度和资本市场的建立是引发我国会计风暴的基本动因

随着改革的深入，我国经济体制在财政税收体制、金融银行体系、资本市场、外汇管理体制、现代企业制度等方面全方位展开。与会计改革密切相关的是现代企业制度和资本市场的建立。下面主要从这两个方面进行阐述。

1984 年 7 月，中国第一家股份公司——北京天桥百货股份有限公司成立；1984 年 11 月，上海飞乐音响股份有限公司首次向社会公开发行股票；随后，上海证券交易所和深圳证券交易所分别于 1990 年 12 月和 1991 年 4 月宣告成立；1992 年 10 月，国务院证券委和中国证监会成立（1998 年合并）。1993 年，中国共产党第十四届三中全会通过《中共中央关于建立社会主义市场经济体制若干问题的决定》，将建立社会主义市场经济体制作为国家的一个基本目标。其中，明确提出要"进一步转换国有企业经营机制，建立适应市场经济要求、产权明晰、责权明确、政企分开、管理科学的现代企业制度"。根据这一决定，1993 年 12 月，全国人大通过了《中华人民共和国公司法》（以下简称《公司法》）。1998 年 12 月，全国人大通过了《中华人民共和国证券法》（以下简称《证券法》）。

与企业制度和资本市场改革相对应的是一系列会计改革措施。

1987 年 5 月 23 日，上海市人民政府发布了《上海市股票管理暂行办法》，其中第 21 条规定，凡股票上市交易的公司，应按季度向社会公开经注册会计师查核签证的财务报表。管理上海、深圳证券交易所的地方法规《上海市证券交易管理办法》与《深圳市股票发行与交易管理暂行办法》分别于 1990 年 11 月 27 日和 1991 年 6 月 15 日颁布，这两部法规都做出了上市公司财务报告由注册会计师进行审计，出具审计报告的规定。

1986 年 7 月 3 日，国务院发布《中华人民共和国注册会计师条例》，对注册会计师的性质、考试与注册、业务范围、工作规则以及会计师事务所等加以规范。1988 年 11 月 15 日，中国注册会计师协会（CICPA）成立。该协会接受财政部的领导，负责全国注册会计师行业的管理。

1992 年，在《中外合资经营企业会计制度》基础上修订而成的《外商投资企业会计制度》将适用范围明确扩展至包括中外合资经营企业、中外合作经营企业和外资企业，并且在会计规则内容上有了变迁，如会计与税务相分离，可以采用备抵法处理坏账损失，可以采用后进先出法处理发出存货的计价问题，可以部分采用成本与市价孰低原则处理企业期末的陈旧、残次、冷背的商品、产品或可外售的自制半成品等存货的计价问题，对长期股权投资符合条件的采用权益法核算，允许企业采用加速折旧法，实行历史汇率与现行汇率相结合的国际通行做法处理外币业务等。这些变迁都是在进一步向国际会计惯例靠拢。这一制度后来成为《股份制试点企业会计制度》（1992年）、《股份有限公司会计制度》（1998 年）和《企业会计制度》（2001 年）的发展方向。

与此同时，财政部开始酝酿会计规则的进一步改革，于 1988 年 10 月成立了"会计准则组"，并正式运作。1992 年 11 月财政部发布第 1 号企业会计准则——《企业会计准则》。与会计准则一同颁布的还有工业、农业、交通、铁道、民航、邮电、商品流通、旅游和饮食服务、金融、保险、施工、房地产、对外经济合作等 13 个行业会计制度。由于这次会计改革是共和国时期影响最大的一次，当时被称为"会计风暴"。

自 1993 年 6 月以来，中国证监会共发布与修订了 20 多号规范上市公司信息披露的《公开发行证券公司信息披露内容和格式准则》。1993 年 10 月 31 日全国人大正式通过《中华人民共和国注册会计师法》，该法自 1994 年 1 月 1 日起施行，以替代《中华人民共和国注册会计师条例》。

1997 年 6 月 4 日，财政部正式颁布了第 1 号具体会计准则《企业会计准则——关联方关系及其交易的披露》，要求从 1997 年 1 月 1 日起首先在上市公司中施行。但具体准则的制定进程一开始就举步维艰，一直到 2006 年《企业会计准则》的全面出台。这一点将在下面进一步阐述。1998 年 1 月，财政部颁发了新的《股份有限公司会计制度》以替代原来的《股份制试点企业会计制度》。2000 年 12 月，财政部颁布了统一的《企业会计制度》，取代了 1993 年发布的分行业会计制度和 1998 年发布的《股份有限公司会计制度》。

（三）我国加入 WTO 使中国会计进一步向国际惯例靠拢

自 1986 年 7 月起，我国正式要求恢复中国在关税及贸易总协定（GATT，世界贸易组织 WTO 的前身）中的缔约国地位。经过长达 15 年艰苦卓绝的谈判，中国终于在 2001 年加入 WTO。加入 WTO 对我国经济发展的影响是巨大的，世界经济一体化、全球化是当今世界经济发展的主流，加入这个主流，可以使我国充分分享国际分工利益，与世界先进经济技术同步前进。加入 WTO 可以帮助中国经济更好地融入国际经济社会，更好地利用国际资源和国际市场的优化资源配置功能，如引进外资（包括先进的管理与技术）、提高民族企业的竞争力并走向国际市场、扩大出口等，促进我国社会主义市场经济的发展。

当然，中国加入 WTO 必须遵循其规定的游戏规则。会计作为一种企业间交流的商业语言，会计规范（会计制度或准则）就是最重要的游戏规则之一。当今世界大多数国家的会计规范主要采用两种模式：一是会计制度；一是会计准则。1949 年以后，中国会计规范一直使用的是会计制度模式，从 1992 年颁布《企业会计准则》后，中国开始采用一种混合模式，即会计准则和会计制度并用。到 2006 年 2 月，《企业会计准则（2006）》颁布后，中国将全面实施会计准则模式。会计准则制定的历程简要回顾如下。

1992 年，财政部发布《企业会计准则》时的设想是在上市公司执行会计准则，在非上市公司执行会计制度。但由于种种原因，具体会计准则迟迟不能出台，因此，所有企业都执行后来颁布的分行业的会计制度。同时，于 1992 年专门为股份制试点企业制定一套《股份制试点企业会计制度》，1998 年被《股份有限公司会计制度》所取代，2001 年又被《企业会计制度》所取代。

1997 年，财政部发布第一项具体会计准则《企业会计准则——关联方关系及其交易的披露》，这一准则颁布的背景是海南"琼民源"事件。该事件发生后，为了规避股份公司为达到上市条件通过关联交易虚增资本和利润这一现象，财政部特定出台了这一准则，同时还发布了这份准则的操作指南，要求自 1997 年 1 月 1 日起，先在上市公司中施行。1998 年，财政部发布第二项具体会计准则《企业会计准则——现金流量表》，要求在所有企业中施行。此后，1998 年、1999 年、2000 年和 2001 年又分别发布 6 个、1 个、1 个和 6 个具体会计准则，到 2001 年，财政部共发布 1 项基本准则和 16 项具体准则，这些准则的应用范围有的针对上市公司，如《企业会计准则——关联方关系及其交易的披露》；有的包括所有企业，如《企业会计准则——现金流量表》；有的则针对所有股份有限公司，如《企业会计准则——无形资产》。当初在上市公司实施会计准则，在非上市公司执行会计制度的设想并未得到完全实施。

随着中国国力的增强，中国对世界经济的影响也越来越大。中国与国际会计准则委员会的联系也更加密切[1]，国际会计准则委员会也更加关注中国会计准则的制定。1998 年，中国成为国际会计准则委员会成员。中国加入 WTO 后，会计准则向国际惯例靠拢就成为中国制定准则的一个基本方向。

---

① 2006 年开始，中国全面介入国际会计准则事务：刘仲藜成为 IASC 受托人管理委员会成员（19 人）；张为国（2007 年 7 月）成为 IASB 专职理事（专职理事 12 人、兼职理事 2 人）；王军成为准则咨询委员会成员（30 人）。2012 年，李勇成为受托人管理委员会成员，黄世忠、杨敏成为咨询委员会成员。

自 2004 年开始，在国际会计准则委员会的密切关注下，财政部经过两年的酝酿，2006 年 2 月，一套全面与国际会计准则趋同的准则体系正式出台。2014 年初，财政部对该套准则又进行了新增和修订，新增的具体准则有第 39 号、第 40 号和第 41 号，修订的基本准则、具体准则有第 2 号、第 9 号、第 30 号、第 33 号和第 37 号。2017 年，财政部又进行了新增和修订，新增的具体准则有第 42 号，修订的具体准则有第 14 号（并取代第 15 号）、第 16 号、第 22 号、第 23 号、第 24 号和第 37 号。

2006 年会计准则的出台，标志着我国会计规范与国际惯例的全面靠拢。总结 1978 年以来，中国会计制度的改革，推动我国会计改革的基本因素可归纳为三条：一是外资的进入；二是产权制度的改革特别是企业组织的改革——现代企业制度和资本市场的建立；三是在全球资本一体化的背景下，中国加入 WTO。

第二节 中国会计准则体系

在《会计学原理》中，我们曾经提到，现代财务会计与传统财务会计最大的区别就在于前者是以统一的会计规范为指导。会计规范主要以两种形式存在：一是以英、美等国为代表的会计准则模式；一是以法国、苏联和执行会计准则前的中国等为代表的会计制度模式。两者都是会计规范的存在形式，准则模式的理论性、可选择性和制定的民主程度相对要高一些；制度模式的强制性、规范的细致程度要高一些。但总的来讲，这些区别并不是绝对的。由于世界范围内会计规范的主流模式是准则模式，加上国际会计准则的影响日益增大，以及中国现在选择了准则模式，因此我们下面的论述主要集中在 2006 年颁布的会计准则上。

我国会计准则的基本体系

一、《企业会计准则（2006）》的特点

《企业会计准则（2006）》包括 1 项基本准则和 38 项具体准则[①]，自 2007 年 1 月 1 日开始在上市公司实施，并鼓励其他企业执行；2008 年，在国有大型企业中执行；2009 年，在所有中型以上企业执行。除了准则主体外，这套准则体系还包括应用指南和讲解两部分。《企业会计准则——应用指南》作为企业会计准则体系的重要组成部分，由两部分组成，第一部分为会计准则解释，第二部分为会计科目和主要账务处理。《企业会计准则讲解》则列举了大量业务实例，作为对企业会计准则全面、系统和深入浅出的辅导资料。

与以前的会计准则和会计制度相比，这次会计准则的特点主要表现在以下几个方面。

第一，向国际惯例靠拢，尤其是国际会计准则。这次会计准则的一个重大特点是全方位与国际会计准则趋同，另外，少数地方也体现出中国特色，与国际会计准则存在差异。相同的方面表现在我国准则体系及内容、资产负债观的运用、公允价值的运用、基本计量要求等；差异表现在资产减值、关联方披露、企业合并、退休福利、企业持有以备出售的流动资产与终止经营、恶性通货膨胀经济中的财务报告等方面。

第二，《企业会计准则（2006）》形成一个较为完善的核算体系，企业可以基本按照这一准则体系规范绝大部分经济业务的核算。

第三，按公允价值计量是此次准则的又一个突出特点。由此，决策有用性目标得以充分体现，从而确立了资产负债观的核心地位，并突出了会计信息的价值相关性。所谓资产负债观就

---

① 具体准则明细表请参见本教材配套学习指导书第一章附录。

是强调资产负债表的作用，提高其预测价值。

第四，将表外项目引入表内。例如，企业合并准则中要求当被购买方的或有负债预计很可能发生并且其公允价值能够可靠计量时，确认为对合并成本的调整。这就改变了过去对或有事项在报表附注中披露的做法，将表外项目引入表内。将表外项目引入表内的例子还有衍生金融工具、股份支付、合并财务报表等。表外业务表内化，有利于及时、充分反映企业此类业务所隐含的风险及其对企业财务状况和经营成果的影响。

第五，引入开发费用资本化制度。将企业的研究与开发分为对应的两个阶段，在开发阶段，符合规定条件的支出允许资本化。

第六，完善成本补偿制度。准则要求正确核算职工薪酬，改变生产成本中低人工费用的格局。

第七，将企业承担的社会责任纳入会计体系。如将预计弃置费用计入固定资产成本，避免企业少计提折旧、多分利润的情况出现，使企业承担相应的社会责任，如污染治理、生态保护等。

第八，提高信息透明度，突出充分披露原则。在此次38项具体准则中有9项（CAS30～CAS38）专门的披露准则，另外，每项准则中都涉及披露的相关内容。

二、《企业会计准则（2006）》的结构

《企业会计准则（2006）》由基本准则和具体准则两个层次组成。基本准则相当于 FASB（Financial Accounting Standards Board）的财务会计概念框架（Statements of Accounting Concepts Financial，SFAC）和 IASB（International Accounting Standards Board）的《关于编制和提供财务报表的框架》。它是对会计处理的一般要求所做出的原则性规定，体现了会计核算的基本规律，要求所有会计主体共同遵守。基本准则由会计的基本目标、会计核算的基本前提[①]、一般原则，会计信息质量要求，会计要素，会计确认、计量和财务会计报告等组成。具体准则又称应用性准则，它是根据基本准则的要求，针对不同经济业务所做出的具体的确认、计量和报告的会计处理规范。具体准则一般由基本业务会计准则、特殊业务会计准则、特殊行业会计准则和会计报表准则构成。企业会计准则体系如图1-2所示。

图1-2 我国会计准则体系

基本准则的第一部分包括准则的应用范围；会计的基本目标——反映管理当局的受托责任和提供决策有用的信息；四个基本假设——经济主体、持续经营、会计分期和货币计量；一般原则——权责发生制。第二部分为会计信息质量要求：基本的信息质量要求为可靠性与相关性，同时还包括可理解性、可比性、实质重于形式、重要性、谨慎性、及时性。第三部分为会计要素的定义和确认，包括资产、负债、所有者权益（含利得与损失）、收入、费用和利润。第四部分为会计计量与报告，计量部分主要包括五种计量属性，分别为历史成本、重置成本、可变现净值、现值和公允价值[②]，财务会计报告部分则包括财务会计报表的种类和附注的内容。

---

① 西方国家称作"会计假定"（accounting assumption）。
② 基本会计准则中的公允价值定义于2014年重新修订。

具体会计准则是在基本准则指导下制定的，对具体会计事项进行确认、计量、报告（或披露）的规范。相对基本会计准则而言，具体会计准则是一种具有可操作性和指导性的实用会计处理规范，是指导企业日常会计处理的应用指南。具体会计准则一般包括以下四个方面的内容。

（一）基本业务会计准则

基本业务会计准则是对不同行业中共同的经济业务进行确认、计量、报告（或披露）的规范，其主要内容包括基本会计要素如存货、固定资产、无形资产、职工薪酬、长期股权投资、收入、所得税、借款费用、金融工具的确认与计量等。

（二）财务会计报告准则

财务会计报告准则是对企业对外提供的各种会计报表、报表附注的内容和列示方法等方面做出的规范。包括财务报表列报、现金流量表、中期财务报告、合并财务报表、每股收益、分部报告、关联方披露、金融工具列报、首次执行企业会计准则等。

（三）特殊业务会计准则

特殊业务会计准则是对企业中一些非共性、不普遍发生的经济业务进行确认、计量、报告（或披露）的规范，主要包括投资性房地产、租赁、资产减值、企业合并、外币折算、股份支付、债务重组、政府补助等。

（四）特殊行业会计准则

特殊行业会计准则是针对一些生产、经营规律比较特殊或受自然因素制约较大的行业的特定经济业务进行确认、计量、报告（或披露）的规范。如生物资产、企业年金基金、原保险合同、再保险合同、石油天然气开采等。

三、我国会计准则体系的其他内容

除企业会计准则外，我国企业会计准则体系还包括《企业会计准则——应用指南》《企业会计准则讲解》《企业会计准则实施问题专家工作组意见》《企业会计准则解释》等。上述这些制度或规范一起构成我国现行会计准则的基本体系。下面分别讨论各项制度或规范的具体作用。

（一）2006 年会计准则体系

1. 《企业会计准则——应用指南》

2006 年颁布《企业会计准则》（以下简称《准则》）后，当年 10 月又颁布了《企业会计准则——应用指南》（以下简称《指南》），《指南》是对具体准则相关条款的细化和重点难点内容提供操作性的规定。《指南》包括两部分内容：一部分是对条款的细化，在《指南》的前半部分；一部分是会计科目和主要账务处理。由于我国传统会计制度一般是按总则、会计报表、会计科目等制定的，为照顾广大会计工作者的习惯，《指南》提供了这部分内容。

2. 《企业会计准则讲解》

2007 年，财政部随即出台了《企业会计准则讲解（2006）》（以下简称《讲解》）。准则一般而言是原则性的，因此无论是《准则》，还是随后颁布的《指南》，《准则》的相关内容仍然相当抽象，不具备可操作性，《讲解》则很好地解决了这一问题。《讲解》对《准则》的每一条款进行了解释，最重要的是，讲解还提供了大量的例解，可以使会计工作者有很直观地理解。随着 2007 年《准则》的实施，实务中出现了大量新问题，并发现了原《准则》中存在的一些不足，因此，2008 年 12 月，财政部又出台了修订的讲解，即《企业会计准则讲解（2008）》。2010 年 12 月，《企业会计准则讲解（2010）》出台。

3.《企业会计准则实施问题专家工作组意见》

在《准则》颁布后，财政部会计准则委员会成立了"企业会计准则实施问题专家工作组"。专家工作组由财政部（会计司）、证监会、银监会、保监会、国务院国有资产监督管理委员会、国家税务总局相关人员组成。专家工作组定期召开会议，针对企业在执行财政部 2006 年发布的企业会计准则及其应用指南过程中提出的有关问题进行研究，在达成一致意见后向社会公布，以便及时指导上市公司、会计师事务所等有关方面正确地理解和执行新会计准则。到目前为止，企业会计准则实施问题专家工作组发布了三份《企业会计准则实施问题专家工作组意见》。

4.《企业会计准则解释》

针对准则实施中出现的问题，另一种解决方式就是财政部不定期发布的《企业会计准则解释》（以下简称解释公告），这与国际会计财务报告准则体系中的解释公告相同。到目前为止，财政部共发布了十二个解释公告。

（二）2014 年后会计准则体系

2014 年准则修订后，《准则》结构发生新的变化。今后新增和修订的准则将以单行本的形式发布，每项准则的结构包括四个部分：准则主体、应用指南、起草（或修订）说明及准则主体的英译文。中英文准则是准则主体的两种语言版本；应用指南包括原先应用指南的会计科目说明与运用部分的内容，以及原先准则讲解的详细说明与实例部分的内容；起草（或修订）说明为本次新增内容，包括起草（或修订）背景、过程，包括制定过程中反馈的不同意见、最后结论和理由等。

此后，2006 年发布的《企业会计准则（2006）》《企业会计准则——应用指南（2006）》和修订后的《企业会计准则讲解（2010）》将逐步被取代。《企业会计准则实施问题专家工作组意见》在发布三份后，已经名存实亡。《企业会计准则解释》仍在持续颁布，以解答准则执行中随时出现的问题。

第三节 我国现行会计规范体系

在市场经济体制中，所有的交易都必须遵循一定的交易规则。这些交易规则是由各种层次的法律与法规条文来约定的，因此，我们也说市场经济就是法治经济。这些不同层次的规定包括法律、行政法规、部门规章等。会计处理除了要按照会计准则的要求对企业的经济业务进行确认、计量和报告外，还要接受这些相关规定的约束。另外，除对营利企业采用会计准则外，政府和其他非营利企业都执行相应的会计准则或制度，小规模企业执行的是《小企业会计准则》；上市公司除执行企业会计准则外，还要同时遵循中国证券监督管理委员会颁布的各项信息披露准则；最后，企业会计处理还要遵守企业自身的会计制度。

这样，会计相关法律、会计准则与会计制度、上市公司信息披露要求和企业自身的会计处理制度就构成了我国会计规范体系的基本组成部分。为了让大家了解我国现行会计规范体系的全貌，本节对除会计准则以外的其他层次内容进行简要的概述。

一、会计相关法规

会计准则和会计制度的制定是在遵循相关会计法规的基础上进行的。除了要服从我国根本大法——《中华人民共和国宪法》外，与会计相关的法规主要有以下几类。

（1）规范企业主体产生与管理的法规。如《公司法》（1993 年 12 月颁布、1999 年 12 月、2004 年 8 月、2005 年 10 月、2013 年 12 月修正）、《中华人民共和国合伙企业法》（1997 年 2 月颁布、2006 年 8 月修正）、《中华人民共和国个人独资企业法》（1999 年 8 月颁布）、《中华人民共和国商业银行法》（1995 年 5 月颁布，2003 年 12 月修正）等。

（2）规范企业运行和交易秩序的法规。如《中华人民共和国刑法》（1979 年 7 月颁布、1997 年 3 月、2015 年第 9 次修正）、《合同法》（1999 年 3 月颁布）、《中华人民共和国民法通则》（1986 年 4 月颁布）、《中华人民共和国民法总则》（2017 年 3 月颁布）、《中华人民共和国物权法》（2007 年 3 月）、《中华人民共和国企业破产法》（1986 年试行，2006 年 8 月正式颁布）、《证券法》（1998 年 12 月颁布，2005 年 10 月、2013 年 6 月、2014 年 8 月修正）、《中华人民共和国票据法》（1995 年 5 月颁布，2004 年 8 月修正）、《中华人民共和国担保法》（1995 年 6 月颁布）、《中华人民共和国海关法》（1987 年 1 月颁布，2000 年 7 月、2013 年 6 月和 2017 年修正）等。

（3）规范会计和审计行为的法规。如《中华人民共和国会计法》（以下简称《会计法》）（1985 年 1 月颁布，1993 年 12 月、1999 年 10 月、2017 年 11 月修正）、《中华人民共和国注册会计师法》（1993 年 10 月颁布，2014 年 8 月修正）和《中华人民共和国审计法》（1994 年 8 月颁布，2006 年 2 月修正）等。

（4）税法和税收条例。我国目前开征的税种主要有增值税、消费税、资源税、城镇土地使用税、企业所得税、个人所得税、城市维护建设税、土地增值税、耕地占用税、房产税、城市房地产税、车船税、车辆购置税、环境保护税、印花税、契税、关税等。每一个税种都有相应的法律条例和实施细则，其中企业所得税、个人所得税以法律的形式颁布实施，其他则以暂行条例的形式发布实施。以增值税为例，就有由国务院颁布的《中华人民共和国增值税暂行条例》（以下简称《增值税暂行条例》）、财政部颁布的《中华人民共和国增值税暂行条例实施细则》（以下简称《增值税暂行条例实施细则》）和国家税务总局颁布的《财政部 国家税务总局关于增值税若干政策的通知》。此外还有《中华人民共和国税收征收管理法》（1992 年 9 月颁布，1995 年 2 月、2001 年 4 月修正）和《中华人民共和国进出口关税条例》（1985 年 3 月颁布，1987 年 9 月和 1992 年 3 月两次修订）等。

（5）上市公司信息披露与管理规定。如《首次公开发行股票并上市管理办法》（2006 年 5 月颁布，2018 年 6 月修正）、《公司债券发行与交易管理办法》（2014 年 11 月颁布）、《上市公司发行可转换公司债实施办法》（2001 年 4 月颁布）、《上市公司信息披露管理办法》（2007 年颁布）、《公司债券发行试点办法》（2007 年 8 月）等。

以上与会计相关的法律、条例、实施细则、规定、办法是由不同部门制定的，这些部门和机构分别为全国人民代表大会、国务院、财政部等各部委、地方政府部门等。按我国法律规定的层次可分为：国家法律（全国人民代表大会）、行政法规（国务院）、部门规章（财政部、国家税务总局、中国证券监督管理委员会等部委）。

二、会计准则和会计制度

我国最初的设想是作为过渡先在上市公司执行会计准则，在非上市公司执行会计制度，此后，统一执行会计准则。2006 年企业会计准则颁布后，从 2007 年开始到 2009 年，所有企业都将统一执行会计准则。会计准则更详细的内容已经在上节中讨论过，本节不再赘述。

由于企业会计准则主要是针对具有一定规模的营利企业，所以，财政部针对小规模企业专门颁布了《小企业会计准则》（2011 年），针对政府及非营利组织则相应颁布了《行政单位会计制度》（2013 年）和《事业单位会计准则》（2012 年）。

我国会计准则和会计制度的制定工作主要由财政部负责。

三、上市公司信息披露内容与格式

财务报告是由财务报表和报表以外的信息披露组成的。财务报表的编制主要由会计准则规范，而上市公司的信息披露则是由中国证券监督管理委员会制定的公开发行证券公司信息披露内容与格式准则来规范。

公开发行证券公司信息披露内容与格式准则主要是规范招股说明书、上市公告书、年度报告、中期报告、配股说明书等的编制。已经发布的信息披露格式与内容准则包括第 1 号——招股说明书（2015 年①）、第 2 号——年度报告（2017 年）、第 3 号——半年度报告（2017 年）、第 5 号——股份变动（2007 年）、第 7 号——股票上市公告书（2001 年）、第 10 号——公开发行证券申请文件（2006 年）、第 11 号——公开发行证券募集说明书（2006 年）、第 12 号——可转换公司债申请文件（2001 年）等。

此外，公开发行证券公司信息披露编报规则则是信息披露内容和格式准则在特殊行业、特定环节的应用及具体化。目前已发布商业银行、保险公司、证券公司、房地产公司、季度报告等特殊行业和特定环节信息披露编报规则。

最后，中国证券监督管理委员会还定期和不定期地发布公开发行证券公司信息披露规范问答和公开发行证券公司信息披露个案意见与案例分析，以指导上市公司进行信息披露。

四、其他

除上述会计规范外，我国还专门针对会计基础管理工作、会计人员的继续教育、会计档案、发票管理、交易结算、外汇管理等颁布相应的制度和法规。如《总会计师条例》（2011 年）、《会计基础工作规范》（1996 年）、《会计人员继续教育规定》（2013 年）、《会计档案管理办法》（2015 年）、《中华人民共和国发票管理办法》（1993 年、2010 年修订）、《增值税专用发票使用规定》（2006 年）、《中华人民共和国外汇管理条例》（2008 年修订）、《票据管理实施办法》（1997 年发布，2011 年修订）、《人民币银行结算账户管理办法》（2003 年）、《支付结算办法》（1997 年）、《国内信用证结算办法》（2016 年）、《银行卡业务管理办法》（1999 年）、《结汇、售汇及付汇管理规定》（1996 年）等。

以上是我国会计规范体系的构成（见表 1-1）。在这个规范体系之下，各企业要根据国家相关的法规以及企业会计准则和相关制度等规范的要求，结合自身的实际情况制定出本企业的具体会计处理规定，即本企业会计工作的流程和制度，规范企业的会计工作。

表 1-1　　　　　　　　　我国会计规范中法律、规定、制度的基本层次和制定机构

不同法规、制度层次	制定机构
基本法（《宪法》）	全国人民代表大会
一般法律（《会计法》《公司法》等）	全国人民代表大会
条例、实施细则、规定、办法等	国务院、各部委、地方政府部门等
会计准则（基本准则与具体准则）	财政部
会计制度（行政单位会计制度）	财政部
上市公司信息披露（年度报告格式和内容等）	中国证监会
具体会计处理流程与制度	企业

---

① 招股说明书、年度报告等信息披露格式和内容准则自出台后已经过多次修订，这里所标的年份为最新修订日期。

第四节 本书的结构与致学生的建议

一、本书的结构

全书共分五个部分（见图1-3）。

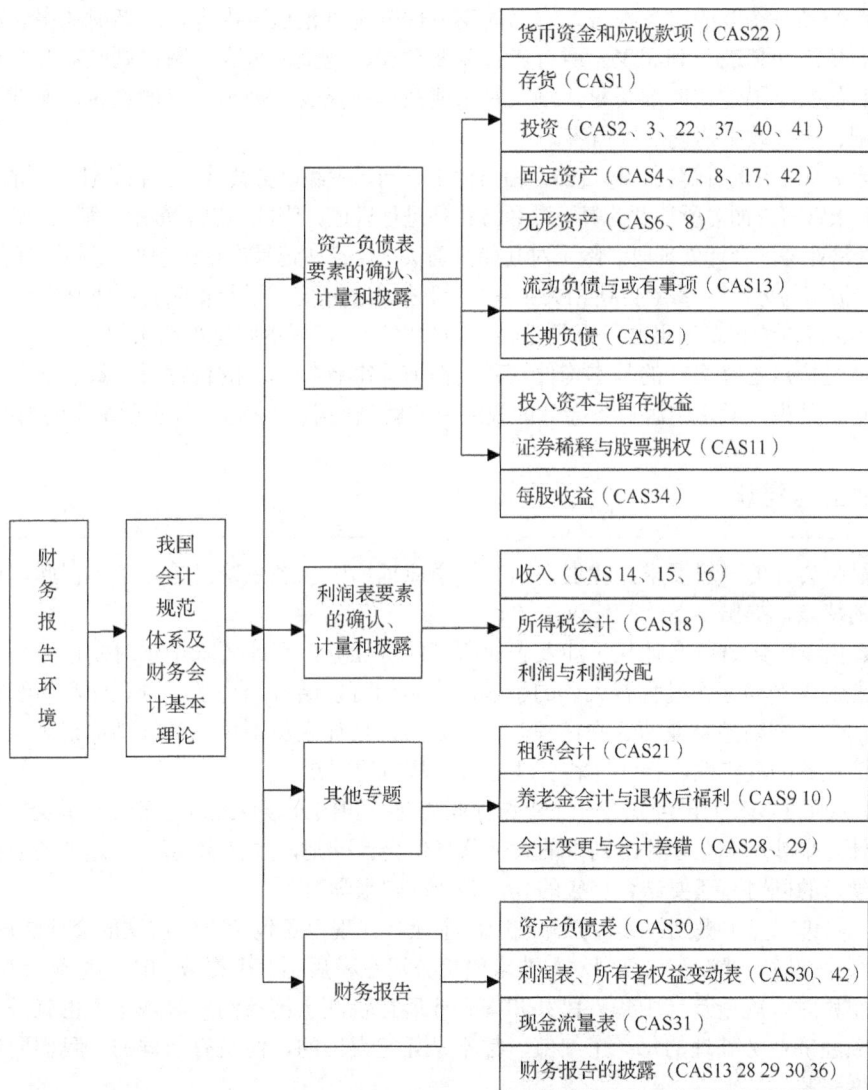

图1-3　中级财务会计的基本结构

第一部分——我国会计规范体系和财务会计基本理论（第一～第二章）；

第二部分——资产负债表要素的确认、计量与披露（第三～第十二章）；

第三部分——利润表要素的确认、计量与披露（第十三～第十四章）；

第四部分——其他专题（第十五～第十六章）；

第五部分——财务报告（第十七～第二十章）。

第一部分讲述我国会计规范体系，包括我国会计的发展历程、会计规范体系、本书的结构和对学生学习的建议，其中重点是对会计准则的介绍；这部分的另一个重要内容就是介绍基本的财务会计理论，包括财务会计目标、财务会计信息质量特征、会计要素和会计的确认与计量原则等。第二、第三部分是对基本会计要素的计量、确认和报告的阐述，包括资产负债表要素（资产、负债和所有者权益）和利润表要素（收入、费用和利润）；六大要素中，资产要素的讲解是重点，共有七章的篇幅，这是因为资产计价与收益计量是财务会计的两大核心，而从某种程度上讲，资产计价决定了收益计量。这些要素的讲解主要是企业一般的经济业务。对企业特殊经济业务的讲解则在第四部分，包括租赁、会计差错与会计变更、资产负债表日后事项等。会计的最终产品是企业的财务报告，本书的第五部分则讨论这一内容，包括财务报表和附注，财务报表有资产负债表、利润表、所有者权益变动表、现金流量表；附注则是对四张财务报表中列示项目的文字描述或明细资料，以及对未能在这些报表中列示项目的说明，包括财务报表的编制基础、会计政策的说明等内容。

与会计学原理着重讲解会计科目的介绍与运用不同，中级财务会计重点按会计准则的要求从确认、计量和报告等方面对所涉及的每一项经济业务进行讲述。因此，以后每章（第三～十六章）在讲述每个经济业务的会计处理时，除了对其如何确认、计量和记录进行讲解外，另外专门用一节讲述相应的"披露与分析"，重点讲述相关业务列示和披露的规定，以及相应会计处理的影响分析。

从图1-3可以看出，如果财务报告是会计的最终产品，是我们建筑起来的房子，那么每一个会计要素就是构成这幢房子的基本构件。我们在前面准备好基本的构件后，最后的工序就是搭建房子。也就是说，学习中级财务会计的最终目的就是要学会编制一份企业基本的财务报告。

二、致学生的建议

学习财务会计的一般要求，我们在《会计学原理》中已经系统讨论过了。在此，针对中级财务会计的特点，提出以下一些建议。

第一，由于中级财务会计几乎涉及企业所有经济业务，因此要求学生对制造业、商业、服务业等行业的生产与运作过程有大体的了解。同学们可以结合经济学、管理学和组织行为学等相关课程的学习来熟悉企业的运作过程。这是因为，会计人员不仅仅是被动地记录与报告，而且要对经济业务的真实性、合法性和合理性有个基本的判断。

第二，从图1-3我们已经知道，除特殊行业的业务和部分难点经济业务如合并会计等外，中级财务会计几乎涉及企业会计准则中的大部分具体会计准则，共有30多个，这就要求同学们在对照教材学习的同时，还要结合相应的具体会计准则来学习。

第三，除第二点中提到的具体会计准则，企业会计规范还包括不同层次的会计法规。例如，在讲解利润分配时，就涉及《公司法》要求股份公司在税后利润中提取10%的盈余公积的规定；在讲解所得税时，就涉及《中华人民共和国企业所得税法实施条例》等规定。也就是说，教材上讲述一项经济业务处理的每一个细节，都不是凭空得出的，而是有依据的，我们要掌握这些依据的制度来源。

第四，每章后面的习题都是根据该章的学习要点给出的，要掌握这些要点（知识点），除了要理解基本的概念和理论外，亲自动手练习是不能省略的。只有通过实际操作，才能进一步发现问题、解决问题，真正达到掌握这些知识点的目的。

第五，为了配合案例教学，我们根据各章的主题配备一个相应的案例（案例原文请参见本系列教材《会计教学案例》中级篇）。案例分析是一种模拟实际问题、分析实际问题及解决实际问题的最佳途径，因此要重视案例分析。案例分析最好以小组的形式开展，团队配合收到的效果更好。

最后要强调的是，纸上的东西永远都是暂时的，我们要养成一种时时追踪制度变化的习惯，通过报纸、电视、图书特别是网络来追踪这些制度的变化。这也是从事会计这个职业的基本职业要求和所要具备的基本职业素质。

思 考 题

1. 请简要说明龙门账的核算过程和原理。
2. 为什么1978年以前的中国会计与国际会计惯例会产生巨大的差异？
3. 哪些因素触动中国会计向国际会计惯例靠拢，为什么？
4. 外资引入后，兴办合资经营企业、外商独资企业，为何会计必须配套进行改革？
5. 简述我国最新（2014年后）会计准则体系结构。
6. 简要归纳我国会计规范体系结构。
7. 如何理解财务报告是会计的最终产品？财务报告包括哪些内容？
8. 请登录财政部会计准则委员会网站，了解我国会计准则制定的最新动态。

案例分析：中国会计准则与国际会计准则[①]

---

① 本书每章后所增加的案例分析请参见本系列教材中配套出版的《会计教学案例》一书，后同。

第二章

财务会计基本理论

本章要点

- 财务会计理论的内容
- 财务会计的目标
- 会计信息质量特征
- 会计要素的含义及其分类
- 会计假设
- 会计原则
- 会计约束

章首故事

规则性导向与原则性导向

至 2009 年 8 月底，美国准则制定机构共发布 51 份会计研究公报、4 份名词公报、31 份意见书、168 份财务会计准则公告、7 份财务会计概念公告，以及大量的解释公告、观点、技术公告、紧急问题公告、应用指南，再加上 SEC 的会计系列公告、教材和相关论文等，构成美国公认会计准则的庞大而复杂的内容体系。

同期国际会计准则委员会颁布的相关准则有 41 份国际会计准则（IAS）（29 份有效）、9 份国际财务报告准则（IFRS）、16 份国际财务报告解释公告（IFRIC）和 11 份解释公告（SIC）。

大体上，根据会计准则的特点，我们可以把会计准则分为两种导向：一种是原则导向，以 IASB 为代表的国际会计准则，准则制定的比较宽泛，强调准则的基本原则，在很大程度上依赖会计人员和审计人员的执业经验对经济业务的实质进行认定，最后选择恰当的方法进行确认、计量和报告。另一种是规则导向，以美国的公认会计准则为代表，准则的针对性强，各种会计方法及适应条件规定得非常具体细致，设置众多的界限，缩小了会计人员判断和选择的空间。

虽然美国极力通过规则性准则的制定来减少经营者侵害所有者利益的行为，但由于规则性准则自身的漏洞和局限，这一做法不仅没有起到应有的作用，反而加重了问题的严重性，最终导致从 2001 年开始的安然公司、世界通信等一系列会计丑闻的发生。安然事件后，2003 年 7 月，SEC 提交了《按〈2002 萨班斯—奥克斯利法案〉第 108 段对美国财务报告体系采用以原则为基础的会计制度的研究》报告，从而开始转向原则性的准则导向。2009 年 6 月，FASB 颁布第 168 号准则公告，宣布美国会计准则将以汇编形式出台，权威的会计准则不再以其他形式（如解释公告、技术公告、紧急问题公告等）出现。

以原则为导向的会计准则成为当今会计准则制定的主流，但由于原则导向准则的实施增大了会计和审计人员职业判断的空间，需要广大会计与审计人员对会计理论有更好的理解，从而更准确地把握经济业务的实质，选择更恰当的会计方法进行确认、计量和报告。

第一章重点讨论了我国会计规范问题，特别是会计准则体系。指导会计准则制定需要一定的会计理论支持，我们不仅要学会会计准则的运用，更重要的是要理解会计准则为何如此制定。本章重点阐述财务会计的基本理论，主要包括财务会计的目标、财务会计信息质量特征、会计要素和会计要素的确认和计量的基本原则等。

财务会计理论的
内容和结构

第一节 财务会计基本理论的性质和内容

一、财务会计基本理论的性质

理论与实务是相互促进的。就现代会计的发展而言，具有两方面的特征：一方面，会计理论的研究逐步深入，已形成一套完整的系统；另一方面，在会计理论的推动下，会计实务不断改进，会计的技术方法日臻完善。会计理论和实务的发展，把财务会计的水平提高到空前的位置。但从总体上看，会计实务的改进、发展有着悠久的历史，而会计理论的系统研究则在 20 世纪二三十年代后才开始。自 20 世纪 30 年代以来，世界各国（尤其是西方发达国家）的财务会计逐渐转向接受公认会计原则的约束和指导，而会计原则的建立和发展必须有一定的会计理论和概念作为依据，所以会计理论的系统研究成为各国会计界的重要任务。

什么是会计理论？美国会计学会（AAA）在 1966 年发表的经典文献《基本会计理论说明书》中对其定义为"一套紧密相连的假定性的、概念性的和实用性原理的整体，构成所探索领域的可供参考的一般框架"，并指出会计理论研究的四个目的：（1）确定会计的范围，以便对会计提出概念，并有可能发展会计的理论；（2）确定会计准则来判断和评价会计信息；（3）指明会计实务中有可能改进的一些方面；（4）为会计研究人员寻求扩大会计应用范围以及由于社会发展的需要扩展会计学科的范围时提供一个有用的框架。[①]

会计理论研究的初期，往往侧重于对会计实务的描述，缺乏一整套首尾一贯的理论框架，有关重要会计文献往往观点不一，甚至相互抵触，其结果并不能消除会计实务的混乱。因此，20 世纪 70 年代后，财务会计理论研究出现了新的发展趋势，逐步形成了以会计目标和基本概念为基础的财务会计理论体系。这其中，以 FASB 所制定的一整套财务会计概念框架最具影响力。从 20 世纪 70 年代开始，一直到 2010 年，FASB 一共制定了 8 项财务会计概念框架公告（SFAC），形成其制定会计准则的基本理论依据。这些概念框架的基本内容如下。

SFACNo.1：《企业编制财务报告的目标》（1978 年 11 月），本公告揭示了会计的基本目标和目的。

SFACNo.2：《会计信息的质量特征》（1980 年 5 月），该公告明确了有用会计信息的基本质量特征。

SFACNo.3：《企业财务报表的要素》（1980 年 12 月），本公告提出了财务报表的基本要素如资产、负债等 10 个要素以及这些要素的定义。

SFACNo.4：《非营利组织财务报告的目标》（1980 年 12 月），这一公告是基于外界形势所加上的，随着以后不再划分营利与非营利组织，这一公告实际已并入第 1 号公告。

SFACNo.5：《企业财务报表的确认与计量》（1984 年 12 月），该公告详细阐述了确认和计量的标准，并提供了关于什么信息应该进入以及何时进入企业财务报告的指南。

SFACNo.6：《财务报表的要素》（1985 年 12 月），该公告一方面取代了 SFACNo.3，另一方面将其范围扩大到包括非营利组织。

---

① 转引自：葛家澍，林志军. 现代西方会计理论. 厦门：厦门大学出版社，2006. 第 19-20 页。

SFACNo.7：《在会计计量中使用现金流量信息和现值》（2000 年 2 月），本公告主要讨论在会计计量中如何使用现值技术，该公告是第 5 号公告的补充和完善。

SFACNo.8：《财务报告概念框架》第 1 章 "通用财务报告的目标"、第 3 章 "有用财务信息的质量特征"（2010 年 9 月），该公告拟取代以前公布的所有概念公告。[①]

IASB 一直也非常重视概念框架的制订工作，于 1989 年颁布《编报财务报表的框架》。2004 年与 FASB 联合开发概念框架，于 2010 年发布联合开发的概念框架第一章和第三章。2015 年与 FASB 中止合作后，IASB 于 2018 年发布全套最新修订的《财务报告概念框架》。[②]

财务会计理论体系的研究和建立，具有十分重要的意义。首先，财务会计理论体系为分析、评估和指导会计准则的制定和发展提供了规范的理论基础，使会计准则的制定机构能保持准则体系内在的逻辑一贯性，避免概念上的冲突，有利于规范会计处理的方法与程序。其次，财务会计理论体系有利于信息使用者从同一概念出发理解财务会计和财务报告，避免理解上的混乱，从而有效地运用会计信息。再次，财务会计理论体系的建立，可以减少会计准则公告的数量与复杂性，节约会计准则的制定费用，并在会计实务发生变化而需要修订准则时，为会计处理提供指南。最后，建立一套严密的、为人们普遍接受和认可的财务会计理论体系，可以避免许多无谓的争论，消除来自各方面的压力。

二、财务会计基本理论的主要内容

现代财务会计理论经过将近一个世纪的发展，后期的研究重心主要聚焦在概念框架上。这其中最具代表性和权威性的是上面所提到的 FASB 所制定的财务会计概念框架公告（SFAC）。其次，是国际会计准则理事（IASB）1989 年颁布的《编报财务报表的框架》（2010 年改称《财务报告概念框架》）。我国 1992 年颁布《企业会计准则——基本准则》（以下简称《基本准则》），2006 年进行一次重大修订，2014 年又对公允价值的定义进行了调整。

从各主要准则制定机构颁布的相关公告内容来看，财务会计理论的基本结构（主要是概念框架）主要由会计目标、会计概念（会计要素）、会计信息质量特征、会计假设、会计原则、会计约束等内容组成的（见图 2-1）。这些内容分为三个层次：第一层次——会计目标，回答会计 "为什么" 的问题，确定会计的目标和目的，即会计的方向；第三层次——会计实施，回答会计 "如何做" 的问题，确定会计处理——确认、计量、记录和报告——的基本原则，同时包括会计假设和会计约束；第二层次——实施桥梁，它是连接第一层次和第三层次的纽带，包括会计信息质量特征和会计要素两部分。

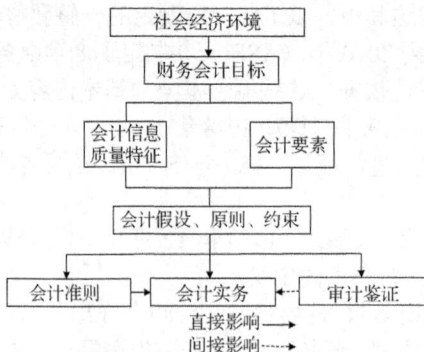

图 2-1　财务会计理论结构

第一层次——会计目标（或称财务报告目标）。会计目标是构建财务会计理论体系的基础和前提，它是财务会计行为主体在一定社会经济环境下，通过自身会计实践活动所期望达到的结果和基本要求。会计目标决定了财务会计活动的发展方向。财务会计的目标主要是向所有者、投资者、债权人以及社会公众，以财务会计报告的形式提供决策有用的财务信息。同时，会计还要反映管理层受托责任的履行情况。

第二层次——会计信息质量特征和会计要素。要更好地实现会计的基本目标，企业编制的会计报告必须达到一定的质量标准，这样，会计报告反映的信息才能真正满足信息使用者的决策需要和如实反映管理层受托责任的履行情况。一份合格的财务报告既要可靠，其所提供的信息与信息使用者的决策内容又要相关。财务报告的信息质量要求将在本章第三节中进行讨论。

会计的最终产品是财务报告，而构成财务报告的基本要件就是会计要素，会计基本要素是对财务报表项目的概括性的分类，如资产负债表分类为资产、负债和所有者权益，收益表分类为收入、费用和利润。对每一类要素的准确定义与分类直接决定其确认、计量和报告的方法，并最终决定财务报告的质量高低。会计要素将在本章第四节中进行讨论。

第三层次——会计假设、原则和约束。会计假设是财务会计核算的基本前提。它决定了会计核算的时间和空间范围，是制定各项会计准则的依据，构成了会计准则体系的最高层次。我们在《会计学原理》学习过的会计主体、持续经营、会计分期及货币计量就属于基本的会计假设。会计准则的基本内容是对每项具体经济业务的处理过程——确认、计量、记录和报告——进行规范，会计原则则是要求对所有经济业务在这一处理过程中必须遵循同样的规则。例如配比原则、充分披露原则等。会计约束是指导企业在提供有用的会计信息时，必须考虑成本与效益的关系。对这些内容更细致的讨论将在本章第五节中进行。

在构成财务会计基本理论的诸要素中，会计目标是财务会计理论研究的出发点，是财务会计理论的基石，属于最高层次。而会计目标的确定，要受到客观社会经济环境的制约。当然，会计理论（或概念框架）最终的目的：一是指导会计准则的制定；二是指明会计实务处理中需要进行判断时能借助的分析工具和理论基础；三是对审计鉴证而言，则是评价企业是否实质遵循企业会计准则的最高原则和基础。

第二节 | 财务会计的目标

一、财务会计的目标

从西方各国对会计目标的研究情况来看，会计目标所包含的基本内容大致为三个方面：一是会计信息的基本用途；二是会计信息的提供对象，即向哪些人提供会计信息；三是提供哪些信息，包括哪些是有用的信息。

首先讨论第一个问题，即财务会计信息的基本用途。会计目标的研究主要集中在会计报告和会计报表的目标上。20 世纪 60 年代之前，西方会计目标主要以反映受托责任为主，70 年代以后，随着决策有用性的兴起，逐步形成了受托责任学派和决策有用学派共存、以决策有用学派占主导地位的局面。前者认为，会计的目标就是向所有者报告受托资产使用管理的情况，它应以提供客观信息为主；后者则认为会计信息系统的根本目标就是向信息使用者提供对他们进行决策有用的信息。两者之间的差别体现在前者主要是揭示受托人的责任和经营业绩，后者主要体现在提供的信息是否对决策有用。

我国《基本准则》将财务会计目标定位于：财务会计报告的目标是向财务会计报告使用者提供与企业财务状况、经营成果和现金流量等有关的会计信息，反映管理层受托责任的履行情况，有助于财务会计报告使用者做出经济决策。

二、财务会计信息使用者

在说明财务会计目标时，我们提到，财务会计的目标是为企业财务会计报告使用者提供有助于其决策的财务信息。我国《基本准则》对财务会计的目标进行了明确定位，将保护投资者利益、满足投资者进行投资决策的信息放在了突出的位置。除了投资者外，企业财务报告的使用者还包括债权人、政府及有关部门、社会公众等。

根据财务信息进行有关经济决策的组织和个人，就是财务信息使用者。按照信息使用者与企业的关系，可分为企业内部的财务信息使用者和企业外部的财务信息使用者，前者即企业内部的经营管理人员，后者则指企业的所有者、债权人、潜在投资人、审计人员、证券交易管理机构、财政税务机关、金融机构、宏观经济管理机构、顾客或客户以及广大社会公众等。

三、财务会计信息使用者需要的信息

根据决策有用性的会计目标，企业应当提供的信息包括：（1）企业所拥有或者控制的经济资源，对经济资源的要求权以及经济资源及其要求权的变化情况；（2）企业的各项收入、费用、利得和损失的金额及其变化情况；（3）企业各项经营活动、投资活动和筹资活动等所形成的现金流入和现金流出情况等。这些信息有助于信息使用者正确、合理地评价企业的资产质量、偿债能力、盈利能力和营运效率，评估企业未来现金流量的金额、时间和风险，最终做出理性的投资及相关决策。

当然，不同的信息使用者对信息的需要重点是不相同的。投资者更加关心其投资的风险和报酬，以决定其是否买进、持有或卖出企业的股票或股权，所以投资者更多的是关注企业的盈利能力或股利支付能力的相关信息。债权人则通常关注企业的偿债能力和财务风险，他们需要相关的信息来评估企业能否如期归还本金、支付利息。政府及相关部门则关心企业的经济资源分配是否公平、合理，宏观决策所依据的信息是否真实可靠，从而来制定相应的宏观政策、税收征管政策和进行准则的国民经济统计。社会公众也会关心企业的经济活动，他们关注的焦点集中在企业提供的就业数量、刺激消费和提供社区服务等。

企业经营管理人员接受企业所有者委托，负责企业日常经营管理活动，规划企业未来，执行已定的各项计划与预算，因而必须充分掌握企业各种经济活动信息和财务信息。财务报告应当向企业经营管理人员提供按照所有者利益进行决策时的有用信息，同时提供经营管理人员在使用所有者委托给他们的企业资源时如何履行受托责任的信息。

此外，对企业财务会计信息存在需求的人员还包括证券交易所、律师、立法机构、财务报刊、网络、企业研究人员、教师、学生和社会大众等。这些使用者所需要的信息多种多样，不一而足。总之，企业财务信息的使用者数量众多，结构复杂，目的各异，要满足他们的需要，首要的是保证财务信息的质量，通过定期提供通用财务报告的形式满足各方面的信息要求。

第三节 财务会计信息质量特征

一、财务会计信息质量特征的层次

财务会计目标之一就是要为信息使用者提供对决策有用的信息，这就提出了"决策有用性"

的质量特征。但会计目标不会自动地实现这种特征，所以，我们一方面要塑造能提供满足会计目标各种信息需求的产品结构——财务报告；另一方面，要保证会计产品的每个要件都符合规定的质量标准，最终满足信息使用者的真正需求。前者，我们要对财务报告中的每张报表进行定位，并对每张报表进行构建，准确界定和分类，以实现每张报表的基本功能。这就是下一节我们将要讨论的会计要素的基本内容。后者，我们将要提供会计成品——财务报告——能通过检验的质量要求，以使会计人员在加工会计产品的过程中都按此标准进行生产，确保信息使用者得到的财务报告都是合格产品。

　　前面提到，不同的利益诉求，对企业信息的关注点是存在差异的，但是，有一点要求是共同的，那就是企业提供的会计信息要对"决策有用"。当然，有用的信息，使用者要能看得懂，能理解。另外，如果一个投资者要在不同的企业之间进行投资选择，那么企业之间的会计信息要可比等，这些都是对企业会计信息的质量要求。不同的质量要求放在一起，有轻重和主次之分，这就是所谓的"财务会计信息质量层级"。对会计信息质量特征层级（或层次）的表述，以FASB发表的第2号概念公告最具代表性，如图2-2所示[①]。这一层级分从属使用者的质量特征和从属决策的质量特征。

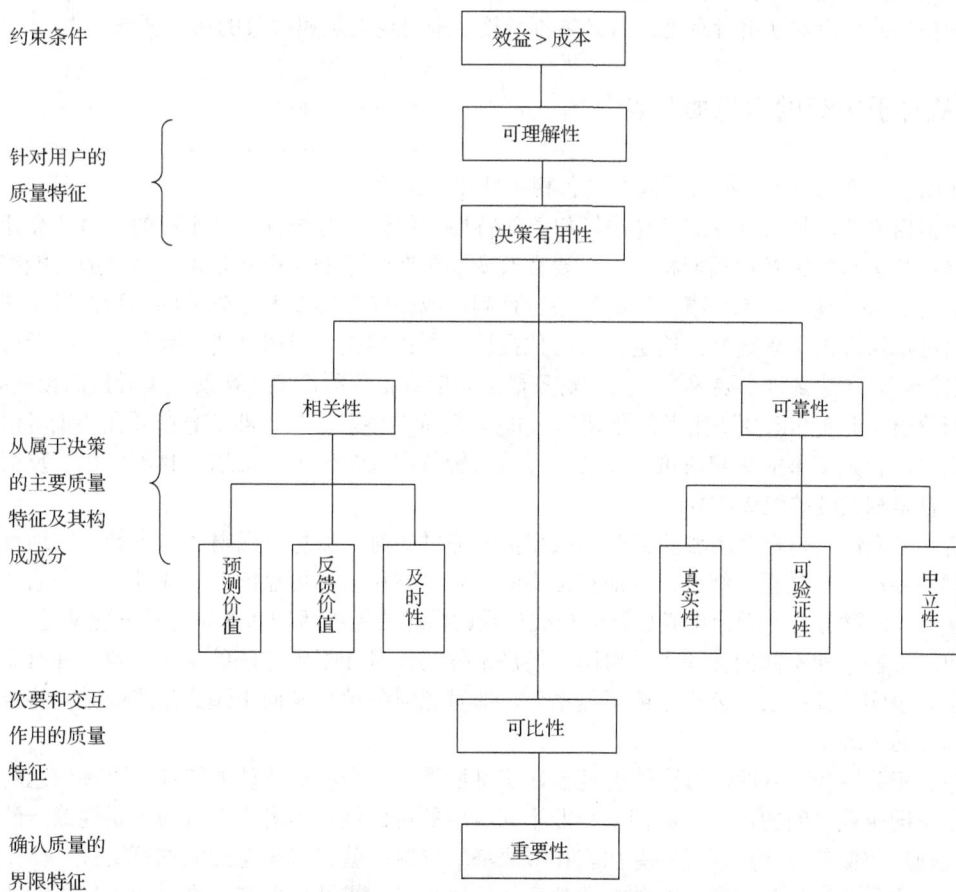

图2-2　财务会计信息质量特征层级

　　① 2010年，IASB和FASB联合颁布了新的会计信息质量特征概念公告，然而，一方面，由于我国基本准则还未跟进进行调整，另一方面，我国基本准则中，虽然提出了各个信息质量特征，如可靠性、相关性、可理解性、可比性等，但各个质量特征之间缺乏系统的说明。因此，我们仍然沿用了FASB第2号概念公告对会计信息质量的内容。

二、从属于使用者的质量特征

从属于使用者的质量特征包括可理解性和决策有用性。

可理解性是指信息使用者能够理解所提供的信息，它是连接用户和会计信息的纽带。这需要两方面的配合。一方面，信息使用者应当具备对信息的理解能力或者说具备理解财务信息的前导知识。财务信息是否有助于决策，在很大程度上取决于特定的使用者对信息的理解程度。对信息使用者来说，某些信息可能有用，另一些信息可能无用，有的使用者信息利用程度高，有的则利用程度低，这与使用者的目的和素质有很大关系。财务报告目标是使财务信息能被那些对商业和经济活动具备合理理解力的人，以及那些愿意研究财务信息的人所理解。所以，信息使用者应当通过接受适当的教育等途径努力提高自己对财务信息的理解力。另一方面，财务信息的提供者应当了解不同使用者的需求，严格按照会计准则的要求，尽量以最易被接受和理解的方式来提供财务信息，以满足使用者的需要。当然，也不应简单地因为难以理解而排除有用的信息。

决策有用性是财务会计信息质量的最基本要求，也是针对用户最基本的质量要求。而要使得企业提供的信息对使用者有用，就必须符合接下来讨论的从属决策的质量要求。

三、从属于决策的信息质量特征

从属于决策的质量特征必须同时具备相关性和可靠性。

所谓相关性，是指财务信息与决策相关的特性。但仅仅这样解释是不够的。财务会计信息必须是：要么与决策者的预期相一致，要么改变决策者的预期。也就是说，信息应当能够帮助使用者对过去、现在和未来事件的结果做出预测，或是能证实或改变先前的预测，以便使用者降低对经济事件的不确定性，增进决策的把握性。所谓相关，通俗地讲，就是能在接受信息后"导致差异"。要达到这个要求，相关的财务信息就应具备预测价值（帮助决策者提高预测能力）和反馈价值（证实和改变决策者的预期）。同时，还应具备及时性，即信息必须在决策者做出决策前提供，否则就不能影响决策，实现不了预测价值和反馈价值。所以，预测价值、反馈价值和及时性是相关性的组成成分。

所谓可靠性，是指使用者能够依靠或相信所提供的财务信息。当财务信息能如实地反映它要表述的经济活动过程和结果，并能被证实时，它就被认为是可靠的。可靠性有三个条件：一是真实性，即财务会计所计量或描述的与被计量、描述的经济活动和潜在的经济现象是一致的；二是可验证性，即不同的会计人员对同一经济事件的计量和报告方法的意见一致，并有足够的证据加以核实验证；三是公正性或不偏不倚，即避免财务信息倾向于预定结果或某一特定利益集团需要的主观意向。

除了相关性和可靠性，可比性也是会计信息质量的一个相对次要的特征。财务信息的可比性包括不同企业之间的可比性和同一企业不同时期的可比性，后者一般称为一贯性或一致性。当企业使用相似的会计处理程序并面临相似经济情况时，就能取得企业间的可比性。一个企业始终使用同一会计处理程序，就使企业前后期可比，但一贯性并非指一个企业永远不能改变其会计程序，只是要求这种改变应是经济情况改变的结果，并要求揭示这种改变及其对财务报表的影响，还需证实新的会计程序比旧的更可取。

必须指出的是，财务信息在正常情况下可以达到相关性和可靠性的统一，但两者又常常是冲突的。因为相关性包含了对未来事件的主观估计，而可靠性则要求对历史客观反映。例如，现行成本信息可以满足特定用途的需要，但存在人为的估算，难以实际验证；历史成本信息来自可验证的客观经济事项，但在价格变动情况下不能准确反映实际财务状况和经营成果，与决策者的具体决策需要不相关。所以，当会计方法变动在相关性上有所得时，在可靠性上则可能有所损害；反之亦然。有用的会计信息应当是在保证可靠性的前提下，最大限度地实现相关性的要求，在此基础上由信息使用者根据自己的需求做出必要选择，以满足决策需要。

另外，可比性与可靠性也存在矛盾。例如，为了可比性的要求，对会计程序与方法做出某种改变，这在一定程度上会导致可靠性受损，因而应将会计程序和方法改变的原因、结果及其对财务信息的影响予以充分揭示，以减少其对可靠性的损害程度。

在我国《基本准则》中的会计信息质量要求部分，分别提到了可靠性、相关性、可理解性、可比性、实质重于形式、重要性、谨慎性和及时性的各质量要求，但没有对这些质量特征进行分类和系统说明。

第四节 会计要素

一、会计要素的划分

会计要素也称财务报告要素，是财务会计对象的具体构成部分。会计要素是对会计核算对象按性质的分类，它有助于将大量、零乱的经济业务数据，经过分类、汇总，加工成全面、综合、系统、重要而又相联系的项目，在按规定格式安排后即可编制财务报表：根据资产、负债、所有者权益三个会计要素编制反映企业财务状况的资产负债；根据收入、费用、利润三个会计要素编制反映企业经营成果的利润表。

对会计要素的规定，各国之间存在差异。1970 年，美国会计原则委员会（APB）公布的第 4 号公告中，第一次提出会计要素的概念，并划分了六个基本会计要素：资产、负债、业主产权、收入、费用及净收益（净损失）。后来的美国财务会计准则委员会（FASB）对会计要素进行了深入研究，在其 1980 年 12 月公布的《企业财务报表的要素》概念公告中提出了 10 个财务报表要素，即资产、负债、产权、业主投资、派给业主款、全面收益、收入、费用、利得和损失。1989 年，IASC 发布的《编报财务报表的框架》中，则把会计要素确定为资产、负债、权益、收益和费用。

我国于 1992 年 11 月 30 日发布《基本准则》，把会计要素归结为资产、负债、所有者权益、收入、费用和利润。2006 年，又对这些定义进行了调整。本书对这些要素定义的讲解主要以此为依据。

二、财务状况要素：资产、负债、所有者权益

资产负债表反映企业某一时日的财务状况，构成资产负债表的资产、负债、所有者权益三个会计要素即称为财务状况要素或资产负债表要素。

（一）资产的定义与分类

1. 资产的定义

资产是指过去的交易或事项形成的、由企业拥有或控制的、预期会给企业带来经济利益的资源。作为资产，必须同时具备以下四项标准。

（1）资产的实质是一种经济资源。作为经济资源，它可以作为要素投入到生产经营过程中，并在单独或与其他资产结合使用时，直接或间接地为企业提供未来的经济利益。作为经济资源，

必须具有为企业服务的潜能或某种权利，才能作为资产。那些不能再投入作为生产经营要素的耗费项目，或已经丧失服务能力的已耗资源不再是资产。

（2）资产是由过去的交易、事项所形成的。资产的形成原因是资产存在和赖以计价的基础。只有过去发生的交易、事项才能增加或减少企业的资产。未来的、尚未发生的事项的可能后果不能确认为资产，而且也没有可靠的计量依据。

（3）资产应为企业拥有或控制。强调所有权归属是会计主体假设的必然要求。所谓拥有，是指一个企业资产的法定所有权归属于该企业；所谓控制，是指一个企业能够主导一项资产的使用并从中获得几乎全部的经济利益（或承担相应的风险）。另外，企业拥有或实质上拥有的这项资产所产生的利益只能归属于本企业，从而限制了其他主体对这一利益的要求。换言之，资产都是指特定主体的资产，资产所产生的未来经济利益具有排他性，如果不同主体都能分享这种利益，它就不是会计所定义的资产。

（4）资产应该预期能给企业带来经济利益。强调未来经济利益的流入是对资产作为经济资源这一本质属性的重要写照。那些已经不能带来未来经济利益流入的项目，如陈旧毁损的实物资产、无望收回的债权等，自然就不能再作为资产来核算和列报。此外，对一些资产项目采用账面价值与可收回金额孰低的原则进行列报，对存货、应收账款、固定资产、在建工程、无形资产、短期投资、长期投资等项目提取减值或跌价准备，就是对资产本质属性认定的具体体现。

资产的定义是针对所有资产项目进行的，它们具有共同的特征。而所有资产中，又可以将一些具有共同特征的资产进行进一步分类。这种分类可以将一些具有相同特征的资产按照相同的规则进行核算和管理。

2. 资产的分类

资产可以按照不同的标准进行分类，比较常见的分类方法有以下几种。

（1）资产按流动性

流动性是指企业资产变现的能力和支付能力。资产按其流动性划分，可分为流动资产和非流动资产。

流动资产，是指可以在 1 年或超过 1 年的一个营业周期内变现或耗用的资产，主要包括现金、银行存款、交易性金融资产、应收及预付款项、待摊费用、存货等。

流动资产以外的资产归类为非流动资产，包括债权投资、其他债权投资，其他权益工具投资、长期股权投资、固定资产、无形资产和其他资产等。

债权投资、其他债权投资、其他权益工具投资、长期股权投资，是指除交易性金融资产以外的各类债权和股权投资。

固定资产，是指为生产商品、提供劳务、出租或经营管理而持有的使用寿命超过一个会计年度的有形资产。

无形资产，是指企业拥有或控制的没有实物形态的可辨认非货币性资产。无形资产包括专利权、非专利技术、商标权、著作权、土地使用权等。从本质上讲，商誉是一项无形资产，是不可辨认的无形资产。不过在《企业会计准则第 6 号——无形资产》中，没有包括商誉。企业自创的商誉，以及不满足无形资产确认条件的其他项目，不能作为无形资产。

其他资产，是指除上述资产以外的其他资产，如长期待摊费用。长期待摊费用是指企业已经支出，但摊销期限在 1 年以上（不含 1 年）的各项费用，包括租入固定资产的改良支出等。应由本期负担的借款利息、租金等，不作为长期待摊费用处理。

将资产按流动性进行分类，可以向投资人提供有关企业清算变现能力的信息。为使投资人了解企业变现能力的信息，以便进行有关决策分析，资产不仅要按流动性划分，而且要按变现能力的顺序分为现金、应收账款等速动资产和其他类别的项目。按资产的流动性分类可以说明各种资产变现的时间分布，从而有效地预测现金流动。

按流动性分类并排列是现行资产负债表编制的通行做法。

（2）资产按计价方式分类

资产按其计价方式，可分为货币性资产和非货币性资产。

货币性资产，是指企业拥有的货币资金以及价值量为固定金额的资产，如现金、银行存款、应收账款、应收票据等。这类资产除涉及有关外币业务外，基本上不存在计价问题，一般以本项目的货币金额表示。

非货币性资产，是以实物和其他非货币形式体现的资产，如存货、固定资产、无形资产、股权投资以及不准备持有至到期的债券等。这类资产存在计价问题，它有可能采用实际成本计价，也可能采用现时成本或重置成本计价。

这种分类，在物价变动的情况下，作用尤为重要。货币性资产的价值为固定不变的货币量，无论通货膨胀还是通货紧缩，它们的名义货币金额都不会改变。正因为货币性资产的这种性质，它所实际代表的商品或劳务量，直接随着物价的升降而上下波动。通货膨胀时，货币性资产由于货币贬值导致损失；通货紧缩时，则货币性资产由于货币升值产生收益。与此相反，非货币性资产在通货膨胀的情况下，由于市价上升而获利；在通货紧缩的条件下，由于市价下跌而受到损失。因此，在物价变动条件下，划分货币性资产与非货币性资产，有利于分析企业持有资产的价值，哪些资产会因物价变动而获利，哪些资产会因物价变动而受损。

（3）金融资产与非金融资产

金融资产，是实物资产的对称，是指一切未来收益或资产合法要求权的凭证，本质上是一种索取实物资产的权利。金融资产包括所有货币性资产、股权投资以及衍生金融工具（如金融期货、期权、远期、互换等）。正因为金融资产是实物资产的对称，当金融资产的存量与实物资产对应时，金融资产的价值才有基础；而当金融资产大大超过实物资产时，社会经济就会出现泡沫。因此，金融资产本身是蕴含很大风险的，为了揭示这一风险，对金融资产特别是在此基础上开发的衍生金融工具要求按公允价值计量就成为一种必然。由于金融资产具有相同的特征，因此，《企业会计准则第 22 号——金融工具确认与计量》对所有金融资产的处理进行了统一的规范。

（4）资产按实物形态分类

在非金融资产中，资产按实物形态可分为有形资产和无形资产两类。无形资产的定义上面已经有所论述。资产的这一分类主要表明无形资产的独特性，并在《企业会计准则第 6 号——无形资产》进行统一规范，详细讨论参见本书的第九章。

（二）负债的定义与分类

负债是指过去的交易或事项形成的、预期会导致经济利益流出企业的现时义务。负债的定义包括以下几层含义。

（1）负债是由企业过去的交易事项引起的，而由企业当前承担的义务。预期将来要发生的交易、事项可能产生的债务不能作为负债。

（2）负债将要由企业在未来的某个时日加以清偿。

（3）清偿债务会导致企业未来经济利益的流出。为清偿债务，企业往往需要在将来将本企业拥有或控制的资产转移给他方，例如，用现金或实物资产清偿，或者通过提供劳务来偿还，或者同时用资产和提供劳务偿还，也有可能将债务转为本企业的所有者权益。

比照资产的分类，负债也可以分为流动负债与非流动负债、货币性负债与非货币性负债、金融负债与非金融负债。其分类标准与方法与资产大抵相同，这里不再赘述。但与资产不同的是，负债按支付责任的确定概率还可分为确定负债与或有负债。所谓或有负债，是指过去的交易或事项形成的潜在义务，其存在须通过未来不确定事项的发生或不发生予以证实；或过去的交易或事项形成的现时义务，履行该义务不是很可能导致经济利益流出企业或该义务的金额不能可靠计量。正是由于负债的这一特殊类型，《企业会计准则第 13 号——或有事项》进行了专门的规范。

（三）所有者权益的定义与分类

所有者权益是指企业资产扣除负债后由所有者享有的剩余权益，又称净资产。公司的所有者权益又称股东权益。所有者对企业净资产的所有权包括所有者的投入资本、直接计入所有者权益的利得和损失以及留存收益。

所有者权益具有以下几层含义。

（1）所有者权益是净资产，它的金额大小由资产与负债的差额决定。

（2）所有者权益是一种剩余权益，其对企业资产的要求权位于负债之后。

（3）影响所有者权益的因素主要有所有者的增资或减资，以及企业税后留利中不再分派的剩余部分。无论哪一种因素，都必须按法律、制度、章程或合同的规定增减所有者权益。

所有者权益包括实收资本、资本公积、其他综合收益、盈余公积和未分配利润，其中后两者一般称为留存收益或留用利润。其中，其他综合收益是指不应计入当期损益、会导致所有者权益发生增减变动的、与所有者投入资本或向所有者分配利润无关的利得或者损失（利得与损失的定义将在下面收入定义中一起给出）。直接计入所有者权益的利得和损失分别扣除所得税影响后的净额以其他综合收益项目在资产负债表中的所有者权益中列示。

从广义上说，权益包括所有者权益和负债，后者也称为债权人权益。尽管它们都对企业资产都拥有要求权，但却有着较严格的区别。

（1）所有者的投资是一种永久性投资；而债权人的债权却有明确的回收期。

（2）负债是债权人对企业资产的索偿权，或者说是企业对债权人应承担的经济义务；所有者权益是企业所有者对企业净资产的要求权，它表现为一种产权关系。

（3）债权人要求偿付本息的权利位于所有者索偿剩余产权的权益之前。

（4）债权人到期收回的本金和应得的利息的金额和日期是固定的；而所有者的收益通常是不固定的，要根据企业的盈利状况及企业的利润分配政策等情况决定。

（5）债权人无权参与企业经营管理；所有者则有法定财产享有权和管理企业或委托他人管理企业的权利。

（6）负债可单独计量，而所有者权益是按一定会计程序计量特定的资产和负债后所形成的结果。

三、经营成果要素：收入、费用、利润

利润表用以反映企业一定期间的经营成果。构成利润表的收入、费用、利润三个会计要素即称为经营成果要素。

（一）收入的定义与分类

收入是指企业在日常活动中发生的、会导致所有者权益增加的、与所有者投入资本无关的经济利益总流入。收入具有以下特点。

（1）收入是从企业的日常活动中产生的，如工商企业销售商品、提供劳务取得的收入。在收入的定义中并不包括同企业日常活动无关的其他经济利益流入，如债务重组时所产生的重组

利得，这种收入归为营业外收入。

（2）收入既可能表现为资产的增加，也可能表现为负债的减少，也可能同时引起资产的增加和负债的减少。

（3）收入会引起企业所有者权益的增加。

收入包括主营业务收入和其他业务收入。前者指由企业经常性的、主要经营业务所产生的收入，后者指由企业非经常性的、兼营业务所产生的收入。收入不包括为第三方或客户代收的款项。

（二）费用的定义与分类

费用是指企业在日常活动中所发生的、会导致所有者权益减少的、与向所有者分配利润无关的经济利益总流出。费用有以下特点。

（1）费用是企业在销售商品、提供劳务等日常活动中发生的经济利益的流出。

（2）费用既产生于企业与外界的交易（如外购动力等），也产生于企业内部的事项（如计提折旧、耗用材料等）。

（3）费用既可能表现为资产的减少，也可能表现为负债的增加，或者同时表现为资产的减少和负债的增加。

（4）费用将引起所有者权益的减少。

费用按其与收入的关系，可以分为营业成本和期间费用。营业成本是指所销售商品的成本，或提供劳务的成本。营业成本按照所销售商品和所提供劳务在企业日常活动中的地位，可分为主营业务成本和其他业务成本。期间费用是指那些无法或不易与收入配比而直接计入当期损益的费用。它包括企业为组织和管理生产经营活动而发生的管理费用，为筹集生产经营所需资金等而发生的财务费用，以及在销售商品过程中发生的销售费用。

此外，FASB 是将利得和损失作为两个单独的要素进行归类的。我国目前在《基本准则》中是将这两类归为所有者权益的。

根据《企业会计准则讲解（2010）》，利得是指由企业非日常活动形成的、会导致所有者权益增加的、与所有者投入无关的经济利益流入。利得包括直接计入所有者权益的利得（如相关金融资产按公允价值计量变动计入其他综合收益）和直接计入当期利润的利得（如相关金融资产按公允价值计量变动计入当期损益）。损失是指由企业非日常活动形成的、会导致所有者权益减少的、与向所有者分配利润无关的经济利益流出。损失包括直接计入所有者权益的损失（如按公允价值计量变动计入其他综合收益的金融资产）和直接计入当期利润的损失（如按公允价值计量变动计入当期损益的金融资产）。

（三）利润的定义与分类

利润是指企业在一定会计期间的经营成果。它可以大致表示为收入扣除费用后的余额（如果收入小于费用，则为亏损）。利润有以下特点。

（1）利润代表企业在一定会计期间取得的最终和综合的经营成果。

（2）利润包括主营业务利润、投资损益净额、直接计入当期损益的利得与损失净额和营业外收支净额。

（3）利润的质量和可预测性由收入和投资收益的可持续性决定。

（4）利润的许多特点都体现在收入要素上，同时也要考虑作为收入减项的费用要素的特点。

利润可分为营业利润、利润总额和净利润。净利润又分为持续经营净利润和非持续经营净利润。

而在 FASB 和 IASB 的概念框架中，都已经不再把利润作为一个基本会计要素。

第五节 | 会计假设、原则和约束

一、会计假设

会计假设是会计确认、计量、记录和报告的前提，它是对会计核算的时间、空间环境所做的合理设定。在会计四个基本假设中，会计主体和货币计量是对空间的设定，持续经营和会计分期则是对时间的设定。权责发生制实际上也是时间上的一种设定，在我国《基本准则》中将其称为会计基础。这些内容均分散出现在本系列教材《会计学原理》中，在这里集中做一个系统的阐述。

（一）会计主体

会计主体是指会计确认、计量、记录和报告的空间范围。这一假设意味着经济活动可以确认于承担责任的特定主体。为了向财务报告使用者反映企业财务状况、经营成果和现金流量，提供决策有用的信息，财务报告的编制必须反映特定对象的经济活动，才能实现财务报告的目标。在会计主体假定下，企业应当对其本身所发生的交易或者事项进行确认、计量、记录和报告。所以明确界定会计主体是开展会计工作的首要前提。

首先，明确会计主体，才能划分会计所要处理的各项交易或事项的范围。在会计实务中，只有那些影响企业本身经济利益的各项交易或事项才能进入信息处理系统，那些不影响企业本身经济利益的各项交易或事项则不能对其进行确认、计量、记录和报告。通常所讲的资产、负债的确认、收入的实现、费用的发生等，都是针对特定会计主体而言的。

其次，只有明确会计主体，才能将会计主体的交易或事项与会计主体所有者的交易或事项以及其他主体的交易或事项区分开来。

另外，会计主体与法律主体既存在联系，又存在区别。法律主体必然是一个会计主体，但反过来，会计主体则不一定是法律主体。例如，独资与合伙企业都是会计主体，但它们不是法律主体。而企业集团是会计主体，但不是法律主体，集团是两个或众多法律主体的集合。

最后，要注意的是，主体的概念正在发生变化。例如虚拟的网络公司，或者因为临时需要或特定目的成立的短期合作企业或客户—供应关系等。这些对会计主体假设造成一些冲击，需要谨慎应对。

（二）持续经营

会计假设并不是特定现实完全真实的写照。在现实市场竞争经济环境中，优胜劣汰是基本经济规律。但持续经营假设是设定所核算的会计主体可以长期经营、按现行的规模和状态延续经营下去。在这一假设下，会计确认、计量、记录和报告应当以企业持续、正常的生产经营活动为前提，会计确认依据权责发生制，计量既可运用历史成本，也可应用市价，长期资产采用系统合理的折旧或者摊销方法等。如果企业面临清算，计量中的历史成本就失去意义，市价应用也受到限制（清算是有时限的），流动与非流动项目的划分没有必要了。当然，当一个企业实际处理破产清算时，这一假设就不再适用了。总之，持续经营假设是在对一个不存在破产清算迹象的主体进行会计核算的基本前提。

（三）会计分期

在持续经营的假设下，如果我们要准确计量一个主体的经济成果，那么我们必须一直等到这个主体进行清算的时点。但是，无论是企业的生产经营者，还是投资人与债权人都不可能等那么久。会计分期假设，就是将一个企业持续经营的生产经营活动划分为一个个连续的、长短相同的期间。其目的就是及时地向信息使用者提供企业的财务状况、经营成果和现金流量信息。

由于有了会计分期，才产生当期与以前期间、以后期间的区别，才会出现权责发生制与现金制的选择，进而出现折旧、摊销等会计处理方法。在这一假设下，主体应当划分会计期间，并按期结算账目和编制财务报告。会计期间通常分为一个年度（或一个正常的营业周期）、中期。中期，是指短于一个完整的会计年度的报告期间，如季度和月度。一般而言，期间越短，所确定的经营成果就越不准确，但却更及时。这也是信息质量中的可靠性或相关性中的两难问题。

（四）货币计量

货币计量假设意味着货币是主体所有经济活动的唯一尺度和共同特征，它为会计计量和分析提供了一个恰当的基础。在会计确认、计量、记录和报告过程中，之所以选择以货币为基础进行计量，是由货币本身的属性所决定的。货币是商品的一般等价物，是衡量一般商品价值的共同尺度，具有价值尺度、流通手段、贮藏手段和支付手段等特点。其他计量单位，如重量、长度、容积、台、件等，都只能从一个侧面反映企业的交易或事项的结果，无法从量上进行汇总和比较，不便于会计计量和经营管理。但是，另一方面，货币计量有其不可避免的缺陷，如某些影响企业经营战略、研发能力、市场竞争力、人力资源等，往往难以用货币进行计量，而这些信息却又特别重要。这点可通过财务报告中的表下披露进行弥补。最后，货币计量假设暗含有货币的尺度是固定不变的，但这一点与现实是不相符的，因此，在物价水平急剧变动的时期，对物价指数的必要调整才能使主体提供的会计信息更相关。

（五）权责发生制

权责发生制要求，凡是当期已经实现的收入和已经发生或者应当负担的费用，无论款项是否收付，都应当作为当期收入和费用；凡是不属于当期的收入和费用，即使款项在当期收付，都不应当作为当期收入和费用。权责发生制在我国《基本准则》中是界定为会计基础的。

二、会计原则

我们一再强调，会计的基本处理过程是由确认、计量、记录和报告组成的，具体会计准则致力于每一项经济业务的确认、计量、记录和报告规则的制定。所以，在会计理论部分，我们着重讨论的是会计要素总体的确认、计量、记录和报告的一般原则。由于会计记录通常采用的是复式的借贷记账法，下面则主要围绕确认、计量和报告三个方面来展开。

会计原则

（一）确认原则

什么是会计确认？FASB 在其第 5 号概念公告《企业财务报表的确认与计量》中指出："确认指的是把某个项目作为资产、负债、收入和费用等正式加以记录和列入企业财务报表的过程。"实际上，会计确认就是按照一定的标准，辨认应予以输入的会计数据，在账簿中按财务会计的要素及其进一步的分类正式地加以记录，并按财务报表的项目列入财务报表的过程。会计确认通俗地讲就是解决三个问题：一是所发生的经济业务是否应该进入会计信息系统；二是如果进入，在账簿或报表中以何项目登记；三是何时登记。对会计要素的确认分为两个步骤，一是记入账簿，即初始确认；二是把账簿记录列为报表的内容，即后续确认。所以，会计确认就是确定有关经济数据能否、如何及何时进入会计信息系统的工作。

那么，如何进行会计确认，或者说怎样确定有关经济数据是否进入会计信息系统？这就必须有一定的确认标准。会计确认的标准有以下四条。（1）可定义性。即被确认的项目应符合财务报告要素的定义。（2）可计量性。即确认的某个项目的成本或价值要能充分可靠地加以计量。（3）相关性。即经确认的项目所反映的信息应与使用者的决策相关。（4）可靠性。即相关的信息应如实反映，可以验证和不偏不倚。

会计确认是对财务报告要素的确认。但是所有者权益和利润分别是资产与负债、收入与费用的差额，一般不存在确认问题。所以，会计确认主要是对资产、负债、收入和费用的确认。

（二）资产与负债的确认

（1）资产的确认

资产的确认就是按照资产的定义确定某个项目是否属于资产，而决定是否加以记录和报告的过程。从前面所述的资产的定义与特征中，我们对资产的实质已有一个明确的认识。但仅以资产的定义和特征来确认具体的资产是远远不够的，还需要更具体的确认标准。例如，一个企业的自创商誉，它既符合资产定义，又具有资产的特征，那么为什么在会计上不能把它确认为资产呢？这就关系到资产确认的具体标准。一般而言，确认资产的具体标准有如下几项。

第一，可定义性。在前面对资产进行定义时，提到资产的四个基本特征。因此在资产确认时，首先必须满足资产定义的四个特征，才能确认为一项资产。其中，资产定义中的"由企业拥有或控制的"这一特征，"拥有"表明会计上确认的资产仅仅是某一会计主体所拥有的资产，即一项资产只有被企业拥有其法定所有权时，才能确认为资产。但所有权标准并非绝对标准，在运用所有权标准时，还必须遵循"实质重于形式"原则，这里的实质就是"控制"。看一项资产是否为企业所确认并登记，应以"实质控制权"而非仅仅"所有权"为标志。例如，企业融资租赁取得的固定资产，其所有权在形式上并不为企业所拥有，但由于融资租赁合同的不可更改性，该资产的报酬和风险已经发生转移，企业实质已取得资产的控制权，因而应将其记录为企业的一项资产。包含在定义中的另外几条重要确认标准，就是与该资源有关的经济利益很可能流入企业；资产的实质是一种经济资源；资产是由过去的交易、事项所形成的。

第二，可计量性。可计量性是指只有当有关资源的成本或价值能够可靠计量时，资产才能予以确认。例如，上面提到的企业不能将自创商誉作为资产确认，正是出于这个原因。

后两个确认标准——可靠性及相关性——主要是针对会计信息质量的，在这里我们不作为确认标准的重点进行讨论。

（2）负债的确认

负债的确认，就是按照负债的定义和具体确认标准，决定某个负债项目是否记录和报告的过程。按照前面负债的定义以及由此归纳出的负债的几个基本特征，负债的确认必须满足这些特征才能进行确认。同时，负债的确认还必须满足可计量性的标准。如对企业可能承担的未来义务，如果该义务的金额无法估计，即使发生的概率比较大，也不能作为负债在表内加以确认，只能在表下进行附注说明。

（三）收入的确认

收入的确认，应当按实现原则进行。实现原则主要由两项条件所规定：（1）与收入有关的交易行为已经发生或商品的所有权（或控制权）已经转移；（2）收入的赚取过程已经完成，或已取得将来收取货款的法定权利。只有同时具备这两个条件，收入才视为已经实现，从而可以在会计上予以确认。这是 FASB 在第 5 号概念公告中确定的收入确认原则。

我国《基本准则》中阐述的收入确认原则仍然是可定义性和可计量性两条标准。

FASB 和 IASB 联合开发收入准则项目后，于 2014 年 IASB 发布了国际财务报告准则第 15

号——《源于客户合同收入》，FASB 发布更新的准则汇编《专题 606——收入》。我国财政部于 2017 年发布新修订的《企业会计准则第 14 号——收入》。这次两大准则制定机构对收入准则的修订，一个重大变化就是在收入的确认标准上，采用了资产负债观，以控制权转移作为收入确认的标准，以取代风险和报酬的转移作为收入确认的标准，使资产、收入的确认标准取得一致。

新修订的收入准则强调收入源自合同，合同包含企业向客户转让商品或服务的履约义务，在客户取得商品控制、企业已履行合约中的履约义务时（时点或时段）确认收入。为了实施这一确认原则，还规定了企业必须按下列五个步骤来进行收入确认与计量。

步骤一：识别客户合同。

这一步主要是识别合同是否满足收入确认的条件（确认标准），我国新修订的收入准则第五条明确规定，当企业与客户之间的合同同时满足下列条件时，企业应当在客户取得相关商品控制权时确认收入：

（1）合同各方已批准该合同并承诺将履行各自义务；

（2）该合同明确了合同各方与所转让商品或提供劳务（以下简称"转让商品"）相关的权利和义务；

（3）该合同有明确的与所转让商品相关的支付条款；

（4）该合同具有商业实质，即履行该合同将改变企业未来现金流量的风险、时间分布或金额；

（5）企业因向客户转让商品而有权取得的对价很可能收回。

步骤二：识别合同中的履约义务。

识别合同中的履约义务，是指合同开始日，企业应当对合同进行评估，识别该合同所包含的各单项履约义务，并确定各单项履约义务是在某一时段内履行，还是在某一时点履行，然后，在履行了各单项履约义务时分别确认收入。

步骤三：确认交易价格。

就是要求企业应当根据合同条款，并结合其以往的习惯做法确定交易价格。在确定交易价格时，企业应当考虑可变对价、合同中存在的重大融资成分、非现金对价、应付客户对价等因素的影响。

步骤四：将交易价格分摊至合同中的履约义务。

合同中包含两项或多项履约义务的，企业应当在合同开始日，按照各单项履约义务所承诺商品的单独售价的相对比例，将交易价格分摊至各单项履约义务。

步骤五：在企业履行履约义务时（或履约过程中）确认收入，同时结转相应的履约成本。

（四）费用的确认

费用是为获取一定收入而花费的支出，因而费用的确认与收入的确认不能分割，这就是所谓的"费用跟着收入走"。费用应当按照权责发生制原则在确认有关收入的同一会计期间予以确认。由于确认费用不能孤立进行，因此费用的确认也称费用的配比（或配比原则）。费用的确认（配比）有三种标准。

（1）按因果关系加以确认。当某项费用的发生是某项收入取得的原因时，就应在确认收入的同时，确认该项费用，并将其作为收入的扣减项目，如已售商品销售成本就应随同本期销售收入的确认而确认为该期的费用。

（2）按合理而系统的分摊方式确认。如果经济利益可望在若干会计期间发生，而且只能大致和间接地确定费用与收益的关系，在这种情况下，就应当将资产的成本合理而系统地分配为费用。按这种方式确认的费用，一般称为折旧或摊销。

（3）直接作为当期费用确认。当某项费用的发生既不能根据因果关系确认，也不能合理、系统地分配时，就只能在其发生时直接作为当期费用予以确认。例如，广告费的发生是为了获得长期利益，但往往不能肯定其预计效益所涉及的期间，因而就直接列作当期的期间费用。因此，严格地讲，这种确认费用的方法不能称为配比法。

（五）计量原则

会计计量，是在会计确认的前提下，对会计要素的内在数量关系加以衡量、计算并予以确定，使其转化为可用货币表现的信息。简言之，会计计量就是对会计要素金额的确定。会计计量与会计确认密切相连。会计确认是解决定性问题，即能否确认、何时确认和确认为何种项目；会计计量则解决定量问题，即"是多少"。

从会计计量的技术方面来看，要考虑两个问题：一是选择合理的计量单位；二是决定所采用的计量属性。会计计量的计量单位主要是名义货币单位。人们通常把货币计量与会计计量等同起来，实际上它们是既有联系又有区别的。会计计量主要是货币计量，但并不排斥非货币计量。通常人们都以名义货币单位作为会计计量尺度，并以币值不变假定为前提，它具有综合程度高、计量简便、客观可验证的优点，但在价格波动，尤其是通货膨胀情况下，币值的剧烈变动会使得以名义货币单位计量的会计数据不准确，严重影响会计信息的可靠性，甚至对信息使用者产生误导。为了消除这种影响，也可采用一般购买力单位作为会计计量尺度。一般购买力单位的确立，是对币值不变这一假定的否定。它是按照一定时点的货币实际购买力换算后的计量单位，是对名义货币单位的一种调整形式。用一般购买力单位进行会计计量，是通货膨胀会计专门研究的问题。

计量属性是指会计要素的可计量的某一方面的特性或外在表现形式。例如资产，可从不同的方面对其进行货币计量：按原始成本、重置成本（现行成本）或现行市价等。由于采用不同的计量属性，同一资产会确定为不同的金额。在会计实务中，常运用的计量属性包括以下几点。（1）历史成本，即企业在取得某项资产时所支付的现金数额或其他等价物。（2）现行成本，即企业在现时情况下要取得同样或类似资产所需支出的现金数额或其他等价物。（3）现行市价，即在正常清算情况下，销售某资产所能获得的现金数额或其他等价物。（4）可变现净值，即资产在正常交易过程中可望变换为非贴现的现金数额及其他等价物。（5）未来现金流量的现值，即资产在正常业务进行过程中可望变换成未来的现金流入现值或该现值减去为实现这一现金流入所需的现金流出的价值。

20 世纪 90 年代开始，随着全球经济一体化的推进和日益深入，世界经济竞争也随即加剧，经济波动和价格变动更加频繁；同时，随着创新金融产品的不断推出，一方面经济杠杆加大，效率大幅提升，但另一方面，金融创新产品作为一把双刃剑，又极大地提高了经济风险并加剧了经济的波动。为了更好地向信息使用者揭示企业经营中面临的种种价格变动和各种经济风险，计量属性中所追求的一个标准就是反映资产或负债的公允价值，以随时反映这种变化。而过去在确认与计量中一直坚守的历史成本原则也慢慢被突破了。因此，第 7 号概念公告强调的是要以公允价值对资产或负债进行计量。这也是 2000 年 FASB 在第 6 号概念公告（1985 年）制定 15 年后再制定一个第 7 号概念公告的根本原因。之后，2006 年，FASB 颁布了更详细的应用准则第 157 号《公允价值计量》。2011 年，IASB 颁布 13 号国际财务报告准则《公允价值计量》。

由于公允价值越来越受到重视，并得到广泛运用，我国《基本准则》第 43 条将公允价值与历史成本、重置成本、可变现净值、现值并列，作为一种基本的计量属性。并于 2014 年颁布《企业会计准则第 39 号——公允价值计量》来指导公允价值的具体运用。

公允价值计量属性运用的最大优点是其及时、相关，但最大的缺陷就是其主观性大，可靠性差。企业使用公允价值对资产和负债进行计量时，所使用的输入值分为三个层次：第一层次输入值是在计量日能够取得的相同资产或负债在活跃市场上未经调整的报价；第二层次是除第一层次外相关资产或负债直接或间接可观察的输入值；第三层次是相关资产或负债的不可观察输入值。可以看出，第一层次计量结果是最可靠的，而第三层次主观性最强。因此，作为对第三层次主观性高的一种完善，在运用第三层次输入值进行公允价值计量时，必须进行更加详细的计量过程的披露。

不同的计量单位和计量属性的组合构成不同的会计计量模式，选择不同的计量单位和计量属性会获得不同数额和不同性质的会计信息。企业在会计计量过程中，应根据客观经济环境条件和信息使用者的实际需要，正确确定计量模式。

（六）充分披露原则

财务会计系统的处理程序包括四个基本环节，即确认、计量、记录和报告。关于会计确认和计量原则，在前面已有较详细的讨论。所谓记录，是根据会计确认的分类将会计计量的数据记入有关账簿。而报告则是运用一定的载体（主要是会计报表和表下附注）将财务信息传递给信息使用者的手段。

一个企业在决定报告什么信息时，一般要遵循充分披露的原则，即提供那些足以影响有知识的使用者判断和决策的信息。而要做到这一条必须兼顾两点：一是信息足够详细充分；另一点必须足够简练、可理解，并尽量减少编制成本。

企业财务会计报告是反映企业财务状况、经营成果、现金流量以及其他有关财务信息的书面文件，是企业对外提供财务会计信息的主要形式。它由会计报表（资产负债表、利润表、所有者权益变动表和现金流量表）、会计报表附注等组成。也就是说，财务会计报告是由会计报表、会计报表附注及其他相关内容组成的一个完整体系。在财务会计报告体系中，会计报表是其核心部分，也是传递财务信息的主要手段。会计报表附注是为了帮助信息使用者正确阅读、准确理解和深入了解会计报表信息所做的解释，它是提高会计报表信息相关性的必不可少的辅助手段。

财务会计报告与会计报表既有联系，又有区别。财务报表作为财务报告的主体部分，担负着向信息使用者提供主要财务信息的任务，可以说，没有会计报表就没有财务会计报告。但由于会计报表的局限性，它并不是财务会计报告的唯一手段。为了更全面、细致、深入地提供有关企业的资源、债务、盈利、效率、会计政策等方面的财务信息与非财务信息，还应辅以其他一些财务报告方式。使用多种有效的信息传递手段，可以充分揭示企业在会计期末的财务状况和会计期间的经营成果及现金流量，以及企业的年度报告、预测计划、企业社会环境影响等非财务信息，从而增加财务会计报告的相关性，为投资人、债权人、企业管理当局和政府宏观管理部门等利害关系人对企业的筹资、投资、管理、信用等做出合理判断和正确决策提供依据。

三、会计约束

提供财务信息必然耗费一定的人力、物力、财力，即信息加工成本。随着社会经济环境变动的日益加速，企业所面临的风险也在不断加剧，因而要求提供的信息数量越来越多（大数据），提供信息的速度越来越快。虽然信息技术的处理手段不断在更新，但赶不上信息加工成本的增速。企业财务会计人员在提供财务信息时必须考虑所提供信息的效益与其所耗成本孰高孰低。因此，效益大于成本是企业财务信息加工必须考虑的基本因素，这也成为会计的一个基本约束。

会计信息的成本与效益分析的难点在于其难以量化，特别是会计信息的收益。会计信息的成本大致包括：收集和加工的成本、公告的成本、审计费用、潜在诉讼成本、商业秘密暴露的成本、分析和理解的成本等。虽然我们能知道企业管理层获取信息后能更好地管理与控制企业、能以更低的成本获得资本，投资者能获取更大的回报等，但信息收益与信息加工成本相比，更加无法比较准确地量化。尽管存在信息加工成本与效益无法量化的问题，但成本效益分析作为一项基本的会计约束，是执行会计准则中应当考虑的一项基本要求。

思 考 题

1. 财务会计基本理论结构的组成要素是什么，它们之间有什么内在联系？
2. 企业财务信息使用者有哪几类？他们各关心哪些财务信息？
3. 怎样区分会计信息质量特征的层次？对会计信息质量的基本要求有哪些？
4. 什么是会计要素？包括哪些内容？
5. 财务状况要素有哪几个，每个具体要素的定义、特征及分类？
6. 经营成果要素有哪几个，每个具体要素的定义、特征及分类？
7. 简述会计假设的含义与意义。
8. 什么是会计确认和会计计量？它们之间有什么关系？
9. 如何对资产、负债、所有者权益进行确认和计量？
10. 如何对收入、费用、利润进行确认和计量？
11. 何谓计量属性？要实现会计的目标，最佳的计量属性是什么？为什么？
12. 什么是公允价值？公允价值计量为何成为一种流行的趋势？在不同的公允价值层次的应用中，如何做到可靠性与相关性的兼顾。
13. 何为充分披露原则？财务报告由哪些部分组成？财务会计报告与会计报表有什么区别和联系？
14. 会计人员如何把握成本与效益之间的关系。

案例分析：概念框架——合作与分歧①

---

① 本书每章后所增加的案例分析请参见本系列教材中配套出版的《会计教学案例》一书，后同。

第三章

货币资金

本章要点

- 货币资金的含义与内容
- 货币资金内部控制的重要性与要点
- 库存现金的管理和控制方法
- 库存现金的账务处理
- 银行各种结算方式的适用范围
- 银行存款的账务处理
- 银行存款余额调节表
- 其他货币资金的账务处理
- 货币资金的披露与分析

章首故事

支付方式的变迁

在商品经济社会，货币是一种交换媒介。越是商品经济发达的社会，人们的吃、穿、住和行就越离不开货币。不过，我们的货币形式发生了巨大的变化。先是由现金转变为银行卡：我们购物、在酒店吃饭、住宾馆、出国旅行，甚至乘公共汽车和地铁等，都可以刷卡，形象地讲，银行卡就是塑料货币。而后，伴随着持卡人数的增加以及人们对更便利服务的需求，各大银行推出电子银行业务，主要包括网上银行、电话银行、手机银行、自助银行等。当前，一些移动支付平台与电子银行业务结合，成为人们支付的主要方式，如用户通过手机上的支付宝、微信、Apple Pay 等平台，绑定任何银行卡，即可对所消费的商品或服务进行账务支付。可以说，人们的支付方式已经实现从纸质货币向电子货币的转变。

作为工薪族，我们每月的收入就是工资。以前到了发工资的时候，人们都不约而同地跑到财务部领一个装有工资的信封，单身汉就装进自己的口袋。由于工资信息是公开的，已婚男士回家就如数交给自己的妻子，对于奖金或津贴，有时则可留下部分作为自己的"小金库"。但现在这种机会已经很少了，别说工资早已直接转入工资账户，就是奖金或津贴，甚至零星的加班费或偶然的其他收入（如稿费），也都打入指定的账户。税务部门则通过对每个人收入账户的监控，有效地掌握每个人的所得。

在企业中，经济业务大都与现金相关联，采购原料、购置设备、发放工资、销售产品、缴纳税金、支付利息、分配利润等，现金犹如企业的血液，保证企业各个部门的营养供应。但同时，现金流也最容易出问题，因此，对现金的管理和控制也构成会计管理最重要的内容。

现金是一种交换媒介，是一种支付手段。对会计而言，最重要的是对现金的管理和控制。

第一节 | 货币资金概述

一、货币资金的含义

货币资金是指企业在生产经营过程中，以货币形态存在的资产。货币资金按其存放地点和用途，可分为库存现金、银行存款和其他货币资金。它是流动资产中流动性最强的资产，具有普遍的可接受性。其中，现金是指企业存放在财会部门，由出纳人员经管，作为零星开支使用的货币资金；银行存款是指企业存放在银行或其他金融机构的货币资金；其他货币资金是指企业除现金与银行存款以外的各种货币资金，包括外埠存款、银行汇票存款、银行本票存款、信用卡存款、信用证保证金存款以及尚未到达的在途货币资金等。

货币资金的内容和货币资金内部管理的重要性

企业从事的各种生产经营活动，都要发生货币资金的收付业务，如购买商品或劳务、支付费用和工资、销售商品或提供劳务、偿还债务等。因而，拥有货币资金是企业进行生产经营活动的前提条件。货币资金的流转在资金的循环周转中起着纽带作用。如果货币资金流转不畅，企业的生产经营活动就会停滞不前。所以，货币资金的管理对所有企业、单位都具有重要的经济意义。

二、货币资金的管理

（一）货币资金管理的目的

为保证正常的生产经营活动，企业必须保持适量的货币资金储备。其主要目的在于以下几个方面。

1. 防止货币资金短缺影响企业正常的生产经营

企业从事的各种生产经营活动都必须有货币资金的支持，企业只有保持一定量的货币资金，才能保证正常生产经营活动的运行；否则，企业就会陷入困境。

2. 保持适量的货币资金

货币资金并不能直接为企业带来收益，保存过多的货币资金，实际上是企业的一种损失，这种损失表现为机会成本。

3. 保证货币资金的安全

由于货币资金的特点及重要作用，任何单位和个人都对它有一种特殊的兴趣，它不仅是正常生产经营活动的重要保证，而且是不法分子作案的重要目标。因此，制定一套完整的货币资金管理制度，正确、及时、完整地反映货币资金的收、付、存情况，严格监督检查货币资金管理制度的执行情况，合理使用货币资金，保护货币资金的安全完整，是货币资金管理的基本要求和目的之一。

（二）货币资金内部控制制度的要点

由于货币资金流动性最强，也最易被经管人员挪用或侵占，为了减少差错的发生，也为了减少营私舞弊的机会，企业需要建立一套完整的货币资金内部控制制度。其要点如下。

1. 建立健全企业内部牵制制度

内部牵制制度是指将一项业务活动分别由两个或两个以上的人员负责而形成的相互核对、

相互制约的一种工作制度。它是企业内部控制制度的一个重要组成部分，主要体现在以下管理环节：货币资金和专用印章不得由一人兼管；经办人员和审批人员由两人以上担任；货币资金的收付和非货币资金账户的记账由两人以上负责；货币资金的收付和稽核、会计档案的保管由两人以上负责；货币资金的清查盘点除由经管人员自身进行外，会计主管人员还应进行复核。

2. 遵守国家的现金管理制度

国务院针对现金的使用和管理颁布了《现金管理暂行条例》。其主要内容包括：（1）现金使用范围；（2）库存现金限额和备用金制度；（3）严禁坐支等。

3. 遵守银行存款的管理要求

按照规定，企业必须在银行或其他金融机构开设账户，以办理银行存款的存入、付出和转账结算业务。国家规定的现金开支范围以外的各项付款，应按照银行有关结算办法的规定，通过银行办理转账结算。对货币资金支出的审批、支票等的签发与使用都要完全分开。企业收入的一切款项，除国家另有规定外，都必须当日解缴银行。

4. 坚持和完善货币资金的清查盘点制度

为了健全货币资金的内部控制制度，保证货币资金的安全完整，企业还必须坚持和完善货币资金的清查盘点制度，由审计人员或其他人员定期或不定期地进行货币资金的清查盘点。具体要求包括：对库存现金的收付业务，除出纳员每日营业终了要清点现金，与现金日记账余额进行核对外，会计主管人员还应定期或不定期地进行复核性清查盘点；对银行存款收付业务，除由出纳员随时与银行进行对账外，会计主管人员还要每月进行一次复核性核对。

第二节

库存现金

一、 库存现金概述

现金是可以立即投入流动的交换媒介，是流动性最强的一种货币性资产，可以随时用其购买所需的物资，支付有关费用，偿还债务，也可以随时存入银行。现金的概念有狭义和广义之分。狭义的现金是指企业的库存现金；广义的现金是指除库存现金外，还包括银行存款和其他符合现金定义的票证。本章现金的概念是指狭义的现金，即库存现金，包括人民币现金和外币现金。

二、 库存现金的管理与控制

由于现金是流动性最强的资产，加强现金管理对保护企业资产的安全与完整，维护社会经济秩序，提高现金使用效率具有重要的意义。为此，企业应当按照中国人民银行规定的现金管理办法和财政部关于各单位货币资金管理和控制的规定，办理有关现金收支业务，严格遵守国家对现金使用的管理制度，制定适合企业的内部控制制度。

企业对库存现金的管理应根据国家有关规定和企业实际情况以及银行的管理要求核定库存现金限额。所谓库存现金限额是指为保证本单位日常零星开支的需要，允许企业留存现金的最高数额。这一数额一般由开户银行根据本企业的实际需要以及距离银行的远近核定，一般按照单位3～5天日常零星开支的需要确定。如果企业距离开户银行较远，交通不便，则可适当放宽，但最多不得超过15日的零星开支。超过限额的款项应及时存入银行。

（一）现金收入的管理与控制

企业日常现金收入的主要来源有：零星销售收入；从银行提取的备用金；交还的差旅费余款、暂欠款；发生的各种用现金支付的暂收款；其他，如各种罚金收入、现金溢余等。对企业取得的各项现金超过库存限额的部分应于当日送存开户银行。当日送存有困难的，由开户银行确定送存时间。

企业从开户银行提取现金，应当写明用途，由本单位财会部门负责人签字盖章，经开户银行审核后，予以支付，不准谎报用途套取现金。本单位不得用银行账户代其他单位和个人存入或支取现金，也不得将单位收入的现金以个人名义存储，保留账外公款，设置"小金库"。

（二）现金支出的管理与控制

1. 现金支付来源的规定

企业在正常生产经营活动中发生现金支付是必然的，但其来源应从本企业备用金中支付或者从开户银行提取，不得从本企业的现金收入中直接支付，即不得坐支现金，须实行交易分开。因特殊情况需要坐支现金的，应当事先报经开户银行审查批准，由开户银行核定坐支范围和限额，企业应定期向银行报送坐支金额和使用情况。

2. 现金使用范围的规定

企业必须根据国务院颁发的《现金管理暂行条例》的规定使用现金。根据规定，开户单位可在下列范围内使用现金：（1）职工工资、津贴；（2）个人劳务报酬；（3）根据国家规定颁发给个人的科学技术、文化艺术、体育等各种奖金；（4）各种劳保、福利费用以及国家规定的对个人的其他支出；（5）向个人收购农副产品和其他物资的价款；（6）出差人员必须携带的差旅费；（7）结算起点（1 000 元）以下的零星支出；（8）中国人民银行规定需要支付现金的其他支出。与其他单位的经济往来，除规定的范围可以使用现金外，均应当通过开户银行进行转账结算。企业因采购地点不固定、交通不便以及其他特殊情况必须使用现金的，应向开户银行提出申请，经开户银行审核后，予以支付现金。

（三）现金收支凭证的管理

企业发生的各项现金收支业务都必须取得或填制原始凭证。原始凭证要求内容客观、真实、完整，企业应建立内部稽核制度。财务人员首先应对所获取的原始凭证的客观性、完整性、合理性和有效性进行审核，然后才能根据审核无误的原始凭证填制现金收付款凭证，最后根据审核无误的现金收付款凭证办理现金收付业务、登记现金日记账及其他有关账户。严禁根据未经审核的原始凭证直接办理付款业务。

三、现金业务的账务处理

（一）现金业务的总分类核算

为反映和监督现金的收支与结存情况，企业应设置现金总分类账进行总括核算。

企业发生每笔现金收支业务，都必须根据审核无误的原始凭证编制记账凭证，然后据以登记现金总分类账。"现金"科目可以根据现金收付款凭证和银行存款付款凭证直接登记。如果企业日常收支量较大，为简化核算工作，可以根据实际情况采用汇总记账凭证或科目汇总表等核算形式，根据汇总收付款凭证或科目汇总表定期或月终登记。对从银行提取现金的业务，一般只编制银行存款付款凭证，不再编制现金收款凭证。

【例3-1】 某企业2019年1月发生以下业务。

（1）从银行提取现金1 000元用以支付水电费。

（2）职工王强出差预借差旅费2 000元，以现金支付。

（3）王强出差归来，实际报销差旅费1 780元，余款交回。

针对以上三笔业务，应作会计分录如下：

（1）借：现金 1 000

　　贷：银行存款 1 000

（2）借：其他应收款——王强 2 000

　　贷：现金 2 000

（3）借：现金 220

　　贷：其他应收款——王强 220

　　借：管理费用——差旅费 1 780

　　贷：其他应收款——王强 1 780

如果企业涉外币现金业务及结余的，还应在现金总分类账下设置"人民币现金"和"外币现金"（分外币种类）账户进行明细核算。

（二）现金业务的序时核算

为了提供全面、系统、连续、详细的有关现金收支业务及结余情况，企业在进行总分类核算的同时必须设置"现金日记账"，按照现金业务发生的时间先后顺序逐笔序时登记，以加强对现金的管理，随时掌握现金收付的动态和库存余额，保证现金的安全。"现金日记账"必须是订本式的，其格式一般采用三栏式，只反映收入、支出及结余金额。若企业要求提供详细的资料以反映现金收入的来源、支出的去向，也可采用多栏式格式，按其收入来源和支出去向所对应的科目设置专栏。如果收支业务大且繁杂的，还可将"现金日记账"分设为"现金收入日记账"和"现金支出日记账"两本，分别设专栏反映收入、支出详情。企业的"现金日记账"应由出纳根据当日的现金收付款凭证及提取现金的银行存款付款凭证及时登记，每日终了结出余额，然后根据登记的"现金日记账"结余数与实际库存数进行核对，做到款账相符。月份终了，"现金日记账"的余额必须与"现金"总账科目的余额核对，做到账账相符。

四、库存现金的清查

为加强对现金的管理，保证财产的安全与完整，企业应对库存现金进行清点盘查。现金清查包括出纳自查和有关清查小组人员的盘查。出纳应于每日终了结出当日现金余额，与库存现金进行核对，超出库存现金限额的应及时送存银行，对在核查中发生的长款（现金溢余）、短款（短缺）应及时做出账务处理，通过"待处理财产损溢——待处理流动资产损溢"科目调整账簿记录，做到账实相符，待查明原因后再予以核销。清查小组应定期或不定期地对现金进行全面清查，至少每月一次。

清查小组清查现金的目的是检查账实、账账是否相符，是否有挪用和截留现金现象，库存现金是否超限额，是否有白条抵库等现象。现金清查一般采用实地盘点法。清点后将清查记录整理编制成现金盘点报告表，注明清查的现金溢余或短缺金额。

现金盘点报告表是重要的原始凭证。根据现金盘点报告表，属于现金短缺的，应按其实际短缺金额，借记"待处理财产损溢——待处理流动资产损溢"科目，贷记"现金"科目；属于现金溢余的，借记"现金"科目，贷记"待处理财产损溢——待处理流动资产损溢"科目，待查明原因后再做如下处理。

如为现金短缺，属于应由责任人赔偿的部分，借记"现金"或"其他应收款——应收现金短缺款（××个人）"科目；属于保险公司赔偿的部分，借记"其他应收款——应收保险赔偿款"科目；属于无法查明的其他原因，根据管理权限，经批准后处理，借记"管理费用"科目，贷记"待处理财产损溢——待处理流动资产损溢"科目。

如为现金溢余，属于应支付给有关人员或单位的，应借记"待处理财产损溢——待处理流动资产损溢"科目，贷记"其他应付款——应付现金溢余（××个人或单位）"科目；属于无法查明原因的现金溢余，经批准后，借记"待处理财产损溢——待处理流动资产损溢"科目，贷记"营业外收入"科目（如果溢余数额较大，则按前期差错处理）。

在清查中发现有挪用、截留现金、白条抵库现象，应及时予以处理、纠正，情节严重的应移交有关部门处理。对超限额留存的现金应及时送存银行。

【例3-2】 某企业现金清查中发现下列情况。

（1）发现现金短缺258元。企业应根据现金盘点报告表所列金额，做会计分录如下。

借：待处理财产损溢——待处理流动资产损溢	258
贷：现金	258

（2）经核查，上述短款因出纳自身原因造成损失128元，责成赔偿，其余经批准计入管理费用，做会计分录如下。

借：管理费用	130
其他应收款——应收现金短缺款（××个人）	128
贷：待处理财产损溢——待处理流动资产损溢	258

（3）现金清查中发现库存现金实有数比账存数溢余105元。根据现金盘点报告表所列金额，做会计分录如下。

借：现金	105
贷：待处理财产损溢——待处理流动资产损溢	105

（4）经核查，上述长款（现金溢余）原因不明，经批准作营业外收入处理，做会计分录如下。

借：待处理财产损溢——待处理流动资产损溢	105
贷：营业外收入	105

第三节 银行存款

一、银行存款管理

银行存款是企业存入银行或其他金融机构的货币资金。企业根据业务需要，在其所在地银行开设账户，运用所开设的账户，进行存款、取款以及各种收支转账业务的结算。企业只有在银行开设了存款账户，才能通过银行同其他单位进行结算，办理资金的收付。企业应按规定在银行开设和使用存款账户。

《银行账户管理办法》将企事业单位的存款账户分为四类，即基本存款账户、一般存款账户、临时存款账户和专用存款账户。

通常，企事业单位只能选择一家银行的一个营业机构开立一个基本存款账户，该账户主要用于办理日常的转账结算和现金收付业务。企事业单位的工资、奖金等现金的支取，只能通过该账户办理。另外，企事业单位可在其他银行的一个营业机构开立一个一般存款账户，该账户可办理转账结算和存入现金，但不能支取现金。临时存款账户是存款人因临时经营活动需要开立的账户，如企业异地产品展销、临时性采购资金等。专用存款账户是企事业单位因特定用途需要开立的账户，如基本建设项目专项资金、农副产品收购资金等，企事业单位的销货款不得转入专用存款账户。

为了加强对存款账户的管理，国家对企事业单位使用银行存款账户有严格规定，主要有以下要求。

（1）企事业单位开立基本存款账户，要实行开户许可证制度，必须凭中国人民银行当地分支机构核发的开户许可证办理。企事业单位不得为还贷、还债和套取现金而多头开立基本存款账户。

（2）不得出租、出借银行存款账户。

（3）不得违反规定在异地存款和贷款而开立账户；任何单位和个人不得将单位资金以个人名义开立储蓄账户。

（4）银行支票要由专人保管和签发，企事业单位不得出借支票或将支票给其他企业或个人使用。

（5）企事业单位要及时、正确地登记银行存款账户的收支业务，并定期与银行核对账目。

二、银行结算方式

根据《中国人民银行结算办法》的规定，银行的结算方式分为支票、委托收款、银行汇票、银行本票、托收承付等。另外，网上银行已成为一种流行转账方式，本书也相应增加了对网上银行的说明内容。

（一）支票

支票是单位或个人签发的，委托办理支票存款业务的银行在见票时无条件支付确定的金额给收款人或者持票人的票据。

支票结算方式是同城结算中应用比较广泛的一种结算方式。单位或个人在同一票据交换区各种款项的结算均可使用支票。支票由银行统一印制，支票分为现金支票和转账支票两种。现金支票只能用于支取现金，转账支票只能用于转账。支票的提示付款期限为自出票日起10日内。

企业在签发支票之前应认真查明银行存款的账面结存数额，防止签发超过银行存款余额的空头支票。

（二）汇兑

汇兑是汇款人委托收款银行将其款项支付给收款人的结算方式。单位和个人各种款项的结算，均可使用汇兑结算方式。

汇兑可以分为电汇和信汇。信汇是指汇款人委托银行通过邮寄的方式将款项划给收款人。电汇是汇款人委托银行通过电报的方式将款项划给收款人。汇兑结算方式适用于异地之间各种款项的结算。这种结算方式划拨款项更简便、灵活。

（三）商业汇票

商业汇票是由出票人签发，委托付款人在指定日期无条件支付确定的金额给收款人或者持票人的票据。只有在银行开立账户的法人以及其他组织之间具有真实交易关系或债权债务关系时，才能使用商业汇票。商业汇票的付款期限由交易双方确定，但最长不得超过 6 个月。商业汇票的提示付款期限为自汇票到期日起 10 日内。

商业汇票按承兑人不同分为商业承兑汇票和银行承兑汇票两种。商业承兑汇票是由银行以外的付款人承兑的商业汇票。汇票到期时，如果购货单位存款不足支付，开户银行将汇票退还企业，银行不负责付款，相应的承兑人将代该企业付款。银行承兑汇票是由银行承兑，由在承兑银行开立存款账户的存款人签发。当企业到期不能及时支付购货款时，开户银行将代替企业付款，并保留对该项债务向企业追索的权利。商业承兑汇票以企业的信誉作为担保，其风险大于银行承兑汇票。

（四）委托收款

委托收款是收款人委托银行收取有关款项的结算方式。主要适用于收取水电费、电话费等分散的公用事业费等有关款项。既可用于同城收款，也可用于异地收款。在款项的划回方式上既可邮寄又可电汇。

（五）银行汇票

银行汇票是汇款人将款项交存当地出票银行，由出票银行签发，由其在见票时，按照实际结算金额无条件支付给收款人或持票人的票据。这种结算方式使用灵活、票随人到、兑现性强，适用于先收款后发货或钱货两清的商品交易。单位和个人的各种款项结算，均可使用银行汇票。

（六）银行本票

银行本票是银行签发的，承诺自己在见票时无条件支付确定的金额给收款人或持票人的票据。在同一票据交换区支付各种款项，都可用银行本票结算。用银行本票购买材料物资，销货方可以见票付货，购货方可以凭票提货；债权债务双方可凭票清偿；收款人将银行本票缴存银行，银行即可为其入账。

（七）托收承付

托收承付是根据购销合同由收款人发货后委托银行向异地付款人收取款项，由付款人的开户银行付款的一种结算方式。这种结算方式只适于异地结算，并且是商品交易及因商品交易而产生的劳务供应的款项，双方必须签有符合《中华人民共和国合同法》规定的购销合同。代销、寄销、赊销商品款不得办理托收承付结算。

（八）信用证

信用证是指由银行开具的以银行信用为基础的保证付款文件。信用证结算方式通常适用于国际结算业务。企业委托银行办理信用证时，要向银行提交 "信用证委托书"，并且需要在银行存入相应的款项。信用证结算业务的核算参见本章第四节的有关内容。

（九）信用卡

信用卡是指商业银行向个人或单位发行的，凭其向特约单位购物、消费或在特定银行存取现金，具有信用证明作用的卡片。个人或单位向银行申请办理信用卡或续存时，应向银行存入一定的款项。信用卡结算业务的核算参见本章第四节有关内容。

（十）电子银行与移动支付

电子银行既可以借助计算机开展（网上银行），也可以通过个人手机进行（手机银行）。目前，移动支付平台与电子银行相结合，人们可以通过微信、支付宝、Apple Pay 等支付平台直接进行支付。这是我们需要关注的一个动态和趋势。

三、银行存款的会计处理

为了核算银行存款的收入、付出和结存情况，在总分类账上按照"银行存款"科目开设总分类账户。为了能够逐日详细地反映银行存款的收入来源、支出用途和结存情况，每个企业还必须设置"银行存款日记账"，由出纳人员按照银行存款收付业务发生的先后顺序，逐日逐项按顺序登记。每日终了应结出余额。"银行存款日记账"应定期与"银行对账单"核对，至少每月核对一次。企业账面结余与银行对账单余额之间如有差额，必须逐笔查明原因，并按月编制"银行存款余额调节表"调节相符。

月份终了，"银行存款日记账"的余额必须与"银行存款"科目的余额核对相符。

有外币业务的企业，应在"银行存款"科目下分别设置人民币和各种外币"银行存款日记账"进行明细核算。

银行存款核算举例如下。

【例 3-3】 中庆电子有限公司 2019 年 2 月 26 日发生如下银行存款收支业务。

（1）收到销货款 10 000 元和增值税 1 600 元存入银行。

（2）签发转账支票一张，支付购买办公用纸的价款 400 元。

（3）签发现金支票，金额为 1 500 元，从银行提取现金备用。

（4）签发转账支票一张，支付材料采购款项 10 000 元。

以上业务的会计分录如下。

（1）借：银行存款   11 600

      贷：主营业务收入   10 000

         应交税费——应交增值税（销项税额） 1 600

（2）借：管理费用——办公费   400

      贷：银行存款   400

（3）借：现金   1 500

      贷：银行存款   1 500

（4）借：材料采购   10 000

      贷：银行存款   10 000

记录上述经济业务的银行存款日记账如表 3-1 所示。

表 3-1   银行存款日记账   单位：元

2019年		凭证号		摘要	对方科目	结算凭证		借方	贷方	余额
月	日	字	号			种类	号码			
2				承前页						190 000
	26	银收	15	存入销货款	主营业务收入 应交税费	转支	0353	11 600		201 600
	26	银付	20	支付办公费	管理费用	转支	0391		400	201 200
	26	银付	23	提取现金	现金	现支	0401		1 500	199 700
	26	银付	24	支付进货款	材料采购	转支	0412		10 000	189 700

月份终了，银行存款日记账的余额必须与银行存款总账科目的余额核对相符。

四、银行存款余额调节表的编制

银行存款不同于现金，不能通过实物盘点对期末余额进行账实核对。但由于企业在与银行发生款项往来的同时，银行也做了相应的记录，因此，企业的"银行存款日记账"，可定期（至少逐月）与银行出具的"银行对账单"逐笔核对，企业应按月编制"银行存款余额调节表"，以便及时了解银行存款核算的正确性和收支动态。

通过核对，发现双方账目不符的主要原因有：

（1）记账错误；

（2）存在"未达账项"。

所谓"未达账项"，即企业与银行其中一方已经入账，而另一方由于凭证传递需要时间尚未入账的款项。其中未达账项产生的主要原因是：①企业已经收款入账，银行尚未收到款项；②企业已经付款入账，银行尚未支付款项；③银行已经收款入账，企业尚未收到款项；④银行已付款入账，企业尚未记录支付款项。以上任何一种情况的发生都会使双方账面的余额不一致。

企业与银行对账前，首先应检查本单位的"银行存款日记账"，争取准确无误。然后与银行送来的对账单逐笔进行核对，如发现错账漏账，应及时查明原因并更正。如发现未达账项，则应在查明原因后编制"银行存款余额调节表"，检查双方的账目是否相符。

【例3-4】 某企业2019年5月31日收到开户行传来的5月"银行存款对账单"，上列余额为86 500元，而当天企业"银行存款日记账"账面余额为78 660元，经逐笔核对后，发现有如下未达账项。

（1）企业委托银行代收某企业的货款30 700元，银行已经收到并入账，收款通知未到达企业。

（2）企业开出用于购货的转账支票一张，金额为10 000元，银行尚未兑付。

（3）企业送存某公司归还的转账支票29 580元，银行尚未登记入账。

（4）银行划付本单位电话费1 750元，利息1 530元，结算单据尚未送达企业。

根据以上资料编制该企业5月的"银行存款余额调节表"，如表3-2所示。

表3-2　　　　　　　　　　　银行存款余额调节表
2019年5月31日
单位：元

项目	金额	项目	金额
企业银行存款日记账余额	78 660	银行存款对账单余额	86 500
加：银行已收，企业未收款项		加：企业已收，银行未收款项	
已收托收款	30 700	送银行转账支票一张	29 580
减：银行已付，企业未付款项		减：企业已付，银行未付款项	
划付电话费	1 750	未付转账支票一张	10 000
划付利息	1 530		
调节后账户余额	106 080	调节后存款余额	106 080

由表3-2可见，在不存在记账差错的情况下，双方调节后的余额应核对相符。但是，经调整后重新求得的余额，既不等于本单位银行存款账面余额，也不等于银行账面余额，而是银行存款的真正实有数。如果存在记账差错，则双方调节后的余额可能不等，这时企业应进一步查明原因，予以纠正，然后再用同样的方法编制"银行存款余额调节表"。

第四节 其他货币资金

其他货币资金是指企业除现金、银行存款以外的其他各种货币资金，主要包括外埠存款、银行汇票存款、银行本票存款、信用证保证金存款、信用卡存款和存出投资款等。就其性质而言，其他货币资金与现金和银行存款一样，都属于货币资金，但是，由于存放地点和用途不同，会计上对其他货币资金是单独核算的。为了核算和反映企业其他货币资金的使用和管理情况，企业应设置"其他货币资金"总账科目，进行总分类核算，并按照外埠存款、银行汇票存款、银行本票存款、信用证保证金存款、信用卡存款和存出投资款等设置明细科目，进行明细分类核算。

一、外埠存款

外埠存款是指企业到外地进行临时或零星采购时，汇往采购地银行开立采购专户的款项。企业汇出款项时，必须填写汇款委托书，加盖"采购资金"字样。汇入银行对汇入的采购款项，以汇款单位名义开立采购账户，该账户只付不收，付完结束账户。采购专户资金不计利息，除采购员差旅费可以支取少量现金外，一律转账。

企业将款项委托当地银行汇往采购地开立专户时，借记"其他货币资金——外埠存款"科目，贷记"银行存款"科目。收到采购员交来供应单位发票账单等报销凭证时，借记"在途物资""原材料""库存商品""应交税费——应交增值税（进项税额）"等科目，贷记"其他货币资金——外埠存款"科目。将多余的外埠存款转回当地银行时，根据银行的收账通知，借记"银行存款"科目，贷记"其他货币资金——外埠存款"科目。

【例3-5】某企业4月8日，委托当地开户银行汇款50 000元给采购地银行开立采购专户；5月8日，收到采购员交来的购货发票，发票上注明的价款为40 000元，增值税进项税额为6 400元，物资尚未验收入库；采购任务完成后，将多余的外埠存款转回当地银行。

该企业有关账务处理如下。

（1）开立采购专户时。

借：其他货币资金——外埠存款　　　　　　　　　　　　50 000
　　贷：银行存款　　　　　　　　　　　　　　　　　　50 000

（2）交来购货发票时。

借：在途物资　　　　　　　　　　　　　　　　　　　40 000
　　应交税费——应交增值税（进项税额）　　　　　　　6 400
　　贷：其他货币资金——外埠存款　　　　　　　　　　46 400

（3）将多余的外埠存款转回时。

借：银行存款　　　　　　　　　　　　　　　　　　　3 600
　　贷：其他货币资金——外埠存款　　　　　　　　　　3 600

二、银行汇票存款

银行汇票存款是指企业为取得银行汇票，按照规定存入银行的款项。企业向银行提交"银行汇票申请书"并将款项交存银行，取得银行汇票后，根据银行盖章退回的申请书存根联，借记"其他货币资金——银行汇票存款"科目，贷记"银行存款"科目。企业使用银行汇票后，根据发票账单等有关凭证，借记"在途物资""原材料""库存商品""应交税费——应交增值税（进项税额）"等科目，贷记"其他货币资金——银行汇票存款"科目。如有多余款或因汇票超过付款期等原因而退回款项，根据开户行转来的银行汇票第四联（多余款收账通知），借记"银行存款"科目，贷记"其他货币资金——银行汇票存款"科目。

【例 3-6】 某企业 8 月 12 日，向银行提交"银行汇票申请书"，并将款项交存银行，取得银行汇票 24 000 元；9 月 19 日，企业使用该银行汇票采购一批商品，商品已验收入库。收到的增值税专用发票上注明的价款为 20 000 元，增值税进项税额为 3 200 元；采购任务完成后，将多余款项转回当地银行。该企业的相关账务处理如下。

（1）申请办理银行汇票时。

借：其他货币资金——银行汇票存款　　　　　　　　　　　　　24 000
　　贷：银行存款　　　　　　　　　　　　　　　　　　　　　　　　24 000

（2）采购商品时。

借：库存商品　　　　　　　　　　　　　　　　　　　　　　　20 000
　　应交税费——应交增值税（进项税额）　　　　　　　　　　　3 200
　　贷：其他货币资金——银行汇票存款　　　　　　　　　　　　　23 200

（3）余款转回时。

借：银行存款　　　　　　　　　　　　　　　　　　　　　　　800
　　贷：其他货币资金——银行汇票存款　　　　　　　　　　　　　800

如果企业因银行汇票超过付款期等原因未曾使用而要求银行退票时，收到盖章退回的进账单，应做如下账务处理。

借：银行存款　　　　　　　　　　　　　　　　　　　　　　　24 000
　　贷：其他货币资金——银行汇票存款　　　　　　　　　　　　　24 000

三、银行本票存款

银行本票存款是指企业为取得银行本票，按照规定存入银行的款项。企业向银行提交"银行本票申请书"并将款项交存银行。在取得银行本票后，应根据银行盖章退回的申请书存根联，借记"其他货币资金——银行本票存款"科目，贷记"银行存款"科目。企业使用银行本票后，根据发票账单等有关凭证，借记"在途物资""原材料""库存商品""应交税费——应交增值税（进项税额）"等科目，贷记"其他货币资金——银行本票存款"科目。因本票超过付款期等原因而要求退款时，应当填制进账单一式两联，连同本票一并送交银行，根据银行盖章退回的进账单第一联，借记"银行存款"科目，贷记"其他货币资金——银行本票存款"科目。

四、信用证保证金存款

信用证保证金存款是指企业为取得信用证，按照规定存入银行的保证金。企业向银行缴纳保证金，根据银行退回的进账单第一联，借记"其他货币资金——信用证保证金存款"科目，贷记"银行存款"科目。根据开证行交来的信用证来单通知书及有关单据列明的金额，借记"库存商品""应交税费——应交增值税（进项税额）"等科目，贷记"其他货币资金——信用证保证金存款"和"银行存款"科目。

五、信用卡存款

信用卡存款是指企业为取得信用卡，按照规定存入银行的款项。企业应按照规定填制申请表，连同支票和有关资料一并送交发卡银行，根据银行盖章退回的进账单第一联，借记"其他货币资金——信用卡存款"科目，贷记"银行存款"科目。企业用信用卡购物或支付有关费用，借记有关科目，贷记"其他货币资金——信用卡存款"科目。企业信用卡在使用过程中，需要向其账户续存资金时，借记"其他货币资金——信用卡存款"科目，贷记"银行存款"科目。

六、存出投资款

存出投资款是指企业存入证券公司但尚未进行短期投资的资金。企业向证券公司划出资金时，应按实际划出的金额，借记"其他货币资金——存出投资款"科目，贷记"银行存款"科目；购买股票、债券等时，按实际发生的金额，借记"交易性金融资产"等科目，贷记"其他货币资金——存出投资款"科目。

第五节 披露与分析

一、货币资金的披露

（一）报表列示

货币资金包括库存现金、银行存款和其他货币资金。会计核算中为加强对货币资金的管理和控制，确保货币资金的安全与完整，明确责任，分别设置了相应科目进行核算。而对外提供的会计报表要求提供的是总括的会计信息，因此在资产负债表上，货币资金是以"货币资金"这一总括项目列示的。其具体填列的数据，由"库存现金""银行存款"和"其他货币资金"三个科目的期末余额加总得出。

（二）附注披露

关于货币资金，企业需要在附注中主要披露两类事项，一是货币资金的构成，即资产负债表中的货币资金分别由多少库存现金、银行存款和其他货币资金构成；二是货币资金的使用是否受到限制，例如，企业是否有定期存款已质押给银行作为自己或关联方企业长短期借款的质押金，是否有涉及诉讼案件而被依法冻结的银行存款。如果企业不披露货币资金是否存在质押、抵押或者冻结等情况，将会对投资者的决策产生重大影响。以下举例说明了万科企业股份有限公司（简称"万科A"、股票代码000002）货币资金披露的相关信息：

表3-3　　　　　　　　　万科A合并财务报表货币资金附注相关信息　　　　　　单位：元

	2017年	2016年
库存现金	4 198 277.66	4 051 189.15
银行存款	173 869 279 825.80	86 954 643 593.51

续表

	2017 年	2016 年
其他货币资金	247 531 096.47	73 423 427.97
合计	174 121 009 199.93	87 032 118 210.63

附注说明：其他货币资金主要为物业管理项目代管基金。银行存款中含有受限使用资金为 9 795 001 828.63 元（2016 年：7 542 103 264.94 元），其中因质押或冻结对使用有限制的资金为 8 265 000 000.00 元（2016 年：6 182 500 000.00 元）。存放境外货币资金共计折合人民币 26 461 257 390.03 元（2016 年：11 635 033 629.99 元）。本集团无抵押等对使用有限制的款项。本集团年末存于珠海华润银行及徽商银行的存款分别为 492 765 952.01 元（2016 年：1 758 089 287.37 元）和 143 008 953.23 元（2016 年：111 002 979.69 元）。

资料来源：万科 2017 年年报，第 181 页。

二、货币资金的分析

报表使用者在分析货币资金信息时，需要注意以下几个要点。

第一，结合现金流量表对货币资金进行分析。现金流量表是指以现金为基础编制出来的财务状况变动表，是根据企业在一定时期内各种资产和权益项目的增减变化，来分析反映资金的取得来源及其输出用途，说明财务动态的会计报表，或者说是反映企业资金流转状况的报表。企业经济活动的性质，可以将企业的现金流量分为经营活动现金流量、筹资活动现金流量和投资活动现金流量。现金流量的分析内容包括一般分析、水平分析、结构分析以及其与利润的综合分析。其中，现金流量一般分析是直接以现金流量表为依据，分析各主要项目变动对经营活动现金流量、投资活动现金流量和筹资活动现金流量的影响，以说明企业现金流入量和现金流出量的规模和特点。现金流量水平分析主要是通过对比不同时期的各项现金流量变动情况，揭示企业当期现金流量水平及其变动情况，反映企业现金流量管理的水平与特点。现金流量结构分析是通过计算企业各项现金流入量占现金总流入量的比重，以及各项现金流出量占现金总流出量的比重，揭示企业经营活动、投资活动和筹资活动的特点及其对现金净流量的影响方向和程度。现金流量与利润的综合分析是通过对现金净流量与净利润的对比分析，一方面揭示现金净流量与利润的区别，另一方面揭示两者的关系。通过分析两者关系，可反映企业的盈利质量和财务状况。同时，现金流量与利润综合分析也可通过趋势分析进行，从较长时期观察收入、利润与现金流入量及净流量的关系。

第二，关注企业是否过多或过少持有货币资金。货币资金太少，影响企业的流动性；而货币资金过多，则影响企业的盈利能力。投资者可以结合行业经营特点与企业流动性偏好来分析货币资金持有量。

第三，关于企业货币资金的受限情况。一方面，投资者需要关注报表附注已经披露的货币资金使用受限的情况；另一方面，投资者还需要结合各方面资料来判断企业是否有未披露或披露不全的情况，例如，观察企业近几年的货币资金是否一直处于高位且无变动，观察企业的控股股东是否存在资金短缺的情况等。

思 考 题

1. 什么是货币资金？具体包括哪些内容？

2. 如何进行货币资金的管理和内部控制?

3. 现金的使用范围是什么?

4. 银行结算方式有哪些? 简述各种银行结算方式。

5. 什么是未达账项? 未达账项有哪几类? 如何编制银行存款余额调节表?

6. 其他货币资金包括哪些内容? 如何进行核算?

7. 货币资金在资产负债表上如何披露? 货币资金分析包含哪些内容?

练 习 题

(一)库存现金和银行存款

资料:粤阳贸易公司2019年1月1日银行存款余额为140 000元,现金账户余额为6 000元。该企业本月发生以下经济业务。

(1)4日,销售商品一批给上海昕昕公司,价款10 000元,增值税款1 600元,商品已经发出,并通过开户行办理托收承付结算。

(2)6日,以现金支付办公费500元。

(3)7日,向大理公司购入商品一批,价款20 000元,增值税税率16%,货款已经签发转账支票支付。

(4)8日,接到银行通知,上海昕昕公司前欠货税款已经到账,金额11 600元。

(5)9日,职工李勇预支差旅费2 000元,以现金支付。

(6)15日,用银行存款支付报社广告费11 000元。

(7)17日,向上海育华公司销售商品,货税款23 200元,当即收妥购货方转账支票结清货款。

(8)23日,职工李勇报销差旅费1 850元,前预支差旅费2 000元,余款以现金退回。

(9)29日,开出现金支票50 000元,从银行提取现金,备发工资。

(10)30日,以现金50 000元,发放全厂工资。

要求:

1. 根据上述业务编制必要的会计分录。

2. 根据上述分录登记"库存现金"和"银行存款"账户总分类账和日记账,并结出余额。

(二)银行存款余额调节表

资料:亨通公司2019年11月30日银行存款日记账的账面余额为394 190元,银行送来的对账单上的余额为330 690元,经逐笔将日记账记录和对账单的记录核对后,发现几笔未对上的情况如下。

(1)11月29日,公司于11月10日委托银行代收的货款20 000元,银行已经收到,但尚未通知公司,公司尚未入账。

(2)公司11月28日开出转账支票5 500元,持票单位尚未到银行办理转账,银行尚未入账。

(3)11月28日,公司收到一张44 000元的转账支票,银行尚未入账。

(4)11月20日,公司的银行存款日记账中将收到的700元现金支票重复登记了一次。

(5)公司于11月29日将御苑公司签发的金额为30 000元的转账支票交银行办理转账,后银行发现御苑公司账上存款不足,予以退回。

(6)11月15日,银行错将另一客户的收款4 000元串户登入本公司账户。

(7)银行代付水电费18 000元,因公司尚未收到转账通知,因而未入账,另外本月银行手续费为300元。

要求:根据上述资料编制亨通公司11月的银行存款余额调节表。

（三）其他货币资金

资料：2019年某企业发生以下经济业务。

（1）向开户银行申请签发一张面额为15 000元的银行汇票，银行同意通过转账办理。

（2）向本企业开户银行申请签发银行本票一张，金额2 000元，银行从本企业银行存款账户转入银行本票存款2 000元。

（3）通过银行汇款至厦门开立临时采购专户，汇款金额13 000元。

（4）采购员持上述银行汇票到异地采购商品一批，价款10 000元，税款1 600元，用银行汇票结算后，余款银行退回。

（5）采购员交来在厦门的购货发票以及通过采购专户办理结算的有关凭证，货款11 000元，税款1 760元。

（6）接到银行通知，上述银行汇票结余款已经到账。

（7）接到银行通知，上述采购专户的结余款已经到账。

要求：编制相关的会计分录。

案例分析：云铜案奥妙[1]

❖❖❖

---

[1] 本书每章后所增加的案例分析请参见本系列教材中配套出版的《会计教学案例》一书，后同。

应收款项

章首故事

回款难——金牛能源大幅计提坏账准备

据《每日经济新闻》（2009年3月5日，李文艺）报道：金牛能源（000937）发布的2008年年报显示，截至2008年12月31日，公司应收账款约9.2亿元，相比2007年年报中的1.86亿元，增加了394%，其中大部分是2008年新增的应收款项。公司表示，主要原因是2008年煤炭销售价格远高于2007年，大用户回款均采用滚动结算，因此，同样数量的煤炭形成的应收账款金额要比2007年高出很多。再加上2008年第四季度受国际金融危机影响，煤炭下游产品焦炭、钢铁出现滞销，回款难度加大，回款期延长等原因的影响，共同导致了应收账款余额增加。

金牛能源2008年计提了资产减值准备2.4亿元，相比2007年计提的2 224万元增长了959%，资产减值损失影响了公司每股收益0.22元，其中因2008年应收款项余额增加而计提的坏账准备约1.3亿元，这是公司业绩低于预期的主要原因。值得注意的是，坏账准备金的增加除了因为应收账款的大幅增加外，公司对计提比率的提高也是原因之一。2008年金牛能源对应收账款平均计提的坏账准备金比率为24.05%，较2007年的平均比率17.62%有所提高。从账龄看，这种提高更为明显。2007年，金牛能源对1年以下账龄的应收账款计提了10%的坏账准备金，1～2年的计提比率是15%，2～3年的计提了20%，3年以上的计提了80.72%。2008年年报显示，公司对1年以下的应收账款计提了10.03%的坏账准备金，1～2年计提比率为31.05%，2～3年计提比率为46.49%，3年以上计提了97.58%。

业内人士称，对周期性行业公司而言，上市公司提高坏账计提比率有一个比较"隐秘"的目的，即可能会在"丰收"的年度通过计提减值准备金等手段将利润保存起来，留到行业低迷的时候进行"转回"，以此熨平因行业周期性波动带来的公司业绩波动。

第一节 | 应收票据

一、应收及预付款项的性质

应收及预付款项，是指企业在日常生产经营过程中发生的各项债权。其中，应收款项是指企业与其他单位或个人之间因业务往来或其他原因而确认的，应在短期内向其他单位或个人收回的各种债权，包括应收票据、应收账款、其他应收款等。预付款项是企业按照有关合同规定，预先支付给供货方或施工单位的货款或工程款。

应收及预付款项的内容与核算原则

（一）应收票据

应收票据是指企业因销售商品、产品、提供劳务等收到的商业汇票，包括银行承兑汇票和商业承兑汇票。

（二）应收账款

应收账款是指企业在生产经营过程中，由于赊销商品而产生的应收款项，也称为应收销货款。

（三）其他应收款

其他应收款是指除应收账款、应收票据以外的其他各种应收、暂付款项，包括备用金、存出保证金、应收赔偿款、应收利息、应向职工收取的各种垫付款项等。

（四）预付账款

预付账款是指企业按照购货合同或劳务合同的规定，预先支付给供货方或提供劳务方的账款。

二、应收及预付款项的核算原则

应收及预付款项应当按照以下原则核算：应收及预付款项应当按照实际发生额记账，并按照往来客户名称等设置明细账，进行明细核算；带息的应收款项，应于期末按照本金（或票面价值）与确定的利率计算的金额，增加其账面余额，并确认为利息收入，计入当期损益；到期不能收回的应收票据，应按其账面余额转入应收账款，并不再计提利息；企业将应收债权与债务人进行债务重组的，应按《企业会计准则第 12 号——债务重组》等相关规定处理；企业应于期末对应收款项计提坏账准备；坏账准备应当单独核算，在资产负债表中应收款项按照减去已计提坏账准备后的净额反映。

三、应收票据的分类与计价

应收票据，是指企业持有的还没有到期、尚未兑现的票据。在我国，除商业汇票外，大部分票据都是即期票据，可以即刻收款或存入银行成为货币资金，不需要作为应收票据核算。因此，应收票据是指商业汇票。商业汇票按承兑人的不同，分为商业承兑汇票和银行承兑汇票。

商业承兑汇票的出票人为该商业汇票的承兑人，也可以是收款人出票，交由付款人承兑的票据。银行承兑汇票是由在承兑银行开立存款账户的存款人签发，由开户银行承兑付款的票据。

商业汇票按是否计息可分为不带息商业汇票和带息商业汇票。不带息商业汇票是指商业汇票到期时，承兑人只按票面金额（即面值）向收款人或被背书人支付款项的汇票。带息票据是指商业汇票到期时，承兑人必须按票面金额加上应计利息向收款人或被背书人支付票款的票据。

在我国，商业票据的期限一般较短（6 个月），利息金额相对来说不大，用现值记账不但计算麻烦，而且其折价还要逐期摊销，过于烦琐。因此，应收票据一般按面值计价，即企业收到应收票据时，应按照票据的面值入账。但对带息的应收票据，应于期末（指中期期末和年度终了）按应收票据的票面价值和确定的利率计提利息，计提的利息应增加应收票据的账面价值。需要指出的是，到期不能收回的应收票据，应按其账面余额转入应收账款，并不再计提利息。

企业持有的应收票据不得计提坏账准备，待到期不能收回的应收票据转入应收账款后，再按规定计提坏账准备。但是，如有确凿证据表明企业所持有的未到期应收票据不能够收回或收回的可能性不大时，应将其账面余额转入应收账款，并计提相应的坏账准备。

四、应收票据的确认与核算

为了反映和监督企业应收票据的取得和回收情况，企业应设置"应收票据"科目进行核算。"应收票据"科目的借方登记应收票据的增加（取得）数，贷方登记应收票据的减少（兑现、贴现等）数，余额在借方，表示收款企业所持有的应收票据金额。为了便于管理和分析各种应收票据的具体情况，企业还应设置"应收票据登记簿"，逐笔记录每一应收票据的种类、号数、出票日期、票面金额、交易合同号和付款人、承兑人、背书人的姓名或单位名称、到期日和利息、贴现日期、贴现率和贴现净额，以及收款日期和收回金额等资料。应收票据当期收清票款后，应在"应收票据登记簿"内逐笔注销。

（一）不带息应收票据的账务处理

不带息票据的到期价值等于应收票据的面值。企业销售商品或提供劳务收到商业汇票时，借记"应收票据"科目，贷记"主营业务收入""应交税费——应交增值税（销项税额）"等科目。应收票据到期收回时，应按票面金额，借记"银行存款"科目，贷记"应收票据"科目。商业承兑汇票到期，承兑人违约拒付或无力支付票款，企业收到银行退回的商业承兑汇票、委托收款凭证、未付票款通知书或拒绝付款证明等，应将到期票据的票面金额转入"应收账款"科目。

【例 4-1】 A 企业销售一批产品给 B 公司，货已发出，货款 40 000 元，增值税额 6 400 元，按合同约定，3 个月以后付款。B 公司交给 A 企业一张不带息 3 个月到期的银行承兑汇票，面额 46 400 元。

A 企业应做如下会计处理。

借：应收票据　　　　　　　　　　　　　　　　46 400
　　贷：主营业务收入　　　　　　　　　　　　　40 000
　　　　应交税费——应交增值税（销项税额）　　6 400

3 个月后，应收票据到期收回款项 46 400 元，存入银行。

借：银行存款　　　　　　　　　　　　　　　　46 400
　　贷：应收票据　　　　　　　　　　　　　　　46 400

如果该票据到期，B 公司无力偿还票款，A 企业应将到期票据的票面金额转入"应收账款"科目。

借：应收账款　　　　　　　　　　　　　　　　46 400
　　贷：应收票据　　　　　　　　　　　　　　　46 400

（二）带息应收票据的账务处理

企业收到的带息应收票据，除按照上述原则进行核算外，还应于中期期末和年度终了，按规定计提票据利息，并增加应收票据的账面价值，同时冲减财务费用。票据利息的计算公式为：

应收票据利息＝应收票据票面金额×票面利率×期限

式中，票面利率一般指年利率；期限指签发日到到期日的时间间隔（有效期）。票据的期限，有按月表示和按日表示两种。票据期限按月表示时，应以到期月份中与出票日相同的那一天为到期日。如4月15日签发的一个月票据，到期日应为5月15日。

但有两个特例：其一，如果出票日为某月31日，而票据到期的那个月只有30天，那么这张票据的到期日是该月的30日；其二，如果出票日为某月29日、30日或31日，而票据到期的那个月是2月，那么这张票据的到期日就是该2月份的最后一天。与此同时，计算利息使用的利率要换算成月利率（年利率÷12）。票据期限按日表示时，应从出票日起按实际经历天数计算。通常，出票日和到期日只能计算其中的一天，即"算头不算尾"或"算尾不算头"。例如，4月15日签发的90天票据，其到期日应为7月14日（90天-4月剩余天数-5月实有天数-6月实有天数=90-（30-15）-31-30=14）。同时，计算利息使用的利率，要换算成日利率（年利率÷360）。

带息的应收票据到期收回款项时，应按收到的本息，借记"银行存款"科目，按账面价值，贷记"应收票据"科目，按其差额，贷记"财务费用"科目。

【例4-2】 某企业2019年9月1日销售一批产品给A公司，货已发出，发票上注明的销售收入为100 000元，增值税税额16 000元。收到A公司交来的商业承兑汇票一张，期限为6个月，票面利率为10%。

（1）收到票据时。

借：应收票据	116 000
贷：主营业务收入	100 000
应交税费——应交增值税（销项税额）	16 000

（2）年度终了（2019年12月31日），计提票据利息。

票据利息＝116 000×10%×4÷12＝3 867（元）

借：应收票据	3 867
贷：财务费用	3 867

（3）票据到期收回货款。

收款金额＝116 000×（1+10%÷12×6）＝121 800（元）

2020年计提的票据利息＝116 000×10%×2÷12＝1 933（元）

借：银行存款	121 800
贷：应收票据	119 867
财务费用	1 933

（三）应收票据转让的账务处理

应收票据转让是指持票人因偿还前欠货款等原因，将未到期的商业汇票背书后转让给其他单位或个人的业务活动。企业可以将自己持有的商业汇票背书转让，背书是指持票人在票据背面签字，签字人称为背书人，背书人对票据的到期付款负连带责任。

企业将持有的应收票据背书转让，以取得所需物资时，按应计入物资成本的价值，借记"在途物资""原材料"等科目，按取得的专用发票上注明的增值税，借记"应交税费——应交增值税（进项税额）"科目，按应收票据的账面价值，贷记"应收票据"科目。如有差额，借记或贷记"银行存款"等科目。

【例4-3】 某企业将一张金额为45 000元的不带息应收票据背书转让给A企业，以抵付其前欠的购货款。应编制会计分录如下。

借：应付账款   45 000
　　贷：应收票据   45 000

如果企业将该票据背书转让给A企业，以购入材料一批，材料价款40 000元，增值税税额6 400元，差额部分用银行存款支付。则应编制会计分录如下。

借：在途物资   40 000
　　应交税费——应交增值税（进项税额）   6 400
　　贷：应收票据   45 000
　　　　银行存款   1 400

（四）应收票据管理

为了确保应收票据账账相符，企业可以通过设置应收票据总分类账和明细分类账对应收票据进行价值管理。此外，企业通常还设置"应收票据备查簿"，加强对应收票据的实物管理。企业收到应收票据后，在备查簿中详细记录应收票据的种类、号数、交易合同、票面金额、票面利率、出票日、到期日、付款人、承兑人、背书人等实物信息。当票据背书或贴现时，应在备查簿中将其注销。期末，还应该对应收票据进行清查盘点，确保账实相符。

五、应收票据贴现的核算

（一）应收票据贴现的含义

应收票据虽然也属于企业的流动资产，而且也可以背书转让用于支付，但是支付功能毕竟不如现金和银行存款那样方便、快捷。企业持有的应收票据在到期前，如急需资金，可以持未到期的商业汇票向其开户银行申请贴现，以便获得所需资金。贴现就是指票据持有人将未到期的票据在背书后送交银行，银行受理后从票据到期值中扣除按银行贴现率计算确定的贴现利息，然后将余额付给持票人，视同银行对企业的短期贷款。可见，票据贴现实质上是企业融通资金的一种形式，也是银行的一种垫款业务。

（二）应收票据贴现有关数据的计算

在贴现中，还涉及一些概念。企业给银行的利息称为贴现息，所用的利率称为贴现率，票据到期值与贴现息之差称为贴现所得。具体计算过程如下。

首先，计算票据到期值。

票据到期值=票据面值×（1+年利率÷360×票据到期天数）

或 票据到期值=票据面值×（1+年利率÷12×票据到期月数）

带息票据的到期值，是其面值加上按票据载明的利率计算的票据全部期间的利息；不带息票据的面值为其到期值。

其次，计算贴现息。

贴现息=票据到期值×贴现率×贴现期

贴现率是银行设定的贴现垫款利率。贴现期是指贴现日至票据到期日之间的间隔天数，也就是占用银行垫款资金的天数。

最后，计算贴现所得。

贴现所得=票据到期值-贴现息

【例4-4】 A企业2019年6月1日因销货收到客户承兑的票面金额为100 000元、3个月到期、不带息商业汇票一张。6月10日因急于用款向开户银行申请贴现，贴现率为12.6%。贴现计算如下：

贴现期=21+31+31=83（天）

贴现息=100 000×12.6%÷360×83=2 905（元）

贴现所得=100 000−2 905=97 095（元）

票据贴现期的示意图如图4-1所示。

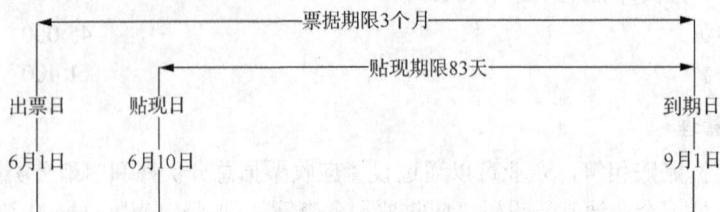

图4-1　票据贴现期限示意图

通过上面的计算可以看到，6月10日A企业收到的贴现所得是97 075元，经过83天，银行得到的利息为2 905元。

另外，需要注意的是，如果承兑人在异地，贴现、转贴现和再贴现的期限以及贴现利息的计算应另加3天的划款日期。

（三）应收票据贴现业务的核算

应收票据贴现有带追索权和不带追索权两种形式。在会计处理上，应分别采用不同的方法进行核算。如果应收票据贴现不带追索权，即企业与银行等金融机构签订的贴现协议中规定，当贴现的应收票据到期，债务人未按期偿还时，贴现申请人不负任何连带责任，则贴现申请人在转让票据所有权的同时，也将票据到期不能收回的风险转嫁给了贴现银行。因此，将应收票据贴现且不带追索权时，企业应按实际收到的贴现款借记"银行存款"科目。

【例4-5】 承【例4-4】的资料，根据计算结果做会计处理如下。

借：银行存款　　　　　　　　　　　　　　　　　　　97 095

　　财务费用　　　　　　　　　　　　　　　　　　　2 905

　　贷：应收票据　　　　　　　　　　　　　　　　　　　100 000

如果应收票据贴现带追索权，实际上并未转嫁票据到期不能收回票款的风险，当承兑人未按期偿还票款时，贴现申请人负有向银行等金融机构还款的责任。因此，将带有追索权的商业汇票贴现，贴现申请人应视为以应收票据为质押取得借款，进行会计核算。

对带追索权应收票据贴现业务的账务处理，有两种可供选择的方法，一种是设置"应收票据贴现"账户；一种是不设置"应收票据贴现"账户。以下以带息票据为例，说明这两种账务处理方法。

【例4-6】 2019年10月21日，A公司将一张面值为10 000元，出票日为2019年10月1日，期限为120天，票面利率为10%的应收票据向银行申请贴现，银行贴现率为15%。A公司应做如下处理。

（1）计算贴现息和贴现所得。

票据到期值=10 000×（1+10%×120÷360）=10 333.33（元）

贴现息=10 333.33×15%×100÷360=430.56（元）

贴现所得=10 333.33-430.56=9 902.77（元）

（2）进行相应的会计处理，如表4-1所示。

表4-1　　　　　　　　　　　应收票据贴现业务的两种贴现处理方法比较

业务摘要	设置"应收票据贴现"账户的方法		不设置"应收票据贴现"账户的方法	
2019年10月21日，企业向银行申请贴现	借：银行存款 　　财务费用 贷：应收票据贴现	9 902.77 97.23 10 000	借：银行存款 　　财务费用 贷：应收票据	9 902.77 97.23 10 000
2020年1月29日，票据到期，如果银行收到了票据承兑人的兑付	借：应收票据贴现 贷：应收票据	10 000 10 000	不做会计处理	
2020年1月29日，票据到期，如果银行遭到承兑人的拒付，银行向企业追偿，并收取10元的手续费，企业应予以偿还，并支付相应手续费	借：应收票据贴现 贷：应收票据 借：应收账款 贷：银行存款	10 000 10 000 10 343.33 10 343.33	借：应收账款 贷：银行存款	10 343.33 10 343.33

第二节　应收账款

一、应收账款的确认

应收账款是指企业因销售商品、产品或提供劳务而形成的债权。具体来说，应收账款是指企业因销售商品、产品或提供劳务等原因，应向购货客户或接受劳务的客户收取的款项或代垫的运杂费等。在现今社会中，很多企业为了避免在激烈的商业竞争中处于劣势，往往采用赊销、提供商业信用等多种形式给予客户优惠。因此，应收账款相当普遍。

会计上所指的应收账款有其特定的范围。首先，应收账款是指因销售活动形成的债权，即应收销货款，不包括应收职工欠款、应收利息、应收股东投资入股款、应收租金等其他应收款；其次，应收账款是指流动资产性质的债权，不包括长期的债权，如购买的长期债券等；最后，应收账款是指本企业应收客户的款项，不包括本企业付出的各类预付、暂付的款项，如投标保证金和租入包装物保证金、预付房租、预付保险费、预付广告费等。

应收账款的确认时点与收入的确认时点一致，详见第十三章对收入确认的介绍。

二、应收账款的计价

应收账款通常按其账面余额计价，计价时还需要考虑商业和现金折扣的因素，现分述如下。

（一）商业折扣

给予消费者商业折扣，是销售企业最常用的促销手段。商业折扣是企业根据市场供需情况或针对不同的顾客，在商品标价上给予的扣除。企业以扣除商业折扣后的金额作为销售发票价格。例如，某商品标价每件2 000元，商业折扣10%，每件售价为1 800元（2 000×（1-10%））。商业折扣作为促销手段，有利于销售企业扩大商品销路，占领市场，提高销售企业的盈利水平。同时，销售企业通过运用商业折扣，可以为不同的客户和不同的购货数量提供不同的销售价格，而不需要重新编制商品价目表。此外，对于季节性商品，通过提供不同的销售折扣，可以促进销售，减少商品积压。商品折扣也是隐瞒实际销售价格的一种手段。在实际经营过程中，处于竞争状态的各销售商为了对自己的销售价格保密，一般不按实际售价公开标价，而是印制统一的价目单，然后针对不同客户从价目单所列价格中给予一定的扣除。商业折扣一般在交易发生时即已确定，它仅仅是确定实际销售价格的一种手段，不需要在买卖双方任何一方的账上反映。因此，在存在商业折扣的情况下，企业应收账款和销售收入的入账金额应按扣除商业折扣以后的实际售价确认。

（二）现金折扣

现金折扣是指债权人为鼓励债务人在规定的期限内付款，而向债务人提供的债务扣除。企业为了鼓励客户提前偿付货款，在以赊销方式销售商品及提供劳务的交易中，通常与债务人达成协议，债务人在不同期限内付款可享受不同比例的折扣。现金折扣一般用符号"折扣/付款期限"表示。例如，买方在发票的收款方式中标注"2/10，1/20，$n/30$"，表示收款期为 30 天。其中，在 10 天内付款可给予售价 2%的折扣；在 20 天内（超过 10 天）付款可给予售价 1%的折扣，在 30 天内（超过 20 天）付款不给予折扣。销货方给予现金折扣，可以促使购货方尽快付款，有利于货款及时回收。而对购货方来说，享受现金折扣可以得到一笔可观的理财费用。因为现金折扣的比率一般都会远远高于银行同期贷款利率。例如，"2/10，$n/30$"的折扣条件下，如果顾客在 10 天内付款，就相当于得到了 36%（即 2%÷20×360）的年收益，所以一般情况下，购货方都会在折扣期内付款，享受现金折扣。

由于现金折扣发生在交易成立之后，会对发票价格产生影响，因而会影响到应收账款的金额。是按折扣前的价格还是按折扣后的价格确认应收账款金额，产生了应收账款入账金额确认的两种处理方法：一种是总价法；另一种是净价法。

总价法是将未扣除现金折扣前的金额作为实际售价，记入"应收账款"科目。如果客户未提前付款，则销售方按发票金额收款；如果因客户在折扣期内付款，销售方将所给予的现金折扣视为融资费用，记入当期的"财务费用"科目。总价法将现金折扣理解为销售方从消费者中融得一笔资金，属于提前收款所付出的代价，属于理财费用。

净价法是指将扣除现金折扣后的价格作为实际售价，记入"应收账款"科目；将客户超过折扣期的价格差额作为利息收入，冲销当期的财务费用。净价法将客户取得现金折扣视为正常现象，认为一般客户都会提前付款；由于客户超过折扣期限付款而使销售方多收的金额，视为销售方提供信贷资金所获得的收入。

我国目前的会计实务中，对应收账款核算采用总价法。同时，我国税法规定，企业在计算销项税额时，销售总额中不得扣除现金折扣。

（三）销售退回与折让

企业已售出的商品，有时因其规格、质量不符等问题，购货方可能要求部分或全部退货或要求减让部分货款，这种情况称为销售退回或折让。发生销货退回与折让时，应冲减已入账的应收账款，但不影响应收账款的入账价值。

三、应收账款的核算

企业发生的应收账款，在没有商业折扣的情况下，按照应收的全部价款（发票金额）记账；在有商业折扣的情况下，按照扣除商业折扣以后的金额（发票金额）记账。在有现金折扣的情况下，采用总价法进行核算时，将未扣除现金折扣前的发票金额，记入"应收账款"科目和"主营业务收入"等相关科目，对客户提前付款而给予客户的现金折扣视为融资费用，记入"财务费用"科目；在采用净价法核算时，将扣除现金折扣的发票金额记入"应收账款"科目和"主营业务收入"等相关科目，当客户超过折扣期付款时，将扣除的现金折扣作为利息收入，冲减利息费用。

【例 4-7】 D 公司为一般纳税人企业，销售给 L 公司一批商品，售价 4 000 元，商业折扣为 25%，适用的增值税税率为 16%，发票上注明付款条件为 "2/10，*n*/30"。D 公司有关该商品销售及收款的会计分录如下。

在总价法下，

（1）赊销商品，按扣除现金折扣前的全部价款入账。

借：应收账款——L 公司	3 480
贷：主营业务收入[4 000×（1-25%）]	3 000
应交税费——应交增值税（销项税额）	480

（2）假定在折扣期内收到 L 公司货款。[1]

借：银行存款	3 420
财务费用	60
贷：应收账款——L 公司	3 480

（3）假定超过折扣期收到 L 公司货款。

借：银行存款	3 480
贷：应收账款——L 公司	3 480

在净价法下，

（1）赊销商品，按扣除现金折扣后的全部价款入账。

借：应收账款——L 公司	3 420
贷：主营业务收入[4 000×（1-25%）×（1-2%）]	2 940
应交税费——应交增值税（销项税额）	480

（2）假定在折扣期内收到 L 公司货款。

借：银行存款	3 420
贷：应收账款——L 公司	3 420

（3）假定超过折扣期收到 L 公司货款。

借：银行存款	3 480
贷：应收账款——L 公司	3 420
财务费用	60

四、坏账损失的确认与核算

（一）坏账损失的确认

在现代市场经济中，赊销赊购的商品交易方式已经成为企业运用商业信用的普遍模式。企业之间的商品交易模式，使购货方可以享受免费的资金占用，使销货方可以在一定程度上增加产品销量，扩大产品销路，占领市场份额，增加销售收入。因此，购销双方都愿意采用这一模

---

[1] 实务中，有的企业是按价款与税款一起提供现金折扣的，这样，因购货方在 10 天内付款，按规定折扣率除了可少付 60 元的货款外，还可少付这 60 元货款相应的增值税额 9.6 元（60×16%）。因此，货款在 10 天内收到，编制会计分录如下：

给予的现金折扣=3 480×2%=69.6（元）

借：银行存款	3 410.40
财务费用	69.6
贷：应收账款	3 480

式。一般情况下，购货方希望供货方提供的赊销期限越长越好，信用条件越宽松越好，但由于市场变化或客户原因，有可能会发生部分款项收不回来，使销货方承担坏账损失的风险。坏账是指企业无法收回或收回的可能性极小的应收账款。由于发生坏账而使企业遭受的损失，称为"坏账损失"。

什么样的应收账款应确认为坏账，应根据各种应收账款的产生基础、金额大小、信用期限及客户的信用等级情况等予以综合考虑，使之提供的会计信息符合财务报告的目标（如决策有用）并遵循会计核算的基本原则（如客观性与谨慎性）。通常情况下，凡符合下列条件之一的应收账款，均应确认为坏账：

（1）债务人破产，以其破产财产清偿后仍然无法收回；

（2）债务人死亡，以其遗产清偿后仍然无法收回；

（3）债务人较长时间内未履行其偿债义务，并有足够的证据表明无法收回或收回的可能性极小。

应当指出，对已确认为坏账的应收账款，并不意味着企业放弃了追索权，一旦重新收回，应及时入账。

（二）坏账损失的核算

企业应采用一定的方法，对企业因坏账发生而遭受的损失（即坏账损失）计入费用，冲减一定期间的利润。坏账损失在哪一会计期间确认，是在确认坏账的会计期间确认，还是在销售商品的会计期间确认？根据坏账损失确认的时间不同，会计实务中有两种核算方法：直接转销法和备抵法。

1. 直接转销法

直接转销法是指在确认坏账的当期，直接确认坏账损失的方法。也就是说，如果某一会计期间确认某笔应收账款确实无法收回，就在当期确认坏账和坏账损失，注销客户的应收账款，同时，将坏账损失金额计入当期的资产减值损失。

【例4-8】 D公司2018年9月确认3年前赊销商品应收J公司的货款50 000元，因该公司经济情况严重恶化，濒临破产，经多次催讨，确实无法收回。按照直接转销法，公司应编制会计分录如下。

借：资产减值损失——坏账损失　　　　　　　　　　　　　　　　　50 000
　　贷：应收账款——J公司　　　　　　　　　　　　　　　　　　　　　　50 000

对已经转为坏账的应收账款因客户经济情况好转又得以收回时，应将已注销的应收账款和已确认的坏账损失转回。

如上例中，由于J公司经济状况好转，D公司已经转销的坏账又重新收回。D公司应编制会计分录如下。

借：应收账款——J公司　　　　　　　　　　　　　　　　　　　　　50 000
　　贷：资产减值损失——坏账损失　　　　　　　　　　　　　　　　　　50 000
借：银行存款　　　　　　　　　　　　　　　　　　　　　　　　　50 000
　　贷：应收账款——J公司　　　　　　　　　　　　　　　　　　　　　50 000

直接转销法的优点是：会计处理简便实用，坏账损失金额确切真实。然而，这种方法忽视了坏账发生与赊销业务在时间上的关系，不符合权责发生制及收入与费用相配比的会计原则。因为坏账的产生是与赊销商品直接相关的，在赊销商品的同时，就隐含了产生坏账的可能性，赊销金额越大，赊销时间越长，产生坏账的可能性就越大。在直接转销法下，只有等到应收账款确实收不回来时，才确认为当期的坏账和坏账损失，这显然不符合配比原则。它使企业的大量陈账、呆账、长年挂账等得不到处理，虚增了利润，夸大了前期资产负债表上应收账款的可变现净值。如【例 4-8】中的赊销收入在 2015 年确认,坏账和坏账损失在 2018 年确认,其结果是高估了 2015 年的利润,低估了 2018 年的利润。

2. 备抵法

备抵法要求在每一会计期间,采用一定方法估计坏账损失,计入当期费用,同时形成坏账准备。当某一笔应收账款全部或部分被确认为坏账时,根据其金额冲减坏账准备,同时转销相应的应收账款金额。在资产负债表中,"应收账款"项目反映的是扣减了坏账准备后的可收回的应收账款净值。备抵法下的会计核算方法如下。

(1)按期估计坏账损失,计入资产减值损失,同时形成坏账准备。会计分录如下。

借:资产减值损失——坏账损失
　　贷:坏账准备

(2)实际发生坏账时冲销坏账准备和应收账款金额。会计分录如下。

借:坏账准备
　　贷:应收账款——××客户

(3)已确认并已转作坏账的应收账款,如果以后又收回,应分别进行冲回坏账准备和收到银行存款的会计核算。冲回坏账准备时,借记"应收账款",贷记"坏账准备";收到银行存款时,借记"银行存款",贷记"应收账款"。不应直接借记"银行存款",贷记"坏账准备"。这样处理的目的是便于提供分析债务人财务状况的信息,确认将来是否与其进行财务往来,反映债务人的信用情况。

收回的已作为坏账核销的应收账款,贷记"坏账准备"或直接贷记"资产减值损失",都不影响当期的利润。因为贷记"坏账准备"后,年末可少提或冲销坏账准备,减少"资产减值损失"的支出数,结果相同。但采用贷记"坏账准备"的做法,能够通过"坏账准备"账户集中反映坏账准备的提取、坏账的核销、收回已作为坏账核销的应收账款情况及"坏账准备"账户的结余,便于会计分析。

在备抵法下,资产负债表上应收账款项目反映扣减估计坏账准备后的应收账款可收回净值。备抵法的优点如下。(1)销售收入和与之相关的坏账损失在同一会计期间确认,符合配比会计原则,避免了企业虚增利润。(2)资产负债表上列示可收回的应收账款净额,使报表阅读者更能了解企业真实的财务状况。(3)使应收账款实际占用资金接近实际,消除了虚列的应收账款,有利于加快企业资金周转,提高企业经济效益。

我国现行会计准则规定只按备抵法核算坏账损失。

(三)坏账准备的计提方法

企业发生坏账的可能性有很大的不确定性,它受市场经济环境、债务人信誉和不同时期偿付能力的影响。如何正确估计当期的坏账损失,是恰当运用备抵法的关键。企业应根据历史经验数据、当前的信用政策、客户的经营情况和支付能力等,尽可能准确地估计每期的坏账损失。估计坏账损失的方法主要有四种:应收账款余额百分比法、账龄分析法、赊销百分比法和个别认定法。

1. 应收账款余额百分比法

应收账款余额百分比法是指根据会计期末应收账款余额的一定百分比确定当期坏账准备需要数,进而确认(计提)当期估计坏账损失金额的一种方法。其计算公式如下。

"坏账准备"账户期末数=应收账款期末余额×估计坏账率

当期应确认的坏账损失数=坏账准备期末数-调整前坏账准备余额数

应收账款余额百分比法的基本思路是,使"坏账准备"账户的余额数与"应收账款"账户的余额数保持一定的比例。估计坏账率可以按照以往的数据资料加以确定，也可以根据规定的百分率计算。理论上讲，这一比例应按坏账占应收账款的比率计算，企业发生的坏账多，比例相应就高；反之则低。

【例4-9】 D公司从2016年开始采用应收账款余额百分比法核算坏账损失，估计坏账率为应收账款余额的3%。已知2016年年末"应收账款"账户余额为1 000 000元；2017年确认坏账80 000元，2017年年末"应收账款"账户余额为1 500 000元；2018年收回已冲销的"应收账款"30 000元，2018年年末"应收账款"账户余额为1 100 000元。2016—2018年D公司相关会计处理如下。

（1）2016年年末提取坏账准备。

"坏账准备"账户期末数=1 000 000×3%=30 000（元）

做会计分录如下。

借：资产减值损失——坏账损失　　　　　　　　　　　　　　30 000
　　贷：坏账准备　　　　　　　　　　　　　　　　　　　　　　30 000

（2）2017年确认坏账时。

借：坏账准备　　　　　　　　　　　　　　　　　　　　　　80 000
　　贷：应收账款　　　　　　　　　　　　　　　　　　　　　　80 000

（3）2017年年末提取坏账准备。

"坏账准备"账户期末数=1 500 000×3%=45 000（元）

当期应确认的坏账损失数=45 000-（30 000-80 000）=95 000（元）

说明："坏账准备"账户期末余额应为45 000元，但在期末提取坏账准备前"坏账准备"账户有借方余额50 000元，所以还应补提坏账准备50 000元，应提取的坏账准备合计为95 000元。

做会计分录如下。

借：资产减值损失——坏账损失　　　　　　　　　　　　　　95 000
　　贷：坏账准备　　　　　　　　　　　　　　　　　　　　　　95 000

（4）2018年，收回已做坏账处理的应收账款时。

借：应收账款　　　　　　　　　　　　　　　　　　　　　　30 000
　　贷：坏账准备　　　　　　　　　　　　　　　　　　　　　　30 000

借：银行存款　　　　　　　　　　　　　　　　　　　　　　30 000
　　贷：应收账款　　　　　　　　　　　　　　　　　　　　　　30 000

（5）2018年年末提取坏账准备。

"坏账准备"账户期末数=1 100 000×3%=33 000（元）

当期应确认的坏账损失数=33 000-（45 000+30 000）=-42 000（元）

做会计分录如下。

借：坏账准备　　　　　　　　　　　　　　　　　　　　　　42 000
　　贷：资产减值损失——坏账损失　　　　　　　　　　　　　　42 000

应收账款余额百分比法着眼于对应收账款预计可变现能力的评价，根据评价的结果确定坏账准备期末余额，使资产负债表上的应收账款净额能够反映应收账款的可变现净值。此法强调资产负债表的谨慎性和客观性，所以又称"资产负债表法"。

2. 账龄分析法

尽管应收账款的可收回金额不能完全由应收账款账龄的长短来决定，但一般来说，赊欠时间越长，应收账款收回的可能性就越小，即发生坏账的风险就越大。账龄分析法就是按客户赊欠账款时间的长短，根据以往的经验分别确定坏账损失比例，并据以估计坏账损失的方法。

【例 4-10】 A 公司 2019 年 12 月 31 日应收账款账龄及估计坏账损失如表 4-2 所示。

表 4-2 　　　　　　　　　　　　 坏账损失估计计算表

2019 年 12 月 31 日 　　　　　　　　　　　　　　　　　　　　　　　　　　　　单位：元

账龄	应收账款金额	估计坏账损失比例（%）	估计坏账损失金额
未到期	20 000	1	200
过期 1 个月	10 000	2	200
过期 2 个月	30 000	4	1 200
过期 3 个月	5 000	8	400
过期 4 个月	100 000	13	13 000
过期 5 个月	45 000	20	9 000
过期 6 个月以上	200 000	30	60 000
合计	410 000		84 000

与应收账款余额百分比法一样，在采用账龄分析法时，"坏账准备"科目期末贷方余额应等于期末坏账损失估计数，即应根据坏账损失估计数来调整"坏账准备"科目余额，使之一致。由于坏账准备的提取应根据坏账损失估计数及原有的坏账准备金额确定，因此可能有以下四种情况。

（1）假定 A 公司 2019 年年初"坏账准备"科目贷方余额为 50 000 元，当期无坏账损失发生，则 2019 年年末做如下会计分录。

借：资产减值损失——坏账损失 　　　　　　　　　　　　　　　 34 000
　　贷：坏账准备 　　　　　　　　　　　　　　　　　　　　　　　　　 34 000

（2）假定 A 公司 2019 年年初"坏账准备"科目贷方余额为 50 000 元，2019 年应收 D 公司账款 20 000 元经确认为坏账损失，做如下会计分录。

将发生的坏账损失予以核销。

借：坏账准备 　　　　　　　　　　　　　　　　　　　　　　　　 20 000
　　贷：应收账款——D 公司 　　　　　　　　　　　　　　　　　　　　 20 000

计提坏账准备 = 84 000 −（50 000 − 20 000）= 54 000（元）

借：资产减值损失——坏账损失 　　　　　　　　　　　　　　　 54 000
　　贷：坏账准备 　　　　　　　　　　　　　　　　　　　　　　　　　 54 000

（3）假定 A 公司 2019 年年初"坏账准备"科目贷方余额为 50 000 元，2018 年应收 C 公司账款 52 000 经确认为坏账损失，做如下会计分录。

将发生的坏账损失予以核销。

借：坏账准备 　　　　　　　　　　　　　　　　　　　　　　　　 52 000
　　贷：应收账款——C 公司 　　　　　　　　　　　　　　　　　　　　 52 000

计提坏账准备 = 84 000 −（50 000 − 52 000）= 86 000（元）

借：资产减值损失——坏账损失 　　　　　　　　　　　　　　　 86 000
　　贷：坏账准备 　　　　　　　　　　　　　　　　　　　　　　　　　 86 000

（4）假定 A 公司 2019 年年初"坏账准备"科目贷方余额为 90 000 元，当期无坏账损失发生，则 2019 年年末应做如下会计分录。

借：坏账准备 　　　　　　　　　　　　　　　　　　　　　　　　 6 000
　　贷：资产减值损失——坏账损失 　　　　　　　　　　　　　　　　　 6 000

账龄的长短与应收账款的可收回净额是有联系的，但账龄分析法并没有完全在应收账款发生的同一会计期间估计该应收账款可能发生的坏账损失，而可能将反映为应收账款的销货收入与估计的坏账损失在不同会计期间予以反映，因而在一定程度上有悖收入与费用配比等会计核算原则。

3. 赊销百分比法

一般情况下，赊销金额越大，出现的坏账损失可能越多。赊销百分比法就是按某期赊销的金额和确定的坏账损失比例来估计坏账损失的方法。由于坏账损失与现销无关，因此，估计坏账损失的计算基数仅指赊销总额，如果各个会计期间赊销与现销比例相对稳定，则可将销货总额作为估计坏账损失的计算基数。坏账损失比例通常可根据企业以往相关资料估计，一般参照3～5年赊销金额的年均坏账损失比例加以确定。

【例4-11】 F公司2019年全年赊销总额为500 000元，根据过去5年的相关资料，赊销总额为2 400 000元，实际发生坏账损失96 000元，则

估计坏账损失率=96 000÷2 400 000×100%=4%

年末估计坏账损失=500 000×4%=20 000（元）

年末计提坏账准备时。

借：资产减值损失——坏账损失 20 000

　　贷：坏账准备 20 000

采用赊销百分比法时，坏账损失估计数无须与"坏账准备"科目贷方期末余额保持一致，即通常不调整"坏账准备"科目余额。如果坏账损失比例不符合企业坏账损失的实际情况，应对其进行及时的修正，即调高或调低坏账损失比例，使之与企业生产经营实际情况基本保持一致。赊销百分比法在赊销的当期估计坏账损失，计入当期的资产减值损失，体现了收入与费用配比等会计核算原则。但各赊销业务账龄长短不同，发生坏账的可能性也不一样，按同一坏账损失比例估计坏账损失显然不尽合理。

4. 个别认定法

由于某项应收账款的可收回性与其他各项应收账款存在明显的差别，导致该项应收账款如果按其他各项应收账款同样的方法计提坏账准备，将无法真实地反映其可收回金额的，那么可对该项应收账款采用个别认定法计提坏账准备。

【例4-12】 某公司采用余额百分比法计提坏账准备，计提比例为5%，期初坏账准备余额260 000元，本期发生坏账损失80 000元，本期收回前期已转销的坏账50 000元，期末应收账款余额5 000 000元，其中一项300 000元的应收账款有确凿证据表明只能收回60%。

应提的坏账准备=4 700 000×5%+300 000×（1-60%）=355 000（元）

期末应提坏账准备=355 000-（260 000-80 000+50 000）=125 000（元）

按照现行会计制度的规定，计提坏账准备的方法和比例由企业自行确定。企业应当制定计提坏账准备的政策，明确计提坏账准备的范围、提取方法、账龄的划分和提取比例，按照法律、行政法规的规定报有关各方备案，相关文件资料应置于企业所在地。坏账准备计提方法一经确定，不得随意变更，如需变更，应当在会计报表附注中予以说明。

（四）坏账准备的计提范围

企业应当定期或者至少于每年年度终了，对应收款项进行全面检查，并根据谨慎性原则的要求，合理预计可能产生的坏账损失。对预计可能发生的坏账损失，计提坏账准备。

在确定坏账准备的计提比例时，企业应考虑如下因素：

（1）与债务单位发生业务往来形成的经验；

（2）债务单位目前的实际财务状况；

（3）债务单位现金流量情况；

（4）债务单位的产品销售情况和市场前景；

（5）债务单位的资信状况等。

实务中，企业还应根据其本身的情况，采取不同的方式，调查和了解债务单位其他方面的情况，在综合分析各种可能影响因素的基础上，确定合理的坏账准备计提比例。

企业计提坏账准备的范围一般包括应收账款和其他应收款。需要说明的是，在计提坏账准备时，应注意以下几个问题。

（1）除有确凿证据表明该项应收款项不能够收回或收回的可能性不大外（如债务单位已撤销、破产、资不抵债、现金流量严重不足、发生严重的自然灾害等导致停产而在短时间内无法偿付债务等，以及 3 年以上的应收款项），下列各种情况不能全额计提坏账准备：

① 当年发生的应收款项；

② 计划对应收款项进行重组；

③ 与关联方发生的应收款项；

④ 其他已逾期但无确凿证据表明不能收回的应收款项。

应该注意的是，上述规定并不意味着企业与其关联方之间发生的应收款项不可以计提坏账准备。企业与其关联方之间发生的应收款项与其他应收款项一样，也应当在期末分析其可收回性，并预计可能发生的坏账损失，计提相应的坏账准备，但企业与其关联方之间发生的应收款项一般不能全额计提坏账准备。如果确有证据证明关联方（债务单位）已撤销、破产、资不抵债、现金流量严重不足等，并且不准备对应收款项进行重组或无其他收回方式的，则对预计无法收回的应收关联方的款项也可全额计提坏账准备。

如果不考虑企业的实际情况，故意设立秘密准备，则应作为重大会计差错进行处理。例如，企业上年度对某应收账款计提了 100%的坏账准备，而在本年度该应收账款又全额收回，就属于设立秘密准备。

（2）企业的预付账款，如有确凿证据表明其不符合预付账款性质，或者因供货单位破产、撤销等原因已无望再收到所购货物的，应当将原计入预付账款的金额转入其他应收款，并按规定计提坏账准备。

（3）企业不应对应收票据计提坏账准备，而应待应收票据到期不能收回转入应收账款后，再按规定计提坏账准备。但是，如有确凿证据证明不能够收回或收回的可能性不大时，应将其账面余额转入应收账款，并计提相应的坏账准备。

企业对不能收回的应收款项应当查明原因，追究责任。对有确凿证据表明确实无法收回的应收款项，如债务单位已撤销、破产、资不抵债、现金流量严重不足等，根据企业的管理权限，经股东大会、董事会、经理（厂长）办公会或类似机构批准，作为坏账损失，冲销提取的坏账准备。

第三节　其他应收款及预付账款

一、其他应收款的核算

（一）其他应收款的内容

其他应收款是企业除应收票据、应收账款和预付账款以外的各种应收、暂付款项。其内容包括：

（1）应收的各种赔款、罚款；

（2）应收出租包装物的租金；

（3）应向职工收取的各种垫付款项；

（4）备用金（向企业各职能科室、车间等拨出的备用金）；

（5）存出的保证金，如租入包装物支付的押金；

（6）预付账款转入；

（7）其他各项应收、暂付款项。

其他应收款是企业流动资产的组成部分，因此，企业应建立和健全有关各项规章制度，加强对其他应收款的核算和管理。例如，要建立和健全企业内部的备用金领用和报销管理制度；要对各种垫付款、存出保证金和其他支出的合法性及时反映和监督；要对企业发生的损失分清经济责任，及时向有关责任人或单位办理索赔，使企业减少不合理资金占用，提高资金使用效率。其他应收款应按实际发生额入账。

（二）其他应收款的账务处理

企业发生的各种其他应收款项，应单独归类，以便会计信息使用者把这些项目与由于营业活动而发生的应收账款识别清楚。为此，企业应设置"其他应收款"科目对其他应收款进行核算。该科目属资产类科目，借方登记发生的各种其他应收款，贷方登记企业收到的款项和结转情况，余额一般在借方，表示应收未收的其他应收款项。

企业应在"其他应收款"科目下，按债务人设置明细科目，进行明细核算。

【例4-13】 某企业的购销部门实行定额备用金制度，会计部门以现金支票拨付备用金定额6 000元。

注：备用金也称零用现金。建立备用金制度，目的是简化核算手续。它是由会计部门根据实际情况核定、拨付一笔固定数额的现金，并规定使用范围。备用金经管人员在规定范围内支付，按规定的间隔日期或在备用金不够周转时，凭有关凭证向会计部门报销，补足备用金定额。备用金必须由专人经管，必须由指定的负责人签字同意才能支付。

当以现金支票拨付备用金定额时，会计部门应做如下分录。

借：其他应收款——备用金　　　　　　　　　　　　　　　　6 000

　　贷：银行存款　　　　　　　　　　　　　　　　　　　　　　6 000

供销部门凭发票报销5 000元，以现金支票补足备用金。

借：管理费用　　　　　　　　　　　　　　　　　　　　　　5 000

　　贷：银行存款　　　　　　　　　　　　　　　　　　　　　　5 000

企业发生的其他应收款业务，同企业的应收账款业务一样，存在不能收回的可能性。企业应当定期或者至少于每年年度终了，对其他应收款进行检查，预计可能发生的坏账损失，并计提坏账准备。企业对不能收回的其他应收款应当查明原因，追究责任。对确实无法收回的，按照企业的管理权限，经股东大会、董事会、经理（厂长）会议或类似机构批准作为坏账损失，冲销提取的坏账准备。

二、预付账款的核算

（一）预付账款的内容

预付账款是企业按照有关合同规定，预先支付给供货方或施工单位的货款或工程款项。

按照权责发生制原则,预付账款虽然款项已经付出,但对方尚未履行义务,要求对方履行义务仍是企业的权利,因此,预付账款和应收账款一样,都是企业的短期债权。但是,两者又有所区别。应收账款是企业销货引起的,是应向购货方收取的款项;而预付账款是企业购货引起的,是预先付给供货方的款项。故二者应分别进行核算。

企业预付的货款和预付的工程款,应在款项付出时,以预付金额入账。

(二)预付账款的账务处理

企业发生的预付账款业务,通过"预付账款"科目核算。该科目属资产类科目,借方登记预付的款项,贷方登记收到预购的材料或商品价款,借方余额表示多付的货款,贷方余额表示应补付的货款。

当企业向供货方预付货款时,按预付金额借记"预付账款",贷记"银行存款";收到预购的材料或商品时,按材料或商品价款,借记"材料采购""应交税费——应交增值税(进项税额)",贷记"预付账款";补付货款时,按补付金额,借记"预付账款",贷记"银行存款";供货方退回多付的货款时,按退回金额,借记"银行存款",贷记"预付账款"。

预付账款不多的企业,也可以不设"预付账款"科目,而将预付账款业务在"应付账款"科目核算。预付货款时,借记"应付账款",贷记"银行存款";收到材料或商品时,借记"材料采购""应交税费——应交增值税(进项税额)",贷记"应付账款"。

【例4-14】 某企业从B公司购买材料一批,价款100 000元,增值税税率为16%。供货合同签订时预付定金80 000元,余款在收到材料后支付,材料按计划成本计价核算。企业应做如下会计分录。

(1)签订购货合同并支付定金时。

借:预付账款		80 000
贷:银行存款		80 000

(2)按预购金额收到材料并补付货款时。

借:材料采购		100 000
应交税费——应交增值税(进项税额)		16 000
贷:预付账款		116 000
借:预付账款		36 000
贷:银行存款		36 000

(3)若实际收到的材料价款为65 000元,增值税税额为10 400元,供货方应退回货款4 600元(80 000-65 000-10 400)。

借:材料采购		65 000
应交税费——应交增值税(进项税额)		10 400
贷:预付账款		75 400

收到供货方退回的货款时。

借:银行存款		4 600
贷:预付账款		4 600

企业的预付账款在性质上不同于应收账款和其他应收款,其不能收回的可能性极小,一般不计提坏账准备,但如果有确凿证据表明其不符合预付账款的性质,或者因供货单位破产、撤销等原因已无望收到所购货物的,可将原计入预付账款的金额转入其他应收款,并按其他应收款计提坏账准备的方法估计坏账。除转入"其他应收款"科目的预付账款外,其他预付账款不得计提坏账准备。

第四节 披露与分析

一、应收款项的披露

（一）报表列示

应收款项是企业流动资产的重要组成部分，在资产负债表中应收款项按其流动性列于货币资金、交易性金融资产之后。其中，"应收票据"项目反映企业持有的未到期也未向银行贴现的应收票据，已贴现的商业承兑汇票应在会计报表附注中单独列示。"应收账款""其他应收款"项目应反映各科目的期末余额减去"坏账准备"科目期末余额后的净额。"预付账款"项目反映所属各明细科目的期末借方余额，同时，"应付账款"科目所属明细科目的借方余额也包括在本项目内。

（二）附注披露

企业需要在财务报表附注中披露以下有关应收款项的信息。

（1）应收票据。企业需要披露应收票据的分类、已质押的应收票据、已背书或贴现且在资产负债表日尚未到期的应收票据以及因出票人未履约而将其转应收账款的票据。

（2）应收账款。企业应披露应收账款的分类，各类应收账款账面余额、相应坏账准备与账面价值的具体数值；披露坏账准备的计提方法与账龄分析；披露应收账款金额前五名的单位情况。

通常，企业将应收账款分为三类：一类是按信用风险特征组合计提坏账的应收账款，一类是单项金额重大并单独计提坏账准备的应收账款；另一类是单项金额不重大但单独计提坏账准备的应收账款。对于单独计提的，企业需要说明计提比例的理由。对于组合计提的，企业会根据该组合的风险为组合内不同账龄的应收账款设定不同的计提比例。仍然以万科 A 为例，表 4-3 为该公司按账龄披露的应收账款相关信息。

表 4-3　　　　　　　　　　　　　　万科 A 应收账款之账龄表

账龄	账面余额	坏账准备	计提比例
1 年以内（含 1 年）	678 076 627.38	6 780 766.27	1.00%
1~3 年（含 3 年）	488 267 398.08	24 413 369.90	5.00%
3 年以上	49 485 561.81	14 845 668.54	30.00%
合计	1 215 829 587.27	46 039 804.71	

资料来源：万科 2017 年年报，第 183 页。

（3）预付账款。企业应披露预付账款的账龄分析与主要内容，披露超过一年且金额重大的预付账款、预付账款前五名的金额与比重。

（4）其他应收款。企业应披露其他应收款的分类及其坏账准备计提方法，披露年末余额前五名其他应收款的情况。

二、应收账款的分析

报表使用者在分析应收账款信息时，需要注意以下几个要点。

第一，关注应收账款的余额以及欠款客户的性质。应收账款的余额越大，发生坏账的风险也就越大。通过企业披露的应收账款前五名的名单可以分析欠款客户的支付能力以及是否是关联方。如果欠款单位集中在支付实力较强的大客户，回收风险不大，否则坏账的可能性较大；如果应收账款是关联交易形成，坏账的可能性也较大。

第二，比较应收账款的增长与收入的增长。如果应收账款增长速度远远高于营业收入的增长，报表使用者一方面要对企业应收账款管理的问题引起重视，另一方面还要当心企业是否有虚增资产和利润之嫌，尤其应关注来自关联方交易的应收账款的增长。

第三，通过应收账款的账龄分析了解应收账款质量等信息。投资者可以将企业平均账龄与行业平均数进行比较，发现应收账款的质量以及企业信用管理的问题；也可以将平均账龄指标与行业平均数及主要竞争对手的相应指标进行比较，了解企业在市场竞争以及供应链中的地位。

第四，关注坏账准备的计提及其对财务报表与重要财务指标的影响。应收账款是企业最大的资产之一，应收款项坏账准备的计提对财务报表有着重要影响：一方面影响资产负债表上应收账款这一资产的账面价值，另一方面影响利润表上的资产减值损失与当期净利润。坏账准备的计提还影响着流动比率、速冻比率以及营运资本等财务指标的结果。

第五，关注应收账款的周转率。企业的应收账款周转率较高，可能意味着企业的应收账款管理较好、回款速度快；也可能是因为企业应收账款质量较差、企业计提了较多的坏账准备，使得应收账款账面价值较低，从而出现较高的应收账款周转率。

思 考 题

1. 简述应收款项的性质和种类。
2. 什么是应收票据？企业应如何管理应收票据？
3. 什么是应收票据贴现？票据贴现额应如何计算？
4. 什么是应收账款？应收账款的范围是什么？
5. 什么是商业折扣？什么是现金折扣？它们对应收账款入账价值有何影响？
6. 什么是总价法？什么是净价法？试比较两者的区别。
7. 什么是坏账和坏账损失？坏账损失的标准通常有哪些？
8. 什么是备抵法？什么是直接转销法？两者的区别在哪里？
9. 试比较应收账款余额百分比法、赊销百分比法、账龄分析法和个别认定法的区别与联系。

练 习 题

（一）应收票据

资料：W公司2019年9月1日销售商品一批，价款10 000元，税款1 600元，收到购货方签发的一张面值为11 600元、期限为6个月、不带息的商业承兑汇票。

要求：编制下列有关的会计分录。

1. W公司收到票据。
2. 年末计提应收票据的应计利息。
3. 票据到期时，付款方按时兑付票款。
4. 假设票据到期付款方无力支付票款，银行退回票据。

（二）应收票据贴现

资料：跃华公司2019年1月3日收到捷运公司签发的一张无息商业承兑汇票，票据面值为117 000元、期限为90天（每月按30天算）。3月15日因急需资金，跃华公司持此票据到银行贴现，贴现率为10%。

要求：

1. 计算跃华公司应付贴现息、贴现实得款额，并编制贴现时的会计分录。
2. 如果票据到期，银行从捷运公司收回了票款，跃华公司需做何处理？
3. 如果票据到期被拒付，请为企业编制相应的会计分录。
4. 如果该票据为带息票据，票面利率为8%，那么上述有关业务又该做何处理？

（三）应收账款

资料：2019年6月1日，某企业销售产品20 000件，单价10元，增值税税率为16%，按照价目表规定可以给予购货方的商业折扣为10%，销售折扣条件是：2/10，n/30。

要求：

1. 试分别用总价法和净价法编制销售时的会计分录。
2. 编制公司在6月8日收回全部货款时的会计分录。
3. 如果公司在6月28日才收回全部货款，那么收款时的会计分录该如何做？

（四）坏账准备

资料：得力公司采用备抵法核算可能无法收回的应收账款，2019年1月1日，公司坏账准备账户的贷方余额为32 000元，公司在2019年3月5日确认一笔金额为5 000元的应收账款无法收回，予以注销；2019年6月5日有一笔上年已经注销的坏账重新收回，金额为3 000元；而2019年年末应收账款余额为10 000 000元，公司按应收账款余额的5‰计提坏账准备。

要求：

1. 计算确定年末应该计提的坏账准备金额为多少？
2. 为该企业编制年内发生坏账冲销、坏账收回以及年末坏账计提的会计分录。

（五）预付账款

资料：泰达公司采购部门向果业集团购买一批商品，果业集团要求泰达公司预交货款28 000元。泰达公司于4月10日通过银行将预交款汇至果业集团。5月1日，泰达公司收到果业集团发来的货物和发票，价税款合计29 000元，代垫运费1 500元，其余款项用银行存款支付。

要求：编制汇出预付款以及收到货物和发票时的有关会计分录。

案例分析：不同行业坏账准备的计提比例①

---

① 本书每章后所增加的案例分析请参见本系列教材中配套出版的《会计教学案例》一书，后同。

补充资料 | 应收账款融资

　　应收账款是企业应用商业信用销售商品或者提供劳务的直接体现，它始于企业赊销业务的成立，终于企业收回赊销货款。应收账款从赊销成立到收回赊销货款，完成了一次循环。企业连续不断的赊销活动导致了连续不断的应收账款的循环，这便构成了应收账款的周转。在商业信用盛行的市场经济环境中，应收账款通常占用的资源较多，企业为了加速资金的收回，就需要加速应收账款的周转。企业加速应收账款的周转，除了可以采取一些积极的经济手段，促使和鼓励客户早日付款，还可以将应收账款作为抵押进行借款，或者将应收账款出售，融通企业所需资金。尤其是对一些中小企业而言，通过应收账款抵借或者出售，可以解决企业资金不足或者不能及时从银行取得贷款的财务困难，因而，应收账款的抵借或者出售的融资方式主要为中小企业所采用。当然，对于资信卓著的大企业来讲，如果通过应收账款融资，可以使得融资成本更加低廉，或者能够降低应收账款的收账费用，那么，大企业也往往乐于采用这种融资方式融通资金。

　　许多企业之所以能够成功地采用应收账款融通资金，是因为按照国际惯例，许多国家对债权人利益的保护常常优先于对股东利益的保护，因而，一些企业愿意购买应收账款。银行和非银行金融机构在贷款业务不足时，也乐于接受应收账款的融资业务，以增加自己的收益。

　　利用应收账款融资，在西方许多国家颇为盛行，我国也已经开展了此项业务。我们相信，随着金融市场的发展和完善，利用应收账款融通资金的业务会蓬勃发展。

　　与西方国家一样，我国企业利用应收账款融资的方式主要有应收账款的抵借和应收账款的出售两种。企业应当按照实质重于形式的原则，充分考虑交易的经济实质，对于有明确的证据表明有关交易和事项满足销售确认条件的，如与应收账款有关的风险、报酬实质上已经发生转移等，应按照应收账款出售来处理，并确认相关损益。否则，应作为以应收账款为抵押取得的借款处理。

一、应收账款的抵借

　　所谓应收账款抵借，就是应收账款的持有企业与银行或者信贷公司订立合同，以应收账款作为担保品，在规定期限内（通常为 1 年）企业有权以一定额度为限借用资金。在应收账款抵借的情况下，与应收账款有关的风险和报酬并未转移，款项仍由持有应收账款的企业向客户收取，并由企业自行承担应收账款可能产生的风险，同时企业应定期支付借入款项的本息。应收账款担保借款合同往往明确规定以下内容。

　　（1）银行或者信贷公司对担保借款的追索权，也就是说，一旦账款无法收回，或者收回的数额不足以偿还放款的本息，银行或者信贷公司有权向借款人索赔。

　　（2）借款人对担保品的全部所有权，包括由借款人负责收账、不通知客户其应付款已作为企业的担保品。

　　（3）借款偿还期限、偿还方式、利率以及到期还本付息的承诺。

　　（4）逾期利息与逾期违约金。

　　（5）银行或者信贷公司借给企业的资金占企业应收账款的比例。这个借款比例通常为 75%～95%，视其用以抵借的客户账款的信誉而定，通常的比率为 80%。

　　由于借款企业向银行或者信贷公司借到的款项少于应收账款的数额，借款企业对提供给银行或者信贷公司当作担保品的应收账款，自然就保留了相应的权益。凡是影响应收账款收回的因素都会影响这项权益，如销货退回、销货折让、销货折扣等，都会导致该项权益的减少。当该项权益减少到银行或者信贷公司认为已不足以保障其贷款的安全时，借款企业需要开出一张支票，交给银行或者信贷公司以保障贷款安全。待到账款完全收回后，有关的权益仍归借款企业所有。

银行或者信贷公司所收取的利息，通常按照每天应收账款未收余额或者每天应收账款未收余额中的已借款额以日息计算。

利用应收账款融资，借款企业要承担或有负债的责任，这一点在性质或核算方法上与应收票据贴现相同。

为了核算应收账款抵借业务，往往需要设置"抵借应收账款"账户，企业在借款时借记该账户，当企业收回客户账款，并如数将现金交给银行或者信贷公司后，贷记该账户，并记录有关利息。如果对借入的款项出具了票据，那么应收账款抵借的账务处理还要通过"应付票据"进行核算。如果对借入的款项没有出具票据，应收账款抵借的账务处理就要通过"应付信贷公司款"账户进行核算。先举例说明应收账款抵借的账务处理。

【附例4-1】 假定B公司于2019年1月1日以应收账款2 800 000元设定担保品，开出本票一张，从A信贷公司借入现金2 000 000元。约定按应收账款的1%支付信贷公司手续费。设定借款余额按年利率12%计息。

B公司1月共收到账款1 816 000元，扣除销货折扣24 000元和销货退回与折让56 000元后，实际收回现金1 736 000元。B公司将实际收回的账款1 736 000元偿还给A信贷公司，另外支付了1月的借款利息20 000元（2 000 000×12%×1÷12）。

B公司截至2月底，设定担保应收账款已全部收回，扣除1月已收现1 736 000元及2月实际发生坏账8 000元，实际收回现金976 000元[（2 800 000-24 000-56 000）-1 736 000-8 000]。B公司将应收账款余款收回后偿还信贷公司，同时支付2月的借款利息2 640元（264 000×12%×1÷12）。有关抵借时B公司与信贷公司的账务处理如附表4-1所示。

附表4-1 B公司和A信贷公司的账务处理

经济业务	B公司		A信贷公司	
2019年1月1日，抵押借款	借：银行存款 　　财务费用 　贷：应付票据 借：抵押应收账款 　贷：应收账款	1 972 000 28 000 2 000 000 2 800 000 2 800 000	借：短期贷款 　贷：银行存款 　　其他业务收入	2 000 000 1 972 000 28 000
2019年1月31日，收回应收账款	借：银行存款 　　主营业务收入 　贷：抵押应收账款	1 736 000 80 000 1 816 000	不做记录	
2019年1月31日，归还借款和利息	借：应付票据 　　财务费用 　贷：银行存款	1 736 000 20 000 1 756 000	借：银行存款 　贷：短期贷款 　　主营业务收入	1 756 000 1 736 000 20 000
2019年2月28日，收回全部应收账款	借：银行存款 　　坏账准备 　贷：抵押应收账款	976 000 8 000 984 000	不做记录	
2019年2月28日，归还余款和2月利息	借：财务费用 　　应付票据 　贷：银行存款	2 640 264 000 266 640	借：银行存款 　贷：主营业务收入 　　短期贷款	266 640 2 640 264 000

二、应收账款的让售

应收账款让售是指企业将应收账款出让给专门以购买应收账款为业的信贷公司，由信贷公司直接向客户收账的一种交易行为。采用这种方法融资可以按照以下程序进行运作：（1）公司开票给客户销货;(2)公司申请信用审查;(3)信贷公司同意受让账款;(4)信贷公司支付受让款项给销货公司;(5)公司发货,通知客户其账款已出售给信贷公司;(6)信贷公司直接收款。只有信贷公司信用审查通过,并同意贷款后,销货公司才可以在商品运出以后将应收账款让售给信贷公司。信贷公司根据发票金额,减去允许购买客户扣取的现金折扣、信贷公司佣金以及主要用以冲抵销货退回和销货折让的扣存款后,将余额支付给销货公司。扣存款占应收账款总额的比例由双方协商确定,通常为10%。等到预计不会再发生销货退回和销货折让或者任何其他足以减少应收账款数额的情况以后,扣存款的余额即由信贷公司退还给销货公司。

应收账款让售可以分为有追索权让售和无追索权让售。

(一)无追索权的应收账款让售

无追索权让售是指企业将应收账款收款权全部出售给信贷公司,以获取资金的一种融资方式。在这种方式下,购买方信贷公司承担坏账的全部风险,包括到期无法归还的部分或全部坏账损失,不得向出售企业追索,出售企业只承担应收账款可能发生的销售折扣、销售退回与折让。

按照我国目前的规定,企业与银行等金融机构达成应收账款让售协议后,按实际收到的款项,借记"银行存款"等科目,按约定的扣存款(内容包括预计将发生的销售退回、销售折扣与折让)金额,借记"其他应收款"科目,按售出债权已提取的坏账准备金额,借记"坏账准备"科目,按应支付的相关手续费的金额,借记"财务费用"科目,按售出应收债权的账面价值,贷记"应收账款"科目,差额借记"营业外支出——应收债权融资损失"等科目或贷记"营业外收入——应收债权融资收益"科目。

【附例4-2】 B公司2019年6月1日将一笔100 000元的应收账款以无追索权的方式向A银行出售,收到90%的金额,保留10%以备抵销货退回与折让,另支付总额5%的手续费。A银行按应收账款的2%计提坏账准备。7月20日除3 000元无法收回外,还发生销货折让5 000元,其余款项均已收回。本月末,A银行向B公司归还剩余保留款。双方相应会计分录如附表4-2所示。

附表4-2   B公司和A银行的账务处理

经济业务	B公司		A银行	
2019年6月1日,出售应收账款	借:银行存款 　其他应收款 　财务费用 　贷:应收账款	85 000 10 000 5 000 100 000	借:应收账款 　贷:银行存款 　　其他应付款 　　主营业务收入 借:资产减值损失 　贷:坏账准备	100 000 85 000 10 000 5 000 2 000 2 000
2019年7月20日,收回应收账款	不做记录		借:银行存款 　坏账准备 　其他应付款 　贷:应收账款	92 000 3 000 5 000 100 000
2019年7月31日,归还剩余保留款	借:银行存款 　销售退回与折让 　贷:其他应收款	5 000 5 000 10 000	借:其他应付款 　贷:银行存款	5 000 5 000

(二)有追索权的应收账款让售

有追索权的应收账款让售是指在销货公司出让应收账款后,如果客户将来在账款到期日不能付款给信贷公司,那么出让账款的公司应如数退回原来的货款,信用风险由账款出让公司承担。在有追索权转让的情况下,应收账款的收款权归信贷公司所有。企业要承担应收账款可能发生的销售折扣、退回与折让、坏账损失。在转让过程中，信贷公司除要从应收账款转让金额中按一定比例提取手续费收入外，还要按一定比例提取备抵销售折扣、退回与折让以及坏账损失款。等到收款结束，双方再进行最后的结算。

【附例4-3】 沿用【附例4-2】资料，如果出让的应收账款有追索权，手续费由5%调整为2%，B公司按应收账款的2%计提坏账准备。双方相应会计分录如附表4-3所示。

附表4-3

经济业务	B公司		A银行	
2019年6月1日，出售应收账款	借：银行存款 　　其他应收款 　　财务费用 　　贷：应收账款 借：资产减值损失 　　贷：坏账准备	88 000 10 000 2 000 100 000 2 000 2 000	借：应收账款 　　贷：银行存款 　　　其他应付款 　　　主营业务收入	100 000 88 000 10 000 2 000
2019年7月20日，收回应收账款	不做记录		借：银行存款 　　其他应付款 　　贷：应收账款	92 000 8 000 100 000
2019年7月31日，归还剩余保留款	借：银行存款 　　坏账准备 　　销售退回与折让 　　贷：其他应收款	2 000 3 000 5 000 10 000	借：其他应付款 　　贷：银行存款	2 000 2 000

假定对追索权估价为2 500元，双方相应会计分录如附表4-4所示。

附表4-4

经济业务	B公司		A银行	
2019年6月1日，出售应收账款	借：银行存款 　　其他应收款 　　财务费用 　　贷：应收账款 　　　追索权负债	88 000 10 000 4 500 100 000 2 500	借：应收账款 　　贷：银行存款 　　　其他应付款 　　　主营业务收入	100 000 88 000 10 000 2 000
2019年7月20日，收回应收账款	不做记录		借：银行存款 　　其他应付款 　　贷：应收账款	92 000 8 000 100 000
2019年7月31日，归还剩余保留款	借：银行存款 　　财务费用 　　销售退回与折让 　　追索权负债 　　贷：其他应收款	2 000 500 5 000 2 500 10 000	借：其他应付款 　　贷：银行存款	2 000 2 000

应该指出，我国关于附追索权的应收账款出售的会计处理制度规定：企业在出售应收账款的过程中如附有追索权，即在有关应收账款到期无法从债务人处收回时，银行有权向出售应收账款的企业追索，或按照协议约定，企业有义务按照约定金额自银行等金融机构回购部分应收账款，应收账款的坏账风险由售出应收账款的企业负担。在这种情况下，应该比照关于对应收账款为质押取得借款的会计处理进行账务处理。

三、应收款项融资的披露

应收账款抵借与让售的有关业务的具体情况在会计报表附注中进行披露，具体包括：（1）与银行等金融机构签订的抵借与让售协议的主要内容；（2）所涉及抵借与让售业务的应收债权的基本情况，包括其金额、账龄、已提取的坏账准备等；（3）以应收债权为基础借得的质押借款的具体情况，包括借款金额、利率、借款期限、用于质押的应收账款的账面价值等；（4）作为销售确认的应收债权出售交易，对当期净损益的影响金额；（5）已贴现的应收债权的账面价值金额、贴现收到的金额、贴现期限等。

思 考 题

应收账款融资的方式有哪些？它们的区别在哪里？

练 习 题

应收账款融资

资料：2019年6月2日，宁河公司将一笔500 000元的应收账款以无追索权的方式让售给某融资公司。银行按规定收取应收账款面值5%的手续费，并按应收账款面值的5%预留余款。融资公司和宁河公司均按应收账款的2%计提坏账准备。7月20日，融资公司共收到账款478 000元，发生销售折扣10 000元，销售折让和退回6 000元，实际发生坏账6 000元。8月1日，融资公司将剩余的预留款归还宁河公司。

要求：

1. 编制以上业务的会计分录。

2. 假定上述协议为有追索权转让，融资公司按应收账款面值的3%收取手续费，请编制相应的会计分录。

3. 假定上述追索权估价为8 000元，请编制相应的会计分录。

第五章

存货

📖 **章首故事**

通用汽车公司

通用汽车公司（GM）是全球最大的汽车公司，其核心汽车业务及子公司遍及全球，拥有员工 325 000 名。自 1931 年起成为全球汽车业的领导者。GM 迄今在全球 33 个国家建立了汽车制造工厂，其汽车产品销往 200 多个国家。GM 在 2007 年度《财富》全球最大 500 家公司排名中名列第五。

就是这样一家汽车业界的"巨无霸"，在 2008 年金融危机中却轰然倒下。以下是从 2007 年起，全新通用汽车成立的一张时间表，记录了 GM 走向破产的最后历程。

时间	2007 年	2008 年 9 月 7 日	2009 年 2 月 17 日	2009 年 2 月 21 日	2009 年 2 月 26 日	2009 年 3 月 30 日
事件	全年亏损 387 亿美元	向政府申请巨额贷款	与工会谈判破裂	萨博汽车申请破产	通用提交新重组方案	前总裁瓦格纳离职

时间	2009 年 4 月 14 日	2009 年 4 月 30 日	2009 年 5 月 26 日	2009 年 5 月 28 日	2009 年 6 月 1 日	2009 年 7 月 10 日
事件	准备破产计划	出台终极重组计划	债转股计划被拒	债权人接受新协议	进入破产保护	新通用成立

冰冻三尺，非一日之寒。实际上，GM 的危机通过历年存货的增长，早已显露端倪。下表是从 2002—2008 年 GM 的存货和销售额数据。当存货增长高于销售增长，企业的利润就会下降，而存货的增加又必然导致售价的降低，从而带来毛利的减少，毛利的减少将进一步导致更低的销售和利润，使企业进入一个恶性循环。如果走不出这个循环，最后的结局很可能就是破产。

通用汽车 2002—2008 年存货与销售数据和增长表　　　　　　单位：亿美元

年份	2002	2003	2004	2005	2006	2007	2008
存货	99.7	109.6	122.5	143.5	139.2	149.4	130.4
同比增长		9.93%	22.87%	43.93%	39.62%	49.85%	30.79%
销售额	1 867.6	1 855.2	1 935.2	1 926	2 073.5	1 811.2	1 489.8
同比增长		-0.66%	3.62%	3.12%	11.2%	-3%	-20.23%

资料来源：根据 GM 历年报表数据整理。

第一节 存货的性质和范围

一、存货的概念与分类

（一）存货的概念及性质

存货是指企业在日常生产经营过程中持有以备出售，或者仍然处在生产过程中，或者在生产或提供劳务过程中消耗的材料或物料等，包括各类材料、商品、在产品、半成品、产成品等。存货通常在 1 年或超过 1 年的一个营业周期内被消耗或经出售转换为现金、银行存款或应收账款等，具有明显的流动性，属于流动资产。在大多数企业中，存货在流动资产中占有很大比重，是流动资产的重要组成部分。与其他流动资产相比，存货具有以下特点。第一，存货具有较强的流动性，但其流动性又低于现金、应收账款等其他流动资产。第二，存货具有时效性和发生潜在损失的可能性。随着企业生产经营的进行，有的存货被耗用后形成了在产品或产成品的成本；有的存货被销售后形成产品或商品的销售成本；有的存货以销售费用的形式被耗用；有的存货仍以原有形态存在。因此，存货会计所生成的会计信息非常重要。

存货的内容与核算

（二）存货的分类

一般来说，存货可以按照以下三种标准分类。

1. **按经济用途分类**

存货按其经济用途通常分为销售用存货、生产用存货和其他存货三类。

（1）销售用存货是指企业以对外销售为目的而持有的已完工产成品，或以转让销售为目的而持有的商品，主要包括工业企业的产成品和商品流通企业的库存商品等。

（2）生产用存货是指企业为生产、加工产品而持有的各种存货，主要包括原材料和在产品等。

（3）其他存货是指除上述存货外，供企业一般耗用的用品和为生产经营服务的辅助性物品。如周转材料，包括包装物、低值易耗品、企业（建筑商）的钢模板、木模板、脚手架等。

2. **按存放地点分类**

存货按其存放地点一般可分为库存存货、在途存货、委托加工存货和委托代销存货四类。

（1）库存存货也称为在库存货，是指已经运到企业，并已验收入库的各种材料、商品以及已验收入库的自制半成品和产成品等。

（2）在途存货包括运入在途存货和运出在途存货。运入在途存货是指货款已经支付、尚未验收入库、正在运输途中的各种存货。运出在途存货是指按合同规定已经发出或送出、尚未确认销售收入的存货。

（3）委托加工存货是指企业已经委托外单位加工，但尚未加工完成的各种存货。

（4）委托代销存货是指企业已经委托外单位代销，但按合同规定尚未办理代销货款结算的存货。

3. **按来源分类**

存货按来源不同，主要分为外购存货、自制存货和委托外单位加工存货三类。

（1）外购存货是从企业外部购入的存货，如商品流通企业的外购商品、工业企业的外购材料、外购零部件等。

（2）自制存货是由企业制造的存货，如工业企业的自制材料、在产品、产成品等。

（3）委托外单位加工存货是指企业将外购或自制的某些存货通过支付加工费的方式委托外

单位进行加工生产的存货，如工业企业的委托加工材料、商品流通企业的委托加工商品等。

此外，企业的存货中还可能有投资者投入的、接受捐赠的、盘盈的、债务重组取得的、非货币性资产交换换入的等。

二、存货范围的确认

列为存货项目的，都是为了进行正常生产经营而储存的资产；不是为了此种目的而储存的资产，都不能列为企业的存货。如特种储备的资产以及按有关部门的指令专项储备的资产，只能列为其他资产；为购置和建造固定资产而储备的资产，只能列为长期资产等。

企业应以所有权的归属而不以物品的存放地点为依据，来确定企业存货的范围。即在盘存日，法定所有权归属企业的一切存货，无论其存放于何处，都应作为企业的存货。

依所有权的归属确定存货范围时，应特别注意以下四点：

（1）凡是开出销售发票，所有权以及相应的风险和报酬都已经转移的物品，即使暂时存放于本企业仓库，也不能将其作为本企业的存货，如已开票售出的待运商品等；

（2）凡是未转移所有权以及相应的风险和报酬的发出物品，即使未存放于本企业，也应将其作为本企业的存货，如委托其他单位代销的存货、未出售的外出展销存货等；

（3）凡是所有权以及相应的风险和报酬已经归属于本企业的购入物品，即使未存放于本企业仓库，也应作为本企业的存货，如已经购入而尚未收到的运输途中的物品等；

（4）凡是不属于本企业所有以及相应的风险和报酬未转移到本企业的接受物品，即使存放于本企业仓库，也不能作为本企业的存货，如受托代销的存货、受托加工的存货等。

企业的存货主要包括下列各项：

（1）库存待售的存货；

（2）库存待消耗的存货；

（3）生产经营过程中使用以及处在加工过程中的存货；

（4）购入的正在运输途中的存货和结算凭证已到但尚未办理入库手续的存货；

（5）委托其他单位加工、代销的存货。

企业的存货不包括以下各项：

（1）库存的，依照合同开出发票账单，但客户尚未提取的存货；

（2）库存的，接受其他单位委托代销、代加工的存货；

（3）约定未来购入的存货。

三、存货的盘存与控制

在企业的生产经营过程中，存货在不断地耗用，虽然有库存管理，但都只是从账面上得知现有的存货数量，而实际数量还应进行盘点确认，以便在会计期末能够客观、真实、准确地反映企业发出的存货和期末存货的实际价值。企业在编制财务会计报告时，要确定"存货"项目的金额，既要确定期末存货的价值，正确地进行存货的计价，又要正确确定存货的数量，以便正确计算当期损益。

企业存货的数量需要通过盘点来确定，常用的存货数量盘点方法主要有实地盘存制和永续盘存制两种。

（一）实地盘存制

实地盘存制也称定期盘存制，指会计期末通过对全部存货进行实地盘点，以确定期末存货的结存数量，然后分别乘以各项存货的盘存单价，计算出期末存货的总金额，记入各有关存货账户，倒挤出本期已耗用或已销售存货的成本。采用这种方法，平时对有关存货账户只记增加，不记减少，每一期期末，通过实地盘点确定存货数量，据以计算期末存货成本，然后计算出当期耗用或销售存货的成本，记入有关存货账户的减少方。这一方法用于工业企业，称为"以存计耗"或"盘存计耗"；用于商品流通企业，称为"以存计销"或"盘存计销"。"以存计耗"或"以存计销"以下列存货的基本等式为依据。

期初存货成本+本期购货成本=本期耗用或销货成本+期末存货成本

以历史成本计价，则上述公式可以改写为。

本期耗用或销货成本=期初存货成本+本期购货成本-期末存货成本

期初存货成本和本期购货成本这两项数字都容易从账上取得，待通过实地盘存，确定期末存货成本后，本期销货成本即可用上述公式计算。

（二）永续盘存制

永续盘存制也称账面盘存制，指对存货项目设置经常性的库存记录，即分品种、规格设置存货明细账，逐笔或逐日地登记收入、发出的存货，并随时记录结存数。这样，通过会计账簿资料，就可以完整地反映存货的收入、发出和结存情况。在没有发生自然损耗、丢失和被盗且度量衡器具准确的情况下，存货账户的余额应当与实际库存相符。

采用永续盘存制，并不排除对存货的实物清查，为了核对存货账面记录，加强对存货的管理，存货应当定期清查，每年应对存货至少进行一次全面清查，具体清查次数视企业内部控制要求而定。

（三）实地盘存制与永续盘存制的比较

实地盘存制和永续盘存制作为确定存货数量的两种方法，各有其优缺点和适用性。

实地盘存制的主要优点是简化存货的日常核算工作，但加大了期末的工作量。实地盘存制的主要缺点，一是不能随时反映存货的收入、发出和结存情况，不便于管理人员掌握存货动态；二是容易掩盖存货管理中存在的自然损耗和人为损失，由于"以存计销"或"以存计耗"倒挤成本，从而使正常销售或耗用的存货损失、差错，甚至偷盗等原因所引起的短缺，全部计入耗用或销货成本之内，掩盖了仓库管理上存在的问题，削弱了对存货的控制；三是采用这种方法只能到期末盘点时结转耗用或销货成本，而不能随时结转成本。

永续盘存制的优点是有利于加强对存货的管理。在各种存货明细记录中，可以随时反映每一存货收入、发出和结存的状态。通过账簿记录中的账面结存数，结合不定期的实地盘点，将实际盘存数与账存数相核对，可以查明存货多余或短缺的原因；通过账簿记录还可以随时反映出存货是否过多或不足，以便及时合理地组织货源，加速资金周转。永续盘存制的缺点是存货明细记录的工作量较大，对于存货品种、规格繁多的企业更是如此。

企业可根据存货类别和管理要求，对有些存货实行永续盘存制，如钢材、木材、工具、模具等，而对另一些存货实行实地盘存制，如煤、沙石、砖等。不论采用何种方法，前后各期应保持一致。

第二节 | 取得存货的计价

一、存货的初始计量

存货的初始计量，主要是确定存货的入账价值。存货入账价值的确定与存货来源有着相应的联系。不同来源的存货，其成本构成各不相同。《企业会计准则第1号——存货》规定，存货应当按照成本进行初始计量。存货成本包括采购成本、加工成本和其他成本。

企业存货的来源主要有两个途径，即外购和自制。除此之外，部分存货还来源于非货币性资产交换、投资者投入、债务重组、接受捐赠和盘盈等途径。从理论上来说，凡是与存货取得相关的支出，都应计入存货的成本。但在实务中，存货初始成本的构成略有差异。本节主要以原材料为例，介绍以各种方式取得存货的计价及核算，其他存货的核算将在相关章节进行详细介绍。

（一）外购存货

外购存货的入账价值包括买价和采购费用。

（1）买价。买价是指所购货物发票上注明的货款金额。

（2）运杂费。运杂费包括运费、装卸费、保险费、包装费、仓储费等。这里的运费，是指一般纳税人按税法规定扣除可抵扣增值税后的金额。

（3）运输途中的合理损耗。有些物资，在运输途中会发生一定的短缺和损耗。除合理的部分应计入存货的采购成本外，能确定过失人的，应向责任单位或过失人索取赔偿，不能计入采购成本。因自然灾害等原因而发生的损失，减去保险赔偿款和可以收回的残料作价后的净损失，应作为营业外支出处理，不得计入购进存货的成本。属于无法收回的其他损失，也不能计入购进存货的成本，而应计入管理费用。

（4）入库前的挑选整理费用。入库前的挑选整理费用是指整理挑选购入存货过程中发生的工资、费用等，以及损耗存货价值的净支出。

（5）按规定应计入成本的税金。按规定应计入成本的税金包括价内税如进口关税、消费税等，以及不允许抵扣的增值税。

（6）其他费用。其他费用是指除采购成本之外的，使存货达到目前场所和状态所发生的其他必要支出。为简化核算，购进存货的市内运费不计入存货成本，直接计入管理费用。但如果是大宗物资的市内运费，属于其他费用，计入存货成本。

此外，下列费用应当在发生时确认为当期损益，不得计入存货成本：

（1）非正常损耗的直接材料、直接人工和制造费用；

（2）仓储费用（不包括在生产过程中为达到下一个生产阶段所必需的费用）；

（3）不能归属于使存货达到目前场所和状态的其他支出。

值得注意的是，上述购入存货的入账价值的确定方法适用于制造业。商品流通企业以购入商品的进价以及应计入商品成本的税金作为实际成本。采购过程中发生的运输费、装卸费、保险费、包装费、仓储费等费用，运输途中的合理损耗、入库前的挑选整理费用等，根据新准则，也可直接计入存货的采购成本。

（二）自制存货

自制存货包括自制的原材料、包装物、低值易耗品、在产品、半成品、产成品等。其成本应包括制造过程中的材料、人工及有关费用等实际支出。

（三）委托外单位加工完成的存货

委托外单位加工完成的存货实际成本应该包括实际耗用的原材料或半成品以及加工费、运输费、装卸费、保险费等费用和按规定应计入成本的税金。

商品流通企业委托外单位加工的商品，应以加工前商品的进货原价，加上加工费用和按规定应计入成本的税金，作为完成加工商品的实际成本。

（四）投资者投入的存货

投资者投入的存货按照投资合同或协议约定的价格入账，但合同和协议约定的价格不公允的除外。

（五）非货币性资产交换换入的存货

非货币性资产交换是指交易双方以非货币性资产进行的交换。不具有商业实质的，以非货币性资产交换换入的存货，按换出资产的账面价值加上应支付的相关税费，作为实际成本。涉及补价的，分以下两种情况确定换入存货的实际成本。

（1）收到补价。收到补价的，按换出资产的账面价值加上应支付的相关税费，减去补价后的余额，作为实际成本。

（2）支付补价。支付补价的，按换出资产的账面价值加上应支付的相关税费和补价，作为实际成本。

具有商业实质的，则将计价基础由账面价值改为公允价值。具体会计处理请参见本书第七章第二节的相关内容。

（六）债务重组换入的存货

以债务重组方式取得的存货，按《企业会计准则第 12 号——债务重组》的要求处理，债务重组的会计处理请参见本书第十一章第四节的相关内容。

（七）盘盈的存货

盘盈的存货应该按照同类或类似产品的市场价格确定其入账价值。

二、取得存货的核算

企业在进行存货的日常会计核算中通常可以采用实际成本法和计划成本法。在实际成本法下，各类存货首先按照来源不同进行初始计量，确定其实际取得成本并登记入账，然后根据选定的存货发出计价方法计算及核算发出存货的实际成本。其特点是，存货的收发凭证以及总分类账、明细分类账均采用实际成本计价。该方法一般适用于规模较小、存货品种简单、采购业务不多的企业。

计划成本法计价是指企业存货的日常核算一律按照计划成本计价，期末编制财务会计报告时，将计划成本调整为实际成本。采用这种方法，要求存货的总分类核算和明细分类核算均按计划成本计价，期末编制财务会计报告时，通过计算成本差异额，将计划成本调整为实际成本。存货按计划成本计价一般适用于企业管理水平较高、存货品种规格繁多、收发业务频繁的大中型企业。

本节主要介绍实际成本法下取得存货的会计处理，计划成本法下的会计处理将在本章的附录部分进行专门介绍。

（一）外购原材料的会计处理

为了总括反映原材料的收入、发出和结存情况，原材料按实际成本核算应设置"原材料"总账账户，并按材料的品种规格设置明细账户。原材料品种规格较多的企业，还可根据需要设置二级账户。"原材料"账户借方登记验收入库材料的实际成本，贷方登记发出材料的实际成本，借方余额反映期末库存材料的实际成本。

为了总括反映企业购入尚未到达或尚未验收入库的各种物资的实际成本，设置"在途物资"总账账户，并按供货单位设置明细账户。"在途物资"账户借方登记企业购入但尚未验收入库的各种物资的实际成本，贷方登记验收入库材料的实际成本，期末借方余额表示企业已付款或已开出商业汇票但尚未到达或尚未验收入库的在途物资的实际成本。

外购材料由于结算方式和采购地点不同，使材料验收入库与付款在时间上不一致，因此账务处理也有所不同。

1. 发票账单与材料同时到达企业的采购业务

办理这类业务时，企业在支付货款或开出商业汇票，材料验收入库后，应根据发票账单等结算凭证确定的材料成本，借记"原材料"，根据取得的增值税专用发票的税额，借记"应交税费——应交增值税（进项税额）"，按实际支付的款项或应付票据面值，贷记"银行存款""其他货币资金"或"应付票据"等。

【例 5-1】 A 公司为一般纳税人，购入原材料一批，增值税专用发票注明材料价款 300 000 元，增值税税额 48 000 元，已开出转账支票一张，材料已验收入库。根据发票、支票存根办理结算，根据收料单验收入库时，会计处理如下。

借：原材料   300 000
    应交税费——应交增值税（进项税额）   48 000
    贷：银行存款   348 000

2. 已经付款或已开出承兑商业汇票，但材料尚未到达或尚未验收入库的采购业务

办理这类业务时，应根据发票账单等结算凭证，借记"在途物资""应交税费——应交增值税（进项税额）"，贷记"银行存款""其他货币资金"或"应付票据"等。待材料验收入库后，再根据收料单，借记"原材料"，贷记"在途物资"。

【例 5-2】 A 公司开出一张银行汇票 300 000 元，采购员赴上海采购原材料，增值税专用发票注明材料价款 200 000 元，增值税税额 32 000 元，按实际金额办理了结算，原材料尚未到达企业，3 天后材料到达企业并验收入库，接到银行通知，余款已划回。

（1）开出银行汇票。

借：其他货币资金——银行汇票存款   300 000
    贷：银行存款   300 000

（2）采购材料。

借：在途物资   200 000
    应交税费——应交增值税（进项税额）   32 000
    贷：其他货币资金——银行汇票存款   232 000

（3）材料验收入库。

借：原材料   200 000
    贷：在途物资   200 000

（4）接到银行退款通知。

借：银行存款   68 000
    贷：其他货币资金——银行汇票存款   68 000

3. 材料已验收入库，但发票账单等结算凭证未到而未付款的采购业务

平时在办理这类业务时，根据材料入库的实际数量登记明细账，不进行账务处理；发票账单等结算凭证到达企业办理结算后，再编制记账凭证，登记材料明细账的单价和金额。如果月末材料的结算凭证还未到达企业，则按材料的暂估金额，借记"原材料"，贷记"应付账款——暂估应付账款"。下月月初用红字予以冲回。待结算凭证到达企业办理结算后，再按发票账单上的实际金额进行账务处理。

【例 5-3】　A 公司收到所购原材料一批，材料验收入库，但结算凭证尚未收到；月末，按照合同价 90 000 元暂估入账，下月初红字冲回。收到上述材料的发票账单等结算凭证，价款 88 000 元，增值税税额 14 080 元，A 公司开出期限为 3 个月的不带息商业承兑汇票一张。

（1）原材料验收入库。

借：原材料 90 000
　　贷：应付账款——暂估应付账款 90 000

（2）下月初，用红字冲回。

借：原材料 （90 000）
　　贷：应付账款——暂估应付账款 （90 000）

（3）收到结算凭证，开出商业承兑汇票。

借：原材料 88 000
　　应交税费——应交增值税（进项税额） 14 080
　　贷：应付票据 102 080

4. 预付货款

采用预付货款方式购货的，企业已预付账款，但对方尚未发货，这时，购货未成立，不属于企业的在途物资，预付货款只是一项债权。

5. 购入的材料发生短缺、毁损

此时应及时查明原因，区别情况进行相应的处理。属于定额内的损耗、毁损，按实际入库数量登记明细账。由于总成本不变而入库数量减少，所以材料的单位成本提高。

属于供货单位或外部运输单位责任的，应根据索赔凭证，借记"应付账款""其他应收款"等，贷记"原材料""在途物资"；获得赔偿时，借记"原材料"或"银行存款"，贷记"应付账款""其他应收款"等。

属于意外灾害造成的，应首先将净损失借记"待处理财产损溢"，由保险公司赔偿的部分，转至"其他应收款"科目的借方；由企业负担的部分，应借记"营业外支出"，贷记"待处理财产损溢"。

【例 5-4】　承【例 5-2】，假设收到该批材料时发现短缺一批，金额为 20 000 元，经核实应由运输公司赔偿，应做会计分录如下。

借：原材料 180 000
　　其他应收款——运输公司 23 200
　　贷：在途物资 200 000
　　　　应交税费——应交增值税（进项税额转出） 3 200

（二）自制材料的会计处理

有时企业购入的材料需要进一步加工后才能使用，自制材料完工入库时，应根据加工中发生的实际成本，借记"原材料"，贷记"生产成本"。

【例 5-5】　企业自制一批原材料，发生的直接材料费用为 2 000 元，直接人工工资 1 000 元，分配的制造费用为 500 元，合计 3 500 元，该批材料已经完工并验收入库。会计分录如下。

借：原材料 3 500
　　贷：生产成本 3 500

（三）委托加工物资的会计处理

委托加工物资是指企业发给外单位委托其加工的物资。委托加工物资的会计处理主要包括拨付加工材料、支付加工费及税金、收回加工物资等业务。

企业发生的委托加工业务，应设置"委托加工物资"总账账户，并按受托方设置明细账。

"委托加工物资"账户，借方登记拨付加工物资的实际成本，支付的加工费、相关税金以及往返的运杂费等；贷方登记验收入库委托加工物资的实际成本；期末借方余额表示尚未收回委托加工物资的实际成本。

（1）拨付委托加工材料。企业根据拨付给受托方的物资的实际成本，借记"委托加工物资"，贷记"原材料""库存商品"等。

（2）支付加工费及增值税。根据委托方开具的增值税专用发票所列加工费和增值税，借记"委托加工物资""应交税费——应交增值税（进项税额）"，贷记"银行存款""其他货币资金"等。

（3）支付消费税。如果委托加工物资是属于消费税应税项目，应交消费税应由受托方代收代缴。应交的消费税需要根据委托加工物资收回后，区分为立即销售和继续进行加工两种情况分别进行处理。

委托加工收回后立即销售，由受托方代收代缴的消费税计入委托加工物资的实际成本。

委托加工收回后还需进行继续加工，由受托方代收代缴的消费税先记入"应交税费——应交消费税"账户的借方，待最终消费品生产出来销售时，计算的消费税扣除由受托方代收代缴消费税后的差额，作为应缴的消费税额。

（4）委托加工物资以及剩余物资收回。委托加工物资以及剩余物资收回，按实际成本借记"原材料""低值易耗品""包装物"等，贷记"委托加工物资"。

【例5-6】 A公司委托B公司加工应税消费品。拨付原材料实际成本80 000元，受托方开具增值税专用发票所列加工费10 000元，增值税税额1 600元；该商品适用的消费税税率为10%。A公司开出支票一张支付加工费及税金。委托加工商品收回后立即销售。

（1）拨付原材料时。

借：委托加工物资 　　　　　　　　　　　　　　　　80 000
　　贷：原材料 　　　　　　　　　　　　　　　　　　　80 000

（2）支付加工费及税金时。

消费税组成计税价格=（80 000+10 000）÷（1-10%）=100 000（元）

支付代收代缴的消费税额=100 000×10%=10 000（元）

借：委托加工物资 　　　　　　　　　　　　　　　　20 000
　　应交税费——应交增值税（进项税额） 　　　　　1 600
　　贷：银行存款 　　　　　　　　　　　　　　　　　21 600

（3）验收入库时。

委托加工物资实际成本=80 000+10 000+10 000=100 000（元）

借：库存商品 　　　　　　　　　　　　　　　　　100 000
　　贷：委托加工物资 　　　　　　　　　　　　　　100 000

（4）假如A公司收回该项委托加工物资后，需要进行连续生产，支付加工费及税金，验收入库的会计处理如下。

借：委托加工物资 　　　　　　　　　　　　　　　　10 000
　　应交税费——应交消费税 　　　　　　　　　　　10 000
　　　　　　——应交增值税（进项税额） 　　　　　1 600
　　贷：银行存款 　　　　　　　　　　　　　　　　　21 600

验收入库时。

委托加工物资实际成本=80 000+10 000=90 000（元）

借：库存商品 90 000
　　贷：委托加工物资 90 000

（四）投资者投入存货的会计处理

接受投资者投入的材料，应按投资各方确定的价值，借记"原材料"，按增值税专用发票注明的增值税税额，借记"应交税费——应交增值税（进项税额）"，同时贷记"实收资本"或"股本"。

【例5-7】 A公司收到投资者投入的原材料一批，专用发票上注明的价款为90 000元，增值税税额为14 400元，双方确定的投资额为100 000元。该批存货的入账成本为85 600元（100 000-14 400）。会计分录如下。

借：原材料 85 600
　　应交税费——应交增值税（进项税额） 14 400
　　贷：实收资本 100 000

（五）盘盈存货的会计处理

企业盘盈的存货，如经查明是由于收发计量或核算上的误差等原因造成的，应及时办理存货入账的手续，调整存货账面的实存数，按盘盈存货同类或类似市场价格记入"待处理财产损溢——待处理流动资产损溢"科目，待批准后再冲减管理费用。

（六）其他方式取得存货的会计处理

以非货币性资产交换和债务重组方式取得存货的核算，将在相关章节进行专门介绍。

第三节 发出存货的计价

发出存货的计价是指对发出的存货和每次发出存货后库存存货价值的计算方法。在企业的生产经营中，存货的采购成本或生产成本是经常变动的，不同时期不同批次的采购成本可能都不一样。那么，在核算存货实际成本时，如何选用合理的单位成本来计算发出存货的成本，就显得非常重要。因为选择的单位成本不同，计算出来的生产成本或销售成本、销售利润就会不同，期末存货的成本也会不同。因此，发出存货成本的计价，既影响资产负债表，又影响利润表。

一、存货成本流转假设

存货是企业最重要的流动资产项目之一，在持续经营条件下，存货通常处于不断收入、发出的变动状态。从物理形态上看，存货的收入或发出表明存货的实体进入或离开库房，称为存货的实物流动。从价值形态看，存货的收入或发出表明存货的成本流入或流出账面，称为存货的成本流动。由于会计提供的是以货币表示的企业价值信息，因此会计人员关注的是存货实物流动中所蕴含的价值流动，而非存货实物流动本身。但由于以下原因，使存货成本的流动确定具有一定的复杂性：（1）在企业处于持续经营状态下，本期可供使用的存货在本期并不会完全发出，企业通常应保持一定的期末库存；（2）由于市场价格的不确定性，各批次进入企业的存货价格可能存在差异。这就产生了一个问题，在存货不断流动的状态下，如何确定发出存货和期末库存存货的成本？

理论上，存货成本流动应和存货实物流动相一致。但在现实生活中，存货的实物流动很可能无规律可循，即使有规律可循，也会由于存货流动方式的复杂性，而使确定存货的实物流动过于困难。因此，要使存货的成本流动与实物流动完全一致几乎是不可能的。比较可行的做法是对存货的成本流动做出某种合理的假设，采用一定的方法将存货成本在发出存货和期末存货之间进行分配，这就是所谓的存货成本流转假设。

对存货成本流转进行怎样的假设依赖于对存货发出计价目标的定位，发出存货计价的目标主要有：（1）尽量保持企业资产计价的准确性；（2）尽量保持企业收益计量的准确性；（3）尽量保持存货成本流动和存货实物流动的一致性；（4）存货计价方法的选择应有助于降低企业的税收和增加现金流量。由于这些目标具有一定的内在矛盾性，因此，实务中产生了不同的成本流转假设，这些成本流转假设通常只能侧重于某一目标，而不可能同时实现所有目标。根据对存货成本流动的不同假设，就产生了五种不同的存货计价方法：个别计价法、先进先出法、后进先出法、加权平均法和移动加权平均法。

二、发出存货的计价方法

我国《企业会计准则第 1 号——存货》规定，企业应当采用先进先出法、加权平均法或者个别计价法确定发出存货的实际成本。对于不能替代使用的存货、为特定项目专门购入或制造的存货以及提供的劳务，通常应当采用个别计价法确定发出存货的成本。

存货的计价方法一般有个别计价法、先进先出法、后进先出法、加权平均法、移动加权平均法，现分别介绍如下。

（一）个别计价法

个别计价法（specific identification method），又称具体辨认法、个别认定法、分批实际法、分批认定法、原批实际单价法等，是指按各种存货逐一辨别认清各批发出存货和期末库存存货所属的购进批别或生产批别，分别按其购入或生产时所确定的单位成本作为计算各批发出存货和期末库存存货实际成本的方法。即按每批存货入库时的原始实际单位成本作为计算该批存货发出成本和期末存货成本的基础。

【例 5-8】 A 公司 2019 年 3 月甲种材料的期初余额为 600 件，单位成本为每件 10 元，本期该种材料的收入、发出和结存情况如表 5-1 所示。

表 5-1　　　　　　　　　　　　　存货明细表

存货类别：

存货编号：　　　　　　　　　　　　　　　　　　　　　　　　　计量单位：件

存货名称：甲材料　　　　　　　　　　　　　　　　　　　　　　货币单位：元

| 2019 年 | | 摘要 | 购入 | | | 发出 | | | 结存 | | |
月	日		数量	单价	金额	数量	单价	金额	数量	单价	金额
3	1	期初余额							600	10	6 000
	6	购入	1 800	11	19 800				2 400		25 800
	11	发出				1 600			800		
	15	购入	1 200	12	14 400				2 000		
	20	发出				1 700			300		
	26	购入	500	13	6 500				800		
	31	合计	3 500		40 700	3 300			800		

假设经过具体辨认，11 日发出的 1 600 件中，600 件是期初存货，1 000 件为 6 日新购入的；20 日发出的 1 700 件中，500 件是 6 日购入的，1 200 件为 15 日购入的。

依照个别计价法确定的 A 公司 3 月甲种材料的发出成本和期末存货成本计算如下。

发出存货成本=（600×10+1 000×11）+（500×11+1 200×12）

=36 900（元）

期末存货成本=300×11+500×13=9 800（元）

个别计价法确定的发出存货成本和期末存货成本如表 5-2 所示。

表 5-2 存货明细表

存货类别：

存货编号： 计量单位：件

存货名称：甲材料 货币单位：元

2019 年		摘要	购入			发出			结存		
月	日		数量	单价	金额	数量	单价	金额	数量	单价	金额
3	1	期初余额							600	10	6 000
	6	购入	1 800	11	19 800				2 400		25 800
	11	发出				1 600		17 000	800		8 800
	15	购入	1 200	12	14 400				2 000		23 200
	20	发出				1 700		19 900	300		3 300
	26	购入	500	13	6 500				800		9 800
	31	合计	3 500		40 700	3 300		36 900	800		9 800

与其他方法相比，个别计价法可以说是存货的实物流动与其成本流动最接近或最吻合的一种方法。但严格地说，个别计价法并不属于存货流动假设。从表面上看，这种方法比较理想，计算较为准确，既适用于定期盘存制，又适用于永续盘存制，且结果相同。但由于使用此方法的前提是分别认定每次发出和结存存货所属批次，以辨别其所属的收入批次，这就要求在仓库中按收入批次存放，并标明单价，因而实务操作时的工作量繁重，困难较大。而且，在购入存货价格不一致的情况下，按照个别计价法，管理当局可以通过有目的地选择发出存货的单位成本，以增加或减少发出存货的成本，从而达到人为操纵企业利润的目的。这种方法只适合于较贵重、数量少，或体积较大，且易于辨认不同进货批次的存货。

（二）先进先出法

先进先出法（first-in first-out method，FIFO）是指假定成本流转是按照最早入库的存货先发出，因而，每次发出存货都假定是最先库存的存货，期末存货是最新购入的存货。这样，每次发出的存货就按入库存货先后顺序的单位成本计价，期末存货成本就接近于最新入库存货的成本。

【例 5-9】 资料同【例 5-8】。采用先进先出法核算企业发出存货和期末存货的成本如表 5-3 所示。

表 5-3 存货明细表

存货类别：

存货编号： 计量单位：件

存货名称：甲材料 货币单位：元

2019 年		摘要	购入			发出			结存		
月	日		数量	单价	金额	数量	单价	金额	数量	单价	金额
3	1	期初余额							600	10	6 000

| 2019年 | | 摘要 | 购入 | | | 发出 | | | 结存 | | |
月	日		数量	单价	金额	数量	单价	金额	数量	单价	金额
3	6	购入	1 800	11	19 800				600	10	6 000
									1 800	11	19 800
	11	发出				600	10	6 000	800	11	8 800
						1 000	11	11 000			
	15	购入	1 200	12	14 400				800	11	8 800
									1 200	12	14 400
	20	发出				800	11	8 800	300	12	3 600
						900	12	10 800			
	26	购入	500	13	6 500				300	12	3 600
									500	13	6 500
	31	合计	3 500		40 700	3 300		36 600	300	12	3 600
									500	13	6 500

先进先出法同样也适用于定期盘存制，其月末实地盘点的存货可先按最近入库的数量、单价计价，而后推至上一次入库存货。假定该公司采用定期盘存制，算得的存货价值是 10 100 元（500×13+300×12）。

先进先出法有三个优点：一是能把存货核算的工作分散在平时，及时反映存货的资金占用情况，保证成本计算的及时性；二是既适用于定期盘存制，又适用于永续盘存制，而且两种盘存制下的计算结果相同；三是使期末存货成本最接近该种存货的现行成本，财务分析更具意义。但是，先进先出法也有其不足之处。首先，计算工作量大，特别是对于存货进出量大且较频繁的企业更是如此。由于先进先出法不是以现行成本与现行收入相配比，因此当物价波动较大时，该法的选择对企业本期的利润确定会产生较大的影响。当物价上涨时，会高估企业当期利润和库存存货价值，从而导致虚利实税，不利于资本保全；反之，则会低估企业存货价值和当期利润，但从这一点看，当物价持续下跌时，采用先进先出法符合谨慎性原则的要求。

（三）后进先出法

后进先出法（last-in first-out method，LIFO）是指假定成本流转是按照最后入库的存货先发出，每次发出存货时按最接近本次发货业务的入库单位成本计价，发货数量超过最近一次入库存货数量的部分，按前一次入库存货单位成本计价，期末存货成本接近最早入库存货的成本。虽然《企业会计准则第 1 号——存货》取消了后进先出法，但由于该方法是国际通行的一种方法，本书在此也进行介绍。

【例 5-10】 资料同【例 5-8】，采用后进先出法计算该企业发出存货和期末存货的成本如表 5-4 所示。

表 5-4   存货明细表

存货类别：

存货编号：   计量单位：件

存货名称：甲材料   货币单位：元

2019 年		摘要	购入			发出			结存		
月	日		数量	单价	金额	数量	单价	金额	数量	单价	金额
3	1	期初余额							600	10	6 000
	6	购入	1 800	11	19 800				600	10	6 000
									1 800	11	19 800
	11	发出				1 600	11	17 600	600	10	6 000
									200	11	2 200
	15	购入	1 200	12	14 400				600	10	6 000
									200	11	2 200
									1 200	12	14 400
	20	发出				1 200	12	14 400			
						200	11	2 200	300	10	3 000
						300	10	3 000			
	26	购入	500	13	6 500				300	10	3 000
									500	13	6 500
	31	合计	3 500		40 700	3 300		37 200	800		9 500

在永续盘存制下，运用后进先出法确定存货成本。

11 日发出存货成本=1 600×11=17 600（元）

20 日发出存货成本=1 200×12+200×11+300×10=19 600（元）

期末存货成本=300×10+500×13=9 500（元）

在实地盘存制下，后进先出法确定的存货成本如下。

本月发出存货成本=500×13+1 200×12+1 600×11=38 500（元）

期末存货成本=600×10+200×11=8 200（元）

由此可见，采用后进先出法时，在永续盘存制和实地盘存制下计算的本期发出材料成本和期末存货成本不同。这是因为，后进先出法中的"后进"在两者中的含义存在差异。

后进先出法在物价持续上涨情况下有两个优点。第一，计入本期销售成本的发出存货价值比较接近现行存货市价，损益的确定比较符合配比原则。第二，由于以较高的发出存货成本计入本期销售成本，从而导致较低的税前利润，能在一定程度上避免虚盈或虚盈实亏的现象，对资本起到保全的作用。同时，不仅可以推迟缴纳一定数额的所得税，获得时间性差异所形成的财务利得，还可以减轻向股东分红的压力，因此，符合谨慎性原则的要求。但是，后进先出法的期末库存存货成本不能反映现时情况，因此，据以计算的各项流动比率或其他财务比率并不能反映企业的实际财务状况。

由于后进先出法假定最后取得的存货最先售出，期末保留的存货是最先取得的存货。这种成本流转程序与其实物的流转程序是不一致的。改进后的《国际会计准则第 2 号——存货》取消了后进先出法，不允许企业采用后进先出法计算存货的发出成本。

（四）加权平均法

加权平均法，又称全月一次加权平均法，是按各批进货的平均单位成本对发出存货进行计价的方法。其计算公式为。

$$月末加权平均单价=\frac{期初结存存货成本+本期收入存货成本}{期初结存存货数量+本期收入存货数量}$$

本期发出存货成本=本期发出存货数量×月末加权平均单价

期末结存存货成本=期末结存存货数量×月末加权平均单价

考虑到计算出的加权平均单价不一定是整数，往往要小数点后四舍五入，因此本期发出存货的成本一般采用倒轧法，即

期末结存存货成本=期末结存存货数量×月末加权平均单价

本期发出存货成本=期初结存存货成本+本期收入存货成本-期末结存存货成本

【例5-11】 资料同【例5-8】，A公司3月存货价值的计算如表5-5所示。

表5-5　　　　　　　　　　　　　　　存货明细表

存货类别：

存货编号：　　　　　　　　　　　　　　　　　　　　　　　　　　　计量单位：件

存货名称：甲材料　　　　　　　　　　　　　　　　　　　　　　　　货币单位：元

2019年		摘要	购入			发出			结存		
月	日		数量	单价	金额	数量	单价	金额	数量	单价	金额
3	1	期初余额							600	10	6 000
	6	购入	1 800	11	19 800				2 400		25 800
	11	发出				1 600	11.39	18 224	800		7 576
	15	购入	1 200	12	14 400				2 000		21 976
	20	发出				1 700	11.39	19 363	300		2 613
	26	购入	500	13	6 500				800		9 113
	31	合计	3 500		40 700	3 300		37 587	800		9 113

$$本月存货的平均成本=\frac{6\ 000+19\ 800+14\ 400+6\ 500}{600+1\ 800+1\ 200+500}=11.39（元/件）$$

本期存货发出成本=3 300×11.39=37 587（元）

本期期末库存存货成本=6 000+40 700-37 587=9 113（元）

这种方法在永续盘存制、实地盘存制下均可采用，加权平均单价只需在月末一次计算，比较简便，对存货的计价和企业损益计算较为合理。这种方法适用于收入批次较多、数量较大，且价格差异不大的存货。加权平均法得到了会计界的普遍肯定和应用。不论是国际会计准则还是我国企业会计准则，都把它作为基本的计价方法。但采用这种方法，平时账上无法提供存货的结存金额，不利于加强存货的管理。

（五）移动加权平均法

移动加权平均法是指平时每入库一批存货就根据账面的结存数量和库存存货总成本计算出新的平均单位成本，作为下一次收入存货前及发出存货的单位成本。

具体计算公式如下。

$$移动加权平均成本=\frac{本次收入存货前结存成本+本次收入存货成本}{本次收入存货前结存数量+本次收入存货数量}$$

每次发出存货成本=本次发出存货数量×最近一次移动加权平均成本

期末结存存货成本=期末结存存货数量×最近一次移动加权平均成本

【例 5-12】 资料同【例 5-8】。采用移动加权平均法计算本月发出材料成本和期末结存材料成本，计算结果如表 5-6 所示。

表 5-6 存货明细表

存货类别：

存货编号：

计量单位：件

存货名称：甲材料

货币单位：元

2019年		摘要	购入			发出			结存		
月	日		数量	单价	金额	数量	单价	金额	数量	单价	金额
3	1	期初余额							600	10	6 000
	6	购入	1 800	11	19 800				2 400	10.75	25 800
	11	发出				1 600	10.75	17 200	800	10.75	8 600
	15	购入	1 200	12	14 400				2 000	11.5	23 000
	20	发出				1 700	11.5	19 550	300	11.5	3 450
	26	购入	500	13	6 500				800	12.44	9 950
	31	合计	3 500		40 700	3 300		36 750	800		9 950*

*尾数调整。

新的平均成本计算如下。

第一次购货后的加权平均单位成本$=\dfrac{6\,000+19\,800}{600+1\,800}=10.75$（元）

第二次购货后的加权平均单位成本$=\dfrac{8\,600+14\,400}{800+1\,200}=11.5$（元）

第三次购货后的加权平均单位成本$=\dfrac{3\,450+6\,500}{300+500}=12.44$（元）

移动加权平均法的优点在于能使管理人员及时了解存货的结余情况，及时计算存货的发出成本，特别适用于采用永续盘存法下的存货记录，但计算的工作量较大。

三、各种存货计价方法的比较

根据存货流转假说，形成了不同的发出存货计价方法，各种计价方法的特点可归纳为表 5-7。

表 5-7 各种发出存货计价方法的比较

方法	优点	缺点
个别计价法	符合配比原则，成本计算准确	实务操作工作量大
先进先出法	符合存货流转规律，发出存货计价符合历史成本原则，期末存货成本接近市价	计算成本比较烦琐，物价上涨时会低估销售成本，高估利润，不符合稳健性原则，多缴税
后进先出法	物价上涨时会高估销售成本，低估利润，符合稳健性原则，少缴税	计算成本比较烦琐，物价上涨时会低估期末存货成本
加权平均法	核算简便，存货成本计算折中	计算在月末进行，不能反映平时价值，不利于日常管理
移动加权平均法	符合配比原则，随时计算成本，便于日常管理	核算工作量大，不适合收发频繁的企业

通过前面的计算可以看出，不同的计价方法计算出的本期发出存货成本和期末存货成本各

不相同。而且，即使使用相同的成本流转假设和相同的存货计价方法，由于采用的盘存制度不同，其计算结果也不尽相同。具体计算结果汇总表如表 5-8 所示。

表 5-8 各种发出存货计价方法计算结果汇总 单位: 元

方法	可供销售的存货成本	本期发出存货成本	期末存货成本
个别计价法	40 700	36 900	9 800
先进先出法	40 700	36 600	10 100
后进先出法	40 700	37 200	9 500
加权平均法	40 700	37 587	9 113
移动加权平均法	40 700	36 750	9 950

由于不同的存货计价方法所产生的纳税效果、净收益效果、现金流量效果各不相同，使企业有可能根据不同的情况和不同的需要选择不同的方法。为了提高财务会计报表信息的可比性，各国的公认会计原则或制度都规定：企业一旦选择了某种存货计价方法，不能随意改变，需要保持其一贯性，并在财务报表附注中加以披露；如果由于情况的变化必须变更计价方法，应在变更当年的报表附注中披露存货计价方法变更的理由以及对本年利润和年末存货价值的影响程度。

第四节　期末存货计价

会计期末为了客观、真实、准确地反映期末存货的实际价值，企业在编制资产负债表时，要确定"存货"项目的金额，即要确定期末存货的价值。按照《企业会计准则第 1 号——存货》的规定，企业的存货应当在期末按成本与可变现净值孰低计量，对可变现净值低于存货成本的差额，计提存货跌价准备。

一、成本与可变现净值孰低法的含义

成本与可变现净值孰低法是指对期末存货按照成本与可变现净值两者之中较低者计价的方法。即当成本低于可变现净值时，存货按成本计价；当可变现净值低于成本时，存货按可变现净值计价。成本与可变现净值孰低法的理论基础主要是使存货符合资产的定义。当存货的可变现净值下跌至成本以下时，表明该存货给企业带来的未来经济利益低于账面价值，因而应将这部分损失从资产价值中扣除，计入当期损益。否则，当存货的可变现净值低于其成本时，如果仍然以其历史成本计量，就会出现虚夸资产的现象。

这里所讲的"成本"是指存货的历史成本，即按前面介绍的以历史成本为基础的存货计价方法（如先进先出法等）计算的期末存货价值。"可变现净值"是指在企业正常生产经营过程中，以估计售价减去估计完工成本以及销售所必需的估计费用后的价值。

二、可变现净值的确定

（一）确定可变现净值应考虑的主要因素

企业在确定存货的可变现净值时，应当以取得的可靠证据为基础，并且考虑持有存货的目的、资产负债表日后事项的影响等因素。

（1）在确定可变现净值时，应以取得的可靠证据为基础。此处所讲的"可靠证据"是指对确定存货的可变现净值有直接影响的确凿证明，如产品的市场销售价格、与企业产品相同或类似商品的市场销售价格、供货方提供的有关资料、销售方提供的有关资料、生产成本资料等。

（2）应考虑持有存货的目的。由于企业持有存货的目的不同，确定存货可变现净值的计算方法也不同。如用于出售的存货和用于继续加工的存货，其可变现净值的计算就不相同，因此，企业在确定存货的可变现净值时，应考虑持有存货的目的。企业持有存货的目的，通常可以分为：一是持有以备出售，如商品、产成品，其中又分为有合同约定的存货和没有合同约定的存货；二是将在生产过程或提供劳务过程中耗用，如原材料等。

（二）可变现净值中估计售价的确定

从上述"可变现净值"的概念可以看出，存货估计售价的确定对计算其可变现净值非常重要。企业在确定存货的估计售价时，应当以资产负债表日为基准，但是，如果当月存货价格变动较大，则应当以当月该存货平均销售价格或资产负债表日最近几次销售价格的平均数，作为其估计售价的基础。此外，企业还应当按照以下原则确定存货的估计售价。

（1）为执行销售合同或者劳务合同而持有的存货，通常应当以产成品或商品的合同价格作为其可变现净值的计量基础。如果企业与购买方签订了销售合同，并且销售合同订购的数量大于或等于企业持有的存货数量，在这种情况下，在确定与该项销售合同直接相关存货的可变现净值时，应当以销售合同价格作为其可变现净值的计量基础。也就是说，如果企业就其产成品或商品签订了销售合同，则该批产成品或商品的可变现净值应当以合同价格作为计量基础；如果企业销售合同所规定的标的物还没有生产出来，但持有专门用于该标的物生产的原材料，其可变现净值也应当以合同价格为计量基础。这里所讲的"销售合同"是指固定销售合同，如价格固定、数量固定、标的物的规格固定、交货地点固定等。

【例5-13】 2019年9月3日，阳光公司与希望公司签订了一份销售合同，双方约定，2020年1月20日，阳光公司应按每台310 000元的价格向希望公司提供WH型机器12台。2019年12月31日，阳光公司WH型机器的账面价值（成本）为2 800 000元，数量为10台，单位成本为280 000元。2019年12月31日，WH型机器的市场销售价格为300 000元。

确定WH型机器估计售价的过程如下：根据阳光公司与希望公司签订的销售合同，该批WH型机器的销售价格已由销售合同约定，并且其库存数量小于销售合同约定的数量，因此在这种情况下，计算WH型机器的可变现净值应以销售合同约定的价格3 100 000元（310 000×10）作为计量基础，即估计售价为3 100 000元。

【例5-14】 2019年12月26日，阳光公司与希望公司签订了一份销售合同，双方约定，2020年3月20日，阳光公司应按每台310 000元的价格向希望公司提供WJ型机器10台。

2019年12月31日，阳光公司还没有生产该批WJ型机器，但持有库存原材料——D材料专门用于生产该批WJ型机器10台，其账面价值（成本）为1 440 000元，市场销售价格1 120 000元。

确定D材料可变现净值计量基础的过程如下：根据阳光公司与希望公司签订的销售合同，WJ型机器的销售价格已经由销售合同约定，阳光公司还未生产，但持有库存原材料——D材料专门用于生产该批WJ型机器，且可生产的WJ型机器的数量不大于销售合同订购的数量，因此，在这种情况下，计算该批原材料的可变现净值时，应以销售合同约定的WJ型机器的销售价格3 100 000元（310 000×10）作为计量基础。

（2）如果企业持有存货的数量多于销售合同订购数量，超过部分的存货可变现净值应当以产成品或商品的一般销售价格作为计量基础。在这种情况下，销售合同约定数量的存货应以销售合同所规定的价格作为可变现净值的计量基础；超出部分的存货的可变现净值应以一般销售价格作为计量基础。

【例 5-15】 2019 年 9 月 3 日，阳光公司与希望公司签订了一份销售合同，双方约定，2020 年 1 月 20 日，阳光公司应按每台 310 000 元的价格向希望公司提供 WJ 型机器 12 台。2019 年 12 月 31 日，阳光公司 WJ 型机器的账面价值（成本）为 3 920 000 元，数量为 14 台，单位成本为 280 000 元。2019 年 12 月 31 日，WH 型机器的市场销售价格为 300 000 元。

确定 WJ 型机器估计售价的过程如下：根据阳光公司与希望公司签订的销售合同，WH 型机器的销售价格已由销售合同约定，但是其库存数量大于销售合同约定的数量，因此在这种情况下，对于销售合同约定数量（12 台）的 WH 型机器的可变现净值应以销售合同约定的价格 3 720 000 元（310 000×12）作为计量基础，即估计售价为 3 720 000 元，而对于超出部分（2 台）的 WH 型机器的可变现净值应以一般销售价格 600 000 元（300 000×2）作为计量基础，即估计售价为 600 000 元。

（3）没有销售合同或劳务合同约定的存货，其可变现净值应当以产成品或商品一般销售价格或原材料的市场价格作为计量基础。

【例 5-16】 2019 年 12 月 31 日，阳光公司 WS 型机器的账面价值（成本）为 2 400 000 元，数量为 8 台，单位成本为 300 000 元。2019 年 12 月 31 日，WS 型机器的市场销售价格为 320 000 元。阳光公司没有签订有关 WS 型机器的销售合同。

由于阳光公司没有就 WS 型机器签订销售合同，因此在这种情况下，计算 WS 型机器的可变现净值时，应以一般销售价格 2 560 000 元（320 000×8）作为计量基础，即估计售价为 2 560 000 元。

【例 5-17】 2019 年，阳光公司根据市场需求的变化，决定停止生产 WH 型机器，为减少不必要的损失，决定将原材料中专门用于生产 WH 型机器的外购原材料——D 材料全部售出，2019 年 12 月 31 日其账面价值（成本）为 2 000 000 元，数量为 10 吨。据市场调查，D 材料的市场价格为 100 000 元/吨，同时可能发生销售费用及税金 5 000 元。

确定 D 材料的可变现净值计量基础的过程如下：由于在这种情况下企业已决定不再生产 WH 型机器，因此该批 D 材料的可变现净值不能再以 WH 型机器的销售价格作为其计量基础，而应按其出售的市场价格作为基础。即该批 D 材料的可变现净值为 995 000 元（100 000×10-5 000）。

三、成本与可变现净值孰低法

（一）成本与可变现值孰低法的账务处理

企业确定了期末存货的可变现净值之后，应视情况进行有关的账务处理。

1. 成本低于可变现净值

当期末存货的成本低于可变现净值时，不需要做账务处理，资产负债表中的存货仍按期末账面价值列示。

2. 可变现净值低于成本

当期末存货的可变现净值低于成本时，则必须在当期确定存货跌价损失，并进行有关的账务处理。具体账务处理方法主要有直接转销法和备抵法两种。

（1）直接转销法。即在确定存货跌价损失时，将可变现净值低于成本的损失直接冲销有关存货科目，同时将存货成本调整为可变现净值，在这种方法下，企业应设置"资产减值损失"科目，确定损失时，借记"资产减值损失"科目，贷记有关存货科目。

采用这种方法，要直接冲销有关存货的账簿记录，即要冲减有关的明细账记录，工作量较大，而且若已做调整的存货以后可变现净值又得以恢复，再恢复有关存货的成本记录也十分麻烦，因此这一方法不常用。

（2）备抵法。即对存货可变现净值低于成本的损失不直接冲减有关存货科目，而是另设"存货跌价准备"科目反映。具体做法是：每一会计期末，比较根据成本与可变现净值的差额所计算的应提取的存货跌价准备和已提取的存货跌价准备，若应提数大于已提数，则应予以补提；反之，应冲销部分已提数。提取和补提存货跌价准备时，借记"资产减值损失"科目，贷记"存货跌价准备"科目；冲回或转销存货跌价准备时，做相反会计分录。当已计提跌价准备的存货价值以后又得以恢复时，其冲回的跌价准备金额应以"存货跌价准备"科目的余额冲减至零为限。在资产负债表中，"存货跌价准备"列为存货项目的减项。

这一做法的优点是不需要对有关存货的明细账进行调整，保持了账簿记录的原貌，工作量较小。

【例 5-18】 某企业采用成本与可变现净值孰低法进行存货的计价核算，并运用备抵法进行相应的账务处理。假设 2015 年年末存货的账面成本为 100 000 元，预计可变现净值为 90 000 元，应计提的存货跌价准备为 10 000 元，应做如下会计处理。

借：资产减值损失　　　　　　　　　　　　　　　　　10 000
　　贷：存货跌价准备　　　　　　　　　　　　　　　　　10 000

假设 2016 年年末该存货的预计可变现净值为 85 000 元，则应计提的存货跌价准备为 5 000 元，即

借：资产减值损失　　　　　　　　　　　　　　　　　5 000
　　贷：存货跌价准备　　　　　　　　　　　　　　　　　5 000

2017 年年末，该存货的可变现净值有所恢复，预计可变现净值为 97 000 元，则应冲减计提的存货跌价准备 12 000 元，即

借：存货跌价准备　　　　　　　　　　　　　　　　　12 000
　　贷：资产减值损失　　　　　　　　　　　　　　　　　12 000

2018 年年末，该存货的可变现净值进一步恢复，预计可变现净值为 105 000 元，则应冲减计提的存货跌价准备 3 000 元（以以前已计提的数额为限），即

借：存货跌价准备　　　　　　　　　　　　　　　　　3 000
　　贷：资产减值损失　　　　　　　　　　　　　　　　　3 000

（二）成本与可变现值孰低法的运用

成本与可变现净值孰低法的基本方法主要有单项比较法、分类比较法和总额比较法。

（1）单项比较法，也称逐项比较法或个别认定法，指对存货中每一种存货的成本和可变现净值逐项进行比较，每项存货均取较低者来确定存货的期末成本。

（2）分类比较法，指按存货类别的成本与可变现净值进行比较，每类存货取其较低者来确定存货的期末成本。

（3）总额比较法，也称综合比较法，是指按全部存货的总成本与可变现净值总额，以较低者作为期末全部存货的成本。

【例 5-19】 某公司有 A、B、C、D 四种存货，按其性质的不同分为甲、乙两大类。各类存货的成本与可变现净值已经确定，现分别按三种比较法确定期末存货的成本，如表 5-9 所示。

表 5-9　　　　　　　　　　　　　期末存货成本与可变现净值比较表　　　　　　　　　　　　单位：元

项目	成本	可变现净值	单项比较法	分类比较法	总额比较法
甲类存货	2 500	2 400		2 400	
A 存货	1 000	800	800		
B 存货	1 500	1 600	1 500		
乙类材料	5 000	5 200		5 000	
C 存货	2 000	2 300	2 000		
D 存货	3 000	2 900	2 900		
总计	7 500	7 600	7 200	7 400	7 500

由表 5-9 可知，单项比较法确定的期末存货成本最低（7 200 元），分类比较法次之（7 400元），总额比较法最高（7 500 元），其原因是单项比较法所确定的均为各项存货的最低价。

通过对三种方法进行比较可知，单项比较法的确定结果最准确，但工作量也最大；总额比较法工作量较小，但结果的准确性相对较差；分类比较法的优缺点介于前两者之间。因此，在运用成本与可变现净值孰低法时，一般采用单项比较法或分类比较法来确定期末存货的价值。

企业应当在期末对存货进行全面清查，如由于存货毁损、全部或部分陈旧过时或销售价格低于成本等原因，使存货成本高于可变现净值的，应按可变现净值低于存货成本部分，计提存货跌价准备。

当存在以下情况之一时，应当计提存货跌价准备：

（1）市价持续下跌，并且在可预见的未来无回升的希望；

（2）企业使用该项原材料生产的产品的成本大于产品的销售价格；

（3）企业因产品更新换代，原有库存原材料已经不适应新产品的需求，而该原材料的市场价格又低于其账面成本；

（4）因企业提供的商品或劳务过时或消费者偏好改变而使市场的需求发生变化，导致市场价格逐渐下跌；

（5）其他足以证明该项存货实质上已经发生减值的情形。

当存在以下一项或若干项情况时，应当将存货账面价值全部转入当期损益：

（1）已霉烂变质的存货；

（2）已过期且无转让价值的存货；

（3）生产中已不再需要，并且已无使用价值和转让价值的存货；

（4）其他足以证明已无使用价值和转让价值的存货。

四、存货的估价

在采用定期盘存制的企业，因为实地盘点工作费时费力，而且成本高，所以通常一年只盘点一次。但为了管理的需要，还需按月编制财务报表，企业可采用一定的方法对存货进行估价。在发生意外损失时，通常也需要对存货估价，以确定损失金额和应由保险公司赔偿的金额。

存货估价的常用方法有毛利率法和零售价法。

（一）毛利率法

毛利率法是用本期销售净额乘以上期实际（或本月计划）毛利率计算本期销售毛利，并计算发出存货成本的一种方法。计算公式如下。

毛利率=销售毛利÷销售净额×100%

销售净额=商品销售收入-销售退回与折让

销售毛利=销售净额×毛利率

销售成本=销售净额-销售毛利

期末存货成本=期初存货成本+本期购货成本-本期销售成本

【例 5-20】 某商场月初服装存货 14 600 元，本月购货 85 000 元，销货 120 000 元，销售退回与折让合计 1 000 元，上月该类商品毛利率为 20%，计算本月销售成本和月末存货成本。

本月销售净额=120 000-1 000=119 000（元）

销售毛利=119 000×20%=23 800（元）

销售成本=119 000-23 800=95 200（元）

月末存货成本=14 600+85 000-95 200=4 400（元）

用毛利率法计算本期销售成本和期末存货成本，在商业企业较为常见，特别是商业批发企业，若按每一种商品计算并结转销售成本，工作量较大。

（二）零售价法

零售价法是指用成本占零售价的百分比计算期末存货成本的一种方法。采用这种方法的基本内容如下。

（1）期初存货和本期购货同时按成本和零售价记录，以便计算可供销售的存货成本和售价总额；

（2）本期销货只按售价记录，从本期可供销售的存货售价总额中减去本期销售的售价总额，计算出期末存货的售价总额；

（3）计算存货成本占零售价的百分比，即成本率，公式如下。

$$成本率=\frac{期初存货成本+本期购货成本}{期初存货售价+本期购货售价}\times100\%$$

（4）计算期末存货成本，公式如下。

期末存货成本=期末存货售价总额×成本率

（5）计算本期销售成本，公式如下。

本期销售成本=期初存货成本+本期购货成本−期末存货成本

【例5-21】 某商店2019年1月期初存货成本10 000元，售价总额12 500元；本期购货成本45 000元，售价总额67 500元；本期销售收入64 000元。计算期末存货成本和本期销货成本（见表5-10）。

表5-10　　　　　　　　　　　期末存货成本和本期销售成本计算表　　　　　　　　　　单位：元

项目	成本	售价
期初存货	10 000	12 500
本期购货	45 000	67 500
可供销售商品	55 000	
成本率=55 000÷80 000×100%=68.75%		
减：销售收入		64 000
期末存货售价		16 000
期末存货成本（16 000×68.75%）	11 000	
本期销货成本	44 000	

零售价法主要适用于商业零售企业，如百货商店或超级市场等，由于这类企业的商品都要标明零售价格，而且商品的型号、品种、款式繁多，所以，难以采用其他方法计价。

在我国会计实务中，商业零售企业广泛采用零售价法。这种方法是通过设置"商品进销差价"科目进行处理的，平时商品存货的进、销、存均按售价记账，售价与进价的差额记入"商品进销差价"科目，期末通过计算进销差价率的办法计算本期已销商品应分摊的进销差价，并据以调整本期销售成本。进销差价率的计算公式如下。

$$进销差价率=\frac{期初库存商品进销差价+本期购入商品进销差价}{期初库存商品售价+本期购入商品售价}\times100\%$$

本期销售商品应分摊的进销差价=本期商品销售收入×进销差价率

如【例 5-21】，计算本期购销业务，编制会计分录如下。

（1）记录购货。

借：库存商品	67 500
贷：商品采购	45 000
商品进销差价	22 500

（2）记录本期销售收入。

借：银行存款	64 000
贷：主营业务收入	64 000

同时结转商品销售成本。

借：主营业务成本	64 000
贷：库存商品	64 000

$$进销差价率=\frac{2\ 500+22\ 500}{12\ 500+67\ 500}\times100\%=31.25\%$$

已销商品应分摊的进销差价=64 000×31.25%=20 000（元）

（3）根据已销商品应分摊的进销差价冲转销售成本。

借：商品进销差价	20 000
贷：主营业务成本	20 000

经过转账，本期商品销售成本调整为实际成本 44 000 元（64 000-20 000）。

商业零售企业在会计期末编制资产负债表时，存货项目中的商品存货部分应根据"库存商品"科目的期末余额扣除"商品进销差价"科目的期末余额，按差额列示。如上例，期末库存商品成本为 11 000 元（16 000-16 000×31.25%）。

第五节 周转材料

周转材料是指企业能够多次使用，但不符合固定资产定义的材料，包括包装物、低值易耗品、企业（建筑承包商）的钢模板、木模板、脚手架等。本节主要讨论包装物和低值易耗品的核算，并以"包装物"和"低值易耗品"作为一级核算科目，也可用"周转材料"作为一级科目。

一、包装物的核算

（一）包装物的范围

包装物是指企业为了包装本企业的商品、产品并随商品、产品流转而储备的各种包装容器，如桶、箱、瓶、坛、袋等。企业的包装物包括：

（1）生产经营过程中用于包装商品、产品并作为商品、产品组成部分的包装物；

（2）随同商品、产品出售而不单独收取价款（以下称不单独计价）的包装物；

（3）随同商品、产品出售而单独计价（以下称单独计价）的包装物；

（4）出租、出借给购货单位使用的包装物。

一般来说，企业需要设置"包装物"科目对包装物进行核算，并按包装物的品种进行明细核算。如果企业的包装物数量不多，可以将包装物并入"原材料"科目核算。

对包装物核算时应注意以下三点：一是单位价值比较小或不能周转使用的各种包装材料（如纸、绳、铁丝、铁皮等），在"原材料"科目进行核算；二是用于储存和保管产品、商品、材料而不对外出售的包装物，应按其价值大小和使用年限长短，分别在"固定资产"或"低值易耗品"科目进行核算；三是单独列作企业商品、产品的自制包装物，应列为库存商品处理。

（二）包装物入库核算

企业购入、自制、委托外单位加工完成等验收入库的包装物、企业接受的债务人以非现金资产抵偿债务方式取得的包装物等的核算方法与原材料入库的核算方法相同，这里不再重述。

（三）生产领用包装物核算

生产领用包装物的核算与生产领用原材料的核算方法相同，应根据生产领用包装物的成本借记"生产成本"科目，贷记"包装物"科目。

（四）随同产品或商品出售包装物核算

在出售产品或商品时，随同产品、商品一并出售的包装物在会计核算上分为两种情况：一是出售单独计价的包装物；二是出售不单独计价的包装物。

（1）单独计价的包装物。包装物随同产品、商品单独计价出售时，实际上就是包装物的出售。在会计核算上，包装物出售同原材料出售的账务处理方法相同，将出售包装物的收入（不含税收入）记入"其他业务收入"科目。出售包装物后，按出售包装物的成本借记"其他业务成本"科目，贷记"包装物"科目。有关其他业务收入和其他业务成本的核算将在相关章节讲述。

（2）不单独计价的包装物。包装物随产品、商品出售但不单独计价时，随产品、商品发出包装物主要是为了确保销售产品、商品的质量或提供良好的销售服务。因此，应将这部分包装物的成本作为企业发生的销售费用，借记"销售费用"科目，贷记"包装物"科目。

（五）出租、出借包装物核算

为了确保周转使用包装物的安全完好，对可以周转使用的包装物，企业一般采用出租或出借方式向客户提供必要的配套服务。以出租方式提供包装物时，要求客户支付包装物的租金；以出借方式提供包装物时，只要求客户将完好的包装物按期归还，实际上是无偿使用。

1. 发出包装物

企业不论以出租方式，还是以出借方式发出包装物，均应向客户收取押金，作为客户按期归还包装物的资金保证。收到押金时，借记"银行存款"等科目，贷记"其他应付款"科目。

企业出租包装物，除收取押金外，还要收取租金，用以抵补出租包装物的摊销价值及相关支出。企业应根据收到的租金，借记"银行存款"等科目，贷记"其他业务收入"等科目。出租、出借的包装物在使用过程中，价值逐渐减少直至消失，其价值的转移过程称为摊销。出租、出借包装物的价值摊销方法一般有一次摊销法和分次摊销法两种方法。[①]出租包装物可以取得租金收入，包装物的摊销价值可以由租金收入来补偿，因而摊销出租包装物成本时，应借记"其他业务成本"科目，贷记"包装物"科目。出借包装物的摊销价值

[①] 一次摊销法是将包装物的成本一次全部摊销；而分次摊销是指根据包装物的价值，按其预计使用期限，平均计算摊销额，分月摊入成本、费用的方法。实务中还有一种做法叫作五五摊销法，即在出租或出借时摊销其成本的 50%，在包装物报废时再摊销另外 50%。不过，修订后的《企业会计准则讲解（2008）》不再提倡五五摊销法。

应由商品销售收入来补偿，因而摊销出借包装物成本时，应借记"销售费用"科目，贷记"包装物"科目。

2. 收回包装物

企业出租、出借的包装物收回时，应退还押金，借记"其他应付款"科目，贷记"银行存款"等科目。收回的包装物入库时，如果采用一次摊销法和分期（次）摊销法进行包装物价值摊销的核算，只在备查账簿中进行登记，不做账务处理。

3. 包装物报废

收回的包装物，如果由于磨损等原因不能继续使用，应及时办理报废手续。已报废包装物的残料，应计价入库，同时冲减其已摊销价值。出租包装物的残料价值，应借记"原材料"等科目，贷记"其他业务成本"科目；出借包装物的残料价值，应借记"原材料"等科目，贷记"销售费用"等科目。

4. 没收逾期未退回包装物的押金

对超过退还期限而购货单位仍未退回的包装物，企业可按合同规定没收其押金。企业没收押金时，应根据没收的押金数额，借记"其他应付款"科目，根据其中所含的增值税税额，贷记"应交税费"科目，根据全部押金扣除增值税后的余额，贷记"其他业务收入"科目。如果这部分没收的押金收入应缴消费税等税费的，还应将应缴的税费计入其他业务成本，即借记"其他业务成本"科目，贷记"应交消费税"等科目。对逾期未退包装物加收的押金，应转作"营业外收入"处理，即企业应按加收的押金借记"其他应付款"科目，按没收、加收的押金应缴纳的增值税、消费税等税费贷记"应交税费"科目，按其差额贷记"营业外收入——逾期包装物押金没收收入"科目。

需要指出的是，包装物不多的企业，一般采用实际成本对包装物进行核算，如果企业条件具备，也可以采用计划成本核算，参见本章"补充拓展资料"对计划成本法的介绍。

（六）包装物核算举例

【例5-22】　某企业（具有建筑承包商资格）的包装物按实际成本核算，根据发生的有关包装物收发经济业务，做会计分录如下。

（1）以银行存款购进包装物，实际成本3 480元（其中包括增值税进项税额480元）。

借：包装物　　　　　　　　　　　　　　　　　　　　3 000
　　应交税费——应交增值税（进项税额）　　　　　　　480
　　　贷：银行存款　　　　　　　　　　　　　　　　　　　3 480

（2）生产领用包装物，用于包装产品，实际成本400元。

借：生产成本　　　　　　　　　　　　　　　　　　　　400
　　　贷：包装物　　　　　　　　　　　　　　　　　　　　400

（3）销售产品领用不单独计价的包装物，实际成本200元。

借：销售费用　　　　　　　　　　　　　　　　　　　　200
　　　贷：包装物　　　　　　　　　　　　　　　　　　　　200

（4）销售产品领用单独计价的包装物，实际成本400元，售价580元（其中包括增值税税额80元）。

借：银行存款　　　　　　　　　　　　　　　　　　　　580
　　　贷：其他业务收入　　　　　　　　　　　　　　　　　500
　　　　应交税费——应交增值税（销项税额）　　　　　　　80

同时，

| 借：其他业务成本 | 400 | |
| 贷：包装物 | | 400 |

二、低值易耗品的核算

（一）低值易耗品的范围及会计科目设置

低值易耗品是指企业在业务经营过程中所必需的单项价值较低或使用年限较短，不能作为固定资产核算的物资设备、各种用具物品，如工具、管理用具、玻璃器皿、劳动用具以及在企业生产经营过程中储存商品用的包装容器等。这些物资设备在经营过程中可以多次使用，其价值随其磨损程度逐渐转移到有关的成本或费用中去。就其性质来看，低值易耗品是可以多次使用但不改变原有实物形态的劳动资料，具有固定资产的特性。

企业需要设置"低值易耗品"科目对低值易耗品进行核算，并按低值易耗品的品种进行明细核算。

会计核算上，有些国家的会计准则乃至国际会计准则允许将某些价值量不大、使用年限超过 1 年的个别项目，如模具、工具、冲模等，归并为一个总额以固定资产核算。在我国会计实务中，为便于资产的实物管理，长期以来，一直将不具备固定资产价值标准的器具、工具等作为低值易耗品，视同存货，单独设置"低值易耗品"科目进行总分类核算，并按低值易耗品的类别、品种规格进行数量和金额的明细核算。

（二）低值易耗品核算的主要内容

低值易耗品核算的内容主要包括低值易耗品的购入或形成以及低值易耗品的摊销两大部分。

（1）购入或其他来源形成低值易耗品。企业购入、自制、委托外单位加工完成并已验收入库的低值易耗品、企业接受的债务人以非现金资产抵偿债务方式取得的低值易耗品，其核算与原材料、包装物入库的核算方法相同，这里不再重述。

（2）低值易耗品摊销。会计实务中，一般根据具体情况，对不同的低值易耗品采用不同的摊销方法。如一次摊销法、分次摊销法等。

采用一次摊销法时，一般将低值易耗品的价值在领用时直接冲减低值易耗品账面价值，转入有关的成本费用。领用时，借记"管理费用""制造费用""其他业务成本"等科目，贷记"低值易耗品"科目。报废低值易耗品的残料价值作为当月低值易耗品摊销额的减少，冲减有关成本费用，借记"原材料"等科目，贷记"管理费用""制造费用""其他业务成本"等科目。

采用分次摊销法时，一般将低值易耗品的价值在领用时先转入"待摊费用"账户，然后，按其预计使用期限，平均计算摊销额，分月摊入成本、费用。

【例 5-23】 某车间领用专用工具一批，实际成本为 6 600 元，预计使用 6 个月，会计分录如下。

（1）领用时。

| 借：待摊费用 | 6 600 | |
| 贷：低值易耗品 | | 6 600 |

（2）每月摊销时。

借：制造费用（6 600÷6）   1 100

    贷：待摊费用   1 100

（3）假定第 6 个月使用期限已满，这批专用工具需报废，残料计价 200 元列为辅助材料时。

借：原材料——辅助材料   200

    制造费用（1 100-200）   900

    贷：待摊费用   1 100

第六节 披露与分析

一、存货的披露

1. 报表列示。企业在资产负债表中列示存货的账面价值，其金额等于存货的账面余额减去存货跌价准备。

2. 附注披露。在财务报表附注中，企业需要披露存货核算的会计政策和存货项目的构成。具体包括以下几个方面：

（1）原材料、在产品、产成品等各类存货的当期期初和期末账面价值及总额；

（2）当期计提的存货跌价准备和当期转回的存货跌价准备；

（3）存货取得的方式以及低值易耗品和包装物的摊销方法；

（4）存货跌价准备的计提方法和存货可变现净值的确定依据；

（5）用于担保的存货的账面价值。

二、存货的分析

报表使用者在分析存货信息时，需要注意以下要点。

第一，关注存货持有量与存货周转率。企业持有的存货过少，可能会影响正常经营；持有过多且周转率较低，则意味着企业存货的销售或需求出现问题。投资者可以对企业存货周转率的同比变化进行分析，并将企业与同行业竞争对手的存货周转率进行比较，了解企业产品的市场情况。

第二，关注存货发出的计价方法是否有变更。存货发出计价方式同时影响资产负债表中存货的账面价值与利润表中的净利润，如果一旦发生变更，将会对报表产生重大影响。投资者需要关注企业披露的变更原因是否恰当以及变更对报表的影响程度。

第三，关注企业是否计提过少或过多的存货跌价准备。与存货发出计划的影响类似，存货跌价准备的计提同时影响资产和当期利润。投资者一方面需要关注企业是否少提跌价准备，虚增资产和利润；另一方面也需要关注企业当期是否计提过多跌价准备、确认巨额损失，以备来年转回准备、扭亏为盈。

思 考 题

1. 什么是存货？简述存货的内容及分类。

2. 存货的确认条件是什么？存货的范围如何确定？

3. 什么是定期盘存制？什么是永续盘存制？它们各有什么优缺点？适用范围如何？

4. 存货在各种取得方式下如何计价？

5. 比较各种发出存货计价方法的优缺点及适用性。

6. 什么是成本与可变现净值孰低法？如何运用？

7. 简述存货估价的毛利率法和零售价法。

8. 什么是包装物？包装物包括哪些内容？不同情况下发出包装物如何核算？

9. 什么是低值易耗品？低值易耗品如何进行核算？

练习题

（一）实际成本法

资料：华龙公司为增值税一般纳税人，该企业采用实际成本法核算原材料，2019年6月发生如下几笔材料收发业务。

（1）6月5日，购入A材料一批4 500件，单价20元，税款14 400元，货税款暂欠。

（2）6月8日，上批A材料到达公司，验货发现上述购货中有10件不合格产品，经双方协议决定办理退货，其余材料入库。

（3）6月9日，支付上批采购的材料价税款。

（4）6月19日，采用预付账款方式向德庆公司采购A材料，预付价款48 000元。

（5）6月22日，上批从德庆公司购买的A材料已经到达，数量为2 000件，单价26元，增值税税额8 320元，华龙公司在收到材料时补付余款。

（6）6月22日，公司委托外单位加工A材料1 080件，发出C原材料价款18 000元，支付运费400元。

（7）6月25日，上批A材料加工完毕，并已验收入库。支付加工费5 000元和16%的增值税，支付运回费用600元，另支付由受托方代收的消费税1 000元，加工成的A材料用于生产应税消费品。

（8）6月30日，根据"发料凭证汇总表"列示，本月发出A原材料用途如下：生产产品领用35 000元，车间管理部门领用5 000元，管理部门领用4 000元。

要求：为华龙公司编制上述业务的会计分录。

（二）存货计价方法

资料：假定粤信公司2019年6月H商品购销资料如下。

（1）6月1日结余4 000千克，单位成本20元。

（2）6月3日购入10 000千克，单位成本18元。

（3）6月6日购入7 000千克，单位成本16元。

（4）6月13日发出18 000千克。

（5）6月22日购入9 000千克，单位成本16元。

（6）6月25日发出8 000千克。

要求：分别采用加权平均法、先进先出法和移动加权平均法确定企业期末存货和本期发出存货的成本。

（三）存货估价方法

资料：泰达公司A产品仓库于2019年6月12日发生火灾，大部分产品和会计记录都被毁，尚未毁损存货的可变现净值为60 000元，尚存的存货记录为：月初存货320 000元，6月1—12日购货净额590 000元，销货净额870 000元，该公司A产品的平均毛利率为25%。

要求：用毛利率法估算因火灾造成的损失，并列出计算公式。

（四）存货的期末计价

资料：某公司用成本与市价孰低法对期末存货计价，2018—2019年年末有关存货数据如表5-11所示。

表5-11 2018—2019年年末有关存货数据

数量单位：件
货币单位：元

项目		2018年			2019年		
		数量	实际单位成本	单位可变现净值	数量	实际单位成本	单位可变现净值
甲类	A	200	10	8	210	8	9
	B	300	13	14	240	23	29
乙类	C	40	43	46	47	42	45
	D	68	67	64	68	70	75

要求：分别计算单项比较法、分类比较法、综合比较法下以上存货项目在2018年年末和2019年年末资产负债表上列示的价格，并编制各年末相应的会计分录（假设公司采用备抵法核算存货计价损失）。

（五）低值易耗品

资料：某企业2月发生下列有关经济业务。

（1）2月1日，生产车间领用工具20件，单位成本100元，预计使用5个月。

（2）3月10日，生产车间领用工具30件，单位成本80元，预计使用6个月。

要求：用分次摊销法摊销低值易耗品的价值，并编制相应的会计分录。

（六）包装物

资料：某企业发生下列经济业务。

（1）销售产品领用一批单独计价的包装物，实际成本2 400元。

（2）销售产品领用一批不单独计价的包装物，实际成本700元。

（3）生产领用包装物一批，用于包装产品，实际成本3 000元。

（4）销售产品时，向购货方出租新包装物100件，实际成本5 000元，每月收取租金300元，租期半年，另收取押金3 000元，该批包装物采用五五摊销法。承租方在合同期限内退回包装物90个，另10个租期满未退回，企业没收相应的押金，并结转相关包装物成本。

要求：编制有关会计分录。

案例分析：后进先出法[①]

---

① 本书每章后所增加的案例分析请参见本系列教材中配套出版的《会计教学案例》一书，后同。

补充资料 | 计划成本法

　　计划成本法是指企业存货的收入、发出和结余均按预先制定的计划成本计价，同时另设"材料成本差异"科目，登记实际成本与计划成本的差额。存货按计划成本核算，要求存货的总分类账和明细分类账均按计划成本计价。计划成本法一般适用于材料品种多、收发业务频繁的企业，如大中型企业中的各种原材料。

　　存货计划成本所包含的内容与其实际成本的构成一致，包括买价、运杂费和有关的税金等。存货的计划成本一般由企业采购部门会同财会等有关部门共同制定，制定的计划成本应尽可能接近实际。

一、账户设置

　　材料按计划成本进行日常核算时，企业要设置"材料采购""原材料"和"材料成本差异"等账户，取得的原材料先要通过"材料采购"科目按实际成本进行核算，验收入库后和发出材料全部按计划成本登记，原材料的实际成本与计划成本的差额，通过"材料成本差异"科目核算。月份终了，通过分配材料成本差异，将发出材料的计划成本调整为实际成本。

二、账务处理

（一）取得原材料的账务处理

　　企业采用计划成本法计价核算时，不论材料是否验收入库，都必须先通过"材料采购"科目核算材料的实际采购成本，待材料验收入库后，再按计划成本转入"原材料"科目，同时结转材料成本差异。由于采购过程存在不同情况，购入材料的账务处理也不完全相同，故分以下情况进行账务处理。

　　1. 单料已到，货款已付或者未付

　　企业对单料已到、货款已付或者未付的采购业务，不能根据实际成本直接记账，必须先通过"材料采购"科目核算材料的实际采购成本。企业按材料的实际采购成本和税金，借记"材料采购""应交税费——应交增值税（进项税额）"科目，按已付或未付款项，贷记"银行存款""其他货币资金""应付票据"或"应付账款"等科目。材料已验收入库，按材料计划成本，借记"原材料"科目，按实际成本大于计划成本的差额，借记"材料成本差异"，按材料实际采购成本，贷记"材料采购"科目，或者按实际成本小于计划成本的差额，贷记"材料成本差异"科目。

　　【附例5-1】　甲公司为一般纳税人，2019年10月1日购入A材料一批，取得的增值税专用发票上注明的材料价款为50 000元，增值税税额为8 000元，货款已通过银行转账支付，材料已验收入库，其计划成本为48 000元。

　　根据上述资料，甲公司应编制会计分录如下。

　　（1）按发票等结算凭证确定材料的实际采购成本。

借：材料采购——A材料　　　　　　　　　　　　　　　50 000
　　应交税费——应交增值税（进项税额）　　　　　　　8 000
　　贷：银行存款　　　　　　　　　　　　　　　　　　　　　58 000

（2）结转入库材料的计划成本。

借：原材料——A材料   48 000
 贷：材料采购——A材料   48 000

（3）结转入库材料的超支差异。

借：材料成本差异   2 000
 贷：材料采购——A材料   2 000

2. 料到，单未到

企业对材料已到达并验收入库，但发票账单等结算凭证未到、货款尚未支付的采购业务，应于月末，按材料的计划成本估计入账，借记"原材料"科目，贷记"应付账款"科目。下月初用红字做同样的记账凭证，予以冲回，待收到有关凭证时，按正常程序处理。

【附例5-2】 甲公司为一般纳税人，2019年10月15日购入B材料一批，材料已验收入库，但结算凭证未到，货款尚未支付，计划成本为5 000元。

甲公司应编制会计分录如下。

（1）10月月末估计入账时。

借：原材料——B材料   5 000
 贷：应付账款——暂估应付账款   5 000

（2）11月月初红字冲回时。

借：原材料——B材料   （5 000）
 贷：应付账款——暂估应付账款   （5 000）

（3）11月收到有关发票等结算凭证并支付货款时，按正常程序记账。增值税专用发票上注明的价款为4 000元，增值税税额为640元。有关会计分录如下。

借：材料采购——B材料   4 000
 应交税费——应交增值税（进项税额）   640
 贷：银行存款   4 640

（4）结转入库材料的计划成本。

借：原材料——B材料   5 000
 贷：材料采购   5 000

（5）结转入库材料的节约差异。

借：材料采购   1 000
 贷：材料成本差异   1 000

3. 单到，料未到

企业对单到、料未到的采购业务，应根据发票账单等结算凭证，借记"材料采购""应交税费——应交增值税（进项税额）"科目，贷记"银行存款"或"应付票据"等科目；待材料验收入库后，再根据收料单，按计划成本借记"原材料"科目，贷记"材料采购"科目，同时将计划成本与实际成本的差额记入"材料成本差异"科目。

【附例5-3】 A公司为一般纳税人，2019年5月10日购入材料一批，结算凭证已到，货款已付，取得的增值税专用发票上注明的材料价款为30 000元，增值税税额为4 800元，6月10日B材料验收入库，该批材料的计划成本为29 000元。

A公司应编制会计分录如下。

（1）取得发票支付货款时。

借：材料采购   30 000
 应交税费——应交增值税   4 800
 贷：银行存款   34 800

（2）材料到达验收入库时。

借：原材料	29 000	
贷：材料采购		29 000
借：材料成本差异	1 000	
贷：材料采购		1 000

4. 预付货款方式

企业采用预付货款的方式采购材料，计划成本核算同实际成本核算一样，也必须先通过"预付账款"科目核算，所不同的是，在计划成本下必须先通过借记"材料采购"科目核算材料的实际采购成本，再按计划成本记入"原材料"科目，并将计划成本与实际成本的差额记入"材料成本差异"科目。

【附例 5-4】　A 公司为一般纳税人，2019 年 10 月 25 日为购入一批 B 材料，预付货款 11 000 元，11 月 10 日 B 材料到达入库，增值税专用发票上注明的材料价款为 10 000 元，增值税税额为 1 600 元，该批材料的计划成本为 9 500 元。

A 公司应编制会计分录如下。

（1）预付货款时。

借：预付账款	11 000	
贷：银行存款		11 000

（2）采购确定时。

借：材料采购	10 000	
应交税费——应交增值税（进项税额）	1 600	
贷：预付账款		11 600

（3）补付货款时。

借：预付账款	600	
贷：银行存款		600

（4）货物到达入库时。

借：原材料	9 500	
贷：材料采购		9 500

（5）结转材料差异时。

借：材料成本差异	500	
贷：材料采购		500

5. 途中合理损耗的处理

购入途中发生的材料短缺或毁损，属于途中合理损耗的，应计入材料的实际成本。材料明细账按实收数量入账，金额按原价款入账，这无疑提高了材料的单位成本。在计划成本法下，对该批材料按实收数量乘以计划单位成本计算确定材料的计划成本，将合理损耗材料的金额计入材料成本差异。

【附例 5-5】　A 公司为一般纳税人，2019 年 10 月 26 日购入一批材料 1 000 千克，取得的增值税专用发票上注明的材料价款为 5 500 元，增值税税额为 880 元，材料验收入库时，实收 990 千克，计划单位成本为 5 元/千克，短缺的 10 千克经查属途中合理损耗。

A 公司应编制会计分录如下。

（1）根据发票账单确定实际采购成本 5 500 元。

借：材料采购	5 500	
应交税费——应交增值税（进项税额）	880	
贷：银行存款		6 380

（2）结转入库材料计划成本 4 950 元。

借：原材料　　　　　　　　　　　　　　　　　　　4 950

　　贷：材料采购　　　　　　　　　　　　　　　　　　　　4 950

（3）同时结转入库材料成本差异。

借：材料成本差异　　　　　　　　　　　　　　　　　550

　　贷：材料采购　　　　　　　　　　　　　　　　　　　　550

（二）发出材料的账务处理

为简化核算，平日发出材料是按计划成本转出至成本费用类各科目的，而计划成本与实际成本具有一定的差异，因此，期末必须计算发出材料应负担的成本差异，以便通过"材料成本差异"科目，将发出材料和期末材料的成本由计划成本调整为实际成本。

调整的基本公式如下：

　　　　实际成本=计划成本+成本差异

需要指出的是，本章所讲的材料成本差异正负号是指对发生的材料差异以超支差异（借方）为正，以节约差异（贷方）为负；对发出材料负担的差异，以发出材料应负担的超支差异（借方）为正，以发出材料应负担的节约差异（贷方）为负。以下要计算的本月领用材料应负担的成本差异率，如为正数，表示发出材料要分担超支差异（借方，用蓝字登记）；如为负数，表示发出材料要分担节约差异（贷方，用红字登记）。

材料成本差异随着材料的入库而形成，包括外购材料、自制材料、委托加工完成材料入库等；同时也随着材料发出而减少，如领用材料、出售材料、消耗材料等。期初与当期形成的材料成本差异，应在当期已发出材料和期末结存材料之间进行分配，属于已消耗材料应分配的材料成本差异，从"材料成本差异"科目转入有关科目。企业应当在月份终了时计算材料成本差异率，据以分配当月形成的材料成本差异。当期材料成本差异的计算公式如下。

　　本月发出材料的实际成本=发出材料的计划成本+发出材料应分摊的成本差异

　　本月发出材料应负担的成本差异=发出材料的计划成本×本月材料成本差异率

$$本月材料成本差异率=\frac{月初结存材料的成本差异+本月收入材料的成本差异}{月初结存材料的计划成本+本月收入材料的计划成本}\times100\%$$

需要说明的是，材料成本差异率的计算方法一经确定，不得随意变更。如果确需变更，应在会计报表附注中予以说明。企业应按照存货的类别，如原材料、包装物、低值易耗品等，对材料成本差异进行明细核算，但不能使用一个综合差异率来分摊发出存货和结存存货应负担的材料成本差异。

经过材料成本差异的分配，本月发出材料应分配的成本差异从"材料成本差异"科目转出之后，属于月末库存材料应分配的成本差异仍保留在"材料成本差异"科目内，作为库存材料的调整项目，编制资产负债表时，存货项目中的材料存货，应当列示加了材料成本差异后的实际成本。

【附例5-6】　甲企业材料存货采用计划成本核算，2015 年 1 月"原材料"科目 A 材料的期初余额为 56 000 元，"材料成本差异"科目期初借方余额为 4 500 元，原材料计划单位成本 12 元，本月 10 日进货 1 500 千克，进价 10 元；20 日进货 2 000 千克，进价 13 元；本月 15 日和 25 日车间分别领用材料 2 000 千克、1 000 千克，均用于生产同一种产品。

根据上述资料进行如下会计处理。

（1）1月10日进货，支付材料货款15 000元，运费500元，货款进项税额2 400元（货款增值税税率为16%），运费的增值税进项税额为50元（500×10%，运费增值税扣除率为10%），进项税额合计2 450元，应计入材料采购成本的运费为450元（500-50）。

借：材料采购 15 450
　　应交税费——应交增值税（进项税额） 2 450
　　　贷：银行存款 17 900

（2）1月11日第一批材料验收入库。

借：原材料 18 000
　　　贷：材料采购 18 000

（3）结转材料成本差异。

借：材料采购 2 550
　　　贷：材料成本差异 2 550

（4）1月15日车间第一次领用2 000千克。

借：生产成本 24 000
　　　贷：原材料 24 000

（5）1月20日进货，支付材料货款26 000元，运费1 000元，运费中准予抵扣的进项税额为100元，应计入材料采购成本的运费为900元，进项税额合计4 260元。

借：材料采购 26 900
　　应交税费——应交增值税（进项税额） 4 260
　　　贷：银行存款 31 160

（6）1月25日第二批材料验收入库。

借：原材料 24 000
　　　贷：材料采购 24 000

（7）结转材料成本差异。

借：材料成本差异 2 900
　　　贷：材料采购 2 900

（8）1月25日车间第二次领用1 000千克。

借：生产成本 12 000
　　　贷：原材料 12 000

（9）1月31日计算本月领用材料应负担的成本差异。

$$本月材料成本差异率 = \frac{4\,500 - 2\,550 + 2\,900}{56\,000 + 18\,000 + 24\,000} \times 100\% = 4.95\%$$

本月发出材料应负担的成本差异=（24 000+12 000）×4.95%=1 782（元）

本月发出材料的实际成本=（24 000+12 000）+1 782=37 782（元）

借：生产成本 1 782
　　　贷：材料成本差异 1 782

将上述会计分录过入"原材料"和"材料成本差异"科目，并结出余额。

"原材料"科目余额为62 000元（56 000+18 000+24 000-24 000-12 000）。

"材料成本差异"科目余额为3 068元（4 500-2 550+2 900-1 782）。

月末编制资产负债表时，存货项目中的原材料存货，应当根据"原材料"科目的余额62 000元加上"材料成本差异"科目的余额3 068元（借方），以65 068元列示。

综合上述核算内容，采用计划成本法进行材料的日常核算主要有以下特点。

（1）有利于考核采购部门的业绩。有了合理的计划成本之后，将各批材料的计划成本与实际成本比较，可以对采购部门进行考核，促使其降低采购成本，节约支出。

（2）简化会计处理工作。在计划成本法下，材料明细账平时可以只记收入、发出和结存的数量，将数量乘以计划成本，随时求得材料收、发、存的金额，通过"材料成本差异"科目计算和调整发出和结存材料的实际成本，简便易行。

（3）在价格变动频繁、变动幅度较大的情况下，难以确定适合的计划成本，加大了修正计划成本的工作量。

思 考 题

什么计划成本法？为何要采用计划成本法？

练 习 题

计划成本法

资料：如果练习题（一）中华龙公司采用计划成本法核算原材料，2018年6月1日，期初A材料9 000元，A材料"材料成本差异"为贷方余额370元，该材料计划单位成本为25元。

要求：

1. 按计划成本法编制有关会计分录。
2. 计算本月发出材料应负担的成本差异额，编制相应的会计分录。
3. 计算确定月末结存材料的实际成本。

本章要点

- 投资的目的与分类
- 交易性债券的会计处理
- 债权投资的会计处理
- 其他债券投资的会计处理
- 交易性和非交易性权益工具的会计处理
- 长期股权投资的成本法
- 长期股权投资的权益法
- 成本法与权益法的实质
- 披露和分析
- 投资性房地产的会计处理（附录）
- 金融资产减值（附录）

章首故事

证券投资分类的变化

　　传统上，证券投资主要分为短期投资和长期投资（长期投资又分为长期债券投资和长期股权投资）两类。20世纪90年代初期，迫于SEC的压力，FASB着手制定新的会计准则以对企业手中持有的证券按公允价值进行核算。原因是在许多企业，特别是金融企业中普遍存在"利得交易"现象，俗称"摘樱桃"。即当企业拥有相类似的证券投资组合时，通过出售价值已经上升的证券来实现利得，而价值下跌的证券则继续留在手中。由于不需要按市价进行调整，这些账面损失就反映不出来，一直到出售时才确认。这种现象使得企业把证券投资的风险掩盖或者推迟了，无法使投资者及时了解企业持有证券所面临的风险。所以，SEC要求FASB尽快解决这一问题。

　　FASB最初的设想是对所有的证券均按公允价值进行核算，所有账面价值的调整都计入当期损益。但这一做法遭到实务界特别是金融企业的强烈反对，反对的理由：一是这种做法给企业的净利润带来很大的波动，而这种波动是管理层无法控制的；二是金融资产可以按公允价值计量，但某些金融负债的公允价值计量技术无法解决（如对银行核心存款的计量）。经过审慎考虑后，FASB采取了折中的办法：将所有证券投资分为三类：持有至到期（held-to-maturity）、交易性（trading securities）和可供出售（available-for-sale）证券，同时，对持有至到期证券和某些金融负债，不要求按公允价值进行后续计量。另外，可供出售证券账面价值调整不直接计入当期损益，而是直接计入所有者权益或其他综合收益。

　　1993年，FASB正式通过第115号财务会计准则公告《特定债券和权益投资的会计处理》。2000年，IASC颁布第39号国际会计准则（IAS39）《金融工具：确认和计量》，采用类似美国的分类和核算原则，但将这一核算对象从证券投资扩充到所有金融工具，从三类扩充到四类，增加的一类为"贷款和应收款"。我国2006年颁布的《企业会计准则第22号——金融工具确认和计量》与国际会计准则第 39 号的分类与核算原则相同。

2014 年，IASB 颁布了最新修订的第 9 号国际财务报告准则（IFRS9）《金融工具》，将证券投资分为三类，减值采用预期信用损失模型。2017 年，我国颁布修订的《企业会计准则第 22 号——金融工具确认和计量》，基本沿用 IFRS9 的做法。

企业既可通过内部的生产经营、提供劳务等谋求经济利益，也可通过让渡自身的资产取得其他企业的股票、债券来获得利益。我们通常所讲的投资，多指后一类。本章首先分析投资的目的与分类，接着分别讨论债权投资（或债券投资，可通用，下同）和股权投资（或股票投资，可通用，下同）的会计处理，然后阐述投资的披露与分析，最后在附录中讨论投资性房地产的会计处理。

第一节　投资的性质与分类

一、投资的性质与目的

我国对投资会计处理的规范以前是《企业会计准则——投资》（1999 年颁布、2001 年修订），其中将投资定义为：企业通过分配来增加财富，或为谋求其他利益，而将资产让渡给其他单位所获得的另一项资产。目前，我国投资会计处理主要由《企业会计准则第 22 号——金融工具确认和计量》《企业会计准则第 2 号——长期股权投资》和《企业会计准则第 3 号——投资性房地产》等准则来规范。本章的主体部分主要讨论证券投资（股票和债券），所以只涉及前两个准则。实物投资在附录中展开讨论，所涉及的准则就是《企业会计准则第 3 号——投资性房地产》。

证券投资具有以下特点。

（1）投资的形成必须是通过让渡自身的资产（如现金，或非现金资产如固定资产等）来取得对方的股权或债券。

（2）投资所带来的利益与其他资产为企业带来的利益在形式上有所不同。企业的对内投资，是通过对自身流动资产、固定资产等的使用直接带来经济利益；而投资（对外投资）是将资产使用权让渡给对方，由对方使用该资产产生效益后，按比例分配给投资方利息和股利等，或者通过改善双方的关系以及通过对对方的控制等从中获得经济利益。

（3）证券投资也可以是通过股票和债券的买卖，获取价差收益。

二、投资的分类

证券投资，按投资对象，可分为权益性投资、债权性投资和混合性投资。

（1）权益性投资，是指为获取被投资方的权益或净资产所进行的投资，一般是购买对方的股票，尤其是普通股。这种投资的主要目的是获得对方的控制权，或对其实施重大影响，或为其他目的。

（2）债权性投资，是指为获得被投资方的债权所进行的投资，一般是购买对方的长期债券。这种投资的主要目的是获取高于银行利率的利息，或为其他目的。

（3）混合性投资，是指购买被投资方兼有股票和债券性质的有价证券，如优先股或可转换债券等。

与传统上将证券投资按流动性分为短期投资和长期投资，以及 2006 年第 22 号准则按管理目的将证券投资分为三类：交易性证券、持有至到期债券①和可供出售证券不同，2017 年新修订的第 22 号准则按管理金融资产的业务模式和金融资产的合同现金流量特征，将金融资产分为以摊余成本计量的金融资产等三类（见表 6-1）。债权投资对应的会计科目分别为债权投资、其他债权投资和交易性金融资产，股权投资对应的会计科目为：交易性金融资产、其他权益工具投资和长期股权投资②。下面分别按投资于债券和投资于股票两类来具体讨论（见表 6-1）。

表 6-1 证券投资的分类

分类	业务模式	现金流量特征
债务证券投资：		
1. 债权投资——以摊余成本计量的金融资产（AMC，Amortized Cost）	以收取合同现金流为目标	在特定日期产生的现金流量，仅为本金和以未偿付本金金额为基础的利息支付
2. 其他债权投资——以公允价值计量且其变动计入其他综合收益的金融资产（FVOCI，Fair Value Through Other Comprehensive Income）	既以收取合同现金流，又以出售为目标	同上
3. 交易性金融资产——以公允价值计量且其变动计入当期损益的金融资产（FVPL，Fair Value Through Profit and Loss）	以出售为目标	不确定
权益证券投资：		
1. 无重大影响（<20%持股比例）		
a. 交易性	以出售为目的	不确定
b. 非交易性	以出售为目的	不确定
2. 有重大影响（20%～50%持股比例）	重大影响	不确定
3. 控制（>50%持股比例）	控制	不确定

表 6-1 中，债务证券投资管理的业务模式分三类：第一类是收取合同现金流量，第三类是出售金融资产，第二类是两者兼有。第一类按摊余成本计量（Amortized Cost，AMC），第二、第三类按公允价值计量。而在第二、第三类中，又细分为按公允价值计量且其变动变动计入其他综合收益（IFair Value Through Other Comprehensive Income，FVOC）和按公允价值计量且其变动计入当期损益（Fair Value Through Profit and Loss，FVPL）两类，前者则是非交易性的（或其他债权投资），后者是交易性的。

股票投资的管理目的主要有计划出售、产生重大影响和实施控制三类。无重大影响（一般为持股比例小于 20%）的股权投资分为交易性和非交易性两类，都按公允价值计价；有重大影响的（持股比例在 20%～50%之间），则按权益法进行核算；实施控制的（持股比例大于 50%），则平时按成本法核算，合并时再调整为权益法。

就管理的业务模式而言，交易性和非交易性的债券和股票投资主要目的是短期获利以赚取差价。而债权投资和长期股权投资的目的则要复杂得多，除了债权投资以收取合同现金流外，其他特定的目的有：第一，经营多元化而投资于其他企业；第二，对重要的供应商或顾客提供财务援助；第三，为扩大生产规模而积累所需资金；第四，为了控制或影响对方经营决策等。

本章对投资的有关会计处理主要按管理金融资产的目的分债券和股票两类进行阐述。

---

① 因为股票投资是没有到期日的，因此持有至到期投资就只有债券了，与此对应的准备长期持有的股票投资则为长期股权投资。
② 具体规定参见《财政部关于修订印发 2018 年度一般企业财务报表格式的通知》2016 年 6 月。

第二节 | 债权投资

按管理金融资产的业务模式和金融资产的合同现金流量特征，债券投资分为以摊余成本计量的金融资产（简称债权投资或 AMC）、以公允价值计量且其变动计入其他综合收益的金融资产（简称其他债权投资或 FVOCI）和以公允价值计量且其变动计入当期损益的金融资产（简称交易性金融资产或 FVPL）。第一类按摊余成本计价，后两类按公允价值计价。但是，其他债权资产和交易性金融资产的期末价格变动的会计处理有差别，后者的价格变动差额直接计入当期损益，而前者的价格变动差额则计入其他综合收益（见表 6-2）。需要说明的是，对债券投资的分类，首先看其是否满足以收取现金流量为目标，并且其在特定日期产生的现金流量仅为对本金和以未偿付本金额为基础的利息支付的特征，符合这两个条件则分类为债权投资；其次，其在特定日期产生的现金流量，仅为本金和以未偿付本金金额为基础的利息支付的特征，同时既以收取现金流量为目标，又以出售为目标的，则分类为其他债权投资。其余的则纳入交易性金融资产的类别中。

债权投资的分类和
会计处理

表 6-2　　　　　　　　　　三类债券投资的会计处理

分类	计价	未实现持有利得或损失的报告	其他收益的报告
债权投资（AMC）	摊余成本	不确认	利息在赚取时确认，差价在出售时确认
其他债权投资（FVOCI）	公允价值	资产负债表中确认	同上，同时，前期确认的未实现利得或损失，从净资产中转出
交易性金融资产（FVPL）	公允价值	收益表中确认	利息在赚取时确认，差价在出售时确认

表 6-2 中，摊余成本是对债券购买成本进行折价或溢价（包括交易费用）摊销后的余额。公允价值是市场参与者在计量日发生的有序交易中，出售一项资产或转移一项负债所需要支付的价格。下面分别对这三类债券进行讲解。

一、交易性金融资产

如果企业所拥有的债券是为了在近期内出售、以赚取差价为目的的，该债券则为交易性金融资产（FVPL）（以下统称为"交易性债券"）。对交易性债券的核算，主要包括交易性债券的取得、收益、期末计价、出售及披露等内容。披露在第四节中讲述。

（一）交易性债券的取得

交易性债券取得时按公允价值入账，所发生的交易费用记入"投资收益"科目，实际支付的价款中所包含的利息记入"应收利息"科目。

【例 6-1】　珠江公司于 2019 年 5 月 3 日购入 A 企业 2019 年 5 月 1 日发行的利率 5%、面值 100 000 元、3 年期的公司债券，珠江公司按 107 000 元的价格购入，另支付相关税费 750 元，该债券本息到期一次支付。5 月 5 日珠江公司购入 B 企业 2018 年 5 月 1 日发行的利率 6%、面值 200 000 元、5 年期的公司债券，购入价为 215 000 元（含利息 12 000 元），相关税费 1 500 元，该债券本金到期一次支付，利息每年支付一次。管理层认定，这两种债券均计划近期出售。相关会计处理如下。

1. 计算投资成本（见表6-3）

表6-3 投资成本计算表 单位：元

项目	A 企业债券	B 企业债券
购入价格	107 000	215 000
减：应收利息	—	12 000
投资成本	107 000	203 000
投资收益（相关税费）	750	1 500

2. 会计分录

（1）购买 A 企业债券。

借：金融资产（FVPL）（成本）——A 企业债券 107 000
　　投资收益 750
　　贷：银行存款 107 750

（2）购买 B 企业债券。

借：金融资产（FVPL）（成本）——B 企业债券 203 000
　　投资收益 1 500
　　应收利息——B 企业 12 000
　　贷：银行存款 216 500

（二）交易性债券的收益

交易性债券在持有期间所获得的利息，如在取得时实际支付的价款中包含已到期尚未领取的利息，在实际收到利息时冲减已登记的"应收利息"；否则，登记为"投资收益"。

【例6-2】 2019 年 5 月 10 日，珠江公司收到 B 企业转来的债券利息 12 000 元。6 月 30 日珠江公司登记两种债券的应计利息。

（1）5 月 10 日。

借：银行存款 12 000
　　贷：应收利息——B 企业 12 000

（2）6 月 30 日。

借：应收利息——B 企业（200 000×6%×2÷12） 2 000
　　金融资产（FVPL）（成本）——A 企业债券（100 000×5%×2÷12）

833
　　贷：投资收益 2 833

（三）交易性债券的期末计价

交易性债券的期末计价，是指在资产负债表日，交易性债券的账面价值与公允价值不一致时，究竟以哪一种价格作为计价标准。可选择的计价标准的方法通常有成本法、公允价值法、成本与市价孰低法等。我国现行准则规定，期末将交易性债券的账面价值按公允价值进行调整，并将公允价值与账面价值之间的差额直接计入当期损益。

【例6-3】 2019 年 6 月 30 日，珠江公司交易性债券成本与市价如表6-4所示。

表6-4 珠江公司期末交易性债券成本与市价表 单位：元

项目	2019 年 6 月 30 日		
交易性债券	成本	市价	预计涨跌损益
A 企业债券	107 833 （107 000+833）	107 500	（333）
B 企业债券	203 000	203 550	550
合计	310 833	311 050	217

借：金融资产（FVPL）（公允价值变动）——B 企业债券 550
　　贷：金融资产（FVPL）（公允价值变动）——A 企业债券 333
　　　　公允价值变动损益 217

（四）交易性债券的处置

企业在需要使用资金时，可以将手中的交易性债券随时出售。出售的收入与账面价值之间的差额确认为当期的投资损益。同时，要求将以前已经登记的"公允价值变动损益"转入"投资收益"。

【例 6-4】 珠江公司因急需一笔现金，于 2019 年 8 月 31 日将所持债券全部出售，两债券的出售所得分别为 A 企业债券 108 000 元、B 企业债券 206 000 元，不考虑相关税费。会计处理如下。

（1）计提两个月利息。

借：应收利息——B 企业 2 000
　　金融资产（FVPL）（成本）——A 企业债券 833
　　贷：投资收益 2 833

（2）登记销售。

借：银行存款 314 000
　　公允价值变动损益 217
　　投资收益 1 666
　　金融资产（FVPL）（公允价值变动）——A 企业债券 333
　　贷：金融资产（FVPL）（成本）——A 企业债券（107 833+833）108 666
　　　　　　　　　　　　　　　　——B 企业债券 203 000
　　　　金融资产（FVPL）（公允价值变动）——B 企业债券 550
　　　　应收利息——B 企业 4 000

二、债权投资（AMC）

债权投资，是指以收取现金流量为目标，并且其在特定日期产生的现金流量仅为对本金和以未偿付本金金额为基础的利息支付为特征的金融资产。债权投资的会计处理主要涉及的内容有：确认债权投资成本、计提每期利息、摊销债权投资溢折价及相关费用、评估和记录减值损失、登记债权投资的出售。

债权投资取得时的成本，是指债权投资支付的全部价款，包括交易费用。交易费用是指可直接归属于购买、发行或处置金融工具（这里指债券）新增的外部费用，包括支付给代理机构、咨询公司等的手续费和佣金及其他必要支出，但不包括债券溢折价等与交易不直接相关的费用。另外，取得债券时支付的价款中含有已到期尚未领取的利息，作为"应收利息"单独核算；一次还本付息债券实际支付的价款中含有尚未到期的利息，则在"债权投资（AMC）——应计利息"中单独核算。

债权投资的溢价或折价是指购买时所支付的价款在扣除交易费用及价款中包含的应收利息后与债券面值之间的差额。债权投资溢折价和交易费用要求在债券购买后至到期前的期间内摊销，摊销采用实际利率法。债权投资的摊余成本是指其初始确认金额减去已经偿还的本金、加上或减去采用实际利率法将初始确认金额与到期日金额之间的差额进行摊销形成的累计摊销额、扣除累计计提的损失准备后的金额。

【例6-5】 珠江公司于2019年1月3日购入甲企业当年1月1日发行的5年期债券，票面利率12%，面值1 000元，珠江公司按1 050元（含交易费用）的价格购入100张，该债券到期一次还本，每年付息一次。根据管理层计划，该债券以收取合同现金流为目的。

该债权投资会计处理如下。

（1）购入时的会计分录。

债券溢价（含交易费用）=1 050×100-1 000×100

=5 000（元）

借：债权投资——成本　　　　　　　　　　　　　　　　　　　100 000

　　　　　　——利息调整　　　　　　　　　　　　　　　　　5 000

　　贷：银行存款　　　　　　　　　　　　　　　　　　　　　105 000

（2）年末计算应计利息。

应计利息=1 000×100×12%=12 000（元）

借：应收利息　　　　　　　　　　　　　　　　　　　　　　　12 000

　　贷：投资收益——债券利息收入　　　　　　　　　　　　　12 000

注：如果本债券为到期一次付息，则登记为"债权投资——应计利息"。

（3）年末按实际利率法进行利息调整。根据内插法，求得实际利率10.66%。计算过程如下。

债券购买成本=债券到期本金折现值+各期利息折现值

先按10%进行测试：

100 000×0.620 921（即$PVF_{(5,10\%)}$）+12 000×3.790 787（即$PVF\text{-}OA_{(5,10\%)}$）

=107 582>105 000

再按11%进行测试：

100 000×0.593 451（即$PVF_{(5,11\%)}$）+12 000×3.695 897（即$PVF\text{-}OA_{(5,11\%)}$）

=103 696<105 000

设实际利率为i，则

（i-10%）÷（105 000-107 582）=（11%-10%）÷（103 696-107 582）　i=10.66%

（实际利率可通过Excel表中的IRR函数——内含报酬率去求，可大大提高计算效率）

每年溢价摊销额如表6-5所示。

表6-5　　　　　　　　　　　　　　　债券溢价摊销表　　　　　　　　　　　　　　单位：元

计息日期	应收利息①	利息收入②	利息调整③	利息未调整额④	面值与利息未调整额之和⑤
2019年1月				5 000	105 000
2019年12月	12 000	11 193*	807	4 193	104 193
2020年12月	12 000	11 107*	893	3 300	103 300
2021年12月	12 000	11 012*	988	2 312	102 312
2022年12月	12 000	10 906*	1 094	1 218	101 218
2023年12月	12 000	10 782*	1 218	0	100 000
合计	60 000	55 000*	5 000	—	—

注：①=面值×票面利率；②=上期⑤×实际利率；③=①-②；④=上期④-③；⑤=上期⑤-③。

*10 782是倒轧算出来的。

借：投资收益——利息调整　　　　　　　　　　　　　　　　　807

　　贷：债权投资——利息调整　　　　　　　　　　　　　　　807

（4）到期收到本金和最后一期利息时。

借：银行存款　　　　　　　　　　　　　　　　　　　　　　112 000

　　贷：债权投资——成本　　　　　　　　　　　　　　　　100 000

　　　　投资收益　　　　　　　　　　　　　　　　　　　　12 000

（5）减值处理。（参见附录）

三、其他债权投资（FVOCI）

其他债权投资，是指其在特定日期产生的现金流量，仅为本金和以未偿付本金金额为基础的利息支付的特征，同时既以收取现金流量为目标，又以出售为目标的投资性债权。其他债权投资平时的计价与债权投资的方法相同，按摊余成本计算每期的账面价值，不同的是，期末要按公允价值进行调整，公允价值与账面价值之间的差额记入其他综合收益项目。

【例 6-6】 接【例 6-5】，珠江公司于 2019 年 1 月 3 日购入甲企业当年 1 月 1 日发行的 5 年期债券，票面利率 12%，面值 1 000 元，珠江公司按 1 050 元（含交易费用）的价格购入 100 张，该债券到期一次还本，每年付息一次。根据管理层意图，该债券既以收取现金流为目的，又打算出售获取现金流。相关会计处理如下。

（1）购入时的会计分录，同上。

（2）年末计算应计利息，同上。

（3）年末按实际利率法进行利息调整，同上。

（4）年末按公允价值调整账面价值。

2019 年 12 月 31 日和 2020 年 12 月 31 日，该债券的公允价值分别为 105 100 元和 102 150 元。

① 2019 年 12 月 31 日。

借：其他债权投资——公允价值变动   907

  贷：其他综合收益   907

② 2020 年 12 月 31 日，先计算调整额，如表 6-6 所示。

表 6-6   调整额计算表   单位：元

项目	摊余成本	公允价值	未实现利得与损失
其他债权投资（FVOCI）（2020 年年末）	103 300	102 150	（1 150）
前期公允价值调整			907
本期调整额			（2 057）

再登记会计分录。

借：其他综合收益   2 057

  贷：其他债权投资——公允价值变动   2 057

（5）出售。出售其他债权投资时，一方面按收到的金额登记"银行存款"；另一方面，按账面价值结转"其他债权投资"（成本、公允价值变动、利息调整、应计利息）和"其他综合收益"账户余额。同时，按两者之间的差额，登记"投资收益"。

假如珠江公司于 2021 年 6 月 30 日出售该债券，所得价款为 109 000 元，不考虑相关税费。

① 先进行利息调整和登记半年的利息收入。

借：其他债权投资——应计利息   6 000[*]

  贷：其他债权投资——利息调整   494[*]

    投资收益   5 506

*6 000 元和 494 元为半年的票面利息和利息调整额，数据来源如表 6-5 所示。

② 登记出售。

借：银行存款 109 000

其他债权投资——公允价值变动 1 150*

贷：其他债权投资——应计利息 6 000

——利息调整 2 806*

——成本 100 000

其他综合收益 1 150

投资收益——出售 194*

* 1 150=2 057−907；2 806=5 000−（807+893+494）；194 为借贷之间的差额。

（6）减值处理。（参见附录一）

四、三类债券投资的转换和会计处理

根据《企业会计准则第 22 号——金融工具确认和计量》第二十七条的规定，企业改变管理金融资产的业务模式时，可以对三类金融资产进行重分类（即不同类别之间进行转换，下同）。但所有金融负债均不得进行重分类。第二十九条规定，企业对金融资产进行重分类，应当自重分类日起——指导致企业对金融资产进行重分类的业务模式发生变更后的首个报告期间的第一天——采用未来适用法进行相关会计处理，不得对以前已经确认的利得、损失（包括减值损失或利得）或利息进行追溯调整。

三类金融资产转换的会计处理规定如表 6-7 所示。

表 6-7 　　　　　　　　　　　　　三类金融资产转换的会计处理规定

转换类型		入账价值	转换前账面价值与入账价值的差额	累计其他综合收益
金融资产（AMC）转换为	金融资产（FVOCI）	按重分类日的公允价值计量	转换前账面价值与入账价值的差额计入其他综合收益	—
	金融资产（FVPL）	同上	转换前账面价值与入账价值的差额计入当期损益	—
金融资产（FVOCI）转换为	金融资产（AMC）	按视同该金融资产一直以摊余成本计量的账面余额入账	一方面将可供出售债券的公允价值调整为视同该金融资产一直以摊余成本计量的账面余额	另一方面将累计其他综合收益转出
	金融资产（FVPL）	按重分类日的公允价值计量	—	将累计的其他综合收益转入当期损益
金融资产（FVPL）转换为	金融资产（AMC）	同上	—	—
	金融资产（FVOCI）	同上	—	—

对表 6-7 中的第三类转换，企业应当根据金融资产在重分类日的公允价值确定其实际利率。同时，对转换后的金融资产计提减值准备的，应将重分类日视为初始确认日。

【例 6-7】 接【例 6-5】，假设珠江公司于 2020 年 12 月 31 日将所持有的债券的一半以 52 000 元出售，剩余一半也计划出售，此时对剩余债券重分类为其他债权投资，公允价值也为 52 000 元。会计处理如下。

（1）登记出售。

借：银行存款 52 000

贷：债权投资——成本 50 000

——利息调整 1 650

投资收益——出售 350

（2）重分类。

借：其他债权投资——成本 50 000
　　　　　　——公允价值变动 350
　　　　　　——利息调整 1 650
　　贷：债权投资——成本 50 000
　　　　　　——利息调整 1 650
　　　其他综合收益 350

第三节 股权投资

对股权投资的会计处理，主要依据投资方股权投资占被投资方股权的比例（即投资方对被投资方影响程度）而定（见表 6-8）。

表 6-8 股权投资比例与计价方法

持股比例	0%～20%	20%～50%	50%～100%
影响程度	无重大影响	重大影响	控制
计价方法	公允价值	权益法	成本法/权益法

股权投资的分类和会计处理

按我国《企业会计准则第 22 号——金融工具确认和计量》的规定，低于 20%持股比例不产生重大影响的交易性（预期一年内出售列示为流动资产的）和非交易性权益证券（预期一年后出售列示为非流动资产的）按公允价值计量。按《企业会计准则第 2 号——长期股权投资》的规定，介于 20%～50%（含 20%）之间，则采用权益法。然而，在有些情况下，即使企业持有被投资方 20%及以上股权，也不能采用权益法，这些例外有：

（1）由于被投资方的反对而无法实施重大影响；

（2）双方签署协议，投资方不得实施重大影响；

（3）无法获得相关信息以按权益法进行处理；

（4）股权高度集中，投资方很难实施影响；

（5）投资方无法进入董事会等。

如果达到或大于 50%，则母公司按成本法进行核算，编制合并报表时再按权益法进行调整。股权投资的分类与相应的会计处理如表 6-9 所示。关于合并财务报表的编制，将在高级财务会计中讲述。

表 6-9 股权投资的分类与会计处理

分类	计价	未实现持有利得或损失的报告	其他收益的报告
1. 无重大影响（<20%持股比例）			
a. 交易性权益工具	公允价值	收益表中确认	股利在宣布时确认 差价在出售时确认
b. 非交易性权益工具	公允价值*	收益表中确认	同上
2. 有重大影响（20%～50%持股比例）	权益法	不确认	按被投资方净收益的一定比例（持股比例）确认
3. 控制（>50%持股比例）	合并（成本法/权益法）	不确认	不适用

*根据第 22 号准则第四十四条的规定，在有限的情况下，成本可以代表公允价值的恰当估计。

一、权益投资——公允价值法

（一）交易性金融资产——股票

交易性金融资产——股票（以下统称交易性权益工具）是指短期内出售不准备长期持有的股

票，其核算采用公允价值法，购买时按所支付的对价登记初始入账成本，所发生的交易费用记入"投资收益"科目。

交易性权益工具在持有期间所获得的股利，如在取得时实际支付的价款中包含已宣布发放的股利，在实际收到股利时冲减已登记的"应收股利"；否则，登记为"投资收益"。

交易性权益工具的期末计价，采用公允价值法，并将公允价值与账面价值之间的差额直接计入当期损益。

企业出售股票时，出售的收入与账面价值之间的差额确认为当期的投资损益。同时，要求将以前已经登记的"公允价值变动损益"转入"投资收益"。

（二）非交易性权益工具

非交易性权益指在一年以后出售不准备长期持有的股票，其核算也采用公允价值法，购买时所支付的对价与所发生的交易费用之和登记初始入账成本。

非交易性权益工具在持有期间所获得的股利，如在取得时实际支付的价款中包含已宣布发放的股利，在实际收到股利时冲减已登记的"应收股利"；否则，登记为"投资收益"。

非交易性权益工具的期末计价，采用公允价值法，并将公允价值与账面价值之间的差额计入当期损益。这类非交易性权益工具使用"交易性金融资产"进行核算，年末不在一年内到期的在报表中列示为"其他非流动金融资产"。

但是，第 22 号准则第十九条特别规定，在初始确认时，企业可以将非交易性权益工具指定为以公允价值计量且其变动计入其他综合收益的类型[※]。该指定一经做出，不得撤销，并且在该金融资产终止确认时，之前累计的其他综合收益直接转入留存收益。这类指定的非交易性权益工具使用"其他权益工具投资"进行核算。

持股比例小于 20%的交易性权益工具和非交易性权益工具投资的会计处理通过下面一个实例进行比较对照。由于交易性权益工具和非交易性权益工具的会计处理是一致的，所以这里将非交易性权益工具按初始指定为以公允价值计量且其变动计入其他综合收益进行处理。

【例 6-8】 珠江公司于 2019 年 3 月 20 日以银行存款购入青青啤酒股票 10 000 股，每股单价 7.32 元，税费 500 元。

2019 年 4 月 20 日以银行存款又购入第二百货已宣告但未分派现金股利的股票 20 000 股，每股 9.33 元，其中，0.3 元为已宣告但未分派的现金股利（不含税，下同），股权截止日为 4 月 25 日。另支付相关税费 950 元。

2019 年 5 月 4 日，青青啤酒宣告于 6 月 11 日发放股利，每 10 股派 2 股股票股利，每股派 0.15 元的现金股利。

珠江公司于 2019 年 6 月 5 日收到第二百货发放的现金股利 6 000 元。

2019 年 6 月 30 日，珠江公司短期投资成本与市价如表 6-10 所示。

表 6-10 珠江公司股票投资成本与市价表（2019 年 6 月 30 日） 单位：元

股票名称	成本（交易性/非交易性）	市价	预计跌价损益（交易性/非交易性）
青青啤酒	73 200/73 700	71 000	（2 200/2 700）
第二百货	180 600/181 550	182 000	1 400/450
合计	253 800/255 250	253 000	（800/2 250）

※ 另外，初始确认时，为了提供更相关的会计信息，企业还可以将一项金融资产、一项金融负债或一组金融工具指定为以公允价值计量且变动计入当期损益（第 22 号准则第二十条、第二十二条），指定一经做出不得撤销。这种指定也叫作公允价值选择权。

　　2019 年 7 月 10 日，珠江公司因急需一笔现金，将所持有的青青啤酒股票全部出售，每股 6.2 元，扣除相关税费 400 元，实得 74 000 元。

　　两类股票投资的会计处理如表 6-11 所示。

表 6-11　　　　　　　　　　珠江公司两类股票投资会计处理对照表

日期	摘要	交易性股票*		非交易性股票**	
2019 年 3 月 20 日	购买青青啤酒股票	借：交易性股票 　　投资收益 　　贷：银行存款	73 200 500 73 700	借：非交易性股票 　　贷：银行存款	73 700 73 700
2019 年 4 月 20 日	购买第二百货股票	借：交易性股票 　　投资收益 　　应收股利 　　贷：银行存款	180 600 950 6 000 187 550	借：非交易性股票 　　应收股利 　　贷：银行存款	181 550 6 000 187 550
2019 年 5 月 4 日 2019 年 6 月 11 日	青青啤酒宣布发放股利实际发放股利分配股票股利	借：应收股利 　　贷：投资收益 借：银行存款 　　贷：应收股利 珠江公司不做分录，只作备查登记，即珠江公司拥有青青啤酒的股数从 10 000 股增加到 12 000 股。取得股票股利后，每股成本为 6.1 元[73 200÷（10 000+2 000）]	1 500 1 500 1 500 1 500	同左 同左 珠江公司不做分录，只作备查登记，即珠江公司拥有青青啤酒的股数从 10 000 股增加到 12 000 股。取得股票股利后，每股成本为 6.14 元[73 700÷（10 000+2 000）]	
2019 年 6 月 5 日	收到第二百货股利	借：银行存款 　　贷：应收股利	6 000 6 000	同左	
2019 年 6 月 30 日	期末调整	借：交易性股票（百） 　　公允价值变动损益 　　贷：交易性股票（青）	1 400 800 2 200	借：非交易性股票（百） 　　其他综合收益 　　贷：可供出售股票（青）	450 2 250 2 700
2019 年 7 月 10 日	出售青青啤酒股票	借：银行存款 　　贷：交易性股票（青） 　　　公允价值变动损益 　　　投资收益	74 000 71 000 2 200 800	借：银行存款 　　留存收益 　　贷：非交易性股票（青） 　　　投资收益 　　　其他综合收益	74 000 2 700 71 000 3 000 2 700

　　* "交易性股票"的正式会计科目名称为"交易性金融资产或金融资产（FVPL）"。

　　** "非交易性股票"的正式会计科目名称按公允价值计量的变动计入当期损益的为"交易性金融资产"，指定按公允价值计量变动计入其他综合收益的为"其他权益工具投资"。

　　成本法的处理在下面与权益法对照进行讲解。

二、长期股权投资——成本法

　　按成本法核算的股票投资是持股比例大于 50%（实施控制）的股权投资。由于股权投资与债券投资不同，股权投资是没有明确期限的（即到期日），在成本法和权益法下，股权投资登记为"长期股权投资"。

　　成本法下，长期股权投资取得时的成本，如果是以现金购入的，其初始成本是指购买时支付的全部价款，但不包括取得控制权发生的相关交易费用如支付的审计、法律服务等费用，这些费用在发生时计入当期损益，也不包括价款中已宣告但尚未领取的现金股利，已宣告尚未领取的现金股利，作为应收项目单独核算。取得股权后，每期只有在收到的现金股利或利润后，确认"投资收益"。最后，在成本法下，当有证据表明长期股权投资发生了贬值，即长期股权投资的账面价值大于享有被投资方净资产（包括相关商誉）账面价值的份额等情况时，企业应当按照资产减值准则对长期股权投资进行减值测试，可收回金额低于长期股权投资账面价值的，应计提长期股权投资减值准备。

【例6-9】 珠江公司于2019年7月1日以3 000 000元（不考虑相关税费）购入丁企业有表决权的普通股，占丁企业普通股的40%（但可以对丁企业实施控制），丁企业2019年初所有者权益为5 000 000元，5月发放现金股利500 000元，1—6月已实现净利润1 000 000元，假定购买时，丁企业账面净资产等于其公允价值。

2019年度丁企业共实现净利润1 800 000元，2020年4月，丁企业宣布其中20%用于发放现金股利。

2020年度，丁企业宣布该年度净亏损2 000 000元，2021年度，丁企业盈利1 000 000元。

会计处理如下（实施控制，按成本法处理）。

（1）2019年7月1日。

借：长期股权投资——丁企业（成本）　　　　　　　　　　　3 000 000

　　贷：银行存款　　　　　　　　　　　　　　　　　　　　　　3 000 000

（2）丁企业宣布2019年度实现净利润。

不登记

（3）丁企业宣布发放2019年度股利。

借：应收股利——丁企业（1 800 000×20%×40%）　　　　　144 000

　　贷：投资收益　　　　　　　　　　　　　　　　　　　　　　144 000

（4）丁企业宣布2020年度净亏损。

不登记

（5）丁企业宣布2021年度实现净利润。

不登记

持股比例大于50%（或实施控制）的长期股权投资，母公司平时在记录长期股权投资和投资收益时按成本法进行核算，到合并子公司报表时，将成本法调整为权益法。

三、长期股权投资——权益法

持股在20%～50%（产生重大影响）、共同控制和持股超过50%的长期股权投资（实施控制）在合并报表时都要求对长期股权投资按权益法进行核算。所谓权益法是指最初以投资成本计价，以后每期根据投资方享有被投资方所有者权益份额的变动对投资的账面价值进行调整的方法。权益法下，初始投资或追加投资时，按照初始投资或追加投资时的投资成本登记长期股权投资。长期股权投资的初始成本大于投资时应享有被投资单位可辨认净资产公允价值份额的，不调整长期股权投资的初始投资成本；长期股权投资的初始成本小于投资时应享有被投资单位可辨认净资产公允价值份额的，其差额计入当期损益，同时调整长期股权投资成本。

投资后，随着被投资方所有者权益的变动而相应增加或减少长期股权投资的账面价值，应分别按以下情况处理。

（1）投资方取得长期股权投资后，应当按照应享有或应分担的被投资单位实现的净损益和其他综合收益的份额，分别确认投资收益和其他综合收益，同时调整长期股权投资的账面价值；投资方按照被投资单位宣告分派的利润或现金股利计算应享有的部分，相应减少长期股权投资的账面价值；投资方对被投资单位除净损益、其他综合收益和利润分配以外所有者权益的其他变动，应当调整长期股权投资的账面价值并计入所有者权益。

投资方在确认应享有被投资单位净损益的份额时，应当以取得投资时被投资单位可辨认净资产的公允价值为基础，对被投资单位的净利润进行调整后确认。

被投资单位采用的会计政策及会计期间与投资方不一致的，应当按照投资方的会计政策及会计期间对被投资单位的财务报表进行调整，并据以确认投资收益和其他综合收益等（《企业会计准则第 2 号——长期股权投资》（2014）第十一条）。

（2）投资方在确认应享有被投资单位净损益的份额时，应当以取得投资时被投资单位可辨认净资产的公允价值为基础，对被投资单位的净利润进行调整后确认。

投资方确认被投资单位发生的净亏损，应当以长期股权投资的账面价值以及其他实质上构成对被投资单位净投资的长期权益减记至零为限，投资方负有承担额外损失义务的除外。

被投资单位以后实现净利润的，投资方在其收益分享额弥补未确认的亏损分担额后，恢复确认收益分享额（《企业会计准则第 2 号——长期股权投资》（2014）第十二条）。

根据上述准则规定，权益法下每年年末的长期股权投资调整分录如下。

根据被投资方净资产变动调整长期股权投资，确认投资收益等。

借：长期股权投资——损益调整（根据当年宣布的净利润）

　　　　　　　　——其他综合收益（根据当年发生的其他综合收益）

　　　　　　　　——其他权益变动（根据除上述两项外导致的净资产变动）

　　贷：投资收益

　　　　其他综合收益

　　　　资本公积——其他资本公积

被投资方宣布股利发放，调整长期股权投资

借：应收股利

　　贷：长期股权投资——损益调整

下面通过实例来说明权益法的具体运用。

【例 6-10】　珠江公司于 2019 年 7 月 1 日以 3 000 000 元（不考虑相关税费）购入丁企业有表决权的普通股，占丁企业普通股的 40%（产生重大影响），丁企业 2019 年年初所有者权益为 5 000 000 元，5 月发放现金股利 500 000 元，1—6 月已实现净利润 1 000 000 元，假定购买时丁企业账面净资产等于其公允价值。

2019 年度丁企业共实现净利润 1 800 000 元，2020 年 4 月，丁企业宣布其中 20% 用于发放现金股利。

2020 年度，丁企业宣布该年度净亏损 2 000 000 元，2021 年度，丁企业盈利 1 000 000 元。

会计处理如下（构成重大影响，按权益法处理）。

（1）2019 年 7 月 1 日。

借：长期股权投资——丁企业（成本）　　　　　　　　　　　　3 000 000

　　贷：银行存款　　　　　　　　　　　　　　　　　　　　　　3 000 000

（2）丁企业宣布 2019 年度实现净利润。

借：长期股权投资——丁企业（损益调整）　　　　　　　　　　320 000*

　　贷：投资收益——股权投资收益　　　　　　　　　　　　　　320 000

*320 000=800 000（下半年净利润）×40%

（3）丁企业宣布发放 2019 年度股利。

借：应收股利——丁企业　　　　　　　　（1 800 000×20%×40%）144 000

　　贷：长期股权投资——丁企业（损益调整）　　　　　　　　　144 000

（4）丁企业宣布 2020 年度净亏损。

借：投资收益——股权投资损失　　　　　　　　　　　800 000

　　贷：长期股权投资——丁企业（损益调整）　　　　　　　800 000

（5）丁企业宣布 2021 年度实现净利润。

借：长期股权投资——丁企业（损益调整）　　　　　　400 000

　　贷：投资收益——股权投资收益　　　　　　　　　　　　400 000

【例 6-10】只是讲述了权益法的一般情况，对权益法中其他一些比较特殊的情况，我们通过一个实例来更进一步地说明。

【例 6-11】　仍然沿用【例 6-10】的资料，稍做调整。

情况一，假定其他条件不变，珠江公司以 2 000 000 元购买丁企业 40% 的股份（产生重大影响）；

情况二，假定其他条件不变，丁企业净资产的公允价值高于账面 1 000 000 元，造成两者不一致的原因是一幢房屋的账面价值被低估，房屋按直线法折旧（不考虑残值），剩余使用年限 10 年；

情况三，2019 年，除实现的 1 800 000 元净利润外，丁企业由于接受一项捐赠，导致净资产增加 200 000 元。

会计处理如下。

情况一。

投资时丁企业所有者权益=5 000 000-500 000+1 000 000=5 500 000（元）

珠江公司应享丁企业所有者权益的份额=5 500 000×40%=2 200 000（元）

股权投资差额=2 000 000-2 200 000=-200 000（元）

会计处理如下。

借：长期股权投资——丁企业（成本）　　　　　　　　2 200 000

　　贷：银行存款　　　　　　　　　　　　　　　　　　　　2 000 000

　　　　营业外收入　　　　　　　　　　　　　　　　　　　　200 000

情况二：调整丁企业 2019 年度实现的净利润。

下半年丁企业可供分享的净利润=800 000-（1 000 000÷10÷2）

　　　　　　　　　　　　　　　=750 000（元）

2020 年丁企业的净亏损调整为（2 100 000）元，2021 年的净利润调整为 900 000 元。

会计分录略。

情况三：珠江公司除对丁企业实现的净利润按投资比例登记应享有的份额外，同时对其他净资产的变动也要按投资比例登记应享有或分担的份额。

借：长期股权投资——丁企业（其他权益变动）　　　　80 000

　　贷：资本公积——其他资本公积　　　　　　　　　　　　80 000

四、成本法与权益法的比较与转换

为了对成本法和权益法进行比较，我们对【例 6-10】同时给出两种核算方法（见表 6-12）。

表 6-12　　　　　　　　　　　　成本法与权益法的会计处理对比

日期与摘要	成本法（形成控制）	权益法（形成重大影响）
2019 年 7 月 1 日购买丁企业股票	借：长期股权投资*——丁企业　3 000 000 　　贷：银行存款　　　　　　　　3 000 000 长期股权投资的初始成本小于投资时应享有被投资单位可辨认净资产公允价值份额时，不做调整	借：长期股权投资——丁企业（成本）　3 000 000 　　贷：银行存款　　　　　　　　　　　3 000 000 长期股权投资的初始成本小于投资时应享有被投资单位可辨认净资产公允价值份额时，要调整长期股权投资成本

续表

日期与摘要	成本法（形成控制）	权益法（形成重大影响）
丁企业宣布2019年度实现净利润	不确认	借：长期股权投资——丁企业（损益调整）　320 000 　　贷：投资收益——股权投资收益　320 000 　　投资企业在确认应享有被投资单位净损益的份额时，应以取得投资时被投资单位各项可辨认资产等的公允价值为基础，对被投资的净利润进行调整 　　投资企业对被投资单位除净损益以外的所有者权益变动的其他变动，应当调整长期股权投资的账面价值，并计入所有者权益
丁企业宣布发放2019年度股利	借：应收股利——丁企业　144 000 　　贷：投资收益　144 000	借：应收股利——丁企业　144 000 　　贷：长期股权投资——丁企业 　　　　（损益调整）　144 000
丁企业宣布2020年度净亏损	不确认	借：投资收益——股权投资损失　800 000 　　贷：长期股权投资——丁企业 　　　　（损益调整）　800 000
丁企业宣布2021年度实现净利润	不确认	借：长期股权投资——丁企业（损益调整）　400 000 　　贷：投资收益——股权投资收益　400 000

*注意，在同一控制与非同一控制下，长期股权投资成本的计量是有差异的：同一控制下，长期股权投资成本是按被投资方在最终控制方合并财务报表中所有者权益账面价值的份额确定的；非同一控制下，长期股权投资成本是按取得被投资方股权所转让的现金及其他非现金资产的公允价值确定的。由于同一控制是合并中的特殊情形，所以本章都按非同一控制来讲述。

成本法核算的特点主要是简单。投资账户中所反映的基本上是实际投资的成本。在成本法下，投资方的会计处理方式符合法律上关于企业法人的定义，即投资方与被投资方是两个独立的法人实体，被投资方实现的净损益，不自动成为投资方的损益，只有当被投资方宣告发放股利后，投资方的投资收益才真正实现，这种确认投资收益的方法与我国税法上确认应纳所得税时对投资收益的确认时间是一致的，同时也是稳健性原则的一种体现。

成本法的上述特点，也从另一个方面反映了它的局限性，即它所反映的长期股权投资账户不能真正体现其经济实质，因为在现代市场经济中，一个长远发展的公司必然会将相当比例的利润留存下来，用于扩大企业再生产，留存下来的利润虽不立即分派给投资者，但却转作被投资方的净资产，而净资产最终都是属于投资者的，即投资额随着被投资方净资产的增加，也相应增加。而成本法下投资账户不随被投资方净资产的变动进行相应调整，明显不能反映投资账户的经济实质。另外，一家公司是否派发股利，并不完全取决于该公司本身的盈利水平，而要看该公司对理财、纳税等多方面的规划，在此情况下，按收到的现金股利确认投资收益，显然不能准确反映投资公司的对外投资收益。

权益法正好弥补了成本法的不足。其一，投资账户能够反映投资方在被投资方的权益，反映了投资企业拥有被投资单位所有者权益的份额。其二，投资收益反映了投资企业经济意义上的投资利益，无论被投资单位分配多少利润或现金股利，什么时间分配利润或现金股利，投资企业享有被投资单位净利润的份额或应承担亏损的份额，才是真正实现的投资收益，而不受利润分配政策的影响，体现了实质重于形式的原则。这里要注意采用权益法的经济前提，即投资方要对被投资方的经济决策有重大影响甚至控制。就是说，通过影响或控制，可以随时将潜在的利益真正实现。持股比例大于50%的股权投资平时采用成本法，合并时采用权益法，本质上仍然是权益法。

但权益法也有其局限性，具体表现以下几点。第一，与法律上的企业法人的概念相悖。投资企业与被投资单位虽然从经济意义上看是一个整体，但从法律意义上看，仍然是两个分别独立的法人实体。被投资单位实现的利润，不可能成为投资企业的利润，被投资单位发生的亏损，也不可能形成投资企业的亏损。投资企业在被投资单位宣告分派利润或现金股利前，是不可能分回利润或现金股利的。第二，在权益法下，投资收益的实现与现金流入的时间不相吻合。即确认投资收益在先，实际获得利润或现金股利在后。第三，会计核算比较复杂。

成本法与权益法之间的转换分两种情况：一是由于减持股份由控制转为重大影响（持股比例从 50% 以上变为 50% 或以下），即由成本法转变为权益法；二是由于增持由重大影响转为控制（持股比例从 50% 或以下变为 50% 以上），即由权益法转变为成本法。从成本法转变为权益法要求按追溯调整法进行处理，而从权益法变为成本法则按账面价值法进行处理。各种转换包括公允价值法、权益法与成本法之间的相互转换的具体说明和举例，请参见本系列教材《高级财务会计》长期股权投资的讲解。

第四节 | 证券投资的披露与分析

一、证券投资的披露

证券投资的列示和披露分别由《企业会计准则第 30 号——财务报表列报》《企业会计准则第 37 号——金融工具列报》《企业会计准则第 41 号——在其他主体中权益的披露》等准则规范。

交易性债券和交易性股票按"以公允价值计量且其变动计入当期损益的金融资产"列示在流动资产中，非交易性债券和股票以"其他债权投资""其他权益工具投资"和"其他非流动金融资产"列示在非流动资产中，债权投资以"债权投资"列示在非流动资产中，按成本法或权益法记录的长期股权投资按"长期股权投资"列示在非流动资产中。在下一个年度将到期的债权投资以及准备出售的非交易性金融资产和长期股权投资列示在流动资产的"一年内到期的非流动资产"项目中。

此外，综合上述准则对证券投资披露的有关规定，对各类证券投资附注披露的要求主要体现在以下几个方面。

（1）对证券投资所采用的会计政策、计量基础等方面信息的披露

① 对指定为以公允价值计量且其变动计入当期损益的投资证券的依据、性质，以及是否符合企业正式书面文件载明的风险管理或投资策略的说明；

② 指定证券投资为按公允价值计量的条件；

③ 确定证券投资发生减值的客观依据以及计算确定减值损失的具体方法。

（2）披露各类证券投资的账面价值

① 以公允价值计量且变动计入当期损益的投资证券的账面价值；

② 债权投资的账面价值；

③ 非交易性投资证券的账面价值；

④ 按成本法核算的长期股权投资的账面价值；

⑤ 按权益法核算的长期股权投资的账面价值。

（3）披露各类证券投资的公允价值

① 以公允价值计量且变动计入当期损益投资证券的公允价值；

② 非交易性证券投资的公允价值；

③ 确定公允价值所采用的方法，包括全部或部分直接参考活跃市场中的报价或采用估值技术等。

（4）对因解决会计错配等而进行的指定等方面信息的披露

① 对指定为以公允价值计量且其变动计入当期损益的金融资产的相关信息披露；

② 对指定为以公允价值计量且其变动计入当期损益的金融负债的相关信息披露；

③ 对企业将非交易性权益工具指定为以公允价值计量且其变动计入其他综合收益的相关信息披露。

（5）披露企业将证券投资进行重分类的原因，重分类前后投资证券的账面价值和公允价值

（6）披露每类证券投资减值损失的详细信息

包括前后两期可比的金额：资产减值准备期初余额、本期计提数、本期转回数、期末余额等，具体格式如表 6-13 所示。

表 6-13 证券投资减值准备明细表

项目	年初账面余额	本期计提额	本期减少额		期末账面余额
			转回	转销	
一、非交易性投资证券减值准备					
二、债权投资减值准备					
⋮					
合计					

（7）披露与长期股权投资有关的下列信息

① 子公司、合营企业和联营企业清单，包括企业名称、注册地、业务性质、投资企业的持股比例和表决权比例；

② 合营企业和联营企业当期的主要财务信息，包括资产、负债、收入、费用等合计金额；

③ 被投资单位向投资企业转移资金的能力受到严格限制的情况；

④ 当期及累计未确认的损失金额；

⑤ 与对子公司、合营企业及联营企业投资相关的或有负债。

（8）披露与证券投资相关的下列收入、费用、利得或损失

① 各类证券投资的净利得与净损失；

② 本期按实际利率法计算的实际利息收入；

③ 已发生减值的投资证券产生的收益；

④ 各类证券投资发生的减值损失。

（9）披露各类证券投资的风险

包括风险的描述性信息和数量信息。描述性信息有风险形成的原因、风险管理目标、政策和风险计量的方法等；数量性信息有各种风险数据等。

二、证券投资的分析

对于金融工具，我们需要关注和分析的内容很多。重点关注的大体有以下几个方面。

一是企业对相关金融工具的披露是否按照要求进行，特别是各类证券投资会计政策、计量基础和风险的说明。

二金融工具本期重大变动项目，以及这些变动对当期损益的影响以及对当期净资产的影响，包括这些项目预期会给企业带来的影响。

三是金融工具的分类及转换，特别是本期金融工具的转换对本期损益和净资产的影响，分析转换的实际目的是出于经济实质还是出于利润及负债的管理或操纵。

此外，虽然长期股权投资属于金融工具，但其披露主要还是由《企业会计准则第 41 号——在其他主体中权益的披露》来规范，我们不在这里讨论；同样，一些复杂的金融工具如衍生工具等也是如此，相关内容请参见本系列教材《高级财务会计》合并会计及衍生工具的部分章节。

中国人寿保险股份有限公司（简称"中国人寿"或公司，股票代码 601628）是一家在上海证券交易所上市的公司，同时也在香港、纽约和上海三地上市。作为一家总资产超万亿元的保险公司（2017 年底总资产为 28 976 亿元），其投资资产分布广泛，涉及的投资有定期存款、债券、股票、非上市公司股权以及投资性房地产等。其证券投资具有很典型的意义。表 6-14 是该公司 2012—2017 年证券投资相关指标一览表。

表 6-14　　　　　　　　　　　中国人寿 2012—2017 年证券投资相关指标　　　　　　　　　单位：百万元

年份	2017	2016	2015	2014	2013	2012
交易性金融资产	136 808	209 126	137 982	53 041	34 159	34 018
可供出售金融资产*	810 734	766 423	770 516	607 531	491 527	506 416
持有至到期投资*	717 037	594 730	504 075	517 283	503 075	452 389
总资产	2 897 591	2 696 951	2 448 315	2 246 567	1 972 941	1 898 916
以公允价值计量的资产	926 717	954 724	887 705	645 334	525 711	540 469
第一层级	305 183	301 760	312 823	218 785	180 886	200 052
第二层级	474 435	561 725	510 154	403 871	330 956	336 382
第三层级	147 099	91 239	64 728	22 678	13 889	4 035
净利润	32 175	19 274	35 187	32 514	25 008	11 272
可供出售金融资产产生的其他综合收益	-9 247	-25 372	40 473	52 722	-18 854	6 651
前期计入其他综合收益当期转入损益的净额	-12 411	-33 319	-24 189	-5 357	-4 343	20 164
公允价值变动损益	3 803	-4 034	-2 150	3 743	-237	128

*这是企业在应用 2017 年修订的第二十二号准则前所使用的会计科目。

资料来源：根据中国人寿 2012~2017 年公开公布的年报整理。

从表 6-14 可以看出，第一，在交易性金融资产、可供出售金融资产和持有至到期投资（没有考虑贷款和定期存款）三类证券投资中，可供出售金融资产占比是最大的，而交易性金融资产占比最小，但上升势头最快。第二，正是由于这一比重关系，公允价值变动损益对当期的净利润影响不大，但呈现上升趋势；而可供出售的金融资产产生的其他综合收益的金额几乎与当年的净利润相当[①]。同时，前期累积的其他综合收益本期转入当期损益时，对净利润的影响巨大。第三，随着中国人寿按公允价值计量的第三级所占比重越来越大，所包含的风险也越来越大，在 2017 年公司年报的审计意见中，公司审计师将金融资产的公允价值作为关键审计事项呈现出来，提示报表使用者注意相关风险。

思 考 题

1. 按业务模式和现金流量特征，证券投资分为哪三类？为什么持有至到期证券只针对债券？

2. 简述债券的三种类型和会计处理的区别。

3. 股票投资的分类依据是什么？重大影响和控制的判断标准是什么？

---

① 正是因为这一点，当 IASB 和 FASB 联合制定金融工具准则时，提议将可供出售金融资产按公允价值计量变动计入当期损益时，遭到华尔街保险业的强烈反对，最后这一提议未能通过。

4. 长期股权投资的目的是什么？长期股权投资采用成本法和权益法的依据是什么？

5. 非交易性债券和债权投资减值的依据是什么？减值时如何登记？减值损失能转回吗？

6. 比较交易性证券、非交易性证券、长期股权投资取得时成本确认的方法。

7. 当投资公司的持股比例超过20%时，是否一定采用权益法？举例说明可能出现哪些例外情况？

8. 简要说明成本法的核算要点及实质。

9. 简要说明权益法的核算要点及实质。

10. 比较成本法与权益法。

11. 简述三类债券投资转换的规定和会计处理要点。

12. 请指出各类投资证券在资产负债表中以何种报表科目、何种金额列示在何处。

13. 请指出各类投资证券在利润表中以何种报表科目、何种金额列示在何处。

14. 简述投资证券披露的主要内容。

15. 简述对一家公司的投资证券进行分析时要注意哪些要点？

练 习 题

（一）交易性金融资产

资料：珠江公司2018年12月31日关于交易性证券的成本与市价如表6-15所示。

表6-15　　　　　　　　　　交易性证券的成本与市价表　　　　　　　　　单位：元

交易性股票	成本	市价
五粮醇	54 300	55 000
金色汽车	78 940	73 500
小计	133 240	128 500
交易性债券		
A 企业债券	105 000	103 000
B 企业债券	112 000	116 000
小计	217 000	219 000
合计	350 240	347 500

资料：2019年1月15日，珠江公司以76 000元（扣除相关税费）的价格将金色汽车的股票全部出售。

要求：做出珠江公司2018年年末和2019年出售股票时的会计分录。

（二）其他债权投资

资料：珠江公司于2019年1月1日以540 555元购买南方公司于当日发行的票面利率为10%、5年期、面额为500 000元的债券，该债券每半年付息一次（每年的1月1日和7月1日），实际利率为8%。珠江公司既打算收取合同现金流量又计划出售以获取现金流。2019年6月30日、12月31日该债券的市价分别为525 000元和540 000元。

要求：做出相关会计分录。

（三）债权投资及转换

资料：接练习题（二），假定珠江公司打算以收取现金的业务模式一直持有南方公司债券，2022年7月2日因急需资金，将所持有的一半的南方债券出售，当时的市价为525 000元，此后，剩余的债券归类为既收取合同现金流又打算出售以获取现金流的目的持有债券。

要求：做出相关会计分录。

（四）债券投资（摊余成本法、公允价值法）

2019年1月1日，南方公司购买了到期值为800 000元的12%债券，价格为860 652元。此债券能够提供给债券持有人10%的收益。发行日是2019年1月1日，到期日为2024年1月1日，每一年12月31日支付利息。南方公司持有债券是为了获得合同约定的现金流。

情形一，南方公司持有债券是为了获得合同约定的现金流。要求：

（1）编制债券购买日的会计分录；

（2）编制到2020年年底债券摊销表；

（3）编制2019年记录应收利息和摊销的会计分录。

情形二，南方公司持有债券既以获得合同约定的现金流，也以为了出售该金融资产获得更高的差价为目的。要求：

（1）假设债券的公允价值为860 000元，编制2019年12月31日应该登记的分录；

（2）假设债券的公允价值为840 000元，编制2020年12月31日应该登记的分录。

情形三，南方公司主要是准备短期内出售该金融资产为了获得更高的差价为目的。要求：

（1）假设债券的公允价值为860 000元，编制2019年12月31日应该登记的分录；

（2）假设债券的公允价值为840 000元，编制2020年12月31日应该登记的分录。

（五）交易性权益工具

资料：南方公司于2019年5月15日购入第二百货已宣告尚未分派现金股利的股票20 000股，每股价格8.70元，其中0.1元为已宣告但尚未分派的现金股利（不含税），股权截止日为5月20日，另支付相关税费1 200元，南方公司于6月26日收到发放的现金股利，南方公司购买此种股票准备随时出售。

要求：登记相关会计处理。

（六）交易性权益工具

南方公司2019年12月31日有下列交易性权益投资。

	成本	公允价值
T公司普通股5 000股	155 000元	139 000元
G公司普通股10 000股	182 000元	190 000元
	337 000元	329 000元

所有这些股票都是2019年购买的。2020年南方公司完成了下列投资交易。

3月1日，出售了5 000股T公司的普通股，每股25元减掉交易费用1 500元。

4月1日，购买了600股W公司的普通股，每股45元加上交易费用550元。

2020年12月31日，南方公司交易性权益投资如下。

	成本	公允价值
G公司普通股10 000股	190 000元	195 500元
W公司普通股600股	27 000元	25 500元
	217 000元	221 000元

要求：

编制南方公司如下分录：

（1）2019年调整分录；

（2）出售T公司股票；

（3）购买W公司的股票；

（4）2020年的调整分录。

（七）非交易性权益工具

南方公司2019年12月31日有下列非交易性权益投资：

	成本	公允价值
T公司普通股5 000股	155 000元	139 000元
G公司普通股10 000股	182 000元	190 000元
	337 000元	329 000元

所有这些股票都是2019年购买的。公司管理层2019年年末决定对公司上述非交易性权益投资指定按公允价值核算且其变动计入其他综合收益。2020年南方公司完成了下列投资交易：

3月1日，出售了5 000股T公司的普通股，每股25元减掉交易费用1 500元。

4月1日，购买了600股W公司的普通股，每股45元加上交易费用550元。

2020年12月31日，南方公司交易性权益投资如下：

	成本	公允价值
G公司普通股10 000股	190 000元	195 500元
W公司普通股600股	27 550元	25 500元
	217 550元	221 000元

要求：

编制南方公司如下分录：

（1）2019年调整分录；

（2）出售T公司股票；

（3）购买W公司的股票；

（4）2020年的调整分录。

（八）权益投资（公允价值法、权益法和成本法）

在表6-16中填写下列交易导致投资账户投资收益变化的金额，假设南方公司对H公司的投资使用（a）公允价值法、（b）权益法和（c）成本法。

（1）在第一年的开始，南方公司以面值购买了H公司240 000股（占30%的比重）的普通股。每股价格1元。

（2）在第一年年末，H公司报告了净利润60 000元，支付了股利30 000元。每股市价1.2元。

（3）在第二年，H公司报告了净利润30 000元，支付了股利40 000元。每股市价1.5元。

（4）在第三年，H公司报告了净亏损10 000元，支付了股利5 000元。每股市价1.4元。

（5）写出投资账户第三年的期末余额和累计三年的投资收益。

表6-16　　　　　　　　　　　投资账户投资收益变化情况表　　　　　　　　　　　单位：元

交易	公允价值法		权益法		成本法	
	投资账户	投资收益	投资账户	投资收益	投资账户	投资收益
（1）						
（2）						
（3）						
（4）						
（5）						

（九）非交易性权益工具

资料：2019年2月20日，南方公司以银行存款购入青青啤酒普通股10 000股（不构成重大影响或控制），企业持有该股票不打算近期出售，但购买之初就将其指定为以公允价值计量且其变动计入其他综合收益。该股票每股价格9.55元，相关税费700元，5月4日该公司宣告于6月10日每10股派2股的股票股利，每股派0.05元的现金股利。2019年6月30日、12月31日、2020年6月30日青青啤酒的股票价格分别为8.2元/股、7.8元/股和8.52元/股。2020年7月10日，以每股9.3元的价格出售其中5 000股，相关费用150元。

要求：做出相关会计分录。

（十）成本法与权益法

资料：2019年4月1日，长江公司以3 000 000元购买H企业20%有表决权的股票，H企业年初净资产为10 000 000元，3月宣布发放现金股利1 000 000元，1—3月实现的净利润为500 000元，全年实现的净收益为2 000 000元。2020年度H企业亏损1 000 000元，2021年度盈利2 000 000元，其中40%用于发放现金股利。

要求：分别按成本法和权益法编制相关会计分录。

（十一）权益法

资料：甲企业于2019年1月1日以6 000 000元购买乙企业50%的股份，乙企业当日账面净资产为10 000 000元，公允价值为12 000 000元，其中可辨认净资产升值1 000 000元（固定资产升值800 000元，存货升值200 000元）。2019年度，乙企业实现利润2 000 000元；2020年度实现利润1 500 000元，同年，资本公积减少500 000元。乙企业确认升值的固定资产的剩余年限为5年，按直线法计提折旧，不考虑残值，升值存货于2019年全部销售。

要求：按权益法核算甲企业对乙企业的长期股权投资。

案例分析：金融工具——中国人寿[①]

---

① 本书每章后所增加的案例分析请参见本系列教材中配套出版的《会计教学案例》一书，后同。

补充资料A | 金融资产减值——三阶段模型

一、金融资产减值的总体规定

根据《企业会计准则第 22 号——金融工具确认和计量》第四十六条规定，对分类为持有至到期投资、非交易性债券、租赁应收款、合同资产等按预期信用损失模型计提损失准备。所谓预期信用损失，是指以发生违约的风险为权重的金融工具信用损失的加权平均值。

该准则第四十八条规定，企业应当在每个资产负债表日评估相关金融工具的信用风险自初始确认后是否已显著增加，并按下列情形分别计量其损失准备、确认预期信用损失及其变动。

第一阶段：信用风险自初始确认后并未显著增加或无减值迹象。

如果该金融工具的信用风险自初始确认后并未显著增加，企业应当按照相当于该金融工具未来 12 个月内预期信用损失的金额计量其损失准备（可以基于单项也可基于投资组合），由此形成的损失准备的增加或转回金额，应当作为减值损失或利得计入当期损益。

第二阶段：信用风险自初始确认后已显著增加或出现减值迹象。

如果该金融工具的信用风险自初始确认后已显著增加，企业应当按照相当于该金融工具整个存续期内预期信用损失的金额计量其损失准备（可以基于单项也可基于投资组合），由此形成的损失准备的增加或转回金额，应当作为减值损失或利得计入当期损益。

对于非交易债券的减值，企业应当在其他综合收益中确认其损失准备，并将减值损失（或利得）在当期损益中确认，且不减少该金融资产在资产负债表中列示的账面价值（第四十九条）。

对于因销售而形成的应收账款或合同资产，因租赁交易而形成的租赁应收款等，企业应当始终按照相当于整个存续期内预期信用损失的金额计提其损失准备（第六十三条）。这一规定是一种简化的处理。

第三阶段：实际发生减值

企业与交易对手修改或重新议定合同，未导致金融资产终止确认，但导致合同现金流量发生变化的，应当重新计算该金融资产的账面价值，并将相关利得或损失计入当期损益（第四十二条）。

在三个阶段中，前两阶段下，每期计算利息收入的方法是一致的，即按实际利率乘以上期期末金融资产的账面价值。但在第三阶段下，对于购入或源生的未发生信用减值、但在后续期间成为已发生信用减值的金融资产，企业应当在后续期间，按照该金融资产的摊余成本和实际利率计算确定其利息收入（第三十九条）。具体举例如下。

二、金融资产减值会计处理举例

第一阶段：信用风险自初始确认后并未显著增加或无减值迹象。

1. 以摊余成本计量的金融资产预期信用损失的会计处理

【附例 6-1】 2018 年 1 月 1 日，某企业购买同期发行的 100 000 元的债券，企业持有该债券的目的是为了获取合同现金流量。该债券发行期为五年，利息每年年末支付，本金到期一次偿付。债券票面利率 10%，市场利率为 8%。购买价格为 107 985.42 元。（为了简化，不考虑交易费用）

2018 年 12 月 31 日，该债券的公允价值为 105 000 元，无减值迹象。按 12 个月预期信用损失的金额计提预期信用损失，金额为 1 000 元。利息支付日为 2019 年 1 月 10 日。

2018 年年初和年末相关会计处理如下。

日期	应收利息	利息收入	摊销额	摊销余额	账面价值
2018 年 1 月 1 日				7 985.42	107 985.42
2018 年 12 月 31 日	10 000	8 638.83	1 361.17	6 624.25	106 624.25
2019 年 12 月 31 日	10 000	8 529.94	1 470.06	5 154.19	105 154.19
2020 年 12 月 31 日	10 000	8 412.34	1 587.66	3 566.53	103 566.53
2021 年 12 月 31 日	10 000	8 285.32	1 714.68	1 851.85	101 851.85
2022 年 12 月 31 日	10 000	8 148.15	1 851.85	0.00	100 000.00
合计	50 000	42 014.58	7 985.42	—	—

附表 6-1　债券投资摊销表　单位: 元

登记购买。

借: 金融资产（AMC）——成本　　100 000

　　　　　　——利息调整　　7 985.42

　贷: 银行存款　　107 985.42

登记应收利息。

借: 应收利息　　10 000

　贷: 投资收益　　10 000

登记摊销。

借: 投资收益　　1 361.17

　贷: 金融资产（AMC）——利息调整　　1 361.17

登记计提一年的预期信用损失准备。

借: 资产减值损失　　1 000

　贷: 金融资产（AMC）减值准备　　1 000

2. 以公允价值计量变动计入其他综合收益的金融资产预期信用损失的会计处理

接【附例 6-1】，除企业购买目的发生变化外，其他情况均相同。企业持有该债券的目的既是为了获取合同现金流量，也为了赚取差价。

2018 年年初和年末相关会计处理如下。

登记购买。

借: 金融资产（FVOCI）——成本　　100 000

　　　　　　——利息调整　　7 985.42

　贷: 银行存款　　107 985.42

登记应收利息。

借: 应收利息　　10 000

　贷: 投资收益　　10 000

登记摊销。

借: 投资收益　　1 361.17

　贷: 金融资产（FVOCI）——利息调整　　1 361.17

登记一年的预期信用损失准备和公允价值变动。

借: 资产减值损失　　1 000

　　其他综合收益　　624.25

　贷: 金融资产（FVOCI）——公允价值变动　　1 624.25

第二阶段：信用风险自初始确认后已显著增加或出现减值迹象。

1. 以摊余成本计量的金融资产信用风险显著增加的会计处理

【附例 6-2】 接【附例 6-1】，2019 年 12 月 31 日，该债券的公允价值为 80 000 元，出现重大减值迹象。按后续三年全期计提预期信用损失，金额为 20 000 元。

2019 年年末相关会计处理如下。

登记应收利息。

借：应收利息   10 000

    贷：投资收益   10 000

登记摊销。

借：投资收益   1 470.06

    贷：金融资产（AMC）——利息调整   1 470.06

登记计提全期的预期信用损失准备。

借：资产减值损失   19 000

    贷：金融资产（AMC）——减值准备   19 000

2. 以公允价值计量变动计入其他综合收益的金融资产信用风险显著增加的会计处理

接【附例 6-2】，除企业购买目的发生变化外，其他情况均相同。企业持有该债券的目的既是为了获取合同现金流量，也为了赚取差价。

2019 年年末相关会计处理如下。

登记应收利息。

借：应收利息   10 000

    贷：投资收益   10 000

登记摊销。

借：投资收益   1 470.06

    贷：金融资产（FVOCI）——利息调整   1 470.06

登记计提全期的预期信用损失准备。

借：资产减值损失   20 000

    其他综合收益   3 529.94

    贷：金融资产（FVOCI）——公允价值变动   23 529.94

23 529.94=105 000-1 470.06-80 000

登记出售。

假定 2020 年 1 月 1 日，企业以 80 000 元出售此债券。相关会计处理如下。

借：银行存款   80 000

    贷：金融资产（FVOCI）   80 000

借：投资收益   4 154.19

    贷：其他综合收益   4 154.19

第三阶段：实际发生减值。

1. 以摊余成本计量的金融资产实际发生减值损失的会计处理

【附例 6-3】 【附例 6-2】2020 年 12 月 31 日，该债券发生重大减值，因发债企业出现重大财务危机，对外宣布 2018 年发行的债券在其最后两年按面值 100 000 元及票面利率 5%支付利息，本金按面值的 80%支付。如果仍然按发行时的市场利率折现，企业实际发生的减值损失为 26 513.10 元（103 566.53-77 053.43）（77 053.43 为两年 5 000 元利息和本金 80 000 元按 8%利率的折现值）。

2020 年年末相关会计处理如下。

登记应收利息。

借：应收利息   10 000

  贷：投资收益   10 000

登记摊销。

借：投资收益   1 587.66

  贷：金融资产（AMC）——利息调整   1 587.66

登记实际发生的损失，同时结转已经计提的减值准备。

借：资产减值损失   6 513.10

  金融资产（AMC）减值准备   20 000

  贷：金融资产（AMC）   26 513.10

附表 6-2   债券投资摊销表   单位: 元

日期	应收利息	利息收入	摊销额	摊销余额	账面价值
2020 年 12 月 31 日				2 496.57	77 503.43
2021 年 21 月 31 日	5 000	6 200.27	-1 200.27	1 296.30	78 703.70
2022 年 12 月 31 日	5 000	6 296.30	-1 296.30	0.00	80 000.00
合计	10 000	12 496.57	2 496.57	—	—

2021 年和 2022 年，按上表提供的金额进行应收利息和摊销的会计处理。

2. 以公允价值计量变动计入其他综合收益的金融资产实际发生减值损失的会计处理

接【附例 6-3】，除企业购买目的发生变化外，其他情况均相同。企业持有该债券的目的既是为了获取合同现金流量，也为了赚取差价。

2020 年年末相关会计处理如下。

登记应收利息。

借：应收利息   10 000

  贷：投资收益   10 000

登记摊销。

借：投资收益   1 587.66

  贷：金融资产（FVOCI）——利息调整   1 587.66

根据实际发生的损失，一方面减少非交易性金融债券的账面价值；另一方面，冲减已登记的公允价值变动金额，结转已登记的其他综合收益。同时，将差额登记为当期减值损失。

借：资产减值损失   5 513.10

  金融资产（FVOCI）——公允价值变动   25 154.19

  贷：其他综合收益   4 154.19

  金融资产（FVOCI）   26 513.10

2021 年和 2022 年，按上表提供的金额进行应收利息和摊销的会计处理，同时按期末市价对公允价值变动进行登记处理。

思 考 题

为什么已经按公允价值计量的非交易性债券要计提减值准备？非交易性债券公允价值下跌与计提减值准备有何区别？非交易性债券与非交易性股票之间的会计处理一样吗？

补充资料 B | 投资性房地产

一、投资性房地产的概念及特征

（一）投资性房地产的概念

投资性房地产是指为赚取租金或资本增值，或两者兼有而持有的房地产。通常情况下，投资性房地产包括以下几类。

1. 企业以投资为目的而拥有的土地使用权及房屋建筑物

即企业为长期资本增值而持有的土地使用权及建筑物。其中包括以下几个方面。

（1）已出租的土地使用权。已出租的土地使用权是指企业通过出让或转让方式取得的、以经营租赁方式出租的土地使用权。企业取得的土地使用权通常包括在一级市场上以缴纳土地出让金方式取得的土地使用权，也包括在二级市场上接受其他单位转让的土地使用权。

（2）用于持有和准备增值后转让的土地使用权。根据我国对土地的使用规定，企业首先要按国家相关政策的规定进行"三通一平"（即水通、电通、路通、场地平整）后才可进行开发或增值。只有在符合国家有关土地政策后并拟用于出租和增值的土地才可定为投资性房地产。

（3）已经出租的房屋建筑物。该业务在一般企业中也较普遍，但是以融资租赁方式出租的房屋建筑物，在国际会计准则中属于排除项目。在我国，以融资租赁方式出租房屋建筑物的情况很少，一般对大型机器设备采用融资租赁方式，对房屋建筑物则不采用融资租赁方式。

2. 房地产开发企业出租的开发产品

许多房地产开发公司开发的产品不一定都要销售，有些可能留下来用于出租，这些出租的开发产品按《企业会计准则第3号——投资性房地产》归类就属于投资性房地产。

下列各项不属于投资性房地产。

（1）自用房地产，即为生产商品、提供劳务或者经营管理而持有的房地产。该资产应列入企业的"固定资产"和"无形资产"科目核算。

（2）作为存货的房地产，如房地产开发企业在正常经营过程中销售的房地产就属于房地产开发企业的存货。

（3）按照国家有关规定认定的闲置土地。根据《闲置土地处置办法》（中华人民共和国国土资源部令第5号令）的规定，闲置土地是指土地使用者依法取得土地使用权后，未经原批准用地的人民政府同意，超过规定的期限未动工开发建设的建设用地。闲置土地不属于持有并准备增值后转让的土地使用权。

（二）投资性房地产的特征

1. 投资性房地产的投资属性

投资性房地产的主要形式是出租建筑物、出租土地使用权，这实质上属于一种让渡资产使用权行为。持有并准备增值后转让的土地使用权，尽管其增值收益通常与市场供求、经济发展等因素相关，但目的是增值后转让以赚取增值收益。这和前面讲述的证券投资没有本质的区别，基于这一属性，企业可以选择按与证券投资相同的公允价值法对投资性房地产进行核算处理。

2. 投资性房地产的房地产属性

企业持有的房地产除了用作自身管理、生产经营活动场所和对外销售外，还可以将房地产用于赚取租金或增值收益的活动，甚至是个别企业的主营业务。但投资性房地产与自用房地产在资产属性上不存在差异，这就需要对同属房地产的资产按与固定资产相同的会计进行处理，如折旧或摊销。

将投资性房地产单独作为一项资产核算和反映，与自用的厂房、办公楼等房地产和作为存货（已建完工商品房）的房地产加以区别，从而能更加清晰地反映企业所持有房地产的构成情况和盈利能力。

二、投资性房地产的初始确认与计量

（一）投资性房地产的初始确认

投资性房地产在同时满足下列条件时予以确认：

（1）与该项投资性房地产有关的经济利益很可能流入企业；

（2）该项投资性房地产的成本能够可靠地计量。

对已出租的土地使用权与建筑物，投资性房地产的确认时点是租赁期开始日，即土地使用权、建筑物进入出租状态、开始赚取租金的日期。对持有并准备增值后转让的土地使用权，投资性房地产的确认时点是企业将自用土地使用权停止自用、准备增值后转让的日期。

（二）投资性房地产的初始计量

（1）一般性原则：历史成本原则。即企业取得投资性房地产时，应当按照取得时的实际成本进行初始计量，这与普通资产的核算标准相同。

（2）不同渠道下取得的投资性房地产入账成本的构成有所不同。

① 外购的投资性房地产。按买价和可直接归属于该资产的相关税费、可直接归属于该资产的其他支出作为其入账价值。

② 自行建造的投资性房地产。按建造该资产达到预定可使用状态前所发生的必要支出，作为入账价值。在建造过程中发生的非正常性损失，直接计入当期损益，不计入投资性房地产成本。

③ 以其他方式取得的投资性房地产。原则上也是按其取得时的实际成本作为入账价值，符合其他相关准则规定的按照相应的准则规定予以确定。例如债务重组转入的投资性房地产就应按照《企业会计准则第 12 号——债务重组》的规定来处理。

三、投资性房地产取得时的会计处理

通过设置"投资性房地产"科目将投资性房地产从一般房地产中转出来，单独计价、单独确认、单独披露。该科目为资产类科目，借方登记投资性房地产的增加，贷方登记投资性房地产的减少，期末余额为借方余额，表示目前企业投资性房地产的结余价款。以下分别介绍各种取得方式下投资性房地产的账务处理。

（一）外购方式取得的投资性房地产

外购的房地产，只有在购入的同时开始出租，才能作为投资性房地产加以确认。在采用成本模式计量下，按照取得时的实际成本进行初始计量，借记"投资性房地产"科目，贷记"银行存款"等科目。若采用公允价值模式计量，企业应当在"投资性房地产"科目下设置"成本"和"公允价值变动"两个明细科目，按照外购发生的实际成本，计入"投资性房地产——成本"科目。取得时的实际成本包括购买价款、相关税费和可直接归属于该资产的其他支出。

【附例 6-4】 甲公司是一家商贸企业，为了拓展经营规模，2019 年 3 月 1 日以银行存款购得位于繁华商业区的一层商务用楼，并当即进行招租。该层商务楼的买价为 600 万元，相关税费 30 万元。账务处理如下。

借：投资性房地产	6 300 000
贷：银行存款	6 300 000

（二）自行建造方式取得的投资性房地产

企业自行建造活动完成后用于出租的房地产属于投资性房地产。只有在自行建造或开发活动完成的同时开始出租，才能将自行建造或开发完成的房地产确认为投资性房地产。

自行建造投资性房地产，其成本由建造该项资产达到预定可使用状态前发生的必要支出构成，包括土地开发费、建筑成本、安装成本、应予以资本化的借款费用、支付的其他费用和分摊的间接费用等。建造过程中发生的非正常性损失，直接计入当期损益，不计入建造成本。

【附例 6-5】 乙公司是一家建筑公司，为了降低经营风险，于 2019 年 1 月 1 日开始在企业拥有的一块地皮上建造一幢商务办公楼，拟用于招租。工程工期为 1 年，2020 年 1 月 1 日完工，2020 年 2 月达到预定可使用状态。工程期间发生人工费 600 万元，投入工程物资 3 000 万元，假定无相关税费。工程土地开发成本支付 400 万元。账务处理如下。

（1）工程领用物资时。

借：在建工程	30 000 000
贷：工程物资	30 000 000

（2）分配工程人员工资时。

借：在建工程	6 000 000
贷：应付职工薪酬	6 000 000

（3）将土地开发成本计入工程成本。

借：在建工程	4 000 000
贷：银行存款	4 000 000

（4）工程完工时。

借：投资性房地产	40 000 000
贷：在建工程	40 000 000

（三）以其他方式增加的投资性房地产

以其他方式增加的投资性房地产主要是接受投资、捐赠等方式下取得的投资性房地产。在这些情况下，应该按双方协商的价格确定增加的投资性房地产的价值，借记"投资性房地产"科目，贷记"实收资本""资本公积"等科目。

【附例 6-6】 丙公司是一家商贸企业，2019 年 4 月 1 日接受丁公司投入的土地使用权，该资产在丁公司的账面价值为 4 000 万元，双方协议，以评估价为投资价值确认标准，经评估，其公允价值为 5 000 万元。丙公司取得该地皮后，拟于适当时机转让。账务处理如下。

借：投资性房地产	50 000 000
贷：实收资本	50 000 000

四、投资性房地产的后续计量

（一）计量模式的选择

企业应于会计期末采用成本模式对投资性房地产进行后续计量；如果有确凿证据表明投资性房地产的公允价值能够持续可靠地取得，应当采用公允价值模式。我国《企业会计准则第 3 号——投资性房地产》规定，投资性房地产后续计量的优选模式是成本模式，而公允价值模式须满足规定条件方可选择。

企业对投资性房地产的计量模式一经确定，不得随意变更。因为公允价值模式的采用意味着期末投资性房地产账面价值总是处于变动状态，而且准则规定因公允价值变动产生的价值调整要计入当期损益，这就为企业操纵利润提供了运作空间。为避免这种情况的发生，《企业会计准则第3号——投资性房地产》规定其核算模式一经确定不得随意变更，这与我们会计政策变更的相关规定是一致的。但如果房地产市场比较成熟，能够满足企业采用公允价值模式核算的条件，企业可以将房地产核算的成本模式转换为公允价值核算模式；但反方向的转换原则上是禁止的。

（二）成本计量模式的核算方法

企业采用成本模式计量的投资性房地产，应当比照《企业会计准则第4号——固定资产》和《企业会计准则第6号——无形资产》的相关规定进行处理，计提的折旧或摊销数额应借记"其他业务成本"，同时贷记"累计折旧"或"累计摊销"。

【附例6-7】 A公司2019年7月1日接受B公司投入的一项土地使用权，双方协议价为5 000万元。A公司取得该土地后，拟于适当时机转让，该土地所有权的法定有效期为50年。账务处理如下。

（1）接受投资时。

借：投资性房地产　　　　　　　　　　　　　　　50 000 000
　　贷：实收资本　　　　　　　　　　　　　　　　　50 000 000

（2）2019年摊销时。

借：其他业务成本　　　　　　　　　　　　　　　1 000 000
　　贷：累计摊销　　　　　　　　　　　　　　　　　1 000 000

（三）公允价值计量模式的核算方法

1. 公允价值计量模式的运用条件

采用公允价值模式计量投资性房地产，应当具备两个条件：

（1）有活跃的房地产交易市场；

（2）同类或类似房地产的市场价格以及其他相关信息能够从房地产交易市场上取得。

另外，如果企业原先按公允价值计量某项投资性房地产，即使可比的市场交易变得不经常发生或市场价格变得不易取得，在该项投资性房地产被处置，或变为自用，或企业为以后在正常经营过程中销售而开发之前，仍应一直以公允价值计量。

2. 投资性房地产的公允价值的获取方式

（1）活跃市场上存在与投资性房地产有相同或相近地理位置的资产状况以及有类似租赁合同的房地产，在确定投资性房地产公允价值时，可以参照类似房地产的现行市场价格。

（2）活跃市场上存在与投资性房地产有不同地理位置和资产状况的房地产，在估计投资性房地产的公允价值时，可以参照不同地理位置和资产状况的房地产的现行市场价格。

（3）最近期间房地产交易不活跃，但交易市场上存在着与投资性房地产同类或类似的其他房地产的最近交易价格，估计投资性房地产的公允价值时，可以参照此类房地产的最近交易价格。

（4）估计未来现金流量的现值。预计未来现金流量时，应当以租赁合同和其他合同为依据，并参考同类或类似房地产的当前市场租金等外部信息。采用的折现率应当能够反映当前市场货币时间价值和资产特定风险。

3. 公允价值模式的具体核算方法

企业采用公允价值模式计量的，不对投资性房地产计提折旧或进行摊销，应当以会计期末投资性房地产的公允价值为基础调整其账面价值，公允价值与原账面价值之间的差额计入当期损益。核算时，企业应当在"投资性房地产"科目下设置"成本"和"公允价值变动"两个明细科目，同时设置"公允价值变动损益"科目反映公允价值变动给企业带来的收益或者损失。

【附例 6-8】 戊公司 2019 年 7 月 1 日与乙公司进行债务重组，重组当日的应收债权为 3 000 万元，双方协议由乙公司以一幢楼房抵债，债务解除手续于当日办妥，假定无其他税费。戊公司将此楼房用于出租，于 2019 年 10 月 1 日与丁公司签订租赁协议，租期为 10 年，年租金为 120 万元，租金于每年年末结清。按照当地房地产交易市场的价格体系，该房产 2019 年年末的公允价值为 3 200 万元。2020 年年末的公允价值为 3 120 万元。戊公司账务处理如下。

（1）该投资性房地产的入账成本为 3 000 万元。

（2）取得该楼房时。

借：投资性房地产——成本　　　　　　　　　　　　　　　　30 000 000

　　贷：应收账款　　　　　　　　　　　　　　　　　　　　　　30 000 000

（3）2019 年年末取得租金时。

借：银行存款（1 200 000÷12×3）　　　　　　　　　　　　　300 000

　　贷：其他业务收入　　　　　　　　　　　　　　　　　　　　300 000

（4）2019 年年末当房产的公允价值达到 3 200 万元时，此时的账面价值为 3 000 万元，由此造成的增值 200 万元应计入当年的损益。具体处理如下。

借：投资性房地产——公允价值变动　　　　　　　　　　　　2 000 000

　　贷：公允价值变动损益　　　　　　　　　　　　　　　　　2 000 000

（5）2020 年年末取得租金时。

借：银行存款　　　　　　　　　　　　　　　　　　　　　　1 200 000

　　贷：其他业务收入　　　　　　　　　　　　　　　　　　　1 200 000

（6）2020 年年末房产的公允价值达到 3 120 万元，此时的账面价值为 3 200 万元，由此造成的贬值 80 万元应计入当年的损益。具体处理如下。

借：公允价值变动损益　　　　　　　　　　　　　　　　　　800 000

　　贷：投资性房地产——公允价值变动　　　　　　　　　　　800 000

（四）投资性房地产的后续支出

1. 费用化的后续支出

如果后续支出不能使可能流入企业的未来经济利益超过原先的估计，应当计入当期费用，其处理原则与固定资产、无形资产的相关规定相同。对出租用房地产进行的日常维修支出就属于这种情况。

2. 资本化的后续支出

如果后续支出使可能流入企业的未来经济利益超过原先的估计，应当将其计入投资性房地产的账面价值，视为对投资性房地产进行改良。再开发期间不计提折旧或摊销。

【附例 6-9】 甲公司 2019 年 1 月 1 日开始对其出租用厂房进行改扩建，该投资性房地产采用成本计量模式，原价为 1 000 万元，已提折旧 600 万元，工程期为半年，于 7 月 1 日达到预定可使用状态；甲公司共支付 2 100 万元的工程款，残值回收 2 万元，款项均以银行存款方式结算。

账务处理如下。

（1）将厂房投入改扩建时。

借：投资性房地产——厂房（在建）　　　　　　　　　　　　4 000 000

　　累计折旧　　　　　　　　　　　　　　　　　　　　　　6 000 000

　　贷：投资性房地产——厂房　　　　　　　　　　　　　　10 000 000

（2）支付改扩建工程款时。

借：投资性房地产——厂房（在建）　　　　　　　　　　　　21 000 000

　　贷：银行存款　　　　　　　　　　　　　　　　　　　　21 000 000

（3）收回残值时。

借：银行存款 20 000

　　贷：投资性房地产——厂房（在建） 20 000

（4）工程完工时。

借：投资性房地产——厂房 24 980 000

　　贷：投资性房地产——厂房（在建） 24 980 000

五、投资性房地产的转换、处置、披露与分析

（一）投资性房地产的转换

1. 转换条件

在下列情况下，当有确凿证据表明房地产用途发生改变时，企业应当将投资性房地产转换为其他资产或将其他资产转换为投资性房地产。

（1）投资性房地产开始自用，相应地由投资性房地产转换为自用房地产。例如，原来出租的房地产现改为自用房地产。

（2）自用房地产停止自用，拟用于赚取租金或资本增值，相应地由自用房地产转换为投资性房地产。例如，过去办公用的大楼，现在作为投资性房地产出租。

（3）房地产开发企业将其存货以经营租赁方式租出，相应地由存货转换为投资性房地产。

（4）自用土地使用权停止自用，用于赚取租金或资本增值，相应地转为投资性房地产。

2. 转换时入账口径的选择

（1）以成本模式计量的投资性房地产与自用房地产或存货之间的转换。在成本计量模式下，投资性房地产的科目设置与自用房地产非常类似，都有累计折旧（或累计摊销）和减值准备，所以两者之间的转换以相关资产的账面余额为基础。而存货则没有折旧或摊销等科目，因此，存货与投资性房地产的转换以账面价值为基础。具体会计分录为：

① 由自用房地产转为投资性房地产

借：投资性房地产（按转换时固定资产或无形资产的账面余额）

　　累计折旧或累计摊销

　　固定资产减值准备或无形资产减值准备

　　贷：固定资产或无形资产

　　　　累计折旧——投资性房地产（或累计摊销）

　　　　投资性房地产减值准备

② 由存货转为投资性房地产

借：投资性房地产（按转换时存货的账面价值）

　　存货跌价准备

　　贷：开发产品

③ 由投资性房地产转为自用房地产

借：固定资产或无形资产（按转换时投资性房地产的账面余额）

　　累计折旧——投资性房地产（或累计摊销）

　　投资性房地产减值准备

　　贷：投资性房地产

　　　　累计折旧

　　　　固定资产减值准备或无形资产减值准备

④ 由投资性房地产转为存货

借：开发产品（按转换时投资性房地产的账面价值）

　　累计折旧——投资性房地产（或累计摊销）

　　投资性房地产减值准备

　　贷：投资性房地产

【附例6-10】　2019年8月1日，甲房地产企业将对外出租的商品房收回，开始用于销售。该项房地产账面价值为3 765万元，其中，原价5 000万元，累计已提折旧1 235万元。假设甲企业采用成本计量模式。

转换的账务处理如下。

借：开发产品　　　　　　　　　　　　　　　　　　　　37 650 000

　　累计折旧——投资性房地产　　　　　　　　　　　　12 350 000

　　贷：投资性房地产　　　　　　　　　　　　　　　　50 000 000

（2）以公允价值计价的投资性房地产转换为自用房地产或存货时，应当以其转换当日的公允价值作为自用房地产或存货的账面价值，转换当日的公允价值与投资性房地产原账面价值之间的差额计入当期损益。会计分录为：

借：固定资产、无形资产或开发产品（按转换日投资性房地产的公允价值）

　　公允价值变动损益（公允价值小于账面价值的差额列为损失）

　　贷：投资性房地产——成本

　　　　投资性房地产——公允价值变动

　　　　公允价值变动损益（公允价值大于账面价值的差额计收益）

【附例6-11】　2019年10月15日，甲企业因租赁期满，将出租的写字楼收回，开始作为办公楼用于本企业的行政管理。2019年10月15日，该写字楼的公允价值为4 800万元。该项房地产在转换前采用公允价值模式计量，原账面价值为4 750万元，其中，成本为4 500万元，公允价值变动为增值250万元。

转换的账务处理如下。

借：固定资产　　　　　　　　　　　　　　　　　　　　48 000 000

　　贷：投资性房地产——成本　　　　　　　　　　　　45 000 000

　　　　投资性房地产——公允价值变动　　　　　　　　 2 500 000

　　　　公允价值变动损益　　　　　　　　　　　　　　　 500 000

（3）自用房地产或存货转换为以公允价值计价的投资性房地产时，如果转换当日的公允价值小于原账面价值，应当将差额计入当期损益；如果转换当日的公允价值大于原账面价值，应当将其差额在已计提的减值准备或跌价准备的范围内计入当期损益，剩余部分计入其他综合收益。会计分录为：

① 自用房地产转换为以公允价值计量的投资性房地产

借：投资性房地产——成本（按转换日固定资产或无形资产的公允价值）

　　累计折旧

　　固定资产减值准备或无形资产减值准备

　　公允价值变动损益（公允价值小于账面价值的差额列为损失）

　　贷：固定资产或无形资产

　　　　其他综合收益（公允价值大于账面价值的差额不得列为收益，而是计入其他综合收益，待投资性房地产处置时，一并转入当期损益）

② 存货转换为以公允价值计量的投资性房地产

借：投资性房地产——成本（按转换日存货的公允价值）

　　存货跌价准备

　　公允价值变动损益（公允价值小于账面价值的差额列为损失）

　　贷：开发产品

　　　　其他综合收益

【附例6-12】　2019年3月10日，甲房地产开发公司与乙企业签订了租赁协议，将其开发的一栋写字楼出租给乙企业。租赁期开始日为2019年4月15日。2019年4月15日，该写字楼的账面余额为45 000万元，公允价值为47 000万元。2019年12月31日，该项投资性房地产的公允价值为48 000万元。

转换的账务处理如下。

借：投资性房地产——成本　　　　　　　　　　　　　470 000 000

　　贷：开发产品　　　　　　　　　　　　　　　　　　　450 000 000

　　　　其他综合收益　　　　　　　　　　　　　　　　　 20 000 000

借：投资性房地产——公允价值变动　　　　　　　　　 10 000 000

　　贷：公允价值变动损益　　　　　　　　　　　　　　　 10 000 000

（二）投资性房地产的处置

企业出售、转让投资性房地产以及对报废或毁损的投资性房地产进行处置时，应当将处置收入记入"其他业务收入"，将处置的投资性房地产的账面价值和相关税费记入"其他业务成本"。

在成本计量模式下，按处置投资性房地产时实际收到的金额，借记"银行存款"等科目，贷记"其他业务收入"科目；按该项投资性房地产的账面价值，借记"其他业务成本"科目，按其账面余额，贷记"投资性房地产"科目，按照已计提的折旧或摊销，借记"累计折旧（摊销）——投资性房地产"科目，原已计提减值准备的，借记"投资性房地产减值准备"科目。

【附例6-13】　甲公司于2019年12月31日以500万元的价格对外转让一处房产，该房产是甲公司于2017年12月31日以400万元的价格购入的，用作对外出租，采用成本计量模式进行后续计量。购入时该房产的预计使用年限为20年，假定无残值，甲公司采用直线法提取折旧。

账务处理如下。

该房产计提折旧=（400-0）÷20×2=40（万元）

该房产出售时的账面价值=400-40=360（万元）

该房产出售收益=500-360=140（万元）

处置时的会计分录如下。

借：银行存款　　　　　　　　　　　　　　　　　　　5 000 000

　　贷：其他业务收入　　　　　　　　　　　　　　　　　 5 000 000

借：其他业务成本　　　　　　　　　　　　　　　　　3 600 000

　　累计折旧　　　　　　　　　　　　　　　　　　　　 400 000

　　贷：投资性房地产　　　　　　　　　　　　　　　　　 4 000 000

在公允价值计量模式下，按处置投资性房地产时实际收到的金额，借记"银行存款"等科目，贷记"其他业务收入"科目；按该项投资性房地产的账面余额，借记"其他业务成本"科目，按其成本，贷记"投资性房地产——成本"科目，按其累计公允价值变动，贷记或借记"投资性房地产——公允价值变动"科目。同时结转投资性房地产累计公允价值变动。若存在原转换日计入其他综合收益的金额，也一并结转。

【附例6-14】 甲为一家房地产开发企业，2019年3月10日，甲企业与乙企业签订了租赁协议，将其开发的一栋写字楼出租给乙企业使用，租赁期开始日为2019年4月15日。2019年4月15日，该写字楼的账面余额为45 000万元，公允价值为47 000万元。2019年12月31日，该项投资性房地产的公允价值为48 000万元。2020年5月租赁期届满，企业收回该项投资性房地产，并以55 000万元出售，出售款项已收讫。甲企业采用公允价值模式计量，不考虑相关税费。

转换时的账务处理（见【附例6-12】）

处置时的账务处理。

借：银行存款   550 000 000
  贷：其他业务收入   550 000 000
借：其他业务成本   450 000 000
  公允价值变动损益   10 000 000
  其他综合收益   20 000 000
  贷：投资性房地产——成本   470 000 000
    投资性房地产——公允价值变动   10 000 000

（三）投资性房地产的披露与分析

在报表附注中，需要披露以下与投资性房地产相关的内容：

（1）投资性房地产的种类、金额和计量模式；

（2）采用成本模式的，投资性房地产的折旧或摊销，以及减值准备的计提情况；

（3）采用公允价值模式的，公允价值的确定依据和方法，以及公允价值变动对损益的影响；

（4）房地产转换情况、理由，以及对损益或所有者权益的影响；

（5）当期处置的投资性房地产及其对损益的影响。

报表使用者在分析投资性房地产时，需要重点关注以下两个方面。

（1）投资性房地产的计量模式，成本模式下折旧、摊销与减值的计提；公允价值模式下公允价值变动损益的确认。

（2）投资性房地产计量模式的转换。投资性房地产从成本计量模式转为公允价值计量模式属于会计政策变更，投资者需要关注变更公告上披露的转换日期、转换的原因以及转换对报表的影响。

思 考 题

1. 何谓投资性房地产？投资性房地产的特征是什么？

2. 投资性房地产核算的公允价值模式和成本模式有何区别？

3. 投资性房地产核算的转换有何规定？

练 习 题

投资性房地产

资料：南方公司拥有一幢房产，账面原值为10 000 000元，已提折旧2 000 000元。2019年1月1日起，该房产从自用改为出租，市价为18 000 000元，南方公司从即日起对该房产改按公允价值模式进行核算。

要求：编制2019年1月1日的会计分录。

第七章

固定资产——初始确认与终止确认

📝 **本章要点**

- 固定资产的定义和基本特征
- 固定资产的计价方式
- 固定资产取得的会计处理
- 固定资产处置的会计处理

📖 **章首故事**

固定资产的重要性

下表是我国各行业上市公司 2017 年固定资产（含在建工程）净额占总资产比重的均值。由此可以看出，制造业固定资产的比重普遍较高；而在其他行业中，固定资产所占比重最高的是电力、热力、燃气及水生产和供应业，以及交通运输、仓储和邮政业，金融业所占比重则最低。对于固定资产占一定比例的公司而言，固定资产管理的重要性自不待言。

2017 年我国各行业上市公司固定资产占总资产比重的均值

制造业				制造业			
代码	行业名称	比重	公司举例	代码	行业名称	比重	公司举例
C13	农副食品加工业	27.26%	新希望	C27	医药制造业	20.10%	东阿阿胶
C14	食品制造业	27.54%	三全食品	C28	化学纤维制造业	34.03%	吉林化纤
C15	酒、饮料和精制茶制造业	22.95%	贵州茅台	C29	橡胶和塑料制品业	25.44%	华塑控股
C17	纺织业	23.99%	孚日股份	C30	非金属矿物制品业	29.32%	上峰水泥
C18	纺织服装、服饰业	11.99%	七匹狼	C31	黑色金属冶炼及压延加工业	44.27%	鞍钢股份
C19	皮革、毛皮、羽毛及其制品和制鞋业	13.23%	红蜻蜓	C32	有色金属冶炼及压延加工业	26.45%	云南铜业
C20	木材加工及木、竹、藤、棕、草制品业	25.16%	吉林森工	C33	金属制品业	22.78%	苏泊尔
C21	家具制造业	19.30%	尚品宅配	C34	通用设备制造业	17.39%	沈阳机床
C22	造纸及纸制品业	31.76%	晨鸣纸业	C35	专用设备制造业	16.06%	徐工机械
C23	印刷和记录媒介复制业	26.03%	陕西金叶	C36	汽车制造业	21.71%	比亚迪
C24	文教、工美、体育和娱乐用品制造业	16.59%	珠江钢琴	C37	铁路、船舶、航空航天和其他运输设备制造业	17.06%	神州高铁
C25	石油加工、炼焦及核燃料加工业	29.64%	沈阳化工	C38	电气机械及器材制造业	15.33%	格力电器
C26	化学原料及化学制品制造业	28.58%	川化股份	C39	计算机、通信和其他电子设备制造业	16.98%	中兴通讯

续表

制造业				制造业			
代码	行业名称	比重	公司举例	代码	行业名称	比重	公司举例
C40	仪器仪表制造业	12.73%	奥普光电	I	信息传输、软件和信息技术服务业	8.29%	电广传媒
C41	其他制造业	14.07%	先锋新材	J	金融业	0.75%	平安银行
C42	废弃资源综合利用业	13.77%	东江环保	K	房地产业	2.45%	万科A
	其他行业			L	租赁和商务服务业	6.78%	深大通
A	农林牧渔业	26.99%	中水渔业	M	科学研究和技术服务业	13.97%	华大基因
B	采矿业	27.89%	西藏矿业	N	水利、环境和公共设施管理业	18.19%	张家界
D	电力、热力、燃气及水生产和供应业	46.77%	粤电力A	O	居民服务、修理和其他服务业	2.43%	百华悦邦
E	建筑业	6.34%	中国铁建	P	教育	11.26%	新南洋
F	批发和零售业	15.06%	苏宁易购	Q	卫生和社会工作	17.35%	爱尔眼科
G	交通运输、仓储和邮政业	36.51%	南京港	R	文化、体育和娱乐业	7.91%	横店影视
H	住宿和餐饮业	25.72%	锦江股份	S	综合	14.29%	张江高科

除流动资产以外，固定资产是企业经济资源的重要组成部分，其种类繁多，构成复杂，在企业的生产经营过程中起着不可替代的作用。本章及下一章分两章讨论固定资产的会计处理。本章主要论述固定资产的初始确认与计量和终止确认，包括固定资产的概念、特征和分类；固定资产取得的会计处理；固定资产处置的会计处理。第八章主要讨论固定资产的后续确认与计量，包括固定资产后续支出、折旧和披露等问题，其附录介绍递耗资产的相关会计处理。

固定资产的基本特征、初始确认与终止确认

第一节 固定资产的特点与范围

一、固定资产的定义与特点

固定资产是企业生产经营活动的主要劳动资料。企业的固定资产项目，如厂房、机器设备、生产工具，通常是企业资产中最重要的组成部分。企业在经营过程中通过运用这些资产项目，生产产品、销售商品和提供劳务，维持企业的日常营业活动，以赚取收益。

固定资产具有以下特征。

（一）为生产商品、提供劳务、出租或者经营管理而持有，而非用于销售

无论是制造业企业的厂房、仓库、机器设备，还是销售业企业的销售场所、运输设施、计量设备，企业获取并持有固定资产的共同目的都是在经营过程中使用固定资产。所以，企业用于向客户运送商品的汽车是固定资产，汽车经销商准备销售的汽车则是存货。需要注意一点，固定资产的使用可以是不持续的，如企业为防止设备出现突然故障导致生产停顿而准备的备用设备属于固定资产。

（二）使用期限超过一个会计年度

固定资产在其有效使用期内具有经济潜力，可以为企业带来经济收益。固定资产创造经济收益的期间不短于一个会计年度，同时，固定资产的使用寿命又是有限的（土地除外）。企业将固定资产的成本在这一期间内以一定的方法进行系统的分摊，以实现收益和成本费用的配比，即为折旧。固定资产经过使用和折旧，其经济价值逐渐减少为残值，但物质形态维持不变。

（三）具有实物外部形态

固定资产是具有物质形态的长期资产，有别于无物质形态的长期资产，如商誉、专利权等无形资产。固定资产的物质形态不会由于使用和成本分摊而改变，不会成为企业商品或产品的组成部分，有别于原材料等流动资产，这些流动资产经过生产加工，其价值和外部形态会发生转移和变化，成为在产品和产成品的组成部分。

二、固定资产的分类

固定资产种类繁多，为了便于管理以及核算上的不同需要，通常将固定资产按不同的标准做一些合理的分类。

固定资产常见的分类方法，如表 7-1 所示。

表 7-1 固定资产的分类

分类方法	固定资产的分类		具体项目举例
按经济用途划分	生产经营用固定资产		厂房、生产经营用的机器
	非生产经营用固定资产		职工食堂使用的房屋、设备
按所有权划分	自有固定资产	自用资产	厂房、生产经营用的机器
		租出资产	企业向外租出的仓库
	租入固定资产		企业从外租入的生产设备
按使用情况划分	使用中的固定资产		正在使用和因正常原因（如季节性经营等）临时停用的固定资产
	未使用的固定资产		已完工或已购建尚未交付使用的固定资产
	不需用的固定资产		多余的不需用固定资产

在实际工作中，为了加强对固定资产的管理，企业往往结合上述各种分类方法对固定资产进行综合分类，通常可以分为六大类：

（1）生产经营用固定资产；

（2）非生产经营用固定资产；

（3）租出固定资产，指临时性出租给其他单位的固定资产；

（4）不需用固定资产；

（5）未使用固定资产；

（6）融资租入固定资产。

第二节 固定资产的取得

一、固定资产的计价

固定资产具有为企业提供未来收益的潜力，表现为取得固定资产时投入的金额，或固定资产的原始成本。它指企业为购置、建造固定资产项目，并使其达到可使用状态所发生的所有合理、必要的支出，包括买价、进口关税、运输成本、销售税金、安装费用等，同时还包括企业为取得固定资产而缴纳的契税、耕地占用税和车辆购置税等相关税费。

以取得成本（历史成本）作为固定资产的计价基础，这种计价方法具有以下优点：

（1）与其他资产、负债、权益项目的计价方式保持一致；

（2）相关资料有确凿的实际数据供查核，所需资料容易取得，具有高度的可靠性；

（3）历史成本的数据具有较高的客观性，避免了计价过程中主观因素的影响。

固定资产以历史成本计价，有两方面的含义。一是购建的固定资产项目按其取得成本计价入账；二是固定资产的折旧也应按其原始成本计算，从而使固定资产的账面净值也以原始成本反映。

固定资产一经登记入账，除非出现一些特殊情况，如企业改组、解散，需要对固定资产的价值重新评估，或记账错误需要改正以外，原始价值一般不做变动。这种计价方式也曾引起非议，尤其在物价水平变动较为剧烈的时期，以历史成本为基础的会计体系所提供的信息，与公允市价水平相距甚远，其准确性因此受到质疑，并陆续出现了重置成本、可变现净值、不变币值等新的计价方式。但从假设企业在可预见的未来将持续经营的角度出发，在经营过程中使用的固定资产以历史成本计价，可使有关信息更具相关性。如果资产项目是计划销售出去的（如存货），以公允市价记账，信息更具相关性。因此，尽管对固定资产的计价存在不一致的观点和看法，采用历史成本作为计价基础仍然是较普遍的做法。

二、固定资产购置的会计处理

企业可以通过购置、自制、交换、接受捐赠及融资租入、接受投资等不同的途径取得固定资产，其会计处理也各不相同。其中，融资租入固定资产的核算在下一章进行专门讲述。固定资产的购置方式分为现购、赊购、分期付款购买和一揽子购买、发行证券取得固定资产五种。

（一）现购

现购即企业以现金或银行存款购入各种固定资产。以此方式购置的固定资产成本，包括企业支付的买价和为使固定资产达到可使用状态而必须发生的一切附带支出，如运输费用、调试费用、安装费用、保险费用、包装费用等。其他非必要性的支出不得作为固定资产的成本构成项目。关于购置固定资产的增值税问题，根据 2017 年 11 月 29 日国务院公布的《中华人民共和国增值税暂行条例》第八条规定，企业购置固定资产时，增值税专用发票上注明的增值税税额，为进项税额，可以抵扣销项税额。

【例 7-1】　南方公司以银行存款购入一台大型设备，取得的增值税专用发票上注明设备价款 100 000 元，增值税进项税额 16 000 元。另以设备价款的 5% 支付有关的法律费用。南方公司另向运输公司支付运费 2 500 元，未买保险。设备运送途中发生交通事故，设备轻微损坏。运抵后安装费用 3 000 元，维修因交通事故造成的损坏支出 500 元。假定不考虑运费的增值税处理。

会计处理如下。

借：固定资产		110 500
应交税费——应交增值税（进项税额）		16 000
管理费用		500
贷：银行存款		127 000

500 元的维修费用不是购入设备后必须发生的支出，不能作为固定资产成本构成项目，应另行计入管理费用。

（二）赊购

固定资产的供应价格通常分为现购价和赊购价两种，前者往往低于后者。确定赊购的固定资产成本时，仍应以现购价格入账。

【例7-2】 接【例7-1】，如果上例中的大型设备标价，现购价为100 000元，赊购价则为108 000元。假设南方公司以赊购方式购入该设备，其他条件不变，则有关会计分录为：

借：固定资产（100 000+5 000+2 500+3 000）　　　　　　　110 500
　　应交税费——应交增值税（进项税额）　　　　　　　　　　16 000
　　管理费用　　　　　　　　　　　　　　　　　　　　　　　　500
　　财务费用　　　　　　　　　　　　　　　　　　　　　　　8 000
　　　贷：长期借款（或其他相关科目）　　　　　　　　　　135 000

由于企业现金不足，以赊购方式购入设备而多付的8 000元，应视为企业的利息支出，不将其资本化的原因是购入设备的生产能力不会因为此项支出发生变化。

赊购固定资产与赊购其他资产项目一样，销售方为了鼓励客户尽早偿还货款，在赊账期内会给予一定的现金折扣。获得折扣优惠，企业可少付货款。与其他非必要性支出一样，销售方给予的现金折扣优惠对企业所购入固定资产的生产能力并不会造成影响，该固定资产日后可为企业带来的经济利益不会因获得现金折扣与否而发生变化。因此，无论企业是否获得购入固定资产的相关现金优惠，均不应将其资本化。即使企业获得了相关的折扣优惠，也以扣除折扣前的买价作为固定资产的记账成本，获得的现金折扣冲减财务费用。

（三）分期付款购买

分期付款的购入方式意味着卖方在相当长的期间内向买方提供信贷。若购入的固定资产有明确的现款交割价，应以该价作为所购固定资产的入账成本，差额计入财务费用。无现款交割价资料的，应计算分期付款的现值，作为固定资产的入账成本。

【例7-3】 捷运公司以分期付款方式购入运输直升机一架，每年年末付款10 000 000元，分8年付清，市场利率10%。该运输机付清货款的现值为每次付款10 000 000元，8期，10%的年金现值。计算如下。

分期付款额的现值=10 000 000×$PVF_{(10\%,8)}$=10 000 000×5.335=53 350 000（元）

该运输机的购置成本为53 350 000元，假定不考虑增值税，会计分录为。

借：固定资产——运输直升机　　　　　　　　　　　　　53 350 000
　　未确认融资费用　　　　　　　　　　　　　　　　　　26 650 000
　　　贷：分期应付运输设备款　　　　　　　　　　　　　80 000 000

未确认融资费用在信用期内按实际利率进行分摊，确认为财务费用，计入当期损益。

（四）一揽子购买

一揽子购买指企业以一个总价购入两种以上的固定资产项目。由于不同的资产项目有不同的经济使用年限，有不同的计提折旧的方法，购入成本应在每种购入资产项目之间进行分摊，以便对购入固定资产进行单独记账。分摊的方法是依据各种固定资产项目公允市价的比例，对总成本进行分配，分别确定各项固定资产的入账价值。

【例7-4】 德昌公司以银行存款3 250 000元购入一座厂房和全套生产设备。经评估，厂房和设备的公允市价分别为2 100 000元和1 400 000元。

厂房及生产设备的公允市价和=2 100 000+1 400 000=3 500 000（元）

厂房所占比例=2 100 000÷3 500 000=60%

生产设备所占比例=1 400 000÷3 500 000=40%

厂房应分配的购入成本=60%×3 250 000=1 950 000（元）

生产设备应分配的购入成本=40%×3 250 000=1 300 000（元）

假定不考虑增值税，有关会计分录为。

借：固定资产——厂房　　　　　　　　　　　　　　　　　　　　1 950 000

　　　　　　——设备　　　　　　　　　　　　　　　　　　　　1 300 000

　　贷：银行存款　　　　　　　　　　　　　　　　　　　　　　　　3 250 000

如果为取得公允市价资料发生了数额较大的支出，应将该笔支出加入购买价进行分配。

（五）发行证券取得固定资产

企业有时以发行证券的方式取得固定资产，发行的证券多为普通股或优先股。在这种情况下，取得固定资产的计量涉及两种选择：取得资产的公允市价，或是发行股票的公允市价。习惯上，应选择较为可靠的公允市价作为固定资产的入账成本。例如，雅尚家具公司发行 20 000 股普通股取得一座旧楼房作为其家具产品的销售场地。公司普通股每股面值 30 元，交易当时公允市价为 36.5 元，属于交易活跃的股票。同地区类似的楼房公允市价为 700 000 元。由于股票的公允市价是交易当时的市场价格，可以较准确地反映取得资产的价格；而楼房的市价资料相比之下准确性较低，因此股票公允价值的资料比较可靠，楼房应按 730 000 元（20 000×36.5）的价值入账。

若企业刚刚建立，其股票交易价格尚不明确，或企业的股票在证券交易所的交易并不活跃，则取得资产的入账成本应为资产项目的公允市价。若两方面的公允市价资料均难以确定，则应首先对取得的固定资产进行估价，并以评估价作为入账价值。在发行股票、取得固定资产的公允市价均难以确定，也难以进行有效评估的情况下，取得资产的固定成本由企业的管理层确定。

三、自行建造固定资产的会计处理

企业除了向外购置固定资产，也可以利用现有的技术条件、设备和人员，自行建造固定资产。自制固定资产指企业自行制造的专用设备和小型工具等，通过"生产成本"账户进行核算，同时设"自制设备"明细账，以便与产品生产区分开。自建固定资产指企业建造的楼房、建筑物、需要安装的固定资产项目，建造完工前，通过"在建工程"账户核算；完工后，自制自建固定资产成本均转入"固定资产"账户。

确定自制自建固定资产的成本，不能以同类、相似固定资产的外购价格为入账依据，因为外购价格反映的是资产的公允市价，不等同于企业为制造、建造资产所耗费的成本。自制自建固定资产的成本，是企业为使该项资产达到预定可使用状态前所发生的全部必要支出。确定自制自建固定资产的成本，涉及两个颇具争议的问题，即是否应负担一部分固定费用，是否应将建造期间的相关利息费用资本化。

（一）固定费用的分摊问题

企业自制自建的固定资产项目，是否应像其他正常生产的产品一样分摊固定费用？一般有三种观点。

（1）应该分摊。这一观点认为，自制自建的固定资产同样是企业的生产成果，至于成果是自用还是外售，对生产过程中发生的成本费用并无影响。因此，自制自建固定资产应与企业其他正常生产的产品一样，按照同样的比例和分配基础分摊固定费用。否则，自制自建固定资产的成本将被低估，导致日后固定资产成本分配的不准确。

（2）按企业失去的产量分摊。这一观点认为，企业自制、自建固定资产，占用了一定的材料和劳动力，使正常生产能力受到影响。自制自建固定资产项目应负担"少生产"的那部分产品应负担的固定费用。这一观点基于机会成本的概念，理论上可行，实务上可操作性不强。

（3）不作分摊。这一观点认为，固定费用与企业的产量无关，无论企业是否制造固定资产，固定费用的发生额没有变化。如果将固定费用也摊配给自制自建固定资产，必然造成本期产品成本费用被低估，收入被高估。因此，自制自建固定资产的成本只应包括由于自制自建项目而增加的变动费用。

目前，国际上的通行做法是将固定费用按比例分摊到自制自建项目中，以遵循配比原则。若分摊后，自制自建项目的成本高于同类项目的取得价格，将超过部分的固定费用作为当期损失处理，以免使资产的成本高于公允市价。

（二）固定资产建造期间的借款费用处理问题

我国《企业会计准则第 17 号——借款费用》中所指借款费用是指企业因借款而发生的利息及其相关成本，包括借款利息、折价或溢价的摊销、辅助费用以及外币借款所发生的汇兑差额。

对借款费用的处理可以有两种方法：一是于发生时直接确认为当期费用，记入"财务费用"账户；二是予以资本化，即作为固定资产成本的一部分在"在建工程"账户予以归集。我国《企业会计准则第 17 号——借款费用》规定，用于购建固定资产的专门借款在该固定资产达到预定可使用状态之前所发生的借款费用应予以资本化，计作固定资产价值的一部分。为购建或生产符合资本化条件的固定资产而占用了一般借款的，应当根据累计资产支出超过专门借款部分的资产支出加权平均数乘以所占用一般借款资本化率，计算确定一般借款予以资本化的利息金额。也就是说，从可以资本化的借款费用内容上看，用于购建固定资产的专门借款所发生的借款费用以及购建固定资产所占用的其他一般借款的借款费用都应予以资本化；从资本化的时间上看，在该固定资产达到预定可使用状态之前所发生的借款费用才能够资本化，建造工程开始前以及达到预定可使用状态后的借款费用应计入当期损益。

当存在下列情况之一时，购建固定资产可以认为已达到预定可使用状态：

（1）固定资产的实体建造（包括安装）工作已经全部完成或者实质上已经全部完成；

（2）已经通过试生产或试运行，且其结果表明资产能够正常运行或能够稳定地生产出合格产品，或试运行结果表明能够正常运转或营业；

（3）用于建造该项固定资产的支出金额很少或几乎不再发生；

（4）所购建的固定资产已经达到设计或合同要求，或与设计或合同要求相符或基本相符，即使极个别地方与设计或合同要求不相符，也不足以影响其正常使用。

在资本化期间内，每一会计期间借款费用资本化金额的确定方法，将会在第十一章长期负债中做详细介绍。

四、交换取得固定资产的会计处理

企业出于经营的需要，将已经不适用或不需要的实物资产与对方进行交换，获得自己所需要的实物资产，这种非货币性资产的互相交换（不涉及或只是少量涉及货币性资产）就称为非货币性资产交换。货币性资产和非货币性资产的主要区别在于资产在将来给企业带来的收益是否是固定的或可确定的。如果是，则为货币性资产；如果不是，则为非货币性资产。货币性资产主要有现金、应收账款、应收票据以及准备持有至到期的债券投资等。非货币性资产主要有存货、固定资产、无形资产、股权投资以及不准备持有至到期的债券投资等。

在非货币性资产交换中，可能一方会另外再支付一定的现金（即补价），如果支付的补价占换入资产公允价值的比例（或占换出资产的公允价值与补价之和的比例）不高于 25%（小于或等于25%），则视为非货币性资产交换；否则就视为货币性资产交换。

非货币性资产交换会计处理的关键是确定换入资产的入账价值。根据修订后的《企业会计准则第 7 号——非货币性资产交换》中的规定，对非货币性资产交换中换入资产的入账价值的确定分两种情况：

（1）如果该交易具有商业实质，并且换入或者换出资产至少两者之一的公允价值能够可靠计量，则以公允价值加相关的税费作为换入资产的入账价值；

（2）如果不能同时满足上述两个条件，则以换出资产的账面价值加相关税费作为换入资产的入账价值。

满足下列条件之一的非货币性资产交换可确定为具有商业实质。

（1）换入资产的未来现金流量在风险、时间和金额方面与换出资产显著不同。

（2）换入资产与换出资产的预计未来现金流量现值不同，且其差额与换入资产和换出资产的公允价值相比是重大的。

在确定非货币性资产交换是否具有商业实质时，企业应当关注交易各方之间是否存在关联方关系。关联方关系的存在可能导致发生的非货币性资产交换不具有商业实质。

下面我们按不涉及补价和涉及补价两种情况分别讲述非货币性资产交换的会计处理。

（一）不涉及补价的非货币性资产交换的会计处理

在不涉及补价的情况下，如果该交易具有商业实质，并且换入或者换出资产至少两者之一的公允价值能够可靠计量，发生非货币性资产交换时，以公允价值加上支付的相关税费作为换入资产的入账价值，换出资产的公允价值和账面价值之差作为交换损益直接计入当期损益。用公式表示为。

换入资产的入账价值=换出或换入资产的公允价值+支付的相关税费

交换损益（资产处置收益或损失）=换出资产公允价值−换出资产的账面价值

如果该交易不能同时满足上述两种条件，发生非货币性资产交换时，以换出资产的账面价值加上支付的相关税费，即为换入资产的入账价值，不确认交换损益。用公式表示为。

换入资产的入账价值=换出资产的账面价值+支付的相关税费

公式中的账面价值应为扣除有关减值准备后的金额，另外，如果换出资产的公允价值低于账面价值，仍先按上述公式确定换入资产的入账价值。期末再按有关规定计提减值准备。

【例 7-5】 珠江公司以一台生产用机床与乙企业的一台运输车辆进行交换，珠江公司的机床账面价值 12 万元，已提折旧 2 万元，公允价值 11 万元，为进行此项交易，该公司花费清理费用 2 000 元；乙企业的汽车账面价值 16 万元，已提折旧 3 万元，同时计提减值准备 1 万元，公允价值 11 万元。

分析：由于该交易既不涉及货币性资产，也不涉及补价，因此属非货币性资产交换。

1. 假设该交易不具有商业实质

（1）珠江公司的会计处理如下。

借：固定资产清理	100 000	
累计折旧	20 000	
贷：固定资产——机床		120 000
借：固定资产清理	2 000	
贷：银行存款		2 000
借：固定资产——汽车	102 000	
贷：固定资产清理		102 000

（2）乙企业的会计处理如下。

借：固定资产清理   130 000

  累计折旧   30 000

   贷：固定资产——汽车   160 000

借：固定资产减值准备   10 000

   贷：固定资产清理   10 000

借：固定资产——机床   120 000

   贷：固定资产清理   120 000

由于乙企业换出资产的公允价值低于账面价值，期末要按有关规定对换入的机床计提减值准备。

2. 假设该交易具有商业实质

（1）珠江公司的会计处理如下。

借：固定资产清理   100 000

  累计折旧   20 000

   贷：固定资产——机床   120 000

借：固定资产清理   2 000

   贷：银行存款   2 000

借：固定资产——汽车   112 000*

   贷：固定资产清理   102 000

     资产处置收益——非货币性资产交换利得 10 000**

*换入资产汽车的入账价值=换出机床公允价值 110 000+税费 2 000

         =112 000（元）

**交换损益=换出机床公允价值 110 000-换出机床账面价值 100 000

     =10 000（元）

（2）乙企业的会计处理如下。

借：固定资产清理   130 000

  累计折旧   30 000

   贷：固定资产——汽车   160 000

借：固定资产减值准备   10 000

   贷：固定资产清理   10 000

借：固定资产——机床   110 000*

  资产处置损失——非货币性资产交换损失 10 000**

   贷：固定资产清理   120 000

*换入资产机床的入账价值=换出汽车公允价值=110 000（元）

**交换损益=换出汽车公允价值 110 000-换出汽车账面价值 120 000=-10 000（元）

（二）涉及补价的非货币性资产交换的会计处理

涉及补价的非货币性资产交换的会计处理主要解决两个问题：一是判断该交易是否属于非货币性资产交换；二是确定换入资产的入账价值。关于判断标准前面已经提到过。换入资产的入账价值分两种情况。

如果该交易具有商业实质，并且换入或者换出资产至少两者之一的公允价值能够可靠计量，发生非货币性资产交换时，支付补价的一方，以换出资产的公允价值加上支付的补价（或换入资产的公允价值）加上相关税费作为换入资产的入账价值，换出资产的公允价值和账面价值之差为交换损益直接计入当期损益。收到补价的一方，以换出资产的公允价值减去收到的补价（或换入资产的公允价值）加上相关税费作为换入资产的入账价值，换出资产的公允价值和账面价值之差作为交换损益直接计入当期损益。用公式表示如下。

支付补价方：

换入资产的入账价值=（换出资产的公允价值+补价）（或换入资产的公允价值）
　　　　　　　　　　+支付的相关税费

交换损益=换出资产的公允价值-换出资产的账面价值

收到补价方：

换入资产的入账价值=（换出资产的公允价值-补价）（或换入资产的公允价值）
　　　　　　　　　　+支付的相关税费

交换损益=换出资产的公允价值-换出资产的账面价值

如果该交易不能同时满足上述两个条件，发生非货币性资产交换时，支付补价方以换出资产的账面价值加上支付的补价以及相关税费，即为换入资产的入账价值，不确认交换损益；收到补价方以换出资产的账面价值减去收到的补价加上支付的相关税费，即为换入资产的入账价值，不确认交换损益。用公式表示如下。

支付补价方：

换入资产的入账价值=换出资产账面价值+补价+支付的相关税费

收到补价方：

换入资产入账价值=换出资产账面价值-补价+支付的相关税费

【例 7-6】 珠江公司以一台生产用机床与乙企业的一台甲设备进行交换，珠江公司的机床账面价值 400 万元，未提折旧，公允价值 450 万元；乙企业的甲设备账面价值 500 万元，已提折旧 50 万元，同时还计提减值准备 30 万元，公允价值 420 万元，为进行此项交易，该企业花费清理费用 1.2 万元，同时另支付给珠江公司 30 万元。

第一步：分析此项交易是否属于非货币性资产交换。

珠江公司收到的补价占换出资产公允价值的比例=$\dfrac{300\,000}{4\,500\,000}$=6.67%<25%

乙企业支付的补价占换出资产公允价值与补价的比例=$\dfrac{300\,000}{(300\,000+4\,200\,000)}$
　　　　　　　　　　　　　　　　　　　　　　=6.67%<25%

由此确定此项交易为非货币性资产交换。

第二步：确定换入资产的入账价值。

1. 假设该交换具有商业实质

珠江公司换入甲设备的入账价值=换出机床公允价值-收到的补价
　　　　　　　　　　　　　　　=4\,500\,000-300\,000
　　　　　　　　　　　　　　　=4\,200\,000（元）

应确认的交换损益=换出机床公允价值-换出机床账面价值
　　　　　　　　=4\,500\,000-4\,000\,000
　　　　　　　　=500\,000（元）

乙企业换入机床的入账价值=换出甲设备公允价值+补价+支付的相关税费
　　　　　　　　　　　　　=4\,200\,000+300\,000+12\,000
　　　　　　　　　　　　　=4\,512\,000（元）

应确认的交换损益=换出甲设备公允价值-换出甲设备账面价值

=4 200 000-（5 000 000-500 000-300 000）

=0（元）

（1）珠江公司的会计分录为。

借：固定资产清理   4 000 000

　　贷：固定资产——机床   4 000 000

借：固定资产——甲设备   4 200 000

　　银行存款   300 000

　　贷：固定资产清理   4 000 000

　　　　资产处置收益——非货币性资产交换利得   500 000

（2）乙企业的会计分录为。

借：固定资产清理   4 500 000

　　累计折旧   500 000

　　贷：固定资产——甲设备   5 000 000

借：固定资产减值准备   300 000

　　贷：固定资产清理   300 000

借：固定资产清理   312 000

　　贷：银行存款   312 000

借：固定资产——机床   4 512 000

　　贷：固定资产清理   4 512 000

2．假设该交换不具有商业实质

珠江公司换入甲设备的入账价值=换出机床账面价值-收到补价

=4 000 000-300 000

=3 700 000（元）

乙企业换入机床的入账价值=换出甲设备账面价值+补价+支付的相关税费

=（5 000 000-500 000-300 000）+300 000+12 000

=4 512 000（元）

（1）珠江公司的会计分录为。

借：固定资产清理   4 000 000

　　贷：固定资产——机床   4 000 000

借：固定资产——甲设备   3 700 000

　　银行存款   300 000

　　贷：固定资产清理   4 000 000

（2）乙企业的会计分录为。

借：固定资产清理   4 500 000

　　累计折旧   500 000

　　贷：固定资产——甲设备   5 000 000

借：固定资产减值准备   300 000

　　贷：固定资产清理   300 000

借：固定资产清理   312 000

　　贷：银行存款   312 000

借：固定资产——机床   4 512 000

　　贷：固定资产清理   4 512 000

当非货币性资产交换涉及多项资产交换时，由于不能将换出的资产与换入的资产一一对应，这时，先按上面的方法确认总的入账价值，然后根据每项换入资产的公允价值占总换入资产公允价值的比例与总入账价值的乘积，确定每项换入资产的入账价值。

为了简化，前面的非货币性资产交换实例中都没有考虑增值税。如果考虑增值税，则有关增值税应分别记入"应交税费——应交增值税（进项税额）"或"应交税费——应交增值税（销项税额）"，即存货与固定资产的入账价值不含增值税。增值税以外的其他税金，应计入换入资产的入账价值。为了更好地说明，下面举一实例。

【例 7-7】 珠江公司和乙企业均为增值税一般纳税人，适用的增值税税率均为 16%，珠江公司以其库存商品与乙企业的设备进行交换。珠江公司库存商品的账面价值为 100 000 元，公允价值为 120 000 元；乙企业设备的账面原值 130 400 元，交换日累计折旧 10 000 元，账面价值 120 400 元，公允价值为 120 000 元。珠江公司换入乙企业的设备作为固定资产使用，乙企业换入珠江公司的商品作为库存商品核算，并取得增值税专用发票。

（1）确定双方换入资产的入账价值。

珠江公司换入设备的入账价值=换出资产公允价值=120 000（元）

珠江公司交换损益=换出资产公允价值-换出资产账面价值=120 000-100 000=20 000（元）

乙企业换入存货的入账价值=换出设备公允价值=120 000（元）

乙企业交换损益=换出设备公允价值-换出设备账面价值=120 000-120 400=-400（元）

（2）珠江公司会计处理如下。

借：固定资产——设备	120 000	
应交税费——应交增值税（进项税额）	19 200	
贷：主营业务收入		120 000
应交税费——应交增值税（销项税额）		19 200
借：主营业务成本	100 000	
贷：库存商品		100 000

（3）乙企业的会计处理如下。

借：固定资产清理	120 400	
累计折旧	10 000	
贷：固定资产——设备		130 400
借：库存商品	120 000	
应交税费——应交增值税（进项税额）	19 200	
营业外支出——非货币性资产交换损失	400	
贷：固定资产清理		120 400
应交税费——应交增值税（销项税额）		19 200

五、接受捐赠获得固定资产的会计处理

企业有时接受所在地政府机构或其他个人、组织的捐赠，获取固定资产。由于捐赠资产属于单方面的资产转移，受赠企业没有为获得资产付出相应的代价。如果仍然固守原始成本原则，资产的入账价值可能极低，甚至可能为零。为了正确计量固定资产的价值及其盈利能力，使企业管理人员能够有效地对资产项目实施管理，准确反映企业的资产状况，在没有提供相关凭证的情况下，受赠企业应将所获资产按照同类或类似资产的市场价格估计的金额，作为资产的入账价值；若相关资产的市场价格难以确定，则按照其预期未来现金流量的现值作为入账价值。

若受赠的是旧资产，以扣减按其新旧程度估计的价值损耗后的余额作为资产的入账价值。或根据捐赠方提供的有关凭据，确定固定资产的价值、累计折旧。企业接受捐赠资产过程中发生的各项费用，也应计入固定资产价值。

捐赠资产表现为企业资产和收益的增加。记账时应以资产价值借记"固定资产"，同时贷记"营业外收入"。

【例7-8】 2019年，某公司受赠一套二手设备，同类设备的市场价格为32 000元。该设备的新旧程度估计为90%，会计分录如下。

借：固定资产   32 000

    贷：累计折旧[32 000×（1-90%）]   3 200

        营业外收入   28 800

六、投资者投入的固定资产的会计处理

其他单位和个人，可能以房屋、设备、工具等形式的固定资产作为投资。企业一方面应以重置价值作为固定资产的原值，另一方面以固定资产的评估价值作为投入资本的入账价值。两者之间的差额作为累计折旧处理。

【例7-9】 甲公司接受乙公司以10台运货卡车作为投资。卡车的重置价值为5 000 000元，评估价为4 200 000元。会计分录如下。

借：固定资产——运输设备   5 000 000

    贷：累计折旧   800 000

        实收资本   4 200 000

七、存在弃置义务的固定资产的会计处理

一些特定的企业需要承担环境保护和生态恢复等义务。因此，在确定固定资产初始成本时，这些企业还应考虑弃置费用。《企业会计准则第4号——固定资产》第十三条明确规定："确定固定资产成本时，应当考虑预计弃置费用。"考虑预计弃置费用要注意以下两点。

（1）一般工商企业的固定资产报废时发生的清理费用不属于弃置费用，应当在发生时作为处置费用，从残值收入中扣除。

（2）由于这些特殊固定资产往往要等待较长时间后才进行处置，弃置费用金额与其现值存在很大差异，因此需要按现值计算应计入固定资产成本的金额和相应的预计负债；另一方面，还要按实际利率在每期调整预计负债，调整额计入每期的财务费用，最初的预计负债加上各期的调整额即为最后实际支付的弃置费用。

下面通过一个实例来讲述固定资产弃置费用的会计处理。

【例7-10】 2019年1月1日，某企业取得一项10年期的矿山开采权。为开采而进行的建设投入共计5 000 000元，开采完毕后，进行环境治理的处置费用预计为10 000 000元，估计的实际利率为8%。

第一步：登记固定资产。

预计负债的现值=10 000 000×$PVF_{(8\%,10)}$=10 000 000×0.463 2=4 632 000（元）

借：固定资产   9 632 000

    贷：预计负债   4 632 000

        在建工程   5 000 000

第二步，计算各期预计负债的调整额，并登记第一年年末的调整额，如表 7-2 所示。

表 7-2 预计负债每期调整额计算表 单位：元

日期	调整额①=上期②×8%	预计负债账面余额②=上期②+①
2019 年 1 月 1 日	—	4 632 000
2019 年 12 月 31 日	370 560	5 002 560
2020 年 12 月 31 日	400 205	5 402 765
⋮	⋮	⋮
2028 年 12 月 31 日	⋮	10 000 000
合计	5 368 000	—

借：财务费用　　　　　　　　　　　　　　370 560
　　贷：预计负债　　　　　　　　　　　　　　370 560

以后各年的会计处理略。

此外，企业经批准无偿调入的固定资产，应按调出单位的账面价值加上实际发生的运输费、安装费等相关费用，作为资产的入账价值。

第三节　固定资产的处置

一、固定资产的处置

（一）固定资产终止确认的条件

《企业会计准则第 4 号——固定资产》规定，当固定资产满足下列两个条件之一时，应当予以终止确认。

第一，该固定资产处于处置状态。固定资产处置包括固定资产的出售、转让、报废、损毁或将其捐赠给其他企业、用于交换其他资产项目、债务重组等，处于处置状态的固定资产不再用于生产商品、提供劳务、出租或经营管理，因此不再符合资产的定义，应当予以终止确认。

第二，该固定资产预期通过使用或处置不能产生经济利益。因为不符合固定资产的确认条件"与该固定资产有关的经济利益很可能流入企业"，所以，只要某一固定资产不能或不再产生经济利益，就应当予以终止确认。

（二）固定资产处置的账务处理

若固定资产在其估计使用年限届满时清理，没有残值，或清理后实际变现收入与估计残值相符，则固定资产处置不会带来损失或收益。若固定资产被提前清理，估计残值与变现收入不相符，带来的损失或收益同样通过"固定资产清理"账户核算。固定资产由于灾害、责任事故而损毁，由保险公司支付的赔款收入、可向事故责任人收取的赔款，也通过"固定资产清理"账户核算。该账户的核算范围如图 7-1 所示。

固定资产清理	
（1）出售、报废、损毁固定资产的账面净值	（1）固定资产清理时的残料变现收入
（2）固定资产清理过程中的应交税费	（2）可从保险公司获得的赔偿
（3）固定资产清理过程中发生的费用	（3）由事故责任人承担的赔偿
固定资产清理净损失	固定资产清理净收益

图 7-1　固定资产清理账户的记账

【例 7-11】 某企业因遭受龙卷风袭击，报废管理用设备一台。事先已向保险公司购买了意外灾害保险。该设备原始成本为 36 000 元，估计残值 4 000 元，估计使用年限 8 年，报废时已使用 5 年，已提折旧 20 000 元。报废后残值变现收入 3 000 元，清理费用支出 2 000 元。根据保险合同，保险公司应赔偿 10 000 元。清理过程的有关会计分录如下。

（1）转销报废资产账面价值。

借：固定资产清理   16 000

累计折旧   20 000

贷：固定资产   36 000

（2）记录清理残值变现收入。

借：银行存款   3 000

贷：固定资产清理   3 000

（3）记录清理费用。

借：固定资产清理   2 000

贷：银行存款   2 000

（4）记录保险公司赔款。

借：其他应收款   10 000

贷：固定资产清理   10 000

（5）将"固定资产清理"账户的余额转入"资产处置损失"账户。

借：资产处置损失——非流动资产处置损失   5 000

贷：固定资产清理   5 000

本例属于固定资产的非正常清理。固定资产的处置方式还包括出售、报废、投资转出和捐赠。

企业通常在固定资产的服务潜能尚未耗尽时将固定资产出售，售价与固定资产账面净值之间的差额，作为资产清理损益，计入资产处置收益。

【例 7-12】 某企业出售小型货车一辆，售价为 65 000 元。货车的历史成本为 200 000 元，已计提折旧 145 000 元，资产清理利得为 10 000 元。

（1）转销报废资产账面价值。

借：固定资产清理   55 000

累计折旧   145 000

贷：固定资产   200 000

（2）记录出售收入。

借：银行存款   65 000

贷：固定资产清理   65 000

（3）结转清理利得。

借：固定资产清理   10 000

贷：资产处置收益——固定资产清理收入   10 000

若固定资产已不具备服务能力，难以出售，企业应将其报废。报废固定资产有两种情况，一是固定资产已经充分计提折旧，没有残值，则固定资产清理不产生损益；二是固定资产尚有残值，则资产清理会产生损益。固定资产清理后的残料出售收入可减少资产清理损失，资产清理费用则会增加清理损失。

【例7-13】　某公司报废车床一台。车床原值为 30 000 元，累计折旧为 28 000 元，残料出售收入 500 元，发生清理费用 300 元。

（1）转销报废资产账面价值。

借：固定资产清理　　　　　　　　　　　　　　　　　　2 000
　　累计折旧　　　　　　　　　　　　　　　　　　　　28 000
　　　贷：固定资产　　　　　　　　　　　　　　　　　　　　30 000

（2）记录残料出售收入。

借：银行存款　　　　　　　　　　　　　　　　　　　　500
　　　贷：固定资产清理　　　　　　　　　　　　　　　　　　500

（3）记录清理费用。

借：固定资产清理　　　　　　　　　　　　　　　　　　300
　　　贷：银行存款　　　　　　　　　　　　　　　　　　　　300

（4）结转清理损失。

借：资产处置损失——非流动资产处置损失　　　　　　　1 800
　　　贷：固定资产清理　　　　　　　　　　　　　　　　　　1 800

在固定资产仍可正常使用的情况下，企业可将其作价投资。投资额应以转出固定资产的账面价值加上应支付的相关税费作为入账标准，借记"长期股权投资"科目，按投出资产的已计提折旧，借记"累计折旧"科目，按该项固定资产已计提的减值准备，借记"固定资产减值准备"科目，按固定资产的账面原价，贷记"固定资产"科目，按应支付的相关税费，贷记"银行存款"和"应交税费"科目。

若企业将固定资产捐赠给其他企业或个人，按照国际会计惯例应将捐赠资产的账面净值作为捐赠支出，避免账面价值与公允价值不相等时，以公允价值为捐赠资产入账形成利得或损失，违背了资产捐赠的本意。

二、持有待售的固定资产

所谓持有待售的固定资产，是指在当前状况下仅根据出售同类资产的惯例就可以出售且极可能出售的固定资产，如已经与买主签订了不可撤销的销售协议等。根据《企业会计准则第 42 号——持有待售的非流动资产、处置组和终止经营》（2017）第三章的规定，企业初始计量或在资产负债表日重新计量持有待售的固定资产时，应当比较其账面价值是否高于公允价值减去出售费用后的净额。若存在减值，应当将账面价值减记至公允价值减去出售费用后的净额，减记的金额确认为资产减值损失，计入当期损益，同时计提持有待售资产减值准备。后续资产负债表日持有待售的固定资产公允价值减去出售费用后的净额增加的，以前减记的金额应当予以恢复，并在划分为持有待售类别后确认的资产减值损失金额内转回，转回金额计入当期损益。划分为持有待售类别前确认的资产减值损失不得转回。需要注意的是，纳入持有待售的固定资产不应再计提折旧。

企业应当在资产负债表中区别于其他资产单独列示"持有待售资产"，其中包括持有待售的固定资产，以减去减值准备后的金额计算。企业在利润表中设置"资产处置收益"项目，持有待售固定资产处置时的利得或损失包括在该项目内。另外，企业在利润表中分别列示持续经营净利润和终止经营净利润。持有待售的固定资产，其减值损失和转回金额及处置损益应当作为持续经营净利润列报。

在财务报表附注中，企业应当披露有关持有待售固定资产的如下信息：出售费用和主要类别，以及每个类别的账面价值和公允价值；出售原因、方式和时间安排；以及确认的减值损失及其转回金额等。

三、固定资产的盘亏或盘盈

固定资产的盘亏或盘盈并不是一种常见的现象。这是由于固定资产是一种单位价值较高、使用期限很长的有形资产。因此，企业应该加强对固定资产的管理，定期对固定资产进行盘点和清查，从而保证固定资产会计核算的真实性和完整性。特殊情况下，固定资产盘点中发现盘亏或盘盈情况，应当在期末结账前查明原因，及时处理。

固定资产的盘亏通过"待处理财产损溢——待处理固定资产损溢"科目来核算，固定资产的盘亏损失通过"营业外支出——盘亏损失"科目处理；固定资产的盘盈，则通过"以前年度损益调整"科目来核算，按前期差错处理，以防止人为通过固定资产盘盈来调节利润。

思 考 题

1. 固定资产有哪些特点？如何分类？
2. 固定资产的计价应遵循什么原则？为什么？
3. 自制自建的固定资产项目的成本确定中需要解决哪些问题？如何解决？
4. 何谓商业实质？为何不具有商业实质的非货币性资产交换不能按公允价值计量？
5. 为何要考虑弃置费用？它对固定资产计价有何影响？
6. 固定资产终止确认的条件是什么？简述其账务处理过程。
7. 为何固定资产盘盈不能计入当期损益，而固定资产盘亏却能计入当期损益？
8. 什么是持有待售的固定资产？企业应该如何列报与披露？

练 习 题

（一）投资者投入固定资产

资料：2019年4月1日，某外商投资企业收到外商作为实收资本投入的固定资产一台，协议作价20万美元，当日的市场汇率为1∶7.734 8。投资合同约定的汇率为1∶7.740。另发生运费2万元，进口关税5万元，安装调试费3万元。

要求：计算该设备的入账价值并登记入账。

（二）固定资产扩建

资料：某企业对生产线进行扩建。该生产线原价为1 000万元，已提折旧300万元。扩建生产线时发生扩建支出800万元，同时在扩建时处理废料发生变价收入50万元。

要求：计算该生产线新的原价。

（三）外购固定资产

资料：骏德公司购入办公设备一台，买入价为34 900元，增值税税额为5 584元。设备运抵公司前发生装卸费450元，运输费500元，公司购买运送保险290元。运抵后，发生安装调试费用560元。安装后设备已经交付使用。

要求：编制相关会计分录。

（四）预计弃置费用

资料：2019年1月1日，东方公司以6 000 000元购买一套实验设备。但由于该设备使用后会给环境造成较大的影响，报废后需要2 000 000元的清理费用，实际利率为7%。预计使用年限为8年。

要求：编制该实验设备首次入账的会计分录，计算第一年预计负债的调整额并做相关会计分录。不考虑增值税。

（五）一揽子购买

资料：华欣公司以总价98 900 000元购入办公楼一栋，附带全部办公设备和一辆小轿车。公允市价的资料为楼房82 000 000元，办公设备18 000 000元，小轿车450 000元。

要求：

1. 计算每项资产的入账价值；

2. 编制会计分录。不考虑增值税。

（六）非货币性资产交换

资料：雅星公司以IBM计算机换入苹果牌计算机自用。IBM计算机原值12 000元，已计提折旧4 000元，公允价值为6 800元。苹果计算机原值16 000元，已计提折旧5 000元，公允市价11 500元。雅星公司另支付补价4 700元。

要求：做出交易双方的会计分录。不考虑增值税。

（七）非货币性资产交换

珠江公司以一台T型车床交换华远公司一台Z型车床，T型车床账面原值24 000元，已提折旧10 000元，公允价值13 000元；Z型车床原值40 000元，累计折旧28 000元，公允价值13 000元，珠江公司已为T型车床计提减值准备2 000元，该交易不具有商业实质。

要求：做出双方的会计分录。不考虑增值税。

（八）非货币性资产交换

资料：甲公司用一辆福特汽车交换乙公司一台加工设备，相关资料为：福特汽车账面原值150 000元，累计折旧15 000元，公允价值160 000元；加工设备账面原值200 000元，累计折旧为64 000元，公允价值为170 000元，甲向乙另支付现金10 000元。同时，交换过程中，甲公司发生运费1 500元，乙公司发生运费2 800元，假设无其他税费，该交易具有商业实质。

要求：做出双方的会计分录。不考虑增值税。

（九）固定资产清理

资料：宏达公司期末对固定资产进行清理时，发现一台车床已无使用价值，决定予以报废。该机器原值46 000元，已计提折旧30 000元。估计使用年限6年，已经使用了4年，估计残值1 000元。清理费用600元，实际残值变现收入940元。

要求：编制相应的会计分录。不考虑增值税。

案例分析：资本化还是费用化①

---

① 本书每章后所增加的案例分析请参见本系列教材中配套出版的《会计教学案例》一书，后同。

第八章

固定资产——后续确认与计量

✎ 本章要点

- 固定资产使用中的支出
- 固定资产减值
- 折旧的性质
- 几种折旧方法的计算和比较
- 计提折旧的会计处理方法
- 递耗资产取得的会计处理（附录）
- 递耗资产的折耗（附录）

👓 章首故事

废品管理公司

美国废品管理公司（Waste Management Inc., WMI）是全球最大的垃圾处理公司，1968年创立，1971年在纽约证券交易所上市。20世纪80年代，因其高增长、快速扩张而成为世人关注的焦点。20世纪90年代，其又因财务舞弊受众人瞩目。WMI被披露的1992—1997年利润操纵情况如下表所示。

WMI1992—1997历年利润操纵情况一览表 单位：亿美元

年份	1992	1993	1994	1995	1996	1997
原报告利润	8.5	4.53	7.84	6.04	1.92	4.17
重编后利润	7.4	2.89	6.27	3.4	-0.39	2.37
虚假利润比例	13%	36%	20%	44%	120%	43%

WMI利润操纵的基本手法包括：（1）故意混淆资本性支出与收益性支出，将期间费用资本化；（2）利用收购兼并随意计提坏账准备，冲抵当期经营费用；（3）不足额计提相应准备；（4）随意改变折旧方法，以提高当期利润。

其中第4种手法是其操纵利润的主要方式。运送垃圾的车队及集装箱运输船队是WMI的主要固定资产。以运送垃圾的卡车为例，废品管理北美公司（WMNA）过去一直按每辆卡车使用年限为8年且不预留残值的假设计提折旧，但WMI在合并WMNA的报表时，却进行了所谓的"高层调整"，按每辆卡车使用年限为12年、残值为3万美元的假设计提折旧，仅此一项，WMI几年间共少提折旧、虚增利润5.09亿美元。

资料来源：改编自黄世忠主编：《会计数字游戏：美国十大财务舞弊案例剖析》，277～312页，北京，中国财政经济出版社，2003。

本章是上一章内容的延续，主要讨论固定资产后续确认与计量等问题：第一节论述固定资产后续支出的会计处理，第二节讨论固定资产减值，第三节论述固定资产折旧，第四节重点讨论披露与分析。总之，通过本章的学习，读者能够对固定资产从开始使用直至报废的整个使用期间的会计处理有一个完整的理解。本章补充拓展资料，专门介绍递耗资产及其折耗会计处理的一般原则。

第一节 固定资产使用中的支出

固定资产投入使用后，企业为稳定其性能、延长存续寿命、扩大生产规模、提高生产能力，会对固定资产进行维修保养、改建、扩建、增建，形成固定资产使用过程中的支出。对这一类支出的会计处理方式的选择，取决于支出的性质。一般将其分为两类：资本性支出和收益性支出。前者的受益期在 1 年或一个营业周期以上，可以增加资产的价值，需作资本化处理；后者受益期在 1 年或一个营业周期以内，应作当期费用处理。

一、固定资产使用中的资本性支出

固定资产使用过程中的资本性支出，可以使固定资产的经济效益在原有基础上得到显著提高，具体体现为：

（1）延长固定资产的预计使用年限；

（2）提高固定资产的生产能力；

（3）降低产品的生产成本；

（4）提高产品质量。

企业发生改建、扩建、增建等可资本化的固定资产后续支出时，一般应将该固定资产的原价、已提累计折旧和减值准备转销，将固定资产的账面价值转入在建工程，并停止计提折旧。发生的相关后续支出，通过"在建工程"科目进行核算，在固定资产完工并达到预定可使用状态时，再转入固定资产。这时对该固定资产按新的使用寿命、预计净残值和折旧方法计提折旧。

【例 8-1】 珠江公司于 2014 年 1 月 1 日建成一条产品生产线，建造成本共计 5 850 000 元，采用直线法计提折旧，预计净残值为 350 000 元，使用年限为 10 年。2018 年年底，针对该固定资产计提减值准备 1 500 000 元。2019 年 1 月 1 日，由于产品改型（改型后的产品市场销路很好），需要对该产品生产线进行改造，改造后的生产线生产产品的能力将大大提高。2019 年 1 月至 2019 年 6 月 30 日，经过半年的改造，生产线投入运行。期间共发生各种支出 2 000 000 元，全部以银行存款支付。改造后的生产线预计可继续使用 8 年，预计净残值仍为 350 000 元，继续按直线法计提折旧。

由于改造后该生产线的生产能力和使用年限都得到了提高，改造后的支出金额也能可靠计量，因此其后续支出符合资本化的条件。相关会计处理如下。

（1）2014—2018 年 5 年间共计提的折旧额，2019 年 1 月 1 日的账面价值如下。

该生产线折旧基础=5 850 000-350 000=5 500 000（元）

4 年共计提折旧=5 500 000÷10×4=2 200 000（元）

2018 年的折旧额=（5 850 000-350 000-2 200 000-1 500 000）÷6

=300 000（元）

2019 年 1 月 1 日该生产线的账面价值=5 850 000-2 200 000-300 000-1 500 000

=1 850 000（元）

（2）先将固定资产转入在建工程，并转销固定资产减值准备。

借：在建工程   1 850 000

  累计折旧   2 500 000

  固定资产减值准备   1 500 000

  贷：固定资产   5 850 000

（3）登记改造期间的相关支出。

借：在建工程   2 000 000

  贷：银行存款   2 000 000

（4）2019 年 6 月 30 日，固定资产完工，达到预定可使用状态，登记改造后的固定资产入账价值。

借：固定资产   3 850 000

  贷：在建工程   3 850 000

（5）改造后的生产线每年的折旧额计算如下。

每年折旧额=（3 850 000-350 000）÷8=437 500（元）

2019 年的折旧额=437 500÷2=218 750（元）

（6）登记 2019 年下半年的折旧。

借：制造费用   218 750

  贷：累计折旧   218 750

  企业固定资产改建、扩建、增建过程中可能涉及替换原固定资产的某些组成部分，当发生的后续支出符合固定资产确认条件时，应当将其资本化，同时将被替换部分的账面价值扣除。这样主要是为了避免老的被替换的固定资产和新的替换固定资产同时计入固定资产成本，导致固定资产成本虚高。

  【例 8-2】 珠江公司一生产线由生产设备和通风设备组成，使用两年后，2019 年 1 月 1 日，为改善工人工作条件并延长设备的使用寿命，决定将通风设备改为中央空调。通风设备拆除后变卖收入 25 000 元，安装中央空调总投入 1 000 000 元。整个更换期间不影响正常生产。生产线原账面价值 5 000 000 元，其中，通风设备价值 500 000 元，最初是不考虑残值采用直线法按 8 年计提折旧。更换通风设备后，该生产线的预计使用寿命将延长两年。

  会计处理如下。

（1）将通风设备的净值从整个生产线中转销。

借：累计折旧   125 000*

  银行存款   25 000

  资产处置损失   350 000

  贷：固定资产   500 000

*125 000=500 000÷8×2

（2）将安装中央空调的支出资本化。

借：在建工程   1 000 000

  贷：银行存款   1 000 000

借：固定资产   1 000 000

  贷：在建工程   1 000 000

（3）更换后登记当年的折旧费用。

更换后每年的折旧额=[5 000 000-5 000 000÷8×2-（500 000-125 000）

        +1 000 000-25 000]÷8=543 750（元）

借：制造费用   543 750
  贷：累计折旧   543 750

另外，企业以经营租赁方式租入固定资产发生的改良支出，应当予以资本化，作为长期待摊费用，在租赁期间合理进行摊销。

二、固定资产使用过程中的收益性支出

固定资产使用过程中发生的收益性支出，是为了保持或恢复固定资产的性能标准，以维持其生产能力，保证未来的经济利益。收益性支出不能增加固定资产的价值，也不能延长其使用寿命或提高其生产能力，因此，应作为费用化处理。

（一）固定资产的改善

改善与改良一样，可以带来固定资产功能上或质量上的改进。但相对来讲，改善带来的改进不显著，支出也较小。直观上，改良与改善的区别在于：改良使固定资产成为"更好"的资产，如以柚木地板替换水泥地板，以新型节能灯替换原有的日光灯等。

（二）固定资产大修理支出

固定资产修理是为了完全恢复或加强固定资产原有的性能。根据修理范围的大小、间隔时间的长短以及费用的多少，可将固定资产分为大修理和经常性修理。大修理一般修理的范围大、间隔时间长、发生次数少、费用支出大。《企业会计准则第 4 号——固定资产》第六条规定，只要不符合资本化条件，一律计入当期损益。对于停工的大修理支出，只要其不符合资本化条件，在发生时就直接计入当期损益。需要说明的是，虽然此次《企业会计准则——应用指南》没有出现"待摊费用"与"预提费用"等不符合资产与负债定义的会计科目，但企业仍可根据实际需要开设此类会计科目，如对利息费用仍可预提，大修理费用不能预提，但数额巨大的，可以分次摊销。

（三）固定资产的经常性修理

经常性修理的特点是修理范围小，间隔时间短，发生频率高，费用支出小。经常性修理的目的是维持固定资产的正常使用状态，性质上属于固定资产的维修保养。经常性修理的支出一般直接记入当期有关成本费用账户，如"管理费用"和"销售费用"。

第二节   固定资产减值准备

一、单项固定资产的减值

企业在持有、使用固定资产的过程中，由于市价持续下跌，或由于技术陈旧、资产损坏或长期闲置等原因，导致资产可收回金额低于其账面价值，此时，如果对这部分资产的减值不予确认，将会虚夸企业资产，同时虚增当期利润。所以，应将可收回金额低于账面价值的差额，即已经下降了的这部分资产的价值作为一项损失，借记"资产减值损失"，同时贷记"固定资产"的备抵调整账户"固定资产减值准备"。

《企业会计准则第 8 号——资产减值》规定，存在下列迹象的，表明资产可能发生了减值：

（1）资产的市价当期大幅度下跌，其跌幅明显高于因时间的推移或者正常使用而预计的下跌。

（2）企业经营所处的经济、技术或者法律等环境以及资产所处的市场在当期或者将在近期发生重大变化，从而对企业产生不利影响。

（3）市场利率或者其他市场投资报酬率在当期已经很高，导致资产可收回金额大幅度降低。

（4）有证据表明资产已经陈旧过时或其实体已经损坏。

（5）资产已经或者将被闲置、终止使用或者计划提前处置。

（6）企业内部报告的证据表明资产的经济绩效已经低于或者将低于预期，如资产所创造的净现金流量或者实现的营业利润（或者亏损）远远低于（或者高于）预计金额等。

（7）其他表明资产可能已经发生减值的迹象。

按照《企业会计准则第 8 号——资产减值》的规定，这里的可收回金额是指资产的公允价值减去处置费用后的净额与资产预计未来现金流量的现值两者之间较高者。采用这样的计量方式，是考虑将资产视为企业的一项投资决策，企业在决策时会选择能为其带来最大价值的方法处理资产。即当资产的公允价值减去处置费用的净值大于使用价值时，企业会出售该资产，并将出售所得的现金用于其他投资；反之，企业会继续持有该资产而不会将其出售。

【例 8-3】 某企业的一台大型安装设备原值 65 万元，累计折旧 32 万元，该设备当前市场价值为 25 万元（假设该资产未来预计现金流量的现值小于市场价值）。应计提的固定资产减值准备为：

设备账面价值=650 000-320 000=330 000（元）

应计提的固定资产减值准备=330 000-250 000=80 000（元）

会计分录如下。

借：资产减值损失——固定资产减值损失   80 000

    贷：固定资产减值准备   80 000

固定资产减值损失确认后，需要对该固定资产未来各会计期间应计提的折旧额进行调整，使减值后的固定资产账面净值得以在剩余的使用寿命内进行合理分配。

需要注意的是：对已经计提减值准备的固定资产，如果以后会计期间其价值又得以恢复，按照《企业会计准则第 8 号——资产减值》的规定是不允许转回的。因为公允价值很大程度上要依靠人的主观判断，为了避免人为调整利润，固定资产减值准备一旦计提就不允许转回。

企业需要在资产负债表日判断固定资产是否存在可能发生减值的迹象，企业应该以单项资产为基础估计其可收回金额，对于难以对单项资产的可收回金额进行估计的，应当以该资产所属的资产组为基础估计其可收回金额，并按单项资产或资产组计提固定资产减值准备，同时在资产负债表上作为固定资产净值的减项列报。这里所指的资产组是指企业可以认定的最小资产组合，认定资产组的关键因素是其产生的现金流入基本上独立于其他资产或者资产组产生的现金流入。下面讨论资产组的减值处理。

二、资产组的减值

（一）资产组的认定

资产组是企业可以认定的最小资产组合，其产生的现金流应当基本独立于其他资产或资产组。资产组应当由创造现金流入相关的资产组成。一般而言，当企业难以对单项资产的可收回金额进行估计时，应当以该资产所属的资产组为基础确定资产组的可收回金额。

资产组的认定要考虑两个基本因素：一是应当以资产组所产生的现金流入是否独立于其他资产或者资产组的现金流入为依据，例如企业的某一生产线、营业网点、业务部门等，能够创造收入、产生现金流，其所创造的收入、产生的现金流独立于其他部门，并且属于可认定的最小资产组合的，通常就将该生产线、营业网点、业务部门等认定为一个资产组。需要考虑的第二个因素是企业管理层对生产经营活动的管理或者监控方式（如是按照生产线、业务种类还是按照地区等）和对资产的持续使用或者处置决策方式。例如，企业的各生产线都是独立生产、管理或监控的，那么这些生产线将被认定为单独的资产组；如果上述生产线相互关联、互相依存，其使用和处置是一体化决策的，那么这些生产线将被认定为一个资产组。

资产组一经认定，资产组的各项资产构成在各个会计期间应保持一致，不能随意变更。

（二）资产组减值的会计处理

与单项资产确定减值损失的原则一致，资产组的可收回金额应当按该资产组的公允价值减去处置费用后的净额与其预计未来现金流量的现值两者之间的较高者确定。但要注意的是，资产组账面价值的确定基础应当与其可收回金额的确定方式一致。例如，确定固定资产账面价值时（初始确认）考虑了一项或有负债（如矿山开采对环境的恢复费用），那么在预计其可收回金额时，也必须考虑这一因素，即在确定账面价值和公允价值时都包含预计负债。

对资产组进行减值测试后，如果其可收回金额小于其账面价值，就应当确认减值损失。减值损失的分摊按下列顺序进行：

首先，抵减分摊至资产组中商誉的账面价值（如果存在商誉）；然后，根据资产组中扣除商誉之外的其他各项资产的账面价值所占比重，按比例抵减其他各项资产的账面价值。

需要说明的是，在抵减资产组各单项资产的账面价值时，抵减后的各单项资产的账面价值不得低于以下三者之中的最高者：（1）该资产的公允价值减去处置费用后的净额；（2）该资产预计未来现金流量的现值；（3）零。如果一次分配后，还有未分配的减值损失，继续在可分配的各单项资产中按比例分配。

【例8-4】 2019年年末，珠江公司一生产线生产健身器材，由甲、乙、丙三台设备构成，账面原值分别为250万元、150万元和500万元，使用年限为10年，预计净残值为零，以年限平均法计提折旧。2019年年底，三台设备的累计折旧分别为150万元、90万元和300万元，预计剩余使用年限为4年，三台设备属于一个资产组。2019年，该生产线所生产的健身器材由于有新产品上市，所以导致年底公司健身器材销售锐减50%，因此，公司于年末对该条生产线进行减值测试，确认减值损失1 800 000元。2019年年末乙机器的公允价值减去处置费用后的净额为40万元，甲和丙设备都无法合理估计其公允价值减去处置费用后的净额以及未来现金流量的现值。

按减值损失的分摊顺序首先要抵减分摊至资产组中商誉的账面价值，由于不存在分摊至资产组的商誉，下面直接根据资产组中各项资产的账面价值所占比重，按比例抵减各项资产的账面价值（计算过程见表8-1）。

表8-1 　　　　　　　　　　　　　　　资产组减值损失分配过程表 　　　　　　　　　　　　单位：元

项目	设备甲	设备乙	设备丙	生产线（资产组）
账面价值	1 000 000	600 000	2 000 000	3 600 000
可收回金额				1 800 000
减值损失				1 800 000
减值损失的分配比例	27.78%	16.67%	55.56%	
分配减值损失	500 000	200 000*	1 000 000	
分配后的账面价值	500 000	400 000	1 000 000	
一次分配后的损失余额				100 000
二次分配比例	33.33%		66.67%	
二次分配减值损失	33 330		66 670	
二次分配后确认的减值损失总额	533 330	200 000	1 066 670	
二次分配后账面价值	466 670	400 000	933 330	1 800 000

*按分配比例乙设备要分摊300 000元（1 800 000×16.67%）的损失，但由于乙设备的公允价值减去处置费用后的净额为400 000元，因此最多只能承担200 000元（600 000-400 000）的损失，未能分配的100 000元的损失则进一步在设备甲和设备丙之间进行分配。

减值的会计处理如下。

借：资产减值损失   1 800 000

        贷：固定资产减值准备——甲   533 330

                       ——乙   200 000

                       ——丙   1 066 670

资产减值损失除归属于单项资产和单一资产组外，还可以归属于一个资产组组合。例如总部资产，由于总部资产通常难以脱离其他资产或资产组产生独立的现金流，当总部资产发生减值损失，需要结合其他相关资产组或资产组组合进行减值测试，即将总部资产损失分配到其他资产组或资产组组合中去。其分配程序与方法与资产组大致相同，这里不再赘述。

第三节   固定资产折旧

一、折旧概述

（一）折旧的性质

尽管固定资产在为企业提供服务、带来利益的过程中不会改变实物形态，但在这一过程却会使固定资产发生磨损，降低其自身价值，直至固定资产报废。因此，按权责发生制原则，同时也为了使收入与费用合理进行配比，企业应该根据固定资产在各个会计期间的使用程度，将其成本进行分摊，转化为各个会计期间的费用。由于固定资产的使用磨损程度很难进行精确衡量，因此我们只能人为地制定出一些相对合理的方法，将固定资产的成本系统地分配于各个会计期间，这就是折旧的过程，各期分配的成本称为折旧费用。

必须注意的是，固定资产折旧不是一个计价过程，折旧的计提不是以固定资产公允市价的下降为基础进行的，也即折旧的计提与该项固定资产的市价是否下降没有关系。折旧是一个成本分配过程，计提固定资产折旧的原因在于它服务潜能的下降，这种服务潜能的下降有两方面的原因：有形损耗和无形损耗。有形损耗也叫物质损耗，是指固定资产由于使用和自然力的作用而引起的价值和使用价值的减小，它决定了该固定资产的最大使用年限，即物理寿命；无形损耗也称功能损耗，是指固定资产在其使用价值完全丧失之前，提前报废所带来的损失。它决定了该固定资产的实际使用年限，即经济寿命。无形损耗可能由两个方面引起：一是由于科学技术的进步，社会劳动生产率的提高，使原固定资产继续使用不经济而提前报废造成的损失；二是由于消费者偏好的改变，原固定资产生产出来的产品不再受消费者欢迎，不得不转产，使生产该产品的固定资产失去经济价值而提前报废。

与流动资产特别是存货中的原材料一次进入成本或费用不同，非货币性的长期资产，如固定资产、自然资源、无形资产等，它们的成本都需要经过长期的分摊。通常，折旧是指固定资产成本的分摊过程，而自然资源（如油田、矿山、森林等）的成本分摊过程称之为折耗，无形资产的成本分摊过程称之为摊销。折旧是本章主要讨论的内容，无形资产的摊销在下一章讨论。

由于土地不会因为使用降低其使用价值而具有无限寿命，因此，土地在会计处理上不计提折旧，它属于非折旧性资产。根据《中华人民共和国宪法》第十条的规定，土地属于国家和集体所有，因而企业只能拥有土地的使用权（土地的使用权作为无形资产进行核算，少数情况下，可以作为固定资产核算的土地则不需要计提折旧）。

折旧的性质与几种折旧方法的比较

（二）折旧的影响因素

影响各期固定资产折旧额计算的因素主要有以下几个方面。

1. 应计折旧总额

应计折旧总额是指该项固定资产在整个使用期间将会转移到成本费用中的总金额。它是计算各期应计固定资产折旧额的基础。应计折旧总额由两个要素构成：固定资产原始成本和该资产的预计净残值。

（1）固定资产原始成本。固定资产原始成本是指固定资产取得时的全部成本，包括合同价格、运杂费、安装费、调试费、关税、消费税等。更详细地阐述请参见上一章的讨论。

（2）固定资产预计净残值。固定资产预计净残值是指预计固定资产退出使用时可以收回的残料变价收入扣减清理、变卖过程中发生的清理费用后的余额，因为这部分成本不会消耗和转移，因而不能作为折旧的一部分。由于实际的固定资产净残值必须等到固定资产退出使用时才能知晓，所以企业在确定固定资产折旧时，只能对固定资产的残值和清理费用进行预计，并据以计算预计的净残值。考虑固定资产的净残值因素，固定资产的应计折旧总额就是固定资产原始成本与固定资产净残值之差。由于预计净残值会影响应计折旧总额，所以，净残值预计偏高，就会使各期计提的固定资产折旧额偏低，从而高估了各期收益；反之，如果净残值预计偏低，就会使各期计提的固定资产折旧额偏高，从而低估了各期收益。

预计净残值一般大于零，相当于固定资产残余成本的收回；预计净残值也可能小于零变成一个负数，比如一些坚固的建筑、原子能设备等清理费用可能会大于残值收入。理论上讲，如果预计净残值小于零，在计算固定资产折旧成本时，应将其加计到固定资产的历史成本，作为该项固定资产的折旧基础。在实际工作中，净残值预计为负数的情况比较少见。

由于残值和清理费用都是估计数，在会计实务中，为简化起见，一般不分别估计残值和清理费用，而是以原值的百分比表示的残值率预计净残值，从而确定折旧基础。

2. 固定资产预期使用寿命

固定资产的预计使用年限也就是经济寿命，它往往和固定资产的自然生命周期是不一样的。一台设备可能在它的经济寿命结束以后，从物理性能的角度看，它还能在以后的很多年里继续生产出产品来。但企业往往并不在其经济寿命结束以后的年份中继续使用，而会改用更为高效的固定资产进行生产，以降低其使用成本。固定资产预期使用寿命是由以下因素决定的。

（1）物理因素。物理因素主要指的是由于使用或自然力的影响所引起的固定资产物体上的有形损耗，例如机器设备在使用中的摩擦损耗，机器设备由于自然力的影响发生的锈蚀，房屋建筑物由于日晒雨淋等自然力的影响而逐渐陈旧等。这些因素会对固定资产的使用寿命起外在的限制作用。

（2）经济因素或功能因素。它可以划分为以下两类。一是不适用因素，也就是一项固定资产已经不再满足特定企业生产发展的需求。例如一家企业，估计 6 年以后将扩大生产规模，需要一间更大的仓库容纳更多的产品，尽管其原来的仓库在以后的几年里仍然可以使用，但是我们在估计预计使用寿命时就必须考虑这种不适用因素，以 6 年作为预计使用寿命。又例如，消费者偏好改变了，企业为了满足消费者的爱好，就必须改变产品的品种，因而使原来的机器设备不再适用。二是过时因素，也就是固定资产在其自然寿命终止之前就被更为高效或者更为经济的其他资产所代替。这种过时因素也会缩短固定资产的有效使用年限。当然，不适用和过时的因素有时候很难具体估计，一般也没有必要单独估计，通常只是作为一项经济因素，在考虑技术发展速度和企业自身经营的特点后，综合进行预计。

（3）还可能有一些其他因素影响固定资产使用年限。如融资租入固定资产，如果租赁期满所有权不转移，其使用期限将受到租赁期的限制。

上述这些因素的存在，使固定资产的预期使用寿命往往要低于其实际的耐用年限。例如，物理损耗的存在可能会导致固定资产的维修运行成本越来越高，不得不提前报废；在高科技产品中，无形损耗的存在可能会导致固定资产预期使用寿命大大低于其耐用寿命。企业通常要结合上述影响因素，参照同类或类似固定资产的过去经验估计固定资产的预期使用寿命。需要指出的是，企业规定的折旧年限（包括下面将要讨论的折旧方法）可能与税法规定的不一致，那么在计算应税所得时就需要进行相应的调整。这种调整在本书"所得税会计"一章中进行详细讨论。

3. 折旧方法

人们无法根据固定资产的实际磨损程度来确定固定资产在各期应该分摊的数额，因而只能通过人为设定的一些方法将固定资产的应计折旧总额在其预期使用期限内进行系统、合理地分摊。分摊的方法就是折旧方法，不同的分摊过程形成不同的折旧方法。不同的折旧方法确定的各期应计入成本费用账户的金额是不同的，因而对各期利润的影响程度也不同。在选择折旧方法时应尽量与本企业的固定资产使用特点相结合，使各期分摊的折旧费用尽可能合理地与使用该固定资产在各期预期获取的收益相配比。折旧方法一经确定应保持相对的稳定性。当然，如果固定资产包含的经济利益的预期实现方式有重大改变，那么也应该相应改变折旧的计提方式。

折旧方法主要有平均法和加速折旧法两大类。具体内容在后面做专门介绍。

（三）折旧的范围

《企业会计准则第4号——固定资产》规定，企业应当对所有固定资产计提折旧，但是，已提足折旧仍继续使用的固定资产和单独计价入账的土地除外。

与《企业会计制度》相比，新准则扩大了固定资产计提折旧的范围，将以前不纳入计提范围的"未使用、不需用的固定资产"也要求计提折旧。这种做法的主要理由是，即使在资产闲置时，诸如技术陈旧、磨损等问题同样会发生，这些资产价值仍然会随着时间的推移而减少。而且，这一规定也有助于企业充分有效地使用固定资产，及时处置不需用固定资产。这种做法与国际会计准则是一致的。

此外，我们还需要注意以下三点。

（1）已达到预定可使用状态的固定资产，如果尚未办理竣工决算的，应按照估计价值暂估入账，并计提折旧；待办理竣工决算手续后，再按照实际成本调整原来的暂估价值，但不需要调整已计提的折旧额。对于因更新改造等原因而调整固定资产价值的，应当根据调整后的价值，预计尚可使用年限和净残值，按选用的折旧方法计提折旧。对于接受捐赠的旧的固定资产，应当按照确定的固定资产入账价值、预计的尚可使用年限、预计的净残值，按选用的折旧方法计提折旧。

（2）经营租入的固定资产由于不作为租入方的固定资产入账，因而也不用计提折旧。

（3）按国际通行做法，土地一般作为一项固定资产，但因其具有无限寿命，所以不需要计提折旧。在我国实务中，土地分几种情况处理：一种是企业通过无偿划拨方式取得的土地，在会计上通常不入账；一种是由企业付出一定代价取得的土地使用权，在会计上，应作为无形资产入账，其成本需要分期摊销；还有一种是按照规定，单独估价作为固定资产入账的，这种情况类似于国际上的处理方式，不需要计提折旧。

从理论上说，固定资产折旧可以按年计提，也可以按月计提。对于不是在期初投入使用的固定资产，可以有三种处理方式：第一种，前半个月投入使用的，当月按全月计提折旧；后半个月投入使用的，当月不计提折旧。第二种，当月增加的固定资产，当月不提折旧，从下月起计提折旧；当月减少的固定资产，当月仍计提折旧，从下月起不再计提折旧。第三种，按实际使用天数计提折旧。

《企业会计准则第 4 号——固定资产》规定，固定资产应当按月计提折旧。对于不是在期初投入使用的固定资产采用第二种方法，当月增加的固定资产当月不提折旧；当月减少的固定资产，当月仍计提折旧。

二、折旧方法

折旧方法主要有两大类：平均折旧法和加速折旧法。最为简单和常用的折旧方法是平均折旧法中的直线折旧法。而加速折旧法则由于其在财务上能给企业带来一定的利益而受到一些企业的偏爱。理论上，还有一些其他的折旧方法，但这些方法计算起来十分麻烦，在实际工作中很少采用。下面我们分别介绍这些折旧方法。

（一）平均折旧法

平均折旧法是指特定单位所分摊的折旧数额是相等的。这个特定单位可以是一个会计期间，也可以是一个单位工作量。按会计期间进行平均分配的方法叫年限平均法；按工作量进行平均分配的方法叫工作量法。

1. 年限平均法

年限平均法也叫直线法，是一种将固定资产的应计折旧成本平均分配于预期使用年限的一种折旧方法。在年限平均法下，固定资产使用的每一会计期间分摊的折旧额相等，形成一条直线函数，所以又称直线法。其计算公式如下。

$$年折旧率=\frac{1-预计净残值率}{预计使用年限}×100\%$$

$$预计净残值率=\frac{预计净残值}{固定资产原值}×100\%$$

或　年折旧额=固定资产原值×年折旧率

　　　　　　=（固定资产原值-净残值）÷折旧年限

　　月折旧率=年折旧率÷12

　　月折旧额=固定资产原值×月折旧率

预计净残值，是指假定固定资产预计使用寿命已满并处于使用寿命终了时的预期状态，企业目前从该项资产处置中获得的扣除预计处置费用后的金额。

【例 8-5】　某公司的一台机器设备，原价 240 000 元，估计使用年限 8 年，预计寿命期末净残值为 6 000 元。该设备的折旧额和折旧率计算如下。

年折旧率=（1-6 000÷240 000）÷8×100%=12.187 5%

年折旧额=240 000×12.187 5%=29 250（元）

或　　　 =（240 000-6 000）÷8=29 250（元）

月折旧率=12.187 5%÷12=1.015 625%

月折旧额=240 000×1.0156 25%=2 437.5（元）

上述计算使用的折旧率是个别折旧率，即按单项固定资产计算的折旧率。如果一个企业拥有众多的固定资产，采用这种计算方法，必须对每一项固定资产分别计算出折旧率，其工作量之大可想而知。因而在实际工作中也可以采用以下方法计算折旧率。

（1）分类折旧率计算方法，即将性质和使用年限大致相同的固定资产归为一类，按类计算出一个平均折旧率，再对该类资产计提折旧。例如，可以将企业机器设备归为一类，房屋建筑物归为一类等。

（2）综合折旧率计算方法，即按企业的全部固定资产综合计算的折旧率，以该折旧率计算全部固定资产各期的折旧额。

综合折旧率计算方法尽管计算工作量最小，但是由于它所提供的信息过于粗略，不能合理反映固定资产价值的实际转移情况，因而一般不使用综合折旧率。在我国，比较多的是使用分类折旧率计算方法。

由于固定资产并不会发生经常性的增减变化，在会计实务操作中，一般是以上期的折旧额为基础考虑上期固定资产的增加和减少数进行调整计算的。其计算公式如下。

当月应提折旧额=上月折旧额+上月增加的固定资产折旧额-上月减少的固定资产应提折旧额

年限平均法由于其具有直观、容易理解、计算简便的优点，因而在实际工作中是一种最常用的折旧方法。如果固定资产在各个会计期间的使用负荷基本一致，采用这种折旧方法是合理的。但是如果固定资产在各期的使用程度相差很大，那么使用这种折旧方法，将会导致折旧数与固定资产的实际磨损程度不相符，计提的折旧费用将不能很好地与固定资产在各期的预期经济利益相配比。例如，一些季节性使用的机器设备，由于它们在各期的使用程度很不均衡，如果使用直线法计提折旧，就不能体现配比原则。

此外，直线折旧法还有两点不足。其一，它只考虑时间因素，没有考虑使用效率因素，一般来说，固定资产在使用前期的效率高于后期，其所带来的经济利益也就相对高于后期，如果按照时间平均分摊折旧费显然不符合配比原则。其二，固定资产在使用后期的维修频率一般会越来越高，发生的维修保养费用也就越来越大，固定资产在各期分摊的使用费用总额，即折旧费加维修费也是不均衡的，后期会大于前期。

2. 工作量法

对于在各个会计期间使用程度很不均衡的固定资产，应考虑按各期使用程度的大小计提折旧费用，这种以实际工作量为基础计提折旧的方法就是工作量法。工作量法弥补了直线法只重使用时间，不考虑使用强度的不足。

在工作量法下，按工作量将固定资产应计折旧总额平均分配于各个受益期，即单位工作量分配的折旧额是相等的。但是各期分摊的折旧数会随着实际发生的工作量的不同而不同。如果某一期间的作业量大，计提的折旧额也应该大；反之，计提的折旧额就小。这不仅与这类固定资产的实物磨损假设相符合，而且也符合收入费用配比原则。因为当期的作业量大，也意味着当期创利贡献多。

工作量法的折旧计算公式如下。

单位工作量折旧额=（固定资产成本-预计的净残值）÷估计的总作业量
年折旧额=当年实际作业量×单位工作量折旧额

这里的作业量基础既可以是机器工时，也可以是实物产量。如果是以机器工时为作业量基础，则应该计算出单位机器工时折旧额，按各期实际发生的机器工时数确定应计折旧额；如果是以实物产量为作业量基础，则应该计算出单位实物产量折旧额，按各期实际生产的实物产量确定应计折旧额。

【例8-6】 甲公司2019年9月1日购入一台设备，价款200 000元，在整个寿命期内估计能运转10 000小时，寿命期末估计残值为4 000元。如果甲公司2019—2023年该设备各年的实际运转小时数为1 000小时、3 000小时、3 000小时、2 000小时、1 000小时。采用作业量折旧法计提折旧，则甲公司各年应提的折旧额计算如下。

每小时折旧额=（200 000-4 000）÷10 000=19.6（元/小时）
2019年对该项设备应计提的折旧额=1 000×19.6=19 600（元）

2020 年对该项设备应计提的折旧额=3 000×19.6=58 800（元）

2021 年对该项设备应计提的折旧额=3 000×19.6=58 800（元）

2022 年对该项设备应计提的折旧额=2 000×19.6=39 200（元）

2023 年对该项设备应计提的折旧额=1 000×19.6=19 600（元）

如果该设备是以生产量为基础计算折旧额的，那么应先估计出该设备在整个寿命期内的总产量，确定单位产量的折旧额，然后按各期实际的产量计算应计折旧额。

工作量法比较适于那些以实物磨损为主的固定资产。但是，由于要计算单位作业量应分摊的折旧额，就必须预先估计出固定资产在预计使用期内所能提供的工作总量。而这一数额在现实中很难客观地加以估计，带有较大的主观随意性，因此这种方法并不常用。

（二）加速折旧法

所谓加速折旧法，就是在固定资产预期使用期限的前期多提折旧，后期少提折旧，相对加快折旧的速度，使固定资产的大部分成本在预计使用期间的前期得到补偿。

通常我们所说的加速折旧法并不缩短折旧的时间，也即与平均折旧方法一样都是在预计的使用年限内分配固定资产的成本。但是，在前面的平均折旧方法下，各期或者各单位作业量分摊的折旧数额相等，基本不考虑固定资产的使用效率，而实际上，有些固定资产在使用前期效率往往要高于后期，其带来的经济效益也高于后期。因此，从配比原则考虑，前期分摊的折旧数额应该多于后期的分摊数。当然，任何折旧方法确定的折旧费用都不可能与该固定资产经济利益的预期模式完全相符，一种折旧方法的选择也不仅仅是考虑收益和费用配比的关系，还涉及企业其他的一些因素，这一问题在讨论了加速折旧方法后再做总结。

常用的加速折旧方法有年数总和法和双倍余额递减法。

1. 年数总和法

年数总和法是以固定资产应计折旧总额乘以一个逐年递减的折旧率计提折旧的方法。该方法的特点在于其逐年递减的折旧率。正是由于其递减的折旧率使各期的折旧额逐期下降，从而达到加速折旧的目的。

年数总和法折旧计算公式如下。

各期固定资产的折旧额=应计折旧总额×折旧率

折旧率=固定资产年初尚可使用年限÷固定资产预计使用年数总和

【例 8-7】 假定某公司 2019 年 1 月 1 日购入一项固定资产，原值为 100 000 元，预计使用年限为 5 年，期末净残值为 8 000 元。采用年数总和法计算该项固定资产每一年的折旧额，如表8-2 所示。

表 8-2 折旧计算表（年数总和法） 单位：元

年份	应计折旧总额（原值-净残值）	折旧率	折旧额	累计折旧
2019	92 000	33.33%①	30 663.6	30 663.6
2020	92 000	26.67%②	24 536.4	55 200.0
2021	92 000	20%③	18 400.0	73 600.0
2022	92 000	13.33%④	12 263.6	85 863.6
2023	92 000	6.67%⑤	6 136.4	92 000.0
合计		100%	92 000	

① 第 1 年的折旧率=5÷（1+2+3+4+5）=5÷15

② 第 2 年的折旧率=4÷（1+2+3+4+5）=4÷15

③ 第 3 年的折旧率=3÷（1+2+3+4+5）=3÷15

④ 第 4 年的折旧率=2÷（1+2+3+4+5）=2÷15

⑤ 第 5 年的折旧率=1÷（1+2+3+4+5）=1÷15

【例 8-7】中，我们假设固定资产是在年初购入的，如果固定资产是在年中购买的，那么通常的做法是：每一年的折旧率计算方法不变，只是该折旧率用于不同的年份。

假设该固定资产是在 7 月 1 日购入的，那么折旧计算如表 8-3 所示。

表 8-3 　　　　　　　　　　　　　折旧计算表（年数总和法）　　　　　　　　　　　　单位：元

年份	应计折旧总额（原值-净残值）	年折旧率	折旧额	累计折旧
2019	92 000	33.33%÷2	15 331.8[①]	15 331.8
2020	92 000	33.33%÷2+26.67%÷2	27 600.0[②]	42 931.8
2021	92 000	26.67%÷2+20%÷2	21 468.2[③]	64 400.0
2022	92 000	20%÷2+13.33%÷2	15 331.8[④]	79 731.8
2023	92 000	13.33%÷2+6.67%÷2	9 200.0[⑤]	88 931.8
2024	92 000	6.67%÷2	3 068.2[⑥]	92 000.0
		100%	92 000	

① 第 1 年折旧额=92 000×33.33%×6÷12=15 331.8（元）

② 第 2 年折旧额=92 000×33.33%×6÷12+92 000×26.67%×6÷12=27 600（元）

③ 第 3 年折旧额=92 800×26.67%×6÷12+92 000×20%×6÷12=21 468.2（元）

④ 第 4 年折旧额=92 000×20%×6÷12+92 000×13.33%×6÷12=15 331.8（元）

⑤ 第 5 年折旧额=92 000×13.33%×6÷12+92 000×6.67%×6÷12=9 200（元）

⑥ 第 6 年折旧额=92 000×6.67%×6÷12=3 068.2（元）

2. 双倍余额递减法

为了简化计算，对上述余额递减法的折旧率直接使用固定资产预期使用年限倒数的一定倍数来代替，预期使用年限倒数就是在不考虑固定资产预计净残值下的平均年限法的折旧率。将余额递减法折旧率取值为平均年限法的折旧率的两倍就称双倍余额递减法。

双倍余额递减法下的折旧计算公式如下。

双倍余额递减法下的折旧率=（1÷固定资产预计使用年限）×2×100%

当期固定资产应计提的折旧额=固定资产当期期初账面余额×折旧率

【例 8-8】 接【例 8-7】，假定某公司 2019 年 1 月 1 日购入一项固定资产，原值为 100 000 元，预计使用年限为 5 年，期末估计净残值为 8 000 元。采用双倍余额递减法计算该项固定资产每一年的折旧额，如表 8-4 所示。

表 8-4 　　　　　　　　　　　　折旧计算表（双倍余额递减法）　　　　　　　　　　　单位：元

年份	期初账面净值	折旧率	折旧额	累计折旧	期末账面余额
2019	100 000	40%[①]	40 000	40 000	60 000
2020	60 000	40%	24 000	64 000	36 000
2021	36 000	40%	14 400	78 400	21 600
2022	21 600	40%	8 640	87 040	12 960
2023	12 960		4 960[②]	92 000	8 000
合计			92 000		

① 双倍余额折旧率=2×1÷5×100%=40%

② 最后一年折旧额=12 960-8 000=4 960（元）

由于在双倍余额递减法下，折旧率的确定只是一个设定值，不像余额递减法下折旧率的确定是通过推导公式计算的，因而按这个折旧率分配不能正好在使用年限的最后一年将应计折旧额分配完，如上例中，如果在 2022 年和 2023 年继续按 40%的折旧率计提折旧，则这两年的折旧额分别为 8 640 元和 5 184 元，这样，2023 年固定资产期末账面余额将是 7 776 元

（12 960-5 184），不等于预计的固定资产净残值 8 000 元。所以，在使用双倍余额递减法时，为保证使用年限结束时，固定资产账面余额能够等于预计净残值，同时也为了保证在折旧过程中体现加速折旧的特点，即每期计提的折旧额呈递减趋势，必须在按双倍余额递减法计提的折旧金额小于按直线折旧法计算的折旧金额时，改用直线折旧法，进行折旧方式的转换。

如【例 8-8】中，在双倍余额递减法的第 4 年，如果继续采用双倍余额递减法，当年的折旧额为 8 640 元，而采用直线折旧法，当年的折旧额为 6 800 元（即以第 4 年初的账面 21 600 元减去估计净残值再除以剩余年限 2 年）。所以从本年开始应该转换为直线折旧法，这样就保证了第 5 年年末固定资产账面余额与预计的净残值相等，同时也保证了在折旧过程中各年折旧额的逐年递减。这样，上例中折旧计算表变为表 8-5。

表 8-5　　　　　　　　　　折旧计算表（双倍余额递减法）　　　　　　　　　　单位：元

年份	期初账面净值	折旧率	折旧额	累计折旧	期末账面余额
2019	100 000	40%	40 000	40 000	60 000
2020	60 000	40%	24 000	64 000	36 000
2021	36 000	40%	14 400	78 400	21 600
2022	21 600		6 800	85 200	14 800
2023	14 800		6 800	92 000	8 000
合计			92 000		

（三）使用加速折旧法的依据

使用加速折旧法主要基于下面几个理由。

（1）使用加速折旧法可以均衡各期的固定资产使用成本。固定资产的使用成本包括计提的折旧费用和修理维护费用。通常，固定资产在使用前期发生的修理维护费用少，随着固定资产的陈旧，要使固定资产保持正常的使用状态，就要进行更多的修理和维护，从而发生更多的修理维护费用。所以，要使各期固定资产的使用成本比较均衡，计提的折旧费用就应该前期多而后期少。当然要均衡固定资产的使用费用，更为合理的方法是预提修理维护费用，因为毕竟折旧费的减少数一般不会刚好与修理维护费用的增加数相等。

（2）使用加速折旧法能够减少无形损耗带来的损失。当今社会技术飞速发展，技术的更新速度有时候是无法预料的，通过加速折旧法计提折旧可以在前期补偿大部分成本。

（3）使用加速折旧法能使收入和费用更为合理地配比。固定资产的生产能力一般总是前期大于后期，生产能力大意味着能给企业带来更多的经济利益，按照收入与费用配比的原则，就应该在固定资产使用前期计提较多的折旧费用，而后期能力下降时，则计提较少的折旧费用。

（4）使用加速折旧法能够给企业带来一定的财务利益。尽管在任何折旧方法下，在预计使用年限内对某一项固定资产计提的折旧总额都是一样的，但由于在加速折旧法下计提的固定资产折旧费用前期多后期少，这样，在其他条件不变的情况下，前期利润少，后期利润大，而应缴纳的所得税前期少后期多。虽然应纳税总额是一样的，但是采用这种方法相当于延迟了缴纳所得税的时间，如果税法允许使用加速折旧法，那么实质上就是国家给予企业若干年的免息贷款。所以加速折旧法在一定程度上能够刺激生产，刺激社会经济的增长。

根据我国《企业会计准则第 4 号——固定资产》的规定，企业可以选用的折旧方法有直线法（年限平均法）、工作量法、年数总和法和双倍余额递减法。[①]折旧年限、预计净残值和折旧方法

---

① 除了上述折旧方法外，还有其他一些折旧方法，如偿债基金法与年金法。偿债基金法，就是假设每年年初提存等额基金，按一定的复利率予以积累，在预计使用年限届满时，刚好能够积攒到足够重置该资产的资金。每期应提的基金，加上该基金按复利计算的利息，就是各期应提的折旧费用。由于利息随积累的基金而逐渐增多，因而每年计提的折旧费也是逐年增加的。因为这种折旧方法是模仿公司偿债基金的做法，所以叫偿债基金折旧法。年金法是基于这样的基础，即认为资产成本本应等于各期折旧费用和残值的现值，因为折旧费用是在将来的各个使用年份中计提的，因而就应该考虑货币的时间价值，这样，折旧费用的年金现值就等于资产成本减去残值的年金现值。上述两种方法由于计算上比较复杂，而且在理论上也有缺陷，所以在实际工作中一般不使用。

的确定应该经股东大会或董事会，或经理（厂长）会议，或类似机构批准。折旧方法一经确定不能随意改变，以体现一贯性原则，避免通过折旧方法的变更人为操纵利润。但如果某项固定资产经济利益的预期模式确实发生了很大变化，则应该改变折旧方法，以便更合理地反映该种模式的变化。这种变化应作为会计估计的变更予以核算，对本期和未来期间的折旧金额应加以调整。根据我国《企业会计准则第 28 号——会计政策、会计估计变更和差错更正》的规定，对于这种变更应采用未来适用法。具体内容请参见本书第十六章的讨论。

三、折旧的账务处理与变更

（一）折旧的账务处理

折旧的计提，一方面要反映由于使用固定资产而增加的成本费用支出，另一方面要反映固定资产价值的减少。由于"固定资产"账户要保持以原始价值进行反映，对于计提折旧而减少的价值不能直接贷记"固定资产"，而是另外设置一个"固定资产"的备抵调整账户"累计折旧"，以该账户来反映由于计提折旧而减少的固定资产的价值。同时，要根据固定资产的使用情况借记有关成本、费用账户。例如，在制造业企业中，用于生产产品而发生的固定资产折旧费通常要进入企业产成品和在产品成本中，因而应该借记"制造费用"；制造企业中非生产管理用和商业企业供、销、存行政管理过程中使用的固定资产，其折旧费一般都应作为期间费用，计入当期的损益，因而应该借记"管理费用""销售费用"；而对于经营性出租的固定资产，这部分折旧费用则应该与租金收入相配比，因而应借记"其他业务成本"。

【例 8-9】 万象公司 6 月生产车间计提折旧 50 000 元，企业管理部门计提折旧 20 000 元，租出固定资产应提折旧 5 000 元。6 月生产车间增加一台生产用设备，其原值 100 000 元，月折旧率为 2%。7 月该公司计提折旧的会计分录如下。

借：制造费用　　　　　　　　　　　　　　　　　52 000[*]
　　管理费用　　　　　　　　　　　　　　　　　20 000
　　其他业务成本　　　　　　　　　　　　　　　 5 000
　　贷：累计折旧　　　　　　　　　　　　　　　　　77 000

*6 月增加的固定资产 6 月不提折旧，7 月才开始提，所以 7 月生产车间计提的折旧费应该增加 2 000 元。

累计折旧账户是固定资产账户的备抵账户，其期末贷方余额反映企业提取固定资产折旧的累计数，在资产负债表中，"累计折旧"科目期末余额作为"固定资产"科目余额的减项列示于固定资产项目的下方。现行资产负债表中则直接按固定资产净值列示。

（二）折旧的变更及其会计处理

如前所述，在进行固定资产各期折旧额的计算时，都要用到预计的资产使用年限和估计净残值，这些估计数可能与资产报废时的实际数有较大的差距，而且这种差距可能不到报废时就逐渐明显。例如，固定资产的后续支出可能会延长该资产的使用年限；技术上的变化或市场对产品需求的转变可能会缩短该资产的使用年限；企业的维修保养政策也可能影响资产的使用寿命等。固定资产预期使用年限或者估计净残值的变化，会导致固定资产折旧率的变化。所以如果估计值发现明显的偏差，应及时修订资产的预计值，对目前和将来会计期间的折旧率和折旧金额做出调整，并在发生变动的会计期间，揭示这种变动的影响。

对于折旧费用的一般做法是将未折旧成本（账面价值）减去残值后的数额，在重新估计的剩余使用年数内进行分摊，而对以前已提的折旧则不予调整。

【例8-10】 某企业原有一台行政管理部门用的设备，价值202 000元，取得时预计使用寿命为10年，估计净残值2 000元，企业采用年限平均法计提折旧，设备使用5年后，企业对其使用寿命和估计净残值进行复审，发现该设备还可以使用10年，估计净残值1 000元。

该固定资产使用5年后已提累计折旧额=（202 000-2 000）÷10×5=100 000（元）

未折旧成本=202 000-100 000=102 000（元）

$$该固定资产在今后10年的年折旧额=\frac{未折旧成本-净残值}{修订后的剩余年限}$$

$$=（102 000-1 000）÷10$$

$$=10 100（元）$$

自第6年起，每年计提折旧的会计分录为。

借：管理费用   10 100

  贷：累计折旧   10 100

对于上述做法也有人提出异议，认为当计算折旧的有关数据资料发生变更时，如果不对过去的折旧额进行调整，将会把过去的错误带入以后各期的折旧计算中。因而，主张按新的数据资料计算出各期应提的折旧额，并以此调整过去的累计折旧额。

仍以上述资料为例，按这一方法计算如下。

估计使用年限=5+10=15（年）

估计净残值=1 000（元）

按新估计数据计算的年折旧额=（202 000-1 000）÷15=13 400（元）

对以前各年折旧费用累计影响数=（20 000-13 400）×5=33 000（元）

对于以前年度多提的折旧费用33 000元，应该冲减累计折旧，由于费用已经在过去年度结转至"本年利润"，最终转入"利润分配——未分配利润"，所以还应同时调整"利润分配——未分配利润"。调整分录如下。

借：累计折旧   33 000

  贷：利润分配——未分配利润   33 000

从第6年起，每年计提折旧的会计分录为。

借：管理费用   13 400

  贷：累计折旧   13 400

上述两种处理方法，前者称为未来适用法，后者称为追溯调整法。在会计处理上，一般对会计估计的变更不主张追溯调整前期损益。因为会计估计的变更并不意味着以前期间会计估计的错误，只是由于情况发生变化，或者掌握了新的信息，使得变更会计估计能够更好地反映企业的财务状况和经营成果；而且估计变动是会计估计程序中不可避免的，如果估计有所变动即改变前期损益，可能导致经常性的更正前期损益，所以一般不采用追溯调整法。我国《企业会计准则第4号——固定资产》第十九条明确规定："固定资产使用寿命、预计净残值和折旧方法的改变应当作为会计估计变更。"

第四节 披露与分析

一、固定资产的披露

企业在资产负债表列示固定资产项目，金额以扣减累计折旧与减值准备后的账面价值列入。

根据《企业会计准则第 4 号——固定资产》的规定，企业应当在报表附注中披露与固定资产相关的如下信息：

（1）固定资产的确认条件、分类、计量基础和折旧方法；

（2）各类固定资产的使用寿命、预计净残值和折旧率；

（3）各类固定资产的期初和期末原价、累计折旧额及固定资产减值准备累计金额；

（4）当期确认的折旧费用；

（5）对固定资产所有权的限制及其金额和用于担保的固定资产账面价值；

（6）准备处置的固定资产名称、账面价值、公允价值、预计处置费用和预计处置时间等。

【例 8-11】 宝钢股份（600019）是我国钢铁行业的领军企业，其固定资产的结构具有很强的代表性，在公司 2017 年年报中，其固定资产分为房屋及建筑物、机器设备、运输工具、办公及其他设备四个分项，这四个分项按下面几个项目（账面原值、累计折旧、减值准备和账面净值）在附注中进行列表说明。

（一）账面原值

（1）期初余额。

（2）本期增加金额：①购置；②在建工程转入；③投资性房地产转入；④其他非流动资产转入；⑤外币报表折算差异；⑥重分类。

（3）本期减少金额：①处置或报废；②转入其他非流动资产；③处置子公司；④外币折算差额；⑤重分类。

（4）期末余额。

（二）累计折旧

（1）期初余额。

（2）本期增加金额：①计提；②投资性房地产转入；③其他非流动资产转入；④外币报表折算差异。

（3）本期减少金额：①处置或报废；②转入其他非流动资产；③处置子公司；④外币折算差额；⑤重分类。

（4）期末余额。

（三）减值准备

（1）期初余额。

（2）本期增加金额：①计提；②其他非流动资产转入；③外币折算差额。

（3）本期减少金额：①处置或报废；②外币折算差额。

（4）期末余额。

（四）账面价值（净值）

（1）期末账面价值。

（2）期初账面价值。

另外，还对暂时闲置的固定资产情况、通过融资租赁租入的固定资产情况、通过经营租赁租出的固定资产和未办妥产权证书的固定资产情况进行了附注说明。有兴趣的读者可以直接查阅宝钢股份的2017年年度报告财务报告"附注五、18.固定资产"了解详情。

二、固定资产的分析

报表使用者在分析固定资产时，需要注意以下要点。

（1）新增固定资产。结合财务报表附注以及现金流量表，关注企业当期是否新增投资，并结合整个行业的固定资产投资情况分析企业的投资活动。

（2）固定资产的初始确认与计量。固定资产的初始金额一旦确定，将通过折旧方式影响使用寿命期间多年的资产与利润。报表使用者需要了解企业确认固定资产的条件与计量方法以及对弃置成本的考虑。

（3）固定资产的后续支出。关注资本性支出与收益性支出是否划分正确。

（4）固定资产的折旧政策以及变更。重点关注折旧变更的日期、原因及对报表的影响。

（5）固定资产的减值准备。关注企业哪些固定资产计提大量的减值准备，了解固定资产的使用状况与效率；关注企业计提减值准备的方法、模型与参数，是否与市场情况相一致；结合市场与同行业企业情况，关注企业是否为固定资产计提过少的减值准备或者计提过多的减值准备。

（6）固定资产的使用是否受到限制。关注企业的固定资产是否因为抵押借款或者售后租回等原因受到限制。

思 考 题

1. 固定资产使用中如何区分资本性支出和收益性支出？
2. 什么情况下表明固定资产发生减值，为何可收回金额要选择固定资产的公允价值减去处置费用与预计未来现金流量现值中的较高者？
3. 处置费用与弃置费用是一回事吗？两者的会计处理有何不同？
4. 何谓资产组？资产组减值处理有何特殊之处？
5. 影响折旧的因素有哪些？
6. 在确定固定资产预期使用期限时，应考虑哪些因素？
7. 简述企业固定资产折旧的范围。
8. 常见的折旧方法有哪些？我国现行会计准则允许采用哪些折旧方法？
9. 归纳比较年数总和法和余额递减法的主要联系和区别。
10. 简述直线法与加速折旧法对企业纳税和现金流量的影响。
11. 企业为什么会发生折旧修订？
12. 对于折旧年限或方法的变更，应如何做会计处理？

练 习 题

（一）固定资产改建

资料：南方公司于2017年1月1日建成一条产品生产线，建造成本共计6 000 000元，采用直线法计提折旧，预计净残值率5%，使用年限为10年。2019年1月1日，由于产品升级（升级后的产品市场销路很好），需要对该产品生产线进行改造，改造后的生产线所生产产品的能力将大大提高。2019年1月至2019年6月30日，经过半年的改造生产线投入运行。期间共发生各种支出1 500 000元，全部以银行存款支付。改造后的生产线预计可继续使用10年，预计净残值率仍为5%，继续按直线法计提折旧。

要求：编制相应的会计分录。

（二）固定资产修理

资料：江南公司2019年全年的维修费用估计为36 000元，当年8月发生的修理费用支出资料如下：

领用零配件1 000元，领用润滑油等物料1 200元，其他修理支出2 000元，以银行存款支付。

要求：编制该公司8月修理业务会计分录。

（三）固定资产减值

资料：2019年年末，南方公司拥有一条生产线，生产某精密仪器，由A、B、C三台机器构成，账面原值分别为100万元、100万元和200万元。使用年限为10年，预计净残值为零，以年限平均法计提折旧。2019年年底，三台机器的累计折旧分别为50万元、50万元和100万元，预计剩余使用年限为5年，三台机器属于一个资产组。2019年，该生产线所生产的精密仪器由于有替代产品上市，到公司的精密仪器销路锐减50%，因此，公司于年末对该条生产线进行减值测试，确认减值损失1 000 000元。2019年年末A机器的公允价值减去处置费用后的净额为30万元，B、C机器都无法合理估计其公允价值减去处置费用后的净额以及未来现金流量的现值。

要求：

1. 计算各设备的减值金额；
2. 编制减值会计分录。

（四）直线法、年数总和法与双倍余额递减法

资料：某企业2019年1月20日购入设备一台，价值80 000元，估计残值为6 000元，清理费用1 000元，预计使用年限为5年。

要求：用直线法、年数总和法和双倍余额递减法计算该设备每一年应计提的折旧额。

（五）折旧方法调整

资料：某公司以500 000元购入一幢楼房，估计残值为60 000元，清理费用10 000元。预计使用寿命为10年。前5年一直采用直线法计提折旧，第6年开始改用年数总和法。

要求：

1. 试为该楼房编制每一年的折旧计算表；
2. 为该企业编制第6年、第7年的折旧计提分录。

（六）减值与会计估计变更

资料：某公司以980 000元的价格购买一建筑物，并采用直线法按30年期计提折旧，预计净残值为80 000元。在建筑物使用的第15年年末，该公司对该建筑计提减值准备200 000元。从第16年开始，公司按修正后的总年限20年对建筑物计提折旧，预计残值仍为80 000元。假定该公司所得税税率为25%。

要求：

1. 为企业编制该建筑物在第15年和第16年计提折旧的分录；
2. 计算说明该项变更对当年企业净利润的影响数。

（七）会计估计变更

资料：某企业2019年开始使用一台设备，成本为400 000元，无残值，使用寿命为8年。原来按直线法计提折旧，自2023年起，改按双倍余额递减法计提折旧。假定企业的所得税税率2022年为25%，2023年为15%。

要求：

1. 编制变更当年的会计分录；
2. 计算说明会计变更对企业当年净利润的影响数。

案例分析：厦航利润之谜[①]

---

① 本书每章后所增加的案例分析请参见本系列教材中配套出版的《会计教学案例》一书，后同。

补充资料 | 递耗资产

一、递耗资产的定义与性质

递耗资产主要指企业所拥有的自然资源，如矿山、油田、森林，属于不可再生或再生需时长久的经济资源，其经济价值随着资源储量的减少而减少。

递耗资产与固定资产一样具有物质形态，但也具有不同的特点。首先，递耗资产如不被开采，其经济价值不会发生转移。而固定资产使用过程中发生的有形损耗，闲置过程中发生的无形损耗，均会导致固定资产价值的减损。其次，递耗资产经过开采，蕴藏的矿石、石油、木材等成为可供企业直接销售的商品，或作为企业生产商品的原材料使用。而固定资产只是企业生产经营的工具，不构成可供企业销售的商品。因此，递耗资产的当期折耗在开采产品尚未完全销售出去的情况下，必须按比例分别计作当期销售成本及存货成本，而固定资产的当期折旧则作为期间成本处理。再次，递耗资产开采完毕，资源耗竭后，一般不能重置，或重置耗时长久。而固定资产项目在报废后仍可重新购置。鉴于此，企业需单独开设"递耗资产"账户进行有关核算，以区别于固定资产。

二、递耗资产的计价

递耗资产应按成本计价。矿产资源的成本包括三部分：取得成本、勘探成本、开发成本。取得成本包括买价及其他为获得资产所有权发生的费用，作资本化处理。勘探成本包括为探查有关区域的矿产成分及蕴藏量而发生的费用。企业只能将勘探成功的勘探成本作资本化处理，勘探失败的成本则作为当期费用。开发成本包括开采过程中设置的辅助设施，如供水、供电设备，石油钻井平台，铺设简易公路或铁路等。这些项目一般作为固定资产核算，不计入递耗资产的成本。这些项目若在递耗资产的整个开采期间提供服务，其折旧应按递耗资产折耗的相同比例进行；若在递耗资产折耗完毕前丧失经济价值，则应在较短的期限内计提折旧。开发成本还包括开发过程中发生的与有形设备无关的支出，如在矿井中开出坑道的成本。这类支出的经济效益在递耗资产开采完毕后也随即丧失，应作资本化处理，构成递耗资产成本的一部分。

上述三种成本构成中，勘探成本的开支数额大，结果难以预料，风险较高。对勘探成本的会计处理，实务上有两种方法：一是勘探成功法，将直接导致找到了资源储量的勘探支出资本化，反之则作费用化处理；二是全部费用法，无论勘探的结果成功与否，其支出均作费用处理。实务上，对两种不同处理方法的运用无明确的限制。但由于勘探成本的自身特点，中小型企业若采用全部费用法，很容易造成财务信息的重大误解，故企业极少采用该方法。

【附例8-1】 某石油勘探公司勘探两块海上天然气田，每块气田发生的勘探费用为260 000元。其中只有一块气田勘探成功。

若使用勘探成功法，勘探成功气田的会计分录为。

借：递耗资产——天然气田	260 000	
勘探费用	260 000	
贷：银行存款		520 000

三、折耗的性质和计算方法

企业拥有的自然资源也属于有形固定资产的一种，它们的成本价值也将随着资源储存量的逐渐消耗而减少。我们把这类递耗资产的取得成本随着资源的逐渐消耗而应予转销的部分称为折耗。

折耗与折旧一样都是将有形固定资产的成本在资产发生效益的期间内进行分摊。但是两者也存在以下几点明显不同。（1）递耗资产的折耗过程，也是其实体逐渐耗竭并转化为企业可供销售的商品的过程。而固定资产折旧则只反映其使用价值的减少，固定资产的实体并不发生变化。（2）折耗只发生于递耗资产被采掘、采伐等工作的进行过程。而折旧的发生则不仅限于资产的使用，它还可以由自然力的作用及技术的进步等多种因素所造成。

折耗的计算方法主要有两种：成本折耗法和百分比折耗法。在财务会计核算中，一般都使用成本折耗法，而百分比折耗法则用于计算计缴税款的折耗。

（一）成本折耗法

成本折耗法的基本算法是将递耗资产的折耗基数（即递耗资产的取得成本减估计净残值）除以该递耗资产估计可开采的数量，算出单位分摊额，再以各期实际开采数量相乘即得出各期的应计折耗费用。用公式表示为。

月折耗额=该月实际开采量×单位折耗额

【附例 8-2】 某企业拥有油田一座，取得成本为 600 万元，该油田估计储量为 200 万桶，估计残值为 10 万元。如果某年的实际采油量为 5 万桶，则当年应摊销的折耗额计算如下。

每桶折耗额=（6 000 000-100 000）÷2 000 000=2.95（元）

当年折耗额=50 000×2.95=147 500（元）

计提折耗时应做的分录为。

借：折耗费用   147 500

  贷：累计折耗   147 500

折耗费用是产品的生产成本，它应在已售出和未售出的产品间进行分配，分配于已售产品的折耗费用构成销售成本的一部分，而分配于未售出产品的部分，则构成存货成本的一部分。

如果【附例 8-2】中，企业该年在采油过程中发生的生产费用总额为 135 000 元，采出的 5万桶油只售出 4 万桶，则已售产品成本和存货成本分别为：

销售成本=40 000×2.95+（40 000÷50 000）×135 000=226 000（元）

存货成本=10 000×2.95+（10 000÷50 000）×135 000=56 500（元）

应做的会计分录为。

借：销售成本   226 000

  库存商品   56 500

  贷：折耗费用   147 500

    生产费用   135 000

（二）百分比折耗法

在这种方法下，折耗费用按照销售收入的一定百分比计算。由于百分比折耗法的计算实际上和递耗资产的成本没有关系，因而从财务会计的角度看，这种方法是不合理的，它只是某些国家为计算折耗时应缴纳的所得税而采用的方法。

四、递耗资产上的固定资产折旧

前已述及，递耗资产上的固定资产成本，不能计入递耗资产的成本，而应按照一般固定资产进行折旧处理。考虑到固定资产与递耗资产之间的附着性，一般对递耗资产上的固定资产折旧年限按以下方式进行确定。

（1）固定资产的预期寿命小于递耗资产的预期寿命，应根据固定资产折旧年限计提折旧。

（2）固定资产的预期寿命大于递耗资产的预期寿命，应根据以下两种情况分别处理：

① 如果递耗资产开采完毕，该项固定资产不可拆卸，则应按照递耗资产的预期寿命计提折旧；

② 如果递耗资产开采完毕，该项资产可以移至别处另行使用，则应根据固定资产预期使用寿命计提折旧。

需要说明的是，本节只是对递耗资产及其折耗做一个原则性的介绍。《企业会计准则第 27 号——石油天然气开采》是一项专门针对石油和天然气等特殊行业的准则。有兴趣的同学或读者要了解更细致的内容，请参见此类专业会计书籍。

思 考 题

1. 递耗资产的性质和特点是什么，初始取得应如何做会计处理？
2. 简述企业折耗的计提以及递耗资产上附着固定资产的折旧处理方法。

练 习 题

折旧与折耗

资料：某煤炭公司购入一块包含煤矿的土地。成本为725 000元，估计净残值为60 000元，该地总蕴藏量为7 000 000吨煤。该煤矿在开采初期就建有房屋一座，原值为65 000元，净残值为4 700元，估计使用年限为20年，而煤矿估计耗竭年限为15年，在当年，该公司已开采400 000吨。

要求：计算该公司当年应计提的折旧和折耗数额，并编制相应的会计分录。

无形资产

本章要点

- 无形资产的特征和内容
- 无形资产的初始确认
- 研究支出与开发支出
- 无形资产的后续计量
- 无形资产的终止确认

章首故事

研究与开发

有这样一种说法，美国人制定游戏规则，日本人开发技术，中国人进行生产。美国人制定游戏规则是指确定产品生产标准、贸易规则等，包括世界货币（美元）的发行与流通。在世界经济一体化的今天，掌管游戏规则话语权的美国获取最高的回报。日本人则掌握着大量的产品技术和专利，如汽车、照相机、电视机等产品的许多专利，他们向世界提供高技术含量的产品，同时也赚取较高的利润。中国人以最低廉的价格生产并向世界出口最多的产品，但大部分贴的是别人的品牌，使用的是日本人（或其他国家）的专利，挣最少的加工与劳务费，即便如此，中国产品还经常被美国和欧盟等国以反倾销的名义起诉。

为了改变这种格局，中国政府从多方面鼓励企业创新和加大企业研发投入，从而走出目前这种困局。2008 年国家税务总局发布了《企业研究开发费用税前扣除管理办法（试行）》，其中第七条规定，对于符合新产品、新技术与新工艺的研究与开发支出，"企业根据财务会计核算和研发项目的实际情况，对发生的研发费用进行收益化或资本化处理的，可按下述规定计算加计扣除：

（一）研发费用计入当期损益未形成无形资产的，允许再按其当年研发费用实际发生额的50%，直接抵扣当年的应纳税所得额。

（二）研发费用形成无形资产的，按照该无形资产成本的 150%在税前摊销。除法律另有规定外，摊销年限不得低于 10 年。"

社会经济从传统经济模式向知识经济过渡的过程中，无形资产的重要性日益凸显，尤其是在高新科技领域的企业，无形资产的作用已经明显超过了其他资产项目。本章主要讨论有关无形资产项目的问题，包括无形资产的概念、特征、分类，无形资产不同类别项目的具体会计处理方法；论述了无形资产会计处理的基本原则，以及无形资产在企业经营过程中日趋重要的作用；最后还讨论了长期待摊费用、其他非流动资产项目及其相关会计处理。

无形资产的特征、
内容和初始确认

第一节 无形资产的概述

一、无形资产的定义和特征

无形资产是企业在经营过程中拥有和使用的另一项重要的资产项目。无形资产在企业经营过程中所起的重要作用并不逊色于有形资产，尤其在产业结构日趋高科技化的今天，无形资产的重要性更加不可忽视。

（一）无形资产的定义

无形资产是指企业拥有或控制的没有实物形态的可辨认非货币性长期资产，是企业资产的重要组成部分。

（二）无形资产的特征

无形资产具备以下特征：

（1）没有具体实物形态；

（2）具有可辨认性；

（3）属于非货币性资产。

没有实物形态，这是无形资产区别于其他形态资产项目的最显著特点，但不是唯一的特点。企业通过持有、使用无形资产可以创造经济利益，但这里所指的是非货币性的无形资产，如商标权、商誉、专利权、版权等，是企业所拥有的某种权利，或者是高于同等企业一般获利水平的能力。有些资产项目也不具有实物形态，如应收账款、长期待摊费用等，却不被划分为无形资产，因为前者是过去发生的经济业务给企业带来的债权，后者是有待以后会计期间摊配的费用。无形资产的另一个主要特点是不确定性，包括了其自身价值的不确定性，未来经济效益的不确定性，以及提供效益期限的不确定性。无形资产的计价，不同于其他资产项目，其他资产项目或有明确的市价数据，或有充分的原始凭证，或有成熟的交易市场和条件，易于转换成货币资金。即使在入账后，无形资产的账面价值与实际价值往往也会有相当大的差距。另外，无形资产为企业提供的经济效益，以及提供效益的期限难以确定，实务工作中只能根据会计准则的要求，人为设定受益期限，并据以摊销无形资产。无形资产的经济价值必须通过企业的经营活动才能得以体现，企业停止了经营活动，无形资产的经济价值也就随之丧失。

二、无形资产的内容

根据《企业会计准则第 6 号——无形资产》（以下简称本准则）对无形资产的定义，无形资产是指企业拥有或控制的，无实物形态的可辨认非货币性长期资产。符合以下两个条件一之一即为可辨认的无形资产：（1）能够从企业中分离或者划分出来，并能单独或者与相关合同、资产或负债一起，用于出售、转移、授予许可、租赁或者交换；（2）源自合同性权利或者其他法定权利，无论这些权利是否可以从企业或其他权利和义务中转移或者分离出来。从内容上看，无形资产包括专利权、专有技术、版权、商标权、特许经营权、土地使用权、计算机软件等。

（一）专利权

专利权是由产品、技术的发明创造者就其研究成果提出申请后，经政府有关部门审查批准，发明者在一定期限内享有的制造、使用、出售该项发明的排他性权利。专利权是知识产权的一种。推行专利制度，可以在保护发明创造者利益的同时，向社会公开发明创造的新成果，使之迅速得以广泛运用，避免社会的重复劳动。

企业获得某项专利后，专利的经济价值体现在使产品具有特色而有较高的售价，或是可以显著降低产品成本，或是使企业有能力制造在市场上具有竞争实力的产品，从而使企业具备比同行业同类型企业更高的获利能力。当上述优势都不存在，或是出现更先进的技术、工艺时，专利的受益期就宣告结束。《中华人民共和国专利法》（以下简称《专利法》）规定，发明专利权的期限为二十年，实用新型专利权和外观设计专利权的期限为十年。

专利权分为产品专利与技术专利两种，企业可以向外部购买专利权，也可以用自行研究开发成功的发明成果申请专利权。企业外购专利权的成本包括买价、法律费用及其他相关费用。购得后以取得成本借记"无形资产——专利权"。

企业在其拥有专利权的受益期间，有时会出现他人侵权的现象。为了保护专利权，企业往往需要诉诸法律，期间发生费用的处理，取决于诉讼的结果。胜诉后，企业应将诉讼期间发生的相关费用资本化，原因是专利权的经济价值得以维持，在剩余的有效期内仍可继续为企业带来经济效益；如果诉讼结果不乐观，考虑到诉讼期限比较长，企业可以将发生的法律费用随即费用化。一旦败诉，专利权的经济价值已经丧失，尚未费用化的相关费用以及尚未摊销完毕的专利权账面价值应全部予以费用化。

企业自行开发研究成功的成果获得专利权后，其成本构成应包括直接的法律费用及申请专利权时发生的必要支出，如专利注册费。而研究过程中发生的成本费用，鉴于研究结果难以预测，在发生当期计作期间费用。

（二）专有技术

专有技术的范围包括企业尚未申请专利的各种发明创造、工艺技术、产品成分配方、计算公式、计算机软件程序等。专有技术具有经济价值，同样可以在其有效期内为企业带来经济利益。

由于没有申请专利，专有技术不能得到法律的保护。企业将其视为商业秘密，是企业可以在商场的激烈竞争中取胜的秘密武器。不向政府管理机构申请专利，企业就可以独享专有技术的利益，无须向社会公开，同时，可以使专有技术的有效期不受法定保护期限的限制。

外购专有技术的成本构成与外购专利权的处理相类似。企业自创的专有技术，在形成过程中往往耗用了大量的资源，理论上应将其全部资本化，再在后期分摊。但实务上，专有技术的形成是长期实践和理论研究相结合的成果，所发生的成本费用的相关性难以明辨，因此，大都不作资本化处理。由于没有申请专利，外购及自创的专有技术成本均不包含法律费用。

（三）版权

版权是由法律对文学、音乐、艺术等领域的作品提供的保护权。根据保护对象的不同，版权可分为文化艺术版权（保护范围是文化艺术作品）和工业版权（保护范围多存在于工程技术领域，如计算机软件和集成电路等）。版权的所有者对作品的印刷、再版、销售、演出拥有独享的权利。版权的成本确定及会计处理方法与专利权相似。

《中华人民共和国著作权法》（以下简称《著作权法》）[1]中规定，作者的署名权、修改权、保护作品完整权的保护期限不受限制；公民的作品，其发表权、使用权和获得报酬权的保护期为作者终身及其死亡后 50 年。这一标准与国际法中的《伯尔尼保护文学和艺术作品公约》是一致的。我国《计算机软件保护条例》[2]规定，自然人的软件著作权，保护期为自然人终生及其死亡后 50 年，截

---

① 《中华人民共和国著作权法》第二十条、第二十一条（1990 年 9 月颁布，2001 年 10 月、2010 年 2 月修正）。
② 《计算机软件保护条例》，1991 年 6 月颁布，2001 年 12 月、2011 年 1 月、2013 年 1 月修订。

止于自然人死亡后第 50 年的 12 月 31 日；软件是合作开发的，截止于最后死亡的自然人死亡后第 50 年的 12 月 31 日。法人或者其他组织的软件著作权，保护期为 50 年，截至软件首次发表后第 50 年的 12 月 31 日，但软件自开发完成之日起 50 年内未发表的，本条例不再保护。

（四）商标权

商标权是将作为商品标志的图案、文字等在国家有关管理机构注册登记后获得的使用商标的权利。

商标可由企业自行设计后注册登记，也可由企业斥资向外购买，或由投资者投入。如果商标由企业自行设计，商标的成本包括法律费用、注册登记费用、设计费用、咨询费用以及为获得商标权而发生的直接费用（研究开发费用除外）。如果商标权是外购获得的，应将其买价及商标转让的注册登记费用资本化。接受其他经济实体投资而获得的商标权，应按双方协商后的约定价格入账。

我国《商标法》①规定，注册商标的有效期为 10 年，期满前 12 个月内可以申请续展注册；在此期间未能提出申请的，可以给予 6 个月的宽展期；宽展期仍未提出申请的，注销其注册商标。每次续展注册有效期为 10 年。商标权展期的注册费用，也构成商标权的成本。企业可在这一期限内，根据具体情况选择摊销期限。

（五）特许经营权

特许经营权也称专营权，可以由政府机关授予，使企业拥有使用公共设施，或在一定区域范围内提供某种指定服务的特权，如烟草专卖、邮电通信业务、供水供电、铁路民航的客运货运服务、城市公交路线的投标经营等；也可以是企业之间的协商，协议的一方允许另一方有限期地或永久性使用其商标、商号、品牌、专利权、专有技术等，以提供特定的劳务或商品，如假日酒店、香格里拉酒店、麦当劳快餐店、壳牌石油制品等企业已经在世界范围内形成的连锁专营模式。提供专营权的一方（出让人）经过一定期间的成功经营，形成并拥有了独特的产品、技术、经营理念和商誉。获得专营权的一方（受让人）通过使用这些无形资产，可以进行较有把握的经营，降低经营风险。而出让人则可以借受让人的经营，扩大企业经营范围和影响，提高市场占有率。

专营权转让协议应明确载明出让、受让双方的权利与义务范围，专营权转让的有效期限，受让人营业收入的分配方法等。受让人在取得专营权前，需要向政府有关机构或出让人支付费用，称为获得专营权的初始费用。初始费用一般数额比较大，可以使企业在长时期内受益，所以应予资本化。然后在协议规定的有效期限内进行摊销，计作管理费用。受让人开始经营后，需要每期按照营业收入的一定比例，或是根据转让协议规定的计算方式，向出让人缴纳专营权使用费。这种支出只在当期产生效益，应在发生时立即确认为费用。如果专营权尚未摊销完毕，在法律上已经丧失有效性，其未摊销成本应予以注销。

（六）土地使用权

土地使用权是指土地使用者依照法律的规定，对其所使用的土地享有的利用和取得收益的权利。土地使用权的期限分为长期固定和短期有效两种。

长期以来，我国对土地的占有和使用权实行严格的国有化控制，各级政府以行政划拨的形式授予企业土地使用权。使用权不属于企业的资产，在账面上不予反映。1988 年 4 月，我国通过了《宪法》修正案，第二条规定："……土地的使用权可以依照法律的规定转让。"同年 12 月，对《中华人民共和国土地管理法》做了相应的修改，开始实行土地有偿使用，允许使用权的有偿转让和出让。2004 年 3 月第二次修订的《中华人民共和国土地管理法》②规定，以出让等有偿

①《中华人民共和国商标权法》第三十九条，第四十条（1982 年 8 月颁布，1993 年 2 月、2001 年 10 月、2013 年 8 月修正）。
②《土地管理法》，1986 年 6 颁布，1988 年 12 月第一次修订，2004 年 3 月第二次修订。

使用方式取得国有土地使用权的建设单位，按照国务院规定的标准和办法，缴纳土地使用权出让金等土地有偿使用费和其他费用后，方可使用土地。

土地使用权的成本构成，包括向出让人支付的出让金或转让金，以及随后发生的为使有关土地处于可使用状态的直接支出，如法律费用、丈量费用、平整费用等。土地使用权的成本记入"无形资产——土地使用权"账户后，在企业未开发或建造自用项目之前，按前述方法确定的期限进行分期摊销。土地开发使用或开始建造自用项目时，应将土地使用权的账面价值与地上建筑物分开入账，分别进行摊销和计提折旧，但以下情况除外。

（1）房地产开发企业取得土地使用权用于建造对外出售的房屋建筑物时，则相关的土地使用权成本计入建筑物成本。

（2）外购的房屋建筑物实际支付的价款中包括土地及建筑物的价值的，①能合理分配的，在两者中进行分配；②无法分离的，则将其计入固定资产。

企业取得的土地使用权通常确认为无形资产，但企业若改变土地的用途，将其用于赚取租金或资本增值的，应将其转记为"投资性房地产"。另外，土地使用权与地上建筑物一般要分开计量，下列两种情况除外：一是房地产开发企业生产的商品房；二是购买的房产包括了地价。

（七）计算机软件

企业的计算机软件可以从外部购买或自行开发。计算机软件分为外部推广使用软件和内部使用软件（主要用于加强内部控制和管理）。随着计算机的普及和使用，如何对计算机软件成本进行科学合理的会计处理成为一个重要的课题。对于从事高新科技的企业而言，计算机软件是其重要的经济资源。如何处理计算机软件成本，不仅直接关系到企业经营成果的列报，还关系到相关信息使用者的决策。

美国财务会计准则委员会（FASB）1985年公布了第86号公告《用于销售、租赁和其他形式交易的计算机软件成本的会计处理》，对外部推广型的计算机软件成本处理做了具体规定，可供借鉴。

该公告认为，计算机软件的技术可行性，在具体的程序设计、编码、操作测试完成后才能予以确定。在技术可行性确定以前，开发软件的成本均应作为研究开发成本予以费用化。技术可行性确定后，有关开支再作资本化处理。这种处理方法的前提条件是，计算机软件属自行开发，并将用于向第三方销售、租赁或以其他形式交易。如果软件是从外部购入的，无论其用途是外部推广还是内部使用，其购入支出都应资本化。资本化的软件成本，应在其有效期限内进行摊销。由于软件更新换代的速度越来越快，其提供经济效益的期限也越来越短，摊销期限一般不超过5年。摊销率则需在（1）直线法比率和（2）当期收益占当期收益加预期收益总和的比例（收益比例法）两者之间选择较大者予以确定。

第二节　无形资产的初始确认

无形资产项目的会计处理原则，与固定资产基本相同，包括取得无形资产时计价遵循原始成本原则；使用无形资产时遵循配比原则，将无形资产的成本在受益期内进行分摊；将无形资产转让、出售时，遵循收益确认原则，将所放弃资产的账面价值，与转让、出售所得之间的差额，确认为资产处置的利得或损失。

本准则规定，无形资产只有在同时满足以下条件时才能予以确认：

（1）与该无形资产有关的经济利益很可能流入企业；

（2）该无形资产的成本能够可靠地计量。

本准则特别提到，企业自创商誉以及内部形成的品牌、报刊名称等，不应确认为无形资产。

要判断无形资产产生的经济利益是否很可能流入，企业需要对无形资产在预计使用寿命内可能存在的各种经济因素做出合理估计，并且需要明确的证据支持。

无形资产通常按实际成本计量，为取得无形资产并使其达到预定用途而发生的全部必要性支出，均应作为无形资产的成本。无形资产项目的取得来源不同，其成本构成也不尽相同。

一、外购的无形资产

外购无形资产项目的成本包括购买价款、相关税费以及直接归属于为使该资产项目达到预定用途所发生的其他支出。购买价款可以是取得资产的公平市价，也可以是所承诺的债务数额。

此处所讲的外购无形资产是指外购的可辨认的无形资产，在经济业务中有单独的标的，可单独转让，可单独购买的无形资产，如商标权、专利权、版权等。有些外购的无形资产项目是在经济业务中无单独标的，不可单独转让，不可单独购买，无法脱离持有者的，如企业收购、合并业务中涉及的商誉。因为涉及并购，有关商誉的账务处理在《高级财务会计》有关合并的章节予以讲解。

二、自行研发的无形资产

在市场经济环境下，企业要想在市场竞争中占据主动地位，往往投入大量的人力、物力开展研究开发，自行研发无形资产。广义上，研究开发包括企业为开拓新产品或新的生产工艺，提高现有产品的质量，发掘对未来的生产经营具有价值的新观念等活动。研究开发成本的数额通常相当庞大，企业不惜投入巨资，寄希望于研究开发活动可以提高竞争力，使企业可以在以后的经营中获得丰厚的回报。

企业内部自行研究开发的无形资产，首先需要满足无形资产的确认条件。在此前提下，达到研发开支资本化条件之后，直至资产达到预定用途之前发生的开支总额，应记作无形资产的成本。

企业常见的研究开发成本项目包括：

（1）研究开发过程中耗用的材料，研究开发项目专用的仪器设备的折旧费用；

（2）研究开发有关人员的薪金报酬、津贴等费用；

（3）对产品或多种生产加工程序进行评估的测试费用；

（4）对新方法进行实用性研究的费用；

（5）投产前设计、制造和测试模具的费用；

（6）设计、制造新技术专用的工具、模具的费用等。

本准则将研究开发项目划分为研究阶段与开发阶段。

研究阶段的特点是其计划性和探索性。计划性指为获取并理解新的科学或技术知识而进行的独创性的有计划调查；探索性旨在为进一步开发活动进行资料与其他相关的准备，如对相关知识、研究成果的学习、应用、评价，对材料、设备、产品、工序等项目的改良研究，对替代品的设计、配制、评估、筛选等。研究活动是否可以继续进行到开发阶段，开发后能否形成无形资产等，均具有相当大的不确定性。研究开支在发生的当期即应予以费用化。

开发阶段的特点是其针对性和形成成果的较大可能性。针对性是指在进行商业性生产或使用前，将研究成果或其他知识应用于某项计划或设计，以生产出新的或具有实质性改进的材料、装置、产品等，如不具备商业性生产规模的试生产设施的设计、建造和运营，生产前模型的设计、建造和测试等；较大可能性是开发阶段已经完成了研究阶段的工作，在很大程度上已经具备形成一项新产品或新技术的基本条件。

在同时满足下列五项条件的前提下，开发阶段的开支可予以资本化，确认为无形资产。

（1）完成该无形资产并使其能够使用或出售，已具备技术可行性，不存在技术上的障碍或其他不确定性。

（2）企业具备完成该无形资产并使用或出售的意图，能够说明开发无形资产的目的。

（3）无形资产产生经济效益的方式，包括能够证明运用该资产生产的产品存在市场，或无形资产本身存在市场。无形资产若在企业内部使用，应证明其有用性。

（4）有足够的技术、财务资源或其他资源支持完成该项无形资产的开发，并有能力使用或出售该无形资产。

（5）归属于该无形资产开发阶段的支出能够可靠地计量。

如上所述，企业应在期末披露计入当期损益和确认为无形资产的研究开发金额。下面通过一个实例来说明研究与开发支出的会计处理。

【例9-1】 珠江公司自行研究一项专利技术，研究过程中各项支出为：材料 3 000 000 元，支付职工工资 2 000 000 元，其他费用 1 000 000 元。其中，符合资本化条件的为 2 000 000 元。期末，该专利技术已达到预定用途。

（1）相关费用发生时。

借：研发支出——费用化支出　　　　　　　　　　　　　4 000 000
　　　　　　——资本化支出　　　　　　　　　　　　　2 000 000
　　贷：原材料　　　　　　　　　　　　　　　　　　　3 000 000
　　　　应付职工薪酬　　　　　　　　　　　　　　　　2 000 000
　　　　银行存款　　　　　　　　　　　　　　　　　　1 000 000

（2）期末结转研发支出时。

借：管理费用　　　　　　　　　　　　　　　　　　　　4 000 000
　　无形资产——专利技术　　　　　　　　　　　　　　2 000 000
　　贷：研发支出——费用化支出　　　　　　　　　　　4 000 000
　　　　　　　　——资本化支出　　　　　　　　　　　2 000 000

三、非现金资产交换的无形资产

有些无形资产是全部或部分用非现金资产交换来的，在（1）交换具备商业实质，同时（2）换入或换出的资产项目公允市价能够可靠计量的情况下，换入无形资产成本的计算公式如下。

换入无形资产的成本=换出资产的公允价值+相关税费+支付的补价（或减：收到的补价）

在上述两项条件未能同时满足的情况下，换入无形资产成本的计算公式如下。

换入无形资产的成本=换出资产的账面价值+相关税费+支付的补价（或减：收到的补价）

四、投入的无形资产

有些无形资产是由单位或个人以投资形式转入企业的，其成本应为投资合同或协定约定的价值。若该价值明显异于公允价值，则应采用无形资产公允价值作为其入账成本。无形资产初始成本与实收资本之间的差额，记作资本公积的调整额。

【例9-2】 南华公司以面积为 50 000 平方米的土地使用权作价入股，对长江公司进行投资。该土地使用权的成本为 1 950 000 元。长江公司应做如下分录。

借：无形资产——土地使用权　　　　　　　　　　　　1 950 000
　　贷：实收资本　　　　　　　　　　　　　　　　　　　1 950 000

若长江公司计划 15 年内不会对这块土地进行开发利用，则每年摊销时应做如下分录。

借：管理费用　　　　　　　　　　　　　　　　　　　130 000
　　贷：累计摊销——土地使用权　　　　　　　　　　　　130 000

第三节　无形资产的后续计量与终止确认

一、无形资产的摊销

根据本准则的规定，企业应当于取得无形资产时分析判断其使用寿命。使用寿命有限的无形资产，其应摊销金额（即成本扣除预计残值后的余额）应在其使用寿命内摊销完毕。摊销是将无形资产的取得成本进行系统、合理分摊的程序，各期分摊的无形资产成本，登记为当期的摊销费用。

无形资产受益期的确定，受法律规定和经济因素的影响，包括法律有效年限和经济有效年限。企业应在取得无形资产时，对其使用寿命做出必要的分析和判断。源自合同性权利或其他法定权利取得的无形资产，其使用寿命不应超过相关合同或法律条例的规定。如我国《专利法》规定，发明专利的法定有效时间为 20 年，实用新型和外观设计专利的法定有效时间为 10 年[①]，商标权为 10 年；美国规定专利权的有效年限为 17 年，商标权为 20 年。无明确合同或法律条例规定的，企业应综合各方面因素进行论证，确定无形资产的经济有效年限。经济有效年限指无形资产可为企业带来实际效益的年限。确实无法确定经济有效年限的，应将其作为使用寿命不确定的无形资产，根据本准则的规定，不予摊销，但应当在每个会计期间进行减值测试。在知识经济的背景下，无形资产逐渐成为投资额巨大、淘汰率越来越高的资产项目，其经济有效年限也越来越短。在确定其摊销年限时，应考虑以下几点。

（1）法规条例或合同条款的规定；

（2）合同续约或展期对摊销年限的影响；

（3）同类技术更新换代，社会需求发生变化，竞争形势等经济因素的影响；

（4）有效年限应与有技术特长的专业人员在企业服务的期限相当；

（5）竞争对手的行动可能导致目前企业拥有的竞争优势发生逆转；

（6）许多独立的经济因素综合起来对无形资产的有效年限会带来影响，如同行业的情况比较、本行业及本企业的历史经验、专家的论证结果等。

企业在充分考虑上述因素后，即可确定无形资产的摊销期限，自无形资产达到预定用途起，至终止确认时止。应摊销金额为其成本扣除预计残值后的余额。一般情况下，使用寿命有限的无形资产会被视为没有残值。下列情况除外：（1）第三方承诺在该资产使用寿命结束时购买该资产项目；（2）可从活跃市场取得预计残值的信息，而该市场在无形资产使用寿命结束时很有可能仍然存在。

---

① 《中华人民共和国专利法》第四十二条（1984 年颁布，1992 年 9 月、2000 年 8 月、2008 年 12 月修正）。

摊销时，贷记"累计摊销"，根据无形资产在企业经营过程中的具体性质和用途，将摊销费用计作管理费用或销售费用、制造费用。如专有技术的摊销，可计为产品的制造费用，商标权的摊销则可计为销售费用。

企业选择的无形资产摊销方法，应反映与该项资产项目有关的经济利益预期实现方式。无法可靠确定预期实现方式的情况下，可采用直线摊销法。发生减值的无形资产，应在调整账面价值后重新计算摊销额。

最后，对于经济寿命不确定的无形资产，不进行系统摊销，每年年末进行减值测试。对于持有待售的无形资产也不进行摊销，按照账面价值与公允价值减去处置费用后的净额孰低进行计量。

【例 9-3】 某企业用 90 000 元购入一商品包装专利，估计经济有效期为 10 年。相关会计处理如下。

购入时。

借：无形资产——专利权   90 000

  贷：银行存款   90 000

摊销时。

借：管理费用   9 000

  贷：累计摊销——专利权   9 000

【例 9-4】 接【例 9-3】，该包装专利在购入 3 年后，出现新技术，估计 2 年内可以取代原有的设计。企业决定将该专利权的剩余摊销期限调整为 5 年。评估时无形资产的账面价值为 63 000 元（90 000-9 000×3），以后每年应摊销成本为 12 600 元（63 000÷5）。

借：管理费用   12 600

  贷：累计摊销——专利权   12 600

【例 9-5】 某企业将 1 000 万元计算机软件成本资本化，第一年的销售收益为 400 万元，预计未来期间还可获得销售收益 1 600 万元。软件的有效期限估计为 4 年。若采用直线法进行摊销，每年的摊销额为 250 万元（1 000÷4）；若采用收益比例法，每年的摊销额为 200 万元 [1 000×400÷（400+1 600）]。两者之中选其大，故应选择直线法进行摊销。

FASB 还认为，计算机软件应按未摊销成本与可变现净值孰低计价。若软件的资本化成本高于可变现净值，应将成本减计至可变现净值。一旦减计，不得再增计软件价值。财务报表上需要列报的项目包括计算机软件的未摊销成本、为将成本减计为可变现净值而计入费用的总额，以及计算机成本的摊销费用。

内部使用的计算机软件开发成本应作为研究开发成本，发生时即予以费用化。

二、无形资产的减值准备

根据本准则的规定，企业应当在资产负债表日，对无形资产是否存在可能发生减值的迹象进行判断。如果无形资产出现该准则第五条规定的七种现象之一，表明某项无形资产可能已经发生了减值。

企业对存在减值迹象的无形资产，应当进行减值测试，并估计可收回金额。

企业的无形资产应按照账面价值与可收回金额孰低原则进行计量。当可收回金额低于账面价值时，应按其差额计提无形资产减值准备，计入当期损益。

按照《企业会计准则第 8 号——资产减值》的规定，企业已经计提的资产减值准备，在以后会计期间不得转回。

【例 9-6】 飞龙集团公司于 2016 年 1 月 1 日购入一项专有技术，实付价款 160 万元，估计其使用年限为 8 年。2019 年年末，飞龙集团对账上的无形资产项目按会计准则的要求进行账面价值检查，发现该项专有技术已发生减值，当时估计的可收回金额为 35 万元。假设不考虑所得税和其他相关税费问题。相关会计处理如下。

（1）2016 年 1 月 1 日购入无形资产时。

借：无形资产——专有技术   1 600 000

   贷：银行存款   1 600 000

（2）2016 年 12 月 31 日记录摊销时。

借：管理费用   200 000

   贷：累计摊销——专有技术   200 000

在确定减值损失前，即 2017 年、2018 年、2019 年的 12 月 31 日均做同样的摊销记录。

（3）2019 年 12 月 31 日摊销记录完成后的账面价值应为 80 万元。发生减值后，可收回金额仅为 35 万元，低于账面价值，两者之间的差额应计提减值准备。

借：资产减值损失——无形资产减值损失   450 000

   贷：无形资产减值准备——专有技术   450 000

2020 年 1 月 1 日，该专有技术的账面价值为 35 万元，在剩余的有效年限内继续摊销。

（4）2020 年 12 月 31 日记录摊销。

借：管理费用   87 500

   贷：累计摊销——专有技术   87 500

2020 年 12 月 31 日摊销记录完成后，专有技术的账面价值为 262 500 元。

同样的摊销记录将在每一剩余年限的年末重复，直至 2023 年 12 月 31 日全部无形资产的账面价值摊销完毕。

一旦无形资产被新的技术替代，或超过法律保护期限，不再具有使用价值和转让价值，不能再为企业创造经济利益，则应将无形资产的账面价值全额核销，转入当期损益。

三、无形资产的终止确认

无形资产的处置，是指无形资产不再为企业带来未来经济利益，需要进行终止确认，包括无形资产的报废、出售等。无形资产出售和报废都表明出售或报废的无形资产不再为企业带来未来经济利益，需要进行终止确认。这时需要转销无形资产原账面价值，以及计提的累计摊销和减值准备。

【例 9-7】 接【例 9-6】，假定飞龙集团公司于 2021 年 1 月 1 日将上述专有技术以 300 000 元出售，应缴纳增值税 15 000 元，价款全部到账。相关会计处理如下。

借：银行存款   300 000

   累计摊销——专有技术   887 500

   无形资产减值准备——专有技术   450 000

   贷：无形资产——专有技术   1 600 000

      应交税费——应交增值税（销项税额）   15 000

      资产处置收益——处置非流动资产利得   22 500

假设该专利技术到 2023 年年底报废，相关会计处理如下。

借：累计摊销——专有技术   1 150 000

   无形资产减值准备——专有技术   450 000

   贷：无形资产——专有技术   1 600 000

如果提前报废，无形资产的账面净值则转为"营业外支出"。

无形资产出租是将使用权让渡给对方，在满足收入确认标准时，就所收到的租金确认为"其他业务收入"，同时继续计提摊销，摊销额一方面记入"其他业务成本"，另一方面登记"累计摊销"。

【例9-8】　接【例9-6】，假定飞龙集团公司于2021年1月1日将上述专有技术以每年100 000元出租，不考虑相关税费，价款全部到账。2021年应做以下会计处理。

借：银行存款　　　　　　　　　　　　　　　　　　100 000
　　贷：其他业务收入　　　　　　　　　　　　　　　　　　100 000
借：其他业务成本　　　　　　　　　　　　　　　　87 500
　　贷：累计摊销　　　　　　　　　　　　　　　　　　　　87 500

第四节　其他非流动资产的会计处理及无形资产的披露与分析

一、其他非流动资产的会计处理

在讨论完无形资产后，还有一个项目——长期待摊费用没有论及。长期待摊费用是指企业已经支出，但是摊销期限在1年以上（不含1年）的各项费用，包括租入固定资产的改良支出以及摊销期限在1年以上的其他待摊费用。长期待摊费用应根据配比原则，在受益期内进行分摊，转记为费用。摊销的方法采用直线法。在尚未摊销完毕时，若可以肯定长期待摊费用已经不具有经济价值的，应予以注销。长期待摊费用的摊销余额应在会计报表中列示。

以租入固定资产改良支出为例。企业作为承租方，从其他单位或个人租入固定资产用于自身生产经营，拥有租入资产的使用权，租赁期间发生的修理和资产改良支出均由承租方承担。租入固定资产的改良支出，包括对固定资产进行扩建、装修，使固定资产的效用和功能有所提高，或是使用期限得以延长。这种支出的数额往往较大，受益期跨越若干会计期间。但由于承租方不拥有固定资产的所有权，有关支出不能计入固定资产的成本，而应把实际发生的支出记入"租入固定资产改良支出"账户。

租入固定资产改良支出的摊销期限，取决于固定资产的租赁期与剩余的有效使用年限孰短，企业应在两者中较短的期限内摊销租入固定资产改良支出。如果租入固定资产的改良在租赁期满后将作价转让给出租人，或计划在期满时将改良工程拆除，确定摊销成本时就应考虑改良工程的残值收入及工程拆除的成本费用。摊销采用直线法，每期摊销费用计入管理费用。

另外，根据原有相关的准则和制度规定，计入长期待摊费用的开办费和固定资产大修理支出，按照现行规定，前者计入管理费用，后者计入制造费用或管理费用。

此外，没有纳入前面讨论的非流动资产项目就归入其他非流动资产，这一项目是指不能归入以上各项资产项目以外的长期资产，如国家特许储存的特种储备物资、由法院管理的封存物资、冻结银行存款、诉讼中财产等。其他非流动资产的特点为企业拥有所有权，但不参加企业正常的生产经营周转，无须摊销其价值。

二、无形资产的披露与分析

按照无形资产的类别，企业需要在报表附注中披露的与无形资产有关的信息包括以下内容。

（1）无形资产的期初和期末账面余额、累计摊销额及减值准备累计金额。

（2）使用寿命有限的无形资产，其使用寿命的估计情况；使用寿命无法确定的无形资产，其使用寿命无法确定的判断依据。

（3）无形资产的摊销方法。

（4）用于担保的无形资产账面价值、当期摊销额等具体资料。

（5）计入当期损益和确认为无形资产的研究开发支出金额。

报表使用者分析无形资产时的要点与固定资产分析类似，关注新增的无形资产、无形资产资本性支出与收益性支出的划分，以及无形资产的摊销与减值。

思 考 题

1. 试述无形资产的概念及特征。
2. 无形资产包括哪些项目？为什么应收账款不是无形资产？
3. 研究开发成本包括哪些类型？如何做会计处理？
4. 专有技术的研究成本是否应资本化，为什么？
5. 计算机软件技术可行性确定前后的成本费用应如何处理？
6. 长期待摊费用包括什么内容？其会计处理的原则是什么？

练 习 题

（一）无形资产

资料：某公司2019年发生下列与无形资产相关的经济业务，该公司所得税税率为25%：

（1）从外单位按照法律程序购入产品包装专利一项，以银行存款支付买价76 000元，公证费2 000元，律师费1 200元。合约规定有效期限为8年。

（2）投资人以专有技术作价投资。该技术经评估确认价值为160 000元，投资协议规定有效期限为5年。

（3）为扩大经营规模，向国家土地管理部门申请土地使用权，并以银行存款缴纳出让金1 000 000元，有效期限为30年。

（4）接受外单位捐赠一项商标权，经评估确认价值为25 000元。有效期为10年。

要求：

1. 做出取得上述无形资产的会计处理。（不考虑相关增值税）
2. 按相关有效年限，做出各项无形资产的年摊销会计分录。

（二）计算机软件

资料：2019年，某公司成功开发了一个新型个人计算机资料库管理程序。整个开发项目耗用了30 000 000元，其中50%的支出是在确定该软件的技术可行性以后发生的。该软件于2020年1月1日投入市场，当年的销售收入为40 800 000元。预计该软件可再销售5年，为公司带来200 000 000元销售收入。不考虑相关增值税。

要求：

1. 编制该公司2019年的相关会计分录。
2. 记录该软件2020年的摊销情况。
3. 如果该软件用于内部管理，上述记录有何变化？

（三）租入固定资产改良

资料：某企业租入旧楼房一座，准备改建为仓库。企业先向楼房的业主支付了70 000元现金。以后每年另付租金120 000元，租期6年。签订租约后，企业支出145 600元进行修葺。该楼房估计还可使用10年。

要求：

1. 设楼房的改良支出没有残值，企业每年的租入固定资产改良支出摊销额是多少（除折旧以外）？

2. 如果需要计提折旧，每年应计提的折旧费用是多少？

（四）专利权

资料：2016年大众公司为开发一种产品配方，发生研究成本860 000元，其中要资本化的金额为300 000元。开发成功后，2017年3月1日注册专利，又发生成本3 000元。大众公司将专利的成本记入"无形资产"账户，在15年内进行摊销。2018年6月，发生与该专利权有关的法律诉讼。法院裁决判大众公司胜诉，期间发生成本5 870元。2019年年末，大众公司的主要竞争对手开发成功新型产品配方。大众公司经过市场调查后认定原有的专利权已无经济价值，决定在2019年12月将尚未摊销完毕的成本费用化。

要求：做出上述经济业务的会计分录。

案例分析：长丰汽车——开发支出[①]

---

① 本书每章后所增加的案例分析请参见本系列教材中配套出版的《会计教学案例》一书，后同。

第十章

流动负债与或有事项

章首故事

应付福利费

实施《企业会计准则（2006）》后，企业报表上不再出现应付福利费这一报表项目了。应付福利费的消失也从一个侧面反映了我国福利制度的变迁。

计划经济时代，我国实行的是低工资高福利，不同户籍（城市户口和农村户口）、不同单位、不同身份（干部和工人）、不同级别的人享受不同的福利。

计划经济年代，职工能享受的补贴（以货币形式兑现的福利），大致有如下几项：探亲路费、卫生费、洗（澡）理（发）费、烧煤补贴、水电费补贴、交通费、生活困难补贴、书报费、独生子女费（计划生育政策后）等。20 世纪 80 年代，因物价上涨，还加上了副食补贴和物价补贴。其他福利主要为：住房，单位按级别向职工无偿分配住房，只收取象征性房租，此外单位还要承担房屋日常维修的责任，对没有分到住房的职工，则发放房租补贴；养老（1978年时，满 20 年工龄退休时可拿工资的 75%）；医疗（全部公费）；女工生育（带薪产假 90 天，流产 15 天假期）。那时还没有失业的说法。

所有这些福利，名义上是国家提供，实际上由职工所属的单位来筹资支付。如果是机关或事业单位，从国家财政拨款中解决；如果是企业单位，则根据工资总额的 14% 提取，另外还可从营业外支出中支付其他福利。随着我国社会福利保障制度的不断改革，职工的工资也在不断提高，原来由财政、企业承担的福利支付改为财政、企业和个人三方共同支付，另外一些商业保险机构也参加进来。原来单纯由企业按工资总额 14% 计提的办法也由更加完善的"五险一金"的制度所取代（具体内容参见本章阐述）。目前，我国养老保险体系分为三个层次：基本养老保险、企业补充养老保险和个人储蓄性养老保险。①2014 年修订的《企业会计准则第9 号——职工薪酬》将企业缴纳的养老保险归为离职后福利，分设定提存计划和设定收益计划两种类型。

---

① 基本养老保险是按国家统一政策规定强制实施的为保障广大离退休人员基本生活需要的一种养老保险制度；企业补充养老保险是企业根据自身经济实力，在国家规定的实施政策和实施条件下为本企业职工建立的一种辅助性养老保险，由国家宏观指导，企业内部决策执行；个人储蓄性养老保险是由职工个人自愿参加、自愿选择经办机构的补充保险形式。后两个层次中企业和个人既可以将养老保险费按规定存入社会保险机构设立的养老保险基金账户，也可以选择在商业保险公司投保。

完成了对资产的讨论后，本章开始转入对负债项目的探讨。负债代表企业的义务可能需要未来放弃的经济利益，分为流动负债和长期负债。本章主要讲述流动负债的会计处理，首先讨论流动负债的定义、性质、分类；然后阐述不同类型流动负债项目的确认与计量，如应付账款、应付票据（包括带息票据、不带息票据）、预收项目、应交税费、预计负债等；此外，本章还将重点讨论或有事项（包括或有资产和或有负债）的会计处理；以及流动负债的披露与分析。最后，在附录部分讲述了离职后福利——设定受益计划会计。

负债的定义、特征和流动负债的分类

第一节 流动负债的定义和分类

一、负债的定义

负债是会计理论和实务研究中三个最基本的概念之一，它与资产、所有者权益之间的恒等关系构成了会计方程式。我国《企业会计准则——基本准则》对负债的定义是："企业过去的交易或者事项形成的、预期会导致经济利益流出企业的现时义务。"这一定义基本采用 IASB（1989）对负债的界定。而 FASB（2018）最新发布的概念框架，对负债的定义有了变化，将负债定义为"主体因过去事项而转移经济资源的现时义务"，不再强调经济利益的"最终流出"。FASB 将负债定义为："特定个体由于过去的交易或事项而在目前所需负担的义务，必须在未来向其他个体转移资产或提供劳务，因而可能牺牲该特定个体的未来经济效益。"可以看出，我国《企业会计准则》对负债的定义与早期 IASB 和 FASB 的定义基本相同，都采用了经济利益流入/流出法。综合以上定义，可以归纳出负债的基本特征有以下几点。

（1）负债是已经存在的现时义务。这种义务大多通过合同的形式约定，由于合同是受法律保护的，这种义务具有强制性，如因购货和接受劳务等产生的负债；此外，企业有些义务的产生是由于正常的商业惯例、维持良好的业务关系或公平处事的意愿而产生的，如对已售产品免费提供"三包"服务而承担的责任。

（2）债务需要在未来通过移转资产或提供劳务加以清偿，因而导致企业未来经济利益的流出。通常情况下，债务的清偿是通过移转资产或提供劳务来进行的。但也有通过用一项新的债务或权益来取代原来的负债，前一种情况称为负债的展期，后一种情况则称为债转股，即将债权转化为股权。

（3）导致此项义务的交易或其他事项已经发生，如已经发生购买商品和接受劳务的业务活动。

（4）负债一般有确切的偿付金额、受款人和偿付日期，或者偿付金额、受款人和偿付日期可以通过合理估计加以确定。

如上所述，负债涉及未来资产或劳务的支出，因此，其最重要的特征之一是负债清偿的时间。在企业经营过程中，短期内到期的债务必须动用流动资产加以清偿；长期负债则不代表债权人对企业流动资产的要求权。这一区别将负债划分为流动负债和长期负债。

二、流动负债的定义

流动负债指在 1 年（含 1 年）或长于 1 年的一个营业周期内必须偿还的债务。所谓营业周期，是指企业自取得商品与劳务、投入生产、出售至最后收现平均所需的时间。产品需经成熟或酿造过程的行业以及资本密集型行业，其营业周期往往超过 1 年；而多数零售业及服务业 1 年之内可有数个营业周期。

流动负债有多种类型，常见的有：（1）短期借款；（2）应付账款；（3）应付票据；（4）应付现金和财产股利；（5）与费用项目相关的应计负债；（6）预收账款；（7）各种应交税费；（8）应付职工薪酬；（9）1 年内或一个营业周期内到期的非流动负债。

三、流动负债的分类

在前面分析负债的特点时，我们提到，负债项目一般有明确的金额，同时也很容易辨认。但由于流动负债的形成情况较复杂，种类也很多，因此，还有一些流动负债属于可以辨认、但金额要根据企业的具体经营情况才能确定；而另一些流动负债则需要估计。一般来讲，根据应偿付金额确定与否，可以将流动负债划分为以下几种。

（1）有明确金额的流动负债，包括应付账款、短期应付票据、长期负债本期到期部分、预收收入、应计负债（如假期工资、产品筹资计划）等。这种类型的负债偿付金额明确，到期日必须偿还。

（2）金额取决于企业经营结果的流动负债，包括应交流转税、应交所得税、应付股利、应交利润等。这类负债项目的金额必须在会计期末根据企业当期的经营结果确定。

（3）需要估计金额的流动负债，包括应付财产税、产品保修负债及赠券兑换负债等。这类负债项目的金额在报表编制日无法确定，企业必须根据所掌握的客观资料，凭借历史经验予以合理估计。

（4）或有负债。属于企业的潜在债务，其结果只能由未来不确定事项的发生或不发生来确定。或有负债具有高度不确定性。

接下来讲述流动负债的会计处理。由于或有负债在确认和计量上的特殊性，我们将在第三节重点展开讨论，第二节先阐述前三项流动负债的会计处理。

第二节 流动负债的确认和计量

负债项目是资产负债表上的重要内容，能否对负债进行准确的计价，关系到企业的债务责任是否得到公正的反映，关系到会计信息的质量，关系到信息使用者能否对企业目前的财务结构和未来的现金流量做出准确的判断和预测。

理论上，负债的计价应考虑货币的时间价值，即按其相应的未来支出的现值记账。但在实务操作上，负债项目往往是按照其到期值或面值进行计量、记录和报告。两者之间虽然存在差异，且用面值为负债计价会导致资产负债表内的负债项目被高估，但由于其涉及的期限不长（通常为 1 年或更短的时间），差异并不明显，从成本—效益的角度权衡和重要性原则考虑，可以忽略不计。

一、有明确金额的流动负债的会计处理

这种流动负债项目又称法定负债，其产生与契约性的交换业务有关，存在书面或口头协议，在特定的日期要向特定的实体提供现金、商品和劳务。负债项目及其金额相当明确。对这种负债项目的会计处理包括确认、计量、报告等方面。

（一）应付账款

应付账款也称为商业性应付账款，指因赊购商品、原料或劳务而产生的债务。应付账款的产生是由于接受劳务或取得资产的时间早于付款时间。赊购条件通常是进货条件的一部分，赊账期一般为 30～60 天不等，习惯表达为"2/10，n/30"或"1/10，EOM"，即业务发生 10 天内付款可有 2%的现金折扣，30 天内付款无折扣；或 10 天内付款，现金折扣为 1%，月末付全价。

应付账款入账时间的确定，应以所购买物资的所有权转移或接受劳务已发生为标志。在实务工作中，应区别情况分别进行处理。

（1）在商品和发票账单同时到达或者发票账单先于商品到达的情况下，应付账款一般待商品验收入库后，才按发票账单登记入账。这主要是为了确认所购入的商品是否在质量、数量和品种上均与合同上订明的条件相符，以免因为先入账而在入库时发现购入物资错、漏、破损等问题再进行调账。但是，如果到了月末仍未收到货物，为了正确反映企业的财务状况，就应根据发票价格登记应付账款，同时记录在途商品。

（2）在商品已到，发票账单未到，无法确定实际成本的情况下，在月份终了，需要按照所购商品和应付债务估计入账，待下月初再用红字予以冲回，以便于下月付款（或开出承兑商业汇票）时，按正常程序根据实际金额借记"原材料"等，贷记"银行存款"（或"应付票据"）。

由于不考虑折现问题，应付账款金额的计量并没有太大困难，因为债权人收到的发票已载明到期日及应清偿的确切金额，唯一必须计算的可能是现金折扣。从理财的角度出发，企业应尽可能利用卖方提供的现金折扣，由此产生了应付账款记录的两种方法：总价法——按照发票价格入账，即以需要支付的最高金额记录应付账款；净价法——按照发票价格扣减现金折扣后的金额入账，即以当前的约当现金额记录应付账款。

由于企业的政策是尽量利用现金折扣，因此采用总价法记账会高估应付账款，而净价法记录的是企业利用现金折扣后实际支付的金额，对应付账款的计量比较准确。采用总价法，当企业实际获得现金折扣时，将其视为一项财务收益，冲减财务费用；采用净价法，一旦企业错过了折扣期限，无法取得现金折扣，就需将丧失的现金折扣作为一种理财损失，计入财务费用，并调整应付账款的账面期末余额。显然，采用净价法可以充分暴露企业经营过程中的效率低下问题，从而引起管理层的重视；而总价法则会掩盖这些问题。尽管总价法存在缺陷，但由于其简单易用，仍然得到广泛地应用。需要注意的是，企业在赊购、赊销业务中对现金折扣的会计处理方法应该是一致的，购货折扣采用净价法，销货折扣也应采用净价法。

【例 10-1】 珠江公司向惠佳商场赊购办公用品一批，发票价格为 5 000 元，现金折扣条件为"2/10，n/30"。折扣期支付货款 4 000 元，余款在折扣期后支付。不考虑增值税。采用两种方法的会计核算比较如表 10-1 所示。

表 10-1　　　　　　　　　　　　　　两种方法的会计核算比较

总价法		净价法	
（1）记录赊购业务		（1）记录赊购业务	
借：低值易耗品	5 000	借：低值易耗品	4 900
贷：应付账款	5 000	贷：应付账款	4 900
（2）记录赊账期内付款		（2）记录赊账期内付款	
借：应付账款	4 000	借：应付账款	3 920
贷：现金	3 920	贷：现金	3 920
财务费用	80		
（3）记录赊账期后的付款		（3）记录赊账期后的付款	
借：应付账款	1 000	借：应付账款	980
贷：现金	1 000	财务费用	20
		贷：现金	1 000

（二）应付票据

应付票据是指因购买商品、劳务、融资或其他交易，所签发的在未来特定日期偿付一定金额的书面承诺。在某些行业，票据（在我国通常指商业汇票）是销货/购货业务的重要文件，也是记账的正式凭证。按照其到期时间的长短，应付票据可区分为短期或长期票据；按照票面有无附息，可分为带息或不带息票据。

1. 带息票据

带息票据的到期值为面值加上根据票面利率计算的应付利息，票据的面值是债务的现值，用于记录流动负债。

【例 10-2】　旭日公司 2019 年 9 月 1 日购入原材料一批，价款 50 000 元，增值税税款 8 000 元，原材料已验收入库。旭日公司签发了一张面额 58 000 元、利率 10%、6 个月期的带息商业票据。相关会计分录如下。

（1）9 月 1 日，原材料入库，签发商业票据。

借：原材料　　　　　　　　　　　　　　　　　　　　　　　　50 000
　　应交税费——应交增值税（进项税额）　　　　　　　　　　　8 000
　　　贷：应付票据　　　　　　　　　　　　　　　　　　　　　58 000

（2）2019 年 12 月 31 日，旭日公司编制调整分录，确认 1 933 元（58 000×10%×4÷12）的利息费用。

借：财务费用　　　　　　　　　　　　　　　　　　　　　　　1 933
　　　贷：应付利息　　　　　　　　　　　　　　　　　　　　　1 933

（3）到期时（2020 年 3 月 1 日），旭日公司清偿票据面额和利息。

借：应付票据　　　　　　　　　　　　　　　　　　　　　　　58 000
　　应付利息　　　　　　　　　　　　　　　　　　　　　　　1 933
　　财务费用　　　　　　　　　　　　　　　　　　　　　　　　967
　　　贷：银行存款　　　　　　　　　　　　　　　　　　　　　60 900

2. 不带息票据

企业也可以签发不带息票据代替带息票据。不带息票据的票面上并不明示利率。但是，由于借款者要在到期日支付较票据签发日所收到现金更多的数额，所以，实际上仍是要付利息的。所谓不附息只是将利息隐含在票据的面值中而已。换句话说，票据的面值就是其到期值，借款者收到的只是相当于票据现值的金额。票据现值等于到期日的票据面额减去利息或是贷款者在贷款期间所要求的折价。折价额反映企业为获得贷款而预付的利息费用。实务中，银行会在发出贷款时先扣除这笔费用，而不是等到票据到期时再扣除。折价额记录在"应付票据贴现（折价）"账户上，该账户的期末余额在资产负债表上列作应付票据的减项，以反映应付票据在资产负债表日的现值。需要说明的是，在我国实务中，企业间签发的不带息票据，实际上是不包含利息的，即票据的面值中并不包含利息。

【例 10-3】　假如 3 月 1 日旭日公司签发了一张面额 208 000 元、4 个月期、不带息的票据给建业银行，此票据的现值为 200 000 元。记录旭日公司该项交易的会计分录如下。

借：库存现金　　　　　　　　　　　　　　　　　　　　　　200 000
　　应付票据贴现　　　　　　　　　　　　　　　　　　　　　8 000
　　　贷：应付票据　　　　　　　　　　　　　　　　　　　　208 000

应付票据以票据面额入账，超过了实际收到的现金 8 000 元。收到现金与票据面额的差额借记"应付票据贴现"。应付票据贴现是应付票据的抵销科目，在资产负债表上应从应付票据中扣除。3 月 1 日的资产负债表如表 10-2 所示。

表 10-2	贴现在资产负债表上的列示	单位: 元
流动负债		
应付票据	208 000	
减: 应付票据贴现	8 000	200 000

本例的贴现 8 000 元是借款 200 000 元 4 个月的成本，是票据流通期间的利息费用，因此，应付票据贴现代表了未来期间的利息费用。所以，不应在取得借款时借记 8 000 元利息费用。假设旭日公司 3 月 31 日做分录，确定当月的利息费用。

借：财务费用（8 000×1÷4） 2 000
    贷：应付票据贴现 2 000

编制该分录后，3 月 31 日旭日公司的资产负债表如表 10-3 所示。

表 10-3	贴现在资产负债表上的列示	单位: 元
流动负债		
应付票据	208 000	
减: 应付票据贴现	6 000	202 000

（三）1 年内或一个营业周期内到期的非流动负债

在下一会计年度到期的公司债务、抵押票据及其他长期债务应列为流动负债。例如，某企业发行的 5 年期公司债券在 2020 年 6 月 10 日到期，企业 2019 年 12 月 31 日编制的资产负债表上就应将这批公司债券列为流动负债。若长期负债在年度内有部分到期，则到期部分应作为流动负债，其余部分仍应列为长期负债。例如，某企业 2018 年 3 月 1 日发行利率为 13%、面值 100 万元的序列债券。这批债券从 2020 年 3 月 1 日起每年用每期 10 万元偿还，直到全部债券清偿完毕。该公司 2019 年 12 月 31 日编制的资产负债表上应列示 10 万元流动负债和 90 万元长期负债。

在下一年度到期的非流动债务，如果出现下面三种情形，则不应列入流动负债：

（1）将动用偿债基金（属非流动资产）加以清偿；
（2）将再融资或发行新债加以清偿；
（3）将债务转换成股本。

因为在上述情形下不会动用流动资产或以其他流动负债清偿，所以将其列为流动负债并不适当。企业清偿这种负债的计划应在财务报表中以附注方式披露。但是，如果负债在债权人提示时即须偿还（如债权人可要求赎回），或债权人于 1 年或一个营业周期内（若营业周期长于 1 年）提示时即须偿还，则仍应列为流动负债。此外，若借款人违反贷款协议，债权人通常可以要求收回负债。例如，大部分贷款合约都订有权益/负债比率的下限或营运资金下限。若违反合约规定，则可用预期公司必须动用的流动资产清偿此项负债，故须将其归类为流动负债。

（四）存入保证金

流动负债还包括向顾客或员工收取的存入保证金。存入保证金可能向客户收取，以保证契约或劳务的履行，或保证偿付未来的债务。例如，宾馆客房会在顾客订房时要求其缴付押金，以防止顾客损坏客房内的设施；也有公司要求员工交付保证金，作为归还其代管钥匙或公司财产的保证。保证金预期归还的时限长短不一，有些 1 年内必须归还，有些可能长期不需退还。按照保证金归还期限的长短，可将存入保证金划分为流动负债或长期负债，并在"其他应付款"账户中记录。

【例 10-4】 华盈公司在销售矿泉水时，向批发商收取 1 000 元的瓶箱押金并存入银行。

借：银行存款　　　　　　　　　　　　　　　　　1 000
　　贷：其他应付款　　　　　　　　　　　　　　　　　1 000

批发商按期归还包装物时，华盈公司应退还 1 000 元押金并做相反的分录。

（五）预收账款

预收账款指企业在销售商品或提供劳务之前，根据合同和契约的条件，向客户预收的部分或全部货款。由于商品尚未销售，劳务尚未提供，所收到的款项不能记作收益，而应划分为负债。常见的预收账款项目有租金、书报订阅费、预收服务费等。只有在企业按照合约要求按时提供商品和劳务以后，预收收益才能转为营业收入，债务责任才能解除。如果实现该项收入所需的时间长于 1 年或一个营业周期（以长者为准），在实现收入的过程中主要使用固定资产，这部分预收账款就应该划分为长期负债。如果实现收入的时间不足 1 年，则应划分为流动负债。具体处理方法为：

（1）当收到预付款时，借记"库存现金"或"银行存款"，贷记"预收账款"，以标明预收收益的来源。

（2）当收益实现时，借记"预收账款"，贷记已赚的收益科目。

【例 10-5】 假设康大中心以每张 50 元的价格卖了 10 000 张足球赛入场券，则售票时的会计分录为。

借：银行存款　　　　　　　　　　　　　　　　　500 000
　　贷：预收账款　　　　　　　　　　　　　　　　　500 000

若共举行了 5 场足球赛，每场球赛结束时，做如下分录。

借：预收账款　　　　　　　　　　　　　　　　　100 000
　　贷：主营业务收入　　　　　　　　　　　　　　　100 000

未赚得的足球入场券收益是预收收益，在资产负债表上列为流动负债。当收益实现时，则应将预收收益转为已实现的收益。如果预收账款收入实现的期限跨越了两个会计期间，在第一个期间的期末需要编制调整分录，确认已实现的收入，以保证在报表上可以准确报告本期实现的收益以及本期的债务余额。

（六）职工薪酬

根据《企业会计准则第 9 号——职工薪酬》（2014）的规定，职工薪酬是指企业为获取职工提供的服务或解除劳动关系而给予的各种形式的报酬或补偿，包括提供给职工配偶、子女、受赡养人、已故员工遗属及其他受益人等的福利。职工薪酬包括短期薪酬、离职后福利、辞退福利和其他长期职工福利。

1. 短期薪酬

短期薪酬主要包括：

（1）职工工资、奖金、津贴和补贴；

（2）职工福利费；

（3）医疗保险费、工伤保险费和生育保险费等社会保险费；

（4）住房公积金；

（5）工会经费和职工教育经费；

（6）短期带薪缺勤；

（7）短期利润分享计划；

（8）其他短期薪酬。

下面通过几个实例分别讲解一般短期薪酬、职工福利、利润分享计划和带薪缺勤的会计处理。

【例 10-6】 佳园集团公司 2019 年 11 月的工资总额为 2 600 万元，其中产品生产工人的工资 1 200 万元，生产部门管理人员工资 400 万元，公司管理人员工资 180 万元，产品销售人员工资 420 万元，在建工程人员工资 400 万元。根据有关规定，佳园集团按职工工资总额的 10% 分别计提医疗保险费及住房公积金。另按职工工资总额的 2% 计提工会经费，按职工工资总额的 1% 计提职工教育经费。佳园公司的相关账务处理如下（不考虑其他因素及所得税影响）。

```
借：生产成本[1 200+1 200（10%+10%+2%+1%）]×10 000        14 760 000
    制造费用[400+400（10%+10%+2%+1%）]×10 000             4 920 000
    管理费用[180+180（10%+10%+2%+1%）]×10 000             2 214 000
    销售费用[420+420（10%+10%+2%+1%）]×10 000             5 166 000
    在建工程[400+400（10%+10%+2%+1%）]×10 000             4 920 000
        贷：应付职工薪酬——工资                            26 000 000
                ——医疗保险费 2 600×10%×10 000            2 600 000
                ——住房公积金 2 600×10%×10 000            2 600 000
                ——工会经费 2 600×2%×10 000                 520 000
                ——职工教育经费 2 600×1%×10 000             260 000
```

另外，企业向职工发放的非货币性职工薪酬（职工福利），常见的形式与相关处理方法如下。

（1）以自产产品或外购商品发放给职工作为福利。企业应按照该产品的公允价值及相关税费作为计量基础（视同销售），计量应计入成本费用的职工薪酬。

（2）将拥有的房产等资产无偿提供给职工使用，或租赁住房等资产供职工无偿使用。企业应根据受益对象，将住房每期的应计提折旧或应付租金确认为应付职工薪酬，同时计入相关资产成本或当期损益。

【例 10-7】 甲公司为一家生产电饭煲的企业，共有职工 500 名，2019 年 6 月决定给每名职工发放一台最新出品的电饭煲作为节日福利。每台电饭煲售价 2 000 元，成本 1 600 元，公司增值税税率 16%，已开具增值税专用发票。500 名员工中管理人员 50 人、生产人员 450 名。相关会计处理如下。

```
借：生产成本                                           1 044 000
    管理费用                                            116 000
        贷：应付职工薪酬——非货币性福利                  1 160 000
```

其中，计入生产成本的职工薪酬=450×2 000×（1+16%）=1 044 000（元）
计入管理费用的职工薪酬=50×2 000×（1+16%）=116 000（元）
同时登记收入和结转成本。

```
借：应付职工薪酬——非货币性福利                         1 160 000
        贷：主营业务收入                                1 000 000
            应交税费——应交增值税（销项税额）              160 000
借：主营业务成本                                         800 000
        贷：库存商品                                     800 000
```

利润分享计划分长期和短期两种，长期利润分享计划在其他长期职工薪酬范畴，短期利润分享计划是企业根据经营业绩或职工贡献等情况提取的奖金。管理层和员工完成计划和相应指标时，会计就借记"管理费用"等，贷记"应付职工薪酬——利润分享计划"。

带薪缺勤分累积带薪缺勤和非累积带薪缺勤。非累积带薪缺勤是指不能结转至下期的带薪缺勤，我国目前的婚假、产假、探亲假、病假期间的工资都属于这种类型，由于非累积缺勤的相关职工薪酬已经在每期向职工发放，不必做额外的会计处理。因此，只有累积带薪缺勤才需要进行特定的会计处理。

【例 10-8】 珠江公司共有 800 名员工，从 2019 年年初开始实行累计带薪缺勤制度。该制度规定，每名员工每年满勤可享受一年 5 个工作日的带薪休假，未使用的可向后递延一年，超过一年的休假权利终止，职工休假时，首先使用当年的权利，不足部分从上年结转的带薪休假中扣除，另外，职工离开公司时，对未使用的累积带薪缺勤无权获得现金支付。

2019 年年末，公司职工平均未休假为 2 天，并且预计 2020 年有 100 名工人将平均休假 6 天，30 名管理人员平均休假为 7 天，其余员工休假都不超过 5 天。工人的年平均工资为每个工作日150 元，管理人员则为 500 元。年末，应计带薪缺勤支付的会计处理如下。

借：生产成本（100×1×150）　　　　　　　　　　　　　　　15 000
　　管理费用（30×2×500）　　　　　　　　　　　　　　　30 000
　　　贷：应付职工薪酬——累积带薪缺勤　　　　　　　　　　　　45 000

注意：上面的实例中，假定 2019 年和 2020 年的工资水平没有发生变化，如果发生变化，需要按 2020 年的实际支付水平进行调整，如果 2019 年能预计 2020 年的实际工资水平，则按 2020 年的工资水平登记累积带薪缺勤成本。

2. 离职后福利

离职后福利是指企业为获取职工提供的劳动而在职工退休或与企业解除劳动关系后，提供的各种形式的报酬和福利，属于短期薪酬和辞退福利的除外。离职后福利通常通过企业与员工签订一个协议或制定一个相应的办法，这个协议或办法就称为离职后福利计划。离职后福利计划分设定提存计划和设定受益计划两种，前者是企业向独立的基金缴存固定费用后，不再承担进一步的支付义务，员工退休后的所得以此为限；后者是企业保障职工退休后的一定福利水准，因价格等因素造成的支付风险由企业承担。

【例 10-9】 接【例 10-6】，佳园集团公司 2019 年 11 月发放当月工资时，除了计提医疗保险费及住房公积金等外，还按工资总额的 20%计提基本养老保险费。佳园公司实行的是设定提存计划，相关账务处理如下（不考虑其他因素及所得税影响）。

借：生产成本 1 200×20%×10 000　　　　　　　　　　　　　2 400 000
　　制造费用 400×20%×10 000　　　　　　　　　　　　　　800 000
　　管理费用 180×20%×10 000　　　　　　　　　　　　　　360 000
　　销售费用 420×20%×10 000　　　　　　　　　　　　　　840 000
　　在建工程 400×20%×10 000　　　　　　　　　　　　　　800 000
　　　贷：应付职工薪酬——设定提存计划　　　　　　　　　5 200 000

目前国际上两种计划都存在，但以设定提存为主导。我国目前基本以设定提存计划为主，设定受益计划只占极少数。由于设定受益计划的核算比较复杂，另外在我国实务中运用非常少，所以设定受益会计的核算讲解作为附录附于本章后面，老师根据实际情况确定讲述与否。

3. 辞退福利

辞退福利是指企业在职工劳动合同到期之前解除与职工的关系，或者为鼓励职工自愿接受裁减而给予职工的补偿。辞退福利作为单独一类职工薪酬进行会计处理。需要注意的是，要区分辞退福利和正常的退休养老金。辞退福利本质上是一种补偿，是因为辞退事项（提前终止劳动雇佣关系）而引发的。对我国普遍存在的"内退"，正式退休日之前应当比照辞退福利处理，正式退休日之后，则按离职后福利进行处理。

确定辞退补偿金额后，借方登记"管理费用"，贷方登记"应付职工薪酬——辞退福利"。

4. 其他长期职工福利

其他长期职工福利是指上述三项以外的其他所有职工福利，包括长期带薪缺勤、其他长期服务福利、长期残疾福利、长期利润分享计划和长期奖金计划等。除了相应的会计处理外，其他长期职工福利应该在报告期末，将其成本确认为这几个部分：服务成本、其他长期职工福利净负债或净资产所产生的利息净额、重新计量其他长期职工福利净负债和净资产所产生的变动。

（七）短期借款及交易性金融负债

企业出于经营周转的需要，向金融机构或其他单位借入的偿还期在 1 年以内的各种借款统称短期借款；为筹资发行的不超过 1 年（含 1 年）的债券为短期债券。企业在经营过程中，有时会出现资金的暂时性短缺。向银行和其他金融机构、单位、个人申请贷款，可以缓解资金的周转困难，保证生产经营的顺利进行。

短期借款的会计处理涉及本金和利息的记账问题。由于借款期限不长，实务上设立"短期借款"账户，取得借款时，在该账户的贷方记录短期借款的本金数额及借款的增加额，借方记录借款的减少额，贷方余额表示尚未归还的各项借款数额。短期借款的利息应当按月预提计入财务费用和预提费用。

企业承担的交易性金融负债，按实际收到的金额，借记"银行存款"等，按发生的交易费用，借记"投资收益"，按其公允价值，贷记本科目。资产负债表日，按交易性金融负债票面利率计算的利息，借记"投资收益"，贷记"应付利息"。同时，按其市场调整账面价值，分别登记"公允价值变动损益"和"交易性金融负债（公允价值变动）"科目。

二、金额取决于企业经营结果的流动负债

金额视企业经营结果而定的流动负债有各种应交税费（如增值税、消费税、所得税、教育费附加等）、应付利润或应付股利等。

企业取得营业收入、实现利润以及从事其他应税项目，要按照规定向国家缴纳各种税费，具体包括增值税、消费税、所得税、资源税、土地增值税、城市维护建设税、房产税、土地使用税、车船使用税、教育费附加等。这些应交的税费，要按权责发生制的原则预提记入有关科目。在尚未缴纳之前，这些应交税费暂时停留在企业，形成企业的一项负债。此外，企业还以代理人身份代理国家向消费者征收某些税金，然后再上缴国家，如个人所得税等。这种代扣代缴的税金，在上缴国家之前也形成企业的一项负债。

（一）应交增值税

根据 2017 年修订的《中华人民共和国增值税暂行条例》第一条，在我国境内销售货物或者加工、修理修配劳务，销售服务、无形资产、不动产以及进口货物的单位和个人，为增值税的纳税人，应当依照本条例缴纳增值税。增值税是实行税款抵扣制的一种流转税。从计税原理上看，增值税是对商品生产和流通中各环节的新增价值或商品附加价值进行征税，所以叫作"增值税"。在实际操作中，采用间接计算方法，即从事货物销售以及提供应税劳务的纳税人，要根据货物或应税劳务销售额，按照规定的税率计算税额，然后从中扣除上一道环节已纳增值税税款，其余额即为纳税人应缴纳的增值税税款。

增值税的纳税人分为一般纳税人和小规模纳税人。一般纳税人和小规模纳税人应纳增值税额的计算方法有所不同。下面先对一般纳税人应交增值税的会计处理进行介绍。

根据我国税法规定，增值税的一般纳税企业具有以下特点：（1）可以使用增值税专用发票，企业销售货物或提供劳务可以开具增值税专用发票；（2）购入货物取得的增值税专用发票上注

明的增值税额可以用销项税额抵扣，当期销项税额小于当期进项税额不足抵扣时，其不足部分可以结转至下期抵扣；（3）如果企业销售货物或提供劳务采用销售额和销项税额合并定价方法的，应按"销售额=含税销售额÷（1+税率）"这一公式还原为不含税销售额，并按不含税销售额计算销项税额。

1. 科目及账户的设置

按照《增值税会计处理规定》（2016），一般纳税企业应当在"应交税费"科目下设置"应交增值税""预交增值税"和"未交增值税"等明细科目进行核算①。"应交增值税"明细科目的借方发生额，反映企业购进货物、加工修理修配劳务、服务、无形资产或不动产而支付或负担的进项税额、因扣减销售额而减少的销项税额、实际已缴纳的增值税和月末转出的当月应缴未缴的增值税额；贷方发生额反映企业销售货物、加工修理修配劳务、服务、无形资产或不动产应收取的销项税额、出口企业收到的出口退税、进项税额转出和转出多缴增值税额等。"未交增值税"明细科目的借方发生额，反映企业月末转入的多缴或预缴的增值税以及当月交纳以前期间未缴的增值税；贷方发生额反映企业月末转入的当月发生的应缴未缴增值税；期末借方余额反映多缴或预缴的增值税，贷方余额反映未缴的增值税。"预交增值税"明细科目的借方发生额反映企业转让不动产、提供不动产经营租赁服务、提供建筑服务、采用预收款方式销售自行开发的房地产项目等，以及其他按现行增值税制度规定应预缴的增值税额；该发生额月末从贷方转入"未交增值税"明细科目的借方。

为了详细核算企业应缴增值税的计算、解缴和抵扣等情况，企业应在"应交增值税"明细科目下分别设置"进项税额""销项税额""已交税金""进项税额转出""转出未交增值税""转出多交增值税"等专栏。

2. 增值税的账务处理

（1）一般购销业务。一般纳税企业在购进货物、加工修理修配劳务、服务、无形资产或不动产时，账务处理实行价税分离，根据增值税专用发票上注明的增值税和价款，将价款计入购入货物的成本，将增值税额计入进项税额。在销售货物、加工修理修配劳务、服务、无形资产或不动产时，销售价格中不含税，如果定价时含税，应还原为不含税价格作为销售收入，向购货方收取的增值税作为销项税额。

（2）购入免税产品。按照《增值税暂行条例》的规定，对农业生产者销售的自产农业产品等项目免征增值税。企业购进免税产品，一般情况下不能扣税。但对于购入的免税农产品、收购废旧物资等，可以按买价（或收购金额）和规定的扣除率计算进项税额，并准予从销项税额中扣除。在会计核算上，一是按购进免税农产品有关凭证上确定的金额（买价）扣除按规定的扣除率计算的进项税额，作为购进农产品（或收购废旧物资）的成本；二是扣除的部分作为进项税额，待以后用销项税额抵扣。

另外，一般纳税企业外购货物所支付的运输费用，以及一般纳税企业销售货物所支付的运输费用（不包括代垫运费），可按运费结算单据所列运费金额，按规定的扣除率计算进项税额予以抵扣。账务处理也比照上述购入免税产品进行。

（3）进项税额不予抵扣的项目。按照《增值税暂行条例》（2017）及其实施细则的规定，下列项目的进项税额不得从销项税额中抵扣：用于简易计税方法计税项目、免征增值税项目、集体福利或者个人消费的购进货物、劳务、服务、无形资产和不动产；非正常损失的购进货物，以及相关的劳务和交通运输服务；非正常损失的在产品、产成品所耗用的购进货物（不包括固

---

① 按照《增值税会计处理规定》（2016），一般纳税人应当在"应交税费"科目下设置"应交增值税""未交增值税""预交增值税""待抵扣进项税额""待认证进项税额""待转销项税额""增值税留抵税额""简易计税""转让金融商品应交增值税""代扣代交增值税"等明细科目。

定资产）、劳务和交通运输服务；国务院规定的其他项目。

购入货物、劳务、服务、无形资产和不动产时即能认定其进项税额不能抵扣的，如购入货物直接用于简易计税方法计税项目，或者直接用于免征增值税项目，或者直接用于集体福利和个人消费的，其增值税专用发票上注明的进项税额，计入购入货物、劳务、服务、无形资产和不动产的成本。

购入货物、劳务、服务、无形资产和不动产时不能直接认定其进项税额能否抵扣的，其增值税专用发票上注明的增值税额，按照增值税会计处理方法记入"应交税费——应交增值税（进项税额）"科目，如果这部分购入货物以后用于按规定不得抵扣进项税额项目的，应将原已计入进项税额并已支付的增值税转入有关的承担者予以承担，通过"应交税费——应交增值税（进项税额转出）"科目转入有关的"在建工程""应付福利费""待处理财产损溢"等科目。

（4）视同销售的行为。按照《增值税暂行条例实施细则》的规定，对于企业将货物交付他人代销，销售代销货物，将自产或委托加工的货物用于非应税项目、集体福利或个人消费，将自产、委托加工或购买的货物作为投资、分配给股东或投资者等行为，视同销售货物，需计算缴纳增值税，开具增值税专用发票。

（5）上缴增值税。企业按规定期限申报缴纳增值税后，应借记"应交税费——应交增值税（已交税金）"，贷记"银行存款"。

（6）转出多缴或未缴增值税。月份终了，企业应将当月发生的应缴未缴增值税额转出，借记"应交税费——应交增值税（转出未交增值税）"，贷记"应交税费——未交增值税"；或将当月多交的增值税额，借记"应交税费——未交增值税"，贷记"应交税费——应交增值税（转出多交增值税）"。未缴增值税在以后月份上缴时，借记"应交税费——未交增值税"，贷记"银行存款"；多缴的增值税在以后月份退回或抵缴当月应缴增值税时，借记"银行存款"或"应交增值税（已交税金）"，贷记"应交税费——未交增值税"。

为了完整地了解增值税①会计处理的全过程，下面举一实例进行说明。

【例10-10】 珠江公司2019年8月未缴增值税为50 000元，本月发生如下经济业务。

（1）9月1日购进免税农产品一批，共计100 000元，货款已付，免税农产品按10%进行抵扣。

（2）9月5日购进甲材料600 000元，同时支付运费50 000元，货款未付。

（3）9月8日销售商品400 000元，货款已收，同时支付运费30 000元②。

（4）9月9日缴纳上月未交增值税。

（5）9月15日将购进的价值100 000元的甲材料用于在建工程。

（6）9月25日销售商品100 000元，货款已收。

（7）9月28日将账面价值为300 000元的材料向乙企业进行投资，投资额以成本计算，计税价格为350 000元。

（8）9月30日将尚未缴纳的增值税转入"应交税费——未交增值税"科目，填列"应交增值税"明细表（见表10-4）。

珠江公司会计处理如下。

（1）9月1日购进农产品。

借：物资采购——农产品　　　　　　　　　　　　　　90 000
　　应交税费——应交增值税（进项税额）　　　　　　10 000
　　贷：银行存款　　　　　　　　　　　　　　　　　　　　100 000

---

① 2018年3月28日，国务院常务会议讨论通过《国务院工作规则》。会议决定，自2018年5月1日起，将制造业等行业增值税税率从17%降至16%，将交通运输、建筑、基础电信服务等行业及农产品等货物的增值税税率从11%降至10%。2018年4月4日，财政部正式出台《关于调整增值税税率的通知》，将原适用17%和11%税率的分别调整为16%和10%。
② 运费扣除率的最新规定为10%，详见财税〔2018〕32号文《关于调整增值税税率的通知》（2018年4月4日）。

（2）9月5日购进甲材料。

借：物资采购——甲材料[600 000+50 000×（1-10%）]　　　　　645 000

应交税费——应交增值税（进项税额）（600 000×16%+50 000×10%）　101 000

贷：银行存款　　　　　　　　　　　　　　　　　　　　　50 000

应付账款　　　　　　　　　　　　　　　　　　　　696 000

（3）9月8日销售商品。

借：银行存款　　　　　　　　　　　　　　　　　　　　　　　464 000

应交税费——应交增值税（进项税额）（30 000×10%）　　　　3 000

销售费用（30 000-3 000）　　　　　　　　　　　　　　　27 000

贷：主营业务收入　　　　　　　　　　　　　　　　　　　400 000

应交税费——应交增值税（销项税额）（400 000×16%）　　64 000

银行存款　　　　　　　　　　　　　　　　　　　　30 000

（4）9月9日缴纳上月未交增值税。

借：应交税费——未交增值税　　　　　　　　　　　　　　　　50 000

贷：银行存款　　　　　　　　　　　　　　　　　　　　　50 000

（5）9月15日工程用料。

借：在建工程　　　　　　　　　　　　　　　　　　　　　　　100 000

贷：原材料——甲材料　　　　　　　　　　　　　　　　　100 000

（6）9月25日销售商品。

借：银行存款　　　　　　　　　　　　　　　　　　　　　　　116 000

贷：主营业务收入　　　　　　　　　　　　　　　　　　　100 000

应交税费——应交增值税（销项税额）（100 000×16%）　　16 000

（7）9月28日以原材料进行投资。

借：长期股权投资　　　　　　　　　　　　　　　　　　　　　356 000

贷：原材料　　　　　　　　　　　　　　　　　　　　　　300 000

应交税费——应交增值税（销项税额）（350 000×16%）　　56 000

（8）9月30日结转。

借：应交税费——应交增值税（转出未交增值税）　　　　　　　22 000

贷：应交税费——未交增值税　　　　　　　　　　　　　　22 000

表10-4　　　　　　　　　　　　应交增值税明细表

编制单位：珠江公司　　　　　　　　2019年9月　　　　　　　　单位：元

项目	行次	本月数	本年累计数
一、应交增值税			（略）
1. 年初未抵扣数（负数）			
2. 销项税额		136 000	
出口退税			
进项税额转出			
转出多交增值税			
3. 进项税额		114 000	
已交税金			
减免税款			
出口抵减内销产品应纳税额			

续表

项目	行次	本月数	本年累计数
转出未交增值税		38 000	
4. 期末未抵扣数（负数）			
二、未交增值税		22 000	
1. 期初未交数		50 000	
2. 本期转入数		22 000	
3. 本期已交数		50 000	
4. 期末未交数		22 000	

小规模纳税人是指年销售额未达到规定的标准，而且会计核算不健全，不能按规定报送有关税务资料的纳税人。[①]此外，非企业性单位以及不经常发生应税行为的企业及个人，也视同小规模纳税人。小规模纳税企业的特点有：（1）小规模纳税企业销售货物或者提供应税劳务，一般情况下，不能开具增值税专用发票，只能开具普通发票；（2）小规模纳税企业销售货物或者提供应税劳务，实行简易办法，按规定的征收率（3%）计算应纳税额，计算公式如下。

应纳税额＝销售额×征收率

其中销售额为不含税销售额。

根据上述特点，小规模纳税企业在购入货物时无论是否取得增值税专用发票，其支付的增值税额均不计入进项税额，不得由销项税额抵扣，而计入购入货物的成本。相应地，其他企业从小规模纳税企业购入货物或应税劳务支付的增值税额，如果不能取得增值税专用发票，也不能作为进项税额抵扣，而应计入购入货物或应税劳务的成本。其次，小规模纳税企业的销售收入按不含税价格计算。另外，小规模纳税企业只需设置"应交增值税"明细科目，无须对其设置"进项税额""销项税额"等专栏；除了"应交增值税"明细科目，"应交税费"科目下也不需要设置除"转让金融商品应交增值税""代扣代交增值税"外的明细科目。

【例 10-11】 某企业被核定为小规模纳税企业。本月购入原材料，增值税专用发票上记载的原材料成本为 800 000 元，支付的增值税税额为 136 000 元，企业开出转账支票，材料尚未运到；该企业本期销售产品，含税价格为 1 545 000 元，货款尚未收到。假设企业适用的征收率为3%。根据上述经济业务，企业应做如下会计分录。

（1）购进货物时。

借：原材料   936 000
  贷：应付票据   936 000

（2）销售产品时。

不含税价格＝1 545 000÷（1+3%）=1 500 000（元）

应交增值税额＝1 500 000×3%=45 000（元）

借：应收账款   1 545 000
  贷：主营业务收入   1 500 000
    应交税费——应交增值税   45 000

（3）上缴本月应纳增值税 45 000 元时。

借：应交税费——应交增值税   45 000
  贷：银行存款   45 000

---

① 财税〔2018〕32 号文《关于调整增值税税率的通知》，将工业企业和商业企业小规模纳税人的年销售额标准由50 万元和80 万元上调至 500 万元，并在一定期限内允许已登记为一般纳税人的企业转登记为中小规模纳税人。

（二）应交消费税

为了调节消费结构，正确引导消费方向，国家在普遍征收增值税的基础上，选择对部分消费品，如烟、酒、鞭炮、化妆品、贵重首饰、汽油、柴油、小轿车、摩托车等，再征收一道消费税。消费税的征收采取从价定率和从量定额两种方法。实行从价定率办法计算的应纳税额的税基为销售额，这里的销售额包括向购买方收取的全部价款和价外费用，但不包括应向购货方收取的增值税税款。

消费税实行价内征收，企业按规定应缴的消费税，在"应交税费"科目下设置"应交消费税"明细科目核算。企业销售需要缴纳消费税的产品时，按照应缴消费税额，借记"税金及附加"，贷记"应交税费——应交消费税"。企业以生产的商品对外投资、用于在建工程、非生产机构等其他方面，按规定应缴纳的消费税，借记"长期股权投资""固定资产""在建工程""营业外支出"等，贷记"应交税费——应交消费税"。

需要缴纳消费税的委托加工物资，由受托方代收代缴税款（委托加工或翻新改制金银首饰按规定由受托方缴纳消费税除外）。受托方按应缴税款金额，借记"银行存款"等，贷记"应交税费——应交消费税"。委托加工物资收回后，直接用于销售的，将代收代缴的消费税款计入委托加工物资的成本，借记"委托加工物资"等，贷记"银行存款"等；待委托加工物资销售时，不再缴纳消费税。委托加工物资收回后用于连续生产的，按规定准予抵扣的，将代收代缴的消费税款，借记"应交税费——应交消费税"，贷记"银行存款"等，待用委托加工物资生产出应纳消费税的产品销售时，再缴纳消费税。

【例 10-12】 珠江公司 2019 年 10 月销售 80 件某商品，每件销售价格 15 000 元（不含增值税额），货款尚未收到。每件商品的成本为 8 000 元，增值税税率为 16%，消费税税率为 10%。根据这项经济业务，企业应做如下会计处理。

应向购买方收取的增值税税额=15 000×80×16%=192 000（元）

应缴纳的消费税=15 000×80×10%=120 000（元）

借：应收账款	1 392 000
贷：主营业务收入	1 200 000
应交税费——应交增值税（销项税额）	192 000
借：税金及附加	120 000
贷：应交税费——应交消费税	120 000
借：主营业务成本	640 000
贷：库存商品	640 000

（三）应交所得税

企业在年末确定当期的应税所得后，应根据国家规定的税率计算缴纳所得税。由于税法与会计准则的规定存在一定差异，会计账面核算得出的利润总额往往不等于应税所得额。企业需要根据税法的要求将前者调整为应税利润后，再计算确定应交所得税。

实务中，税务机关对所得税的处理采用按年计征、分期预缴、年终清缴、多退少补的方法。企业根据上一会计期间或中期报表的收入数据估算当期应交所得税，在规定期限内申报。期末再按照本期实现的实际应税所得计算应交所得税，并做相应调整。预交所得税时按实际交付额借记"预交所得税"，贷记"银行存款"；调整时应交税额记入"应计所得税"账户，应交额与预交额之间的差额记入"应交税费——应交所得税"账户。有关所得税的详细核算在第十四章进行讲述。

（四）其他应交税费

1. 资源税

资源税是对在我国境内从事资源开采的单位和个人征收的一种税。为了促进资源行业持续健康发展，推动经济结构调整和发展方向转变，2016 年 5 月我国财政部出台《关于全面推进资源税改革的通知》，全面实施清费立税，实施矿产资源税从价计征改革，对不同资源品目实施不同的资源税税率。[①]企业按规定计算应缴资源税时，借记"税金及附加"，贷记"应交税费——应交资源税"；实际缴纳时，借记"应交税费——应交资源税"，贷记"银行存款"等。

2. 土地增值税

土地增值税是对有偿转让国有土地使用权及地上建筑物和其他附着物产权、取得增值性收入的单位和个人征收的一种税。

土地增值税实行超率累进税率，不超过 50%的部分税率为 30%，超过 200%的部分税率为 60%。企业转让房地产的增值额，是纳税人转让房地产的收入减除税法规定的扣除项目金额后的余额。计算增值额的扣除项目有：（1）取得土地使用权所支付的金额；（2）开发土地的成本、费用；（3）新建房及配套设施的成本、费用，或者旧房及建筑物的评估价格；（4）与转让房地产有关的税金；（5）财政部规定的其他扣除项目。

缴纳土地增值税的企业应在"应交税费"科目下增设"应交土地增值税"明细科目进行核算。主营房地产业务的企业，应由当期营业收入负担的土地增值税，借记"税金及附加"，贷记"应交税费——应交土地增值税"。兼营房地产业务的企业，应由当期营业收入负担的土地增值税，借记"其他业务支出"，贷记"应交税费——应交土地增值税"。企业转让的国有土地使用权连同地上建筑物及其附着物一并在"固定资产"或"在建工程"科目核算的，转让时应缴纳的土地增值税，借记"固定资产清理""在建工程"，贷记"应交税费——应交土地增值税"。企业缴纳土地增值税时，借记"应交税费——应交土地增值税"，贷记"银行存款"。

3. 城市维护建设税

城市维护建设税是对从事工商经营，缴纳增值税、消费税的单位和个人征收的一种税。城市维护建设税根据城镇规模设计税率，以企业实际缴纳的增值税、消费税为纳税依据，纳税人所在地为市区的，税率为 7%，纳税人所在地为县城、建制镇的，税率为 5%，纳税人所在地不在市区、县城或建制镇的，税率为 1%。在会计核算上，企业按规定计算出的城市维护建设税，借记"税金及附加""其他业务支出"等，贷记"应交税费——应交城市维护建设税"；实际上缴时，借记"税金及附加"，贷记"银行存款"。

4. 房产税、土地使用税、车船使用税

房产税是以房屋为征税对象，按房屋的计税余值或租金收入为计税依据，向产权所有人征收的一种财产税。房产税具有以下特点：第一，房产税征收范围限于城镇的经营性房屋；第二，区别房屋的经营使用方式规定征税办法，对自用的房屋按房产计税余值征收，对出租、出典的房屋按租金收入征税。其中，计税余值是指按房产原值一次减除 10%～30%后的余额，相应地实行两档税率。

城镇土地使用税是以征收范围内的土地为征税对象，按规定税额对拥有土地使用权的单位和个人征收的一种税。城镇土地使用税的征收范围是城市、县城、建制镇、工矿区，以实际占用的土地面积为计税依据，实行差别幅度税额，即"应纳税额=计税土地面积×适用税额"。

---

① 该改革将以前征收的矿产资源补偿费等收费基金（原计入"管理费用"）并入资源税。不同资源所征收的资源税税率详见财税〔2016〕53 号文《关于全面推进资源税改革的通知》（2016 年 5 月 9 日）中列示的《资源税目税率幅度表》。

車船使用税是对拥有并使用车船的单位和个人征收的一种税，按照行驶车船的种类、大小、使用性质实行定额征收。车船使用税就行驶的车船征税，不行驶的车船不征税。

企业按规定计算应缴的房产税、土地使用税、车船使用税，借记"税金及附加"，贷记"应交税费——应交房产税、土地使用税、车船使用税"。实际缴纳时，借记"应交税费"，贷记"银行存款"。

5. 教育费附加

教育费附加是为发展教育事业而征收的一项费用，以各单位和个人实际缴纳的增值税、消费税的税额为计征依据，分别与增值税、消费税同时缴纳。教育费附加费率为3%~5%，具体由省、自治区、直辖市人民政府确定执行。应交教育费附加额的计算公式为：教育费附加额=（增值税税额+消费税税额）×教育费附加费率。在会计核算上，企业按规定计算出的教育费附加，借记"税金及附加""其他业务支出"，贷记"应交税费——应交教育费附加"。

（五）应付利润或应付股利

1. 应付利润

企业为了扩大经营规模，获取更多的利润，往往会采取接受外单位投资或联营投资的方式。企业根据投资、联营的合同、协议，每期将一部分实现的利润支付给投资者或联营企业。相关利润未支付以前，构成企业的一项流动负债。向投资者分配利润是企业税后利润分配的最后一项，应设置"应付利润"账户进行核算。决定向投资者支付利润时，借记"利润分配——未分配利润"，贷记"应付利润"。

2. 应付股利

应付股利实际上是应付利润的一种形式，对非股份制企业而言，利润分配就是应付利润；对股份制公司而言，就称为应付股利。应付股利指经公司董事会决议宣布的待分配现金股利、财产股利。在股利宣布日，公司即确认负债，同时企业未分配利润减少。由于现金股利往往在宣布后1年内发放，所以应列为流动负债，记录在"应付股利"账户。这些负债应在企业的股利支付日予以清偿。

累积优先股尚未宣布的股利不应列为负债。因为优先股的积欠股利必须在董事会决议通过盈余分配方案，并正式宣布后，才会成为公司的负债。不过，累积优先股积欠股利的余额仍应在报表附注中加以披露。

此外，待分配的股票股利不应列为负债，因为公司不会因股票股利而在未来支付资产或提供劳务。待分配的股票股利通常列示在股东权益项下，代表部分留存收益被转为投入资本。

三、需要估计金额的流动负债

这种债务责任也称估计负债，或预计负债。它们同或有负债一样具有不确定性，但程度不同。预计负债的债务责任是肯定的，已经被承认，需要确定的只是金额，如产品质量担保、未决诉讼与未决仲裁等。为了区别这种估计负债与一般流动负债，《企业会计准则第13号——或有事项》（以下简称或有事项准则）将这种负债称为预计负债。或有负债的债务责任的金额确定还不能满足计量可靠性的标准，一般只需披露说明。由于有关预计负债的会计处理与或有负债的披露都在或有事项准则中一起出现，有关预计负债的会计处理将在下一节或有事项中集中讨论。

216

第三节

或有事项

一、或有事项的定义与特征

根据或有事项准则的定义，或有事项是指由过去的交易或事项形成的，其结果须通过未来不确定事项的发生或不发生才能决定的不确定事项。或有事项具有以下特征。

或有事项的会计处理、披露与分析

（1）由过去的交易或事项形成。或有事项源于企业过去的交易或事项，是在资产负债表日就存在的一种状况。例如，产品质量担保是企业对已售出商品或已提供劳务的质量提供的保证，不是为尚未出售商品或尚未提供劳务的质量提供的保证。未决诉讼虽是正在进行中的诉讼，但它是企业因过去的经济行为起诉其他单位或被其他单位起诉引起的；反之，未来可能发生的自然灾害、未来可能发生的交通事故、未来可能发生的经营亏损等事项不是或有事项。

（2）或有事项的结果具有不确定性。或有事项的不确定性包括事项是否发生不能确定，发生的具体时间不能确定，发生的金额不能确定。例如，一家排污不达标的造纸厂，可能随时面临被起诉的风险，什么时候被起诉，以及被诉后要求赔偿的金额都是不确定的。

（3）或有事项的结果只能由未来事项的发生或不发生来确定。或有事项的不确定性，只有在未来不确定事项发生或不发生时才会消失，或有事项随之转化为确定事项。如上面提到的造纸厂，最后是否形成一项负债，关键要看是否有人起诉这家工厂。

（4）影响或有事项结果的不确定因素不能由企业控制。或有事项的不确定性，从侧面说明企业无法控制影响或有事项结果的不确定因素。

对或有事项的会计处理应遵循谨慎性原则，因而首先要区分或有事项是使企业承担了义务（不利事项），还是使企业形成了潜在的资产（有利事项）。前者可能会形成一项负债，后者可能会形成一项资产，即所谓的或有负债和或有资产。

或有资产指过去的交易或事项形成的潜在资产，其存在须通过未来不确定事项的发生或不发生予以证实。根据稳健性原则，或有资产一般不予以确认，当或有资产发生可能性很高时，应该在财务报表的附注上加以揭示。典型的或有资产包括：（1）可能获得的赠品、捐赠、红利；（2）可能获得的政府退税款；（3）最终判决可能是有利结果的法律诉讼案等。

或有负债指过去的交易或事项形成的潜在义务，其存在须通过未来不确定事项的发生或不发生予以证实；或过去的交易或事项形成的现时义务，履行该义务不是很可能导致经济利益流出企业或该义务的金额不能可靠地计量。

按照稳健性原则，因或有事项而使企业承担责任（或有负债）的可能性很高时，需要在"预计负债"这一科目中加以确认；而当这种发生的可能性不高时，只需在报表附注中进行披露。

二、预计负债的确认和计量

（一）预计负债的确认

或有事项的不确定性表现为结果的不确定性、金额的不确定性或时间的不确定性。或有事项发生的可能性程度大小，或有事项的金额能否被合理估计，会直接影响到对或有负债所做的会计处理。对或有事项发生概率可能性的判断，较通用的比例为：

基本确定，发生概率介于 95%～99%；

很有可能，发生概率介于 50%～95%；

有可能，发生概率介于 5%～50%；

极小可能，发生概率介于 0～5%。

根据《企业会计准则第 13 号——或有事项》的规定，因或有事项而产生的义务同时符合以下条件时，企业应将其确认为预计负债。

（1）该义务是企业承担的现时义务，指已有信息表明该项义务在资产负债表日已经发生，而无须知道具体的偿付日期或确切的收款人。法律要求企业必须履行该项义务，或是其他有关各方合理预期企业应当履行该项义务。因此，企业对该项义务的履行已无其他现实选择。

（2）该义务的履行很可能导致经济利益流出企业，根据或有事项准则的规定，这里的"很可能"是指发生的可能性"大于 50%但小于或等于 95%"。

（3）该义务的金额能够可靠计量。由于或有事项具有不确定性，这里，"可靠"计量的含义应为可以合理估计。例如，甲企业涉及一桩诉讼案，如果根据以往的审判案例推断，该企业很可能败诉，相关的赔偿金额也可以估算一个范围，在这种情况下，该企业应将这一诉讼确认为一项预计负债；但如果没有以往的案例作为参照，赔偿的金额也无法估计，那么，即使该企业很可能败诉，也不能将其确认为一项负债。

由于上述条件的运用仍然带有一定的主观性，因此在实践中，或有事项的确认和披露存在相当大的差异。表 10-5 列示了几项主要的或有事项及其会计处理方式。

表 10-5　　　　　　　　　　　　　　　或有事项及其会计处理

与下列各项有关的或有损失	通常确认	不确认	可能确认
1. 无法收回的应收账款*	×		
2. 与产品保证有关的责任	×		
3. 向顾客提供的赠品	×		
4. 因火灾或其他自然灾害使企业财产遭受损失的风险		×	
5. 一般性经营风险		×	
6. 保险公司对被保财产因自然灾害而赔偿的风险		×	
7. 未决诉讼			×
8. 为他人提供债务担保			×
9. 商业银行对"备用信用证"承担的风险			×
10. 重新购回已让售应收账款或相关财产的协议			×
11. 实际或可能的索赔或摊派			×

*在我国，无法收回的应收账款不属于《企业会计准则第 13 号——或有事项》规范的范围。

（二）预计负债的计量

预计负债的计量主要涉及两个问题：一是最佳估计数的确定；二是预期可获得的补偿金额的处理。

1. 最佳估计数的确定

由于或有事项存在金额上的不确定性，因此，对或有事项进行计量时必须确定一个最佳估计数。若所需支出存在一个金额范围，且该范围内各种结果发生的可能性相同，则最佳估计数为该范围的上下限金额的平均值。若所需支出不存在一个金额范围，或有事项只涉及单个项目，则最佳估计数为最可能发生的金额；涉及多个项目时，最佳估计数按各种可能发生额及其发生概率计算确定。企业在计量预计负债时，应充分考虑与或有事项有关的风险与不确定性，考虑相关未来事项（如技术的进步、相关法规的出台等）对预计负债金额的影响。若相关期间跨度较大，则需要考虑货币时间价值的影响，应将未来现金流折现后，再确定最佳估计数。

下面举两个例子对应说明最佳估计数的确定。

【例 10-13】 假设上面提到的甲企业败诉后赔偿的金额在 100 万～120 万元，那么，该企业预计负债金额的最佳估计数为该范围的上下限金额的平均值，即 110 万元。

假设甲企业这一诉讼既有胜诉的可能，也有败诉的可能，前者发生的概率为 30%，后者发生的概率为 70%。如果败诉，赔偿金额为 200 万元。在这种情况下，甲公司应确认的预计负债（最佳估计数）应为可能发生的金额 200 万元。

【例 10-14】 2019 年 1 月，珠江公司销售乙产品 2 000 件，金额 2 000 万元。珠江公司规定的乙产品质量免费保修期为 3 年，根据以往的经验，在销售的第一年，有 85%的产品不会出现质量问题；10%的产品会出现较小的问题，修理费为销售额的 2%；5%的产品会出现较大的问题，修理费为销售额的 5%。在此情形下，珠江公司在产品出售的第一年应计提的产品质量保证预计负债的金额为：

（2 000×2%）×10%+（2 000×5%）×5%=9（万元）

2. 预期可获补偿的处理

如果清偿因或有事项而确认的负债所需支出的全部或部分预期由第三方或其他方补偿，补偿的金额只能在基本确定能收到时作为资产单独确认，并且确认的补偿金额不能超过所确认负债的账面价值。

可获补偿的情况通常有：发生了交通事故，企业可从保险公司获得补偿；在某些索赔诉讼中，企业可通过反诉对索赔人或第三方提出索赔要求；在债务担保中，企业在履行担保义务的同时，向被担保企业提出额外的追偿要求。

将获得的补偿作为一项资产进行确认时，必须满足这种获得补偿的可能性大于 95%但小于 100%的要求，在实际确认时，要单独将其确认为一项资产，不能与预计负债相抵消。如果某企业因一起交通事故估计需要赔偿 80 万元，同时，该企业可从保险公司获得 30 万元的补偿，这项补偿基本能够确定。这种情况下，该企业应一方面确认一项预计负债 80 万元，另外确认一项资产 30 万元，而不能只确认一项 50 万元的负债。但假设该企业可从保险公司获得 85 万元的赔偿，则只能确认 80 万元的资产。

企业完成初始计量后，应在资产负债表日对预计负债的账面价值进行检查。如有客观证据表明，该账面价值已不能真实反映最佳估计数，则应进行相应的调整，将差额转入损益账户。

（三）预计负债的会计处理举例

1. 产品质量担保

产品质量担保负债的会计处理有两种方法。一是设置"预计负债——产品质量保证"账户，贷方记录预计负债额，借方记录可能发生的修理金额；二是不设置"产品质量担保负债"账户，在维修费用实际发生时直接确认为本期费用。这种方法显然不符合配比原则，但简单易用，可用于保修期短、保修费用低、返修率低的产品。

【例 10-15】 接【例 10-14】，假设珠江公司 2018 年年末"预计负债——产品质量保证"科目余额为 5 万元，2019 年四个季度平均发生的修理费分别为 0.5 万元、1.5 万元、2.5 万元和 3 万元。珠江公司对乙产品质量保证的会计处理如下。

（1）2019 年初，计提产品质量保证负债。

借：销售费用——产品质量保证　　　　　　　　　　　　　90 000

　　贷：预计负债——产品质量保证　　　　　　　　　　　　　　90 000

（2）登记第一季度发生的修理费。

借：预计负债——产品质量保证　　　　　　　　　　　　　5 000

　　贷：银行存款或原材料等　　　　　　　　　　　　　　　　5 000

（3）登记第二季度发生的修理费。

借：预计负债——产品质量保证　　　　　　　　　　　　　15 000

　　贷：银行存款或原材料等　　　　　　　　　　　　　　　　15 000

（4）登记第三季度发生的修理费。

借：预计负债——产品质量保证　　　　　　　　　　　　　25 000

　　贷：银行存款或原材料等　　　　　　　　　　　　　　　　25 000

（5）登记第四季度发生的修理费。

借：预计负债——产品质量保证　　　　　　　　　　　　　30 000

　　贷：银行存款或原材料等　　　　　　　　　　　　　　　　30 000

在按第一种方法对产品质量保证进行核算时，需要注意两点：一是如果发现保证费用的实际发生额与预计数相差较大，应及时对预计比例进行调整；二是企业针对特定产品确认的预计负债，以及对计提保证负债的产品不再生产或经营时，在相应的产品保修期结束时，将"预计负债——产品质量保证"的余额冲销，不留余额。

2. 未决诉讼

【例 10-16】 接【例 10-13】，假设甲企业败诉后赔偿的金额在 100 万～120 万元，包括支付的诉讼费 5 万元，则甲企业的相关处理如下。

借：管理费用——诉讼费　　　　　　　　　　　　　　　　50 000

　　营业外支出——赔偿金　　　　　　　　　　　　　　　1 050 000

　　贷：预计负债——未决诉讼　　　　　　　　　　　　　　1 100 000

3. 有奖销售——票券兑换

由于我国市场竞争日趋激烈，企业的各种促销手段也应运而生。其中一种方法是在产品的包装物上附上印花或赠券，顾客凭若干印花或赠券就可以获得赠品，或参加抽奖。赠品、抽奖是为了促进销售而设置的，其成本应该与销售收入进行配比，在销售实现的会计期间确认为当期费用。已经付出的赠品构成企业的营业费用，尚未兑换的票券则构成企业的一项负债。所有预计在下一年度（或长于 1 年的会计期间）会兑换的票券属于企业的预计负债，按照估计金额在年末记入"预计负债——有奖销售"，同时记录费用。实际支付时，冲减"预计负债——有奖销售"。

【例 10-17】 趣园玩具公司 2019 年 10 月 31 日宣布，半年内顾客可凭某系列玩具包装物上的印花 30 个，换取价值 15 元的新型写字板一个。估计印花的回收兑换率为 60%。2019 年，公司销售了 300 000 件该系列玩具，每件售价为 2.6 元，同时购进写字板 12 000 个。2019 年底印花已收回 102 000 个，2020 年 4 月 30 日前又有 72 000 个印花收回兑换。本例不考虑增值税。趣园玩具公司上述业务的会计处理如下。

（1）登记购入的 12 000 个写字板。

借：库存商品——写字板（12 000×15） 180 000
　　贷：银行存款 180 000

（2）登记回收 102 000 个印花所兑换的赠品。

借：销售费用——有奖销售（102 000÷30×15） 51 000
　　贷：库存商品 51 000

或

借：预计负债——有奖销售（102 000÷30×15） 51 000
　　贷：库存商品 51 000

（3）2019 年年末估计回收印花应承担的预计负债。

借：销售费用——有奖销售［（300 000×60%-102 000）÷30×15］39 000
　　贷：预计负债——有奖销售 39 000

或

借：销售费用——有奖销售（180 000÷30×15） 90 000
　　贷：预计负债——有奖销售 90 000

（4）2020 年 4 月底，登记回收 72 000 个印花所兑换的赠品。

借：预计负债——有奖销售（72 000÷30×15） 36 000
　　贷：库存商品 36 000

（5）有奖销售活动结束时，冲销多计提的预计负债。

借：预计负债——有奖销售（39 000-36 000） 3 000
　　贷：销售费用——有奖销售 3 000

第四节 披露与分析

一、流动负债的披露与分析

企业在资产负债表中列示流动负债，需要解决好两个问题：流动负债项目列示的顺序；流动负债项目包括的范围和信息揭示的详细程度。

流动负债项目可以按照流动负债的金额大小或到期日的先后顺序排列。但流动负债项目是企业经营过程中变化最多的项目之一，不同时期的同一项目的余额会有很大差别。若以此为排列顺序的依据，会计报表上负债项目的排列就会出现变化无常的情况，不利于信息使用者阅读和分析。而同一项目的流动负债到期日的先后顺序也有不同，如应付票据的期限可能是 90 天、60 天和 30 天。可见，按上述两种方法在报表上列示流动负债项目，都难以取得理想的效果，实务操作上也存在相当的难度。最常见的列示方法是综合考虑流动负债项目的重要性和常用性，排列流动负债项目。

流动负债项目在报表上揭示的详细程度以及包括的范围，取决于编制资产负债表的目的。如果报表用于分析预测企业短期财务状况，流动负债的披露应力图详尽；如果编制的是常规年度报表，流动负债项目的披露可以适当简要。具体来说，金额确定的和金额可以合理估计的流动负债项目都应列示在资产负债表上。对因或有事项而确认的负债（预计负债）应与其他流动负债项目区别开来，单独反映；如果企业发生多项或有负债，一般只需在预计负债项目中进行总括反映。而与之关联的费用项目，在利润表中与其他费用或支出项目合并反映；如果企业能基本确定可以获得补偿，其费用或支出应按扣除补偿后的余额列示。另外，与负债项目相关的科目应列示在该项目下，以准确反映其净值。如在"应付票据"项目下，列示"应付票据贴现"。常见的流动负债项目在资产负债表上的列示顺序如下所示。

流动负债：
短期借款
交易性金融负债
应付票据
减：应付票据贴现
应付账款
预收账款
应付职工薪酬
应付股利
应交税费
其他应付款
1 年内到期的非流动负债
其他流动负债
　流动负债合计

报表使用者分析流动负债时，主要是将其与流动资产进行比较，分析企业的短期偿债能力。短期偿债能力可以通过以下两个财务指标得以反应。

（1）流动比率

$$流动比率=\frac{流动资产}{流动负债}$$

这一比率是反映会计主体偿还流动负债能力的重要指标。由于流动负债需要用流动资产清偿，如果企业的流动资产小于或等于流动负债，并有一定的差额，企业就可能没有能力偿还到期的债务。流动比率是否合理，需要综合考虑行业指标、经济环境、经营状况等多方面的因素。流动比率也称为营运资本比率。

（2）速动比率

$$速动比率=\frac{现金+有价证券+应收账款净额}{流动负债}$$

流动资产是指现金以及预计可以在 1 年或一个正常经营周期内迅速转换为现金的资产项目。流动资产所包括的存货，其周转过程可能比较缓慢。如果存货项目中包括了原材料和在产品，转换为现金的周期将会更长。另外，预付费用虽然作为流动资产列报，但日后并不会转换为现金。类似这些项目对流动负债的清偿没有帮助或帮助不大，将其剔除后对企业清偿流动负债能力的分析会更趋合理。

另外，报表使用者在分析流动负债时，还可以特别关注以下具体项目，如是否有长期挂账的应付账款、应付票据贴现的处理是否反映其追索权、长期借款中有多少是近期就要偿还的、"营改增"后企业的流转税税负是否有变化；还可以通过关注应付职工薪酬的构成与变化来分析企业的激励政策以及人员的变化。

二、或有事项的披露与分析

对因或有事项确认的预计负债、产生的或有负债和或有资产，企业在披露上是有区别的。

（一）预计负债的披露

为使财务报表信息详细完整，企业应以"预计负债"单独披露因或有事项而确认的负债，与此相关的费用或损失，应与其他相关费用在利润表上一并反映。同时也要在会计报表附注中加以说明，主要解释各项预计负债的种类、产生的原因、期初与期末余额及本期变动情况、预期补偿金额的情况。

（二）或有负债的披露

或有负债披露的基本原则是，极小可能导致经济利益流出企业的或有负债一般不予披露，但某些经常发生或对企业的财务状况和经营成果有较大影响的或有负债，即使导致经济利益流出企业的可能性极小，也应予以披露，例如：

（1）已贴现商业承兑汇票形成的或有负债；

（2）未决诉讼、仲裁形成的或有负债；

（3）为其他单位提供债务担保形成的或有负债；

（4）其他或有负债（不包括极小可能导致经济利益流出企业的或有负债）。

对所需披露的或有负债，披露的内容包括：

（1）或有负债形成的原因；

（2）经济利益流出不确定性的说明；

（3）或有负债产生的财务影响和获得补偿的可能性，无法预计的，则要说明原因。

在存在未决诉讼、仲裁的情况下，企业如果按照准则的要求披露全部或部分信息，预期会对企业的生产经营造成重大不利影响，则企业无须披露这些信息。但这并不表明企业可以不披露任何相关信息。在这种情况下，企业至少应披露未决诉讼、仲裁的形成原因。

（三）或有资产的披露

从稳健原则的角度考虑，或有资产一般情况下不予披露，只有在很有可能为企业带来经济利益时，才在会计报表附注中予以披露，披露内容包括其形成的原因，预期对企业产生的财务影响。企业必须尽可能避免误导信息使用者，避免使其以为披露的或有资产肯定会实现。

报表使用者在分析或有事项时，需要特别关注企业对预计负债的确认和或有负债的披露：

首先，关注公司年报正文"重要事项"中的"重要诉讼，仲裁事项"，有无可能败诉的诉讼及其给上市公司带来的影响；

其次，注意"重大关联方交易事项"是否为关联方提供巨额贷款担保和担保期限；

再次，看"其他重大合同"有无放入此项的重要或有负债；

再其次，看资产负债表及其附注中或有事项披露，看有无"预计负债"科目余额，着重对或有负债金额和影响进行分析，可适当关注或有资产的披露。

最后，对或有事项，财务报告使用者除了关注当期财务报告的有关披露，还应当注意财务报告日后上市公司是否就该事项发布了相关临时公告，是否从媒体报道等其他渠道获取该事项的最新信息。在获取上述信息后，应判断当期财务报告的预计负债披露的合理性，必要时根据重新判断的损失金额调整资产负债表和损益表，并估计对企业预计现金流量的影响。

相对于企业已经披露的信息，报表使用者需要更谨慎关注本应该披露但企业未披露，或者本应该在报表中确认但企业却列在附注中的事项。

思 考 题

1. 负债的概念和负债的基本特征是什么？
2. 什么是流动负债？
3. 或有负债的定义是什么？试举出三个或有负债的例子。
4. 试解释下列与票据有关的概念：本金、面值、到期值和利率。
5. 为什么未赚得收益被划分为流动负债？
6. 试述采用总价法和净价法对应付账款进行会计处理各有什么优缺点。
7. 在什么情况下应确认或有负债项目？
8. 对或有事项的揭示有几种方式？各需要符合哪些条件？
9. 在什么情况下，流动负债的账面价值在到期日之前低于到期值？
10. 长期负债的流动部分是否应全部确认为流动负债？为什么？
11. 简述我国流转税的基本税种和特点。

练 习 题

（一）应付票据

资料：某公司因现金周转出现困难，于2019年7月5日签出一张900 000元的1年期无息票据向银行贷款。同期市场可比利率为14%。

要求：该公司实际贷得款项为多少？该年度应确认的利息费用是多少？该年度资产负债表上这项应付票据的现值是多少？

（二）流动负债

资料：以下是南泰公司2019年度的部分业务：

2月3日，赊购价值63 000元的商品，增值税税额10 080元，付款条件为"1/20，n/30"（现金折扣不考虑增值税）。南泰公司采用净价法记录赊购业务。2月25日支付账款。

5月5日，购入一部商用旅行车价值600 000元，增值税税额96 000元，以银行存款支付100 000元，余额签出1个月、年利率12%的商业汇票。

9月5日，偿还5月5日开出的商业汇票。

11月10日，公司董事会宣布本年度的现金股利300 000元，12月20日支付给股东。

要求：编制南泰公司2019年与上述业务有关的分录。

（三）预收收益

资料：某剧场邀请一国内著名乐团举行3场交响音乐会。演出前已售出入场券18 000张，平均每张450元。向乐团预付演出费1 000 000元。

要求：编制有关分录。

（四）预计负债

资料：某公司2019年销售单价为1 265元的电视机840台，商品免费保修期为5年。估计每台电视的维修成本为126元，返修率为7%。至2019年12月31日，返修的电视共计11台，实际维修费用1 400元。

要求：编制有关业务的分录。

（五）预计负债

资料：某运动用品公司为推销其新产品——网球鞋，决定采用有奖促销的方式，在每个鞋盒内附上赠券一张。顾客可凭3张赠券，另加50元现金，换取小型收音机一台。2019年公司以每双289元的价格销售网球鞋675双，估计赠券回收率为35%。公司同年以每台120元购回小型收音机80台，并收回赠券60张。

要求：编制有关分录。

（六）增值税

资料：某公司全年应纳增值税的销售收入（含税价）总额为89 000元，增值税税率16%。公司该年度实际实现的销售收入是多少？应缴增值税款是多少？

要求：编制有关会计分录。

（七）应付票据

资料：某企业2019年3月曾向银行贴现一张商业承兑汇票。2020年3月票据到期，出票人无力偿还票款，银行发出坏票通知，票款32 000元应由企业支付。2019年度的资产负债表是否应揭示相关事项？

要求：编制2020年与该票据相关的分录。

（八）或有事项

资料：某公司在连续5年投保火灾保险后，第6年终止了投保。此后未发生过火灾事故。

要求：请问公司是否应在财务报表上揭示未投保的火灾风险？为什么？

（九）或有资产

资料：某集团公司在海外设立的分公司，所用土地被当地政府征用。目前当地政府已向公司允诺给予补偿。补偿金将高于分公司的账面净值，但低于公平市价。

要求：请问公司是否应在报表上揭示该或有事项？

（十）或有事项

资料：甲股份有限公司（以下简称甲公司）于2019年发生以下交易或事项。

（1）甲公司于11月3日收到法院通知，被告知工商银行已提起诉讼，要求甲公司清偿到期借款本息5 000万元，另支付逾期借款罚息200万元。至12月31日，法院尚未做出判决。对于此项诉讼，甲公司预计除需偿还到期借款本息外，有60%的可能性还需支付逾期借款罚息100万元～200万元和诉讼费用15万元。

（2）因农业银行未按合同规定及时提供贷款，给甲公司造成损失500万元。甲公司要求农业银行赔偿损失500万元，但农业银行未予同意，甲公司遂于本年11月5日向法院提起诉讼，要求农业银行赔偿损失500万元。至12月31日，法院尚未做出判决。甲公司预计将胜诉，获得400万元赔偿金的可能性为40%，获得500万元赔偿金的可能性为35%。

（3）①甲公司销售A产品，售价为10 000万元，产品成本为8 000万元。按购销合同约定，甲公司对售出的A产品保修2年。根据以往经验估计，销售A产品所发生的保修费用为该产品销售额的1%。甲公司2019年实际发生的A产品保修人工费用为30万元，耗用原材料实际成本为20万元。2018年12月31日，甲公司已提的A产品保修费用的余额为60万元。

② 甲公司销售500件B产品，单位售价为50万元，单位产品成本为35万元。按购销合同约定，甲公司对售出的B产品保修1年。根据以往经验估计，销售B产品所发生的保修费用为其销售额的

1.8%。甲公司2019年实际发生的B产品保修人工费用为100万元，耗用原材料为150万元。至2018年12月31日，甲公司已提的B产品保修费用的余额为150万元。

③ 甲公司销售一批本年度新研制的C产品，售价为800万元，产品成本为600万元。甲公司对售出的C产品提供1年的保修期，1年内产品若存在质量问题，甲公司负责免费修理（和更换零部件）。甲公司预计发生的保修费用为销售C产品售价的2%～3%，2019年年末未发生修理费用。

（4）12月31日甲公司已贴现的商业承兑汇票资料如表10-6所示。

表10-6　　　　　　　　　　　　甲公司已贴现商业汇票汇总表　　　　　　　　　　　　单位：万元

出票单位	到期日	贴现票据价值	出票人无法支付的可能性	与甲公司关系
丙企业	2020年1月20日	5 000	49%	常年客户
戊企业	2020年2月8日	4 000	30%	常年客户
XY企业	2020年5月10日	7 000	50%	常年客户

（5）甲公司于11月3日收到法院通知，被告知ABC公司状告甲公司侵犯其专利权。ABC公司认为，甲公司未经其同意，在试销的新产品中采用了ABC公司的专利技术，要求甲公司停止该项新产品的生产和销售，并一次性支付专利使用费80万元。甲公司认为其研制、生产和销售该项新产品并未侵犯ABC公司的专利权，遂于11月15日向法院提交答辩状，反诉ABC公司侵犯甲公司的知识产权，要求ABC公司赔偿其损失费200万元。至12月31日，诉讼尚在进行中，甲公司无法估计可能得到的赔偿金和可能支付的赔偿金。

要求：

（1）编制甲公司2019年度发生的上述交易或事项有关的会计分录（不考虑销售业务、增值税及其他相关流转税费、期末结转损益类科目的会计分录）。

（2）计算甲公司2019年12月31日已提产品保修费用的余额，并列出计算过程。

（3）指出甲公司的上述或有事项中，哪些应当在会计报表附注中披露（指出交易或事项的序号），并简要说明理由。

（十一）增值税

资料：彩虹公司为增值税一般纳税人，适用的增值税税率为16%。2019年5月，该公司发生以下经济业务：

（1）购入一批原材料A，增值税专用发票上注明原材料价款3 000 000元，增值税税额为480 000元。价款已经支付，材料已经验收入库。

（2）收购一批农产品B，实际支付的价款为1 000 000元，收购的农产品已经验收入库，增值税扣除率为10%。

（3）用原材料C对红叶公司投资，双方协议按投资成本作价。该批材料的成本为2 000 000元，计税价格为2 200 000元，该材料的增值税税率为16%。

（4）购入一台设备，增值税专用发票上记载的货款为900 000元，增值税税额为144 000元，设备已验收并交付使用，款项已经支付。

（5）公司将上述A材料的一半用于工程项目。

（6）该公司当月销售产品不含税收入为7 500 000元，货款尚未收到。该产品的增值税税率为16%，不需缴纳消费税。

（7）该公司缴纳当月的增值税税额800 000元。

（8）月终，将尚未缴纳的增值税转入"应交税费——未交增值税"科目，设该公司"应交税费——未交增值税"账户期初余额为0。

要求：编制上述业务的会计分录，并填列"应交增值税"明细表。

（十二）增值税

资料：甲公司为增值税一般纳税企业，适用的增值税税率为16%，材料采用实际成本进行日常核算。该公司2019年4月30日"应交税费——未交增值税"科目借方余额为4万元。5月发生以下涉及增值税的经济业务。

（1）购买原材料一批，增值税专用发票上注明价款为60万元，增值税税额为9.6万元，公司已开出承兑的商业汇票。该原材料已验收入库。

（2）用原材料对外投资，双方协议按成本作价。该批原材料的成本和计税价格均为41万元，应缴纳的增值税税额为6.56万元。

（3）销售产品一批，销售价格为20万元（不含增值税税额），实际成本为16万元，提货单和增值税专用发票已交购货方，货款尚未收到。该销售符合收入确认条件。

（4）在建工程领用原材料一批，该批原材料实际成本为30万元。

（5）月末盘亏原材料一批，该批原材料的实际成本为10万元，增值税税额为1.6万元。

（6）用银行存款缴纳上月未交增值税2.5万元。

（7）月末将本月应交未交增值税转入未交增值税明细科目。

要求：

1. 编制上述经济业务相关的会计分录（"应交税费"科目要求写出明细科目及专栏名称）。
2. 计算甲公司5月发生的销项税额、应交增值税税额和未交增值税税额。

案例分析：国嘉实业——未决诉讼①

---

① 本书每章后所增加的案例分析请参见本系列教材中配套出版的《会计教学案例》一书，后同。

补充资料 | 离职后福利——设定受益计划会计

在设定受益计划（以下或简称计划）下，企业的义务就是为现在及以前的职工提供约定的福利，这种义务不仅与提存的金额有关，且要求企业在资产不足时提供进一步的提存金；或者通过计划直接或间接对提存金的特定回报做出担保，从而保证员工最终的福利达到约定的水平。在这种计划下，计划的精算风险和投资风险实质上是由企业承担的。

需要说明的是，离职后福利会计或养老金会计分雇主会计和基金会计，两者各自独立核算。企业（雇主）所需要核算的是养老金支付义务、义务的现值与计划资产公允价值间的净额、养老金带来的费用、计划变动重新计量带来的损益（或其他综合收益）等；基金方则负责养老金资产的投资和管理。

因此，从企业的角度而言，设定受益计划的会计处理的基本核心包括：确定设定受益计划义务的现值、确定设定受益计划净负债或净资产、确定计入当期损益的金额、确定计入其他综合收益的金额以及设定受益计划会计登记与披露。

下面逐一讨论这些处理要点，包括厘清一些基本概念。

第一，确定设定受益计划义务的现值。

设定受益计划义务的现值，是指在不扣除任何计划资产的情况下，为获得当期和以前期间职工服务产生的最终支付，所需支付的预期未来金额的现值。其中，设定受益计划义务的现值是按预期累计福利单位法为基础确定的，这里预期累计福利单位法是职工整个服务期间（包括已经提供的服务期间和合同约定的剩余服务期间）按预期的支付水平形成的累积支付义务。义务折现率是根据资产负债表日与设定受益义务期限和币种相匹配的国债或活跃市场高质量公司债券的市场收益率来确定的。

第二，确定设定受益计划净负债或净资产。

设定受益计划义务的现值确定后，再与计划资产的公允价值进行比较，两者之间的差额为一项设定受益计划净负债或净资产（列示于资产负债表中）。要注意的是，如果计划资产的公允价值减设定受益计划义务的现值出现盈余，企业应以该盈余与资产上限进行比较，设定受益计划净资产取两者之中的低者。这里的资产上限是指企业可从受益计划退款或减少未来向独立主体缴存资金而获得的经济利益的现值。

第三，确定计入当期损益的金额。

在利润表中，企业需要确认计划产生的职工薪酬成本、计划净负债或净资产的利息净额。其中服务成本包括当期成本、过去服务成本和结算利得或损失；计划净负债或净资产的利息净额包括计划资产的利息收益、计划义务的利息费用和资产上限影响的利息。

当期服务成本，是指因职工当期提供服务所导致的设定受益计划义务现值的增加额。当不再设立新的或修订以前的设定受益计划时，当期服务成本是整个设定受益计划义务的服务成本总额。但由于设定受益计划会因为各种原因新设、取消或者调整更改时，会对以前确认的服务成本进行调整，这样就产生过去服务成本。

过去服务成本，是指设定受益计划修改导致的与前期职工服务期间相关的设定受益计划义务现值的增加或减少，从而形成正的或负的成本。但对于计划义务的精算利得或损失、计划资产回报导致的福利估计变化，不属于过去服务成本。对于计划义务的精算利得或损失、计划资产回报导致的福利估计变化的调整属于其他综合收益的调整范畴，不在当期损益调整之列。

结算利得和损失，是设定受益计划在结算日结算所产生的计划义务的现值与结算价格（包括结算交易费用）之间的差额。设定受益计划结算，是指企业为了消除计划所产生的部分或所有未来义务进行的交易，交易完成后，企业终止向职工的支付义务。

计划净负债或净资产的利息净额，是指设定受益净负债或净资产在职工提供服务期间由于时间变化而产生的变动，包括计划资产的利息收益、计划义务的利息费用和资产上限影响的利息。

第四，确定计入其他综合收益的金额。

为了减少计划负债和计划资产公允价值变动计入当期损益造成企业的收益波动，重新计量计划所产生的变动计入其他综合收益，并且在后续期间不允许转回至损益。这部分计量包括精算利得或损失、计划资产回报和资产上限影响的变动。

精算利得或损失，是指由于精算假设和经验调整导致之前计量的计划义务现值的增加或减少。这种变动不包括前面提到的因设立、修改或结算导致的计划义务现值的变动，这些变动调整登记为前期服务成本和结算损益，直接计入当期损益。导致精算调整的因素很多，包括职工离职率、提前退休率、死亡率、薪酬变动、福利增长、折现率等。一般而言，对计划的精算，由专业的精算师协助完成。

计划资产回报，是指计划资产产生的利息、股利和其他收入，以及计划资产已实现和未实现的利得或损失。计划资产回报也可用下面的等式表述。

计划资产回报=（期末计划资产-期初计划资产）-（本期缴存额-本期支付额）

简单地讲，计划资产的回报越高，计划资产期末的公允价值就越高，需要缴纳的款项就越少，养老金费用就减少。因此，计划资产的回报就是企业的一项收益，但按现行规定，这项收益不计入当期损益，而是计入其他综合收益，以避免计划资产大的变化造成企业收益的波动。需要说明的是在计划资产的回报中，并不是全部都计入其他综合收益，回报中利息部分（即计划净负债或净资产的利息净额）如前所述是直接计入当期损益的。

与计划资产回报类似，运用资产上限列示的净资产，资产上限影响的变动也分两部分：计划净资产与净负债利息净额，计入当期损益；其他资产上限影响的变动，计入其他综合收益。

第五，设定受益计划会计登记与披露。

年末，企业需要在相应的账簿中登记全年的养老金计划费用、计划提存、计划福利支付和计划净负债或净资产的增减变动。并在资产负债表和利润表中进行列示。

同时，在报表附注中披露与设定受益计划相关的如下信息：计划的特征与之相关的风险；计划在财务报表中确认的金额及其变动；计划对企业未来现金流量金额、时间和不确定性的影响、计划义务现值所依赖的重大精算假设和有关敏感性分析的结果。

下面通过一个综合实例讲解设定受益计划会计处理的全过程。

【综合案例】假设珠江公司在2017年年初，设定受益计划资产的公允价值为1 200 000元，设定受益计划义务的现值为1 200 000元，年折现率为10%。为简化起见，所有的交易都假定在期末发生，且其他相关信息如附表10-1所示。

附表10-1　　　　　　　　　　　珠江公司设定受益计划相关信息　　　　　　　　　　　单位：元

年份	2017年	2018年	2019年
当期服务成本	140 000	150 000	160 000
本期支付福利	130 000	140 000	150 000
本期提缴	110 000	120 000	120 000
计划义务现值（年末）	1 400 000	1 750 000	1 800 000
计划资产公允价值（年末）	1 350 000	1 650 000	1 810 000

附加信息：

（1）在2018年年末，珠江公司对外出售一分部，随着这一分部的出售，这个分部的大部分职工选择将他们累计应得的退休金转入新雇主（新公司）的计划中，转出资产的公允价值共计48 000元，同时受益计划义务减少50 000元。附表10-1中的相关信息中未反映这笔业务。

（2）在2019年年末，珠江公司决定一次性增加职工退休福利，适用于所有年末前在本公司工作的职工，由此计划的改变导致设定受益计划义务增加40 000元。附表10-1的相关信息未反映此笔义务。

按上面设定受益计划会计处理确定的步骤，分别讲述如下。

步骤一，确定设定受益计划义务的现值（见附表10-2）。

附表10-2　　　　　　　　　珠江公司设定受益计划义务现值计算表*　　　　　　　　单位：元

年份	2017年	2018年	2019年
计划义务现值（年初）	1 200 000	1 400 000	1 700 000
计划义务的利息费用（10%）	120 000	140 000	170 000
当期服务成本	140 000	150 000	160 000
过去服务成本			40 000
福利支付	（130 000）	（140 000）	（150 000）
计划结算		（50 000）	
义务精算损失（利得）	70 000	200 000	（120 000）
义务现值（年末）	1 400 000	1 700 000	1 800 000

*计划义务和资产现值由精算师给出，通过此表主要计算精算利得和损失。

步骤二，确定设定受益计划净负债或净资产（见附表10-3）。

附表10-3　　　　　　　　珠江公司设定受益计划净负债或净资产计算表　　　　　　　　单位：元

年份	2017年	2018年	2019年
计划资产公允价值（年初）	1 200 000	1 350 000	1 602 000
资产的利息收入（10%）	120 000	135 000	160 200
本期提缴	110 000	120 000	120 000
福利支付	（130 000）	（140 000）	（150 000）
计划结算		（48 000）	
资产精算利得（损失）	50 000	185 000	78 000
计划资产公允价值（年末）	1 350 000	1 602 000	1 810 200
计划义务现值（年末）	1 400 000	1 700 000	1 800 000
净负债（或净资产）	50 000	98 000	（10 200）

步骤三，确定计入当期损益的金额（见附表10-4）。

附表10-4　　　　　　　　珠江公司设定受益计划计入当期损益金额计算表　　　　　　　　单位：元

年份	2017年	2018年	2019年
当期服务成本	140 000	150 000	160 000
过去服务成本			40 000
计划义务（资产）净利息费用		5 000	9 800
计划结算损失（利得）		（2 000）	
计入当期损益的金额	140 000	153 000	209 800

步骤四，确定计入其他综合收益的金额（见附表10-5）。

附表10-5　　　　　　　　珠江公司设定受益计划计入其他综合收益金额计算表　　　　　　　　单位：元

年份	2017年	2018年	2019年
重新计量计划义务的损失（利得）	70 000	200 000	（120 000）
重新计量计划资产的损失（利得）	（50 000）	（185 000）	（78 000）
净损失（利得）	20 000	15 000	（198 000）

步骤五，设定受益计划会计登记与披露。

1. 2017年年末

（1）登记计划义务的利息。

借：养老金费用——利息费用*　　　　　　　　　　　　　　　　　120 000

　　贷：长期应付职工薪酬　　　　　　　　　　　　　　　　　　　　120 000

*该科目按养老金受益部门分别计入生产成本、管理费用、在建工程等。

（2）登记当期服务成本。

| 借：养老金费用——当期服务成本 | 140 000 | |
| 贷：长期应付职工薪酬 | | 140 000 |

（3）登记福利义务支付。

| 借：长期应付职工薪酬 | 130 000 | |
| 贷：计划资产 | | 130 000 |

（4）登记本期企业提缴。

| 借：计划资产 | 110 000 | |
| 贷：银行存款 | | 110 000 |

（5）登记计划资产利息收入。

| 借：计划资产 | 120 000 | |
| 贷：养老金费用——利息收入 | | 120 000 |

（6）登记计划义务的精算损失。

| 借：其他综合收益 | 70 000 | |
| 贷：长期应付职工薪酬 | | 70 000 |

（7）计划资产精算利得。

| 借：计划资产 | 50 000 | |
| 贷：其他综合收益 | | 50 000 |

上述分录可以合并为一个会计分录，直接反映期末计划净负债（或净资产）。

借：养老金费用	140 000	
其他综合收益	20 000	
贷：银行存款		110 000
计划净负债		50 000

2．2018 年年末

（1）登记计划义务的利息。

| 借：养老金费用——利息费用 | 140 000 | |
| 贷：长期应付职工薪酬 | | 140 000 |

（2）登记当期服务成本。

| 借：养老金费用——当期服务成本 | 150 000 | |
| 贷：长期应付职工薪酬 | | 150 000 |

（3）登记福利义务支付。

| 借：长期应付职工薪酬 | 140 000 | |
| 贷：计划资产 | | 140 000 |

（4）登记本期企业提缴。

| 借：计划资产 | 120 000 | |
| 贷：银行存款 | | 120 000 |

（5）登记计划资产利息收入。

| 借：计划资产 | 135 000 | |
| 贷：养老金费用——利息收入 | | 135 000 |

（6）登记结算利得。

借：长期应付职工薪酬	50 000	
贷：计划资产		48 000
养老金费用		2 000

（7）登记计划义务的精算损失。

借：其他综合收益   200 000

    贷：长期应付职工薪酬   200 000

（8）计划资产精算利得。

借：计划资产   185 000

    贷：其他综合收益   185 000

3. 2019 年年末

（1）登记计划义务的利息。

借：养老金费用——利息费用   170 000

    贷：长期应付职工薪酬   170 000

（2）登记当期和过去服务成本。

借：养老金费用——当期服务成本   160 000

               ——过去服务成本   40 000

    贷：长期应付职工薪酬   200 000

（3）登记福利义务支付。

借：长期应付职工薪酬   150 000

    贷：计划资产   150 000

（4）登记本期企业提缴。

借：计划资产   120 000

    贷：银行存款   120 000

（5）登记计划资产利息收入。

借：计划资产   160 200

    贷：养老金费用——利息收入   160 200

（6）登记计划义务的精算损失。

借：长期应付职工薪酬   120 000

    贷：其他综合收益   120 000

（7）计划资产精算利得。

借：计划资产   78 000

    贷：其他综合收益   78 000

4. 报表附注

2017 年年末，期末计划资产公允价值 1 350 000 元，期末计划义务现值 1 400 000 元，计划净负债 50 000 元（列示于资产负债表），本期养老金费用共 140 000 元（列示于利润表）。

2018 年年末，公司对外出售一分部，随着这一分部的出售，分部的大部分职工选择将其累计应得的退休金转入新雇主（新公司）的计划中，转出资产的公允价值 48 000 元，同时受益计划义务减少 50 000 元。期末计划资产公允价值 1 602 000 元，期末计划义务现值 1 700 000 元，本年计划净负债增加 48 000 元，计划净负债累计 98 000 元（列示于资产负债表），本期养老金费用共 153 000 元（列示于利润表）。

2019 年年末，公司决定一次性增加职工退休福利，适用于所有年末前在本公司工作的职工，由此改变导致设定受益计划义务增加 40 000 元，期末计划资产公允价值 1 810 200 元，期末计划义务现值 1 800 000 元，本期计划净资产净增 108 200 元，扣除期初计划净负债 98 000 元，本年计划净资产 10 200 元（假定不超过资产上限，列示于资产负债表），本期养老金费用共 209 800 元（列示于利润表）。

第十一章

长期负债

📓 本章要点

- 长期负债的概念和分类
- 公司债的性质、发行方式、种类及其发行价格的确定
- 应付公司债的会计处理
- 可转换公司债的会计处理
- 长期借款的会计处理
- 借款费用的会计处理
- 债务重组的方式及有关会计处理

📖 章首故事

最"无耻"的上市公司

2008 年 9 月 1 日，武汉科技大学金融证券研究所所长董登新教授在其博客中发表了《中国"败家子"上市公司排行榜》，指出 44 家 A 股上市公司严重资不抵债（净资产为负数）。

董登新表示，作为"超级垃圾"的上市公司，它们不仅将 IPO 换来的及公众股东的"血汗钱"拿去打了水漂，而且还将股票法定面值——每股 1 元的净资产也挥霍一空，最后，将剩下一屁股的债务留给了可怜的中小股东。

这些"超级垃圾"公司总有办法大玩"二一二"（即连续两年亏损后，再想方设法整出一个微利，然后，接着再搞个两年连续亏损）的不死游戏，最终苦了银行，亏了股东。

截至 2008 年 6 月 30 日，沪深 A 股"资不抵债"的上市公司共有 44 家。从这 44 家"超级垃圾"公司的排行榜中，可以发现许多"中国之最"：

（1）每股净资产负值最大的是 ST 科健，为-7.56 元。

（2）每股未分配利润负值最大的是 SST 重实，为-13.35 元。

（3）净资产亏空最多的是 SST 中华，为-17.89 亿元。

（4）账面累计亏损最多的是 ST 科龙，为-33.77 亿元。

（5）累计亏损年份最多的 3 家公司分别是：*ST 东碳，上市 14 年来"明亏"7 年（明亏指每股年收益为负数），"暗亏"5 年（暗亏指每股年收益不超过 5 分钱）；S*ST 湖科，上市 11 年来"明亏"7 年，"暗亏"4 年；ST 太光，上市 13 年来"明亏"7 年，"暗亏"5 年。也就是说，这 3 家公司上市后基本上是连年亏损，差不多没有赚钱!这一类公司也是脸皮最厚的公司!

（6）最"无耻"的上市公司是 ST 宝龙，2004 年 4 月 14 日挂牌上市，截至 2007 年年底，上市仅 3 年，竟然已经连续亏损 2 年，上市第二年每股收益就猛亏了 2.11 元!这是一种荒诞的无耻!

本章讨论长期负债会计，重点讨论公司债的发行方式、种类，以及债券折价、溢价发行的会计处理；公司债的一些相关问题，如偿债基金、可转换公司债、分期偿还债券的会计处理。另外还有企业经营过程中的长期借款，为换取劳务、资金、商品而发行的应付票据，其他长期应付款的会计处理，以不同形式进行的债务重组的会计处理。最后是长期负债的披露与分析。

长期负债的核算内容

第一节　长期负债的特点与分类

一、长期负债的概念和特征

长期负债是指偿还期限在 1 年或者超过 1 年的一个营业周期以上的债务。长期负债不需要动用企业的流动资产在短期内支付。

长期负债首先必须具备负债的特点，即由过去的交易或事项引起，是企业的现有义务，企业必须以提供劳务或转移资产的方式加以清偿。与流动负债相比，长期负债具有数额大、偿还期长、企业偿还时可以采用分期偿还方式等特点，是除投资者投资以外，为企业提供长期占用资金的另一重要来源。企业举借长期负债，主要是为了弥补企业营运资金的不足和扩大企业经营规模，进行诸如购置大型设备、厂房、土地使用权等必要资产的投资。这些支出数额庞大，往往非企业所拥有的营运资金可以满足。通过举借长期债务，由债权人向企业提供所需资金，一方面满足了企业的需要，另一方面可以在一定条件下减少股权分散的风险，增加企业收益。长期债务的债权人只有按期取得收回本金及利息的权利，不能要求企业作其他支付，或参与企业的利润分配。当企业的投资利润率高于长期债务的利率时，投资者在企业支付了长期债务的本金和利息后，可以享受剩余的盈余。债务利息属于企业的正常经营费用，可以在企业计算所得税时扣除，在企业经营收益既定的前提下，举债经营可使企业少缴所得税。对企业投资者来说，企业通过举借长期负债获取长期资金，不会影响企业的股权结构，因而不会影响投资者在企业享有的权益，以及对企业的控制权。

但是，如果企业的经济效益不佳，长期负债需要定期定额支付的利息就会成为企业巨大的经济负担。当企业的经营收益不足以支付债务利息时，负债额越大，企业的亏损也就越大。反观采用增资的方法，企业在经济效益不佳时可以不分配或少分配利润。此外，长期负债的利息、本金的支付偿还均有明确的日期，企业必须及时做好财务安排，应付现金流出，其财务灵活性可能因此受到影响。最后，债权人对企业资产享有优先要求权，在企业经营状况不佳，不能按时支付利息、偿还本金的情况下，债权人的优先要求权使企业面临较大的财务风险。可见，举债经营是一把"双刃剑"，企业应根据具体的情况，认真分析是否应举债经营，确定举债的规模大小。

二、长期负债的分类

根据长期资金的筹集方式，长期负债可以分为长期应付票据、长期借款、应付公司债和其他长期应付款几种形式。

（1）长期应付票据。长期应付票据是指企业为筹借资金或购买资产而签发的长期票据。企业在向债权人筹措大额资金时，通常采用长期票据的形式。

（2）长期借款。长期借款是指企业向金融机构或其他单位借入的各种款项，偿还期在 1 年以上。

（3）应付公司债。公司债是企业出具的向债券持有人承诺定期支付既定利息并按期偿还本金的书面凭证。债券票面载明利率、偿还期限，表明债券发行企业向债权人（即债券持有人）允诺在一定期限内还本付息。发行公司债是最为普遍和常见的一种筹集长期资金的方式。公司债券面值可大可小，形式多样，可以在证券市场自由流通和转让，便于企业向分散的投资者筹集资金。

（4）其他长期应付款。如应付的引进设备款、融资租入的固定资产租赁费、住房周转金等应付款项。

根据不同偿还方式，长期负债可分为定期偿还的长期负债和分期偿还的长期负债两种类型。前者按照规定的债款到期日，一次还清长期债务；后者则在相关的举债期内，按规定的方式、比例、次数，分期分批偿还长期负债。

根据债务的抵押品种类，长期负债可分为不动产抵押长期债券和动产抵押长期债券等，无抵押品的是信用借款。

第二节 应付公司债

一、公司债的发行和种类

（一）公司债的发行

公司债是企业出具的一种书面债权债务契约，是企业筹措资金的重要方式[①]。公司债不同于长期借款，公司债的发行范围大，面向个人、单位，便于企业吸纳社会的闲置资金，而且可以进行抵押、贴现及转让；与之相比，长期借款只能局限于银行等金融机构，不能转让。公司债也不同于股票，公司债持有人无权参与企业管理或委托他人对企业进行管理，无权参与企业偿还债务后剩余利润的分红，债务本金与利息的支付均有明确的日期和金额，公司债利息在企业计算应税所得时可作为正常经营费用予以扣减。

企业决定发行公司债券来筹集长期资金时，须向有关主管机构提出申请，经审核批准方可印制发行，以保护企业债权人的利益，维护正常的社会经济秩序。公司债券应包括以下基本内容。

（1）债券面值，即债券的到期值，也是债券的本金。面值的大小有别，对债券的发行成本、发行数额、投资者的分布均有不同程度的影响。

（2）债券利率，即债券的票面利率，也称名义利率。该利率以年利率表示，是企业用于计算每期应付利息的依据。确定公司债利率，要受偿还期限长短、货币资金市场的供求变化、发行公司资信优劣等因素的影响。

（3）利息支付方式。公司债一般每半年支付一次利息，每次付息额为债券面值与票面利率乘积的一半。一年内两个付息日应明确载明。

（4）还本期限和方式，即发行公司偿还债券本金的日期和支付方式。若企业发行的是分期偿还的债券，则应载明每次偿还的具体日期及金额。

此外，根据我国《企业债券管理条例》，债券票面还应注明企业的名称与住所、债券发行日期与编号、发行企业的印记和企业法人代表的签章、审批机关批准发行的文号与日期等。

上述内容应在公司发行债券的契约上载明。契约同时应规定公司债发行的其他有关条款，如核准发行的债券总额、收回债券的条件、抵押的资产、对企业固定资金的要求、对企业现金余额的最低要求和财务比率等。

---

① 企业发行三种票据：短期融资券、中期票据和长期公司债券。短期融资券，简称短融，是指具有法人资格的非金融企业在银行间债券市场发行（即由国内各家银行购买不向社会发行）和交易并约定在 1 年期限内还本付息的有价证券。中期票据，简称中票，是指具有法人资格的非金融企业在银行间债券市场发行并约定在一定期限还本付息的债务融资工具。目前，中票与公司债券的区别已不再是期限的长短，因为随着中票市场的发展，中票的发行期限涵盖了一年至 30 年的范畴。中期票据区别于公司债券的本质特征是灵活性，如发行规模、发行条款以及发行方式都极其灵活。本章只探讨长期公司债券。

公司债的发行一般通过银行、投资信托公司或其他金融专门机构。发行的方式可采用包销、代销和自营。包销指发行公司将全部的公司债券按一定价格承包给银行、信托公司和证券公司，后者再将债券转售给债券投资者。债券出售的盈亏全部由承包方承担。采用包销的发行方式，债券的发行风险转嫁给了承包方，债券的发行成本也相对较高。代销指银行、信托公司或投资机构代为销售公司债券，从中收取佣金，债券发行的盈亏由发行公司承担，未售出的债券也归还给发行公司。自营指公司自行在证券市场上发售债券，不需通过银行、信托公司或其他投资机构。初涉证券交易市场的企业往往乐于采用包销的方式，以避免承担债券发行风险。资信程度较高的大型企业则多采用自营方式，以降低债券的发行成本。

需要说明的是，我国企业发行的债券有两类：一类是企业债券，另一类是公司债券。企业债券采用审核制，由中国人民银行会同国家发展改革委进行审核；企业债券的转让，应当在经批准的可以进行债券交易的场所进行。公司债券采用核准制，由证监会进行核准；公开发行的公司债券，应当在依法设立的证券交易所上市交易，或在全国中小企业股份转让系统或者国务院批准的其他证券交易场所转让；非公开发行公司债券，可以申请在证券交易所、全国中小企业股份转让系统、机构间私募产品报价与服务系统、证券公司柜台转让；非公开发行的公司债券仅限于合格投资者范围内转让。

（二）公司债的种类

公司债券可按不同的标准进行分类。

1. 按是否有抵押担保分类

有抵押品的公司债券称为抵押债券，有特定的抵押品作为担保。根据抵押品的不同，分为不动产抵押公司债、动产抵押公司债和证券抵押公司债。若债务人违约，抵押的资产可被变卖处置，以保证债权人的资产要求权。有抵押担保的债券风险较低，利率也较低。

无抵押品的债券称为信用债券，无特定的资产担保品，完全依靠公司的资信发行。投资这种债券要面对较大的风险，利率相应也较高。

2. 按是否记名分类

企业发行债券时，将持有人的姓名记录在债券票面上，并在企业的债权人名录中登记，称为记名债券。债券持有人须凭有关身份证明、印鉴及债券方可领取债券的本息。债券转让时，须由原持有人背书，并办理有关过户手续。

若债券上不记录持有人的姓名，则称为无记名债券。债券发行时无须记录持有人姓名，债权人凭债券所附的息票领取债券利息，到期凭债券领取本金。债券转让时不需办理过户手续，也不需背书。

3. 按本金的偿还方式分类

定期偿还的公司债又称一次还本债券，本金在到期日一次清偿。

分期偿还的公司债又称分期还本债券，本金在一定时期内分若干次偿还。

4. 按利息的支付方式分类

普通债券的利息支付，每半年一次，每次支付面值和票面利率乘积金额的一半。无论企业的当期经营结果如何，债券利息的支付都是强制性、无条件的。

收益债券的利息支付，取决于公司的盈利情况。债券的利息不固定，企业当期无利润，可不付息。付息数额的大小，视利润额的大小而定。这种债券与优先股相似，区别在于债券有明确的到期日，到期必须偿还本金。

5. 按其他偿还方式分类

（1）可转换债券。根据债券的发行契约条款，债权人在持有债券一定时期后，可按规定比例将债券转换为公司的股票。可转换债券对投资者相当有吸引力。在公司开业初期，持有债券可使他们获得稳定的利息收入。公司经营步入正轨，获利能力增强后，转为持有股票又可使他们获得较高的股利收入。或者，持有人可以选择在股市价格偏低时持有债券，股市价格上涨时转换为股票，从而实现资本的增值。我国境内的上市公司申请在境内发行以人民币认购的可转换债券，并在证券交易所上市交易，必须遵守中国证券监督管理委员会发布的《上海证券交易所上市公司发行可转换公司债券实施办法》的具体规定。总体而言，对发行可转换债券的公司要求比较严格，如发行人最近三年的财务会计报告均须由注册会计师出具标准无保留意见审计报告。

（2）可赎回债券。也称可收兑债券、可提前兑回债券。公司在债券到期日以前，可以按照债券发行契约上规定的赎回价格（通常高于面值）提前兑回债券。发行可赎回债券，可增强企业的财务灵活性。企业需要资金时发行债券筹资，不再需要资金或可以更低的成本筹集资金时赎回债券，避免企业在不必要时依然背负沉重的利息负担。

（3）商品债券。公司在债券到期时以特定数量的商品或现金等值偿还本金。

（4）收入债券。通常由政府机构或公用事业单位发行。债券的利息须由特定的收入来源支付。如某高速公路公司发行债券，集资筹建高速公路。债券利息须在公路建成以后由来往汽车的过路费支付。

二、公司债发行价格的确定

理论上，债券的发行价格应等于其票面价值。但实务中，债券发行的实际价格与面值往往有差异。影响债券发行价格的因素包括资金市场的供求情况，债券投资的风险程度（即企业的资信状况），社会宏观经济状况等。通常按照债券的未来现金流量现值确定债券的发行价格。债券的未来现金流量包括定期支付的利息和到期偿付的本金两部分。取相同风险程度债券的市场利率将这两部分的现金流折算为现值，即为债券的现值，也即其发行价格。按理，不同信用等级的企业会有不同的市场利率，即为票面利率。但企业确定发行债券到实际发行债券存在一定的时间间隔，其间市场情况会发生变化。企业实际发行债券时，票面利率已经确定下来，当市场利率（实际利率）发生变化时，只能调整发行价格。可见，债券的票面利率与发行当日的市场利率有差异时，债券的发行价格就会偏离面值。债券发行价格的确定有三种可能性：（1）票面利率等于市场利率时，债券按面值发行；（2）票面利率低于市场利率时，按低于面值的价格发行，即折价发行；（3）票面利率高于市场利率时，按高于面值的价格发行，即溢价发行。无论发行价格如何，企业日后实际支付的债券利息均按照票面利率计算。所以，折价发行表明企业将日后少付的利息提前补偿给投资者；溢价发行则表明企业将以后各期多付的利息提前向投资者收回。债券的折价或溢价实质上是企业在债券存续期内对利息费用的一种调整。

【例11-1】 珠江公司2019年1月1日发行了10年期的公司债50万元[1]，票面利率为10%。如果相同风险程度的债券市场利率分别为10%、12%、8%，那么债券的发行价格是多少？

债券的付息期为半年一次（付息日为每年的1月1日和7月1日），所以折算现值时应将上述利率取半。

（1）市场利率为10%时，每期利率为5%，付息期为20期。查复利现值表和年金现值表，确定现值系数并确定债券的现值为：

500 000×5%×12.462 210+500 000×0.376 889=500 000（元）

---

① 公司债券的发行，金额通常都在千万元、亿元或者几十亿元，本章所举例的金额考虑到会计分录列示的方便性，只列举几十万元的数额，重点在于说明债券发行的会计处理原理。

债券应按面值发行，发行价格为500 000元。

（2）市场利率为12%时，债券的现值为：

500 000×5%×11.469 921+500 000×0.311 805=442 650（元）

债券应按442 650元折价发行，折价额为57 350元（500 000-442 650）。

（3）市场利率为8%时，债券的现值为：

500 000×5%×13.590 326+500 000×0.456 387=567 952（元）

债券应按567 952元溢价发行，溢价额为67 952元（567 952-500 000）。

长期债券的折价或溢价，实际上可视为市场利率与债券面值之乘积和票面利率与债券面值之乘积两者之间差额的现值。

三、公司债发行、折价和溢价摊销及清偿的会计处理

（一）公司债发行的会计处理

1. 公司债按面值发行的会计处理

无论公司债的发行价格是按面值、折价或是溢价发行，企业均应按照债券面值将发行收入记入"应付债券"科目，下设"面值"二级科目；若按折价或溢价发行，实际发行收入（扣除发行费用）与面值之间的差额记入"利息调整"二级科目；一次还本付息债券的应计利息记入"应计利息"二级科目。

债券发行后可在二级市场流通，其价格在市场利率、发行公司财务状况、社会宏观经济环境、政治环境等因素的影响下会出现上下浮动，但这些浮动不会影响企业对债券的原有会计记录。

债券存续期内每期支付利息时，按面值发行的债券无须调整实际支付利息与利息费用之间的差额，只需将支付的债券利息按借款的实际用途记入"在建工程"或"财务费用"科目。

债券发行过程中涉及的发行费用，如经纪人的佣金、债券的印刷费、发行债券的手续费、律师费等，应按所发行债券的用途记账。用于生产周转的，借记"财务费用"科目，用于购建固定资产的，在资产尚未交付使用之前借记"在建工程"科目，资产交付使用后记入"财务费用"科目。

【例11-2】 接【例11-1】，珠江公司2019年1月1日发行了10年期的公司债50万元，票面利率为10%，相同风险程度的债券市场利率为10%。由于票面利率与市场利率无差异，债券按面值发行（债券发行费用忽略不计）。

（1）收到发行债券款时。

借：银行存款 500 000
　　贷：应付债券——面值 500 000

（2）6月30日和12月31日计提利息费用。

每半年支付的债券利息=500 000×10%÷2=25 000（元）

借：财务费用 25 000
　　贷：应付利息 25 000

（3）7月1日和下年1月1日登记支付利息。

借：应付利息 25 000
　　贷：银行存款 25 000

以后每期计息和付息的分录都相同。

2. 公司债按折价发行的会计处理

如前所述，债券发行时，若市场利率高于债券票面利率，意味着投资者对其他相同风险程

度的项目做投资，可以获得相对较高的投资收入。债券折价发行，一方面将投资者日后在利息收入上的损失先予以弥补，另一方面提高债券对潜在投资者的吸引力。因此，债券折价是对发行企业日后利息费用的调整，每期支付利息时应予以摊销。

债券发行时，仍应按债券面值记入"应付债券"，折价记入"应付债券——利息调整"。

【例11-3】 珠江公司2019年1月1日发行了10年期的公司债50万元，票面利率为10%，相同风险程度的债券市场利率为12%。由于市场利率高于南方公司的债券票面利率，南方公司的债券须作折价发行。前述例题中已确定按此条件，折价额为57 350元。债券发行的会计分录如下。

```
借：银行存款                              442 650
    应付债券——利息调整                     57 350
    贷：应付债券——面值                              500 000
```

3. 公司债按溢价发行的会计处理

债券发行时，若市场利率低于债券的票面利率，意味着投资者对该债券进行投资可获得较高的投资收入，债券对投资者相当有吸引力。但发行公司日后将承担较高的利息费用。溢价发行是债权人对公司日后较高利息支出的一次性补偿。与折价相仿，债券溢价同样需要在每期支付利息时按一定方法进行摊销，以调整企业的利息费用。

债券发行时，仍应按债券面值记入"应付债券"，溢价记入"应付债券——利息调整"。

【例11-4】 珠江公司2019年1月1日发行了10年期的公司债50万元，票面利率为10%，相同风险程度的债券市场利率为8%。由于市场利率低于南方公司的债券票面利率，南方公司的债券须作溢价发行。前述例题中已确定按此条件，溢价额为67 952元。债券发行的会计分录如下。

```
借：银行存款                              567 952
    贷：应付债券——面值                              500 000
          ——利息调整                             67 952
```

4. 付息日之间的债券发行

实务中，公司债可能在两个付息日之间发行。由于在首个付息期内，投资者持有债券的时间不足一期，所得利息应按照其实际持有债券的时间计算。为了便于准确、方便地计算和支付债券利息，通常的做法是由投资者在购入公司债时先预付从上一个付息日至发行日之间的应计利息，到下一个付息日再由发行企业按照正常程序支付整期利息。

【例11-5】 东林公司2019年4月1日发行5年期的公司债25万元，票面利率10%，付息日为1月1日和7月1日。该债券发行的会计处理可分以下几种情况。

（1）市场利率为10%时，债券按面值发行。发行日距上一次付息日3个月，投资者的预付利息额为6 250元（250 000×10%×3÷12）。会计分录如下。

```
借：银行存款                              256 250
    贷：应付债券——面值                              250 000
        应付利息                                    6 250
```

同年6月30日和7月1日计提和支付利息时的会计分录如下。

```
借：财务费用（或在建工程）                   6 250
    贷：应付利息                                    6 250
借：应付利息                               12 500
    贷：银行存款                                   12 500
```

年末计提利息与次年1月1日支付利息时的会计分录如下。

```
借：财务费用（或在建工程）                  12 500
    贷：应付利息                                   12 500
```

借：应付利息   12 500

 贷：银行存款   12 500

（2）市场利率为12%时，债券按折价发行。折价额为18 399元，债券发行价格为231 601元，至发行日的应计利息仍为6 250元，债券发行实得现金为237 851元（231 601+6 250）。发行分录如下。

借：银行存款   237 851

  应付债券——利息调整   18 399

 贷：应付债券——面值   250 000

   其他应付款——应付利息   6 250

（3）市场利率为8%时，债券按溢价发行。溢价额为20 277元，债券发行价格为270 277元，至发行日止的应计利息仍为6 250元，债券发行的实得现金为276 527元（270 277+6 250）。发行时的分录如下。

借：银行存款   276 527

 贷：应付债券——面值   250 000

      ——利息调整   20 277

   其他应付款——应付利息   6 250

以折价或溢价发行的债券，每期计提的利息费用受折价、溢价摊销的影响。采用不同的摊销方法，每期计提的利息费用也不同。

（二）债券折价、溢价摊销的会计处理

1. 债券的折价摊销

债券的折价、溢价摊销是由于票面利率与市场利率不相等而对公司债利息费用的调整，并非出售债券的损失或利得。当企业折价发行债券时，低于票面金额收入的款项要在整个偿还期内以增加利息费用的形式加以补偿。企业每期实际支付的利息仍按票面条件，即以面值与票面利率的乘积金额作为一年的利息支出。每期应计的利息费用等于实付利息加上摊销的债券折价。

"应付债券——利息调整"（借方余额）是"应付债券"账户的备抵账户，在资产负债表上是"应付债券"的减项。债券的折价摊销方法有直线法和实际利率法。无论采用哪一种方法，应付公司债的账面价值都应逐期增加，直至债券到期还本时应与债券的面值相等。

采用直线法，债券的折价将在债券存续期内进行平均分摊，每期债券账面价值的增加额、每期债券利息费用均相等。

【例11-6】 东林公司2019年1月1日以231 600元折价发行债券250 000元（债券面值），债券存续期为5年，票面利率10%，相同风险程度的债券市场利率为12%，付息期为10期，付息日为7月1日和1月1日。折价额18 400元在10个付息期内平均分摊，每期的摊销额为1 840元。根据面值和票面利率计算的每期应付利息为12 500元（250 000×10%÷2），每期的财务费用为14 340元（12 500+1 840）。每期计提利息、摊销折价的会计分录如下。

借：财务费用（或在建工程）   14 340

 贷：应付债券——利息调整   1 840

   应付利息   12 500

直线法下折价摊销的金额每期相等，不需考虑折价的货币时间价值，无法反映长期负债与利息费用之间的内在关系。因此，《企业会计准则——应用指南》中指出，债券利息调整（包括折价和溢价调整）采用实际利率法。

采用实际利率法，债券折价不做平均分摊，而是采用实际利率，根据债券摊销后的每期账面价值（摊余成本）计算当期的实际利息，再确定当期的折价摊销额，如表11-1所示。

表 11-1　　　　　　　　　　　　　　公司债折价摊销表（实际利率法）　　　　　　　　　　　　　单位：元

发行日或 付息日	实付利息 ①=面值×5%	实际利息 ②=⑤×6%	折价摊销 ③=②-①	未摊销折价 ④=上期④-③	债券账面价值 ⑤=面值-④
2019 年 1 月 1 日				18 400	231 600
2019 年 7 月 1 日	12 500	13 896	1 396	17 004	232 996
2020 年 1 月 1 日	12 500	13 980	1 480	15 524	234 476
2020 年 7 月 1 日	12 500	14 069	1 569	13 956	236 044
2021 年 1 月 1 日	12 500	14 163	1 663	12 293	237 707
2021 年 7 月 1 日	12 500	14 262	1 762	10 531	239 469
2022 年 1 月 1 日	12 500	14 368	1 868	8 662	241 338
2022 年 7 月 1 日	12 500	14 480	1 980	6 682	243 318
2023 年 1 月 1 日	12 500	14 599	2 099	4 583	245 417
2023 年 7 月 1 日	12 500	14 725	2 225	2 358	247 642
2024 年 1 月 1 日	12 500	14 858*	2 358	0	250 000

*因计算过程中忽略小数点后的数字，最后一期取近似值。

以实际利率法记录每期利息与折价摊销，会计分录与直线法相同，区别在于摊销债券折价时应付债券的利息呈递增趋势，每期的折价摊销额也递增。实际利率法比直线法的计算复杂，但结果比较准确。

2. 债券的溢价摊销

应付债券的溢价摊销方法同样有直线法和实际利率法两种。溢价摊销的结果是减少每期的利息费用，同时减少债券的账面价值，至债券到期，债券账面价值应与债券面值相等。

直线法下，每期以相等的金额将债券溢价冲减利息费用。

【例11-7】　接【例11-6】，如果东林公司发行债券时，市场利率是8%，债券则应溢价发行。溢价额20 277元在10个付息期内平均分摊，每期摊销2 027.7元。东林公司每期实付利息为12 500元（250 000×5%），应计利息费用为10 472.3元（12 500-2 027.7）。每期计提利息的会计分录如下。

借：财务费用（或在建工程）　　　　　　　　　　　　　　10 472.3

　　应付债券——利息调整　　　　　　　　　　　　　　　2 027.7

　　贷：应付利息　　　　　　　　　　　　　　　　　　　　　　12 500

采用实际利率法摊销溢价，如表11-2所示。

表 11-2　　　　　　　　　　　　　　公司债溢价摊销表（实际利率法）　　　　　　　　　　　　　单位：元

发行日或 付息日	实付利息 ①=面值×5%	实际利息 ②=⑤×4%	溢价摊销 ③=①-②	未摊销溢价 ④=上期④-③	债券账面价值 ⑤=面值+④
2019 年 1 月 1 日				20277	270 277
2019 年 7 月 1 日	12 500	10 811	1 689	18 588	268 588
2020 年 1 月 1 日	12 500	10 744	1 756	16 832	266 832
2020 年 7 月 1 日	12 500	10 673	1 827	15 005	265 005
2021 年 1 月 1 日	12 500	10 600	1 900	13 105	263 105
2021 年 7 月 1 日	12 500	10 524	1 976	11 129	261 129
2022 年 1 月 1 日	12 500	10 445	2 055	9 074	259 074
2022 年 7 月 1 日	12 500	10 363	2 137	6 937	256 937
2023 年 1 月 1 日	12 500	10 277	2 223	4 715	254 715
2023 年 7 月 1 日	12 500	10 189	2 311	2 404	252 404
2024 年 1 月 1 日	12 500	10 096*	2 404	0	250 000

*因计算过程中忽略了小数点后的数据，最后一期取近似值。

实际利率法下，发行公司每期的利息费用呈递减趋势，债券的账面价值也呈递减，至到期日与面值相等。

（三）债券清偿的会计处理

长期公司债有明确的到期日，届时发行公司应按照发行时订立的条件，以现金或其他方式解除公司对其债券所承担的债务责任，从而解除企业对债权人的义务。债券的清偿可以在债券到期日或到期日之前，清偿的方式有债券到期一次偿还、债券分期分批偿还、债券提前偿还等。

1. 债券到期一次偿还

到期时一次偿还的债券，无论当初的发行价格与面值之间是否有差异，均按面值偿还，原因是债券发行的折价和溢价在存续期内已摊销完毕，债券的账面价值等于其面值。

【例11-8】 接【例11-6】，东林公司债券2024年1月1日到期，一次偿还，会计分录为如下。

借：应付债券——面值   250 000

     贷：银行存款   250 000

2. 债券分期分批偿还

公司在发行债券时，可以规定条件，日后分期分批偿还债券。在这种情况下，债券有若干个到期日，各到期日应偿还的债券面值应冲减"应付债券——面值"的余额。部分债券还本后，每期的利息费用、折价或溢价的摊销也相应减少。

如前所述，分期偿还的公司债指债券的本金分成若干批次分期偿还，多见于各级政府机构发行的公债。在各到期日偿还的债券面值冲减"应付债券——面值"的余额，同时减少利息支出和债券的折价或溢价摊销。债券的折价、溢价应在债券的流通期限内进行摊销，摊销方法可选用直线法或实际利率法。若两种方法差额较大，应采用实际利率法。

【例11-9】 某企业面值为200万元的10年期债券按105%的价格发行，自第6年起每年年末偿还本金40万元，至债券到期时全部清偿完毕。债券的100 000元溢价在每次还本时予以摊销入账。每期偿还本金的会计分录如下。

借：应付债券——面值   400 000

     贷：银行存款   400 000

其溢价100 000元的摊销计算如表11-3所示（假设公司采用直线法）。

表11-3   分期偿还债券的溢价摊销表（直线法）   单位：元

年份	债券尚未偿还的数额	占总计数比例*	溢价摊销数
1	2 000 000	20/160	12 500
2	2 000 000	20/160	12 500
3	2 000 000	20/160	12 500
4	2 000 000	20/160	12 500
5	2 000 000	20/160	12 500
6	2 000 000	20/160	12 500
7	1 600 000	16/160	10 000
8	1 200 000	12/160	7 500
9	800 000	8/160	5 000
10	400 000	4/160	2 500
合 计	16 000 000	160/160	100 000

*摊销比例的确定：分母为各期未偿还债券的合计数，分子为当期未偿还的债券余额。

采用实际利率法对分期偿还的公司债进行折价或溢价的摊销，与采用实际利率法对定期偿还债券的摊销无大区别。不同偿还期限的债券被视作一个整体，每期根据未偿还债券的账面价值与实际利率的乘积确定实际利息费用，该金额与实际支付利息之间的差额即为当期应摊销的折价或溢价。

3. 债券提前偿还

在债券到期之前就向投资者归还本金，称为提前偿还。提前偿还一般有两种情况：一是在债券发行的合约中规定举债公司有权于一定期间内，按一定的价格提前赎回债券；二是举债公司对在债券市场流通的债券，在债券到期前购回。

按照债券发行合约规定可提前赎回的债券，称为可赎回债券。金融市场的供求关系变化，直接影响市场利率的高低起伏。当市场利率下跌时，公司可以行使赎回权，提前赎回债券，以减轻高利率带来的负担。由于提前赎回债券对投资者造成的损失，赎回价格往往高于债券的面值或账面价值。其中的差额记为赎回损失。特殊情况下，赎回价格可能低于债券面值或账面价值，差额计作赎回利得。债券赎回利得或损失属营业外收入或支出。

【例11-10】 华硕公司在发行5年期债券15万元后（面值15万元，折价10 800元，利息每半年支付一次），于第四年第一个付息日后两个月以110%的价格赎回债券。债券票面年利率10%，每期（按月）摊销的折价额为180元。

赎回债券的应付款=150 000×110%=165 000（元）

提前赎回债券的应计利息=150 000×10%×2÷12=2 500（元）

提前赎回债券的价款=165 000-2 500=162 500（元）

未摊销折价=180×16=2 880（元）

赎回债券的账面价值=150 000-2 880=147 120（元）

赎回公司债券的损失=162 500-147 120=15 380（元）

债券赎回前、付息后两个月的折价摊销额=180×2=360（元）

有关的会计分录如下。

（1）转计折价摊销额时。

借：财务费用 360

　　贷：应付债券——利息调整 360

（2）结转赎回债券的损失时。

借：应付债券——面值 150 000

　　财务费用 2 500

　　营业外支出 15 380

　　贷：应付债券——利息调整 2 880

　　　　银行存款 165 000

在证券市场上市交易的债券，其市价随着市场利率的升降而变动。市场利率跌至债券利率以下时，债券的市价将上涨，反之则下降。债券市价的升降，为企业理财提供了调度资金的机会。例如，债券市价下跌时，若发行公司有足够的资金，可以考虑从证券市场购回债券，提前注销负债，以减轻企业的债务负担。

4. 举借新债偿还旧债

企业举债后若能达到预期效果，而且举债企业在长期债券到期前已经定下有关决策，继续利用长期资金，则可以发行新的长期债券取代旧债券，时间可在旧债券到期时或到期前。清偿的方式可以用新债券交付债权人，直接替换旧债券。采用这种方式，有利于企业降低债务比率，降低新债发行成本，提高偿债能力。另一种清偿方式是以发行新债筹资，用筹措的资金从证券市场上购回旧债券。

四、偿债基金及其会计处理

为了对债权人的权益提供保障，某些债券发行契约要求发行公司定期存入一定金额的资金，作为偿还债券的专用资金，称为偿债基金。偿债基金通常是存入银行或金融机构，由其进行管理和投资，投资收益增加偿债基金。发行公司每期提存一定数额的基金交付信托管理人时，应借记"偿债基金"，贷记"银行存款"。信托管理人将基金用作投资时，发行公司不需作会计记录，只有投资结果，记录偿债基金的增加（借记"偿债基金"，贷记"偿债基金投资收益"）或减少（借记"偿债基金投资损失"，贷记"偿债基金"）。

如果偿债基金的提存计算准确，债券到期时，基金的总额与债券的数额应相等。实务上这样的情况比较少见。债券到期时，偿债基金的余额少于债券面值时，需用现金或银行存款补足；多于债券面值时，则增加企业现金或银行存款。

五、可转换公司债的特征及有关会计处理

可转换公司债券是指发行人依照法定程序发行、在一定期间内依据约定的条件可以转换成股份的公司债券。根据国务院 1997 年 3 月颁布的《可转换公司债券管理暂行条例》的规定，只有符合条件的上市公司和重点国有企业才可以发行可转换公司债券。

可以转换的特征使可转换公司债同时具备债券和股票的双重性质。债券持有人可通过对投资风险及报酬的分析，选择享受股东权益或债权人权益，因而风险较小，债券的利率也较低。发行公司则可以通过发行可转换债券，以较低的筹资成本获得长期使用的资金。

可转换债券的会计处理，按实际收到的金额借记"银行存款"账户，按债券面值贷记"应付债券——可转换公司债（面值）"；按可转换权（选择权）的公允价值，贷记"资本公积——其他资本公积"；按所收到的款项与债券面值和转换权公允价值之间的差额，借记或贷记"应付债券——利息调整"。债券转换成股份时，按可转换债券的余额，借记"应付债券——可转换公司债（面值、利息调整）"和"资本公积——其他资本公积"，按股本面值和转换的股数计算的股票面值总额，贷记"股本"，或贷记"应付债券——利息调整"，按上述借贷之间的差额贷记"资本公积——股本溢价"。

【例11-11】 某公司符合发行可转换债券的有关规定，经批准，于2019年1月1日发行10年期可转换公司债500 000元。债券利率8%，实际收款600 000元（差额为转换权的公允价值）。按发行条约规定，债券发行1年后可转换成公司的普通股，债券一次还本付息，每100元债券（含应计利息）可转换5股普通股，股票面值1元。

（1）发行债券时的会计分录如下。

借：银行存款 600 000
　　贷：应付债券——可转换公司债（面值） 500 000
　　　　资本公积——其他资本公积 100 000

（2）年末计提债券利息的会计分录如下。

借：财务费用（或在建工程） 40 000
　　贷：应付债券——可转换公司债（应计利息） 40 000

（3）1年后，债权人行使转换权，债券转换的会计分录如下。

借：应付债券——可转换公司债（面值） 500 000
　　　　　　　　——可转换公司债（应计利息） 40 000
　　资本公积——其他资本公积 100 000
　　贷：股本［（500 000+40 000）÷100×5］ 27 000
　　　　资本公积——股本溢价 613 000

长期借款

长期借款是企业长期负债的一种类型，指企业向银行和其他金融机构借入的、偿还期在 1年或一个营业周期以上的借款，如基建借款、技术改造借款、中短期设备借款等。

一、长期借款的特点和种类

与流动负债相比，长期借款的数额较大，偿还的期限较长，通常是企业为扩大经营规模，进行长期性的理财活动而产生的。长期借款的利率是固定的，企业在贷款期内向债权人每年支付按利率计算的定额利息。企业利用借贷所得的款项扩大生产运营规模后获得的增加利润，债权人不能参与分配，企业的所有人则分配到了更多的红利。同时，企业的所有者对企业的控制权不会由于企业的长期借款而削弱，其应享有的经济利益也不会由于长期借款而减少。但长期借款的利息支出，也成为企业在贷款期内固定的财务负担，企业只有确保其投资报酬率高于借款利率，才能使财务杠杆起到正面的作用。

为了保障债权人的权益，长期借款的合约通常附有抵押条件，由借款企业将其特定资产项目的合法产权转让给贷款人作为贷款的抵押品。借款人按期偿还借款的全部本息后，抵押品的产权方可归还给借款人。有时，借款人以资产项目的留置权而不是产权作为抵押。借款人无法如期偿还本息时，贷款人可按照贷款条约自行处置抵押资产，以抵补贷款本息。不足抵补部分，构成贷款人对借款人的无抵押品债权。附有抵押条件的长期借款称为有抵押的长期借款，反之为无抵押的长期借款。

二、长期借款的会计处理

长期借款的会计核算包括款项的借入和归还、借款本息和外币借款汇兑损益的核算等内容。

【例11-12】 宏力建筑公司2019年1月1日向银行借入资金2 000万元，年利率为10%，借款期限3年，付息时间为每年年底，本金于期满后一次性偿还。企业用该借款购建新型起重设备，工程于2020年9月底完工，共发生费用1 650万元。工程验收后交付使用。

（1）2019年借入款项时。

借：银行存款　　　　　　　　　　　　　　　20 000 000
　　贷：长期借款　　　　　　　　　　　　　　　　20 000 000

（2）计算并确认2019年年末的应计利息。

20 000 000×10%=2 000 000（元）

借：在建工程　　　　　　　　　　　　　　　2 000 000
　　贷：应付利息　　　　　　　　　　　　　　　　2 000 000

（3）偿付利息时。

借：应付利息　　　　　　　　　　　　　　　2 000 000
　　贷：银行存款　　　　　　　　　　　　　　　　2 000 000

（4）购建设备时。

借：在建工程 16 500 000

　　贷：有关账户 16 500 000

（5）2020年10月工程完工交付使用时。

借：在建工程 1 500 000

　　贷：长期借款——应计利息 1 500 000

借：固定资产 20 000 000

　　贷：在建工程 20 000 000

其后继续计提利息费用直至借款到期清偿。

若长期借款借的是外币，每月月末应同对其他外币账户的处理一样，按照月末的汇率进行调整，汇率上升时"长期借款"账户的余额将增加，反之减少。长期借款与购建固定资产相关的，在固定资产竣工交付使用之前，汇兑差额增加固定资产的购建成本，其余的应计入财务费用，作为当期损益。

三、借款费用

根据我国《企业会计准则第 17 号——借款费用》的规定，借款费用是指企业因借款而发生的利息及其他相关成本，包括借款利息、折价或溢价的摊销、辅助费用以及因外币借款而发生的汇兑差额等。

对于借款费用的处理可以有两种方法：一是于发生时直接确认为当期费用；二是予以资本化。根据《企业会计准则第 17 号——借款费用》的规定，企业发生的借款费用，可直接归属于符合资本化条件的资产的购建或生产的，应当予以资本化，计入相关资产成本；其他借款费用，应当在发生时根据发生额确认为费用，计入当期损益。而所谓符合资本化条件的资产，是指需要经过相当长时间的购建或生产活动才能达到预定可使用或者可销售状态，包括固定资产、投资性房地产、存货等资产。

（一）借款费用资本化期间的确定

借款费用的资本化期间，是指从借款费用开始资本化时点到停止资本化时点的期间，借款费用暂停资本化的期间不包括在内。必须在同时满足以下三项条件的前提下，借款费用才能开始资本化。

（1）资本支出已经发生。企业以支付现金、转移非现金资产、承担带息债务等形式发生相关资本支出。

（2）借款费用已经发生。企业为购建或生产符合资本化条件的资产项目而专门借入款项，或占用一般借款，因此发生借款费用。

（3）为使资产达到预定可使用或可销售状态所必要的购建或生产活动已经开始。

当购建、生产符合资本化条件的资产项目达到预定可使用或可销售状态，借款费用的资本化应该终止。如果该资产项目的购建或生产各部分完工进度不一样，已完工部分可在其他部分继续生产或购建过程中单独使用或对外销售，则企业应终止与该部分相关的借款利息资本化。若已部分完工，但需要等到资产整体完工后才可使用或对外销售，企业应待资产项目整体完工后，方才终止借款费用的资本化。例如，某开发公司承建一商品房小区，已有 10 栋别墅先期完工，另有 2 栋高层公寓楼仍在构建中。若别墅已完成验收并开始销售，与之相关的借款费用应终止资本化。

（二）利息资本化金额的确定

1. 专门借款利息资本化金额的确定

企业为购建、生产符合资本化条件的资产项目而借入的款项称为专门借款。资本化期间，专门借款的利息费用应予资本化的金额确定公式如下所示。

资本化的专门借款利息=专门借款利息费用-暂时闲置的专门借款金额带来的利息收入或投资收益

确定专门借款利息费用，还需要考虑借款的折价与溢价的摊销问题。企业应采用实际利率法，对折价与溢价进行摊销并确认当期利息费用。原则上，企业每一个会计期间的利息资本化金额，不应高于当期相关借款实际发生的利息金额。但实务操作中，有可能出现前者高于后者的情况。企业应以当期相关借款实际发生的利息金额为限，确认利息资本化金额。

【例11-13】 宏达公司于2019年3月1日动工兴建一新分厂，专门借入500万元，期限2年，年利率6%；同年6月30日，又向银行专门借款300万元，期限3年，年利率6.5%；10月1日，再专门借款50万元，期限2年，年利率6%。2019年10月31日宏达公司利用闲置专门借款资金30万元进行短期投资，该投资项目月收益率为0.5%。该固定资产项目2020年10月1日完工并交付使用，确定其资本化利息金额（以万元为单位，设名义利率等于实际利率）。

（1）利息资本化期间：自2019年3月1日起至2020年10月1日止。

（2）资本化期间内专门借款发生的实际利息如下。

2019年=500×6%×10÷12+300×6.5%×6÷12+50×6%×3÷12=35.5（万元）

2020年=500×6%×9÷12+300×6.5%×9÷12+50×6%×9÷12=39.375（万元）

（3）资本化期间用闲置专门借款资金获得的投资收益如下。

2019年=30×0.5%×2=0.3（万元）

2020年=30×0.5%×9=1.35（万元）

（4）资本化利息金额为：

2019年=35.5-0.3=35.2（万元）

2020年=39.375-1.35=38.025（万元）

（5）有关会计账务处理如下（以元为单位）。

① 2019年12月31日。

借：在建工程	352 000	
应收利息（或银行存款）	3 000	
贷：应付利息		355 000

② 2020年10月1日。

借：在建工程	380 250	
应收利息（或银行存款）	13 500	
贷：应付利息		393 750

2. 一般借款利息资本化金额的确定

实务中，往往会出现这样的情况，企业没有为购建或生产符合资本化条件的资产项目筹借专门资金，或筹借的专门资金不足以支付该资产项目购建或生产的资本化开支，因此，需要占用一般借款。企业应根据购建及生产该资产项目过程中发生的累计资产支出的加权平均数，计算一般借款的资本化率（加权平均利率），两者相乘确定一般借款利息资本化金额。

【例11-14】 接【例11-13】，设宏达公司为建造新分厂，于2019年3月1日专门借款500万元，期限2年，年利率6%。此外无其他专门借款。该分厂购建过程中占用两笔一般借款：长期贷款300万元，期限从2018年11月1日起至2023年11月1日止，年利率6.5%，按年付息；按面值发行公司债券800万元，发行日为2019年1月1日，到期日为2024年1月1日，年利率8%，按年付息。工程支出金额如表11-4所示。要求：确定该资产项目的利息资本化金额。

表 11-4 在建分厂支出表 单位：万元

日期	当期资产支出金额	累计资产支出
2019 年 3 月 1 日	500	500
2019 年 5 月 1 日	300	800
2020 年 1 月 1 日	120	920

（1）专门借款利息资本化的金额为：

2019年=500×6%×10÷12=25（万元）

2020年=500×6%×9÷12=22.5（万元）

（2）一般借款利息的资本化金额：

自2019年5月1日起，该资产的购建占用一般借款300万元，2020年1月1日的开支120万元也占用了一般借款。

2019年一般借款的资产支出加权平均数=300×8÷12=200（万元）

$$一般借款利息资本化率 = \frac{300×6.5\%+800×8\%}{(300+800)×100\%} = 7.59\%$$

应予资本化的一般借款利息=200×7.59%=15.18（万元）

2020年一般借款的资产支出加权平均数=（300+120）×9÷12=315（万元）

应予资本化的一般借款利息=315×7.59%=23.909（万元）

（3）该资产项目应予资本化的利息金额为：

2019年=25+15.18=40.18（万元）

2020年=22.5+23.909=46.409（万元）

（4）有关账务处理如下。

2019年。

借：在建工程 401 800

　　财务费用 683 200

　　贷：应付利息 1 085 000[*]

*500×6%×10÷12+300×6.5%+800×8%=108.5（万元）

2020 年。

借：在建工程 464 090

　　财务费用 670 910

　　贷：应付利息 1 135 000[*]

*500×6%+300×6.5%+800×8%=113.5（万元）

（三）辅助费用

辅助费用指企业在借款过程中发生的手续费、佣金等费用，属于借入资金所付出的代价，构成借款费用的一部分。专门借款发生的辅助费用如发生在资本化期间内，应根据其发生额进行资本化处理；发生在资本化时点终止后的专门借款辅助费用以及一般借款发生的辅助费用，应根据其发生额，在发生时确认为费用。

第四节 债务重组

一、债务重组的性质和形式

《企业会计准则第 12 号——债务重组》规定,债务重组,是指在债务人发生财务困难的情况下,债权人按照其与债务人达成的协议或者法院的裁定做出让步的事项。

债务重组可分为持续经营条件下的债务重组和非持续经营条件下的债务重组。前者指债务重组双方在可预见的将来仍然持续经营下去的情况下所进行的债务重组;后者指债务人处于破产清算或企业改组等状态时与债权人之间进行的债务重组。本章重点讨论持续经营条件下的债务重组。

债务重组的方式包括:(1)以资产清偿债务;(2)将债务转为资本;(3)修改其他债务条件;(4)以上三种方式的组合等。

二、债务重组的核算

(一)以资产清偿债务

债务人向债权人转让其资产用于清偿债务,转让的资产有现金与非现金资产,如现金、存货、各种投资项目(如股票、债券、权证、基金)、固定资产、无形资产等。

(1)以现金清偿债务的,债务人应将重组债务的账面价值与实际支付的现金之间的差额,计入当期损益。重组债务的账面价值指债务的面值(或本金)加上应计利息。债权人则应将重组债权的账面余额与收到现金之间的差额,计入当期损益。如果债权人已对债权提取了减值准备,则应将差额冲减减值准备,不足冲减部分再计入当期损益。

【例11-15】 甲公司有一项账面余额为120 000元的应收账款,因债务人乙公司无力偿还而进行债务重组。双方经过协商后同意减免30%,乙公司立即偿付。甲公司已为该笔应收账款计提了700元的坏账准备。付款后双方的分录如下所示。

甲公司。

借:银行存款	84 000	
坏账准备	700	
营业外支出——债务重组损失	35 300	
贷:应收账款		120 000

乙公司。

借:应付账款	120 000	
贷:银行存款		84 000
营业外收入——债务重组利得		36 000

(2)以非现金资产清偿某项债务的,债务人需要确定:①非现金资产的公允价值;②资产转让损益;③债务重组损益。

非现金资产若存在活跃市场,以其市场价格为基础确定公允价值;如不存在活跃市场,应以类似资产的市场价格为基础确定公允价值。金融资产按相关准则处理。

非现金资产公允价值与其账面价值之间的差额,记作资产转让损益。不同种类的资产项目对此差额有不同的处理方法。存货应视为销售，固定资产与无形资产视为资产处置，投资项目在结转了相关减值准备并扣除直接相关费用后，计入投资收益。

以非现金资产清偿债务，债务人应将重组债务的账面价值与转让的非现金资产公允价值之间的差额，计入当期损益。转让的非现金资产公允价值与其账面价值之间的差额，计入当期损益。债权人按公允价值计量受让资产，并将其与重组债权的账面金额之间的差额，冲减已计提的减值准备，不足冲减部分计入当期损益。

【例11-16】 设甲公司对乙公司拥有 120 000 元应收账款的债权，已计提坏账准备 1 200 元。经双方协商，甲公司同意乙公司以非现金资产清偿债务。乙公司提供的非现金资产包括原值为 100 000 元、累计折旧 4 000 元、公允价值为 90 000 元的货车一辆，原值为 30 000 元、累计折旧 5 000 元、公允价值为 23 000 元的安装设备一台。车辆过户发生相关税费 4 000 元（由乙公司支付）。

甲公司相关会计处理如下。

借：固定资产——汽车	90 000
——安装设备	23 000
坏账准备	1 200
营业外支出——债务重组损失	5 800
贷：应收账款	120 000

乙公司相关会计处理如下。

（1）将固定资产账面净值转入固定资产清理账户。

借：固定资产清理——货车	96 000
——安装设备	25 000
累计折旧——货车	4 000
——安装设备	5 000
贷：固定资产——货车	100 000
——安装设备	30 000

（2）记录相关费用的支付。

借：固定资产清理	4 000
贷：银行存款	4 000

（3）确认债务重组利得及转让资产损益。

借：资产处置损失——处置非流动资产损失	12 000
贷：固定资产清理	12 000
借：应付账款	120 000
贷：固定资产清理——货车	90 000
——安装设备	23 000
营业外收入——债务重组利得	7 000

（二）债务转资本

这种重组方式下，债务人将债务转为资本，债权人则将债权转为股权。重组完成后，债务人股本（实收资本）增加，债权人的长期股权投资增加。

债务人应将重组债务后债权人享有的股份按面值确认为股本，股份公允价值与股本之间的差额记作股本溢价，计入资本公积。重组债务账面价值超过股份公允价值的差额，计入当期损益。

债权人应将债务转为资本，将重组债务后享有股份的公允价值确认为对债务人的投资，重组债权的账面余额与股份公允价值之间的差额，冲减已计提的债权减值准备，不足冲减部分计入当期损益。

【例 11-17】 设甲公司拥有一笔 1 200 000 元的应收账款，债务人无力偿还。经双方协商，债务人以其普通股票抵偿该笔债款。该股票一共为 200 000 股，每股面值 1 元、市价 4.5 元，甲公司已为该笔应收账款计提了 24 000 元的坏账准备。假定不考虑相关税费。

债务人的会计处理如下。

借：应付账款		1 200 000
贷：股本		200 000
资本公积——股本溢价		700 000
营业外收入——债务重组利得		300 000

债权人甲公司的会计处理如下。

借：长期股权投资		900 000
坏账准备		24 000
营业外支出——债务重组损失		276 000
贷：应收账款		1 200 000

发行权益性证券偿付部分或全部债务是企业债务重组的一种常见方式。将债务转为资本的同时，债权人的债权也转化为股权。需要注意的是，持有可转换公司债的债权人行使转换权，不属于债务重组。另外，企业发行新股必须符合《公司法》的有关规定，否则不能采取将债务转换为资本的形式进行债务重组。

（三）修改债务条件

修改其他债务条件，不包括前述两种方式。具体手段有延长债务偿还期限、延长债务偿还期限并加收利息、延长债务偿还期限并减少债务本金或债务利息等。在这种重组方式下，可能涉及或有应收或应付金额，会计处理相应有所区别。

1. 不涉及或有应收（应付）金额的债务重组

修改其他债务条件的，债务人应当将修改其他债务条件后债务的公允价值作为重组后债务的入账价值。重组债务的账面价值与重组后债务的入账价值之间的差额，计入当期损益。

修改其他债务条件的，债权人应当将修改其他债务条件后的债权的公允价值作为重组后债权的账面价值，重组债权的账面余额与重组后债权的账面价值之间的差额，计入当期损益。债权人已对债权计提减值准备的，应当先将该差额冲减减值准备，减值准备不足以冲减的部分，计入当期损益。

2. 涉及或有应收（应付）金额的债务重组

或有应付金额，是指需要根据未来某种事项出现而发生的应付金额，而且该未来事项的出现具有不确定性。

或有应收金额，是指需要根据未来某种事项出现而发生的应收金额，而且该未来事项的出现具有不确定性。

修改后的债务条款如涉及或有应付金额，且该或有应付金额符合《企业会计准则第 13 号——或有事项》中有关预计负债确认条件的，债务人应当将该或有应付金额确认为预计负债。重组债务的账面价值，与重组后债务的入账价值和预计负债金额之和的差额，计入当期损益。如果在其后的会计期间内或有应付金额没有发生，企业应冲销账面的预计负债，同时确认营业外收入。

修改后的债务条款中涉及或有应收金额的，根据谨慎性原则，债权人不应当确认或有应收金额，不得将其计入重组后债权的账面价值。当或有应收金额实际发生后，债权人可将其计入当期损益。

【例11-18】 2014年1月1日，广龙公司向建设银行贷款2 000 000元，期限5年，年利率5%。2019年12月31日，广龙公司因财务困难，要求债务重组。建设银行同意延期3年，将利率调为5%（等于市场利率），本金减至1 800 000元，免除积欠利息500 000元。

（1）债务人的会计处理（重组日）。

重组日重组债务的账面价值=2 000 000+500 000=2 500 000（元）

重组日重组债务的入账价值（公允价值）=1 800 000×$PVF_{5\%,3}$+90 000×$PVF\text{-}OA_{5\%,3}$=1 800 000（元）

借：长期借款　　　　　　　　　　　　　　　　　　2 000 000
　　长期借款——应计利息　　　　　　　　　　　　　 500 000
　　　贷：长期借款——债务重组　　　　　　　　　　　　　　1 800 000
　　　　　营业外收入——债务重组利得　　　　　　　　　　　　700 000

（2）债权人的会计处理（重组日）。

借：贷款——债务重组　　　　　　　　　　　　　　1 800 000
　　营业外支出——债务重组损失　　　　　　　　　　 700 000*
　　　贷：贷款　　　　　　　　　　　　　　　　　　　　　2 000 000
　　　　　应收利息　　　　　　　　　　　　　　　　　　　　 500 000

*债权人对贷款计提有坏账准备的，应同时转销，即计算重组损失时扣除已经计提的坏账准备金额。

【例11-19】 同【例11-18】，将延期后的利率由5%调为4%（市场利率为5%）。

（1）债务人的会计处理（重组日）。

重组日重组债务的账面价值=2 000 000+500 000=2 500 000（元）

重组日重组债务的入账价值（公允价值）=1 800 000×$PVF_{5\%,3}$+72 000×$PVF\text{-}OA_{(5\%,3)}$=1 750 982（元）

借：长期借款　　　　　　　　　　　　　　　　　　2 000 000
　　长期借款——应计利息　　　　　　　　　　　　　 500 000
　　　贷：长期借款——债务重组　　　　　　　　　　　　　　1 750 982
　　　　　营业外收入——债务重组利得　　　　　　　　　　　　749 018

（2）债权人的会计处理（重组日）。

借：贷款——债务重组　　　　　　　　　　　　　　1 750 982
　　营业外支出——债务重组损失　　　　　　　　　　 749 018
　　　贷：贷款　　　　　　　　　　　　　　　　　　　　　2 000 000
　　　　　应收利息　　　　　　　　　　　　　　　　　　　　 500 000

以后各期先按实际利率调整应付借款（或贷款）账面价值，并确定实际利息（见表11-5）。

表11-5　　　　　　　　　　　　　长期借款账面价值调整表　　　　　　　　　　单位：元

年份	支付利息 ①=1 800 000×4%	实际利息 ②=④×5%	应付账款调整额 ③=②-①	应付账款账面价值 ④=上期④+③
2019年12月31日				1 750 982
2020年12月31日	72 000	87 549	15 549	1 766 531
2021年12月31日	72 000	88 327	16 327	1 782 858
2022年12月31日	72 000	89 142	17 142	1 800 000

以后各期会计处理如表11-6所示。

表 11-6 债务人和债权人以后各期会计处理表

日期	债务人的会计处理		债权人的会计处理	
2020 年 12 月 31 日	借：财务费用 贷：长期借款——债务重组 应付利息	87 549 15 549 72 000	借：贷款——债务重组 应收利息 贷：利息收入	15 549 72 000 87 549
2021 年 12 月 31 日	借：财务费用 贷：长期借款——债务重组 应付利息	88 327 16 327 72 000	借：贷款——债务重组 应收利息 贷：利息收入	16 327 72 000 88 327
2022 年 12 月 31 日	借：财务费用 贷：长期借款——债务重组 应付利息 借：长期借款——债务重组 应付利息 贷：银行存款	89 142 17 142 72 000 1 800 000 216 000 2 016 000	借：贷款——债务重组 应收利息 贷：利息收入 借：银行存款 贷：贷款——债务重组 应收利息	17 142 72 000 89 142 2 016 000 1 800 000 216 000

【例11-20】 同【例11-19】，不同的是在重组协议中增加一个条款：如果广龙公司在2021年年底盈利，则利率由4%上调为5%，如果继续亏损，则仍然维持4%的利率。

（1）债务人的会计处理（重组日）。

重组日重组债务的账面价值=2 000 000+500 000=2 500 000（元）

重组日重组债务的入账价值（公允价值）=1 800 000×$PVF_{(5\%,3)}$+72 000×$PVF\text{-}OA_{(5\%,3)}$=1 750 982（元）

预计负债=1 800 000×（5%-4%）×2=36 000（元）*

*预计负债的计算为非折现值。

借：长期借款 2 000 000

长期借款——应计利息 500 000

贷：长期借款——债务重组 1 750 982

预计负债 36 000

营业外收入——债务重组利得 713 018

以后各期债务人会计处理如表11-7所示。

表 11-7 债务人以后各期会计处理表

日期	继续亏损		盈利	
2020 年 12 月 31 日	借：财务费用 贷：长期借款——债务重组 应付利息	87 549 15 549 72 000	借：财务费用 贷：长期借款——债务重组 应付利息	87 549 15 549 72 000
2021 年 12 月 31 日	借：财务费用 贷：长期借款——债务重组 应付利息 借：预计负债 贷：营业外收入	88 327 16 327 72 000 36 000 36 000	借：财务费用 贷：长期借款——债务重组 应付利息 借：预计负债 贷：应付利息	88 327 16 327 72 000 18 000 18 000
2022 年 12 月 31 日	借：财务费用 贷：长期借款——债务重组 应付利息 借：长期借款——债务重组 应付利息 贷：银行存款	89 142 17 142 72 000 1 800 000 216 000 2 016 000	借：财务费用 贷：长期借款——债务重组 应付利息 借：预计负债 贷：应付利息 借：长期借款——债务重组 应付利息 贷：银行存款	89 142 17 142 72 000 18 000 18 000 1 800 000 252 000 2 052 000

（2）债权人重组日的会计分录同上，以后各期的会计分录，请同学们自己对照处理。

（四）混合重组方式

企业可以采用上述重组方式共同清偿债务。当债务重组以现金清偿、非现金资产清偿、债务转资本、修改债务条件等方式组合进行时，债务人应依次以支付的现金、转让非现金资产的公允价值、债权人享有股份的公允价值冲减重组债务的账面价值后，再按修改其他债务条件的规定处理。

债权人应当以收到的现金、受让非现金资产的公允价值、享有股份的公允价值依次冲减重组债权的账面价值后，再按照修改其他债务条件的规定处理。

三、债务重组的披露

在报表附注中，债务重组双方都应披露与债务重组有关的信息。债权人应披露的债务重组信息包括：（1）债务重组方式；（2）确认的债务重组损失总额；（3）债权转为股权所导致的投资增加额及该投资占债务人股权总额的比例；（4）或有应收金额；（5）债务重组中受让的非现金资产的公允价值、由债权转成的股份的公允价值和修改其他债务条件后债权的公允价值的确定方法及依据。

债务人应当披露的信息包括：（1）债务重组方式；（2）确认的债务重组利得总额；（3）将债务转为资本所导致的股本（或实收资本）增加额；（4）或有应付金额；（5）债务重组中转让的非现金资产的公允价值、由债务转成的股份的公允价值和修改其他债务条件后债务的公允价值的确定方法及依据。

第五节 披露与分析

一、长期负债的披露

企业涉及的长期负债项目往往数量多，金额庞大，应分别予以核算，并在资产负债表中按照长期借款、应付债券、长期应付款项目分列反映。1 年内将要到期的非流动负债，应转入流动负债，单列反映。

长期负债涉及的利息费用，应在利润表中作为财务费用反映，由于偿还债务、债务重组而发生的损失计入营业外支出。此外，为满足充分披露原则的要求，企业须在报表的附注、附表中披露长期负债的有关信息和相关会计政策，包括长期负债的性质、期限、利率、清偿条件、转换条件、资产抵押、担保情况，借款费用会计处理的具体方法和利息费用资本化的原则，应付债券的计价及债券溢价或折价的摊销方法，债务重组方式、债务重组损失等。

长期负债的披露和分析

随着我国公司债券发行量不断增加，对债券披露的要求在加强。以上市公司为例，在年度报告中专辟一节"公司债券相关情况"披露与债券相关的信息，内容包括：

（1）公司债券基本情况；

（2）公司债券受托管理联系人、联系方式及资信评级机构联系方式；

（3）公司债券募集资金使用情况；

（4）公司债券评级情况；

（5）报告期内公司债券增信机制、偿债计划及其他相关情况；

①偿债计划；②偿债资金来源；③偿债应急保障方案；

（6）公司债券持有人会议召开情况；

（7）公司债券受托管理人履职情况；

（8）截至报告期末公司近 2 年的会计数据和财务指标；

（9）公司其他债券和债务融资工具的付息兑付情况；

（10）公司报告期内的银行授信情况；

（11）公司报告期内执行公司债券募集说明书相关约定或承诺的情况；

（12）公司发生的重大事项及对公司经营情况和偿债能力的影响。

其中，截至报告期末公司近 2 年的会计数据和财务指标以宝钢股份（600019）为例，如表 11-8 所示。

表 11-8　　　　　　　　　　宝钢股份 2017 年偿债能力相关指标　　　　　　　　　单位：元

主要指标	2017 年	2016 年	本期比上年同期增减（%）	变动原因
息税折旧摊销前利润	460.2	333.3	38.1	利润增加
流动比率	0.8	0.8	1.7	
速动比率	0.6	0.5	12.3	
资产负债率（%）	50.2	55.4	-9.4	
EBITDA 全部债务比	3.8	6.0	-36.0	利润增加
利息保障倍数	7.5	3.6	108.9	利润增加
现金利息保障倍数	11.3	6.8	65.1	利润增加
EBITDA 利息保障倍数	12.4	7.5	65.6	利润增加
贷款偿还率（%）	100	100	—	
利息偿付率（%）	100	100	—	

注：以上指标为宝钢集团合并口径。

二、长期负债的分析

报表使用者分析长期负债时，主要关注企业偿还长期债务的能力，即企业是否可以按时还本付息。企业获利能力是影响长期偿债能力的一个重要因素，同时，债务结构总额与企业资产规模之间的关系也影响着企业的长期偿债能力。

（一）资产负债率

该比率是企业负债总额与资产总额的比例，反映了债权人提供的资金在企业资产总额中所占的比重。计算公式如下所示。

$$资产负债率 = \frac{负债总额}{资产总额}$$

负债对资产的比率越高，说明企业债务负担越重，企业无法按时清偿到期负债的风险也越高。这一方面对债权人不利，另一方面也反映出企业有濒临倒闭的危险。

（二）利息保障倍数

该比率是企业息税前利润与债务利息的比例，反映了企业获利能力对债务偿付的保证程度。计算公式如下。

$$利息保障倍数 = \frac{息税前利润}{债务利息}$$

计算利息保障倍数时应当以正常业务经营的息税前利润为基础。一般来说，该比率越高，说明企业偿付利息的能力越强。考虑到现金比利润更可靠，也可以使用现金流量利息保障倍数。

（三）税息折旧及摊销前利润全部债务比

税息折旧及摊销前利润（EBITDA）全部债务比=负债总额÷（利润总额＋利息支出＋固定资产折旧＋无形资产摊销＋长期待摊费用摊销）

这一指标反映的是企业的盈利能力对偿债的保障。但由于盈利中的非现金因素，再加上长期负债期限不一，所以偿债能力最直观的考察就是用短期指标流动比率和速动比率去衡量。

另外，在分析影响企业长期偿债能力时，企业还需要考虑其他因素如债务担保和未决诉讼的影响。如存在债务担保，报表使用者应根据有关资料判断担保责任带来的影响。而未决诉讼一旦判决败诉，便会影响企业的偿债能力，因此，在评价企业长期偿债能力时也要考虑其潜在影响。

思 考 题

1. 试分析负债经营给企业带来的利弊。
2. 长期负债与流动负债有哪些区别？
3. 如何确定应付债券的发行价格？
4. 债券折价和溢价的性质是什么？应如何摊销？摊销带来什么影响？
5. 公司债券应包括哪些内容？
6. 公司债券有哪些分类方法？
7. 可转换公司债的概念及特征。
8. 《企业会计准则第17号——借款费用》《企业会计准则第12号——债务重组》的制定与以前的会计准则相比，存在哪些变化？
9. 试述长期借款的特点。
10. 债务重组有哪些方式？各有什么特点？

练 习 题

（一）应付债券

资料：某公司按面值发行公司债券。债券面值为30万元，票面利率10%，债券发行期限为8年。设债券发行当时同等风险程度的债券市场利率为12%。

要求：计算该债券的发行价格。

（二）应付债券

资料：某公司于2019年10月1日发行公司债500万元。债券票面利率为12%，票面日期为2019年7月1日，到期日为2024年7月1日。发行期内每年的1月1日及7月1日为付息日。债券以面值加上应计利息发行。

要求：试编制2019年10月1日、12月31日、2020年1月1日、7月1日的有关分录。

（三）应付债券

资料：2019年8月31日，某公司发行利率为10%、期限为15年、面值80万元的公司债券。债券按98%的价格折价发行。债券付息日为5月1日及11月1日。

要求：计算2022年年末债券经折价摊销后的账面价值及当期利息费用。设公司采用直线摊销法。

（四）应付债券

资料：若上题中的公司债券发行价格为面值的102%，市场利率为9.75%，公司采用实际利率法进行摊销。

要求：试确定2023年年末债券经溢价摊销后的账面价值及当期利息费用。

（五）应付债券

资料：设练习题（三）中的公司债券于2022年12月1日以115%的价格赎回。

要求：编制有关会计分录。

（六）可转换债券

资料：2019年1月1日，达伟公司以650 000元的价格出售面值为600 000元、利率为10%的10年期可转换公司债。同等条件下该债券按面值发行。该债券的转换条件为每1 000元可转换每股面值为1元的普通股500股。公司债券的付息日为12月31日。新德公司购入了60%的可转换债券并于2020年1月1日行使转换权。

要求：编制有关会计分录。

（七）应付债券

资料：大洋集团于2019年1月1日发行面值为28万元、票面利率8%的分期偿还公司债。每年年底付息一次，债券发行时实际利率为10%。自2024年12月31日起，每年偿还本金4万元至全部清偿完毕。

要求：试做出债券发行日、偿还本金、到期日的相关会计处理。设公司采用直线法。

（八）债务重组

资料：某企业向银行贷款500万元，并签出应付票据。后因财政出现困难，无法偿还，经协商以大型设备一台抵偿。该设备原始成本460万元，已计提折旧120万元，公允市价为420万元。

要求：试编制该企业债务重组的会计分录（债权人与债务人双方）。

（九）债务重组

资料：燕岭集团公司向云山公司开出应付票据350万元，票据到期后燕岭集团以权益性证券偿还，增发普通股50万股，每股面值2元，市价5元，增发优先股10万股，每股面值5元，市价6.5元。

要求：试编制燕岭集团债务重组的会计分录。

（十）债务重组

资料：2017年6月30日，南方公司因从甲企业购货，应付甲企业一张年利率8%、3年期的票据800 000元。现南方公司因财务困难，于2019年12月31日进行债务重组，该企业同意将票据延长至2022年12月31日，利率降至5%（为实际利率），免除积欠利息。

要求：编制南方公司债务重组日及以后的会计分录。

（十一）债务重组

资料：南方公司销售一批商品给青江股份公司，价税合计2 340 000元（增值税税率16%）。双方协议，青江公司以一批甲产品（成本1 000 000元，市价1 200 000元）抵偿债务的一部分，剩余的转为南方公司对青江公司的投资，用于抵债的普通股为200 000股（面值1元），股票每股市价为4元，印花税税率为2‰。另外，南方公司对该项应收账款计提36 000元的坏账准备，青江公司也对甲产品计提减值准备10 000元。

要求：编制双方相关会计分录。

（十二）借款费用

资料：南方公司于2019年年初动工修建一条新的生产线，工期2年。工程适用出包方式，分别于2019年1月1日、2019年7月1日、2020年1月1日和2020年7月1日支付工程进度款。每期支付金额如表11-9所示。

表 11-9   工程进度款支付明细   单位：万元

日期	每期资产支出金额	累计资产支出金额	闲置资金用于短期投资金额
2019年1月1日	800	800	200
2019年7月1日	1 200	2 000	1 000
2020年1月1日	2 500	4 500	500
2020年7月1日	3 500	8 000	—
合计	8 000	—	1 700

2019年1月1日为此工程专门借款1 000万元，期限3年，利率7%；6月30日专门借入2 000万元，期限2年，利率6%；2019年12月31日为此工程专门借款2 000万元，期限3年，利率7%。另外，该工程在2020年下半年占用两笔流动资金借款：一笔为2019年1月1日借入的2年期、年利率为6.5%的流动资金借款2 000万元，一笔为企业2018年12月31日发行的票面利率为10%的5年期债券8 000万元。企业闲置资金投资的固定收益率为每年3%（题中所有利息按年支付，名义利率等于实际利率。假定全年按360天计算）。

要求：编制借款费用资本化的相关会计分录。

（十三）借款费用

资料：南方公司于2019年1月1日借入3年期2 000万美元，年利率5%。相关手续费50万元（人民币），此款主要用于一项工程建设中的进口材料。整个工程于2020年6月30日完工。利息于每年1月1日支付，到期还本。

公司记账本位币为人民币，外币业务按外币业务发生时的市场汇率折算，相关汇率资料如下：

2019年1月1日：1美元=6.225元人民币；

2019年12月31日：1美元=6.051元人民币；

2020年1月1日：1美元=6.052元人民币；

2020年6月30日：1美元=6.201元人民币。

要求：编制相关会计分录。

案例分析：安然公司[①]

---

① 本书每章后所增加的案例分析请参见本系列教材中配套出版的《会计教学案例》一书，后同。

第十二章

所有者权益

本章要点

- 公司的性质与分类
- 所有者权益的性质与表现形式
- 普通股与优先股的特征与分类
- 资本公积的性质和来源
- 留存收益的构成
- 每股收益的性质与计算
- 股份支付的实质和会计处理
- 所有者权益的披露与分析

章首故事

临时董事会

"北京中燕"（600763）的前身为北京平谷燕山羽绒制品厂，是 1986 年创办的一家乡镇企业，1995 年，北京市将上市指标派给了这家企业，并启动了上市前的改制包装工作。原乡镇企业的资产变成国有法人股，划入为上市而成立的北京中燕实业集团公司（以下简称"中燕集团"），另外几家关联企业北京宏思达、中土畜羽毛羽绒制品进出口公司、北京市农工商开发贸易公司、北京国际经济合作公司（以下简称"北京国合"）也纷纷以不同的方式将资产评估入股。1996 年"北京中燕"上市。1999 年 8 月，北京国合受让中燕集团 3 800 万国有法人股，进而成为"北京中燕"第一大股东。在当年 9 月 2 日召开的董事会上，原第一大股东中燕集团提名的 5 位董事辞职（并于 9 月 3 日在媒体上公告），现第一大股东提名 5 位董事候选人（其中 4 名来自北京国合）。11 月 11 日，公司召开包括已辞职的 4 名董事在内由 8 位董事组成（其中一位委托他人出席）的临时董事会，会议通过一系列决议，核心内容是解聘包括总经理和董事会秘书在内的四位高管人员（均由北京国合派出）。

为此，公司向交易所提出申诉，问题的焦点有两个：一是已经辞职的 4 名董事是否仍为公司董事（原第一大股东认为董事辞职要经过股东大会批准）；二是此次临时董事会的决议是否有效（北京国合认为临时董事会 4 人参加，没有超过全体董事（11 人）的一半）。

交易所的答复是：4 名董事辞职有效，他们的投票无效。但临时董事会的决议有效，理由是公司现有董事 6 人，而在现有董事 6 人中有 4 人投了赞成票，依据《公司法》第一百一十七条和第一百一十八条的相关规定，董事会半数以上董事出席方可举行，董事会决议半数以上董事同意方可通过。此次临时董事会刚好满足这两个标准。

交易所将此意见上报证监会，经审核后，证监会支持交易所第一点意见，而否定了第二点意见，理由是委托出席无效，此次召开的董事会只有 3 名合法董事，表决也只有三票同意，都未达到半数以上。另外，上次 5 名董事辞职，剩余董事 6 人，不低于法定人数 5 人，辞职有效。

本章重点讨论股份有限公司所有者——股东的权益问题，先从阐述所有者权益的定义及不同的表达方式入手，然后分析公司的基本特征、分类，以及股份有限公司的特征。接下来讨论股东权益的构成，包括股本、资本公积、留存收益以及相关的会计处理。由于每股收益在上市公司具有重要性，我们还将讨论简单资本结构下和复杂资本结构下每股收益的计算。最后是有关股份支付的会计处理和所有者权益的披露与分析。

所有者权益的性质
与内容

第一节 | 企业的性质与特征

一、企业的组织形式

现代企业的主要组织形式有三种：独资企业、合伙企业以及公司制企业。不同组织形式的企业具有不同的特点。

独资企业指只有一个所有者的企业，其所有者称为业主。业主对企业进行单独投资经营，对企业的盈亏负完全责任。同时，业主拥有企业的全部资产，对企业的债务负连带责任。当企业的资产不足以清偿企业对外债务时，业主需要动用其私有财产偿还企业负债，负有无限责任。

合伙企业的业主通常称为合伙人，人数最少在两人以上，人数的多少视企业的性质和规模的大小而定。合伙人对企业进行共同的投资经营，对于企业的盈亏按照各合伙人的投资比例或合伙契约中规定的比例进行分配。当企业资不抵债时，各合伙人对企业的债务同样负有无限连带责任。

公司制企业的业主称为股东。股东以对企业的投资份额享有相应的权利——按出资份额获得投票权和利润分配权。同时，股东对公司的债务责任以其投资的份额为限，即股东对公司的债务只负有限责任。

从法律角度来看，独资企业、合伙企业均不具备法人资格，在法律上不独立具有权利能力和行为能力，故企业在业务处理上的行为仍被视为自然人行为，企业所拥有的财产及所负的债务，在法律上等同于业主、合伙人的个人财产和债务。公司则具有法人资格，可以独立进行法律上的有效行为，如法律起诉与应诉。此外，公司能以法人的名义签订合同、缴纳税款，以法人的名义占有资产、享有权益。而独资企业、合伙企业的经营收入无须缴纳企业所得税，只是业主、合伙人以其个人名义申报个人所得税，以个人的名义签订合同和进行相应的法律有效行为等。

从会计的角度来看，无论哪一种类型的企业均可视为独立的会计主体，成为会计核算的对象。根据会计主体假设，企业是独立于其所有者的实体，企业的财产、债务及业务行为应独立于所有者的财产、债务及业务行为，在会计上进行单独处理。企业经营获得的收益或发生的损失，也需要经过独立的会计核算后，再转计为所有者的收益或损失。这样，企业所有的资产、所负的债务、获得的经营收益及发生的损失才可以得到正确、清晰地反映，有助于向信息使用人提供有用的信息。

二、公司的特征与分类

从法律的角度看，公司是法人实体，可以用自己的名义签订合同，取得法定权利，承担法律义务。公司的股份转让、所有人的变更，不会影响公司的正常经营，不会导致公司的解体。

从财务管理的角度看，公司有较强的筹资能力。公司的所有权被划分为等额股份，大小投资者均可根据自己的经济实力进行投资，成为公司的股东，这有利于公司广泛吸收资金。此外，公司经过批准，可以向社会发行债券，以便筹集大额长期资金，与其他组织形式的企业相比，多了一条筹资的渠道。

从会计处理的角度看，公司所有者权益的核算范围包括投入资本、赚取利润两部分。公司投入资本的注入和转让受到法律（主要是《公司法》和《证券法》）的约束，公司的利润分配、清算、资本结构调整也必须按照相关法律的规定进行。与其他组织形式的企业相比，股份公司大多存在两权分离的情况，其经营和管理行为受到较大程度的监督和约束，会计信息披露是其监管的一个重要方面，会计核算必须遵循公认的核算准则，信息按照规定的内容和格式进行披露。

按大陆法系的分类方法，公司可分为四种类型：无限公司、两合公司、有限责任公司和股份有限公司。由于前两种公司在现代社会不太普遍，我们集中讨论后两类公司。有限责任公司，简称有限公司，是指不通过发行股票，而由为数不多的股东集资组成的公司。这类公司一般股东人数较少；资本无须划分为等额的股份；不对外发行股票，且股份的转让有一定限制并须征得其他股东的同意；两权分离程度较低；其成立、歇业、解散的程序比较简单，其账目无须公开披露。在股份有限公司中，股票是股东对公司进行投资的凭证，其资本则被划分成若干等份，每一份为一股，每股的价格相等，即同股同价。持有等额股票的股东在公司内享有同等的权益，即同股同权。公司的利润分配以股为单位，持有等额股票的股东在公司内享有同等的利益，即同股同利。

三、股份有限公司的基本特征

股份有限公司（以下简称为股份公司），是按照《公司法》的规定注册设立，将全部资本划分为等额股份，通过发行股票筹措资本的企业组织形式。如果公司股票全部为内部股东持有，则为非上市公司；如果公司股票公开向社会发行，股票可以自由流通转让，则为公开公司或上市公司（股票在一国或全球范围内自由买卖为上市交易，在某一地区范围内自由买卖则为上柜交易）。股份公司同其他经济组织形式相比，具有以下基本特征。

（1）股份公司是独立法人及纳税主体，可以独立从事各项经营活动，享有法律赋予的各项权利，同时承担相关的法律、经济义务，可作为独立的诉讼主体进行起诉及应诉。另外，股份公司还必须根据税法的规定，缴纳流转税和所得税，是独立的纳税主体。

（2）大部分股份公司的所有权与经营权在一定程度上实现了分离。企业的所有权以等额股份的形式分散在各股东手里，股东由于向公司提供了资本而具有分享收益的权利。股东形成股东大会，选出董事会、董事长，代表并维护全体股东的利益。股东一般不直接参与企业的日常经营管理，管理的职、权、责归属于由董事会任命的高级管理人员。可见，股份公司的所有权归股东所有，经营管理权则归管理层所有的方式，能有效地利用管理人员的专业能力提高公司的运作效率。

（3）股份有限公司的股东及公司都只承担有限债务责任。股东对公司的债务责任以其持有的股份为上限，公司对其债权人的债务责任以其全部资产为上限。所以，当股份公司资不抵债时，股东不需以投资以外的私有财产为公司偿还负债。这一特征保证有限公司摆脱无限责任的人身依附性，使资本社会化成为可能，使投资多元化和最优风险决策有了保障。

（4）股份公司的存续性不受所有人变更的影响。股份可以在证券市场自由转让，所有人的变更不影响股份有限公司的存续和经营，不影响公司的法人资格和主体地位，公司的存在和经营具有持续性。

（5）股份公司有较强的融资能力。股份有限公司的资本划分为等额股份后，向社会公开发行，每股的金额不高，便于潜在的投资人按照具体情况购买股份，更有利于公司广泛地吸收社会资金，以从事生产经营。

第二节 股本

一、所有者权益的基本特征

所有者权益是资产负债表的最后一部分内容。所有者权益与负债（即债权人权益）合称权益，权益即对企业资产的要求权。根据会计方程式，资产总额必然与权益总额相等，在扣除债权人的权益后，所有者权益代表的是对企业净资产的要求权。我国《企业会计准则（2006）》对所有者权益的定义是"企业资产扣除负债后由所有者享有的剩余权益"。

根据所有者权益的定义，可总结出所有者权益具有以下基本特征。

（1）一方面，所有者权益是企业对投资人负有的经济责任，也是投资人对企业资产享有的要求权，投资人对投入的资本及其运用所产生的结果享有所有权、占用权、处置权、分配权。另一方面，企业债权人也是企业的投资者，企业对债权人同样负有经济责任，作为企业资产另一种形式的提供者，债权人对企业资产同样具有要求权。从法律的角度来讲，债权人对企业资产的要求权优先于投资人，即拥有优先分配企业固定收益（利息）和当企业面临清算时优先分配财产的权利。因此，所有者享有的只是企业的一种剩余权益。这种剩余资产分配权和剩余收益分享权又称剩余索取权。从企业理论的角度而言，谁拥有剩余索取权，谁便拥有企业的最终所有权。

（2）在企业持续经营的情况下，投资人投入的资金一般不能退回，从而为企业提供了可长期使用的经济资源，也为投资人带来了可长期享有的权利。这种权利只有在企业清算解散，破产财产在偿付了破产费用和债务后，全部分配给投资人时才宣告终结。在持续经营假设前提下，甚至可以将所有者权益视为永久性的权利。因此，所有者权益持续存在于企业整个正常经营期间。相比之下，债权人享有的权利具有明确的时限、金额，一旦企业偿还了负债，债权人的权利随即消失。

（3）除了企业的股本（或实收资本），所有者权益还包括资本公积、其他综合收益、留存收益。所有者对企业资产的长期要求权，使其可以在企业正常经营期间都有权参与利润分配，成为企业资产增值的受益者。

二、股东权益的表现形式和股本的种类

（一）股东权益的表现形式

所有者权益的表现形式取决于企业的组织形式。独资企业里，所有者只有业主一人，所有者权益由业主独有，称为"业主权益"。合伙企业里，业主为两人或两人以上的合伙人，所有者权益称为"合伙人权益"，根据各合伙人的出资额或合伙协议的条款确定有关比例。

股份公司是现代企业最典型的组织形式。企业通过向社会公众发行股票，筹集社会的闲散资金，作为企业长期经营使用的资本；同时，企业的所有权分散到数目不等的股东手里，称为"股东权益"。股东权益包括实收股本、资本公积、其他综合收益、盈余公积、未分配利润等组

成项目。股东权益的结构如图 12-1 所示。

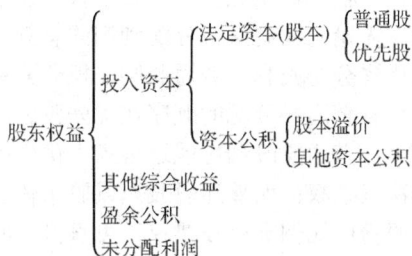

图 12-1　股东权益的结构

（二）股本的种类

如图 12-1 所示，股份有限公司的股本称为"法定资本"，来源于股东对公司普通股和优先股的投资。股本的种类如图 12-2 所示。

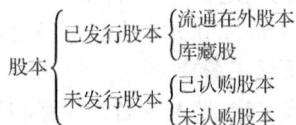

图 12-2　股本的种类

（1）股本，或注册资本，即以公司章程中规定的股份数（包括普通股和优先股）乘以每股面值。

（2）已发行股本，或实收资本，指公司实际发行的股本。实收资本的最高限额就是公司的核定股本，即实收资本可以小于或等于核定股本。实收资本同时是公司必须维持的法定资本。为了维护债权人的利益，公司不得进行会导致法定资本减损的分配。

（3）未发行股本，若公司的实收资本小于核定资本，意味着公司保留有一定数量的核定股本，待条件成熟时再发行。

（4）流通在外股本，指公司已发行股本中仍然流通在外的股本。

（5）库藏股。库藏股是公司已发行股本中因特殊原因被回收，但尚未注销的股票。库藏股的处理方式有两种，一是重新发行；二是注销。是否重新发行或注销取决于公司收回股份的具体目的。

需要注意的是，流通在外股本与库藏股均属已发行股本，流通在外股本等于已发行股本减去库藏股和已注销的股本。

（6）已认购股本，指已被投资者认购，但股款未缴或未缴足的股份。由于股款尚未缴足，已认购股本属于未发行股本。

三、股票的种类及其特征

股票是股份公司签发的证明股东持有股份的凭证，也是股东持有公司所有权的书面产权凭证。企业发行股份，必须遵守同股同权、同股同利的原则。

（一）股票的不同分类

1. 按照分配利润和分配企业清算财产的顺序，分为优先股和普通股

一方面，优先股股东在利润分配时享有优先权，而对企业资产的要求权仅次于债权人，当

公司破产清算时，优先股股东有权先于普通股股东从企业的净资产中收回其投资的全部股本。普通股股东在利润分配上没有优先权，对企业资产的要求权排在最后。需要注意的是，优先权只是强调利润分配顺序的先后。无论企业定期拟分配利润的总额是多少，优先股在企业的利润分配中只能按照约定的股利率优先分得股利，普通股则在拟分配利润中扣除了优先股股利以后按股份数做平均分配。因此，尽管普通股分配的顺序在优先股之后，股利收入不稳定，但如果企业当期的拟分配利润数额较大，普通股股利可能远远高于优先股股利。另一方面，优先股股东通常对公司的经营决策无表决投票权；而普通股股东或股东代表组成的股东大会，是公司的最高权力机构，股东按其持有股份的比例享有投票权，可直接或间接参与并控制企业的经营管理。由于普通股对企业的经营有控制权，掌握了一家公司的普通股也就掌握了对这家公司的控制权。

2. 按照票面是否载有名义价值，分为有面值股票和无面值股票

名义价值或面值，是载有股票发行公司规定的股票票面金额。顾名思义，无面值股票的票面上没有载明名义价值。西方国家的惯例做法是由公司董事会为无面值股票规定一个设定价值，以作为股票发行的记账依据。我国则规定公司发行的股票必须注明面值。目前我国上市公司规定的股票面值均为 1 元，以前曾有 5 元、10 元等多种面值金额。

3. 按是否记名分为记名股票和无记名股票

记名股票是指在股东名册上登记有持股人姓名、名称和地址，并在股票上注明持有人的姓名、名称的股票。无记名股票是指股票上记载承购人姓名，可以任意转让的股票。我国《公司法》规定，公司向发起人、法人发行的股票，应当记名。

（二）优先股的分类及特征

优先股除了上述对股利、清算财产分配的优先权、无投票表决权等共同的特点外，根据享有的不同优先条件，可作不同的分类。

1. 累积与非累积的优先股

优先股的股利均为定额或定率的股利。若企业未分派股利，或分配不足，累积优先股的股利可留至下期或后期补足。企业分配股利时，必须首先付清积欠的优先股股利，再支付当年的优先股股利，余额才在普通股中进行分配。

【例12-1】 某公司发行年股利为每股10元的累积优先股5 000股，公司已经两年无分配利润。第三年，公司宣布拟分配利润200 000元。当年优先股股东可分得的股利收入为150 000元（5 000×10×3），普通股股东可分配利润为50 000元。

若公司发行的是非累积的优先股，在同样情况下股利不予累积，后期不做补足。本例中，若公司发行的是非累积的优先股，第三年优先股股东可分到股利50 000元，普通股股东的可分配股利是150 000元。

2. 可赎回的优先股

一般来说，优先股与普通股一样，属于没有到期日的投资，企业对股东没有偿还投资的责任和义务。但如果企业发行的是可赎回的优先股，股票发行时就附有相关的条款，允许企业在一定时间、一定条件下收回所发行的优先股，归还优先股股东的投资。企业往往通过赎回优先股股票，减少流通在外的优先股，提高优先股的市场价格和普通股股东的分配利润。

按国际会计准则的规定，累积优先股和有明确赎回日期的优先股均按负债进行处理。

3. 可转换的优先股

优先股发行时可能附有条款，允许股东在一定期限内，按一定的票面比例，将持有的优先股转换为一定数量的普通股。这类优先股在公司盈利不多、利润分配数额不大时，可以先于普通股得到股利分配；在公司盈利增多时，可以转而成为普通股股东，获得较高的股利收入，并

拥有参与企业经营和决策的权利。由于这种股票可以使股东的投资收入在较大程度上得到保障，对投资者往往有较大的吸引力。

4. 参加与非参加的优先股

参加的优先股在优先获得相应的定额定率股利收入以后，还有权与普通股共享剩余部分利润的分配。根据参加程度的不同，参加的优先股又可分为全部参加和部分参加的优先股。全部参加的优先股，与普通股按相同的比例分配全部剩余利润，部分参加的优先股只可参与分配部分剩余利润。非参加的优先股则不能参与分配剩余利润。

上述的优先股分类中，累积及参加往往可以进行交叉组合，如累积参加、累积不参加、非累积参加、非累积不参加优先股。

【例12-2】 某公司股本总额为300万元，其中普通股已发行并流通在外40万股，每股面值5元，计200万元；优先股已发行并流通在外10万股，每股面值10元，计100万元，股息率5%。公司当年可分配利润为28万元。公司已积欠股利两年。

情况一：公司发行的优先股为累积非参加。

	优先股	普通股
积欠股利（1 000 000×5%×2）	100 000	
优先股当年应得股利（1 000 000×5%）	50 000	
普通股当年应得股利（280 000-150 000）		130 000
合计	150 000	130 000

情况二：公司发行的优先股为累积全部参加。

	优先股	普通股
积欠股利（1 000 000×5%×2）	100 000	
优先股股利（1 000 000×5%）	50 000	
普通股股利（采用与优先股相同的股利率2 000 000×5%）		100 000
剩余的可分配利润按面值总额比例分配：		
1 000 000÷3 000 000×30 000	10 000	
2 000 000÷3 000 000×30 000		20 000
合计	160 000	120 000

情况三：公司发行的优先股为累积部分参加，可参加分配比例为5.5%。

	优先股	普通股
积欠股利（1 000 000×5%×2）	100 000	
优先股股利（100 000×5%）	50 000	
优先股参加分配的股利 [1 000 000×（5.5%-5%）]	5 000	
普通股可分得股利（280 000-155 000）		125 000
合计	155 000	125 000

情况四：公司发行的优先股为非累积不参加。

	优先股	普通股
优先股股利（1 000 000×5%）	50 000	
普通股股利（280 000-50 000）		230 000
合计	50 000	230 000

情况五：公司发行的优先股为非累积部分参加，可参加分配的比例为普通股超过10%的部分。

	优先股	普通股
优先股股利（1 000 000×5%）	50 000	
优先股参加分配的股利	10 000	
（230 000-2 000 000×10%）×1 000 000÷3 000 000		
普通股可分得股利（280 000-60 000）		220 000
合计	60 000	220 000

企业发行优先股，可为普通股股东带来积极的财务杠杆作用，在企业投资报酬率高于优先股股息率的情况下，使普通股股东获得较高的利润分配。同时，增发优先股不会稀释企业的每股收益，使公司的股份在资金市场上保持吸引力。从发行公司的角度看，发行优先股扩大了企业的融资渠道，提高了企业未来的举债潜力。但是，发行优先股也存在一定的局限性。由于股息不可作为应税所得的扣减项目，使得优先股的资本成本高于公司债券。另外，由于优先股的投资与公司债相比风险较大，优先股股息通常会高于公司债利率。而优先股的股息是定额定率的，对企业而言形成了一种固定的负担。目前，我国3 000多家上市公司中，发行优先股的公司非常少。

（三）普通股的特征

普通股不享受任何优先权，是股份公司最基本的股份类型。如果公司只发行一种股份，必然为普通股。普通股股东享有以下基本权利。

（1）参与并控制企业的经营管理。①普通股股东按照其持有股份的比例拥有投票表决权及被选举权，同股同权。这一权利使普通股股东通过选举董事会，直接或间接地参与企业的经营管理。

（2）参与利润分配。在公司董事会宣布分派股利后，普通股股东有权按其所持有的股份比例，分享股利。普通股股利有别于优先股的定额定率股利形式，每股股利的数额完全取决于企业当年的盈利情况，以及企业发行优先股的类别。企业为了拓展业务范围，保留充足的营运资本，通常会将一定比例的盈利留存在企业内部，用作再投资，以实现资本的增值。所以，股东获得的股利往往少于企业当年的盈利额。

（3）参与企业剩余资产的分配。剩余资产指公司停止营业进行清算时的全部资产清偿了所有负债以后的余额。这部分余额在偿还了优先股股东的投资后，应在普通股股东之间进行分配。但如果企业的剩余资产不足以满足优先股股东对企业资产的要求权，普通股股东参与分配剩余资产也就无从谈起。

（4）优先认购公司发行的新的普通股股份。股份公司应在核定的股本总额及核定的股份总额范围内发行股票。公司筹建时，核准发行股份中包括已发行股份和未发行股份两部分。已由股东认股缴款的股份称已发行股份，未发行股份在公司认为条件成熟时可继续发行，称为增发新股。当增发新股为普通股时，为了避免原普通股股东享有的权益被稀释，允许其按照原来的持股比例认购新股，以维持原有的权益比例，平衡新老股东之间的利益关系。

四、股本的会计处理

股份有限公司与其他形式的经济组织最显著的区别在于公司的核定股本被划分为等额股份，以发行股票的方式筹集资本。企业应设立"股本"账户核算股东投入企业的股本（非股份有限公司则使用"实收资本"进行核算），同时分别设置"普通股"与"优先股"明细账对不同类别的股东投资分别进行核算。具体的会计处理因股份有限公司设立的方式、股票发行的方式而异。

---

① 实际上，国际上也有发行不附表决权的普通股，发行这类股票的公司往往是家族控股的上市公司，为了不使控制权旁落而对外发行此类股票，如美国的福特公司初期对外发行的普通股和瑞典的爱立信公司向美国发行的普通股等。同时，也存在股东之间就表决权大小达成约定的协议，并不完全遵循普通股"一股一票"的原则。如已在美国上市的阿里，拟在香港上市的小米。

股份有限公司设立的方式有发起式和募集式两种。前者由发起人认购公司应发行的全部股份，公司无须向其他人募集资本；后者由发起人认购公司应发行的部分股份，其余部分由公司向其他自然人或法人募集。对两种设立方式做出比较，不难发现，发起式设立公司的所需资本由发起人一次认足，筹资风险及费用都比较低。募集式设立公司的所需资本只能由发起人认购35%，其余部分需向社会公开募集，筹资对象广泛，往往需要委托证券发行机构发行股票，筹资风险及费用较高。

股票的发行方式有包销发行和直接发行两种。前者由公司将拟发行的股份按约定价格出售给证券发行机构，最终投资者再从证券发行机构购入股票。公司将出售股份的面值计作股本，面值与实际售价之间的差额则贷记"资本公积"（我国不允许公司折价发行股份）。后者由公司将股份直接出售给最终投资者，不通过证券发行机构。这种情况下，股票发行的程序包括三个步骤：（1）投资者认购股份；（2）投资者一次或分次缴纳股款；（3）投资者缴清股款后企业签发股票。三个步骤全部完成需要经过一定的时间，企业须另设"应收认股款""已认购股本"账户分步进行核算。

【例12-3】　某公司接受投资者认购50 000股普通股的认购书，每股面值1元，认购价格1元。投资者按45%和55%的比例分两次缴清股款。相关会计分录如下。

（1）接受投资者认购。

借：应收认股款　　　　　　　　　　　　　　　　　　　　50 000
　　　贷：已认购普通股股本　　　　　　　　　　　　　　　　　50 000

（2）第一次收到股款。

借：银行存款　　　　　　　　　　　　　　　　　　　　　22 500
　　　贷：应收认股款　　　　　　　　　　　　　　　　　　　　22 500

（3）第二次收到股款。

借：银行存款　　　　　　　　　　　　　　　　　　　　　27 500
　　　贷：应收认股款　　　　　　　　　　　　　　　　　　　　27 500

（4）收清股款后签发股票。

借：已认购普通股股本　　　　　　　　　　　　　　　　　50 000
　　　贷：股本——普通股　　　　　　　　　　　　　　　　　　50 000

若公司判断认购股款可在短期内收齐，应收认股款在报表上应列示为流动资产的一个项目。若估计认股款短期内难以收齐，则不能作为流动资产列报。若认定认股款无法收回，应从相关账户中抵消记录。

五、投入资本的特殊问题

（一）股份分割

通常认为，公司持股人的人数越多，范围越广，公司的公共形象就越好，投资者的投资欲望就越强。但如果股票的价格过高，往往使小投资者望而却步，影响公司股票交易。[①]公司将大面值股票换成若干张面值较小的股票，称为股份分割。

股份分割不会改变股东权益、资本公积、未分配利润等项目的总额，只是股东持股数额按比例上升，每股面值则按比例减少。股份分割完成后，公司流通在外的股份数成倍增加，每股市价必然大幅下跌。这与公司派发股票股利的影响相同。股份分割不需做会计分录。

---

① 我国股票交易最低数量为1手，1手为100股。若某上市公司每股交易价格为200元，则每购买1手，就必须支付20 000元。

（二）库藏股

我国《公司法》规定，允许企业在特定情况下回购自身的股票，从而形成库藏股。国外的股份公司购回并持有已发行在外的本公司股份是相当普遍的现象，并成为企业调整资本结构、实施股票期权、调动经营资金的一种手段。企业回购自身的股份出于不同的原因，常见的有：减少发行在外股份以提高每股收益；挫败竞争对手的恶意收购；对公司股票的交易施加影响；满足员工实施认股权的需要等。

库藏股不是资产，公司回购股票时不应确认利得或损失，只能视作企业资产的减少和股东权益的减少。库藏股的会计处理有两种方法，企业选择哪种方法取决于企业日后对库藏股的处理安排。若计划将库藏股在适当时机重新发行出去，应采用成本法。若计划减少股东权益，则应采用面值法。日后库藏股重新发行，应视为独立的经济事项，与库藏股的购回无关。

在成本法下，库藏股账户按取得成本记账。股票原始发行的面值、市价与取得及再发行库藏股无关。库藏股重新发行的价格若大于取得成本，差额增加资本公积；若小于取得成本，差额冲减同种股票赎回或再发行时产生的资本公积，不足冲减时减少留存收益。可见，库藏股的购回及再发行，可能导致留存收益的减少，但绝不会造成留存收益的增加。

面值法下，库藏股账户按面值记账。同时将原始发行收入中相应的股本溢价借记"资本公积"。若库藏股的取得成本高于原始发行收入，差额冲减留存收益。库藏股再发行时，库藏股账户仍按面值记账，发行收入与面值之间的差额计入资本公积。

【例12-4】 某股份公司发行50 000股面值为1元的普通股，发行价格为每股1.2元。公司以每股1.3元的价格购回10 000股后，先以每股1.5元的价格再发行5 000股，再分别以每股0.8元、1元的价格发行3 000股和2 000股。

股票发行的会计处理如下。

借：库存现金　　　　　　　　　　　　　　　　　　　　　60 000
　　贷：股本——普通股　　　　　　　　　　　　　　　　　50 000
　　　　资本公积——普通股溢价　　　　　　　　　　　　　10 000

库藏股的会计处理如表12-1所示。

表12-1　　　　　　　　　　　　　库藏股的会计处理　　　　　　　　　　　　单位：元

成本法		面值法	
（1）回购股票		借：库藏股	10 000
借：库藏股	13 000	资本公积	2 000
贷：库存现金	13 000	留存收益	1 000
		贷：库存现金	13 000
（2）以1.5元再发行		借：库存现金	7 500
借：库存现金	7 500	贷：库藏股	5 000
贷：库藏股	6 500	资本公积	2 500
资本公积	1 000		
（3）以0.8元再发行		借：库存现金	2 400
借：库存现金	2 400	资本公积	600
资本公积	1 000	贷：库藏股	3 000
留存收益	500		
贷：库藏股	3 900		
（4）以1元再发行		借：库存现金	2 000
借：库存现金	2 000	贷：库藏股	2 000
留存收益	600		
贷：库藏股	2 600		

第三节 | 资本公积与留存收益

一、资本公积

股份公司会计核算中，公司的资本指企业所有者的原始投资额和增加的投资额，所有者权益指资本及其增值所形成的积累。其中，资本公积是指由投资者投入，但不能构成实收资本，或从其他来源获得，由所有者享有的资金，是所有者权益的重要组成部分，包括股本溢价（或资本溢价）和其他原因导致资本公积的变化两部分。后者包括以权益结算方式实行股票期权在行权以前增加的权益，被投资方除损益和其他综合收益以外的净资产价值变动对长期投资价值的调整等。

（一）股本溢价

股份有限公司可发行有面值股票或无面值股票，无面值股票在一些国家禁止发行，如我国。形成股本溢价意味着股票的实际发行价格高于有面值股票的面值，或无面值股票的设定价值。为了准确反映和便于计算各股东所持股份占企业全部股本的比例，确定股东应享有的权利和应承担的义务，企业的股本总额应按股票的面值与发行股份的总数的乘积计算。我国目前实行的是注册资本制度，要求企业的实收资本与其注册资本相一致。因此，为准确提供企业股本总额及其注册资本等信息，在"股本"账户记录按面值计算的股票发行所得，在"资本公积"账户记录超过面值部分的股票发行所得扣除支付给证券公司的有关费用后的余额。

【例12-5】 某公司通过万达证券公司代理发行普通股350 000股，证券公司按发行收入的3%收取手续费。股票面值为每股5元，发行价格为每股5.5元。

股票发行总收入=5.5×350 000=1 925 000（元）

应记入"股本"账户的金额=5×350 000=1 750 000（元）

被证券公司扣除的手续费=3%×1 925 000=57 750（元）

应记入"资本公积"账户的金额=0.5×350 000-57 750=117 250（元）

公司实际发行股票所得=1 925 000-57 750=1 867 250（元）

相关会计处理如下。

借：银行存款　　　　　　　　　　　　　　　　1 867 250

　　贷：股本　　　　　　　　　　　　　　　　　　1 750 000

　　　　资本公积——股本溢价　　　　　　　　　　　117 250

（二）资本溢价

有限责任公司经过一段时期的经营后，会吸收新的投资者加入，这时企业账面净资产无法反映公司在经营中形成的增值，因此，新投资者加入时，要以高于账面净资产的金额投入，高出的部分则作为资本溢价。

【例12-6】 某有限公司原有两位投资者，公司创立时实收资本为400万元，每位出资200万元。经过两年的经营，公司的留存收益为120万元。第三位投资者乙希望投资并获得与原投资者相同的投资比例。新投资者的投资额为300万元。相关会计处理如下。

乙加入后公司总实收资本=400÷2×3=600（万元）

乙占1/3的理论出资额=600×1÷3=200（万元）

资本溢价=300-200=100（万元）

借：银行存款　　　　　　　　　　　　　　　　3 000 000

　　贷：实收资本　　　　　　　　　　　　　　　　2 000 000

　　　　资本公积——资本溢价　　　　　　　　　　1 000 000

（三）其他资本公积

此外，以权益结算方式实行股票期权在行权以前增加的权益，以及被投资方除损益和其他综合收益以外的净资产价值变动对长期投资价值的调整等都会形成"资本公积——其他资本公积"。这里不再举例说明，前者可参见本章第五节的实例，后者参见第六章长期股权投资权益法核算的例子。

二、盈余公积

投资者将资本投入企业，不仅希望保持资本完整，更希望通过企业的经营活动实现资本的增值，即实现盈利。企业的盈利扣除按税法规定应上缴的所得税后，称为税后利润或净利润。净利润应根据有关的规定、协议、合同、公司章程、股东会议决议进行分配，包括弥补以前年度的亏损、提取盈余公积支付股利，不予分配的部分留在企业内部形成资金积累，即留存收益。

留存收益是企业从历年实现的利润中提取或形成的留存于企业内部的积累，来源于企业的生产经营活动所实现的利润。

留存收益是所有者权益的组成部分，是投资者的原始投资在企业内部滋生并留存下来的资本。这部分资本将重新投入生产经营，参加周转，以便企业扩大生产经营规模，创造更大的利润，或留待以后年度进行分配。留存收益由盈余公积和未分配利润组成。其中盈余公积已被法律指定了用途，属于拨定用途的留存收益，只有未分配利润是未拨定用途的留存收益。

如果企业经营不善出现亏损，以前年度积累的留存收益已不足以抵补亏损额时，账面将出现赤字，称为亏损。

盈余公积是企业按照规定从净利润中提取的各种积累资金，其性质是对企业留存收益的用途进行拨定，保证企业留有一定的积累，限制过量分配，以维护债权人的权益，有利于企业的持续经营和发展。

一般盈余公积按其提取的方式分为法定盈余公积和任意盈余公积两种。根据我国《公司法》的规定，股份有限公司应按税后利润 10%的比例提取法定公积金，直至其累计金额达到公司注册资本的 50%以上，可不再提取。任意盈余公积的提取比例则由股份制企业的股东大会决定。可见，法定盈余公积与任意盈余公积的区别在于前者的强制性较强，提取时以国家的法律和行政规章为依据；后者的随意性较强，由企业自行决定。《公司法》还规定，盈余公积提取后主要用于弥补以前年度的亏损，扩大生产经营的规模或转增资本。无论盈余公积是用于弥补亏损还是用于转增资本，均属于所有者权益组成成分之间的转换，不会引致所有者权益总额的变动。

企业开设"盈余公积"账户核算盈余公积的提取和使用，如图 12-3 所示。

盈余公积

（1）弥补以前年度亏损 （2）派送新股 （3）分配现金股利 （4）分配股票股利	（1）从税后利润中提取盈余公积
	余额：提取的盈余公积

图 12-3　盈余公积账户的记账

【例12-7】　某公司2019年度实现税后利润1 200万元。经股东大会批准，提取10%作为法定盈余公积，5%作为任意盈余公积。其中，法定盈余公积中的80万元用于派送新股，按派发的股票面值计算为70万元。任意盈余公积中的30万元用于派发现金股利，20万元用于弥补以前年度的亏损。有关会计记录①如下。

（1）提取盈余公积。

借：利润分配——提取法定盈余公积   1 200 000

     ——提取任意盈余公积   600 000

  贷：盈余公积——法定盈余公积   1 200 000

      ——任意盈余公积   600 000

（2）派发新股。

借：盈余公积   800 000

  贷：股本——普通股   700 000

    资本公积——股本溢价   100 000

（3）派发现金股利。

借：盈余公积   300 000

  贷：应付股利   300 000

（4）弥补亏损。

借：盈余公积   200 000

  贷：利润分配——其他转入   200 000

股份有限公司将盈余公积转为资本时，应按股东原有的持股比例派送新股，或增加每股面值。法定盈余公积转为资本时，转增资本后的盈余公积数额不得少于企业注册资本的25%。

三、股利分配

股份公司在经营获得盈余时，通常会向股东发放股利。公司股利的形式一般包括现金股利、财产股利、负债股利、股票股利。

（一）现金股利

现金股利是最常见的股利形式。与现金股利的发放相关的有以下四个日期。（1）股利宣布日。公司董事会正式宣布将于未来某特定日期向股东发放股利，通常是在股利宣布日4~6周以后。（2）除息日。从该日起，当期股利不得自动由卖方转给买方。（3）股权登记日。公司登记股东的相关资料，只有登记日当日在册的股东才可获得股利发放。（4）股利支付日。公司向股东发放股利。

公司的应付股利债务责任形成于股利宣布日，应做分录确认债务。

借：利润分配   ×××

  贷：应付股利   ×××

除息日及股权登记日均不需做会计记录。至股利发放日，公司清偿其股利债务责任后，应做如下分录。

借：应付股利   ×××

  贷：现金   ×××

（二）财产股利

公司也可以非现金财产向股东分派股利。财产股利可以是企业持有的其他公司的股票或债券、公司的产品存货等。以非现金财产分派股利，存在记账价值应取财产的账面价值还是公允

---

① 实务中，利润分配需要经过董事会和股东大会通过，一般会在资产负债表日几个月后才能确定，因此准则将利润分配作为分配当年的非调整事项，相关会计处理于下年登记，详细说明请参见本书第十六章。

价值的问题。国际上较常见的做法是先将财产股利的账面价值调整为公允市价，确认因此产生的利得或损失，然后按公允价值记录财产股利的分配。

【例12-8】 南华集团拟将所持有的光辉公司长期债券用于派发本年度股利。光辉公司债券账面价值为500 000元，宣布股利当日公允市价为520 000元。

（1）股利宣布日，将光辉公司债券调整为公允市价并确认损益。

借：持有至到期投资——债券投资   20 000

  贷：投资收益   20 000

借：利润分配——应付股利   520 000

  贷：应付股利   520 000

（2）股利发放日。

借：应付股利   520 000

  贷：持有至到期投资——债券投资   520 000

（三）负债股利

公司以负债形式支付的股利称为负债股利。这通常是由于公司现金周转出现困难，经股东大会同意采取的股利发放形式。负债股利需要负担的利息计作利息费用。

【例12-9】 南华集团年中宣布股利690 000元后，由于一大型投资项目的失败导致资金周转出现困难。公司签出1年期、利率为12%的应付票据支付股利。

（1）宣布股利日。

借：利润分配——应付股利   690 000

  贷：应付股利   690 000

（2）股利发放日。

借：应付股利   690 000

  贷：应付票据   690 000

（3）年末确认利息费用。设当年应计利息为41 400元。

借：财务费用（690 000×12%÷2）   41 400

  贷：应付利息   41 400

（4）债券到期清偿应付票据。

借：财务费用   41 400

  应付票据   690 000

  应付利息   41 400

  贷：现金   772 800

（四）股票股利

股票股利是指公司按照股东持有的股份数，按比例增发股票作为股利。股票股利通常按照同类股票发放，即普通股股东获得普通股，优先股股东获得优先股。由于股票股利是按比例发放，股东在获得股利后其持股比例与股利发放前比较并无改变。发放股票股利是股份公司将企业的部分留存收益转化为投入资本的一种手段。公司向股东派发股票股利，不会占用营运资产，不影响企业的现金周转，同时减少了企业留存收益余额，限制了未来期间现金股利的发放。对股东而言，获得股票股利证明了公司规模的扩大以及完善的财务政策，从而增强投资者的信心。潜在的投资者可能因此对公司发生投资兴趣，从而使公司股票的交易受到良性刺激。

实际上，股票股利并不是利润分配，其影响与效应同股份分割相似。从会计记账的角度出发，股票股利仍应按照其他股利发放时的程序做会计记录。当发放的股票股利为小量股票股利，即增发股份数少于先前外发股份数的 20%，应采用公允价值法，按照发行该类股票的市场价值，借记"利润分配"，按股票面值贷记"股本"，两者间的差额记入"资本公积"；若增发的股份数占先前外发股份的 20%以上，应采用面值法，按发行股票的面值借记"利润分配——未分配利润"，贷记"股本"。我国目前采用面值法。

四、其他综合收益

其他综合收益是指不计入当期损益，直接计入所有者权益的利得或损失。根据 2014 年修订的《企业会计准则第 30 号——财务报表列报》和财政部《关于修订印发 2018 年度一般企业财务报表格式的通知》（财会〔2018〕15 号），其他综合收益主要包括两类，一类为不能重分类进损益的其他综合收益项目。主要包括：

（1）重新计量设定受益计划的变动额；

（2）权益法下不能转损益的其他综合收益；

（3）其他权益工具投资公允价值变动；

（4）企业自身信用风险公允价值变动；

（5）其他。

另一类为将重分类进行损益的其他综合收益。这一类具体包括：

（1）权益法可转损益的其他综合收益；

（2）其他债权投资公允价值变动；

（3）金融资产重分类计入其他综合收益的金额；

（4）其他债权投资信用减值准备；

（5）现金流量套期储备；

（6）外币报表折算差额；

（7）其他。

第四节

每股收益

每股收益（earnings per share，EPS）最集中地反映了一个上市公司的经营业绩和价值，每股收益是指当期的盈利除以当期流通在外的普通股的加权平均股数，即每股普通股所赚取的盈利，是用于评价一个公司盈利能力的基本指标之一，也是上市公司的财务报告中必须披露的几个核心指标之一。

《企业会计准则第 34 号——每股收益》规定，企业应当在利润表中单独列示基本每股收益和稀释每股收益。下面分别进行介绍。

一、简单资本结构下的EPS

简单资本结构是指一个公司的资本结构中不包含稀释性证券。稀释性证券是指可能导致公司普通股增加的证券，如可转换债券、可转换优先股和认股权证等。简单资本结构下 EPS 的计算比较简单，计算公式如下。

$$基本 EPS = \frac{当期应归属于普通股的净利润}{当期流通在外普通股加权平均股数} = \frac{净利润-优先股股利}{当期流通在外普通股加权平均股数}$$

发行在外普通股加权平均数=期初流通在外普通股股数+当期新发行普通股股数

$$\times \frac{已发行时间}{报告期时间} - 当期回购普通股股数 \times \frac{已回购时间}{报告期时间}$$

已发行时间、报告期时间和已回购时间一般按照天数计算。在不影响计算结果合理性的前提下，也可以采用简化的计算方法。

（一）确定当期应归属于普通股的净利润

由于计算 EPS 的目的是衡量普通股的盈利能力，所以公司当期应归属于普通股的净利润，要扣除优先股股利。如果净利润包括一些非常项目及少数股权，要在扣除这些项目后，再减去优先股股利，这样计算出的净利润就是只属于普通股的净利润。另外，因为优先股分为累积和非累积两种，在计算当期应归属于普通股的净利润时，如果是非累积优先股，只有当期宣布发放股利时，才从净利润中扣除；如果是累积优先股，则不论当期股利是否已宣布发放，都应扣除，但以前年度积欠的累积分配优先股股利，即使在当期支付，也不能扣除，这是因为在计算以前年度各期 EPS 时已扣除。如果净利润减去优先股股利后为负值，则优先股股利须加回以计算每股的亏损额。

（二）当期发行在外普通股加权平均数

由于普通股在某个会计年度内可能会发生变动，如股票的发行和回购等，为了使全年内流通的普通股取得一致，就必须按时进行加权平均。以下是普通股发生增减变化的各种情况。

（1）为收取现金而发行的普通股股数，从应收现金之日起计算。

（2）因债务转资本而发行的普通股股数，从停计债务利息之日或结算日起计算。

（3）非同一控制下的企业合并，作为对价发行的普通股股数，从购买日起计算；同一控制下的企业合并，作为对价发行的普通股股数，应当计入各列报期间普通股的加权平均数。

（4）为收购非现金资产而发行的普通股股数，从确认收购之日起计算。

下面举一实例说明基本每股收益的计算。

【例12-10】 珠江公司2019年1月1日流通在外的普通股480 000份，2019年，普通股的变动事项如下：

（1）2月1日发行120 000份普通股；

（2）3月1日发放10%的股票股利；

（3）5月1日回购100 000份普通股；

（4）6月1日将原先的普通股一分为三；

（5）10月1日销售60 000份库藏股。

假定珠江公司税后利润当年为3 456 000元，另外，公司拥有100 000股、9%、非累积、不可转换的优先股，该年度，公司未宣布发放优先股股利。

计算2019年度珠江公司流通在外的加权平均普通股股数。

2019年度流通在外的普通股的变化情况如表12-2所示。

表12-2 珠江公司流通在外普通股的变化情况

时间	普通股股数变化	流通在外的股数
2019 年 1 月 1 日	期初数	480 000
2019 年 2 月 1 日	发行 120 000 份普通股	120 000
		600 000
2019 年 3 月 1 日	发放 10%的股票股利	60 000
		660 000

时间	普通股股数变化	流通在外的股数
2019 年 5 月 1 日	回购 100 000 份普通股	−100 000
		560 000
2019 年 6 月 1 日	将原先的普通股一分为三	×3
		1 680 000
2019 年 10 月 1 日	销售 60 000 份库藏股	60 000
		1 740 000

珠江公司流通在外普通股加权平均股数计算如表12-3所示。

表 12-3 珠江公司流通在外普通股加权平均股数

流通时间	流通股数	股票股利影响系数	权数比	加权平均股数
2019 年 1 月 1 日—2 月 1 日	480 000	1.1×3	1/12	132 000
2019 年 2 月 1 日—3 月 1 日	600 000	1.1×3	1/12	165 000
2019 年 3 月 1 日—5 月 1 日	660 000	3	2/12	330 000
2019 年 5 月 1 日—6 月 1 日	560 000	3	1/12	140 000
2019 年 6 月 1 日—10 月 1 日	1 680 000		4/12	560 000
2019 年 10 月 1 日—12 月 31 日	1 740 000		3/12	435 000
合计				1 762 000

由于公司未宣布发放非累积不可转换优先股股利，所以珠江公司该年度的EPS为：

$$EPS=\frac{3\ 456\ 000}{1\ 762\ 000}=1.961\ 4\ (元/股)$$

【例12-11】 接【例12-10】，如果珠江公司优先股为累积优先股，则珠江公司本年度的EPS计算如下。

$$EPS=（3\ 456\ 000-100\ 000×1×9\%）÷1\ 762\ 000=1.956\ 3\ (元/股)$$

【例12-12】 接【例12-10】，如果上述净收益包括864 000元非常收益和中止经营损失432 000元，则珠江公司本年度的EPS计算如下。

$$EPS=[3\ 456\ 000-（864\ 000-432\ 000）]÷1\ 762\ 000=1.716\ 2\ (元/股)$$

如果股票股利和股票分割是资产负债表日后事项，即发生在报告日后公告日前，则在财务报告年度的外发股数必须重新表述。

（三）配股下的基本每股收益的计算

同股票股利和股票分割一样，配股也会影响基本 EPS 的计算，影响的原理大体相同。由于配股一般是以低于市价发行普通股，可以理解为按市价发行股票和无对价送股的结合，这与股票股利的效果相同，都是导致外发普通股增加但没有相应的经济资源的流入。在计算基本 EPS 时，将配股中的无对价送股（配股中的一部分）视同最早期间期初就已发行在外，并以此调整各列报期间发行在外普通股的加权平均数，计算各列报期间的 EPS。

基本计算过程为先算出一个理论除权价格，再据此计算调整系数，以此系数乘以配股前发行在外普通股股数，得出调整后的普通股股数。

$$每股理论除权价格=\frac{行权权发行在外普通股的公允价值+配股收到的款项}{行权后发行在外的普通股股数}$$

调整系数= 行权前发行在外普通股的每股公允价值÷每股理论除权价格

因配股重新计算的上年度基本 EPS = 上年度 EPS÷调整系数

本年度基本 EPS=归属于普通股股东的当期净利润÷（配股前发行在外普通股股数×调整系数

×配股前普通股发行在外的时间权重+配股后发行在外普通股加权平均数）

【例12-13】 珠江公司2019年度净利润为12 000万元（未发行优先股），2019年1月1日流通在外的普通股为50 000万股，2019年6月5日，公司发布配股公告：向截至2019年6月30日（股权登记日）所有登记在册的股东配股，配股比例为10配3，配股价格为每股10元，除权交易基准日为2019年7月1日。假设行权前一日的市价为每股20元，2018年度基本EPS为0.25元。

2019年度比较利润表中基本EPS的计算如下。

$$每股理论除权价格=\frac{20×50\,000+10×50\,000×3÷10}{50\,000+50\,000×3÷10}=17.69（元）$$

调整系数=20÷17.69=1.13

因配股重新计算的2018年度基本EPS=0.25÷1.13=0.22（元）

2019年度基本EPS=12 000÷[50 000×1.13×6÷12+（50 000+50 000×3÷10）×6÷12]=0.197 5（元）

二、复杂资本结构下的EPS

复杂资本结构是指一个公司的资本结构中包含稀释性潜在普通股。稀释性潜在普通股，是指假设当期转换为普通股会减少每股收益的潜在普通股。当一个公司具有复杂资本结构时，为了向投资者提供更加清晰的财务信息，提醒报表使用者稀释性证券可能带来的稀释效果，公司必须同时计算和披露两种每股收益：基本每股收益——不考虑稀释性证券的稀释作用的 EPS；稀释后的每股收益——考虑稀释性证券的稀释作用的 EPS。

计算稀释每股收益时，应当分别调整归属于普通股股东的当期净利润和发行在外普通股的加权平均数。其中，调整归属于普通股股东的当期净利润时，应考虑下列事项：（1）当期已确认为费用的稀释性潜在普通股的利息；（2）稀释性潜在普通股转换时将产生的收益或费用。上述调整应当考虑相关的所得税影响。

当期发行在外普通股的加权平均数应当为计算基本每股收益时普通股的加权平均数与假定稀释性潜在普通股转换为已发行普通股而增加的普通股股数的加权平均数之和。计算稀释性潜在普通股转换为已发行普通股而增加的普通股股数的加权平均数时，以前期间发行的稀释性潜在普通股，应当假设在当期期初转换；当期发行的稀释性潜在普通股，应当假设在发行日转换。

如果公司发行的是反稀释证券，根据谨慎性原则，则不披露稀释后的 EPS，只披露基本 EPS。反稀释证券，顾名思义，就是指可增加普通股每股盈利或减少每股亏损的证券。以下介绍可转换证券和期权与认股权证两种主要的稀释性证券对 EPS 计算的影响。

（一）可转换证券

可转换证券是指可以按规定条件转换成普通股的证券，最常见的是可转换债券和可转换优先股。计量可转换证券对 EPS 的稀释作用的方法称为"如果转换法"（if-converted method），即假定可转换证券在期初或期间转换（如果证券是在期间发行的）增加流通的普通股，且要将净利润加回税后的证券利息费用。现举例说明。

【例12-14】 珠江公司2019年度的净利润是420 000元，公司当年加权平均发行在外普通股股数为200 000股。公司2018年按面值发行了金额为2 000 000元、利率为6%的可转换债券，该债券可转换为40 000股的普通股。2019年4月1日公司还按面值发行了金额为2 000 000元、利率为5%的可转换债券，该债券可转换为64 000股普通股。所得税税率为15%，试计算EPS。

（1）计算珠江公司调整后的净利润。

净利润	420 000
加：税后利息费用调整	
6%的可转换债券（2 000 000×6%×0.85）	102 000
5%的可转换债券（2 000 000×5%×9/12×0.85）	63 750
调整后的净利润	585 750[①]

（2）计算珠江公司稀释后的加权平均流通股数。

未稀释的加权平均流通股数	200 000
加：可能转换的股数	
6%的可转换债券（期初转换）	40 000
5%的可转换债券（4月1日转换，9/12）	48 000
稀释后的加权平均流通股数	288 000

（3）计算珠江公司本年度EPS。

本年度的净利润	420 000
基本EPS（420 000÷200 000）	2.1
稀释后的EPS（585 750÷288 000）	2.034

如果债券是溢价或折价发行，则利息费用的调整要考虑到折溢价的摊销；如果债券有规定不同时间不同的转换比例，则计算时所用的比例要用对债券持有者最有利的转换比例，即最大的转换比例。

（二）期权与认股权证

期权、认股权证是向原有股东或高级管理人员所发放的权证，期权和认股权证的实施都会增加公司的普通股股数。计量期权与认股权证（options and warrants）对EPS的稀释作用的方法称为"库藏股票法"（treasury stock method）。库藏股票法假定期初或期间（如果赠予日后）就行使了期权和认股权证，再假定公司用行权价的收入在股市上回购股票。通常，行权价会低于行权时股票的市场价格，那么遵照期权或认股权证协议发行普通股股数与用行权价收入购回的股票数之间的差额，就是计算流通在外的加权平均股数的股票增量。计算公式如下。

$$增加的普通股股数=拟行权时转换的普通股股数-行权价格×\frac{拟行权时转换的普通股股数}{当期普通股平均市场价格}$$

如果行权价高于市价，则此期权与认股权证就具有反稀释作用，持有人也不会行使该期权，无须计算它对EPS的影响。下面举例说明期权与认股权证对每股收益的稀释作用。

【例12-15】 珠江公司2019年度的净利润为2 200 000元，公司当年加权平均发行在外普通股股数为1 000 000股，基本EPS是2.2元，公司现发放在外的股票期权有50 000股，行权价为每股20元。假设公司2019年普通股平均市价为每股28元，目前公司没有其他稀释性证券。试计算稀释后的EPS。

计算过程如下所示。

	基本EPS	稀释后的EPS
发行在外股票期权的认股数		50 000
行权价		20
行权价总额		1 000 000
股票平均市价		28
行权价总额可购买的股数		35 714

[①] 可见，假定该债券年初转换，即可增加当年税后利润的金额。

行权价低于市价所导致股数增量		14 286*
公司当年加权平均发行在外普通股股数	1 000 000	1 000 000
稀释后的加权平均发行在外普通股股数		1 014 286
本年度净利润	2 200 000	2 200 000
EPS	2.2	2.169

*14 286元即股票期权增量股数还可以用下面的方法计算：

$$50\ 000-\frac{20\times50\ 000}{28}=14\ 286（元）$$

三、综合例解

稀释性潜在普通股应当按照其稀释程度从大到小的顺序计入稀释每股收益，直至稀释每股收益达到最小值。

为了全面了解复杂资本结构下稀释的每股收益的计算，下面通过一个综合实例进行说明。

【例12-16】 珠江公司2016年实现利润1 200 000元，全年流通在外普通股平均股数为600 000股，面值10元，该普通股全年平均价格为每股25元。同时，本年可转换成普通股的证券有：按20元的价格购买50 000份普通股的认股权证；按面值发行的年利率为8%的可转换债券金额为2 000 000元，每份债券面值为1 000元，每份可换40份普通股；6%累积可转换优先股，每股面值100元，共30 000股，每份优先股可换3份普通股，本年未宣布支付优先股股利。所得税税率为33%。请计算基本每股收益及稀释后的每股收益。

计算过程如下。

1. 计算基本的EPS

基本EPS＝（1 200 000-100×30 000×6%）÷600 000=1.7（元/股）

2. 计算稀释的EPS

由于涉及多种稀释性证券，计算稀释的EPS的步骤如下。

首先，确定每种稀释性证券转换后对EPS的影响。

其次，将第一步骤的影响金额从小到大按序排列。

最后，从基本EPS开始，先考虑影响金额最小的可稀释性证券计算EPS；如果小于基本的EPS，则再考虑排名第二的稀释性证券，再计算EPS，只要每一步骤计算的EPS小于上一步骤，此做法就持续下去，直至所有的稀释性证券全部计算完，或是下一步骤计算的EPS大于或等于上一步骤的（因为反稀释作用影响）。

第一步：确定每种稀释性证券转换后对EPS的影响。

（1）股票期权的影响。

股票期权涉及的股数	50 000
行权价/股	×20
行权价收入	1 000 000
2019年股票平均市价/股	25
行权价收入可回购的股数	40 000
行权价低于市价所导致股数增量	10 000
每股影响额（0÷10 000）	0

（2）8%可转换债券的影响。

税后利息费用[2 000 000×8%×（1-33%）]	107 200
债券可转换的股数（40×2 000 000÷1 000）	80 000
每股影响额（107 200÷80 000）	1.34

（3）6%累积可转换优先股的影响。

应计优先股股利（100×30 000×6%）	180 000
优先股可转换的股数（3×30 000）	90 000
每股影响额（180 000÷90 000）	2.00

第二步：对EPS计算影响数额从小到大进行排序。增量股每股收益越小，其对EPS的稀释程度越大，如表12-4所示。

表12-4   增量股对稀释性证券的影响

序号	稀释性证券	每股影响数
1	股票期权	0
2	8%可转换债券	1.34
3	6%累积可转换优先股	2.00

第三步：计算稀释的EPS。

（1）加入股票期权影响后的EPS。

普通股股东应享收益	1 020 000
加：股票期权对收益的影响	0
小计	1 020 000
加权平均普通股流通股数	600 000
加：股票期权对流通股数的影响	10 000
小计	610 000
重新计算后的 EPS（1 020 000÷610 000）	1.672

1.672<1.7，股票期权有稀释作用。

（2）加入8%可转换债券影响后的EPS。

上一步计算的收益	1 020 000
加：税后利息费用的影响	107 200
小计	1 127 200
上一步计算的加权平均普通股流通股数	610 000
加：8%可转换债券转换后对流通股数的影响	80 000
小计	690 000
重新计算后的 EPS（1 127 200÷690 000）	1.634

1.634<1.672，8%可转换债券有稀释作用。

（3）加入6%累积可转换优先股的影响后的EPS。

上一步计算的收益	1 127 200

加：优先股股利的影响	<u>180 000</u>
小计	1 307 200
上一步计算的加权平均普通股流通股数	690 000
加：6%累积可转换优先股转换后对流通股数影响	<u>90 000</u>
小计	780 000
重新计算后的 EPS（1 307 200÷780 000）	1.676

1.676>1.634，所以6%累积可转换债券不具有稀释作用，稀释后的EPS为1.634。

第五节　股份支付

一、股份支付的概念与特征

股份支付，全称为"以股份为基础的支付"，是指企业为获取职工及其他方提供的服务而授予权益工具，或者承担以权益工具为基础确定的负债的交易。我们这里所讨论的权益工具，特指企业自身的权益工具，如股份、股份期权以及其他的权益性工具。

企业向雇员尤其是高管人员支付股票期权作为薪酬或奖励措施，在国际上是比较常见的做法。我国相关管理机构分别在 2005 年 12 月 31 日及 2006 年 9 月 30 日发布了《上市公司股权激励管理办法》《国有控股上市公司（境内）实施股权激励试行办法》等法规，为企业实施股权激励创造了必要的条件。目前，我国已有部分企业实施职工股权激励计划。《企业会计准则第 11 号——股份支付》对股份支付的会计核算第一次进行了系统的规范，与《国际会计准则第 2 号——以股份为基础的支付》相比，我国《企业会计准则第 11 号——股份支付》不涉及以股份换取商品交易的核算。

以股份为基础的支付可能发生在企业与职工之间、企业与股东之间、并购业务中的双方之间。我们在本节集中讨论企业为获取职工或其他相关方所提供的服务而进行的股份支付。对于这种股份支付，获取相关服务是支付的特点，也是其目的。而股份支付交易最显著的特征，在于其对价的特殊性。交易的定价与企业用于支付的权益性工具的未来价值密切相关。虽然企业可以选择支付权益工具或支付现金等不同支付方式，但其金额的高低仍取决于结算时企业自身权益工具的公允价值。

股份支付的环节包括以下几个时点。

（1）授予日。企业应就股份支付的具体条件与职工或相关方协商，达成一致后形成协议，提交股东大会批准。授予日即股份支付协议获得批准的日期。

（2）等待期。授予日到可行权日之间的期限，称为"等待期"或"行权限制期"。股份支付往往会涉及可行权条件，包括市场条件与非市场条件。市场条件指股份支付的行权价格、可行权条件、行权可能性及与权益工具相关的业绩条件，例如，要求股票市价、股东报酬率需要达到一定水平方可行权。非市场条件是指市场条件以外的其他条件，如规定企业达到一定盈利水平或销售目标后方可行权。在可行权条件满足之前，职工不能获得股份。等待期以授予日为起点，以可行权日为终点。

（3）行权日。行权条件满足后，职工或其他相关方行使被授予的股票期权，获取现金或权益工具的日期为行权日。从可行权日开始，到股票期权到期失效为止的时间段，称为"行权有效期"。职工可以在行权有效期内选择行权日。

一、股份支付的会计核算

股份支付可分为以权益结算的股份支付、以现金结算的股份支付两种形式。每种形式的股份支付又分为附服务年限条件和附业绩条件两种。下面分两种结算方式按所附条件的不同分别进行举例说明。

（一）以权益结算的股份支付——附服务年限条件

这种支付形式是指企业为获取职工或其他相关方的服务，以自身的股份或其他权益工具作为对价进行结算的交易。

1. 授予日的会计处理

无附带行权条件的股票支付在授予后即可行权。企业应在授予日按照权益工具的公允市价，将股份支付计入相关成本或费用，同时增加资本公积。

有附带行权条件的股票支付，企业在授予日不需做任何会计处理。

2. 等待期内的会计处理

等待期内，授予的股票期权不能立即行权。企业在该期间内的每一个资产负债表日，对可行权的权益工具数量进行最佳估计，再按照授予日的权益工具公允市价计算累计到当期的应计成本费用，减去前期累计的已确认金额，余额计作当期应确认的成本费用，同时增加资本公积。

3. 可行权日以及之后（行权有效期）的会计处理

首先需要明确，可行权日企业对可行权权益工具的数量估计，应等于实际可行权工具的数量。因此，在资产负债表日后，如果有新的信息表明已做的相关估计不准确，企业应对其原来的估计进行相应调整。可行权日后，企业不再对已确认的成本费用以及所有者权益总额进行调整，应在行权日根据实际行权的情况，确认股本及股本溢价，并结转等待期内确认的资本公积。

【例12-17】 2015年12月，华伟公司股东大会批准公司的一项股份支付协议。该协议规定，2016年1月1日，公司将向其100名高管人员授予每人300份股票期权，行权条件是这些管理人员必须从2016年1月1日起，在华伟公司连续服务3年，服务期满，行权价格为每股5元。授予日该期权的公允市价为每股20元。2016年，有20名高管人员离职，公司据此估计3年内有30%的高管离职；2017年再有5名高管辞职，公司将预计离职高管的比例修订为25%。2018年再有10名高管离职。华伟公司股票面值为每股1元（下同）。华伟公司的有关会计处理如下。

（1）授予日（2016年1月1日）。由于该股票期权附带非市场条件，授予日当日不可行权，不需做会计处理。

（2）3年等待期华伟公司应确认的费用如表12-5所示。

表12-5　　　　　　　　　　　　　股份支付费用和资本公积计算表　　　　　　　　　　单位：元

年份	计算过程	当期费用	累计费用
2016	100×300×（1−30%）×20×1÷3	140 000	140 000
2017	100×300×（1−25%）×20×2÷3−140 000	160 000	300 000
2018	（100−20−5−10）×300×20−300 000	90 000	390 000

① 2016年12月31日。

借：管理费用　　　　　　　　　　　　　　　　　　　　　　　140 000

　　贷：资本公积——其他资本公积　　　　　　　　　　　　　　　140 000

② 2017年12月31日。

借：管理费用   160 000

    贷：资本公积——其他资本公积   160 000

③ 2018年12月31日。

借：管理费用   90 000

    贷：资本公积——其他资本公积   90 000

（3）到可行权日（2019年1月1日），有5名高管放弃被授予的股权，剩余高管于当年全部行权。公司应在职工行权后，根据实际情况确认股本与资本溢价。原已确认的费用与所有者权益总额不做调整。

（4）2019年12月31日。

借：银行存款［（100-20-5-10-5）×5×300］   90 000

     资本公积——其他资本公积   390 000

    贷：股本［（100-20-5-10-5）×300×1］   18 000

     资本公积——股本溢价   462 000

（二）以权益结算的股份支付——附业绩条件

我们将【例12-17】调整一下，将股份支付条件改为附业绩条件。

【例12-18】 2015年12月，华伟公司股东大会批准公司的一项股份支付协议，2016年1月1日，公司将向其100名高管人员授予每人300份股票期权。该协议规定，第一年年末的可行权条件为企业的净资产收益率达到16%；第二年年末的可行权条件为企业前两年的平均净资产收益率达到14%；第三年年末的可行权条件为企业前三年的平均净资产收益率达到12%；授予日该期权的公允市价为每股20元。2016年年末企业净资产收益率为14%，有20名高管人员离职，公司据此估计三年内有30%的高管离职；2017年年末企业前两年平均净资产收益率为13%，再有5名高管辞职，公司将预计离职高管的比例修订为25%。2018年年末企业三年的平均净资产收益率为12%，再有10名高管离职。华伟公司的有关会计处理如下。

（1）由于企业第一年未达到业绩指标的规定，预计股份支付于第二年实施，因此，费用在两年内分摊；

第二年仍未达到两年平均的业绩指标，费用在三年内分摊；

第三年达到业绩条件，实施股份支付协议。

（2）三年等待期华伟公司应确认的费用额如表12-6所示。

表12-6   股份支付费用及资本公积计算表   单位：元

年份	计算过程	当期费用	累计费用
2016	100×300×（1-30%）×20×1÷2	210 000	210 000
2017	100×300×（1-25%）×20×2÷3-210 000	90 000	300 000
2018	（100-20-5-10）×300×20-300 000	90 000	390 000

会计处理原理同【例12-17】。

（三）以现金结算的股份支付

这种方式是指企业为获取职工或其他方的服务，承担以股份或其他权益工具为基础计算确定的支付现金或其他资产义务的交易。

1. 授予日的会计处理

若股票期权在授予后即可行权，企业应在授予日以企业承担负债的公允价值计入相关费用和成本，同时增加负债。附带行权条件的股票期权，在授予日不需做会计处理。

2．等待期内的会计处理

附有行权条件的股票期权，企业在其等待期内的每个资产负债表日，应对可行权情况进行最佳估计，按照企业应承担负债的公允价值金额，确认当期的成本费用及负债。

3．可行权日及之后（行权有效期）的会计处理

如有后续信息表明，企业当期承担债务的公允价值与其所做的估计不相符，应进行相应调整，在可行权日调整至实际可行权水平。等待期内的每个资产负债表日与结算日对相关负债公允价值重新进行计量，变动计入当期损益。但企业在可行权日之后，不再确认由换入服务而引起的成本费用增加。

【例12-19】 珠江公司为一大型上市公司，自2015年1月1日起开始实施股票期权激励制度，共向200名管理人员授予每人10 000股的股票期权，实施条件为从授予日起连续3年为公司服务，公司将按股价增长幅度向管理层支付现金。预计3年内管理人员的离职率为10%，第三年年末实际离职人数为22人。2017年年末、2018年年末、2019年年末分别有100名、40名和38名管理人员行使股票增值权获得现金。珠江公司估计，该增值权在负债结算之前的每一个资产负债表日以及结算日的公允价值和可行权后的每份增值权现金支出额如表12-7所示。

表12-7　　　　　　　　　　　　　　每份增值权的现金支出额　　　　　　　　　　　　　　单位：元

年份	股票期权公允价值	现金支付额
2015	20	
2016	24	
2017	25	24
2018	26	25
2019	26	

1．计算每期费用和负债金额（见表12-8）

表12-8　　　　　　　　　现金结算的股份支付每期费用和负债金额计算表　　　　　　　　　单位：元

日期	负债计算 ①	支付现金计算 ②	负债金额 ③	现金支付额 ④	当期费用 ⑤
2015	（200−20）×20×10 000×1/3		12 000 000		12 000 000
2016	（200−20）×24×10 000×2/3		28 800 000		16 800 000
2017	（200−100−22）×25×10 000	100×24×10 000	19 500 000	24 000 000	14 700 000
2018	（200−100−22−40）×26×10 000	40×25×10 000	9 880 000	10 000 000	380 000
2019		38×26×10 000	0	9 880 000	0
合计	43 880 000	43 880 000			

注：①=③；②=④；当期⑤=当期③−前期③+当期④。

2．登记各期会计分录

（1）2015年12月31日。

借：管理费用　　　　　　　　　　　　　　　　　　　　　　　12 000 000

　　贷：应付职工薪酬　　　　　　　　　　　　　　　　　　　　　　12 000 000

（2）2016年12月31日。

借：管理费用　　　　　　　　　　　　　　　　　　　　　　　16 800 000

　　贷：应付职工薪酬　　　　　　　　　　　　　　　　　　　　　　16 800 000

（3）2017年12月31日。

借：管理费用　　　　　　　　　　　　　　　　　　　　　　　14 700 000

　　贷：应付职工薪酬　　　　　　　　　　　　　　　　　　　　　　14 700 000

支付现金时：

借：应付职工薪酬　　　　　　　　　　　　　24 000 000

　　贷：银行存款　　　　　　　　　　　　　　　24 000 000

（4）2018年12月31日。

公允价值变动：

借：公允价值变动损益　　　　　　　　　　　380 000

　　贷：应付职工薪酬　　　　　　　　　　　　　380 000

支付现金时：

借：应付职工薪酬　　　　　　　　　　　　　10 000 000

　　贷：银行存款　　　　　　　　　　　　　　　10 000 000

（5）2019年12月31日。

本期公允价值变动正好为零，不用登记公允价值变动。

支付现金时：

借：应付职工薪酬　　　　　　　　　　　　　9 880 000

　　贷：银行存款　　　　　　　　　　　　　　　9 880 000

三、股份支付的披露

按《企业会计准则第 11 号——股份支付》的要求，企业应在报表附注中对股份支付进行信息披露。披露的信息包括以下内容。

（1）当期授予、行权及失效的各种权益工具总额。

（2）期末发行在外的股份期权或其他权益工具行权价格的范围以及合同剩余期限。

（3）当期行权的股份期权或其他权益工具按其行权日价格计算的加权平均价格。

（4）权益工具公允价值的确定方法。

另外，企业还应当披露股份支付交易对当期财务状况和经营成果的影响，至少包括以下内容。

（1）当期因以权益结算的股份支付而确认的费用总额。

（2）当期因以现金结算的股份支付而确认的费用总额。

（3）当期以股份支付换取的职工服务总额及其他方服务总额。

第六节　披露与分析

一、所有者权益的披露

【例12-20】　所有者权益的披露包括列示和附注说明两个部分。下面通过一个实例来进行阐述。

宝山钢铁股份有限公司（以下简称"宝钢股份"，股票代码600019）是一家在上海证券交易所上市的公司，主要业务为钢铁冶炼、加工、电力、煤炭、工业气体生产、码头、仓储、运输等与钢铁相关的业务。

所有者权益的评价与分析

表12-9是宝钢股份2017年合并资产负债表所有者权益部分。

表 12-9 　　　　　　　　　宝钢股份 2017 年 12 月 31 日合并资产负债表（局部）　　　　　　　　单位：元

所有者权益	行次	期末金额	期初金额
股本	（五）48	22 268 111 875.00	16 450 393 624.00
资本公积	（五）49	48 714 559 218.40	53 792 331 914.27
其他权益工具	（五）50	77 717 323.62	
减：库存股	（五）51	712 416 884.50	49 879 268.00
其他综合收益	（五）52	-301 403 547.57	-282 951 207.59
专项储备	（五）53	41 582 048.73	52 525 505.43
盈余公积	（五）54	29 774 721 062.00	27 894 484 385.08
未分配利润	（五）55	64 569 632 340.12	51 921 089 401.65
归属于母公司所有者权益合计		164 432 503 435.80	149 777 994 354.84
少数股东权益		10 039 901 103.41	10 474 276 529.37
所有者权益合计		174 472 404 539.21	160 252 270 884.21
负债和所有者权益总计		350 234 632 615.17	359 067 747 173.89

根据宝钢股份2017年度财务报表合并项目的附注说明，现对表中所有者权益的各个项目简要介绍如下。

股本：期初余额为16 450 393 624元，本期增加数为5 817 718 251元，其中换股吸收合并武钢股份发行5 652 516 701股（或元），实施限制性股票计划发行166 828 200股。本期减少1 626 650股，为注销限制性股票计划所产生。期末余额为22 268 111 875元。

资本公积：资本公积包括两部分，一部分为资本溢价46 466 661 784.11元，一部分为其他资本公积2 247 897 434.29元。

其他权益工具：为宝钢股份发行的可转换公司债的权益成分。

库存股：为宝钢股份实施股权激励计划而回购的股份。

其他综合收益：包括以后不能重分类进损益的其他综合收益-24 010 952.94元（主要为重新计算设定受益计划净负债和净资产的变动）和以后能重分类进损益的其他综合收益-277 392 394.63元（主要为权益法下长期股权投资核算形成的-59 976 756.56元、可供出售金融资产公允价值变动形成的334 466 045.54元和外币财务报表折算形成的-551 881 883.64元。）

专项储备：为安全生产而计提的安全生产费。

盈余公积：包括法宝盈余公积13 251 634 361.11元和任意盈余公积16 523 086 700.89元。

未分配利润：本期期初未分配利润　　　　　　　43 236 393 452.96

调整（同一控制合并）*　　　　　　　　　　　　8 684 695 948.69

本期调整后期初未分配利润　　　　　　　　　　91 921 089 401.65

加：归属于母公司股东的净利润　　　　　　　　19 170 337 569.64

减：提取法定盈余公积　　　　　　　　　　　　940 118 338.46

提取任意盈余公积　　　　　　　　　　　　　　940 118 338.46

应付普通股股利　　　　　　　　　　　　　　　4 641 557 954.25

期末未分配利润　　　　　　　　　　　　　　　64 569 632 340.12

*调整期初未分配利润明细：1. 由于《企业会计准则》及其相关新规定进行追溯调整，影响期初未分配利润0元。2. 由于会计政策变更，影响期初未分配利润0元。3. 由于重大会计差错更正，影响期初未分配利润0元。4. 由于同一控制导致的合并范围变更，影响期初未分配利润8 684 695 948.69元。5. 其他调整合计影响期初未分配利润0元。

二、所有者权益的分析

从投资者的角度来分析所有者权益，焦点主要是两个指标：一是每股收益；一是净资产收益率。

表 12-10 是宝钢股份 2017 年这两个指标的计算结果。宝钢股份作为我国钢铁行业的领头羊，其相关指标是这一领域的风向标。

表 12-10 宝钢股份 2017 年 12 月 31 日主要财务指标

主要财务指标	2017 年	2016 年		本期比上年同期增减（%）	2015 年	
		调整后	调整前		调整后	调整前
基本每股权益（元/股）	0.86	0.41	0.55	109.76	-0.30	0.06
稀释每股收益（元/股）	0.86	0.41	0.55	109.76	0.30	0.06
扣除非经常性损益后的基本每股收益（元/股）	0.81	0.55	0.55	47.27	0.07	0.07
加权平均净资产收益率（%）	12.24	6.25	7.68	增加5.99个百分点	-4.52	0.84
扣除非经常性损益后的加权平均净资产收益率（%）	12.00	7.70	7.70	增加4.30个百分点	0.96	0.96

说明：宝钢股份依照《企业会计准则第20号——企业合并》中关于同一控制下企业合并的原则对武钢股份合并进行会计处理。因此，武钢股份的资产及负债按其财务账面价值并入本集团的合并财务报表当中，同时视同武钢股份一直是宝钢集团的一部分并于所列报的可比期间期初开始反映，故合并财务报表中的比较数据也被重新列报以包括武钢股份的财务状况、经营成果和现金流量。所以2015年和2016年的调整均为此原因。

对一个企业的所有者权益进行分析，分析师的角度与投资者的有所不同。首先，投资者看重的每股收益，但每股收益在分析师的分析中没有可比意义，只有净资产收益率才有可比性（横向和纵向），具有分析价值。在净资产收益率上，投资者和分析师的看法才是一致的。

另外，分析师还看重股利支付率，这一指标的计算如下。

股利支付率=现金股利÷（净利润-优先股股利）

这一指标表面上是反映一个企业股利支付水平，本质是体现出管理层对企业未来的信心。

最后，与每股收益指标类似，衡量所有者权益还有一个指标——每股净资产（或每股账面价值），这一指标的计算如下。

每股净资产=普通股权益÷流通在外加权平均股数

这一指标的本质是股东每股可获得的清算价值，通常用来作为企业估值的基础。但当资产负债表不能反映净资产的公允价值时，这一指标就失去了相关性。这时，每股收益和市盈率就作为估价的工具。

思 考 题

1. 试述所有者权益的特征。
2. 试述股份有限公司的特征。
3. 试比较普通股与优先股的异同。为什么现在我国上市公司大都不愿意发行优先股？
4. 股份公司的设立有哪些方式？各有什么特点？
5. 我国普通股股东享有什么基本权利？请查阅相关法律，同时查找在哪一个法律中规定股票不允许折价发行。

6. 优先股可如何分类？各有什么特征？

7. 为什么企业增资扩股时新投资者必须投入较高的资本，才能获得与原投资者相同的权益？

8. 我国《公司法》中规定在哪些情况下允许公司回购本公司的股票，回购公司自身的股票的必要性和缺陷是什么？

9. 实施股票期权在我国有哪些方式？主要区别体现在什么地方？

10. 留存收益的性质是什么？有哪些组成内容？

练 习 题

（一）利润分配

资料：某公司发行优先股2 000股，每股股利5元。设企业已经连续两年没有宣布发放股利。企业当年实现税后利润60 000元并宣布发放股利40 000元。

要求：

（1）若优先股是累积优先股，计算优先股可获得的股利收入总额。

（2）若优先股是非累积优先股，计算普通股可获得的股利收入总额。

（二）股份发行

资料：某公司委托证券公司代为发行普通股750 000股，每股面值5元，按面值发行。证券公司按发行收入收取5%的佣金。

要求：做相关的会计分录。

（三）股份认购

资料：东海公司面值为20元的股票以每股22元被认购10 000股。认购人已支付了20%的认股款，余额在一年内分两次付清。

要求：试做第一次、第二次收款的会计分录。

（四）股份认购

资料：接上题，设认购人无法支付剩余认股款，通知东海公司处理其认购股票。

要求：试做相关会计分录。

（五）股份认购

资料：接练习题（三），设认购人如期缴清所有认股款，东海公司将股票发放给认股人。

要求：试做第三次收款、发放股票的会计分录。

（六）利润分配

资料：某公司2019年度实现税后利润560万元。经股东大会批准，提取10%作为法定盈余公积，5%作为任意盈余公积。其中，法定盈余公积中的80万元用于派发现金股利。任意盈余公积中的30万元用于弥补以前年度的亏损。

要求：试做有关会计分录。

（七）投资投入

资料：某有限公司原有三位投资者，每人于公司创立时各投资100万元，实收资本为300万元。经过五年的经营，公司的留存收益为210万元。有新投资者投入资本160万元，获得公司25%的权益。

要求：试做有关会计分录。

（八）利润分配

资料：某企业本年度实现税后利润650万元。股东大会通过按10%提取法定盈余公积，按6%提取任意盈余公积，另发放现金股利70万元。

要求：试做相关会计分录。

（九）可转换债券

资料：某上市公司有关可转换债券业务如下。

（1）2018年7月1日发行4年期可转换债券，面值为20 000万元。《可转换债券上市公告书》中规定，可转换债券持有人在债券发行日1年以后可申请转换为股份，转换条件为面值20元的可转换债券，转换为1股（股票每股票面价值为1元），可转换债券票面年利率为8%（为实际利率）。如果债券持有人未行使转换权，则在债券到期时一次还本付息。发行可转换债券所筹集的资金用于扩建生产车间，每半年计息一次。该公司发行可转换债券收入价款共22 000万元（为简化核算，手续费等略）。该公司对发行债券的溢折价采用直线法摊销。

（2）2019年7月1日，某企业将其持有的该公司可转换债券4 000万元（面值）申请转换股份200万股。

要求：对该上市公司2018年7月1日至2019年7月1日可转换债券业务进行账务处理。

（十）每股收益

资料：南方公司2019年度的净利润为4 000 000元，公司当年流通在外的累积优先股50 000股，面值100元/股，股利率为7%，2019年未支付任何股利，同时2019年度流通在外的普通股的变化情况如表12-11所示。

表12-11 　　　　　　　　　　2019年度流通在外的普通股的变化情况

时间	普通股股数的变化	流通在外的股数
2019年1月1日	期初数	900 000
2019年4月1日	发行300 000股	300 000
		1 200 000
2019年6月1日	回购390 000股	（390 000）
		810 000
2019年11月1日	发行600 000股	600 000
2019年12月31日	期末数	1 410 000

要求：计算南方公司流通在外的加权平均普通股数和基本EPS。

（十一）每股收益

资料：接上题，假定南方股份公司2019年度内流通在外的普通股的变化情况如表12-12所示。

表12-12 　　　　　　　　　　2019年流通在外的普通股的变化情况

时间	普通股股数的变化	流通在外的股数
2019年1月1日	期初数	100 000
2019年3月1日	发行20 000股	20 000
		120 000
2019年6月1日	发放50%股票股利	60 000
		180 000
2019年11月1日	发行30 000股	30 000
2019年12月31日	期末数	210 000

要求：计算该公司该年度流通在外的加权平均普通股数。

（十二）基本每股收益与稀释每股收益的确定

资料：南方某股份公司2019年年末有关资本结构的财务资料如下（单位：元）。

长期负债：

应付票据（14%）	1 000 000
可转换债券（8%）	3 000 000
可转换债券（10%）	2 000 000
长期负债合计	6 000 000

股东权益：

累积可转换优先股（12%，面值100元/股，2 500 000核定股数100 000股，发行在外25 000股）

普通股（面值1元/股，核定股数4 000 000股，400 000发行在外400 000股）

资本公积	1 000 000
留存收益	8 000 000
股东权益合计	11 900 000

长期负债和股东权益的附注如下。

（1）2017年7月开始一股票期权计划，该股票期权的行权价为20元/股，股数为50 000股普通股。2016年公司平均股票市价为25元/股，同年该股票期权暂无人行使。

（2）票面利率分别为8%和10%的可转换债券在2018年按面值发行，利率8%，每份债券的面值为1 000元，可转换为50股普通股；利率10%，每份债券的面值为1 000元，可转换为55股普通股。

（3）12%的累积可转换优先股在2019年年初以面值发行，每股优先股可转换为3股普通股。

（4）假定所得税税率为15%。

（5）2019年流通在外的普通股数为400 000股。

（6）2019年没有宣告发放优先股股利。

（7）2019年的净利润为1 600 000元。

（8）2019年所有可转换债券和可转换优先股的持有者没有将其转换为普通股。

要求：计算该公司的基本EPS和稀释EPS。

（十三）以权益结算的股份支付

资料：南方公司为一上市公司，自2017年1月1日起开始实施股票期权激励制度，共向100名管理人员授予每人1 000股的股票期权，实施条件为从授予日起连续3年为公司服务，行权价为每股8元。在授予日，公司估计该期权的公允价值为25，同时预计3年内管理人员的离职率为10%，第三年年末实际离职人数为12人。2019年12月31日，全部在职的88名管理人员均实施行权。南方公司股票为每股面值1元。

要求：编制该公司以权益结算的股份支付的相关会计分录。

（十四）以现金结算的股份支付

资料：南方公司为一上市公司，自2015年1月1日起开始实施股票期权激励制度，共向100名管理人员授予每人1 000股的股票期权，实施条件为从授予日起连续3年为公司服务，公司将按股价增长幅度向管理层支付现金。预计3年内管理人员的离职率为10%，第三年年末实际离职人数为12人。2017年年末、2018年年末、2019年年末分别有40名、30名和18名管理人员行使股票增值权获得现金。南方公司估计，该增值权在负债结算之前的每一个资产负债表日以及结算日的公允价值和可行权后的每份增值权现金支出额如表12-13所示。

表12-13　　　　　　　　　　　　　每份增值权的现金支出额　　　　　　　　　　　　　单位：元

年份	股票期权公允价值	现金支付额
2015	25	
2016	28	
2017	30	28
2018	32	30
2019		32

要求：编制该公司以现金结算的股份支付的相关会计分录。

案例分析：郑百文[①]

[①] 本书每章后所增加的案例分析请参见本系列教材中配套出版的《会计教学案例》一书，后同。

第十三章

收入

章首故事

收入确认：时点还是时段——这是一个大问题

2017 年 9 月 11 日，碧桂园控股有限公司（股票代号：02007.HK，以下简称"碧桂园"）在香港联合交易所发布 2017 年《中期报告》，披露了该公司 2017 年上半年业绩。由于提前采纳香港财务报告准则第 15 号《客户合同收入》（对应于我国 14 号准则《收入》，因两者无重大差异，以下均统称收入准则），此次调增本期营业收入 147.5 亿元，调增本期净利润 33.3 亿元。

2018 年 4 月 13 日碧桂园公布 2017 年《年度报告》，因采用新的收入准则调增营业收入 287.7 亿元，调增本期净利润 79.8 亿元（归属于母公司股东的净利润为 62.3 亿元）。而当年碧桂园全年的收入和利润分别为 2 667 亿元和 287.5 亿元。

为何一项收入会计政策的变化会导致碧桂园的营业收入和利润发生如此大的变化，这要从新的收入准则对收入确认的时间谈起。收入准则规定，收入确认可以按时点或时段进行，但按时段进行确认，必须满足规定的条件。

收入满足下列条件之一的，属于在某一时段内履行履约义务；否则，属于在某一时点履行履约义务：

（一）客户在企业履约的同时即取得并消耗企业履约所带来的经济利益；

（二）客户能够控制企业履约过程中在建的商品；

（三）企业履约过程中所产出的商品具有不可替代用途，且该企业在整个合同期间内有权就累计至今已完成的履约部分收取款项。

上述三个条件满足其一，即可认定为属于某一时段内履行履约义务。可以按时段确认收入。

虽然罗兵咸永道会计师事务所为碧桂园 2017 年年度报告出具了标准无保留意见审计报告，但审计意见中却将"按在一段时间内确认收入的房地产开发收入确认"作为关键审计事项进行了披露说明，以提请投资者注意。

从碧桂园审计报告关键审计事项的披露中，我们可以获得如下重要信息。

1. 管理层对部分收入按在一段时间内确认的理由

"本集团的履约过程中所产出的商品具有不可替代用途，且本集团在整个合同期间内有就累计至今已完成的履约部分的可强制执行的付款请求权时，本集团按在一段时间内确认出售物业的收入。"

2. 管理层关于具有不可替代用途的判断

"由于与客户的合同限制，本集团不得更改或替换物业单元，或改变物业单元的用途，因此，本集团并不能将该物业单元用于其他用途。"

3. 管理层关于可强制执行的付款请求权的判断

"本集团是否有就累计至今已完成的履约部分的可强制执行的付款请求权并采用在一段时间内的方法确认收入，取决于销售合同条款约定和该合同适用的法律解释。这些决定需要重大会计判断。关于销售合同可强制执行的付款请求权，本集团获得了法律顾问的意见。"

但是，碧桂园的会计报告发布后，还是引起大家的热议。因为按照旧的收入准则，房地产企业售房一般按时点进行确认，这一次碧桂园根据新的收入准则条款，将全年 2 201.6 亿元的房产销售中的 608 亿元都按时段进行确认(占比 30.89%),使得利润被提前确认了 79.8 亿元(占比 27.8%)。

学完这一章后，同学们对这一事件会有各自的判断。

从本章开始，我们从资产负债表要素的讨论转为利润表要素的讨论。首先阐述的是收入要素。在市场经济体制下，利润最大化是任何一个企业所追求的根本目标，要实现这一目标离不开两个措施：一是开源；二是节流。在这里开源就是不断扩大收入渠道。对收入的追求既是管理当局关注的核心，也是会计确认和计量的重点。本章的内容包括收入的定义、收入的主要分类、收入的特点和收入确认的原则，收入确认和计量的五步法，某一时点履行履约义务的会计处理，某一时期履行履约义务的会计处理，最后阐述收入的披露和分析。附录中我们讨论特定销售业务的会计处理。

收入的确认原则、收入确认与计量的五步法

第一节　源于客户合同的收入

一、收入的含义与特点

在市场经济中，所有企业都把谋求最大限度的利润作为最根本的经营目的。只有在经营过程中赚取了充足的利润，企业才能在激烈的市场竞争中谋生存、求发展。收入是企业利润的主要来源，表现为资产的增加或债务的减少，或是两者兼而有之。收入的相关信息是评价企业经营结果的一项重要指标，一向受到信息使用者的高度重视。

收入是财务会计的一个基本要素，对收入有两种基本的理解。一种是广义的理解，将企业除投资者出资外所有活动形成的经济利益的流入均视作收入。另一种是狭义的理解，它将收入限定在企业日常活动所形成的经济利益的流入。这里的日常活动指企业所从事的作为其业务组成部分的所有活动，如制造业销售商品，商品流通企业销售商品、出租固定资产，商业银行提供贷款服务，广告商提供广告策划服务等。对企业而言，这些活动具有经常性、重复性和可预见性等特点。FASB 在 1985 年第 6 号财务会计概念公告中将收入定义为："收入是指一个主体通过销售或生产商品，提供服务，或从事构成该主体持续的主要或中心经营活动的其他业务所形成的现金流入，或其他资产的增加或负债的清偿（或二者兼而有之）。"[①]《国际财务报告准则第 15 号——源于客户合同收入》（2014 年）将收入定义为："主体在正常活动中产生的收益。"[②]

---

① FASB，SFACNo.6 "The Elements of Financial Statements"，December1985，par.78.

② IASB:《国际财务报告准则 2015》，613 页，北京，中国财政经济出版社，2015。

我国《企业会计准则第 14 号——收入》（2017 年）中做了狭义的定义，即"收入是企业在日常活动中形成的、会导致所有者权益增加的、与所有者投入资本无关的经济利益的总流入"。根据我国收入准则的定义，收入有以下几个基本的特征。

（1）收入有别于收益和利得。收益是收入和利得的总称，是企业一个特定会计期间内增加的（除所有者投资以外）的经济利益。利得是指由企业非日常活动所形成的、会导致所有者权益增加的、与所有者投入资本或者向所有者分配利润无关的经济利益流入。利得也包括直接计入所有者权益和直接计入当期收益两种，前者如非交易性金融资产期末市价高于账面价值形成的利得，后者如交易性金融资产期末市价高于账面价值形成的利得以及不需用的长期资产处置产生的利得。收入是在企业日常活动中产生的，具有持续性、重复性和可预见性的特点。

（2）收入表现为企业资产的增加。收入实现的同时，企业的资产（如应收账款、应收票据、现金或其他等价物）往往会相应增加，或负债相应减少，或两种情况并存。

（3）收入可以导致企业所有者权益的增加。如上所述，收入实现表现为企业资产的增加，负债的减少，或两者并存。根据会计方程式，资产与所有者权益的变化方向是一致的，负债则相反。因此，企业实现收入，可以导致所有者权益的增加。但这一结果仅限于收入本身对所有者权益带来的影响，在扣除相关成本费用后毛利对所有者权益造成的变化可能是增加，也可能是减少。

（4）收入的范围只包括企业本身的经济利益的流入。在经营过程中，为第三方或客户代收的款项，如增值税、代收利息等，在增加企业资产的同时增加了企业的负债，对企业的所有者权益没有造成变化，不属于企业的经济利益，不能作为企业的收入。

二、收入的分类

收入根据与企业生产经营活动的关系，可分为：（1）营业收入，即企业为完成其经营目标所从事的经常性活动实现的收入，如商品流通企业的商品销售收入；（2）营业外收入，即与企业的主要生产经营活动无直接关系的、偶发性的非经常性收入，如固定资产处置收入、债务重组收益、捐赠收入等。两者都是企业现金流入的来源，最终都会导致企业净资产的增加。根据营业收入在企业经营中的重要性又可分为主营业务收入和其他业务收入。企业在主要业务活动（如出售商品、提供劳务）中获得的收入是主营业务收入，在次要或附带的业务活动（如固定资产出租、无形资产转让）中获得的收入是其他业务收入。

在不同类型的企业里，收入有不同的名称，但其性质都是营业收入，源于企业持续不断的生产经营活动。例如，制造业企业向客户提供产品获得产品销售收入，租赁企业向客户出租固定资产获得租金收入，服务业企业向顾客提供劳务获得劳务收入等。

一般而言，可以从企业的营业类型入手，把收入分成四大类：（1）商品的销售收入；（2）劳务的销售收入；（3）让渡资产使用权的收入；（4）其他资产销售。

表 13-1 总结了不同类型的收入。

表 13-1　　　　　　　　　　　　　　　　收入的类型

销售类型	商品销售	提供服务	资产使用权让渡	其他资产销售
收入的描述	商品销售收入	服务收入	利息、租金、特许使用费	资产处置损益

三、源于客户合同的收入确认原则

（一）收入确认的基本原则

企业的终极目标是追求利润，收入的实现则是利润达成的源泉。因此，在六个基本要素的确认中，收入的确认至关重要。在基本理论和财务会计概念框架中，收入确认的原则就成为其中讨论的焦点。

FASB 在 1984 年第 5 号财务会计概念公告《企业财务报表的确认与计量》中提出，确认收入的指南是：（1）已实现或可实现（realized or realizable），已实现是指企业已将商品或劳务交换成现金或现金要求权，可实现则是指企业将商品或劳务用于交换，所换取的资产随时可以转变为确定数额的现金或现金要求权；（2）已赚取（earned），即当企业实质上已完成有资格取得收入所代表的利益的努力之后，预计不会发生大量售后成本，即赚取收入的过程已经完成或实质上已经完成时，收入才算是已赚取的。而在国际财务报告准则理事会的《财务报告概念框架》中，只针对收益（包括收入和利得）提出了其确认要满足已赚取的确认标准。

虽然有会计理论和概念框架对收入确认的指引，但在实际的收入确认实务中，却存在收入准则庞杂，相似的经济业务处理规则不一，不同行业、主体和资本市场之间的收入确认实务缺乏可比性，披露不完善等问题。为了解决上述问题，两大会计准则制定机构 FASB 和 IASB 走到一起，共同合作制定收入会计处理准则，并于 2014 年发布，即国际财务报告准则第 15 号——《源于客户合同收入》和美国会计准则汇编《专题 606——收入》。两大机构颁布的收入准则虽然在某些细节上存在一些差异，但总体上是趋同的。2017 年 7 月，中国财政部颁布新修订的《企业会计准则第 14 号——收入》（同时取代《企业会计准则第 15 号——建造合同》）。这一准则基本做法与国际财务报告准则一致，不存在太大的差异（见表 13-2）。

两大机构在收入准则的制定（修订）上遵循以下基本原则。1. 在确认方式上，主体确认收入的方式应当反映向客户转让商品或服务的模式。之所以基于与客户的合同，而非活动模型，是因为基于活动模型会导致主体的收入源自主体资产（例如存货或在产品）的增加而不是源自合同权利等原因。2. 在计量金额上，确认的金额应反映主体预计因交付这些商品或服务的所有权而获得的对价。在收入确认的标准上，准则采用了资产负债观，收入只有在购买方取得商品或服务的控制权时，销售方才能获得收取对价的权利。以控制权作为收入确认的标准，取代风险或报酬转移的确认标准，使资产、收入的确认标准取得一致。

（二）源于客户合同的收入确认

收入源自合同，合同包含企业向客户转让商品或服务的履约义务，在客户取得商品或服务的控制、主体已履行合约中的履约义务时（时点或时段）确认收入。这是新收入准则的核心内容。

而企业则通过运用下列步骤按照该核心原则确认收入。

步骤一：识别客户合同；

步骤二：识别合同中的履约义务；

步骤三：确定交易价格；

步骤四：将交易价格分摊至合同中的履约义务；

步骤五：主体履行履约义务时（或履约过程中）确认收入，同时结转相应的履约成本。

我国《企业会计准则第 14 号——收入》（以下简称收入准则）的阐述就是围绕这五步展开的。（见表 13-2）

表 13-2　　　　　　　　　　　　《企业会计准则第 14 号——收入》结构

章	条	内容	比较
第一章 总则	第一条	目的	IFRS15.No1.2.3.4
	第二条	收入的定义	附录：术语定义
	第三条	准则适用范围 合同的定义	IFRS15.No5.6.7.8 IFRS15.No10.11.12.13

续表

章	条	内容		比较
第二章 确认	第四条	确认标准	（识别合同）	IFRS15.No31.32.33.34
	第五条	确认条件	（识别合同）	IFRS15.No9
	第六条	持续评估	（识别合同）	IFRS15.No14.15.16
	第七条	合同合并	（识别合同）	IFRS15.No17
	第八条	合同修订	（识别合同）	IFRS15.No18.19.20.21
	第九条	识别履约义务	（识别履约义务）	IFRS15.No22.23.24.25
	第十条	可区分或不可区分商品或服务 （识别履约义务）		IFRS15.No26.27.28.29.30
	第十一条 第十二条	某一段时期履行履约义务 （履行履约义务）		IFRS15.No35.36.37.39.40.41.42.43.44.45
	第十三条	某一时点履行履约义务 （履行履约义务）		IFRS15.No38
第三章 计量	第十四条	计量规则	（确定交易价格）	IFRS15.No46
	第十五条	确认交易价格的考虑因素 （确定交易价格）		IFRS15No47.48.49
	第十六条	可变对价	（确定交易价格）	IFRS15.No50.51.52.53.54.55.56.57.58.59
	第十七条	重大融资成分	（确定交易价格）	IFRS15.No60.61.62.63.64.65
	第十八条	非现金对价	（确定交易价格）	IFRS15.No66.67.68.69
	第十九条	应付给客户的对价 （确定交易价格）		IFRS15.No70.71.72
	第二十条	分摊交易价格	（分摊交易价格）	IFRS15.No73.74.75
	第二十一条 第二十二条	分摊交易价格的方法 （分摊交易价格）		IFRS15.No76.77.78.79.80
	第二十三条	分摊合同折扣	（分摊交易价格）	IFRS15.No81.82.83
	第二十四条 第二十五条	分摊可变对价	（分摊交易价格）	IFRS15.No84.85.86.87.88.89.90
第四章 合同 成本	第二十六条 第二十七条	履行合同成本	（合同成本）	IFRS16.No95.96.97.98
	第二十八条	合同增量成本	（合同成本）	IFRS15.No91.92.93.94
	第二十九条 第三十条 第三十一条	合同资产的摊销与减值 （合同成本）		IFRS15.No99.100.101.102.103.104
第五章 特定交易的 会计处理	第三十二条	退货权		附录：应用指南 No.20～27
	第三十三条	质量保证		附录：应用指南 No.28～33
	第三十四条	主要责任人与代理人的区分		附录：应用指南 No.34～38
	第三十五条	额外购买选择权		附录：应用指南 No.39～43
	第三十六条 条第三十七条	知识产权		附录：应用指南 No.52～63
	第三十八条	售后回购		附录：应用指南 No.64～76
	第三十九条	预收货款		附录：应用指南 No.44～47
	第四十条	预收定金		附录：应用指南 No.48～51

续表

章	条	内容	比较
第六章 列报	第四十一条	列示	IFRS15.No105.106.107.108.109
	第四十二条	披露	IFRS15.No110～128
第七章 衔接 规定	第四十三条 第四十四条		
第八章 附则	第四十五条	2018 年 1 月 1 日起施行	2017 年 1 月 1 日起生效 （允许提前采用）

注：2018 年 1 月 1 日起施行（境外上市公司）、2020 年 1 月 1 日起施行（境内上市公司）、2021 年 1 月 1 日起施行（执行企业会计准则的非上市企业）

下一节则按五步法对收入准则进行全面阐述。

第二节 收入确认与计量的五步法

一、识别客户合同

合同，是指双方或多方之间订立有法律约束力的权利义务的协议。合同有书面形式、口头形式以及其他形式。客户，是指与企业订立合同以向该企业购买其日常活动产出的商品或服务（以下简称"商品"）并支付对价的一方。

在收入确认的第一步，主要是识别合同是否满足收入确认的条件（确认条件），如果暂时不满足的合同，需要进一步观察和评估（持续评估）。对于与同一客户同时或在相近时间先后订立的两份或多份合同，在满足一定条件时可合并为一份合同进行处理（合同合并）；而对于同一份合同后来发生变更则需要根据情况做出新旧合同分开或者新旧合同合一的处理（合同变更）。

企业应当在履行了合同中的履约义务，即在客户取得相关商品控制权时确认收入。取得相关商品控制权，是指能够主导该商品的使用并从中获得几乎全部的经济利益。收入准则第五条明确规定，当企业与客户之间的合同同时满足下列条件时，企业应当在客户取得相关商品控制权时确认收入：

（1）合同各方已批准该合同并承诺将履行各自义务；

（2）该合同明确了合同各方与所转让商品或提供劳务（以下简称"转让商品"）相关的权利和义务；

（3）该合同有明确的与所转让商品相关的支付条款；

（4）该合同具有商业实质，即履行该合同将改变企业未来现金流量的风险、时间分布或金额；

（5）企业因向客户转让商品而有权取得的对价很可能收回。

在合同开始日即满足前款条件的合同，企业在后续期间无须对其进行重新评估，除非有迹象表明相关事实和情况发生重大变化。合同开始日通常是指合同生效日。

在合同开始日不符合准则第五条规定的合同，企业应当对其进行持续评估，并在其满足准则第五条规定时按照该条的规定进行会计处理。对于不符合准则第五条规定的合同，企业只有在不再负有向客户转让商品的剩余义务，且已向客户收取的对价无须退回时，才能将已收取的对价确认为收入；否则，应当将已收取的对价作为负债进行会计处理。没有商业实质的非货币性资产交换，不确认收入。

对于企业与同一客户（或该客户的关联方）同时订立或在相近时间内先后订立的两份或多份合同，在满足下列条件之一时，应当合并为一份合同进行会计处理。

（1）该两份或多份合同基于同一商业目的而订立并构成一揽子交易。

（2）该两份或多份合同中的一份合同的对价金额取决于其他合同的定价或履行情况。

（3）该两份或多份合同中所承诺的商品（或每份合同中所承诺的部分商品）构成收入准则第九条规定的单项履约义务。

而对于同一份合同后来发生变更则需要根据情况做出新旧合同分开或者新旧合同合一的处理。合同变更，是指经合同各方批准对原合同范围或价格做出的变更。企业应当区分下列三种情形对合同变更分别进行会计处理（准则第八条）。

（1）合同变更增加了可明确区分的商品及合同价款，且新增合同价款反映了新增商品单独售价的，应当将该合同变更部分作为一份单独的合同进行会计处理。

（2）合同变更不属于本条（1）规定的情形，且在合同变更日已转让的商品或已提供的服务（以下简称"已转让的商品"）与未转让的商品或未提供的服务（以下简称"未转让的商品"）之间可明确区分的，应当视为原合同终止，同时，将原合同未履约部分与合同变更部分合并为新合同进行会计处理。

（3）合同变更不属于本条（1）规定的情形，且在合同变更日已转让的商品与未转让的商品之间不可明确区分的，应当将该合同变更部分作为原合同的组成部分进行会计处理，由此产生的对已确认收入的影响，应当在合同变更日调整当期收入。

下面通过一个实例来说明合同变更的具体处理。（本节所举实例甲方代表主体企业、销售方，乙方代表客户、购买方，为了简化，所有业务均不考虑增值税）

【例13-1】 甲承诺以总价12 000元（单价@100元）的价格向乙出售120件产品。产品在6个月内出售。企业在某一时点转移对每件产品的控制。在企业转移了60件产品后，双方对合同进行了修订：

合同要求企业向客户另外交付额外的30件产品；

每件单价最初订为80元，但由于客户发现企业已交付的60件产品有质量问题，经双方协商，企业将原先交付的60件产品每件减免15元，共900元，这一减免将从额外交付的商品价格中扣除，每件80元的产品降低到50元。

此合同修订属于第八条第二种情形，已经履约的合同终止，修订合同与未履约合同属于新合约。

相关会计处理如下。

老合同——已履约合同：60件产品交付时按单价100元确认收入并结转成本。

新合同——未执行的老合同与修订后的合同：合同修订时60件产品按每件15元冲减收入，剩余60件产品和新增30件按每件93.33元[（60×100+30×80）÷90]确认收入。

二、识别合同中的履约义务

履约义务，是指合同中企业向客户转让可明确区分商品的承诺。履约义务既包括合同中明确的承诺，也包括由于企业已公开宣布的政策、特定声明或以往的习惯做法等导致合同订立时客户合理预期企业将履行的承诺。企业为履行合同而应开展的初始活动，通常不构成履约义务，除非该活动向客户转让了承诺的商品。

识别合同中的履约义务，是指合同开始日，企业应当对合同进行评估，识别该合同所包含的各单项履约义务,并确定各单项履约义务是在某一时段内履行,还是在某一时点履行,然后,在履行了各单项履约义务时分别确认收入。这是收入确认和计量的基础,只有首先识别一个合同中可明确区分的商品(各单项履约义务),后续的计量才有可能将合同对价分配给各单项履约义务,收入的金额计量才明晰、准确和可靠。

收入准则第十条规定,企业向客户承诺的商品同时满足下列条件的,应当作为可明确区分商品:

(1)客户能够从该商品本身或从该商品与其他易于获得资源一起使用中受益;

(2)企业向客户转让该商品的承诺与合同中其他承诺可单独区分。

下列情形通常表明企业向客户转让该商品的承诺与合同中其他承诺不可单独区分:

(1)企业需提供重大的服务以将该商品与合同中承诺的其他商品整合成合同约定的组合产出转让给客户。

(2)该商品将对合同中承诺的其他商品予以重大修改或定制。

(3)该商品与合同中承诺的其他商品具有高度关联性。

下面通过两个相似的实例说明这一条款的具体应用。

【例13-2】 甲为一软件开发商,与乙订立一份合同,约定转让软件许可证、实施安装服务并在2年内提供未明确规定的软件更新和技术支持。甲平时可单独出售许可证、安装服务和技术支持。安装服务通常由其他主体执行,但不会对软件进行重大修订。该软件在没有更新和技术支持的情况下仍可正常运行。

此合同满足收入准则第十条规定的两项条件,属于可明确区分的商品(或服务)。

本合同中可区分四项履约义务:软件许可证、安装服务、软件更新和技术支持。

【例13-3】 接【例13-2】,甲为一软件开发商,与乙订立一份合同,约定转让软件许可证、实施安装服务并在2年内提供未明确规定的软件更新和技术支持。甲平时可单独出售许可证、安装服务和技术支持。安装服务通常由其他主体执行,但作为安装的一部分,软件将作重大定制以增添重要新的功能,从而使软件能与客户使用的其他定制软件应用程序相对接。该软件在没有更新和技术支持的情况下仍可正常运行。

【例13-2】和【例13-3】很相似,此合同满足第十条规定的两项条件,属于可明确区分的商品(或服务)。但软件安装与软件许可证不可区分,因为两者具有高度关联。

本合同中可区分三项履约义务:安装服务(包括软件许可证)、软件更新和技术支持。

三、确定交易价格

第三步和第四步是计量的过程,核心是确定交易价格和分配交易价格。换言之,就是企业应当按照分摊至各单项履约义务的交易价格计量收入。

交易价格,是指企业因向客户转让商品而预期有权收取的对价金额。企业代第三方收取的款项以及企业预期将退还给客户的款项,应当作为负债进行会计处理,不计入交易价格。

第三步确定交易价格,就是要求企业应当根据合同条款,并结合其以往的习惯做法确定交易价格。在确定交易价格时,企业应当考虑可变对价、合同中存在的重大融资成分、非现金对价、应付客户对价等因素的影响。

(一)可变对价

合同对价之所以发生变化,有很多因素,如合同中存在折扣、回扣、退款、抵免、价格折让、激励措施等条款。

商品销售业务中经常会出现销售折扣,包括商业折扣和现金折扣。两者的会计处理方法各不相同。商业折扣是商品售价的减项，是销售方的一种促销手段，目的是鼓励顾客购买更多的商品。企业在销售业务成立时，应首先扣减商业折扣，以其净额确认销售收入。因此，商业折扣无须作账务处理，不对销售业务的会计记录带来影响。现金折扣是销货方为了鼓励购货方尽早偿付现款而提供的一种奖励。购货方在赊购商品后，如果能够在销售方规定的赊账期内偿还货款，就可以享受现金折扣，降低购货成本。现金折扣的会计处理方法有总价法和净价法两种。具体处理见本教材第十章第二节应付账款部分，在此不作赘述。

销售退回是指企业售出的商品，由于质量、品种不符合合同要求等原因而发生的退货。已确认收入的商品发生的退回，一般应冲减退回当月销售收入和销售成本；如果销售已经发生现金折扣，应在退回当月一并调整；企业发生的销售退回，如按规定允许扣减当期销项税的，应同时用红字冲减"应交税费——应交增值税（销项税额）"专栏。

销售折让则是指企业售出的商品，由于质量等不符合合同要求而在售价上给予的减免。收入确认后发生的销售折让，应当作为销售收入的扣除数，与销售退回做同样的处理。

合同中存在可变对价的，企业应当按照期望值或最可能发生金额确定可变对价的最佳估计数，但包含可变对价的交易价格，应当不超过在相关不确定性消除时累计已确认收入极可能不会发生重大转回的金额。企业在评估累计已确认收入是否极可能不会发生重大转回时，应当同时考虑收入转回的可能性及其比重。

【例13-4】 2019年年初，甲与乙签订一项建造定制资产的合同，合同对价为2 500 000元。但附有以下条款。

该资产如果于2020年3月31日前仍未完工，则工期每推迟一天，就将对价减少10 000元；反之，在之前每提前一天完工，则奖励10 000元。

资产完工由第三方验收，如果达到特级，则一次性奖励150 000元。

此合同对价属于可变对价。

以合同对价2 500 000元为基础在履约时确认收入，并做如下调整。

① 完工奖惩采用预期价值法，即一系列可能发生的对价金额的概率加权金额的总和。

② 质量奖励采用最可能的金额进行估计，即一系列可能发生的对价金额中最可能发生的单一金额，0或150 000元。

【例13-5】 甲于2019年12月1日与其分销商乙签订一份合同，向其销售一批产品1 000个（单价100元），分销商在将产品出售后再向企业付款。企业在签约的当日就将产品的控制权转移给乙。根据经验，分销商通常于取得产品90天内将其出售。

由于此批产品过于陈旧，为了维护与分销商的良好关系，该批产品的定价正经历大幅度波动（最后价格为销售价格的20%～60%，经验表明的折扣率为40%），当前市场表明最可能的折扣是在15%～50%。

此合同对价属于可变对价。

企业在转移控制权时以合同对价100 000元（100×1 000）为基础使用预期价值法进行调整确认收入60 000元（100 000×60%），即单价1 000元的产品按最可能的40%进行折扣。但由于当前信息表明最大折扣可能为50%，按已确认的累计金额极可能不会发生重大转回确认收入的原则，在不确定性未消除前，企业在控制权转移时确认的最高收入为50 000元（100 000×50%）。

（二）重大融资成分

合同中存在重大融资成分的，企业应当按照假定客户在取得商品控制权时即以现金支付的应付金额确定交易价格。该交易价格与合同对价之间的差额，应当在合同期间内采用实际利率法摊销。

但是，合同开始日，企业预计客户取得商品控制权与客户支付价款间隔不超过 1 年的，可以不考虑合同中存在的重大融资成分。

【例13-6】 甲与乙于2019年7月1日签订一份900 000元的销售合同，签约当日，甲方转移产品的控制权，乙方开具一张零息、4年期、面值为1 416 163元的票据（实际利率为12%）。产品成本为600 000元。

此合同中存在重大融资成分。交易价格1 416 163元与合同对价900 000元之间的差额516 163元，在合同期间内采用实际利率法摊销，确认为利息收入。

（1）2019年7月1日。

借：应收票据　　　　　　　　　　　　　　　　　1 416 163
　　贷：主营业务收入　　　　　　　　　　　　　　　900 000
　　　　未确认融资收益　　　　　　　　　　　　　　516 163
借：主营业务成本　　　　　　　　　　　　　　　　600 000
　　贷：库存商品　　　　　　　　　　　　　　　　　600 000

（2）2017年12月31日。

借：未确认融资收益　　　　　　　54 000（900 000×12%÷2）
　　贷：利息收入　　　　　　　　　　　　　　　　　54 000

（三）非现金对价

客户支付非现金对价的，企业应当按照非现金对价的公允价值确定交易价格。非现金对价的公允价值不能合理估计的，企业应当参照其承诺向客户转让商品的单独售价间接确定交易价格。

客户支付非现金对价与具备商业实质的非货币性交易的实质是一样的，可以比照《企业会计准则第7号——非货币性资产交换》的规定进行处理，这里不再赘述举例说明。

（四）应付客户对价

企业应付客户（或向客户购买本企业商品的第三方，本条下同）对价的，应当将该应付对价冲减交易价格，并在确认相关收入与支付（或承诺支付）客户对价二者孰晚的时点冲减当期收入，但应付客户对价是为了向客户取得其他可明确区分商品的除外。

企业应付客户对价是为了向客户取得其他可明确区分商品的，应当采用与本企业其他采购相一致的方式确认所购买的商品。企业应付客户对价超过向客户取得可明确区分商品公允价值的，超过金额应当冲减交易价格。向客户取得的可明确区分商品公允价值不能合理估计的，企业应当将应付客户对价全额冲减交易价格。

【例13-7】 甲为一消费品制造商，乙为一家大型连锁零售商店，双方签订一份为期的1年的销售合同，乙承诺在该年内至少购买15 000 000元的产品，而甲则须在合同开始时向乙支付1 500 000元的不可返还款，用于乙更改货架使用。

此合同含有应付给客户的对价1 500 000元。

应付给客户的对价1 500 000元作为一种折扣冲减当期收入。即当年所有销售按10%折扣后的净额确认收入。

四、将交易价格分摊至合同中的履约义务

合同中包含两项或多项履约义务的，企业应当在合同开始日，按照各单项履约义务所承诺商品的单独售价的相对比例，将交易价格分摊至各单项履约义务。企业不得因合同开始日之后单独售价的变动而重新分摊交易价格。

企业在类似环境下向类似客户单独销售商品的价格，应作为确定该商品单独售价的最佳证据。单独售价无法直接观察的，企业应当综合考虑其能够合理取得的全部相关信息，采用市场

调整法、成本加成法、余值法等方法合理估计单独售价。在估计单独售价时，企业应当最大限度地采用可观察的输入值，并对类似的情况采用一致的估计方法。

市场调整法，是指企业根据某商品或类似商品的市场售价考虑本企业的成本和毛利等进行适当调整后，确定其单独售价的方法。

成本加成法，是指企业根据某商品的预计成本加上其合理毛利后的价格，确定其单独售价的方法。

余值法，是指企业根据合同交易价格减去合同中其他商品可观察的单独售价后的余值，确定某商品单独售价的方法。企业在商品近期售价波动幅度巨大，或者因未定价且未曾单独销售而使售价无法可靠确定时，可采用余值法估计其单独售价。

合同折扣，是指合同中各单项履约义务所承诺商品的单独售价之和高于合同交易价格的金额。对于合同折扣，企业应当在各单项履约义务之间按比例分摊。

对于可变对价及可变对价的后续变动额，企业应当将其分摊至与之相关的一项或多项履约义务，或者分摊至构成单项履约义务的一系列可明确区分商品中的一项或多项商品。对于已履行的履约义务，其分摊的可变对价后续变动额应当调整变动当期的收入。合同变更之后发生可变对价后续变动的，企业应当区分不同情形分别进行相应的分摊处理。

【例13-8】 甲是一家销售各种建筑设备的公司，2019年9月1日与乙签订一项销售总价为2 000 000元的设备，同时提供安装和培训服务（培训期1年）。安装和培训也可以由甲以外的其他公司进行（包括乙公司），单独的市场价格分别为20 000元和50 000元。设备成本1 500 000元。相关交易进行如下：设备当年10月1日交付；安装10月30日完成；培训于11月1日开始进行；11月10日收到乙方设备款。

按规定将交易价格分摊至各单项履约义务，按相应的分摊方法进行分摊。

按市场调整法确定各单项履约义务的单独售价。

设备（2 000 000÷2 070 000×2 000 000）	1 932 367元
安装（2 000 000÷2 070 000×20 000）	19 324元
培训（2 000 000÷2 070 000×50 000）	48 309元

相关会计处理如下。

（1）2019年10月1日，交付设备。

借：发出商品　　　　　　　　　　　　　　　　　　　1 500 000
　　贷：库存商品　　　　　　　　　　　　　　　　　　　　　1 500 000

（2）2019年10月30日，安装完成，确认收入和结转成本。

借：应收账款　　　　　　　　　　　　　　　　　　　2 000 000
　　贷：主营业务收入　　　　　　　　　　　　　　　　　　　1 932 367
　　　　安装收入　　　　　　　　　　　　　　　　　　　　　　19 324
　　　　预收培训收入　　　　　　　　　　　　　　　　　　　　48 309
借：主营业务成本　　　　　　　　　　　　　　　　　　1 500 000
　　贷：发出商品　　　　　　　　　　　　　　　　　　　　　1 500 000

（3）2019年11月10日，收到货款。

借：银行存款　　　　　　　　　　　　　　　　　　　2 000 000
　　贷：应收账款　　　　　　　　　　　　　　　　　　　　　2 000 000

（4）2019年11月30 日和2019年12年31日，确认每月培训收入。

借：预收培训收入　　　　　　　　　　　　　　　　　4 026（48 309÷12）
　　贷：培训收入　　　　　　　　　　　　　　　　　　　　　　4 026

五、主体履行履约义务时（或履约过程中）确认收入，同时结转相应的履约成本

（一）主体履行履约义务时（或履约过程中）确认收入

五步法的最后一步是主体履行履约义务时（或履约过程中）确认收入，同时结转相应的履约成本。不同的销售交易中，主体履行履约义务均可分为时点和时段（或时期）履行两种，而不同的履行履约义务的类型有可能决定了（但不一定）收入确认的时间（见表 13-3）。

表 13-3 不同的销售交易的收入确认时间

销售类型	商品销售	提供服务	资产使用权让渡	其他资产销售
收入的描述	商品销售收入	服务收入	利息、租金、特许使用费	资产处置损益
收入确认时间*	时点（销售日）	时期（已提供服务时段）	时期（已使用资产时段）	时点（销售日）

* 收入确认时间，表中只是提供一个一般性的规律，具体交易的收入是按时点还是按时期确认，要对照合约的具体约定。

新收入准则的一个最大特点是尽可能将所有销售交易纳入一个统一的框架内，从而改变原来根据不同的销售交易、不同的行业来制订不同的收入准则的做法。而在统一的收入准则中，收入确认时间将根据时点还是时期履行履约义务而定。

对于在某一时点履行的履约义务，企业应当在客户取得相关商品控制权时点确认收入。在判断客户是否已取得商品控制权时，企业应当考虑以下迹象。

（1）企业就该商品享有现时收款权利，即客户就该商品负有现时付款义务。

（2）企业已将该商品的法定所有权转移给客户，即客户已拥有该商品的法定所有权。

（3）企业已将该商品实物转移给客户，即客户已实物占有该商品。

（4）企业已将该商品所有权上的主要风险和报酬转移给客户，即客户已取得该商品所有权上的主要风险和报酬。

（5）客户已接受该商品。

（6）其他表明客户已取得商品控制权的迹象。

根据收入准则第十一条的规定：满足下列条件之一的，属于在某一时段内履行履约义务；否则，属于在某一时点履行履约义务：

（1）客户在企业履约的同时即取得并消耗企业履约所带来的经济利益。

（2）客户能够控制企业履约过程中在建的商品。

（3）企业履约过程中所产出的商品具有不可替代用途，且该企业在整个合同期间内有权就累计至今已完成的履约部分收取款项。

具有不可替代用途，是指因合同限制或实际可行性限制，企业不能轻易地将商品用于其他用途。有权就累计至今已完成的履约部分收取款项，是指在由于客户或其他方原因终止合同的情况下，企业有权就累计至今已完成的履约部分收取能够补偿其已发生成本和合理利润的款项，并且该权利具有法律约束力。下面通过一个实例来说明之。

【例13-9】 甲为一承建商，与乙签订一份包括建造多个单元的住宅楼的合同，每一住宅单元均具有类似的建筑平面图及类似的面积，但各单元的其他属性（如单元在楼宇中的位置）则有所不同。

客户在订立合同时支付不可返还的保证金，并须在住宅单元的建造过程中支付进度款。合同中具有禁止将单元转让给另一客户的实质性条款。此外，除非企业未能按承诺履约，否则客户无权终止合同。如果客户在进度款到期时未能履行其支付已承诺进度款的义务，则企业在已完成相关单元建造的情况下有权获得合同规定的所有已承诺对价。此前的法庭判例中，客户违约企业上诉得到了法庭的支持。

此合同满足第十一条规定的第二款和第三款的规定，属于某一时期履行履约义务。

按时点确认收入的例子，前面已经列举了很多，这里不再进一步举例说明。而按时期确认收入比较复杂，我们将在下一节专门讨论。

（二）登记与结转履约成本

在相关交易满足收入确认条件记录收入的同时，要登记或结转相应的合同成本。而与合同收入有关的合同成本支出又分三种情形，不同的情形下的会计处理是不相同的。

情形一：发生时直接计入当期损益的支出。

与履行合同直接相关的支出，有些是计入当期损益的，这些支出有（1）管理费用；（2）非正常消耗的直接材料、直接人工和制造费用（或类似费用），这些支出为履行合同发生，但未反映在合同价格中；（3）与履约义务中已履行部分相关的支出；（4）无法在尚未履行的与已履行的履约义务之间区分的相关支出。

情形二：发生时计入资产的支出。

与履行合同直接相关的支出，有些是计入资产的，这些支出满足以下条件（1）该成本与一份当前或预期取得的合同直接相关，包括直接人工、直接材料、制造费用（或类似费用）、明确由客户承担的成本以及仅因该合同而发生的其他成本；（2）该成本增加了企业未来用于履行履约义务的资源；（3）该成本预期能够收回。

情形三：增量成本。

增量成本，是指企业不取得合同就不会发生的成本（如销售佣金等）。企业为取得合同发生的增量成本预期能够收回的，应当作为合同取得成本确认为一项资产；但是，该资产摊销期限不超过 1 年的，可以在发生时计入当期损益。企业为取得合同发生的、除预期能够收回的增量成本之外的其他支出（如无论是否取得合同均会发生的差旅费等），应当在发生时计入当期损益，但是，明确由客户承担的除外。

上述计入资产合同成本支出以及计入资产的增量成本（即与合同有关的资产），应当采用与该资产相关的商品收入确认相同的基础进行摊销（或成本结转），计入当期损益。每个会计期末，与合同有关的资产进行减值测试，发生减值的，要计提减值准备。

【例13-10】 甲为一家咨询公司，并与乙（新客户）签订一项咨询服务合同。企业为取得这一合同发生如下成本（单位：元）：

尽职调查费用	15 000
提交建议书的相关差旅费	25 000
向销售人员支付的佣金	10 000
合计	50 000

取得本合同中产生的 10 000 元销售佣金为合同增量成本，确认为一项资产（登记为"合同取得成本"），在服务期间摊销。其他费用在发生时确认为当期费用。

【例13-11】 （履行合同成本），甲与乙签订一份为期5年的管理客户信息技术数据中心的服务合同。合同可随后每次续约1年，客户的平均服务期限为7年。企业为取得这一合同支付给销售人员佣金20 000元。在提供服务之前，企业设计和构建一个供企业内部使用的与客户系统连接的技术平台。这一平台不会转让给客户，但将用于与客户交付服务。

构建技术平台发生的初始成本如下（单位：元）：

设计服务	40 000
硬件	120 000
软件	90 000
数据中心的迁移和测试	100 000
合计	350 000

另外，平台构建完成后，企业专门指派2名员工负责提供相应的服务活动。

取得本合同时产生的20 000元销售佣金为合同增量成本，确认为一项资产，在7年内摊销。其他为履行合同发生的成本为履行合同成本（会计科目为"合同履约成本"）。

硬件成本按固定资产准则的规定处理；

软件按无形资产准则的规定处理；

数据中心的设计、迁移和测试成本在支出时资本化，在7年内摊销。

2名员工的相关支出发生时费用化。

下一节专门讨论某一时期履行履约义务的会计处理。

第三节　某一时期履行履约义务的会计处理

收入准则第十二条规定，对于在某一时段内履行的履约义务，企业应当在该段时间内按照履约进度确认收入，但是，履约进度不能合理确定的除外。企业应当考虑商品的性质，采用产出法或投入法确定恰当的履约进度。其中，产出法是根据已转移给客户的商品对于客户的价值确定履约进度；投入法是根据企业为履行履约义务的投入确定履约进度。对于类似情况下的类似履约义务，企业应当采用相同的方法确定履约进度。

当履约进度不能合理确定时，企业已经发生的成本预计能够得到补偿的，应当按照已经发生的成本金额确认收入，直到履约进度能够合理确定为止。

本节我们先讨论最具代表性的某一时期履行履约义务建造合同的会计处理，然后讨论其他劳务收入的会计处理。

一、建造合同

（一）建造合同的定义、特征和类型

建造合同是指为建造一项或者数项在设计、技术、功能、最终用途等方面密切相关的数项资产而订立的合同。这里所说的资产，是指房屋、道路、桥梁、水坝等建筑物以及船舶、飞机、大型机械设备等。

建造合同虽然属于经济合同范畴，但它不同于一般的材料采购合同和劳务合同，而有其自身的特征，主要表现在：（1）先有买主（即客户），后有标的（即资产），建造资产的造价在合同签订时就已经确定；（2）资产的建设周期长，一般要跨越一个会计年度，有的长达数年；（3）所建造的资产体积大、造价高；（4）建造合同一般为不可撤销合同。

建造合同可分为固定造价合同及成本加成合同两类。前者是指按照固定的合同价或固定的单价确定工程价款的建造合同；后者则是指以合同约定或其他方式议定的成本为基础，加上该成本的一定比例或定额费用确定工程价款的建造合同。如建筑承包商与一客户签订一项建造合同，建造一机场候机楼。若合同规定该候机楼的总造价为 8 000 万元，该合同即为固定造价合同；若合同规定在建造该候机楼实际成本的基础上，合同总价款为实际成本加上实际成本的2%计算确定，该项合同即为成本加成合同。

（二）建造合同收入的确认原则和方法

建造合同收入是建筑施工企业和大型机械设备等的制造企业的主营业务收入，它主要包括以下内容。

（1）合同的初始收入，即企业与客户在双方签订的合同中最初商定的合同总金额，它构成合同收入的主要内容。

（2）合同变更、索赔、奖励等形成的收入。这部分收入并不在最初商定的合同总金额中，而是在执行合同过程中由于合同变更、索赔、奖励等原因而形成的。

建造合同收入如何确认要看建造合同的结果是否能够可靠估计。如果建造合同的结果能够可靠估计，应采用完工百分比法或完工比例法（percentage of completion method）在资产负债表日确认合同收入和相关的合同费用。根据规定，建造合同中固定造价合同的结果能够可靠估计，是指同时满足下列条件。

（1）合同总收入能够可靠计量。合同总收入一般根据与客户订立的合同中的总金额来确定，如果在合同中明确规定了合同总金额，且订立的合同是合法的，则说明合同总收入能够可靠计量。

（2）与合同相关的经济利益很可能流入企业。企业一方面可以从客户的信誉、以往的经验以及双方就结算方式和期限达成的协议等方面来判断经济利益能否流入企业；另一方面也取决于企业能否保质、保量、按时完成建造合同。

（3）合同的完工进度和为完成合同尚需发生的成本能够可靠地确定。为完成合同尚需发生的成本能否可靠确定，关键在于企业是否建立了完善的内部成本核算制度和有效的内部财务预算及报告制度，以便对完成合同尚需发生的合同成本做出科学、可靠的估计。合同成本是指从合同签订开始到合同完成为止所发生的、与执行合同有关的直接费用和间接费用。直接费用包括耗用的人工、材料、机械使用费用和其他直接费用；间接费用是指企业下属的施工单位和生产单位为组织和管理施工生产活动所发生的费用。合同成本不包括企业应当计入当期损益的管理费用、营业费用和财务费用。完工进度的确定，可以采用以下3种方法。

① 已经发生的成本占估计总成本的比例。这种方法是确定合同完工进度较常用的方法。用计算公式表示如下。

合同完工进度=（累计实际发生的合同成本/合同预计总成本）×100%

② 已经完成的合同工作量占合同预计总工作量的比例。这种方法以工作量为标准确定完工进度，适合于合同工作量容易确定的建造合同，如道路工程里程数、土石方挖掘等。

③ 已完合同工作的测量。这是一种比较专业的测量法，由专业测量师对已经完成的工程进行测量，并按一定方法计算工程的完工进度。

（4）实际发生的合同成本能够清楚地区分和可靠地计量。

成本加成合同的结果能够可靠估计，是指其同时满足下列条件：

① 与合同有关的经济利益很可能流入企业；

② 实际发生的合同成本能够清楚地区分和可靠地计量。

企业必须做好建造合同成本核算的各项基础工作，准确计算合同成本，才能够分清本期成本与下期成本、未完合同成本与已完合同成本以及不同成本核算对象之间的成本界限。

在完工百分比法下，应采用下列公式计算当期确认的合同收入和合同费用。

当期确认的合同收入=合同总收入×完工进度-以前会计年度累计已确认的收入

当期确认的合同费用=合同预计总成本×完工进度-以前会计年度累计已确认的费用

当期确认的合同毛利=当期确认的合同收入-当期确认的合同费用

应计提预计合同损失准备=预计合同总损失×（1-计提当年累计完工比例）

式中，预计损失准备是指当合同预计发生亏损（即合同预计总成本大于合同总收入）时，企业应计提合同损失准备。

如果建造合同的结果不能可靠估计，则不能采用完工比例法确定合同收入。

（三）建造合同收入确认的会计处理

1. 完工百分比法

根据建造合同准则，在完工百分比法下，企业应根据实施建造合同所发生的各项经济业务，及时地登记合同发生的实际成本、已办理结算的工程价款和实际已收取的工程价款，并根据工程施工进展情况，确定工程完工进度，计量和确认当年的合同收入和费用。需要指出的是，企业确认当期合同收入时，不能根据当期与客户办理了价款结算的款项来确认当期的收入金额，企业与客户办理工程价款结算的款项并不是当期的合同收入，当期的合同收入应根据完工百分比法来确定。

会计核算上，设置"合同履约成本——工程施工"科目，登记合同累计发生的成本及确认的毛利，"合同结算"科目核算企业与客户办理的工程价款结算的款项。期末，如果"工程施工"减"合同结算"后的余额为正数，将这一差额数以"合同资产"列入资产负债表中，作为一项流动资产；如果"工程施工"减"合同结算"后的余额为负数，则以"合同负债"列入资产负债表的流动负债项目中。另外，在报表附注中需要披露的内容包括：

（1）各项合同总金额，以及确定合同完工进度的方法；

（2）各项合同累计已发生成本、累计已确认毛利（或亏损）；

（3）各项合同已办理结算的价款金额；

（4）当期预计损失的原因和金额。

在完工百分比法下，根据工程的完工进度确认收入和结转成本，并报告当期利润，符合权责发生制原则，也能够及时地提供对会计报表使用者决策相关的信息。但是这种方法下，预计合同总成本、预计合同总毛利等各种预计因素可能随着环境变化而有变化，因此，完工百分比法所产生的会计信息，可靠性相对较差。所以，一旦预计合同成本超过合同总造价，根据稳健性原则，企业必须计提预计损失准备。

2. 完工合同法

在完工合同法下，平时只记录建造工程所发生的各项成本支出、已结算的工程价款和实际收到的工程价款，到整个工程完成或基本完成后，才能确认收入，并且将全部成本与全部收入相配比，确定工程实现的盈利。

完工合同法主要的优点是根据工程最终的完工结果，而不是对未完工程的估计来报告收入，可靠性较强。但对于跨年度的工程，这种方法无法反映当前的完工程度；将收入集中到工程完工时一次确认，扭曲了合同执行中各个会计期间的经营成果，相关性较差。相比而言，完工百分比法是一种较好的会计核算方法，而完工合同法只是在完工百分比法不适用的情况下才采用，即建造合同的结果不能可靠估计，因而不符合使用完工百分比法的条件，或者工程是当年开工、当年完工，没有必要按照完工进度确认收入。

需要说明的是，我国建造合同准则并未推荐完工合同法，如果建造合同的结果不能可靠地估计，企业就不能采用完工百分比法，而是区分以下两种情况进行处理：一是合同成本能够收回的，合同收入根据能够收回的实际合同成本加以确认，合同成本在其发生的当期确认为费用，这一处理正好做到盈亏相抵；二是合同成本不能收回的，在发生时立即确认合同费用，不确认合同收入。

3. 举例

【例13-12】 珠江建筑公司与甲企业签订一项长期工程合同，合同造价900 000元，总成本600 000元，工程于2017年1月1日开工，于2019年年末完工，具体资料如下（单位：元）：

	2017 年	2018 年	2019 年
至当期累计发生的成本	270 000	420 000	600 000
完工尚需投入成本	330 000	1 800 000	
已结算合同价款	270 000	550 000	900 000
实际收到价款	240 000	500 000	900 000

以下是珠江公司按完工百分比法和完工合同法两种方法对这一建造合同进行的会计处理。

首先，确定各年的完工程度（见表13-4）。

表 13-4　　　　　　　　　　　　完工百分比法下完工进度计算表　　　　　　　　　　　　单位：元

项目	2017 年	2018 年	2019 年
合同总金额	900 000	900 000	900 000
减：合同预计总成本			
到目前为止已经发生的累计成本	270 000	420 000	600 000
完成合同尚需发生的成本	330 000	180 000	0
合同预计总成本	600 000	600 000	600 000
预计总毛利	300 000	300 000	300 000
完工进度	45%	70%	100%
	（270 000/600 000）	（420 000/600 000）	（600 000/600 000）

其次，计算完工百分比法下各年的合同收入、费用和毛利（见表13-5）。

表 13-5　　　　　　　　　　　完工百分比法下各年的合同收入、费用和毛利　　　　　　　　　　单位：元

年度	年末累计	以前年度确认	本年度确认
2017 年：			
主营业务收入	405 000（900 000×45%）		405 000
主营业务成本	270 000（600 000×45%）		270 000
工程施工——毛利	135 000（405 000−270 000）		135 000
2018 年：			
主营业务收入	630 000（900 000×70%）	405 000	225 000
主营业务成本	420 000（630 000−210 000）	270 000	150 000
工程施工——毛利	210 000（300 000×70%）	135 000	75 000
2019 年：			
主营业务收入	900 000（900 000×100%）	630 000	270 000
主营业务成本	600 000（900 000−300 000）	420 000	180 000
工程施工——毛利	300 000（300 000×100%）	210 000	90 000

最后，登记会计分录，为了便于对这两种方法进行比较，下面将完工百分比法和完工合同法的会计处理对照列示于表13-6中。

表 13-6	完工百分比法与完工合同法的比较会计分录	单位：元
项目	完工百分比法	完工合同法
2017 年		
1. 登记实际发生的成本	借：工程施工* 270 000 　　　贷：银行存款　　270 000	借：工程施工 270 000 　　　贷：银行存款　　270 000
2. 登记已结算的工程款	借：应收账款 270 000 　　　贷：合同结算　　270 000	借：应收账款 270 000 　　　贷：合同结算　　270 000
3. 登记已经收到的工程款	借：银行存款 240 000 　　　贷：应收账款　　240 000	借：银行存款 240 000 　　　贷：应收账款　　240 000
4. 确认收入、成本和毛利	借：工程施工——毛利 135 000 　　主营业务成本　270 000 　　　贷：主营业务收入　405 000	借：工程施工——毛利 　　主营业务成本 　　　贷：主营业务收入
2018 年		
1. 登记实际发生的成本	借：工程施工 150 000 　　　贷：银行存款　　150 000	借：工程施工 150 000 　　　贷：银行存款　　150 000
2. 登记已结算的工程款	借：应收账款 280 000 　　　贷：合同结算　　280 000	借：应收账款 280 000 　　　贷：合同结算　　280 000
3. 登记已经收到的工程款	借：银行存款 260 000 　　　贷：应收账款　　260 000	借：银行存款 260 000 　　　贷：应收账款　　260 000
4. 确认收入、成本和毛利	借：工程施工——毛利 75 000 　　主营业务成本　150 000 　　　贷：主营业务收入　225 000	借：工程施工——毛利 　　主营业务成本 　　　贷：主营业务收入
2019 年		
1. 登记实际发生的成本		借：工程施工 180 000 　　　贷：银行存款　　180 000
2. 登记已结算的工程款	借：应收账款 180 000 　　　贷：合同结算　　180 000	借：应收账款 350 000 　　　贷：合同结算　　350 000
3. 登记已经收到的工程款	借：银行存款 350 000 　　　贷：应收账款　　350 000	借：银行存款 400 000 　　　贷：应收账款　　400 000
4. 确认收入、成本和毛利	借：工程施工——毛利 400 000 　　主营业务成本　400 000 　　　贷：主营业务收入　90 000	
5. 工程完工	借：合同结算 180 000 　　　贷：工程施工——毛利　270 000 　　　　工程施工　　900 000 借：合同结算 300 000 　　　贷：主营业务收入　600 000	借：合同结算 900 000 　　　贷：主营业务收入　900 000 借：主营业务成本 600 000 　　　贷：工程施工　　600 000

_____

　* 工程施工的一级科目为"合同履约成本"下同。

【例13-13】 接【例13-12】，假设在合同执行的第一年，合同结果不能可靠估计，第一种情况，合同成本能够收回，但合同进度无法估计；第二种情况，假设客户只支付240 000元，由于客户财务危机，其余额可能收不回来。

（1）假设合同成本能够收回，但合同进度无法估计时，不能采用完工百分比法。

借：主营业务成本 270 000
    贷：主营业务收入 270 000

（2）假设客户只支付240 000元，由于客户财务危机，其余额可能收不回来时。

借：主营业务成本 270 000
    贷：主营业务收入 240 000
        工程施工——毛利 30 000

【例13-14】 接【例13-12】，假如在2018年，由于价格上涨的原因，累计已发生成本600 000元，完工尚需投入成本为310 000元，2019年甲企业考虑实际环境变动情况，酌情将总价款提高到1 000 000元。相关会计分录登记如下。

（1）按完工百分比法，登记2017年会计分录，同上（见表13-5）。

（2）2018年记录工程成本。

借：工程施工（600 000-270 000） 330 000
    贷：银行存款 330 000

登记工程结算款。

借：应收账款（550 000-270 000） 280 000
    贷：合同结算 280 000

登记收到的工程款。

借：银行存款（500 000-240 000） 260 000
    贷：应收账款 260 000

按变化的估计成本计算收入、费用和毛利。

完工程度=600 000÷（600 000+310 000）=65.934 06%

应确认的收入=900 000×65.934 06%-405 000=188 407（元）

借：工程施工——毛利 141 593
    主营业务成本 330 000
    贷：主营业务收入 188 407

2018年毛利=（900 000-910 000）×65.934 06%-135 000=-141 593（元）

确认合同预计损失=-10 000×（1-65.934 06%）=-3 407（元）

计提工程损失准备。

借：资产减值损失 3 407
    贷：存货跌价准备——预计损失准备 3 407

（3）2019年记录工程成本。

借：工程施工 310 000
    贷：银行存款 310 000

登记工程结算款。

借：应收账款（1 000 000-550 000） 450 000
    贷：合同结算 450 000

登记收到的工程款。

借：银行存款（1 000 000-500 000） 500 000
    贷：应收账款 500 000

登记收入、费用和毛利。

完工程度=100%

应确认的收入=1 000 000−405 000−188 407+3 407=410 000（元）

借：工程施工——毛利 96 593
　　存货跌价准备 3 407
　　主营业务成本 310 000
　　贷：主营业务收入 410 000

2019年毛利=（1 000 000−910 000）−（135 000−141 593）=96 593（元）

以上我们按简化的方法，直接把上年的准备加入主营业务收入，如果按准则的做法，则是将准备冲减主营业务成本，两者计算出的毛利是一致的。下面是按准则的做法重新登记的。

应确认的收入=1 000 000−405 000−188 407=406 593（元）

应确认的费用=406 593−96 593−3 407=306 593（元）

借：工程施工——毛利 96 593
　　存货跌价准备 3 407
　　主营业务成本 306 593
　　贷：主营业务收入 406 593

2019年毛利=（1 000 000−910 000）−（135 000−141 593）=96 593（元）

结转工程总成本、总结算。

借：合同结算 1 000 000
　　贷：工程施工 910 000
　　　　工程施工——毛利 90 000

二、其他劳务收入的会计处理

劳务收入是企业营业收入的一种重要形式。除履行建造合同获取劳务收入以外，律师事务所、会计师事务所、咨询公司、设计公司、保险公司、证券交易所等类型的企业以及许多服务性行业，其经营的形式是向客户提供无形的服务或劳务，而非有形的商品，劳务收入成为其主营业务收入。一般以提供的劳务是否跨年度作为划分标准。对于不跨年度的劳务，提供劳务收入按照完工合同法确认，确认的金额为合同或协议的总金额。确认劳务收入的原则与第二节中讨论的确认商品销售收入的条件相同。对于跨年度的劳务，如果在资产负债表日劳务的结果能够可靠估计，则采用完工比例法确认劳务收入；如果在资产负债表日劳务的结果不能可靠估计，分别按以下情况进行处理。

（1）已经发生的劳务成本预计能够得到补偿的，应按已经发生的劳务成本确认收入；同时按相同金额结转成本，不确认利润。

（2）已经发生的劳务成本预计只能部分得到补偿的，应按能够得到补偿的劳务成本金额确认收入，并按已经发生的劳务成本结转成本。收入金额小于已经发生的劳务成本的部分，确认为当期损失。

（3）已经发生的劳务成本预计全部不能得到补偿的，不应确认收入，但应将已经发生的劳务成本确认为当期费用。

采用完工百分比法对劳务收入进行核算计量，必须一方面估计完工百分比和本期应确认的营业收入，另一方面计算实际成本。无法逐项详细估算的收入、成本和费用项目，应根据历史经验和资料，做出比较合理的估计。

对完工比例最常用的计算方法是完工成本比例法，有时为了简化，直接用时间比例作为完工比例。劳务完工比例的计算公式如下。

劳务完工程度=至本期止已发生的成本÷劳务总成本

或 劳务完工程度=至本期止已经历的时间÷劳务总期限①

据此比例（公式①）计算至本期应已确认的收入和相关费用，公式如下。

累计应已确认的收入=本期期末止劳务完工比例×劳务完工总收入

累计应确认的费用=本期期末止劳务完工比例×劳务完工总成本②

据此（公式②）再计算出本期应予确认的收入，即

本期应确认的收入=累计应已确认的收入-以前年度已确认的收入

本期应确认的费用=累计应已确认的费用-以前年度已确认的费用③

对工程的收入做出初步估计后，合同在执行的过程中，有可能由于合同变更、奖励、索赔等原因，形成一些追加收入和增加的成本费用。

会计核算上，设置"主营业务收入""主营业务成本"和"劳务成本"（或"服务成本"）等科目，"主营业务收入"用来登记已经确认的劳务收入，"劳务成本"用于核算企业对外提供劳务所发生的成本。结转成本时，借记"主营业务成本"，贷记"劳务成本"。

下面举一实例说明劳务收入的会计处理。

【例13-15】 珠江公司2016年7月1日与甲企业签订一项管理系统开发合同，合同期为3年，总收入为1 200 000元，甲企业在签订合同后付款30%，以后每年年初付款20%，系统运行调试成功后，再付剩余款项，珠江公司2016年、2017年、2018年和2019年的支出分别为200 000元、300 000元、300 000元和150 000元，除第一年支出中含50 000元的材料和设备外，其余三年支出均为人工工资，该系统于2019年6月30日调试运行成功。此项业务按时间比例确认劳动完工程度，珠江公司会计处理如表13-7所示。

表13-7　　　　　　　　　　　　珠江公司会计处理　　　　　　　　　　　　单位：元

会计处理	2016年	2017年	2018年	2019年
（1）登记收款	7月1日 借：银行存款 360 000 　贷：预收账款 360 000	1月1日 借：银行存款 240 000 　贷：预收账款 240 000	1月1日 借：银行存款 240 000 　贷：预收账款 240 000	1月1日 借：银行存款 240 000 　贷：预收账款 80 000 　　应收账款 160 000
（2）登记支出	12月31日 借：劳务成本 200 000 　贷：应付职工薪酬150 000 　　原材料 50 000	12月31日 借：劳务成本 300 000 　贷：应付职工薪酬300 000	12月31日 借：劳务成本 300 000 　贷：应付职工薪酬300 000	6月30日 借：劳务成本 150 000 　贷：应付职工薪酬150 000
（3）结转成本与收入	12月31日 借：预收账款 200 000 　贷：主营业务收入200 000 借：主营业务成本 158 333 　贷：劳务成本 158 333	12月31日 借：预收账款 400 000 　贷：主营业务收入400 000 借：主营业务成本 316 667 　贷：劳务成本 316 667	12月31日 借：预收账款 240 000 　　应收账款 160 000 　贷：主营业务收入400 000 借：主营业务成本 316 667 　贷：劳务成本 316 667	6月30日 借：预收账款 80 000 　　应收账款 120 000 　贷：主营业务收入200 000 借：主营业务成本 158 333 　贷：劳务成本 158 333
完工程度	约16.7% 6÷（3×12）	50% （6+12）÷（3×12）	约83.3% （6+12+12）÷（3×12）	100%
应确认的收入	200 000	400 000	400 000	200 000
应结转的成本	158 333	316 667	316 667	158 333
（4）调试成功后收款登记				6月30日 借：银行存款 120 000 　贷：应收账款 120 000

另外，以下这些特殊的劳务交易，一般也使用完工百分比法确认收入，如安装费收入、广告费收入、入场费收入等。下面也通过一个实例对这些特殊劳务收入的确认和计量进行讲解。

【例13-16】 珠江公司与乙企业签订一项特许经营协议，珠江公司允许乙企业开办一家专门经营该公司产品的专卖店，经营期为6年，乙企业于合同签订后一次性支付500 000元，其中含珠江公司提供家具、柜台等设备的收入300 000元（实际成本250 000元），提供初始服务200 000元（实际发生成本150 000元）。以后每年提供后续服务，收费50 000元，于每年年初支付，提供后续服务实际支出为每年35 000元。珠江公司相关会计处理如下。

（1）签订合约当年。

① 收到款项时。

借：银行存款 500 000

　　贷：预收账款 500 000

② 提供设备的收入。

借：预收账款 300 000

　　贷：主营业务收入 300 000

借：主营业务成本 250 000

　　贷：库存商品 250 000

③ 提供初始服务收入。

借：劳务成本 150 000

　　贷：应付工资等 150 000

借：预收账款 200 000

　　贷：主营业务收入 200 000

借：主营业务成本 150 000

　　贷：劳务成本 150 000

（2）以后每年年初。

① 收到款项。

借：银行存款 50 000

　　贷：预收账款 50 000

② 发生劳务支出。

借：劳务成本 35 000

　　贷：应付工资等 35 000

③ 按完工程度确认收入，结转成本。

借：预收账款 50 000

　　贷：主营业务收入 50 000

借：主营业务成本 35 000

　　贷：劳务成本 35 000

最后，在实务中，企业之间还存在劳务的互换，如企业向客户提供广告服务以换取该客户向企业提供的广告服务。这类劳务的易货交易只有在所交换的广告（或其他服务）具有商业实质，而且符合收入确认条件时，才能确认收入。

第四节 | 披露与分析

一、收入的披露

收入报告的一个基本目标是要求企业向财务报表信息使用者提供企业与客户之间合同产生收入及现金流量的性质、金额、时间和不确定性的综合信息，这些信息应该包括：已确认客户合同的收入（以及收入的分解）、合同余额（包括应收款项、合同资产、合同负债的期初和期末余额）、履约义务（包括主体通常何时履行履约义务以及分摊至合同剩余履约义务的交易价格）、合同变更以及取得合同形成的相应资产等。下面分列示和附注说明两个方面进行阐述。

（一）收入的列示

企业应当根据本企业履行履约义务与客户付款之间的关系在资产负债表中列示合同资产或合同负债。企业拥有的、无条件（即，仅取决于时间流逝）向客户收取对价的权利应当作为应收款项单独列示。

合同资产，是指企业已向客户转让商品而有权收取对价的权利，且该权利取决于时间流逝之外的其他因素。如企业向客户销售两项可明确区分的商品，企业因已交付其中一项商品而有权收取款项，但收取该款项还取决于企业交付的另一项商品，企业应当将该收款权利作为合同资产。合同负债，是指企业已收或应收客户对价而应向客户转让商品的义务。如企业在转让承诺的商品之前已收取的款项。

合同资产与应收款的区分，通过下面的实例说明。

【例13-17】 甲和乙签订一项以1 000元的价格转让产品A和B的合同，A和B产品的价格分别为400元和600元，合同规定首先交付A产品，但款项的交付则要取决于B产品的交付。

按收入准则第四十一条的规定分别记录和列示合同资产和应收款。

企业履行A产品的履约义务时

借：合同资产   400
    贷：主营业务收入   400

企业履行B产品的履约义务时

借：应收账款   1 000
    贷：合同资产   400
        主营业务收入   600

【例13-18】 甲和乙签订一项以每件150元的价格转让产品A的合同，合同规定，如果乙在一个日历年度内购买的产品超过1 000件，则产品售价追溯调整为每件140元。第一个月，乙购买产品100件。

按收入准则第四十一条的规定记录和列示合同负债。

登记第一个月的销售。

借：应收账款   15 000
    贷：主营业务收入   14 000
        预计负债（或合同负债）   1 000（100×10）

（二）收入的附注说明

企业应当在附注中披露与收入有关的下列信息。

（1）收入确认和计量所采用的会计政策、对确定收入确认的时点和金额具有重大影响的判断以及这些判断的变更，包括确定履约进度的方法及采用该方法的原因、评估客户取得所转让商品控制权时点的相关判断，在确定交易价格、估计计入交易价格的可变对价、分摊交易价格以及计量预期将退还给客户的款项等类似义务时所采用的方法、输入值和假设等。

（2）与合同相关的下列信息。

① 与本期确认收入相关的信息，包括与客户之间的合同产生的收入、该收入按主要类别（如商品类型、经营地区、市场或客户类型、合同类型、商品转让的时间、合同期限、销售渠道等）分解的信息以及该分解信息与每一报告分部的收入之间的关系等。

② 与应收款项、合同资产和合同负债的账面价值相关的信息，包括与客户之间的合同产生的应收款项、合同资产和合同负债的期初和期末账面价值、对上述应收款项和合同资产确认的减值损失、在本期确认的包括在合同负债期初账面价值中的收入前期已经履行（或部分履行）的履约义务在本期调整的收入、履行履约义务的时间与通常的付款时间之间的关系以及此类因素对合同资产和合同负债账面价值的影响的定量或定性信息、合同资产和合同负债的账面价值在本期内发生的重大变动情况等。

③ 与履约义务相关的信息，包括履约义务通常的履行时间、重要的支付条款、企业承诺转让的商品的性质（包括说明企业是否作为代理人）、企业承担的预期将退还给客户的款项等类似义务、质量保证的类型及相关义务等。

④ 与分摊至剩余履约义务的交易价格相关的信息，包括分摊至本期期末尚未履行（或部分未履行）履约义务的交易价格总额、上述金额确认为收入的预计时间的定量或定性信息、未包括在交易价格的对价金额（如可变对价）等。

（3）与合同成本有关的资产相关的信息，包括确定该资产金额所做的判断、该资产的摊销方法、按该资产主要类别（如为取得合同发生的成本、为履行合同开展的初始活动发生的成本等）披露的期末账面价值以及本期确认的摊销及减值损失金额等。

（4）企业根据本准则第十七条规定因预计客户取得商品控制权与客户支付价款间隔未超过 1 年而未考虑合同中存在的重大融资成分，或者根据本准则第二十八条规定因合同取得成本的摊销期限未超过 1 年而将其在发生时计入当期损益的，应当披露该事实。

二、收入的分析

在所有会计要素中，收入项目是最引人瞩目的，收入项目与企业几乎所有利益相关者密切关联并受到密切关注。

在收入分析中，首先，我们要关注收入的结构。收入的结构分三个层面：一是收入的时间结构，目前证监会要求上市公司按季度披露上市企业 1 年的收入，如果不考虑季节性因素的影响，企业四个季度收入的分布应该是均衡的，如果收入集中在某个季度特别是第四季度，则需要进一步深入分析；二是收入中营业收入与营业外收入（或非经常性损益）的结构，营业收入在总收入中占的比重越高，则收入结构越合理，这一比重过低是临时的或偶发性的可能属于正常情况，但经常性出现这一现象，则需要做深入的分析；三是现销与赊销的结构，现销在总收入中的比重高，或者应收账款周转属于行业平均水平，则属于正常情况，否则就需要关注。

其次，我们要对附注中重大销售合约和合约中的关键条款进行密切关注，这是衡量企业确认收入是否合理的依据。同时，要关注企业本期销售会计政策出现的变更和变更对本期收入影响的程度，以及收入确认政策变更的理由是否符合经济实质。

再次，要注意企业销售中的前五大客户（同样也包括供应商）是否与企业存在关联关系，关联交易中交易价格是否符合或接近同类产品（或服务）市场价格水平。

最后，要特别说明的，收入一直是盈余管理的核心领域和会计造假的重灾区。特别是当企业长期处于亏损边沿、面临退市、IPO、有重大融资需求、负债率过高及融资困难等情形时，很容易出现盈余管理和会计造假。

下面通过两个实例来进行说明。一家是长期处于亏损边沿的企业，一家是IPO的企业。

【例13-19】 福建三木集团股份有限公司（以下简称"三木集团"或公司，股票代码000632）是一家在深圳证券交易所上市交易的公司。公司主要经营土地开发、房地产综合开发及中介、建筑材料、家用电器等，以及自营和代营各类商品和技术的进出口业务、进料加工和"三来一补"业务、对外贸易和转口贸易等。1996年上市以来，该公司长期处于亏损边沿。表13-8是该公司2013—2015年的相关指标（见表13-8）。

表13-8　　　　　　　　　　　三木集团2013—2015年相关指标

	2015 年	2014 年	2013 年
营业收入（亿元）	46.23	43.57	52.28
归属于母公司股东的净利润（万元）	1 216	1 208	1 406
归属于母公司股东扣除非经常性损益的净利润（万元）	-4 278	-22 100	-5 100
经营活动产生的现金净流量（万元）	42 843	-21 945	-17 680
净资产收益率（%）	0.99	0.97	1.14

数据来源：本系列教材《会计教学案例》"非经常性损益——三木集团"。

通过上表可以得出，第一，公司通过非经常性项目为达到扭亏为盈已经成为常态（2011—2012年也是如此）；第二，企业的净利润为正，但连续两年经常活动产生的现金为净流出；第三，企业净资产收益率一直维持在较低水平。

另一个实例则是轰动一时的万福生科会计造假案。万福生科（湖南）农业开发股份有限公司（以下简称"万福生科"或公司，股票代码300268）属于食品制造行业，从事粮食收购、销售、加工等经营活动。于2011年在深圳证券交易所中小板上市。2013年，中国证监会向该公司下达《行政处罚决定书》认定：公司2008—2011年期间存在财务数据虚假记载情形，累计虚增收入7.4亿元左右，虚增营业利润1.8亿元左右，虚增净利润1.6亿元左右即公司近9成的净利润均源于造假。如果再扣除政府补助和税收优惠，公司实际的净利润应为亏损。万福生科造假案的具体细节，请参见本系列教材《会计教学案例》"会计造假——万福生科"。

思 考 题

1. 简述收入的概念和特点。
2. 简述收入确认的标准和条件。
3. 确认交易价格时，需要考虑的要素有哪些？
4. 订户付款订阅某期刊3年，交付订费360元。期刊发行公司应于何时确认收入？
5. 指出合同履约成本与合同增量成本之间的区别。
6. 试比较市场调整法、成本加成法和余值法。
7. 满足哪些条件才属于在某一时段履行履约义务？
8. 简述我国完工百分比法与完成合同法的区别。
9. 如何判断在某一时点履行履约义务时，客户取得了商品的控制权？
10. 指出应收款与合同资产的区别。
11. 收入需要披露哪些基本内容？
12. 收入分析要注意哪些问题？

练习题

（一）产品合同的修订

资料：甲承诺以12 000元（单价100元）的价格向乙出售120件产品。产品在6个月内出售。企业在某一时点转移对每件产品的控制。在企业转移了60件产品后，双方对合同进行了修订：合同要求企业向客户另外交付额外的30件产品；每件单价调整为95元。

请问：此合同属于修订合同的哪种类型。

（二）服务合同的修订

资料：甲与乙订立一份前者每周为对方清洁办公室的3年期合同，服务费用为每年100 000元。前两年双方按合同履约。第二年年末，双方对合同进行修订，第三年服务费用（服务内容不变）降至80 000元，另外，乙同意另续约三年并分3年支付200 000元对价（在第4、5、6年年初分别支付66 667元），即4年甲共收取280 000元。

请问：此合同属于修订合同的哪种类型？

（三）商品或服务是否可明确区分

资料：甲为一承包商，与乙订立一份建造医院的合同，甲负责项目的总体管理并识别类似提供的商品或服务，包括工程技术、场地清理、地基构建、采购、建筑架构、管道和管线的铺设、设备安装及装修等。

请问：此商品或服务是否可明确区分。

（四）价格折扣

资料：甲于2019年12月1日与其分销商乙签订一份合同，向其销售一批产品1 000个（单价100元），分销商在将产品出售后再向企业付款。企业在签约的当日就将产品的控制权转移给乙。根据经验，分销商通常在取得产品90天内将其出售。为了维护与分销商的良好关系，企业预计对该合同给予20%的折扣。

要求：计算确认收入金额。

（五）价格折扣

资料：甲与乙于2019年年初签订一项出售产品A的合同（单价为100元），合同还规定，如果客户在一个年度内购买A产品超过1 000件，则产品单价将追溯调整为每件90元。

2019年3月31日，乙共计购买了75件A产品。

2019年5月，乙收购了另一家公司，截至2019年6月30日，乙另外购买了500件A产品。

要求：计算企业在第一季度和第二季度分别确认的收入金额。

（六）现金折扣与销售折让

资料：南方公司于2019年12月5日向甲企业销售商品一批，售价200 000元，增值税税率16%，成本130 000元，合同约定现金折扣条件为"2/10，1/20，n/30"（现金折扣不考虑增值税）。12月20日，甲企业收到商品后，发现商品有质量问题，要求按10%的价格进行折让（允许冲减应交增值税），南方公司同意对方的要求，如果：（1）甲企业于当月15日付款；（2）甲企业于当月25日付款；（3）甲企业于当月31日付款。

要求：按总价法和净价法编制上述三种情况的相关会计分录。

（七）销售退回

资料：威骏公司2019年7月20日销售自制商品一批，成本为45 000元，售价82 000元，增值税税额13 120元。销售合同列明现金折扣条件为"2/10，1/20，n/30"（现金折扣不考虑增值税）。买方于

2019年7月29日付款。2019年8月16日，该批商品因质量问题被退回。

要求：试为威骏公司编制相关的会计分录。

（八）重大融资成分

资料：某房地产开发企业于2019年1月1日采用分期收款销售方式销售商品房一套，分期收款销售合同规定，销售价款共1 000 000元，交房时买主现付200 000元，其余800 000元从本年起分四年于每年年末等额收款（每期收款额为241 539元）。商品房已移交买主，其实际成本为700 000元，假设不考虑相关税费。如果考虑货币时间价值，实际利率为8%，并分期确认利息收入。

要求：编制相关会计分录。

（九）分摊折扣

资料：甲生产和对外出售A、B、C和D四种产品，单独售价A、B、C分别为40元、55元和45元（总计140元），D产品的售价在15～45元之间。此外，甲定期以60元的价格打包出售产品B和C。

情形一：企业与乙签订一项销售合同，折价40元后以100元的价格销售产品A、B、C。

情形二：业与乙签订一项销售合同，以130元的价格销售产品A、B、C和D。

情形三：业与乙签订一项销售合同，以105元的价格销售产品A、B、C和D。

要求：确定三种情形下不同的产品价格。

（十）某一时点或某一时期的履行履约义务

资料：甲为一承建商，与乙签订一份包括建造多个单元的住宅楼，每一住宅单元均具有类似的建筑平面图及类似的面积，但各单元的其他属性（如单元在楼宇中的位置）则有所不同。

客户在订立合同时支付保证金，且保证金仅在企业未能按合同完成该单元的建造时返还。剩余合同价格须在合同完成后客户实际取得该单元时支付。如果客户在该单元建造完成前违约，则企业仅有权保留已付的保证金。

要求：确定此合约是属于某一时点还是属于某一时期的履约义务。

（十一）履行合同成本

资料：2019年10月，甲与乙签订一份为期7年的管理客户信息技术数据中心的服务合同。合同可随后每次续约1年，客户的平均服务期限为10年。企业为取得这一合同支付给销售人员佣金60 000元。在提供服务之前，企业设计和构建一个供企业内部使用的与客户系统连接的技术平台。这一平台不会转让给客户，但将用于与客户交付服务。

构建技术平台发生的初始成本如下（单位：元）：

设计服务	60 000
硬件（使用寿命5年，无残值）	240 000
软件（预期使用年限4年）	120 000
数据中心的迁移和测试	180 000
合计	600 000

11月，数据中心的设计服务、迁移和测试已经完成，销售人员佣金也在这个月发放，软件由甲自己于研发当月转入这一平台，硬件本月从外面内置，整个数据中心已经调试完毕。

12月，数据中心正式投入使用。企业专门指派3名员工负责提供相应的服务活动，本月，3名员工的支出为35 000元。

要求：

（1）登记11月相关支出的会计处理；

（2）登记12月合同履约成本的会计处理和合同资产的折旧与摊销的会计处理。（本题不考虑相关税费）

（提示：数据中心以"无形资产——数据中心"进行登记，成本包括销售佣金、设计服务、数据中心的迁移和测试，软件以"无形资产——软件"进行登记，硬件以"固定资产——设备"进行登记，相关人员的工资、无形资产和固定资产的摊销和折旧，一律登记为"营业成本"。)

（十二）特殊劳务交易

资料：A，B两企业达成协议，A企业允许B企业经营其连锁店，协议规定，A企业共向B企业收取特许权费600 000元，其中，提供家具、柜台等收费200 000元，这些家具、柜台成本为180 000元；提供初始服务，如帮助选址、培训人员、融资、广告费等收费300 000元，发生成本200 000元；提供后续服务收费100 000元，发生成本50 000元。假定款项在协议开始时一次付清。假设不考虑相关税费。

要求：编制有关会计分录。

（十三）建造合同

资料：假定某建筑公司承建了一项长期工程建设项目，工程已于2017年5月开工，预计2019年9月完工。根据合同，工程总价款为13 500 000元，最初，预计工程总成本为12 000 000元，到2018年年底，由于材料价格上涨等因素调整了预计总成本，预计工程总成本已为12 150 000元。建造该项工程的其他有关资料如表13-9所示。

表13-9　　　　　　　　　　　　　　　工程建造资料　　　　　　　　　　　　　　单位：元

项目	2017年	2018年	2019年
预计工程总成本	12 000 000	12 150 000	12 150 000
到目前已经发生的成本	3 000 000	8 748 000	12 150 000
完成合同尚需发生成本	9 000 000	3 402 000	—
当年结算的工程价款	2 700 000	7 200 000	3 600 000
当年实际收到的价款	2 250 000	5 250 000	6 000 000

要求：

1. 按完工百分比法和完工合同法登记该建造合同收入的会计分录。

2. 假设在合同执行的第1年，合同结果不能可靠估计，第一种情况，合同成本能够收回，但合同进度无法估计；第二种情况，假设客户只支付150 000元，由于客户财务危机，其余额可能收不回来时，请按我国建造合同准则规定登记相关会计分录。

3. 假定到2018年年底，由于材料价格上涨等因素预计工程总成本已为13 700 000元，请编制相关会计分录。

（十四）劳务收入

资料：某企业于2019年12月2日为客户定制一套软件，工期大约3个月，合同总收入250 000元，至2019年12月31日已发生成本70 000元（假定均为开发人员工资），预收账款80 000元。预计开发整个软件还将发生成本130 000元。2019年12月31日经专业测量师测量，软件的开发完成程度为30%。假设不考虑相关税费。

要求：编制相关会计分录。

案例分析：会计造假——万福生科[①]

[①] 本书每章后所增加的案例分析请参见本系列教材中配套出版的《会计教学案例》一书，后同。

补充资料 A | 特定交易的会计处理

　　前面我们讨论了某一时点履行履约义务和某一时期履行履约义务的会计处理，但是，在实务中，还存在很多无法完全应用上述收入确认原则的销售交易，我们称之为特定（销售）交易。特定交易并不违背收入确认的基本原则，但在收入确认的细节上，与某一时点履行履约义务和某一时期履行履约义务的会计处理存在差异。国际财务报告收入准则专门将这部分内容放入附录——应用指南中阐述，我国收入准则则专设一章——特定交易的会计处理——来规范。在这一章中，涉及的特定交易主要有退货权、质量保证、代理人与当事人的区分、额外购买选择权、知识产权、售后回购、预收货款和定金等。由于质量保证已在本书第十一章中（或有负债）讨论过，因此在附录中主要讨论退货权、主要责任人与代理人、额外购买选择权、知识产权和售后回购。

一、退货权

　　对于附有销售退回条款的销售，企业应当在客户取得相关商品控制权时，按照因向客户转让商品而预期有权收取的对价金额（即，不包含预期因销售退回将退还的金额）确认收入，按照预期因销售退回将退还的金额确认负债；同时，按照预期将退回商品转让时的账面价值，扣除收回该商品预计发生的成本（包括退回商品的价值减损）后的余额，确认为一项资产，按照所转让商品转让时的账面价值，扣除上述资产成本的净额结转成本。每一资产负债表日，企业应当重新估计未来销售退回情况，如有变化，应当作为会计估计变更进行会计处理。

　　【附例13-1】　甲公司为一健身器材销售公司，乙公司为其独立的连锁销售公司，甲公司于2019年4月1日签约向乙公司销售跑步器材100件，每件4 500元，成本3 000元，增值税税率为16%。合同约定货款于5月1日前支付（控制权转移）。在销售后的6个月内，乙公司享有全额退货的权利。4月2日，甲公司发出商品，5月1日，收到货款。根据以前的经验，该款跑步机的退货率在30%左右。退货可冲减应交增值税。假设10月1日前退货分别为30件和25件。

　　（1）4月2日发出商品。

借：合同资产*		72 000
贷：应交税费——应交增值税（销项税额）		72 000

　（*合同资产在本章列示部分解释）

借：发出商品		300 000
贷：库存商品		300 000

　　（2）5月1日收到货款。

借：银行存款		522 000
主营业务成本		210 000
应收退货成本		90 000
贷：合同资产		72 000
主营业务收入		315 000
发出商品		300 000
预计负债		135 000

（3）若10月1日（6个月退货期）前退货30件。

借：库存商品	90 000	
应交税费——应交增值税（销项税额）	21 600	
预计负债	135 000	
贷：银行存款		156 600
应收退货成本		90 000

（4）若10月1日前退货25件。

先按预计退货30件登记。

借：库存商品	90 000	
应交税费——应交增值税（销项税额）	21 600	
预计负债	135 000	
贷：银行存款		156 600
应收退货成本		90 000

再登记5件的销售。

借：银行存款	26 100	
主营业务成本	15 000	
贷：主营业务收入		22 500
应交税费——应交增值税（销项税额）		3 600
库存商品		15 000

两笔合二为一（实际退货25件）

借：库存商品	75 000	
应交税费——应交增值税（销项税额）	18 000	
预计负债	135 000	
主营业务成本	15 000	
贷：银行存款		130 500
应收退货成本		90 000
主营业务收入		22 500

二、主要责任人与代理人（代销）

企业应当根据其在向客户转让商品前是否拥有对该商品的控制权，来判断其从事交易时的身份是主要责任人还是代理人。企业在向客户转让商品前能够控制该商品的，该企业为主要责任人，应当按照已收或应收对价总额确认收入；否则，该企业为代理人，应当按照预期有权收取的佣金或手续费的金额确认收入，该金额应当按照已收或应收对价总额扣除应支付给其他相关方的价款后的净额，或者按照既定的佣金金额或比例等确定。

【附例13-2】 甲经营一家网站以使客户能向一系列供应商购买商品，这些供应商直接向客户交付商品。通过该网站购买商品时，甲有权获得相当于售价10%的佣金，网站协助供应商与客户之间按供应商所设定的价格进行支付，甲在处理订单之前要求客户付款，且所有订单均不可退款。甲在安排向客户提供产品之后没有进一步的义务。

根据收入准则第三十四条的规定：企业向客户转让商品前能够控制该商品的情形包括：

（1）企业自第三方取得商品或其他资产控制权后，再转让给客户；

（2）企业能够主导第三方代表本企业向客户提供服务；

（3）企业自第三方取得商品控制权后，通过提供重大的服务将该商品与其他商品整合成某组合产出转让给客户。

例中的交易明显不满足上述三条中的任何一条，所以甲为代理人。

【附例13-3】 甲与乙签订了一份针对具有独特规格的设备的合同。双方共同制定设备的规格，并由甲同与其订立合同的供应商（第三方）沟通来制造设备，甲同时安排供应商直接向乙交付设备。在向乙交付设备时，合同规定甲按甲与供应商就制造设备商定的价格向供应商进行支付。

甲与乙议定售价，并且甲按双方商定的价格向乙开出发票，付款期为30天。甲的利润为收取乙的对价与支付第三方售价之间的差额。

甲与乙的合同规定乙根据第三方提供的质保就设备的缺陷，要求供应商做出修正。但是，甲须对因规格错误导致的设备修正承担责任。

根据收入准则第三十四条的规定：在具体判断向客户转让商品前是否拥有对该商品的控制权时，企业不应仅局限于合同的法律形式，而应当综合考虑所有相关事实和情况，这些事实和情况包括：

（1）企业承担向客户转让商品的主要责任；

（2）企业在转让商品之前或之后承担了该商品的存货风险；

（3）企业有权自主决定所交易商品的价格；

（4）其他相关事实和情况。

【附例13-3】中的交易甲明显满足上述四条中的前三条，所以认定甲为当事人。

代销是销售交易中一种常见的现象，下面我们将重点讨论其会计处理。

代销是指一家企业委托另一家企业代为销售其商品的行为。代销商品的所有权属于委托方。由于商品所有权尚未转移，委托方把商品运送给受托方的行为并不构成销售。在这种销售方式下，发出商品时不能确认销售收入，因为委托方在交付商品时并没有将风险和报酬转移给受托方。只有收到对方的代销清单时，表明受托方已将商品销售出去，才能确认收入的实现。对于发出的委托代销商品，可以设置"委托代销商品"科目，核算发出商品的成本，待收到对方的代销清单时再确认销售收入。代销通常有两种方式：视同买断方式和收取手续费方式。

第一，视同买断方式

视同买断方式是指由委托方和受托方签订协议，委托方按协议价收取所代销的货款，实际售价可由受托方自定，实际售价与协议价之间的差额归受托方所有的销售方式。由于这种销售本质上仍是代销，委托方发出商品时，商品的所有权并未转移，因此，委托方在交付商品时不确认收入，受托方也不作购进商品处理。受托方将商品销售后，应按实际售价确认为销售收入，并向委托方开具代销清单。委托方收到代销清单时，再确认本企业的销售收入。但如果协议规定，无论受托方是否能够出售商品，均与委托方无关，则此种协议视同销售，在交付商品时确认收入。

如果委托方与受托方之间的协议明确规定受托方在取得商品后，无论是否卖出、是否获利，均与委托方无关，则在符合商品收入确认条件时，委托方确认商品销售收入，无须等到收到商品销售清单时才确认。

第二，收取手续费方式

在这种销售方式下，受托方根据所代销的商品数量向委托方收取手续费，收取的手续费属于劳务收入。这种代销方式与第一种方式相比，主要特点是，受托方通常应按照委托方规定的价格销售，不得自行改变售价。委托方在受托方交付商品代销清单时确认销售商品收入，受托方则按应收取的手续费确认收入。

【附例13-4】 珠江公司委托甲企业销售A商品1 000件，协议价为100 000元，商品成本为80 000元，代销完成后，甲企业按协议价开出代销清单，甲企业实际按120 000元对外出售，增值税税率为16%。

【附例13-5】 接【附例13-4】，如果甲企业只按销售额的10%收取手续费，并以规定的协议价对外销售。

珠江公司的会计处理。

为了比较说明视同买断方式和收取手续费方式的会计处理，将珠江公司两种方式的处理列表说明，如附表13-1所示。

附表 13-1　　　　　　　　　　　珠江公司两种代销方式的会计处理　　　　　　　　　　　单位：元

事项	视同买断方式		收取手续费方式	
（1）交付商品	借：委托代销商品 　贷：库存商品	80 000 80 000	借：委托代销商品 　贷：库存商品	80 000 80 000
（2）收到清单	借：应收账款 　贷：主营业务收入 　　应交税费——应交增值税 　　（销项税额）	116 000 100 000 16 000	借：应收账款 　贷：主营业务收入 　　应交税费——应交增值税 　　（销项税额） 借：销售费用 　贷：应收账款	116 000 100 000 16 000 10 000 10 000
（3）结转成本	借：主营业务成本 　贷：委托代销商品	80 000 80 000	借：主营业务成本 　贷：委托代销商品	80 000 80 000
（4）收到款项	借：银行存款 　贷：应收账款	116 000 116 000	借：银行存款 　贷：应收账款	106 000 106 000

甲企业的会计处理。

同样，为了比较说明视同买断方式和收取手续费方式的会计处理，现将甲企业两种方式的处理列表说明，如附表13-2所示。

附表 13-2　　　　　　　　　　　甲企业两种代销方式的会计处理　　　　　　　　　　　单位：元

事项	视同买断方式		收取手续费方式	
（1）收到商品	借：受托代销商品 　贷：受托代销商品款	100 000 100 000	借：受托代销商品 　贷：受托代销商品款	100 000 100 000
（2）实际销售	借：银行存款 　贷：主营业务收入 　　应交税费——应交增值税 　　（销项税额）	139 200 120 000 19 200	借：银行存款 　贷：应付账款 　　应交税费——应交增值税 　　（销项税额）	116 000 100 000 16 000
（3）结转成本	借：主营业务成本 　贷：受托代销商品	100 000 100 000	借：受托代销商品款 　贷：受托代销商品	100 000 100 000
（4）登记应付账款	借：受托代销商品款 　　应交税费——应交增值税 　　（进项税额） 　贷：应付账款	100 000 16 000 116 000	借：应交税费——应交增值税 　　（进项税额） 　贷：应付账款	 16 000 16 000
（5）交付货款	借：应付账款 　贷：银行存款	116 000 116 000	借：应付账款 　贷：银行存款 　　主营业务收入	116 000 106 000 10 000

三、额外购买选择权

对于附有客户额外购买选择权的销售，企业应当评估该选择权是否向客户提供了一项重大权利。企业提供重大权利的，应当作为单项履约义务，按照收入准则第二十条至第二十四条规定将交易价格分摊至该履约义务，在客户未来行使购买选择权取得相关商品控制权时，或者该选择权失效时，确认相应的收入。客户额外购买选择权的单独售价无法直接观察的，企业应当综合考虑客户行使和不行使该选择权所能获得的折扣的差异、客户行使该选择权的可能性等全部相关信息后，予以合理估计。

客户虽然有额外购买商品选择权，但客户行使该选择权购买商品时的价格反映了这些商品单独售价的，不应被视为企业向该客户提供了一项重大权利。

【附例13-6】 甲为一家大型商场，正在进行A商品的促销活动。顾客在购买100元的A商品后，获赠一张40%的折扣券，此券可用于在30天内不超过100元的任何购买。作为季节性促销的一部分，甲计划在未来30天内针对所有商品进行10%的折扣销售，但上述折扣券不得与此10%的折扣同时使用（即如果同时使用，在10%折扣活动中额外再折30%）。

根据经验，企业估计使用折扣券的概率为80%，平均每位顾客购买额外商品50元。

按收入准则第三十五条的规定上述促销活动属于附有额外购买选择权的销售。

先对折扣券进行定价，单独售价为12元（额外购买50元×增量折扣30%×购买概率80%）。

100元的A商品销售附赠价值12元的折扣券，形成两项履约义务。A商品销售时确认89元的收入（100÷112×100）；企业在收到折扣券时确认11元的收入（100÷112×12）。

【附例13-7】 甲向客户提供一项忠诚度计划——客户每购买10元的商品可获得一个积分，每个积分在进一步购买时按1元折扣兑现。报告期内，企业共销售100 000元的商品，客户可获得10 000个积分（对价是固定的，只针对100 000元的销售商品提供积分），企业预计兑现概率为95%。

第一个报告期末，有4 500个积分被兑现，并且继续预计可能有9 500个积分被兑现。

第二个报告期末，累计有8 500个积分被兑现，并且更新了预计兑现的估计，预计兑现概率为97%，预计兑现积分为9 700个。

按收入准则第三十五条的规定上述积分活动属于附有额外购买选择权的销售。

10元的商品销售附赠价值1元的积分，形成两项履约义务。将100 000元的当期销售分摊至商品和积分（单位：元）。当期10 000个积分预期使价值为9 500元（10 000×95%×1元）。

当期销售收入　　　　　　　　　91 324（100 000÷109 500×100 000）

积分价值（合同负债）　　　　　8 676（100 000÷109 500×9 500）

第一个报告期确认的积分收入　　4 110（4 500÷9 500×8 676）

第一个报告期末合同负债余额　　4 566（8 676-4 110）

第二个报告期

报告期确认的积分收入　　　　　3 493（8 500÷9 700×8 676-4 110）

报告期末合同负债余额　　　　　1 073（8 676-4 110-3 493）

会计分录（略）

四、知识产权

从经济学的角度来讲，资产的所有权可分为所属权（占有权）、使用权、收益权和处置权，这四项权利是可以相互分离的。企业可以在不转移资产所属权的情况下，转让资产的使用权，从而获取一定的收益。让渡资产使用权产生的收入，主要以知识产权形式为主，包括商标权、专利权、专营权、软件、版权等知识产权。当然，知识产权的转让也包括其所有权形式的转让。

一般情况下，企业向客户授予知识产权许可，同时满足下列条件时，应当作为在某一时段内履行的履约义务确认相关收入；否则，应当作为在某一时点履行的履约义务确认相关收入：

（1）合同要求或客户能够合理预期企业将从事对该项知识产权有重大影响的活动；

（2）该活动对客户将产生有利或不利影响；

（3）该活动不会导致向客户转让某项商品。

企业向客户授予知识产权许可，并约定按客户实际销售或使用情况收取特许权使用费的，应当在下列两项孰晚的时点确认收入：

（1）客户后续销售或使用行为实际发生；

（2）企业履行相关履约义务。

【附例13-8】 甲和乙订立一份针对知识产权许可证（许可证A和B）的合同。该合同代表两项履约义务，每项履约义务均在某一时点履行。许可证A和B的单独售价分别为800元和1 000元。签约后，企业转让许可证B，许可证B按乙未来一年销售额的5%定价，企业估价为1 500元。一个月后，企业按乙的销售额收取200元。三个月后，企业转让许可证A，收费300元。

由于许可证A和B的合同定价300元和1 500元严重偏离其市场价格，所以可变对价必须在许可证A和B之间进行分摊。在第一个月许可证B收入200元时，许可证A和B分别分配的收入确认金额为89元（800÷1 800×200）和111元（1 000÷1 800×200）。三个月后，转让许可证A时，同样要在两个许可证之间进行分摊。许可证A和B分别分配的收入确认金额为133元（800÷1 800×300）和167元（1 000÷1 800×300）。

五、售后回购

售后回购（sales with buy back agreement），是指销售商品的同时，销售方同意日后重新买回所销商品的销售。售后回购本质上属于融资交易，因而这种业务不能确认相关的销售商品收入。在会计核算上，企业可以通过"其他应付款"科目，核算在附有购回协议的销售方式下，发出商品的实际成本与销售价格以及相关税费之间的差额。

【附例13-9】 珠江公司与乙企业签订一项售后回购协议，2019年3月1日珠江公司向乙企业按200 000元（不含增值税）销售一批商品（增值税税率为16%），该商品成本为160 000元，9月1日，珠江公司以212 000元购回（不含增值税）。该商品已经发出。珠江公司登记相关会计分录如下。

（1）销售时。

借：银行存款（200 000+200 000×16%）　　　　　　　232 000
　　贷：应交税费——应交增值税（销项税额）　　　　　　　32 000
　　　　其他应付款　　　　　　　　　　　　　　　　　　200 000
借：发出商品　　　　　　　　　　　　　　　　　　　160 000
　　贷：库存商品　　　　　　　　　　　　　　　　　　　160 000

（2）因为回购价格大于原售价，所以每月应计提利息费用，相关会计分录如下。

借：财务费用［（212 000-200 000）÷6］　　　　　　　2 000
　　贷：其他应付款　　　　　　　　　　　　　　　　　　2 000

（3）购回时。

借：其他应付款　　　　　　　　　　　　　　　　　　212 000
　　应交税费——应交增值税（进项税额）（212 000×16%）　33 920
　　贷：银行存款　　　　　　　　　　　　　　　　　　245 920
借：库存商品　　　　　　　　　　　　　　　　　　　160 000
　　贷：发出商品　　　　　　　　　　　　　　　　　　　160 000

思 考 题

1. 将奖励积分或赠券作为递延收益处理与作为预计负债处理有何区别，你认为哪种方法更好？
2. 代销的销售收入应由哪一方确认？如何确认？
3. 售后回购作为一种融资手段，与其他融资方法的区别是什么？
4. 附有退货权的销售，收入确认的原则是什么？

练 习 题

（一）许可证

资料：甲和乙订立一份针对知识产权许可证（许可证A和B）的合同。该合同代表两项履约义务，每项履约义务均在某一时点履行。许可证A和B的单独售价分别为800元和1 000元。

签约后，企业转让许可证B，许可证B按乙未来一年销售额的3%定价，企业估价为1 000元。一个月后，企业转让许可证A，收费800元。

要求：计算这种情形下许可证A和B的收入确认金额。

（二）售后回购

资料：A公司为增值税一般纳税企业，适用的增值税税率为16%。2019年6月1日，A公司与B公司签订协议，向B公司销售一批商品，增值税专用发票上注明销售价格为100 000元，增值税税额16 000元。协议规定，A公司应在10月30日将所售商品购回，回购价为110 000元（不含增值税税额）。商品已经发出，货款已经收到。该商品的实际成本为80 000元。

要求：编制有关会计分录。

（三）退货权

资料：接【附例13-1】，甲公司为一健身器材销售公司，乙公司为其独立的连锁销售公司，甲公司于2019年4月1日签约向乙公司销售跑步器材100件，每件4 500元，成本3 000元，增值税税率为16%。合同约定货款于5月1日前支付。在销售后的6个月内，乙公司享有全额退货的权利。4月2日，甲公司发出商品，5月1日，甲公司收到货款。根据以前的经验，该款跑步机的退货率在30%左右。退货可冲减应交增值税。

要求：

1. 假定10月1日，乙公司实际退货为35件，请编制会计分录。

2. 假定甲公司无法估计实际的退货率，请编制实际退货40件和无退货两种情况下从销售开始到最后全过程的会计分录。

（四）商品代销业务

资料：A企业为增值税一般纳税企业，适用的增值税税率为16%。2019年2月1日，A企业与B企业签订代销协议，委托B企业销售甲商品100件，协议价为1 000元/件，该商品成本为80元/件。10月1日，A企业收到B企业开来的代销清单后开具增值税发票，发票上注明销售额100 000元，增值税16 000元。B企业实际销售时开具的增值税发票上注明销售额是120 000元，增值税税额为19 200元。10月5日，A企业收到B企业按合同协议支付的款项。

要求：编制双方的会计分录。

（五）商品代销业务

资料：沿用上题的资料，并假定：（1）A企业与B企业签订的代销协议规定B企业应按每件商品1 000元的价格对外销售，A企业按售价的10%支付B企业手续费；（2）B企业对外售出商品，向买方开具的增值税专用发票上注明甲商品销售额100 000元，增值税税额16 000元。10月1日，A企业收到B企业交来的代销清单，并向B企业开具了一张相同金额的增值税发票。10月5日，A企业收到B企业支付的商品代销款（已扣手续费）。

要求：编制双方的会计分录。

补充资料B ｜ 政府补助

政府更多的是以补助的形式，而不是直接捐赠的方式来体现某种经济刺激政策。例如鼓励或扶持特定行业、地区或领域的发展，通过无偿拨款、担保等方式进行，这是国际通行的做法。政府补助的特点有二：一是无偿性，既不要求偿还，也不享受投资权；二是直接从政府取得资产，包括货币性或非货币性资产。政府补助分为与收益相关的和与资产相关的两种形式。

政府补助有两种会计处理方法：收益法和资本法。前者是将政府补助计入当期收益或递延收益；后者是将政府补助计入所有者权益，在新修订的《企业会计准则第16号——政府补助》，已经取消了这一种形式。收益法中又分总额法与净额法：总额法是将政府补助金额确认为收益；而净额法是将政府补助从相关资产中扣减，相关资产按净额入账。总额法和净额法主要是针对与资产相关的政府补助。现行准则允许采用净额法，并规定与日常经营活动有关的政府补助收益，计入"其他收益"科目，构成企业的经营利润；否则计入"营业外收入"，不构成企业的经营利润，形成企业的非经常性损益。

【附例13-10】某地方政府为鼓励甲企业从事光伏产品生产，拨款500万元给企业用于购买一大型设备，设备实际成本为800万元，折旧期为10年，无残值，按年限平均折旧，相关处理如附表13-3所示（假设不考虑其他因素）。

附表13-3　　政府补助的会计处理

事项	政府先拨款		政府直接将款项打入销货方	
（1）收到拨款时	借：银行存款 　　贷：递延收益	5 000 000 5 000 000		
（2）购买设备时	借：固定资产 　　贷：银行存款	8 000 000 8 000 000	借：固定资产 　　贷：银行存款	3 000 000 3 000 000
（3）每年计提折旧时	借：制造费用 　　贷：累计折旧 借：递延收益 　　贷：其他收益	800 000 800 000 500 000 500 000	借：制造费用 　　贷：累计折旧 　　　　其他收益	800 000 300 000 500 000

如果设备提前处置，则将剩余递延收益在处置时转入其他收益。

如为与收益相关的政府补助，确定或收到补助时，借记"银行存款"或"其他应收款"，贷记"递延收益"；以后在政府补助的受益期间分摊，借记"递延收益"，贷记"营业外收入"或"其他收益"。

第十四章

所得税会计

本章要点

- 会计与税收差异形成的原因
- 时间性差异及其种类
- 永久性差异及其种类
- 资产负债表债务法

章首故事

资产减值准备中的秘密

万科（000002）、保利地产（600048）和陆家嘴（600663）是三家上市的房地产公司，下表是 2006 年年末三家公司的资产减值准备计提情况。

万科、保利地产、陆家嘴 2006 年年末资产减值准备计提情况　　　　　　单位：万元

	万科	保利地产	陆家嘴
坏账准备	7 949	3 828	2 435
其中：应收账款	842	1 299	
其他应收款	7 104	2 529	2 435
存货跌价准备	1 206		42 174
长期投资减值准备	1 722		5 831
其中：股票投资	586		
其他股权投资及股权投资差额	16 636		
其他长期投资减值准备			687
合计	26 375	3 828	51 126
总资产	4 850 792	1 649 605	1 233 560
资产减值准备/总资产	0.54%	0.23%	4.14%

从上表可以看出，万科的总资产规模最大，陆家嘴规模最小，但计提减值准备金额最多的是陆家嘴，并且主要是存货跌价准备。而从毛利水平看，陆家嘴最高（万科、保利地产、陆家嘴三家的毛利水平依次为 37.24%、35.77%和 59.53%），是最没有理由计提存货跌价准备的。万科计提大量的长期投资减值准备，主要是收购上海南都置地有限公司和浙江南都房地产有限公司产生了巨额的股权投资差额，在衡量了当年实际消耗的土地资源后，万科补提了 7 033万元的减值准备。

陆家嘴之所以要计提巨额存货跌价准备，这与所得税会计有关。根据陆家嘴 2007 年第 1季度财务报告披露的数据，其期初递延所得税资产为 9 383 万元。在学完本章后，你也许就能找到答案。

资料来源：改编自王大力、孙旭东：《会计博弈》，133～135 页，北京，中国财政经济出版社，2009。

由于在计算应税收益时，财务会计计算的税前收益与税法上计算的应税收益的口径不一致，产生了会计上的税前会计所得（或收益，下同）与税法上的应税所得之间的差异，这样，会计上按会计口径计算出的会计所得来反映所得税费用与按税法要求计算的应纳所得税之间差额中的暂时性差异，就表现为递延所得税资产和递延所得税负债，对这种暂时性差异所进行的会计处理就是所得税会计的核心内容。本章先讨论税法与财务会计在计算应税所得时的差异及差异的种类与原因，接下来重点介绍对这种差异（暂时性差异）进行会计处理的基本方法——资产负债表债务法，最后通过一些实例讲解所得税会计的基本处理过程。

所得税会计形成图

第一节　所得税会计的基本概念

一、所得税会计的产生

1994 年 6 月，财政部正式颁布《企业所得税会计处理的暂行规定》（以下简称《暂行规定》）后，我国所得税会计才正式产生。而此前，由于我国主要以公有制为主，国家作为唯一的投资者，掌握对企业利润进行分配的大权，至于这种分配是以上缴所得税的形式，还是以上缴利润的形式，都不影响国家对企业实施利润分配的权力。正是在这种产权集中的计划经济的模式下，税务、财务制度和会计制度三者高度统一，因此，以前将所得税纳入利润分配体系就顺理成章了。但随着产权的多元化，以及向国际惯例的靠拢，继续将所得税作为一种"利润分配"而不作为一种"费用"就显得不再合时宜。所以，1994 年《暂行规定》的出台以及将所得税从利润分配表转入利润表中，正是适应了这种发展的要求。将所得税作为一种费用，一方面表明它同产权形式（或所有者）无关，不属于利润分配的范围；另一方面说明所得税是任何一个经济主体为保证正常经营、取得合法的净收益而必须发生的现金流出。将所得税作为一种费用，也是国际上通行的做法。2006 年，《企业会计准则第 18 号——所得税》出台，对所得税会计进行了较为完善和系统的规定。其中最基本的两条是，企业必须采用纳税影响会计法对所得税进行会计处理；所得税会计的基本方法统一为资产负债表债务法。

当会计制度与税法、财务制度高度统一时，会计制度的制定是在服从税法和财务制度的前提下进行的，会计所得同应税所得基本上是一致的。但从本质上讲，税法征税原则与征税基础同会计上计算会计所得的原则与基础是有较大差异的。从税法的角度而言，课税应该以经济合理、公平税负和促进竞争为原则，以收益实现为基础；而从财务会计的角度而言，应该以向使用者提供决策有用的信息为原则，即要提供真实、完整、相关、可靠的信息，能全面反映企业的财务状况、经营业绩和现金流动的全貌，它是以权责发生制为基础的。由此，必然会造成两种方法计算出的企业所得——会计所得与应税所得之间的不一致。按纳税影响会计法来处理所得税费用，更符合权责发生制原则，即交易或事项在某一会计期间确认，与其相关的所得税费用也应在该期间内确认；同时也更符合配比原则，即同一会计期间的会计利润与所得税应相互配比。所得税准则规定统一采用资产负债表债务法后，所得税会计中确认的递延所得税资产（代表企业未来可抵扣应交所得税的权利）和递延所得税负债（代表企业未来应纳所得税的义务）也更符合资产与负债的定义。

二、一个简例

所得税会计就是产生于会计与税法对所得认定上的差异，为了更好地说明这种差异的类型、原因，下面举一简例。

【例14-1】　珠江公司2017—2019年利润表税前会计利润均为100 000元，三年间每年计税工资80 000元，实际发放工资100 000元，固定资产（总额为250 000元）在会计上按直线法计提折旧，年折旧额（折旧期5年）为50 000元，计算应税所得时按税法允许采用的双倍余额法分别计提（假设2017年为折旧的第一年，不考虑残值），折旧额分别为100 000元、60 000元、36 000元、27 000元和27 000元。另外，2017年企业收取60 000元的房租，按权责发生制原则，将分别在2018年和2019年平均计入这两年的利润中。所得税税率为25%。

以下分别计算2017年、2018年、2019年会计所得、应税所得和所得税费用。

（1）2017年的计算过程如下。

税前会计利润		100 000
加：实际发放工资大于计税工资额	20 000	
未计入利润的房租	60 000	
减：按双倍余额法大于直线法的折旧额	（50 000）	30 000
应税所得		130 000
所得税税率		25%
本期应交所得税		32 500

（2）2018年的计算过程如下。

税前会计利润		100 000
加：实际发放工资大于计税工资额	20 000	
减：当年计入利润的房租	（30 000）	
按双倍余额法大于直线法的折旧额	（10 000）	（20 000）
应税所得		80 000
所得税税率		25%
本期应交所得税		20 000

（3）2019年的计算过程如下。

税前会计利润		100 000
加：实际发放工资大于计税工资额	20 000	
按双倍余额法小于直线法的折旧额	14 000	
减：当年计入利润的房租	（30 000）	4 000
应税所得		104 000
所得税税率		25%
本期应交所得税		26 000

由上可以看出，本期应税所得是在会计所得的基础上通过一定的调整求得的，然后再乘以适用所得税税率求出当期应交所得税。但是，每期的所得税费用还没有列出，这是因为对所得税费用的核算，有不同的方法，同时还有许多基本概念没有系统展开。下面逐一介绍这些基本概念。

三、所得税会计的有关概念

（一）会计所得

会计所得指所得税前会计利润，简称会计所得或会计收益，它是按会计准则或会计制度的规定以权责发生制为基础计算出来的所得税税前会计利润。

（二）应税所得

应税所得指所得税的征收基数，也称应税利润或应税收益、应税所得额。它是按税收法规的规定，以收益实现为基础来计算的应纳所得税的利润。按暂行制度的规定，应税所得是在会计所得的基础上调整出来的。

（三）永久性差异

永久性差异是指某一会计期间，由于会计准则和税法在计算收益、费用或损失时的口径不同，所产生的税前会计利润与应纳税所得额之间的差异。这种差异在本期发生，不会在以后各期转回。永久性差异有以下几种类型。

（1）按会计准则规定核算时作为收益计入会计报表，在计算应纳税所得额时不确认为收益，如购买国债取得的利息收入等。

（2）按会计准则规定核算时未作为收益计入会计报表，在计算应纳税所得额时作为收益，需要缴纳所得税，如企业以自己生产的产品用于在建工程，企业按成本计入在建工程，不计算产品的收入，而税法上要求将产品的售价和成本之间的差额作为应税收益。

（3）按会计准则规定核算时确认为费用或损失计入会计报表，在计算应纳税所得额时则不允许扣减，【例 14-1】中实际支付的工资超过计税工资的差额就属这种类型，这一类例子较多，如非公益性捐赠和超过标准的公益性捐赠、滞纳金等。

（4）按会计准则规定核算时不确认为费用或损失，在计算应纳税所得额时则允许扣减，如对符合条件的研发支出的加计扣除。

（四）暂时性差异

暂时性差异是指由于税法与会计准则在确认收益、费用或损失时的时间不同而产生的税前会计利润与应纳税所得额的差异。这一差异发生于某一会计期间，但在以后一期或若干期内能够转回，因而称为暂时性差异。暂时性差异主要有以下几种类型。

（1）企业获得的某项收益，按照会计准则规定应当确认为当期收益，但按照税法规定需待以后期间确认为应纳税所得额，从而形成应纳税暂时性差异。这里的应纳税暂时性差异是指未来应增加应纳税所得额的暂时性差异。如在投资方所得税税率大于被投资方的所得税税率时，投资方按权益法在年末登记投资收益，而在税法上，必须是在投资方实际收到股利或被投资方宣告支付股利时，才登记按所得税税率差额缴纳的税收。

（2）企业发生的某项费用或损失，按照会计准则规定应当确认为当期费用或损失，但按照税法规定待以后期间从应纳税所得额中扣减，从而形成可抵扣暂时性差异。这里的可抵扣暂时性差异是指未来可以从应纳税所得额中扣除的暂时性差异。如因产品质量担保或法律诉讼计提的预计负债，各项资产因减值损失计提的准备等。

（3）企业获得的某项收益，按照会计准则规定应当于以后期间确认收益，但按照税法规定需在实际收到现金时计入当期应纳税所得额，从而形成可抵扣暂时性差异。如上例中的预收租金。

（4）企业发生的某项费用或损失，按照会计准则规定应当于以后期间确认为费用或损失，但按照税法规定可以从当期应纳税所得额中扣减，从而形成应纳税暂时性差异。如【例 14-1】中的折旧。

在两种计税差异中，由于永久性差异是单向的、不可逆转的，故其会计处理原则应以税法的规定为基础，将会计所得调整为应税所得，而暂时性差异是暂时的、可逆转的，因而所得税会计的核心就集中在对这种差异的会计处理上。

（五）应付税款法

应付税款法是指企业不确认暂时性差异对所得税的影响金额，按照当期计算的应交所得税确认为当期所得税费用的方法。在这种方法下，当期所得税费用等于当期应交的所得税。【例14-1】中，按应付税款法，2017年的所得税费用就等于当年的应交所得税税额，为32 500元。

（六）纳税影响会计法

纳税影响会计法是指企业确认暂时性差异对所得税的影响金额，按照当期应交所得税和暂时性差异对所得税影响金额的合计，确认为当期所得税费用的方法。在这种方法下，暂时性差异对所得税的影响金额，递延和分配到以后各期。【例14-1】中2017年所得税费用的计算如下。

税前会计利润		100 000
加：永久性差异（工资）	20 000	
时间性差异（房租）	60 000	
减：时间性差异（折旧）	（50 000）	30 000
应税所得		130 000
所得税税率		25%
本期应交所得税		32 500
应纳税时间性差异的所得税影响金额（10 000×25%）		（2 500）
本期所得税费用		30 000

（七）递延所得税资产与递延所得税负债

所得税会计的核心是对暂时性差异的处理。按照暂时性差异对未来期间应税金额的影响，分为应纳税暂时性差异和可抵扣暂时性差异。应纳税暂时性差异，是指在确定未来收回资产或清偿负债期间的应纳税所得额时，将导致产生应税金额的暂时性差异，应纳税暂时性差异形成递延所得税负债；可抵扣暂时性差异，是指在确定未来收回资产或清偿负债期间的应纳税所得额时，将导致可抵扣金额的暂时性差异，可抵扣暂时性差异形成递延所得税资产。

（八）所得税费用

应交所得税是企业应向税务机关缴纳的所得税，所得税费用是企业按会计准则登记的。在应付税款法下，应交所得税等于所得税费用；在纳税影响会计法下，所得税费用是在应付所得税的基础上，对暂时性差异进行调整，确认（或转回）递延所得税资产和递延所得税负债，在此基础上求出所得税费用（以下简称"所得税"）。

为了更系统地说明所得税会计的基本内容，现将上述概念有机地组合起来归纳成图14-1。

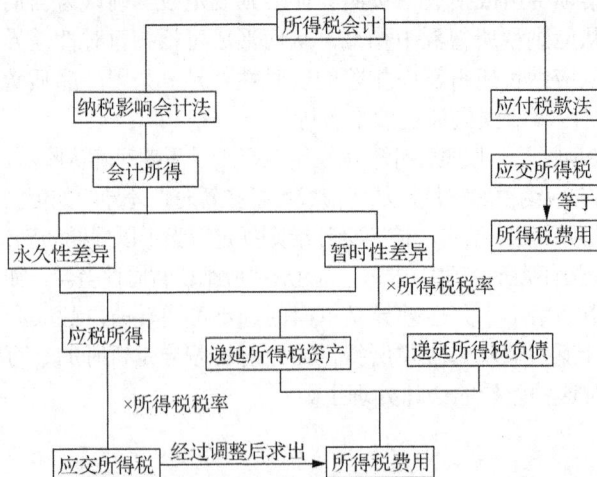

图14-1 所得税会计框架

第二节 | 资产负债表债务法

一、资产负债表债务法概述

由于会计和税法在分别确定会计利润和应税所得上的不同，就出现了所得税的实际支付时间与产生这些税款的收入与费用发生的时间不一致的问题。会计上最重要的两个原则是权责发生制与配比原则。究竟如何确认会计上的所得税费用？在美国，这个问题引起数十年的争议，1967年，美国会计原则委员会（APB）通过第11号会计原则委员会意见书，规定不论所得税何时支付，所得税费用的确认时间要与发生所得税费用事项的时间一致。所得税费用是根据利润表中的税前利润确定的，所得税费用与应付所得税之间的差额就确定为递延税收借项或贷项。这种方法也被称为利润表法（这一方法又分成递延法与负债法两种）。1987年，FASB发布《财务会计准则公告第96号——所得税的会计处理》[①]，将所得税会计的方法转向资产负债表债务法，这种方法强调的是资产负债表上所确认的任何项目，都会导致企业未来经济利益的流入或流出，而不能是定义含糊的递延借项或贷项。96号公告后来被109号公告（1992年）所取代，后者只是对前者做了一些简化。国际会计准则最初制定的《国际会计准则第12号——所得税》（1979年）也是采用利润表法，后来国际会计准则委员会重新修订了这一准则，改用资产负债表债务法。我国在2006年准则颁布前同样也是采用利润表法，2006年准则出台后，开始统一使用资产负债表债务法。

与利润表法比较利润表项目不同，资产负债表法是通过比较资产负债表上每一资产与负债项目的会计账面价值与计税基础之间的暂时性差异，来分别确认递延所得税资产和递延所得税负债。另外，在所得税税率发生变动时，采用资产负债表债务法要随即调整已经形成的递延所得税资产和递延所得税负债。

资产负债表法一般是在资产负债表日进行相应的所得税会计处理，而企业合并产生的暂时性差异则在交易发生时进行处理。我们这里只讨论前者。资产负债表法的基本核算程序如下：

（1）确定资产、负债的账面价值；
（2）确定资产、负债的计税基础；
（3）比较资产、负债账面价值与计税基础，确定暂时性差异；
（4）确认递延所得税资产与负债（在所得税税率发生变动时调整递延所得税资产与负债）；
（5）计算应交所得税；
（6）计算所得税。

二、资产、负债的计税基础

资产负债表法的核心是通过比较资产负债表上每一资产与负债项目的会计账面价值与计税基础之间的暂时性差异，来分别确认递延所得税资产和递延所得税负债。资产与负债的账面价值是资产负债表日的价值，直接从期末资产负债表中取得。资产的计税基础指企业在收回资产账面价值的过程中，计算应纳税所得额时按照税法可以自应税经济利益中抵扣的金额，即该项资产在未来使用或最终处置时，允许作为成本或费用于税前列支的金额，即

① 由于采用资产负债表债务法的复杂性，这一准则后来分别通过发布第100号、第103号和第108号财务会计准则公告对这一准则实施的有效日期进行延期。2009年，美国会计准则汇编后，所得税准则编号为ASC740。

资产的计税基础=未来可税前列支的金额

资产负债表日某一资产的计税基础=成本-以前期间已税前列支的金额

负债的计税基础，是指其账面价值减去该负债在未来期间可予税前列支的金额，即

负债的计税基础=账面价值-未来可税前列支的金额

在资产中，账面价值与其计税基础可能存在差异的项目包括：交易性金融资产、其他债权投资、长期股权投资、无形资产、固定资产、其他计提减值准备的资产等。

一般负债的确认和清偿不影响所得税的计算，差异主要是源自费用中提取的负债，如预计负债和应付职工薪酬。

下面分别就资产与负债的计税基础的计算进行举例说明。

（一）交易性金融资产

交易性金融资产在会计上与税法上存在差异的原因：会计上，期末按公允价值计价；而税法上，是按成本计价的。

【例14-2】 某公司2015—2019年交易性金融资产的成本、账面价值如表14-1所示。

表14-1　　　　某公司2015—2019年交易性金融资产的成本和账面价值汇总表　　　　单位：元

项目	2015年	2016年	2017年	2018年	2019年
成本	100 300	200 345	123 032	456 231	564 238
账面价值	100 800	198 657	100 564	564 078	600 780

该公司交易性金融资产的计税基础为其成本，各年（2015—2019年）的计税基础分别为100 300元、200 345元、123 032元、456 231元和564 238元。

（二）应收账款

应收账款在会计上与税法上存在差异的原因：会计上，期末按应收账款原值减去坏账准备后的净额计价；而税法上，任何减值准备都不允许税前扣除，因而只要企业计提坏账准备，就会出现暂时性差异。

例如，某公司年末应收账款为1 000 000元，会计上按5%计提坏账准备，则期末应收账款账面价值为950 000元[1 000 000×（1-5%）]，而计税基础仍为1 000 000元，两者之间的差额为50 000元。

（三）其他债权投资

其他债权投资在会计上与税法上存在差异的原因与交易性金融资产基本相同：会计上，期末按公允价值计价；而税法上，是按成本计价的。如果上述交易性金融资产（见【例14-1】）为其他债权投资，两者的账面价值与计税基础是一致的。

（四）无形资产

无形资产在资产负债表日，其账面价值=实际成本-累计摊销-减值准备，但对使用寿命不确定的无形资产，其账面价值=实际成本-减值准备；而税法上，其计税基础=实际成本-累计摊销。

【例14-3】 某公司2015—2019年无形资产的成本、累计摊销和减值准备如表14-2所示。

表14-2　　　　某公司2015—2019年无形资产的成本、累计摊销和减值准备汇总表　　　　单位：元

项目	2015年	2016年	2017年	2018年	2019年
成本	1 000 000	1 000 000	1 000 000	1 000 000	1 000 000
减值准备	0	400 000	400 000	400 000	400 000
本期摊销	100 000	100 000	50 000	50 000	50 000
累计摊销	100 000	200 000	250 000	300 000	350 000
账面价值	900 000	400 000	350 000	300 000	250 000

注：该无形资产经济寿命为10年，按10年进行摊销。

该公司无形资产的计税基础为其成本减累计摊销（不调整减值准备的），各年（2015—2019年）的计税基础分别为900 000元、800 000元、700 000元、600 000元和500 000元。如果上述无形资产的经济寿命是不确定的，税法规定按不短于10年的时间进行摊销，则会计的账面价值分别为1 000 000元、600 000元、600 000元、600 000元和600 000元，计税基础不变。

对于内部研究开发所产生的支出，按《企业会计准则第 6 号——无形资产》的规定分为两个阶段：研究阶段与开发阶段，研究阶段的支出应当费用化计入当期损益，开发阶段符合资本化条件的确认为无形资产。根据国家税务总局的相关规定，企业为开发新技术、新产品和新工艺发生的研发费用，未形成无形资产的，在按规定据实扣除的基础上，再按 50%加计扣除；形成无形资产的，按照无形资产成本的150%计算每期的摊销额（摊销年限不得低于 10 年）。这两种情况下都不形成对所得税影响的暂时性差异。

（五）固定资产

固定资产在资产负债表日，其账面价值=实际成本-累计折旧（会计折旧）-减值准备；而税法上，其计税基础=实际成本-累计折旧（税法折旧）。

【例14-4】 某公司2015—2019年固定资产的成本、累计折旧和减值准备如表14-3所示。

表 14-3　　　　某公司 2015—2019 年固定资产的成本、累计折旧和减值准备汇总表　　　　单位：元

项目	2015 年	2016 年	2017 年	2018 年	2019 年
成本	1 000 000	1 000 000	1 000 000	1 000 000	1 000 000
减值准备	0	400 000	400 000	400 000	400 000
本期折旧	100 000	100 000	50 000	50 000	50 000
累计折旧	100 000	200 000	250 000	300 000	350 000
账面价值	900 000	400 000	350 000	300 000	250 000
税法折旧	200 000	160 000	128 000	102 400	81 920

注：该固定资产经济寿命为 10 年，会计上按 10 年用直线法进行折旧，不考虑残值，税法上允许按双倍余额递减法计提折旧。

该固定资产的计税基础为其成本减累计折旧（不调整减值准备的），各年（2015—2019年）的计税基础分别为800 000元、640 000元、512 000元、409 600元和327 680元。

（六）长期股权投资

长期股权投资的主要核算方法为成本法和权益法。在成本法下，除计提减值准备外，税法和会计对长期股权投资的认定是一致的，两者不会产生差异。在权益法下，税法并不认定会计核算中的权益法的概念。而权益法下影响长期股权投资会计价值变化的无非三个方面：一是初始成本的调整，即在初始投资成本小于按照持股比例计算应享有被投资单位可辨认净资产公允价值份额的情况下，一方面调增长期股权投资的账面价值，同时登记营业外收入，这时就会产生暂时性差异；另外，导致的长期股权投资账面价值发生变化的是每期投资损益的确认和应享有被投资单位其他权益变化的确认。后两者不会产生对所得税影响的暂时性差异。

（七）预计负债

企业因销售商品提供售后服务（如"三包"）等原因确认的预计负债所产生的费用计入当期；而税法规定，有关产品售后服务等与取得经营收入直接相关的费用于实际发生时才允许税前列支。这样就造成预计负债的账面价值与其计税基础之间的差异。

根据资产负债表法，负债的计税基础=负债的账面价值-未来可税前列支额。

【例14-5】 某公司2015—2019年预计产品保修费用和实际发生的修理费用如表14-4所示。

表 14-4　　　某公司2015—2019年预计产品保修费用和实际发生的修理费用汇总表　　　单位：元

项目	2015 年	2016 年	2017 年	2018 年	2019 年
预计负债	500 000	600 000	600 000	700 000	800 000
实际修理费用	0	150 000	350 000	600 000	700 000

注：产品的保修期为3年，假定2015年为第一年销售新产品。

该预计负债的各年的计税基础均为零。

有的预计负债所确认的相关费用在税法上是不允许扣除的，这时，预计负债的账面价值与计税基础就不存在暂时性差异，即这种差异属于永久性差异。

【例14-6】 2019年，某企业因债务担保确认了预计负债500万元，但担保发生在关联方之间，担保方并未就该项担保收取与相应责任相关的费用。

会计上，按照或有事项准则规定，确认预计负债和相关费用；但税法上，与该预计负债相关的费用不允许税前扣除。即

账面价值=500（万元）

计税基础=账面价值500万元-可从未来经济利益中扣除的金额0=500（万元）

即这一事项不存在暂时性差异。

（八）应付职工薪酬

按《企业会计准则第9号——职工薪酬》的规定，所有与取得职工服务相关的支出均计入成本费用，同时确认应付职工薪酬；但现行税法规定，内资企业可税前扣除的工资是有额度的。

【例14-7】 某企业当期确认应支付的职工工资及其他薪金性质支出共计2 300万元。按照税法规定的计税工资标准可以于当期扣除的部分为1 800万元。

应付职工薪酬账面价值=2 300（万元）

计税基础=账面价值2 300万元-可从未来应税利益中扣除的金额0元=2 300（万元）

即这一事项不存在暂时性差异。我们也可以理解为这一事项为永久性差异。

三、递延所得税资产、递延所得税负债和所得税费用的确认

确定了资产、负债的账面价值与计税基础后，就要比较这两者的差异。这些差异有四种情形：

情形一，资产的账面价值>计税基础时，就会产生应纳税暂时性差异，形成递延所得税负债；

情形二，资产的账面价值<计税基础时，就会产生可抵扣暂时性差异，形成递延所得税资产；

情形三，负债的账面价值>计税基础时，就会产生可抵扣暂时性差异，形成递延所得税资产；

情形四，负债的账面价值<计税基础时，就会产生应纳税暂时性差异，形成递延所得税负债。

下面分别通过几个实例来说明递延所得税资产、递延所得税负债和所得税费用的确认。

【例14-8】 接【例14-1】，某公司2015—2019年交易性金融资产的成本、账面价值如表14-5所示。

表 14-5　　　某公司2015—2019年交易性金融资产的成本、账面价值汇总表　　　单位：元

项目	2015 年	2016 年	2017 年	2018 年	2019 年
成本	100 300	200 345	123 032	456 231	564 238
账面价值	100 800	198 657	100 564	564 078	600 780

该公司交易性资产的计税基础为其成本，各年（2015—2019年）的计税基础分别为100 300元、200 345元、123 032元、456 231元和564 238元。

假定该公司所得税税率为15%，交易性金融资产所产生的暂时性差异、递延所得税资产或递延所得税负债和所得税费用的确认如表14-6所示。

表 14-6 交易性金融资产的递延所得税资产或负债及所得税费用汇总表 单位：元

项目	2015 年	2016 年	2017 年	2018 年	2019 年
成本	100 300	200 345	123 032	456 231	564 238
账面价值	100 800	198 657	100 564	564 078	600 780
暂时性差异	500	（1 688）	（22 468）	107 847	36 542
税率	15%	15%	15%	15%	15%
递延所得税资产（或负债）	（75）	253.2	3 370.2	（16 177.05）	（5 481.3）
所得税费用（或收益）	75	（253.2）	（3 370.2）	16 177.05	5 481.3

单就该交易性金融资产而言，其2015年的会计分录如下。

借：所得税 75

贷：递延所得税负债 75

【例14-9】 接【例14-8】，假定该公司所得税税率为15%，其他债权投资所产生的暂时性差异、递延所得税资产或递延所得税负债和其他综合收益的确认如表14-7所示。

表 14-7 其他债权投资的递延所得税资产或负债和其他综合收益汇总表 单位：元

项目	2015 年	2016 年	2017 年	2018 年	2019 年
成本	100 300	200 345	123 032	456 231	564 238
账面价值	100 800	198 657	100 564	564 078	600 780
暂时性差异	500	（1 688）	（22 468）	107 847	36 542
税率	15%	15%	15%	15%	15%
递延所得税资产（或负债）	（75）	235.2	3 370.2	（16 177.05）	（5 481.3）
资本公积借方（或贷方）	75	（235.2）	（3 370.2）	16 177.05	5 481.3

单就该其他债权投资而言，其2015年的会计分录如下。

借：其他综合收益 75

贷：递延所得税负债 75

由于其他债权投资期末价格调整是计入所有者权益的，并不影响当期会计利润，因此，所形成的递延所得税资产或负债也不影响当期所得税费用，仍然计入权益中。

接下来通过实例讲解固定资产所产生的暂时性差异、递延所得税资产或递延所得税负债和所得税费用的确认。

【例14-10】 接【例14-4】，某公司2015—2019年固定资产所产生的暂时性差异、递延所得税资产或递延所得税负债和所得税费用的确认如表14-8所示。

表 14-8 2015—2019 年固定资产的递延所得税资产或负债及所得税费用汇总表 单位：元

项目	2015 年	2016 年	2017 年	2018 年	2019 年
成本	1 000 000	1 000 000	1 000 000	1 000 000	1 000 000
减值准备	0	400 000	400 000	400 000	400 000
本期折旧	100 000	100 000	50 000	50 000	50 000
累计折旧	100 000	200 000	250 000	300 000	350 000

续表

项目	2015 年	2016 年	2017 年	2018 年	2019 年
账面价值	900 000	400 000	350 000	300 000	250 000
税法折旧	200 000	160 000	128 000	102 400	81 920
计税基础	800 000	640 000	512 000	409 600	327 680
暂时性差异	100 000	（240 000）	（162 000）	（109 600）	（77 680）
税率	15%	15%	15%	15%	15%
递延所得税资产（或负债）	（15 000）	36 000	24 300	16 440	11 652
所得税费用（或收益）	15 000	（36 000）	（24 300）	（16 440）	（11 652）

单就该固定资产而言，其2015年的会计分录如下。

借：所得税   15 000

    贷：递延所得税负债   15 000

另外，资产负债表债务法的特点还体现在当税率变动时，要对已经形成的递延所得税资产和递延所得税负债进行调整，并相应调整当期所得税费用。税率变动所进行的相应调整体现的是债务法的特点。

最后，在可抵扣暂时性差异所形成的递延所得税资产中，还包括亏损的递延弥补。税率调整和亏损弥补的所得税会计处理在下一节通过实例进行讲解。

第三节 所得税会计处理

一、税率不变时所得税会计处理

前面所举的实例中，都是单一项目所得税会计处理，下面通过一个实例说明多项目所得税会计的处理。

【例14-11】 2018年，珠江公司税前会计利润2 000 000元，所得税税率为25%，会计与税法不一致的事项主要有以下几项。

（1）公司2017年12月购进一固定资产，原价1 000 000元，使用寿命10年，不考虑残值，会计上使用直线法计提折旧，税法上使用双倍余额递减法。

（2）本期收到国债利息收入50 000元。

（3）期末交易性金融资产的市价为70 000元，成本为100 000元。

（4）企业拥有一项寿命不确定的无形资产500 000元，税法允许按不短于10年的期限摊销。

（5）本期销售一项新产品，实行保修服务3年，本年计提预计负债100 000元，本年未发生实际的修理费用。

（6）本期实际支付工资1 500 000元，标准计税工资为1 300 000元。

下面分步求出本期所得税费用。

第一步：确定资产、负债的账面价值与计税基础。

（1）交易性金融资产：账面价值70 000元，计税基础100 000元。

（2）固定资产：账面价值为900 000元（1 000 000−100 000），计税基础为800 000元（1 000 000−200 000）。

（3）无形资产：账面价值500 000元，计税基础450 000元。①

（4）预计负债：账面价值100 000元，计税基础0。

另外两项国债利息收入和应付职工薪酬为永久性差异，不用调整。

第二步：比较资产、负债账面价值与计税基础，确定暂时性差异（见表14-9）。

表14-9 暂时性差异计算表 单位：元

项目	账面价值	计税基础	暂时性差异	
			应纳税差异	可抵扣差异
交易性金融资产	70 000	100 000		30 000
固定资产	900 000	800 000	100 000	
无形资产	500 000	450 000	50 000	
预计负债	100 000	0		100 000
合 计			150 000	130 000

第三步：确定本期递延所得税资产与递延所得税负债。

递延所得税资产=130 000×25%=32 500（元）

递延所得税负债=150 000×25%=37 500（元）

第四步：计算应交所得税。

会计利润	2 000 000
永久性差异	
减：国债利息	（50 000）
加：超标准工资	200 000
暂时性差异	
交易性金融资产	30 000
固定资产	（100 000）
无形资产	（50 000）
预计负债	100 000
应税所得	2 130 000
税率	25%
应交所得税	532 500

第五步：计算所得税费用并登记会计分录。

本期所得税费用=应交所得税±递延所得税资产减少（增加）±递延所得税负债增加（减少）

=532 500-32 500+37 500

=537 500（元）

相关会计分录如下。

借：所得税	537 500	
递延所得税资产	32 500	
贷：递延所得税负债		37 500
应交税费		532 500

① 根据税法的规定，形成无形资产的开发支出，可按每年150%计算其摊销额进行抵扣，因此，本无形资产的计税基础为750 000元，形成250 000元的差异，但由于这一差异系初始确认时产生的，确认该资产既不影响会计利润，也不影响应纳所得税，因此，按准则规定不确认该差异（其实质是，这一差异是无法逆转的）。【例14-11】中无形资产形成的暂时性差异是由于会计不摊销而税法允许按100%进行摊销而形成的。如果按150%进行摊销，另外50%为永久性差异。

【例14-11】中，假定珠江公司刚开业第一年，为了连续反映所得税会计的处理过程，将珠江公司2019年的所得税会计处理列举出来。

【例14-12】 2019年，珠江公司税前会计利润2 500 000元，由于申请高新技术企业在审，所得税税率仍为25%，会计与税法不一致的事项主要有以下几项。

（1）公司2017年12月购进一固定资产，原价1 000 000元，使用寿命10年，不考虑残值，会计上使用直线法计提折旧，税法上使用双倍余额递减法。本年计提减值准备400 000元。

（2）本期收到国债利息收入50 000元。

（3）期末交易性金融资产市价为150 000元，成本为100 000元。

（4）期末其他债权投资市价为240 000元，成本为200 000元。

（5）企业拥有一项寿命不确定的无形资产500 000元，税法允许按不短于10年的期限摊销。

（6）本期继续销售上述新产品，实行保修服务3年，本年计提预计负债100 000元，本年发生实际修理费用30 000元。

（7）因延期缴纳税金，支付滞纳金10 000元。

（8）本期实际支付工资1 500 000元，标准计税工资为1 300 000元。

下面分步求出本期所得税费用。

第一步：确定资产、负债的账面价值与计税基础。

（1）交易性金融资产：账面价值150 000元，计税基础100 000元。

（2）其他债权投资：账面价值240 000元，计税基础200 000元。

（3）固定资产：账面价值为400 000元（1 000 000-100 000-100 000-400 000），计税基础为640 000元（1 000 000-200 000-160 000）。

（4）无形资产：账面价值500 000元，计税基础400 000元。

（5）预计负债：账面价值170 000元，计税基础0元。

另外三项国债利息收入、滞纳金和应付职工薪酬为永久性差异，不用调整。

第二步：比较资产、负债账面价值与计税基础，确定暂时性差异（见表14-10）。

表14-10　　　　　　　　　　　　　　暂时性差异计算表　　　　　　　　　　　　单位：元

项目	账面价值	计税基础	暂时性差异	
			应纳税差异	可抵扣差异
交易性金融资产	150 000	100 000	50 000	
其他债权投资	240 000	200 000	40 000	
固定资产	400 000	640 000		240 000
无形资产	500 000	400 000	100 000	
预计负债	170 000	0		170 000
合　计			190 000	410 000

第三步：确定本期递延所得税资产与递延所得税负债。

本期递延所得税资产=期末递延所得税资产-期初递延所得税资产

=410 000×25%-32 500

=70 000（元）

本期递延所得税负债=期末递延所得税负债-期初递延所得税负债

=190 000×25%-37 500

=10 000（元）

第四步：计算应交所得税。

会计利润	2 500 000
永久性差异	
减：国债利息	（50 000）
加：超标准工资	200 000
滞纳金	10 000
暂时性差异	
交易性金融资产（-50 000-30 000）	（80 000）
固定资产[240 000-（-100 000）]	340 000
无形资产[-100 000-（-50 000）]	（50 000）
预计负债（170 000-100 000）	70 000
应税所得	2 940 000
税率	25%
应交所得税	735 000

注：交易性金融资产本期应税所得的调整额为本期账面价值与计税基础的差额减上期两者之间的差额，即本期应税所得的调整额=（本期可抵扣差异-本期应纳税差异）-（上期可抵扣差异-上期应纳税差异）。后面的项目计算原理相同。

其他债权投资由于市价调整额直接计入权益，所以不用调整应税所得额。

第五步：计算所得税费用并登记会计分录。

本期所得税费用=应交所得税±递延所得税资产减少（增加）±递延所得税负债的增加（减少）±其他综合收益的增加（减少）

$$=735\,000-70\,000+10\,000-10\,000$$
$$=665\,000（元）$$

相关会计分录如下。

借：所得税		665 000
递延所得税资产		70 000
其他综合收益		10 000
贷：递延所得税负债		10 000
应交税费		735 000

*可供出售金融资产期末市价调整直接计入权益，不用调整所得税费用，而是调整权益。

二、税率变动时所得税会计处理

在【例14-11】和【例14-12】中，我们假定税率都没有发生变动，所得税税率均为25%。如果税率发生变动，按资产负债表债务法，则要调整递延所得税资产、递延所得税负债和所得税费用。

【例14-13】　接【例14-11】，假定其他条件均相同，只是2019年的税率从25%调整为15%，并且在2018年已经知道2019年将实施新的15%的税率。

暂时性差异的计算不变，只是按新的税率重新计算本期递延所得税资产与递延所得税负债。

递延所得税资产=130 000×15%=19 500（元）

递延所得税负债=150 000×15%=22 500（元）

本期仍按25%缴纳所得税532 500元，但要重新计算本期所得税费用。

本期所得税费用=应交所得税±递延所得税资产减少（增加）±递延所得税负债的增加（减少）

$$=532\,500-19\,500+22\,500$$
$$=535\,500（元）$$

会计分录如下。

借：所得税　　　　　　　　　　　　　　　　　　　　　535 500

　　递延所得税资产　　　　　　　　　　　　　　　　　　19 500

　　贷：递延所得税负债　　　　　　　　　　　　　　　　22 500

　　　　应交税费　　　　　　　　　　　　　　　　　　532 500

2019年，珠江公司按新税率计算递延所得税资产、递延所得税负债、所得税费用和应交所得税。

2019年递延所得税资产=期末递延所得税资产-期初递延所得税资产

　　　　　　　　　　=410 000×15%-19 500

　　　　　　　　　　=42 000（元）

2019年递延所得税负债=期末递延所得税负债-期初递延所得税负债

　　　　　　　　　　=190 000×15%-22 500

　　　　　　　　　　=6 000（元）

应交所得税=2 940 000×15%=441 000（元）

$$本期所得税费用=应交所得税\pm\frac{递延所得税资产}{减少（增加）}\pm\frac{递延所得税负债的}{增加（减少）}\pm\frac{其他综合收益的}{增加（减少）}$$

　　　　=441 000-42 000+6 000-6 000

　　　　=399 000（元）

会计分录如下。

借：所得税　　　　　　　　　　　　　　　　　　　　　399 000

　　递延所得税资产　　　　　　　　　　　　　　　　　　42 000

　　其他综合收益　　　　　　　　　　　　　　　　　　　6 000

　　贷：递延所得税负债　　　　　　　　　　　　　　　　6 000

　　　　应交税费　　　　　　　　　　　　　　　　　　441 000

如果到2019年珠江公司才得知税率调整为15%，2018年珠江公司递延所得税资产、递延所得税负债和所得税费用均按25%进行核算，2019年，珠江公司要对前期递延所得税资产和递延所得税负债进行调整，税率变动对所得税费用的影响有两种处理方法：一是计入当期所得税费用；二是追溯调整期初未分配利润。

【例14-14】　假定到2019年珠江公司才得知税率调整为15%，其他资料同前，会计处理如下（本例采用追溯调整法）。

2018年递延所得税资产调整额=可抵扣暂时性差异×（旧税率-新税率）

　　　　　　　　　　　　　=130 000×（25%-15%）

　　　　　　　　　　　　　=13 000（元）

2018年递延所得税负债调整额=应纳税暂时性差异×（旧税率-新税率）

　　　　　　　　　　　　　=150 000×（25%-15%）

　　　　　　　　　　　　　=15 000（元）

期初未分配利润调整额=递延所得税负债的减少（增加）±递延所得税资产的增加（减少）

　　　　　　　　　　=15 000-13 000

　　　　　　　　　　=2 000（元）

调整分录如下。

借：递延所得税负债　　　　　　　　　　　　　　　　　15 000

　　贷：递延所得税资产　　　　　　　　　　　　　　　13 000

　　　　期初未分配利润　　　　　　　　　　　　　　　2 000

以后的会计处理同【例14-12】。

三、特殊项目产生的暂时性差异

前面讨论的都是可抵扣暂时性差异所形成的递延所得税资产，此外，亏损的抵扣也可以形成递延所得税资产。按《中华人民共和国企业所得税暂行条例》的规定，企业所发生的年度亏损可以用随后 5 年的所得进行弥补。另外，根据稳健性原则，《企业会计准则第 18 号——所得税》规定，对于能够结转以后年度的可抵扣亏损和税款抵减，企业应当以可能获得用来抵扣亏损和税款抵减的未来应纳税所得额为限，确认相应的递延所得税资产。

【例14-15】　某企业2019年度发生亏损1 000 000元，预计2020—2024年每年可获利200 000元。所得税税率为25%。各年所得税会计的处理如下。

（1）2019年的会计处理如下。

借：递延所得税资产　　　　　　　　　　　　　　　　　250 000

　　贷：所得税　　　　　　　　　　　　　　　　　　　　　　250 000

扣除250 000元的所得税收益后，该企业当年的净亏损为750 000元。

（2）2020—2024年的会计处理如下。

借：所得税　　　　　　　　　　　　　　　　　　　　　50 000

　　贷：递延所得税资产　　　　　　　　　　　　　　　　　　50 000

假定预计2020—2024年每年只能获利100 000元，共计获利为500 000元。则2019年登记的递延所得税资产为125 000元，相关会计分录如下。

借：递延所得税资产　　　　　　　　　　　　　　　　　125 000

　　贷：所得税　　　　　　　　　　　　　　　　　　　　　　125 000

以后各年分录略。

根据我国相关税法的规定，不超过销售收入15%部分的广告费和业务宣传费支出准予当年扣除，超出部分向以后纳税年度结转扣除。会计处理与亏损抵扣类似。

四、披露与分析

企业对所得税核算的结果的披露如下：所得税费用在利润表中列示，应交税费（应交所得税）、递延所得税资产和递延所得税负债在资产负债表中列示，其中递延所得税资产和递延所得税负债分别作为非流动资产和非流动负债在资产负债表中列示。

企业在附注中还需要列示与所得税相关的下列信息。

（1）所得税费用（收益）的主要组成部分。

（2）所得税费用（收益）与会计利润关系的说明。

（3）未确认递延所得税资产的可抵扣暂时性差异、可抵扣亏损的金额（如果存在到期日，还应揭露到期日）。

（4）未确认递延所得税负债的，与对子公司、联营企业及合营企业投资相关的暂时性差异的金额。

（5）对每一类暂时性差异和可抵扣亏损，在列报期间确认的递延所得税资产或递延所得税负债的金额，确认递延所得税的依据。

财务会计与税务会计的不一致是一种正常现象，由此产生永久性差异和暂时性差异，如果所得税费用与应交所得税差异不大，我们只需要在附注中了解每一类暂时性差异和可抵扣亏损，在列报期间确认的递延所得税资产或递延所得税负债的金额和依据。另外，了解是否存在未确认的递延所得税项目、金额及原因。

但如果企业披露的所得税会计相关项目异常，我们需要特别关注并进行深入分析。

乐视网（300104）是一家在深圳证券交易所上市的公司，其 2015 年和 2016 年的年报因其所得税项目的异常而受到公众的关注。根据其 2016 年的年度报告，合并资产负债表列示的递延所得税资产 2016 年和 2015 年分别高达 7.6 亿元和 5.1 亿元，更令人困惑的是，2015 年在利润总额为 0.74 亿元时，所得税费用为负的（即所得税收益）1.43 亿元，2016 年，利润总额为负的 3.28 亿元时，所得税费用却为负的 1.07 亿元（这两年归属于母公司股东的净利润分别为 5.6 亿元和 5.7 亿元）。当然，如果仔细分析就不奇怪了，导致产生巨额递延所得税资产和所得税收益的主要原因就是企业（集团）的巨额亏损。根据其年报附注的披露，产生巨额递延所得税资产和所得税收益的亏损金额 2016 年和 2015 年分别为 26 亿元和 17 亿元。另外，该公司还披露了这两年未确认递延所得税资产的亏损金额分别为 5 亿元和 1 亿元。最后一个让大家最不解的问题是，为何出现如此巨额的亏损，合并利润在 2015 年还出现盈利，而这两个年份归属于母公司的净利润分别高达 5 个多亿。关于这个问题则需要在高级财务会计合并会计部分进行分析说明。

思 考 题

1. 举例说明四种时间性差异的类型。
2. 举例说明四种永久性差异的类型。
3. 资产的定义是什么？递延所得税资产真的是一项资产吗？你的观点是什么？请说明理由。
4. 负债的定义是什么？递延所得税负债真的是一项负债吗？它是一项或有负债吗？
5. 简述资产负债表债务法及核算程序。
6. 区别下列几组概念。
（1）应交所得税与所得税费用。
（2）应税所得额与应交所得税。
（3）计税差异与计税差异对所得税的影响。
（4）递延所得税资产与递延所得税负债。
（5）应付税款法与纳税影响会计法。
（6）时间性差异、暂时性差异与永久性差异。
（7）可抵扣暂时性差异与应纳税暂时性差异。

练 习 题

（一）暂时性差异与永久性差异

资料：某企业发生以下经济业务。
（1）本期取得国债利息收入45 000元。
（2）本期企业计提折旧100 000元，计算应税所得额时按120 000元抵扣。
（3）由于企业未能按时缴纳税款，被处罚缴纳滞纳金50 000元。
（4）本期计提产品保修准备80 000元。
（5）赞助当地一台晚会30 000元。
（6）向某慈善机构进行公益捐赠150 000元，本期利润总额1 000 000元。
（7）期末交易性金融资产市价250 000元，账面价值300 000元；期末其他债权投资市价180 000元，账面价值200 000元。

（8）本期计提存货跌价准备80 000元，坏账准备50 000元。

（9）企业拥有一项寿命不确定的无形资产，价值500 000元，税法允许按不少于10年进行摊销，本期研发费用共计支出200 000元，其中符合资本化条件的支出100 000元。

（10）按成本法确认的一项长期股权投资，本期收到现金股利30 000元；按权益法确认的一项长期股权投资，本期登记投资收益450 000元。投资双方税率相等。

要求：指出上述事项哪些是暂时性差异，哪些是永久性差异。

（二）应付税款法

资料：2018年，南方公司税前会计利润为1 500 000元。所得税税率为25%。本期发生的应税所得额调整事项有以下几项。

（1）本期取得国债利息收入45 000元。

（2）本期企业固定资产会计上按直线法计提折旧，税法上允许按双倍余额递减法计提，固定资产原价500 000元，残值率为10%，折旧计提年限10年，该固定资产从本年初开始计提折旧。

（3）由于企业未能按时缴纳税款，处罚缴纳滞纳金50 000元。

（4）本期产品销售收入30 000 000元，按销售收入的0.5%计提产品保修准备，本期实际发生修理费用50 000元。

（5）期末交易性金融资产市价250 000元，账面价值300 000元；期末其他债权投资市价180 000元，账面价值200 000元。

（6）向某慈善机构进行公益捐赠200 000元。

（7）本期计提存货跌价准备80 000元。

（8）按成本法确认的一项长期股权投资，本期收到现金股利30 000元；按权益法确认的一项长期股权投资，本期登记投资收益250 000元。投资双方税率相等。

要求：按应付税款法登记所得税费用的会计处理。

（三）资产负债表债务法——税率不变

资料：2018年，南方公司税前会计利润为1 500 000元。本期发生的应税所得额调整事项有以下几项。

（1）本期取得国债利息收入45 000元。

（2）本期企业固定资产会计上按直线法计提折旧，税法上允许按双倍余额递减法计提，固定资产原价500 000元，残值率为10%，折旧计提年限10年，该固定资产从本年年初开始计提折旧。

（3）由于企业未能按时缴纳税款，被处罚缴纳滞纳金50 000元。

（4）本期产品销售收入30 000 000元，按销售收入的0.5%计提产品保修准备，本期实际发生修理费用50 000元。

（5）期末交易性金融资产市价250 000元，成本300 000元；期末其他债权投资市价180 000元，成本200 000元。

（6）向某慈善机构进行公益捐赠200 000元。

（7）本期计提存货跌价准备80 000元。

（8）按成本法确认的一项长期股权投资，本期收到现金股利30 000元；按权益法确认的一项长期股权投资，本期登记投资收益250 000元。投资双方税率相等。

2019年，南方公司税前会计利润为1 800 000元。本期发生的应税所得额调整事项有以下几项。

（1）本期取得国债利息收入45 000元。

（2）本期企业固定资产会计上按直线法计提折旧，税法上允许按双倍余额递减法计提，固定资产原价500 000元，残值率为10%，折旧计提年限为10年。

（3）赞助当地一台晚会50 000元。

（4）本期产品销售收入40 000 000元，按销售收入的0.5%计提产品保修准备，本期实际发生修理费用150 000元。

（5）期末交易性金融资产市价300 000元，成本300 000元；期末其他债权投资市价300 000元，成本200 000元。

（6）购进一项寿命不确定的无形资产，价值500 000元，税法允许按不少于10年进行摊销。

（7）本期存货跌价准备余额仍然为80 000元。

（8）按成本法确认的一项长期股权投资，本期收到现金股利50 000元；按权益法确认的一项长期股权投资，本期登记投资收益250 000元。投资双方税率相等。

假定南方公司所得税税率2018年和2019年均为25%。

要求：按资产负债表债务法做出2018年和2019年所得税费用的会计处理。

（四）资产负债表债务法——税率变动

资料：同上题，南方公司所得税税率2018年为25%，2008年改为15%。

要求：

1. 假定2018年得知2019年的税率调整为15%，请按资产负债表债务法登记2018年和2019年所得税费用的会计处理。

2. 假定2018年不知道2019年的税率调整为15%，请按资产负债表债务法登记2018年和2019年所得税费用的会计处理。

（五）资产负债表债务法——亏损抵扣

资料：海珠公司2018年发生年度亏损6 500 000元，预计2019—2023年每年盈利500 000元、1 000 000元、1 200 000元、1 800 000元和2 000 000元，2018年所得税税率为25%，之后调整为15%。

要求：

1. 做出2018—2023年的所得税会计处理。

2. 假定2020年预计最后两年的利润分别为1 500 000元和180 000元，请做出2020—2023年的所得税会计处理。

案例分析：营业利润还是特许使用费——ABC卫星公司税收诉讼案[①]

---

① 本书每章后所增加的案例分析请参见本系列教材中配套出版的《会计教学案例》一书，后同。

本章要点

- 融资租赁的实质
- 融资租赁——承租人的会计处理
- 融资租赁——出租人的会计处理
- 经营租赁的会计处理
- 售后租回的会计处理

章首故事

销售还是租赁

某公司财务经理遇到一个问题，向咨询公司咨询：某镇政府几年前因欠该公司一笔债，所以划拨一块土地给公司使用来抵债。协议规定，公司只拥有土地收益权和使用权，40 年后归还镇政府，产权一直属于镇政府。获得这块土地使用权后，公司将该土地出租给一客户，租金 300 万元，租赁期 40 年。财务经理的问题是：这一转让业务是作为租赁还是作为销售来处理，哪种处理对公司更有利？

咨询公司的答复是：

1. 该业务以租赁的方式比销售更加节税，因为租赁收入的税率较低；

2. 由于公司不拥有这块土地的产权，租赁不能备案，因此，不能作为租赁处理，只能按销售处理。

由于在节税和融资方面存在优势，租赁业务在国外开展十分普及，在美国注册会计师协会 2004 年调查的 600 家公司中，有 575 家披露了租赁的数据。一个典型的例子就是航空业，在美国航空、达美航空、西北航空、西南航空等公司中，租赁的飞机占全部飞机的比例分别为 25%、35%、43%和 21%。*

近年来，随着我国经济的持续发展和企业经营模式的不断创新，我国对企业融资资质和管制也在不断放松，因此，我国租赁业务的开展也越来越普遍。

资料来源：转引自唐纳德·E·基索著，杜兴强等译：《中级会计学》，第 12 版，1069 页，北京，中国人民大学出版社，2008。

改革开放后的前二十年租赁在我国并不普遍，开展时间也不长，相应的会计处理政策也出台较晚，因此，租赁会计在我国还是一个较新的领域。20 世纪 80 年代初期，我国才成立第一家以融资为主要目的的租赁公司，2017 年年底，这类公司在我国有九千多家。2001 年，我国加入 WTO 后，越来越多的租赁公司进入我国市场开展租赁业务，租赁会计会被越来越多的企业应用[①]。本章首先介绍一些租赁和租赁会计的基本概念，接下来分别从承租人和出租人的角度讲述融资租赁的会计处理，最后讨论经营租赁和售后回租的基本会计处理。

融资租赁的实质和融资租赁会计的核心内容

[①] 2007 年，中国人民银行颁布了《金融租赁公司管理办法》；2004 年，商务部和国家税务总局开展内资企业经营金融租赁业务的试点；随后，《融资租赁法》的制定也被纳入议事日程。我国目前租赁管理体制已改为由银保监会负责融资租赁全面管理。

第一节 | 租赁与租赁会计概述

一、租赁的定义与分类

按照我国《企业会计准则第 21 号——租赁》（以下简称租赁准则）中的定义，租赁是指在约定的期间内，出租人将资产的使用权让与承租人，以获取租金的协议。把租赁定义为一种协议，与美国和国际会计准则委员会的做法是一致的。

租赁的种类很多，从不同的角度有不同的分法。一般来说，租赁可以按下列标准进行分类。

（1）按租赁目的，可分为融资租赁和经营租赁。

（2）按租赁资产投资来源，可分为直接租赁、回租赁、举债经营租赁（杠杆租赁）、转租赁、委托租赁和其他。其中，转租赁是指出租人从一家租赁公司或从制造厂商租进一项设备后再转租给用户，这种方式主要是为了获得税收上的优惠，或者是出租公司自身实力较弱而利用其他租赁公司进行融资；回租赁是售后租回的简称，下面将做进一步的解释；委托租赁是指当一项资产的所有权属于几个所有者时，为了便于管理，将财产委托给受托人从事管理（即租赁）。

（3）按租赁是否附带服务，可分为附带服务租赁和净租赁。

（4）按租赁是否可享受税收优惠，可分为节税租赁（真实租赁）和非节税租赁（租购或有条件销售租赁）。

（5）按租赁对象，可分为不动产租赁、动产租赁和人才租赁。

（6）按租赁参与方国籍，可分为国内租赁和国际租赁。

（7）按租赁期长短，可分为长期租赁、中期租赁和短期租赁。

（8）按租金计算标准，可分为确定租金租赁和或有租金租赁。

国际会计准则委员会在其第 17 号国际会计准则（IAS）《租赁》[①]中，将租赁分为融资租赁和经营租赁，美国财务会计准则委员会在其第 13 号准则公告《租赁会计》中，按出租人和承租人两方面来分类。从承租人的角度，将租赁分为融资租赁和经营租赁；从出租人的角度将租赁分为销售租赁、直接融资租赁、杠杆租赁和经营租赁。其中，销售租赁是指具有销售性质的租赁，即租赁开始日租赁资产的公允价值或最低租赁付款额的现值大于或小于资产的成本或账面价值，这种租赁的出现主要是因为制造商或经销商充当出租人，把租赁当成销售的一种途径；杠杆租赁是指出租人以 20%～40%的款项获得设备的所有权，另外从金融机构借入不附追索权的款项进行的租赁活动，在这种租赁中，出租人的租赁设备第一抵押权、租赁合同和收取租金的受让权作为对借款的担保。

我国租赁准则对租赁主要分为融资租赁和经营租赁，并从出租人和承租人的角度对这两类会计处理进行了规定；另外，还对售后租回交易的会计处理进行了规范。

融资租赁是指实质上转移了与资产所有权有关的全部风险和报酬的租赁。所有权最终可能转移，也可能不转移。上述与资产所有权有关的风险是指，由于经营情况变化造成相关收益的变动，以及由于资产闲置、技术陈旧等原因造成的损失等；与资产所有权有关的报酬是指，在资产可使用年限内直接使用资产而获得的经济利益、资产增值，以及处置资产所实现的收益等。经营租赁是指除融资租赁以外的其他租赁。

[①] 2016 年，IASB 发布了第 16 号国际财务报告准则（IFRS）《租赁》（取代 17 号 IAS17）。2018 年，财政部发布租赁准则修订征求意见稿，修订的原则是根据 IFRS16 的规定，承租人除特殊情况外，一律按融资租赁对租赁业务进行会计处理。但 FASB 则仍然采用原有做法，继续要求承租人对租赁业务分别按融资租赁和经营租赁进行会计处理。

二、租赁和租赁会计的相关概念

（1）租赁期。租赁期指租赁合同规定的不可撤销的租赁期间。如果承租人有权选择继续租赁该资产，而且在租赁开始日就可以合理确定承租人将会行使这种选择权，则不论是否再支付租金，续租期应当包括在租赁期内；如果租赁合同规定承租人享有优惠购买选择权，而且在租赁开始日就可以合理确定承租人将会行使这种选择权，则租赁期最长不得超过自租赁开始日起至优惠购买选择权行使之日止的期间。

（2）租赁开始日与租赁期开始日。租赁开始日是指租赁协议日与租赁各方就主要租赁条款做出承诺日两者之中的较早者。在租赁开始日，承租人与出租人应当将租赁认定为融资租赁或经营租赁。租赁期开始日是指承租人有权行使其使用租赁资产权利的日期。这也是租赁双方进行租赁会计处理的日期。

（3）优惠续租选择权。优惠续租选择权指承租人在一个租期结束后，续租的租金预计远低于行使这种选择权日正常的租金，这里的"远低于"，通常是指低于70%（含70%）。

（4）购买选择权。购买选择权又称廉价购买权，指承租人在租赁期结束后，享有以预计远低于行使这种选择权日租赁资产的公允价值购买该租赁资产的权利。这种购买价，只是象征性的，例如按租赁期满租赁资产公允价值25%的价格购买。

（5）不可撤销租赁。不可撤销租赁指只有在以下一种或数种情况下才可撤销的租赁：①发生某些很少会出现的或有事项；②经出租人同意；③承租人与原出租人就同一资产或同类资产签订了新的租赁合同；④承租人额外支付了一笔足够大的款项。

（6）最低租赁付款额。最低租赁付款额是指在租赁期内，承租人应支付或可能被要求支付的款项（不包括或有租金和履约成本），加上由承租人或与其有关的第三方担保的资产余值。

（7）最低租赁收款额。最低租赁收款额指最低租赁付款额加上独立于承租人和出租人的第三方对出租人担保的资产余值。

（8）担保余值。就承租人而言，担保余值是指由承租人或与其有关的第三方担保的资产余值；就出租人而言，担保余值是指就承租人而言的担保余值加上与承租人和出租人均无关、但在财务上有能力担保的第三方担保的资产余值。其中，资产余值是指在租赁开始日估计的租赁期届满时租赁资产的公允价值。担保余值是相对于未担保余值而言的。为了促使承租人谨慎地使用租赁资产，尽量减少出租人自身的风险和损失，租赁合同有时要求承租人或与其有关的第三方对租赁资产的余值进行担保，此时的担保余值是针对承租人而言的。这里"与其有关的第三方"是指在业务经营或财务上与承租人有关的各方，如母公司、子公司、联营企业、合营企业、主要原料供应商、主要产品承销商、租赁资产出售方等。除此以外，担保人还可能是与承租人和出租人均无关、但在财务上有能力担保的第三方，如担保公司，此时的担保余值是针对出租人而言的。这时的担保余值包括承租人已担保的资产余值加上独立于承租人与出租人的第三方担保的资产余值。

（9）未担保余值。未担保余值指租赁资产余值中扣除就出租人而言的担保余值以后的资产余值。未担保余值表明没有人担保，而由出租人自身负担的那部分余值。这部分余值能否收回，没有切实可靠的保证，因此，在租赁开始日不能作为应收融资租赁款的一部分。

（10）初始直接费用。初始直接费用指在租赁谈判和签订租赁合同的过程中发生的可直接归属于租赁项目的费用。承租人发生的初始直接费用，通常有印花税、佣金、律师费、差旅费、谈判费等。出租人发生的初始直接费用与承租人相似。初始直接费用应分别计入融资租赁资产（承租人）或应收融资租赁款（出租人）。

（11）未确认融资费用。未确认融资费用指在租赁开始日，承租人将租赁资产公允价值和最低租赁付款额的现值两者中的较低者作为租赁资产的入账价值，将最低租赁付款额作为长期应付款的入账价值，这两者间的差额就是未确认融资费用。按照美国的相关规定，长期应付款与租赁资产的入账价值是一致的，不反映未确认的融资费用。这与我国的做法没有实质上的差别，但按照我国的相关会计处理规定，与融资租赁资产相关的负债在期末列报时要扣除未摊销的未确认融资费用。

当出租方租赁资产的账面资产反映的是公允价值，其账面价值就等于最低租赁付款额的现值（含未担保余值的现值），最低租赁付款额的现值和最低租赁付款额之间的差额就是未确认融资费用，而未确认融资费用实际上反映的是承租企业支付的利息。

（12）未实现融资收益。在租赁开始日，出租人应当将租赁开始日最低租赁收款额与初始直接费用之和作为应收融资租赁款的入账价值，并同时记录未担保余值，最低租赁收款额、初始直接费用与未担保余值之和与其现值之和的差额即为未实现融资收益。

（13）租赁内含利率。在租赁开始日，使最低租赁收款额的现值与未担保余值的现值之和等于租赁资产公允价值与出租人初始直接费用之和的折现率。

（14）履约成本。履约成本指在租赁期内为租赁资产支付的各种使用费用，如技术咨询和服务费、人员培训费、维修费、保险费等。

（15）或有租金。或有租金指金额不固定、以时间长短以外的其他因素（如销售量、使用量、物价指数等）为依据计算的租金。

第二节 融资租赁——承租人的会计处理

一、融资租赁的界定

融资租赁和经营租赁的区分，按照我国租赁准则的规定，只要符合下列五条标准中的一条，即应当认定为融资租赁。

第一，在租赁期届满时，资产的所有权转移给承租人。

第二，承租人有购买租赁资产的选择权，所订立的购价预计远低于行使选择权时租赁资产的公允价值，因而在租赁开始日就可合理地确定承租人将会行使这种选择权。这条标准有两层含义：（1）承租人拥有在租赁期届满时或某一特定的日期选择购买租赁资产的权利；（2）在租赁期届满时或某一特定的日期，当承租人行使购买租赁资产的选择权时，在租赁合同中订立的购价远低于行使这种选择权日的租赁资产的公允价值，因此在租赁开始日就可合理确定承租人会购买该项资产。

第三，租赁期占租赁资产尚可使用年限的大部分。这里的"大部分"是指租赁期占租赁开始日租赁资产尚可使用年限的75%以上（含75%，下同）。需要注意的是，这条标准强调的是租赁期占租赁资产尚可使用年限的比例，而非租赁期占该项资产全新时可使用年限的比例。

第四，就承租人而言，租赁开始日最低租赁付款额的现值几乎相当于租赁开始日租赁资产公允价值；就出租人而言，租赁开始日的最低租赁收款额的现值，几乎相当于租赁开始日租赁资产公允价值。最低租赁付款额或最低租赁收款额的现值，几乎相当于租赁开始日租赁资产公允价值，这里的"几乎相当于"，通常掌握在90%以上。

第五，租赁资产性质特殊，如果不做重新改制，只有承租人才能使用。这条标准是指租赁资产是出租人根据承租人对资产型号、规格等方面的特殊要求专门购买或建造的，具有专购、专用性质。这些租赁资产如果不做较大的重新改制，其他企业通常难以使用。

对于同时涉及土地和建筑物的租赁，企业通常应将土地和建筑物分开考虑，并将最低租赁付款额按土地和建筑物的租赁权益的公允价值的比例进行分配。由于我国土地所有权归国家所有，土地租赁不能归为融资租赁。但如果土地与建筑物无法分开或不能可靠单独计量的，应归为一项融资租赁，除非两部分都明显是经营租赁，在后一种情况下，整个租赁则归为经营租赁。

二、融资租赁承租人会计处理的内容

承租人融资租赁的会计处理主要涉及以下几个问题：（1）租赁开始日的会计处理；（2）初始直接费用的会计处理；（3）未确认融资费用的分摊；（4）租赁资产折旧的计提；（5）履约成本的会计处理；（6）或有租金的会计处理；（7）租赁期届满时的会计处理；（8）相关会计信息的披露等。

（一）租赁开始日的会计处理

租赁开始日，承租人将租赁资产公允价值和最低租赁付款额的现值中两者较低者作为租赁资产的入账价值，将最低租赁付款额作为长期应付款的入账价值，这两者间的差额就是未确认融资费用。同时，初始直接费用也计入租赁资产入账价值。在计算最低租赁付款额的现值时，如果知道出租人的租赁内含利率，就采用这一利率作为折现率；否则，采用合同规定的利率作为折现率；如果两者都无法掌握，就采用同期银行贷款利率作为折现率。最低租赁付款额等于各期租金之和加上行使优惠购买选择权支付的金额或承租人担保余值。

（二）初始直接费用的会计处理

对所发生的初始直接费用，登记为租赁资产价值，借记"融资租赁资产"，贷记"银行存款"等。

在融资租赁下，承租人向出租人支付的租金中，包含了本金和利息两部分。承租人支付租金时，一方面应减少长期应付款，另一方面应同时将未确认的融资费用按一定的方法确认为当期融资费用。在先付租金（即每期期初等额支付租金）的情况下，租赁期第一期支付的租金不含利息，只需减少长期应付款，不必确认当期融资费用。

（三）未确认融资费用的分摊

在分摊未确认融资费用时，承租人应采用一定的方法加以计算。这些方法包括实际利率法、直线法和年数总和法等。租赁准则要求采用实际利率法。在采用实际利率法的情况下，根据租赁开始日租赁资产入账价值的不同情况，融资费用分摊率的选择也不同，具体分为下列几种情况：

（1）以出租人的租赁内含利率为折现率将最低租赁付款额折现，且以该现值作为租入资产入账价值的，应当将租赁内含利率作为未确认融资费用的分摊率；

（2）以合同规定利率为折现率将最低租赁付款额折现，且以该现值作为租入资产入账价值的，应当将合同规定利率作为未确认融资费用的分摊率；

（3）以银行同期贷款利率为折现率将最低租赁付款额折现，且以该现值作为租入资产入账价值的，应当将银行同期贷款利率作为未确认融资费用的分摊率；

（4）以租赁资产公允价值作为入账价值的，应当重新计算分摊率。该分摊率是使最低租赁付款额的现值与租赁资产公允价值相等的折现率。

（四）租赁资产折旧的计提

承租人应对融资租入的固定资产计提折旧，主要应解决两个问题：一是折旧政策；二是折旧期间。折旧政策：计提租赁资产折旧时，承租人应采用与自有应折旧资产相一致的折旧政策。如果承租人或与其有关的第三方对租赁资产余值提供了担保，则应计提折旧总额为租赁开始日固定资产的入账价值扣除担保余值后的余额；如果承租人或与其有关的第三方未对租赁资产余值提供担保，则应计提折旧总额为租赁开始日固定资产的入账价值。折旧期间：确定租赁资产的折旧期间时，应视租赁合同的规定而论。如果能够合理确定租赁期届满时承租人将会取得租赁资产所有权，或认为承租人拥有该项资产的全部尚可使用年限，则以租赁开始日租赁资产的尚可使用年限作为折旧期间；如果无法合理确定租赁期届满后承租人是否能够取得租赁资产的所有权，则应以租赁期与租赁资产尚可使用年限两者中较短者作为折旧期间。

（五）履约成本的会计处理

对租入资产的改良支出、技术咨询、人员培训费等支出应予递延或直接计入当期费用，借记"长期待摊费用""制造费用"和"管理费用"等，贷记"银行存款"等，经常性修理和保险费等直接计入当期费用。

（六）或有租金的会计处理

对于或有租金，在其实际发生时，根据权责发生制原则，确认为当期费用。借记"财务费用"或"销售费用"等，贷记"银行存款"等。

（七）租赁期届满时的会计处理

租赁期满时分不同的情况进行以下会计处理。

（1）返还租赁资产的会计处理，借记"长期应付款——应付融资租赁款""累计折旧"，贷记"融资租赁资产"。

（2）如果承租人行使优惠续租选择权，则应视同该项租赁一直存在而做出相应的账务处理；如果租赁期届满时没有续租，根据租赁合同规定须向出租人支付违约金时，借记"营业外支出"，贷记"银行存款"等。

（3）在承租人享有优惠购买选择权的情况下，支付购买价款时，借记"长期应付款——应付融资租赁款"，贷记"银行存款"等；同时，将"融资租赁资产"转入"固定资产"。

（八）相关列报与信息披露的要求

按照租赁准则的要求，承租人应在资产负债表中，将与融资租赁相关的长期应付款减去未确认融资费用的差额，分别以长期负债和 1 年内到期的长期负债列示，并且在附注中披露与融资租赁有关的下列信息。

（1）各类租入固定资产的期初和期末原价、累计折旧额。

（2）资产负债表日后连续三个会计年度每年将支付的最低租赁付款额，以及以后年度将支付的最低租赁付款额总额。

（3）未确认融资费用的余额，以及分摊未确认融资费用所采用的方法。

三、融资租赁承租人会计处理举例

下面通过一个实例全面说明承租人在担保余值和未担保余值下融资租赁的会计处理。

【例15-1】　2015年1月1日，珠江公司与南方信托投资公司签署一项租赁协议，由后者于2015年1月1日向珠江公司提供一台大型设备作为租赁标的物，具体协议及相关内容如下：

第一，该租赁期为5年，协议是不可撤销的，要求每年年初支付租金23 237.09元；

第二，设备的账面价值为100 000元（等于公允价值），估计经济寿命为5年，残值为5 000元；

第三，设备到期归还给出租方；

第四，珠江公司按直线法计提固定资产折旧，预付保险费5 000元，每年的保险费为1 000元，后三年的修理费分别为5 000元、10 000元和15 000元；

第五，协议规定的利率为10%；

第六，珠江公司发生各项初始直接费用500元。

要求：登记珠江公司在担保余值和未担保余值下的会计处理。

（一）承租人对租赁资产余值进行担保的会计处理

第一步，判断租赁类型。最低租赁付款额的现值100 000元（计算过程如下）等于租赁资产的公允价值，所以此项租赁为融资租赁。

第二步，计算租赁开始日最低租赁付款额的现值，确定租赁资产的入账价值。

最低租赁付款额=各期租金之和+承租人担保的资产余额

$$=23\ 237.09\times5+5\ 000$$

$$=121\ 185.45\ （元）$$

最低租赁付款额折现值$=23\ 237.09\times PVF\text{-}AD_{(5,10\%)}+5\ 000\times PVF_{(5,10\%)}$

$$=23\ 237.09\times4.16\ 986+5\ 000\times0.62\ 092$$

$$=100\ 000\ （元）$$

注：本例题中租金为每年初支付，这里的年金系数为预付年金系数，下同。

依据最低租赁付款额的现值与租赁资产公允价值孰低原则，租赁资产的入账价值为100 000元加初始直接费用500元。

第三步，计算未确认融资费用。

未确认融资费用=最低租赁付款额-租赁开始日租赁资产公允价值

$$=121\ 185.45\text{-}100\ 000=21\ 185.45\ （元）$$

第四步，计算未确认融资费用分摊率。

$23\ 237.09\times PVF\text{-}AD_{(5,r)}+5\ 000\times PVF_{(5,r)}=100\ 000\ （元）$

利率	现值
当$r=9\%$时	101 768.31（23 237.09×4.239 72+5 000×0.649 93）
当$r=?$时	100 000
当$r=11\%$时	98 296（23 237.09×4.102 45+5 000×0.593 45）

因此，$9\%<r<11\%$，利用插值法计算可得：

$r=9\%+（11\%\text{-}9\%）\times（100\ 000\text{-}101\ 768.31）\div（98\ 296\text{-}101\ 768.31）$

$=10\%^{*}$

*由于融资租赁资产的入账价值等于出租资产的公允价值，又等于最低租赁付款额的折现值，所以融资费用分摊率等于协议规定的利率为10%，这时，租赁内含利率、合同协议利率、使最低租赁付款额的现值等于租赁资产公允价值的折现率均为同一利率。这里通过内插法求这一比率，是为了说明实际利率法的计算程序。

第五步，采用实际利率法分摊未确认融资费用（见表15-1）。

表 15-1　　　　　　　　　　　未确认融资费用分摊表（实际利率法）　　　　　　　　　　单位：元

日期①	租金加担保余额②	确认的融资费用③=期初⑤×10%	应付本金减少额④=②-上期③	应付本金余额期初⑤=上期⑤-④
2015 年 1 月 1 日	付第一期租金前			100 000
2015 年 1 月 1 日	23 237.09		23 237.09	76 762.91
2015 年 12 月 31 日		7 676.29		76 762.91
2016 年 1 月 1 日	23 237.09		15 560.80	61 202.11
2016 年 12 月 31 日		6 120.21		61 202.11
2017 年 1 月 1 日	23 237.09		17 116.88	44 085.23
2017 年 12 月 31 日		4 408.52		44 085.23
2018 年 1 月 1 日	23 237.09		18 828.57	25 256.66
2018 年 12 月 31 日		2 525.67		25 256.66
2019 年 1 月 1 日	23 237.09		20 711.42	4 545.24
2019 年 12 月 31 日		454.76*		4 545.24
2019 年 12 月 31 日	5 000		-454.76	5 000
合计	121 185.45	21 185.45	95 000	5 000

*尾数调整，下同。

第六步，在折旧期内采用直线法计提折旧（见表15-2）。

表 15-2　　　　　　　　　　融资租入固定资产折旧计算表（直线法）　　　　　　　　　单位：元

日期	固定资产原价	估计余值	折旧率	当年折旧费	累计折旧	固定资产净值
2015 年 1 月 1 日	100 500	5 000				100 500
2015 年 12 月 31 日			20%	19 100	19 100	81 400
2016 年 12 月 31 日			20%	19 100	38 200	62 300
2017 年 12 月 31 日			20%	19 100	57 300	43 200
2018 年 12 月 31 日			20%	19 100	76 400	24 100
2019 年 12 月 31 日			20%	19 100	95 500	5 000
合计	100 500	5 000		95 500	95 500	

年折旧率=100%÷5=20%

第七步，会计分录，如表15-3所示。

表 15-3　　　　　　　　　　　　　　珠江公司的会计处理

日期	摘要	会计分录
2015 年 1 月 1 日	登记租入固定资产和长期应付款	借：融资租赁资产　　　　　　　　100 500 　　未确认融资费用　　　　　　　21 185.45 　贷：长期应付款——应付融资租赁款　121 185.45 　　　银行存款　　　　　　　　　　500
	支付第一期租金	借：长期应付款——应付融资租赁款　23 237.09 　贷：银行存款　　　　　　　　　23 237.09
	支付固定资产保险费	借：长期待摊费用　　　　　　　　5 000 　贷：银行存款　　　　　　　　　5 000
2015 年 12 月 31 日	摊销未确认融资费用	借：财务费用　　　　　　　　　　7 676.29 　贷：未确认融资费用　　　　　　7 676.29
	计提租入固定资产折旧	借：制造费用——折旧费　　　　　19 100 　贷：累计折旧　　　　　　　　　19 100
	摊销第一年的保险费	借：制造费用　　　　　　　　　　1 000 　贷：长期待摊费用　　　　　　　1 000

续表

日期	摘要	会计分录	
2016 年 1 月 1 日	支付第二期租金	借：长期应付款——应付融资租赁款 贷：银行存款	23 237.09 23 237.09
2016 年 12 月 31 日	摊销未确认融资费用	借：财务费用 贷：未确认融资费用	6 120.21 6 120.21
	计提租入固定资产折旧	借：制造费用——折旧费 贷：累计折旧	19 100 19 100
	摊销第二年的保险费	借：制造费用 贷：长期待摊费用	1 000 1 000
2017 年 1 月 1 日	支付第三期租金	借：长期应付款——应付融资租赁款 贷：银行存款	23 237.09 23 237.09
2017 年 12 月 31 日	摊销未确认融资费用	借：财务费用 贷：未确认融资费用	4 408.52 4 408.52
	支付该年的修理费	借：制造费用 贷：银行存款	5 000 5 000
	计提租入固定资产折旧	借：制造费用——折旧费 贷：累计折旧	19 100 19 100
	摊销第三年的保险费	借：制造费用 贷：长期待摊费用	1 000 1 000
2018 年 1 月 1 日	支付第四期租金	借：长期应付款——应付融资租赁款 贷：银行存款	23 237.09 23 237.09
2018 年 12 月 31 日	摊销未确认融资费用	借：财务费用 贷：未确认融资费用	2 525.67 2 525.67
	支付该年的修理费	借：制造费用 贷：银行存款	10 000 10 000
	计提租入固定资产折旧	借：制造费用——折旧费 贷：累计折旧	19 100 19 100
	摊销第四年的保险费	借：制造费用 贷：长期待摊费用	1 000 1 000
2019 年 1 月 1 日	支付第五期租金	借：长期应付款——应付融资租赁款 贷：银行存款	23 237.09 23 237.09
2019 年 12 月 31 日	摊销未确认融资费用	借：财务费用 贷：未确认融资费用	454.76 454.76
	支付该年的修理费	借：制造费用 贷：银行存款	15 000 15 000
	计提租入固定资产折旧	借：制造费用——折旧费 贷：累计折旧	19 100 19 100
	摊销第五年的保险费	借：制造费用 贷：长期待摊费用	1 000 1 000
	登记租入固定资产的返还	借：长期应付款——应付融资租赁款 累计折旧 贷：融资租赁资产	5 000 95 500 100 500

第八步，财务报告中的列示与披露（见表15-4）。

表15-4   资产负债表（局部，2015年12月31日）   单位：元

资产	年初数	期末数	负债和所有者权益	年初数	期末数
固定资产：			流动负债：		
固定资产原价			1年内到期的长期负债	0	15 560.80
其中：融资租入固定资产	100 500	100 500	长期负债：		
			长期应付款	0	61 202.11
			其中：应付融资租赁款	0	61 202.11

注：1年内到期的长期负债15 560.80=23 237.09−7 676.29

应付融资租赁款61 202.11=76 762.91−15 560.80

报表附注

（1）融资租入固定资产是2015年1月1日从南方信托投资公司租入的大型设备，账面资产原值100 500元，累计折旧19 100元，账面净值81 400元。

（2）资产负债表日后连续3个年度将支付的最低租赁付款额及以后年度将支付的最低租赁付款总额如下。

项目	会计年度	金额
最低租赁付款	2016	23 237.09
	2017	23 237.09
	2018	23 237.09
	2019	28 237.09
最低租赁付款总额		97 948.36

（3）未确认融资费用的余额为13 509.16元（21 185.45−7 676.29），采用实际利率法分摊未确认融资费用。

以后各年的报表列示和披露略。

（二）承租人对租赁资产余值未担保的会计处理

【例15-2】　资料同【例15-1】，假设承租人不对资产余值进行担保，其会计处理如下。

第一步，判断租赁类型。最低租赁付款额的现值96 895.4元（计算过程如下）几乎等于租赁资产公允价值，所以此项租赁为融资租赁。

第二步，计算租赁开始日最低租赁付款额的现值，确定租赁资产的入账价值。

最低租赁付款额=各期租金之和+承租人担保的资产余额

$\qquad$ =23 237.09×5+0

$\qquad$ =116 185.45（元）

现值合计=23 237.09×$PVF\text{-}AD_{(5,10\%)}$=96 895.4<100 000

根据孰低原则，入账价值为96 895.4元加初始直接费用500元。

第三步，计算未确定融资费用。

未确认融资费用=最低租赁付款额−租赁开始日租赁资产入账价值

$\qquad$ =116 185.45−96 895.4=19 290.05（元）

第四步，计算融资费用分摊率。

23 237.09×$PVF\text{-}AD_{(5,r)}$=96 895.40（元）

利用插值法计算，r=10%，所以融资费用分摊率为10%，等于协议规定的利率。

第五步，采用实际利率法分摊未确定融资费用（见表15-5）。

表 15-5　　　　　　　　　　　　未确认融资费用分摊表（实际利率法）　　　　　　　　　单位：元

日期①	租金②	确认的融资费用 ③=期初⑤×10%	应付本金减少额 ④=②-上期③	应付本金余额 期初⑤=上期⑤-④
2015 年 1 月 1 日	付第一期租金前			96 895.40
2015 年 1 月 1 日	23 237.09		23 237.09	73 658.31
2015 年 12 月 31 日		7 365.83		73 658.31
2016 年 1 月 1 日	23 237.09		15 871.26	57 787.05
2016 年 12 月 31 日		5 778.71		57 787.05
2017 年 1 月 1 日	23 237.09		17 458.38	40 328.67
2017 年 12 月 31 日		4 032.87		40 328.67
2018 年 1 月 1 日	23 237.09		19 204.22	21 124.45
2018 年 12 月 31 日		2 112.64		21 124.45
2019 年 1 月 1 日	23 237.09		21 124.45	0
2019 年 12 月 31 日		0*		0
合计	116 185.45	19 290.05	96 895.40	

*由于是年初支付，最后一年没有融资费用的分摊。

第六步，在折旧期内采用直线法计提折旧（见表15-6）。

表 15-6　　　　　　　　　　　融资租入固定资产折旧计算表（直线法）　　　　　　　　单位：元

日期	原值	余额	当年折旧	累计折旧	固定资产净值
2015 年 1 月 1 日	97 395.40	0.00			97 395.40
2015 年 12 月 31 日			19 479.08	19 479.08	77 916.32
2016 年 12 月 31 日			19 479.08	38 958.16	58 437.24
2017 年 12 月 31 日			19 479.08	58 437.24	38 958.16
2018 年 12 月 31 日			19 479.08	77 916.32	19 479.08
2019 年 12 月 31 日			19 479.08	97 395.40	0.00
合计	97 395.40	0.00	97 395.40	97 395.40	0.00

第七步，会计分录（见表15-7）。

表 15-7　　　　　　　　　　　　　珠江公司的会计处理

日期	摘要	会计分录	
2015 年 1 月 1 日	登记租入固定资产和长期应付款	借：融资租赁资产　　　　　　　　97 395.40 　　未确认融资费用　　　　　　　19 290.05 　　贷：长期应付款——应付融资租赁款　116 185.45 　　　　银行存款　　　　　　　　　500	
2015 年 12 月 31 日	支付第一期租金	借：长期应付款——应付融资租赁款　23 237.09 　　贷：银行存款　　　　　　　　　23 237.09	
	支付固定资产保险费	借：长期待摊费用　　　　　　　　5 000 　　贷：银行存款　　　　　　　　　5 000	
	摊销未确认融资费用	借：财务费用　　　　　　　　　　7 365.83 　　贷：未确认融资费用　　　　　　7 365.83	
	计提租入固定资产折旧	借：制造费用——折旧费　　　　　19 479.08 　　贷：累计折旧　　　　　　　　　19 479.08	
	摊销第一年的保险费	借：制造费用　　　　　　　　　　1 000 　　贷：长期待摊费用　　　　　　　1 000	

续表

日期	摘要	会计分录
2016年1月1日	支付第二期租金	借：长期应付款——应付融资租赁款 23 237.09 贷：银行存款 23 237.09
2016年12月31日	摊销未确认融资费用	借：财务费用 5 778.71 贷：未确认融资费用 5 778.71
	计提租入固定资产折旧	借：制造费用——折旧费 19 479.08 贷：累计折旧 19 479.08
	摊销第二年的保险费	借：制造费用 1 000 贷：长期待摊费用 1 000
2017年1月1日	支付第三期租金	借：长期应付款——应付融资租赁款 23 237.09 贷：银行存款 23 237.09
2017年12月31日	摊销未确认融资费用	借：财务费用 4 032.87 贷：未确认融资费用 4 032.87
	支付该年的修理费	借：制造费用 5 000 贷：银行存款 5 000
	计提租入固定资产折旧	借：制造费用——折旧费 19 479.08 贷：累计折旧 19 479.08
	摊销第三年的保险费	借：制造费用 1 000 贷：长期待摊费用 1 000
2018年1月1日	支付第四期租金	借：长期应付款——应付融资租赁款 23 237.09 贷：银行存款 23 237.09
2018年12月31日	摊销未确认融资费用	借：财务费用 2 112.64 贷：未确认融资费用 2 112.64
	支付该年的修理费	借：制造费用 10 000 贷：银行存款 10 000
	计提租入固定资产折旧	借：制造费用——折旧费 19 479.08 贷：累计折旧 19 479.08
	摊销第四年的保险费	借：制造费用 1 000 贷：长期待摊费用 1 000
2019年1月1日	支付第五期租金	借：长期应付款——应付融资租赁款 23 237.09 贷：银行存款 23 237.09
	支付该年的修理费	借：制造费用 15 000 贷：银行存款 15 000
2019年12月31日	计提租入固定资产折旧	借：制造费用——折旧费 19 479.08 贷：累计折旧 19 479.08
	摊销第五年的保险费	借：制造费用 1 000 贷：长期待摊费用 1 000
	登记租入固定资产的返还	借：累计折旧 96 895.40 贷：融资租赁资产 96 895.40

第八步，财务报告中的列示与披露（略）。

第三节 融资租赁——出租人的会计处理

一、融资租赁出租人会计处理的内容

出租人融资租赁的会计处理主要涉及以下几个问题：（1）租赁开始日的会计处理；（2）初

始直接费用的会计处理；（3）未实现融资收益的分配；（4）未担保余值发生变动时的会计处理；（5）或有租金的会计处理；（6）租赁期届满时的会计处理；（7）相关会计信息的披露等。

（一）租赁开始日的会计处理

租赁开始日，出租人将最低租赁收款额与初始直接费用之和作为应收融资租赁款的入账价值，并同时登记未担保余值，将最低租赁收款额、初始直接费用及未担保余值之和与其现值之和的差额确认为未实现融资收益。出租人在租赁期开始日转出租赁资产，租赁资产公允价值与账面价值之间的差额，计入当期损益（营业外收支）。在计算最低租赁收款额的现值时，一般使用租赁内含利率。最低租赁收款额等于各期租金之和加上行使优惠购买选择权支付的金额或担保余值。

（二）初始直接费用的会计处理

对所发生的初始直接费用，确认为应收融资租赁款，借记"长期应收款"，贷记"银行存款"等。然后，分别借记"未实现融资收益"，贷记"长期应收款"，此处理的实质是将初始直接费用冲减未实现融资收益，从而降低整个租赁期间的实际收益率。这是我国租赁准则的规定。而从理论上讲，初始直接费用为租赁活动的运作费用，如果金额不大，可直接计入当期损益。

（三）未实现融资收益的分配

出租人每期收到的租金中，包含了本金和利息两部分。出租人收到租金时，一方面应减少应收融资租赁款，另一方面确认融资收入为当期收益。在先付租金（即每期期初等额支付租金）的情况下，租赁期第一期收到的租金不含利息收入，只需减少长期应收款，不必确认当期未实现融资收益。在分配未实现融资收益时，出租人应当采用实际利率法确认融资收益，在与按实际利率法计算的结果无重大差异时，也可以采用直线法、年数总和法等。

（四）未担保余值发生变动时的会计处理

出租人应当定期对未担保余值进行检查，至少于每年年末检查一次。如有证据表明未担保余值已经减少，应当重新计算租赁内含利率，并将由此而引起的租赁投资净额的减少确认为当期损失，以后各期根据修正后的租赁投资净额和重新计算的租赁内含利率确定应确认的融资收入。如已确认损失的未担保余值得以恢复，应当在原已确认的损失金额内转回，并重新计算租赁内含利率，以后各期根据修正后的租赁投资净额和重新计算的租赁内含利率确定应确认的融资收入。未担保余值增加时，不做任何调整。其中，租赁投资净额是指融资租赁中最低租赁收款额与未担保余值之和与未实现融资收益之间的差额。

其账务处理如下。

（1）期末，出租人的未担保余值的预计可收回金额低于其账面价值的差额，借记"资产减值损失"，贷记"未担保余值减值准备"。

（2）如果已确认损失的未担保余值得以恢复，应在原已确认的损失金额内转回，借记"未担保余值减值准备"，贷记"资产减值损失"。

（五）或有租金的会计处理

对于或有租金，在其实际发生时，根据权责发生制原则，确认为当期收入。借记"银行存款"等，贷记"主营业务收入——融资收入"。

（六）租赁期届满时的会计处理

租赁期满时分不同情况进行会计处理。

1. 租赁期届满时，承租人将租赁资产交还出租人

这时有可能出现以下四种情况。

（1）存在担保余值，不存在未担保余值。出租人收到承租人交还的租赁资产时，借记"融资租赁资产"，贷记"应收融资租赁款"。

（2）存在担保余值，同时存在未担保余值。出租人收到承租人交还的租赁资产时，借记"融资租赁资产"，贷记"应收融资租赁款""未担保余值"等。

（3）存在未担保余值，不存在担保余值。出租人收到承租人交还的租赁资产时，借记"融资租赁资产"，贷记"未担保余值"。

（4）担保余值和未担保余值均不存在。此时，出租人无须做账务处理，只需做相应的备查登记。

2. 优惠续租租赁资产

（1）如果承租人行使优惠续租选择权，则出租人应视同该项租赁一直存在而做出相应的账务处理。

（2）如果租赁期届满时承租人没有续租，根据租赁合同规定应向承租人收取违约金时，借记"其他应收款"，贷记"营业外收入"。同时，将收回的租赁资产按上述规定进行处理。

3. 留购租赁资产

租赁期届满时，承租人行使了优惠购买选择权。出租人应按收到的承租人支付的购买资产的价款，借记"银行存款"等，贷记"应收融资租赁款"。

（七）相关会计信息的披露

按照租赁准则的要求，出租人应在资产负债表中，将应收融资租赁款减去未实现融资收益的差额，作为长期债权列示。同时，在附注中披露与融资租赁有关的下列事项：

（1）资产负债表日后连续三个会计年度每年将收到的最低租赁收款额，以及以后年度将收到的最低租赁收款额总额；

（2）未实现融资收益的余额，以及分配未实现融资收益所采用的方法。

二、融资租赁出租人会计处理举例

下面通过一个实例全面说明承租人在存在担保余值或未担保余值下的融资租赁的会计处理。

（一）出租人在租赁资产余值被担保情况下的会计处理

【例15-3】 同【例15-1】，现在换一个角度来讨论出租人的会计处理。假定资产余值被承租人担保。初始直接费用为5 000元。

第一步，判断租赁类型。最低租赁收款额的现值105 000元（计算过程如下）大于租赁资产原账面价值的90%即90 000元（100 000×90%），所以此项租赁为融资租赁。

第二步，计算内含利率。

$23\ 237.09 \times PVF\text{-}AD_{(5,7.27\%)} + 5\ 000 \times PVF_{(5,7.27\%)} = 105\ 000$（元）

利率	现值
当r=7%时	103 604.2
当r=? 时	105 000
当r=8%时	105 511.05

因此，7%<r<8%，利用插值法计算，r=7.27%，所以内含利率为7.27%。

第三步，计算租赁开始日最低租赁收款额的现值和未实现融资收益。

最低租赁收款额=23 237.09×5+5 000=121 185.45（元）

最低租赁付款额现值=$23\ 237.09 \times PVF\text{-}AD_{(5,7.27\%)} + 5\ 000 \times PVF_{(5,7.27\%)}$

$\qquad\qquad\qquad = 105\ 000$（元）

未实现融资收益=121 185.45-105 000=16 185.45（元）

第四步，计算租赁期内各期应分配的未实现融资收益（见表15-8）。

表15-8　　　　　　　　　　　　　　未实现融资收益分配表（实际利率法）　　　　　　　　　　　　单位：元

日期	租金加担保余值①	实现的融资收益②=期初④×7.27%	租赁投资净额减少额③=①-上期②	租赁投资净额余额期初④=上期④-③
2015 年 1 月 1 日	付第一期租金前			105 000
2015 年 1 月 1 日	23 237.09		23 237.09	81 762.91
2015 年 12 月 31 日		5 944.16		81 762.91
2016 年 1 月 1 日	23 237.09		17 292.93	64 469.98
2016 年 12 月 31 日		4 686.97		64 469.98
2017 年 1 月 1 日	23 237.09		18 550.12	45 919.86
2017 年 12 月 31 日		3 338.37		45 919.86
2018 年 1 月 1 日	23 237.09		19 898.72	26 021.14
2018 年 12 月 31 日		1 891.74		26 021.14
2019 年 1 月 1 日	23 237.09		21 345.35	4 675.79
2019 年 12 月 31 日		324.21		4 675.79
2019 年 12 月 31 日	5 000		-324.21	5 000
合计	121 185.45	16 185.45	100 000	5 000

第五步，会计分录（见表15-9）。

表15-9　　　　　　　　　　　　　　　　珠江公司的会计处理

日期	摘要	会计分录
2015 年 1 月 1 日	登记租赁业务	借：应收融资租赁款——珠江公司　121 185.45 　贷：融资租赁资产　100 000 　　未实现融资收益　16 185.45 　　银行存款　5 000
2015 年 12 月 31 日	记录第一期租金收入	借：银行存款　23 237.09 　贷：应收融资租赁款——珠江公司　23 237.09
	分配已实现融资收入	借：未实现融资收益　5 944.16 　贷：主营业务收入——融资收入　5 944.16
2016 年 1 月 1 日	记录第二期租金收入	借：银行存款　23 237.09 　贷：应收融资租赁款——珠江公司　23 237.09
2016 年 12 月 31 日	分配已实现融资收入	借：未实现融资收益　4 686.97 　贷：主营业务收入——融资收入　4 686.97
2017 年 1 月 1 日	记录第三期租金收入	借：银行存款　23 237.09 　贷：应收融资租赁款——珠江公司　23 237.09
2017 年 12 月 31 日	分配已实现融资收入	借：未实现融资收益　3 338.37 　贷：主营业务收入——融资收入　3 338.37
2018 年 1 月 1 日	记录第四期租金收入	借：银行存款　23 237.09 　贷：应收融资租赁款——珠江公司　23 237.09
2018 年 12 月 31 日	分配已实现融资收入	借：未实现融资收益　1 891.74 　贷：主营业务收入——融资收入　1 891.74
2019 年 1 月 1 日	记录第五期租金收入	借：银行存款　23 237.09 　贷：应收融资租赁款——珠江公司　23 237.09
2019 年 12 月 31 日	分配已实现融资收入	借：未实现融资收益　324.21 　贷：主营业务收入——融资收入　324.21
	收回租赁资产	借：融资租赁资产　5 000 　贷：应收融资租赁款——珠江公司　5 000

第六步，资产负债表及附注（见表15-10）。

表15-10 资产负债表（局部，2015年12月31日） 单位：元

资产	期初数	期末数	负债及所有者权益	期初数	期末数
流动资产：			流动负债：		
银行存款			短期借款		
长期资产：			长期负债：		
应收融资租赁款	81 762.91	81 762.91	长期借款		

附注

（1）资产负债表日后连续三个年度将收到的最低租赁收款额及以后年度将收到的最低租赁收款总额如下。

项目	会计年度	金额
最低租赁收款额	2016	23 237.09
	2017	23 237.09
	2018	23 237.09
	2019	28 237.09
最低租赁收款总额		97 948.36

（2）未实现融资收益余额为10 241.29元，采用实际利率法分配未实现融资收益。

以后各年报表列示和披露略。

（二）出租人在资产余值未被担保情况下的会计处理

【例15-4】 同【例15-3】，假定资产余值未被承租人担保。本例中不考虑初始直接费用，相关会计处理如下。

第一步，判断租赁类型。最低租赁收款额的现值96 985.4元（计算过程如下）大于租赁资产原账面价值的90%即90 000元（100 000×90%），所以此项租赁为融资租赁。

第二步，计算内含利率。

$23\,237.09 \times PVF\text{-}AD_{(5,r)} + 5\,000 \times PVF_{(5,r)} = 100\,000$（元）

利用插值法计算$r=10\%$，所以内含利率为10%。

第三步，计算租赁开始日最低租赁付款额的现值和未实现融资收益。

最低租赁收款额+未担保余值＝23 237.09×5+5 000＝121 185.45（元）

最低租赁收款额和未担保余值＝$23\,237.09 \times PVF\text{-}AD_{(5,10\%)} + 5\,000 \times PVF_{(5,10\%)}$

$= 100\,000$（元）

未实现融资收益＝116 185.45+5 000−100 000＝21 185.45（元）

第四步，计算租赁期内各期应分配的未实现融资收益（见表15-11）。

表15-11 未实现融资收益分配表（实际利率法） 单位：元

日期	租金①	实现的融资收益 ②=期初④×10%	租赁投资净额减少额 ③=①-上期②	租赁投资净额余额 期初④=上期④-③
2015年1月1日	收第一期租金前			100 000
2015年1月1日	23 237.09		23 237.09	76 762.91
2015年12月31日		7 676.29		76 762.91
2016年1月1日	23 237.09		15 560.80	61 202.11
2016年12月31日		6 120.21		61 202.11

续表

日期	租金①	实现的融资收益 ②=期初④×10%	租赁投资净额减少额 ③=①-上期②	租赁投资净额余额 期初④=上期④-③
2017年1月1日	23 237.09		17 116.88	44 085.23
2017年12月31日		4 408.52		44 085.23
2018年1月1日	23 237.09		18 828.57	25 256.66
2018年12月31日		2 525.67		25 256.66
2019年1月1日	23 237.09		20 711.42	4 545.24
2019年12月31日		454.76		4 545.24
2019年12月31日			-454.76	5 000
合计	116 185.45	21 185.45	95 000	5 000

第五步，会计分录（见表15-12）。

表15-12　　　　　　　　　　　珠江公司的会计处理

日期	摘要	会计分录
2015年1月1日	登记租赁业务	借：应收融资租赁款——珠江公司　116 185.45 　　　未担保余值　　　　　　　　　5 000 　　贷：融资租赁资产　　　　　　　　　100 000 　　　　未实现融资收益　　　　　　　　21 185.45
	记录第一期租金收入	借：银行存款　　　　　　　　　23 237.09 　　贷：应收融资租赁款——珠江公司　23 237.09
2015年12月31日	分配已实现融资收入	借：未实现融资收益　　　　　　7 676.29 　　贷：主营业务收入——融资收入　7 676.29
2016年1月1日	记录第二期租金收入	借：银行存款　　　　　　　　　23 237.09 　　贷：应收融资租赁款——珠江公司　23 237.09
2016年12月31日	分配已实现融资收入	借：未实现融资收益　　　　　　6 120.21 　　贷：主营业务收入——融资收入　6 120.21
2017年1月1日	记录第三期租金收入	借：银行存款　　　　　　　　　23 237.09 　　贷：应收融资租赁款——珠江公司　23 237.09
2017年12月31日	分配已实现融资收入	借：未实现融资收益　　　　　　4 048.52 　　贷：主营业务收入——融资收入　4 048.52
2018年1月1日	记录第四期租金收入	借：银行存款　　　　　　　　　23 237.09 　　贷：应收融资租赁款——珠江公司　23 237.09
2018年12月31日	分配已实现融资收入	借：未实现融资收益　　　　　　2 525.67 　　贷：主营业务收入——融资收入　2 525.67
2019年1月1日	记录第五期租金收入	借：银行存款　　　　　　　　　23 237.09 　　贷：应收融资租赁款——珠江公司　23 237.09
2019年12月31日	分配已实现融资收入	借：未实现融资收益　　　　　　454.76 　　贷：主营业务收入——融资收入　454.76
	收回租赁资产	借：融资租赁资产　　　　　　　5 000 　　贷：未担保余值　　　　　　　　　5 000

第六步，资产负债表及附注（略）。

第四节　经营租赁与售后租回

前两节重点讨论了承租人和出租人对融资租赁的会计处理，本节主要说明经营租赁和售后租回的会计处理。

一、经营租赁的会计处理

在经营租赁下，租赁资产的风险并没有转移给承租人，因此，承租人不必将租赁资产资本化，只需将所支付的租金按一定的方法确认为当期费用，通常是在租赁期间按直线法进行确认，如果其他方法更合理，也可以采用其他方法。另外，出租人可能对经营租赁提供激励措施，如免租期、承担承租人的某些费用等。在出租人提供了免租期的情况下，租金金额的分摊期限应包括免租期在内；在出租人承担了某些费用的情况下，就将这些费用从总租金中扣除。此外，经营租赁中的履约成本一般也由承租人承担，对于发生的初始直接费用、履约成本和或有租金，在发生时直接计入当期费用。最后，承租人在财务报告中应披露与经营租赁有关的重大事项，如资产负债表日后连续三个年度将支付的不可撤销经营租赁的最低付款额，以后年度支付的不可撤销经营租赁的最低租赁付款总额。

由于在经营租赁下，经营租赁资产的所有权上的风险和报酬仍留在出租人一方，出租人将出租资产仍作为自己的资产列入资产负债表内，如果出租的资产为固定资产，则采用类似资产折旧的方法计提折旧；如果出租的资产为流动资产，则需要使用合理的方法进行摊销。所取得的租金收入，在租赁期内的各个期间按直线法确认收入，如其他方法更合理，也可以采用其他方法。所发生的初始直接费用和或有租金，直接登记为当期费用。每期末，出租人还应在财务报告中披露每类资产的账面价值，如果出租的资产为固定资产，则账面价值为扣除折旧或计提减值后的净值；如果出租的资产为流动资产，则账面价值为其摊余价值。

下面通过举例说明经营租赁的会计处理，相关的会计披露不再在本例中讨论。

【例15-5】 2015年1月1日，珠江公司同南方信托投资公司签订一项租赁协议，珠江公司从南方公司租用仓库一座，租期5年，该仓库原账面价值6 000 000元，已提折旧1 000 000元，预计使用年限为30年，已使用5年。租赁合约规定，珠江公司第一年年初支付400 000元，以后每年年末交付租金200 000元。

首先，讨论承租人的会计处理。

由于此项租赁不符合融资租赁五条标准中的任何一条，所以应作为经营租赁。租金共计1 200 000元，按直线法进行摊销，每年应分摊的金额为240 000元，各年会计分录如下。

（1）2015年1月1日登记第一次支付的租金。

借：长期待摊费用　　　　　　　　　　　　　　400 000
　　贷：银行存款　　　　　　　　　　　　　　　　400 000

（2）2015年12月31日摊销第一年的租金费用。

借：管理费用——租赁费　　　　　　　　　　　240 000
　　贷：长期待摊费用　　　　　　　　　　　　　　240 000

（3）2016年1月1日登记第二次支付的租金。

借：管理费用——租赁费　　　　　　　　　　　200 000
　　贷：银行存款　　　　　　　　　　　　　　　　200 000

（4）2016年12月31日摊销第二年的租金费用。

借：管理费用——租赁费　　　　　　　　　　　40 000
　　贷：长期待摊费用　　　　　　　　　　　　　　40 000

2017—2019年的会计分录同2015年。

其次，讨论出租人的会计处理。

由于此项租赁不符合融资租赁五条标准中的任何一条，所以应作为经营租赁。租金共计1 200 000元，按直线法进行摊销，每年应确认的租金收入为240 000元，同时，按直线法继续计提该项资产的折旧，各年会计分录如下。

（1）2015年1月1日登记收到的第一笔租金。

借：银行存款	400 000
贷：预收租金	400 000

（2）2015年12月31日分配已实现的租金收入。

借：预收租金	240 000
贷：主营业务收入——经营租赁收入	240 000

（3）2015年12月31日按直线法计提该项固定资产折旧。

借：主营业务成本	200 000
贷：累计折旧	200 000

（4）2016年1月1日登记收到的第二笔租金。

借：银行存款	200 000
贷：主营业务收入——经营租赁收入	200 000

（5）2016年12月31日分配已实现的租金收入。

借：预收租金	40 000
贷：主营业务收入——经营租赁收入	40 000

（6）2016年12月31日按直线法计提该项固定资产折旧。

借：主营业务成本	200 000
贷：累计折旧	200 000

2017—2019年会计分录同2015年。

对出租人经营租赁的会计处理，有两点需要说明：一是金额较大的初始直接费用可先资本化，然后在整个租赁期内摊销；二是提供了免租期的，出租人应将租金总额在不扣除免租期的整个租赁期内，按直线法或其他方法确认租金收入。

二、售后租回的会计处理

售后租回是一种特殊形式的租赁业务，是指卖主将资产出卖后，又从买方租回，这种交易方式下，卖主同时是承租人，而买方同时为出租人。对于售后租回交易，首先要认定此项租赁是融资租赁还是经营租赁。从出租人的角度而言，这种租赁业务同一般租赁在会计处理上没有区别；而从承租人的角度来讲，由于承租人既是资产的承租人，又是资产的出售者，所以这种业务同一般租赁有所不同。具体而言，如果售后租回交易形成一项融资租赁，售价与资产账面价值之间的差额应予递延，并按该项租赁资产的折旧进度进行分摊，作为折旧费用的调整；同时按一般融资租赁进行会计处理。如果售后租回交易形成一项经营租赁，售价等于公允价值的，售价与账面价值之间的差额计入当期损益；售价高于公允价值的，其高出公允价值的部分应予以递延，并在预计的资产使用期限内摊销；售价低于公允价值的，有关损益于当期确认，但若该损失将由低于市价的未来租赁付款额补偿的，则将损失在租赁期内递延摊销。

【例15-6】 假设在【例15-1】中，该设备先由珠江公司以95 000元价格销售给南方公司，然后再从南方公司租回，租赁条款同上，请登记珠江公司的相关会计分录。

第一步，判断租赁类型。最低租赁付款额的现值100 000元等于租赁资产公允价值，所以此项租赁为融资租赁。

第二步，计算未实现售后租回损益。

未实现售后租回损益=售价-资产账面价值

$$=95\,000-100\,000=-5\,000（元）$$

其他处理程序同【例15-1】。另外，在会计分录上，有几笔同【例15-1】不相同的是，在珠江公司销售该项资产时，会计分录如下。

借：银行存款　　　　　　　　　　　　　　　　　　　　95 000
　　递延收益——未实现售后租回损益（融资租赁）　　　 5 000
　　贷：固定资产　　　　　　　　　　　　　　　　　　　　　　100 000

同时，每年计提固定资产折旧时，将"递延收益——未实现售后租回损益（融资租赁）"用来调整折旧费用。

借：制造费用　　　　　　　　　　　　　　　　　　　　 1 000
　　贷：递延收益——未实现售后租回损益（融资租赁）　　　　　1 000

如果在本例中，珠江公司将该资产以高于100 000元的价格售给南方公司，则珠江公司每年需调减折旧费用。售后以经营租赁方式租回的，其差额根据上述各种情况分别确定为当期损益或在租赁期内摊销，此处不再举例。

三、租赁会计的披露和分析

（一）租赁的披露

融资租赁（分承租人和出租人两方）的列报要求与举例，前文已经说明，这里不再重述。

对于经营租赁，经营租赁的承租人对重大经营租赁需要提供下列信息：

（1）资产负债表日连续三个会计年度将支付的不可撤销经营租赁的最低租赁付款额；

（2）以后年度将支付的不可撤销经营租赁的最低租赁付款额总额。

出租人对经营租赁，应当披露各类租出资产的账面价值。

对于售后回租，承租人和出租人应当披露各售后租回交易以及售后租回合同中的重要条款。

（二）租赁的分析

对于融资租赁企业，企业特别是承租企业，需要关注企业融资租赁资产在总资产中的比重，如果占比重大（如航空公司），则需要进一步分析融资租赁合同中的重要条款；另外，除了认真阅读按要求披露的相关信息外，还要进一步分析融资租赁的节税效应，与直接购买的成本比较等。

对于经营租赁，企业特别是承租企业，需要特别关注经营租赁的实质，如果经营租赁的金额重大，期限较长，则需要进一步分析考虑租金支付对企业偿债的压力和企业实际负债水平的提升。

对于售后租回，企业需要考虑实际的融资成本，同时与其他融资手段进行比较分析。

思 考 题

1. 请指出我国对融资租赁出台了哪些法规，这些法规有哪些主要的规定。

2. 什么是未确认融资费用？未确认融资费用的确定和在不同情况下未确认融资费用的分摊率（实际利率法下）怎么计算？

3. 简述承租人融资租赁会计的处理程序。

4. 简述出租人融资租赁会计的处理程序，以及承租人与出租人对融资租赁会计处理上的区别。

5. 未实现融资收益是如何确定的，它和未确认融资费用的区别是什么？

6. 简述融资租赁必须满足的条件。如果一项符合融资租赁的业务按经营租赁业务来处理，对企业的财务信息会带来什么影响？

7. 出租人未担保余值发生永久性减损时，怎么进行调整？

8. 售后租回交易的实质是什么，其会计处理及如此处理的原因是什么？

9. 对余值进行担保或不进行担保对承租人的会计处理的影响主要体现在什么地方？

10. 对余值进行担保或不进行担保对出租人的会计处理的影响主要体现在什么地方？

练 习 题

（一）融资租赁——承租方

资料：2015年1月1日珠江公司与南方信托投资公司签署一项租赁协议，由后者于2015年1月1日向珠江公司提供一台大型设备作为租赁标的物，具体协议及相关内容如下：

第一，该租赁期为5年，协议是不可撤销的，要求每年年初支付租金112 462.77元；

第二，该设备的账面价值为500 000元（账面价值为公允价值），估计经济寿命为5年，残值为50 000元；

第三，设备到期归还给出租方；

第四，珠江公司按直线法计提固定资产折旧；

第五，协议规定的利率为10%。

要求：分别做出珠江公司在担保余值和未担保余值时的会计处理。

（二）融资租赁——出租方

资料：同上题。

要求：分别做出南方公司在担保余值和未担保余值时的会计处理。

（三）融资租赁——余值减损

资料：资料同练习题（一），假设在第二年年末，未担保余值发生减损，仅为20 000元。

要求：做出南方公司相应的会计处理。

（四）售后租回

资料：资料同练习题（一），假设该设备在珠江公司的账面价值为550 000元，先由珠江公司以500 000元的价格销售给南方公司，然后再从南方公司租回，租赁条款同上，余值被担保。

要求：编制珠江公司的相关会计分录。

（五）经营租赁

资料：2016年1月1日，珠江公司与某房地产公司签订一项租赁协议，珠江公司租用该房地产公司10套公寓，租期5年，租金3 000 000元，协议签订后，立即支付1 500 000元，以后每年年末支付300 000元，租赁期满后，出租公司收回公寓使用权。10套公寓的账面价值为10 000 000元。

要求：编制双方的会计分录。

案例分析：融资租赁——东方航空[①]

① 本书每章后所增加的案例分析请参见本系列教材中配套出版的《会计教学案例》一书，后同。

第十六章

会计变更及差错更正

👓 **章首故事**

会计政策变更

一次我与某上市公司财务经理谈话，他是 20 世纪 90 年代初期从国内一所财经院校会计专业毕业后，分配到一家上市公司，从基层一直做到今天财务经理的位子。说起这些年中国会计制度的改革，不禁感慨万千。他历数亲身经历的大的会计制度改革有：

（1）1992 年《企业会计准则》《企业财务通则》和十几个分行业的会计制度颁布；

（2）1992 年《股份制试点企业会计制度》颁布；

（3）1994 年《合并会计报表暂行规定》出台；

（4）1997 年第一个具体会计准则《关联方关系及其交易的披露》颁布，后来陆续又有一些具体准则的修订和新准则的颁布；

（5）1998 年正式的《股份有限公司会计制度》颁布；

（6）2001 年《企业会计制度》颁布；

（7）2006 年新的《企业会计准则》颁布。

期间，还有许多解释、条例、补充规定和说明等。每次新的制度颁布后，一方面是学习新的规则，另一方面是对原来的做法进行调整。甚至有些制度今年改了，过几年又调整回原来的做法。如《股份制试点企业会计制度》颁布后，企业开始计提坏账等四项准备，在《企业会计制度》颁布后，准备又扩充到八项，2006 年的《企业会计准则》中，计提准备的项目就更多了。在公允价值会计的推行中，经历了几次反复，1999 年颁布的几个具体会计准则中，开始采用公允价值会计，要求用市价进行再确认和计量，而在 2001 年几个相应准则的修订中，却调整回历史成本的计量上，到了 2006 年，又开始大力推行公允价值会计。

后来我提到，新的会计准则出台后，大的变动应该不会再出现了。他马上说道："大的变动是不会有了，小的改动从来都不会停止，这不，《企业会计准则讲解》（2006）出来不到两年，2008 版又出来了。"

这段对话又过去了十年，十年中，《企业会计准则讲解》2010 年版发行了，2014 年和 2017 年又有四个新的具体会计准则出台，十多个具体会计准则被修订。2018 年，租赁准则列入修订计划。

企业采用的会计政策，并不是一成不变的，当新的会计政策出台，环境改变，企业积累新的经验，或会计估计的基础发生变化，都有可能改变原来所使用的会计政策。当然，从另一个层面来说，管理当局为了达到某种目的，也有可能改变原有会计政策。这些因素包括政治成本，即企业规模越大，越引人注目，收益越高，要求承担的义务也就越多，在此情况下，一些大企业就会变更会计政策，呈报较低的会计收益；资本结构，当资本结构中负债比率过高而影响贷款成本及可能性时，企业会选择增加企业净利润的会计政策；同样，经理报酬、收益平滑等都是影响企业改变会计政策的因素。对会计变更的影响进行恰当地处理和披露，是保证企业信息一贯、可比的基本要求。本章先从会计变更的基本概念入手，然后就会计变更（包括会计政策变更与会计估计变更）的会计处理分别进行介绍和分析。由于差错更正和资产负债表日后事项同会计政策变更的会计处理有相似性，我们也将这两部分内容放在本章一起讲解。

会计变更的原因、分类和处理方法

第一节

会计变更的定义、分类与基本会计处理

一、会计变更的定义与分类

对会计变更进行分类，是为了准确地定义每类变更的性质和特点，从而有针对性地选择和采用恰当的会计处理与披露的方法。会计变更，一般可分为会计政策变更、会计估计变更和会计主体变更等三类。差错更正从本质上讲并不属于会计变更，但由于对差错更正的调整与会计变更的处理相似，因此，将差错更正放在会计变更中讲述。

会计政策变更，是指企业对相同的交易或事项由原来的会计政策改用另一会计政策的行为。一般情况下，企业应在每期采用相同的会计政策，不应也不能随意变更会计政策，然而，当国家法律或会计准则等行政法规要求改变原会计政策，采用新的会计政策时，企业必须服从国家法规、会计准则的要求。另外，当会计政策的变更能够使企业提供的有关企业财务状况、经营成果和现金流量信息更可靠、更相关时，应改变原有的会计政策。但是，以下两种情况不属于会计政策变更的范畴。一是企业本期发生的交易或事项与以前相比具有本质的差别而采用新的会计政策。例如，企业以前期间对临时租用的设备按经营租赁会计处理方法进行核算，而本期对融资租入的设备按与经营租赁会计处理相区别的融资租赁会计处理方法就不属于会计政策变更。二是企业对初次发生或不重要的交易或事项采用新的会计政策。例如，企业对少量的低值易耗品采用一次摊销法，当企业转产后，低值易耗品迅速增加，再按原方法处理已经不适当，这时改用分次摊销法，由于该费用在损益表中所占比重较小，对企业收益的影响不大，属于不重要事项，因而，此处改变会计政策不属于会计政策变更。

企业在取得了新信息，积累了新经验，发生了新的事项后，可能需要对会计估计进行修订。会计估计变更是指由于资产和负债的当前状况及预期经济利益和义务发生了变化，从而对资产和负债的账面价值或资产的定期消耗金额进行调整。会计估计变更的产生是因为会计人员在对某些事项进行会计处理时，必须进行人为的判断和估计，判断和估计只能根据当时特定的情况做出，而随着时间的推移、环境的变化或其他新技术、新信息的取得，原来的估计已同本期的

现实不符，需要修订原来估计的数据，才能比较恰当地反映现状。需要运用会计估计的领域主要有坏账损失计提率、固定资产使用年限与残值等。

有时候，会计估计变更与会计政策变更难以区分，如某企业以前按应收账款余额的 5% 计提坏账准备，假如本期改按账龄分析法计提坏账准备，即逾期 3 年以上未收回的应收账款按 50% 计提坏账准备，逾期 2~3 年的按 10% 计提，2 年以下的按 5% 计提，对这一事项如果从会计政策变更的角度考虑，坏账准备由应收账款余额百分比法改为账龄分析法，属于会计政策变更；但从计提比例看，计提坏账准备的比例发生了变化，属于会计估计的变更。在这种不易区分会计政策变更和会计估计变更的情况下，按我国《企业会计准则第 28 号——会计政策、会计估计变更和差错更正》（以下简称具体准则）的规定，按会计估计变更的会计处理方法进行处理。

会计主体变更，是指一家企业主体的构成发生了变化，如一家企业本期收购另一家企业，控股达 50% 以上，这时，会计主体就发生了变化，增加了一家控股公司，按要求要编制合并会计报表。有关合并报表的编制及主体变更的记录与报告，已超出本书的范围，详细内容请参见本系列教材《高级财务会计》合并财务报表有关章节。

会计差错，主要是指前期差错，前期差错是指由于没有运用或错误运用下列两种信息，而对前期财务报表造成忽略或错报。这两种信息是：一是编报财务报表时预期能够取得并加以考虑的可靠信息；二是前期财务报告批准报出时能够取得可靠的信息。差错更正不属于会计变更的范畴，但其调整与会计变更的会计处理具有共性。因而，习惯上将差错更正和会计变更放在一起。

当发生会计变更和差错更正时，进行相应的会计处理和调整是必要的。

二、会计变更的基本会计处理

对会计变更的处理（包括对前期差错的调整）适用的基本方法主要有以下三种。

（1）变更累积影响当期法，也称当期法，是指将变更后的会计政策对以前各期追溯的变更年度期初留存收益（这里的留存收益包括我国的未分配利润和计提的法定盈余公积）应有的金额与现有的金额之间的差额全部在变更当期予以确认的方法。这种方法是假设与会计政策变更相关的交易或事项在初次发生时即采用新的会计政策，而得出变更年度期初留存收益应有的金额与现有金额之间的差额，并将该差额在变更当期的利润表中予以确认，在变更年度的比较财务报表中，以前年度的信息不予追溯重编，为了使报表具有可比性，可以报告备考数据（pro forma data），即补充的重新表述变更项目的比较数据。

（2）追溯法，追溯法又分追溯调整法和追溯重述法。追溯调整法，指对某项交易或事项变更会计政策时，如同该交易或事项初次发生时就开始采用变更后的会计政策，并以此对财务报表相关项目进行调整的方法。在追溯调整法下，应计算会计政策变更的累积影响数，并调整期初留存收益，会计报表其他相关项目也应进行相应调整。

追溯重述法，是指在发现前期差错时，视同该前期差错从未发生过，从而对财务报表相关项目进行更正的方法。追溯重述法与追溯调整法处理相同。

（3）未来适用法，也称前瞻法，指对某项交易或事项变更会计政策时，新的会计政策适用于变更当期及未来期间发生的交易或事项的方法。在该方法下，不需计算会计政策变更产生的累积影响数，也无须重编以前年度的会计报表。

下面举一实例，先让大家了解和比较一下上述三种方法的基本原理。

【例16-1】 珠江公司2015年年末购买一台设备，价值40 000元，使用期为4年，无残值，所得税税率为25%，该公司前两年采用年数总和法对该设备计提折旧，从第三年开始，改用直线法。

在采用具体的方法对这一会计政策变更进行处理时，先用表列示两种折旧方法每年计提的折旧、账面净值及对收益的不同影响（见表16-1）。

表 16-1　　　　　　　　　　　　　两种折旧方法的比较　　　　　　　　　　　　　单位: 元

年份	年数总和法		直线法		税前差异	所得税影响	税后差异
	年折旧额	年末账面价值	年折旧额	年末账面价值			
2016	16 000	24 000	10 000	30 000	6 000	1 500	4 500
2017	12 000	12 000	10 000	20 000	2 000	500	1 500
2018	8 000	4 000	10 000	10 000	-2 000	-500	-1 500
2019	4 000	0	10 000	0	-6 000	-1 500	-4 500
合计	40 000	40 000	40 000	40 000	0	0	0

第一，按当期法进行处理。

在当期法下，第一年和第二年两年的税后净收益的差额为6 000元（4 500+1 500），反映在当期（第三年）的利润表中，累积影响不用调整前期报表数据，第三年期初账面资产净额调增8 000元，达20 000元，第三年及第四年的折旧额分别为10 000元。其会计处理如下。

借：累计折旧　　　　　　　　　　　　　　　　　　　　　　　8 000

　　贷：本年利润——会计政策变更调整　　　　　　　　　　　　6 000

　　　　递延所得税负债　　　　　　　　　　　　　　　　　　　2 000

第二，按追溯法进行处理。

在追溯法下，前期的报表要按直线法折旧重新表述，因此，比较利润表中折旧额应分别为10 000元，而不是原先的16 000元和12 000元，第一年和第二年的税后净收益也分别增加4 500元和1 500元，相应地，这两年的累计折旧减少及账面净资产的增加额分别为6 000元和8 000元（6 000+2 000），由于第一年和第二年的收益已转入留存收益，因此，这两年累计增加的收益也转入第二年年末的留存收益中，在2018年年初（第三年），该设备的账面净值和留存收益及递延税款分别比原来高8 000元、6 000元和2 000元，第三年、第四年的折旧分别为10 000元，相应的会计处理如下。

借：累计折旧　　　　　　　　　　　　　　　　　　　　　　　8 000

　　贷：留存收益（或利润分配——未分配利润）　　　　　　　　6 000

　　　　递延所得税负债　　　　　　　　　　　　　　　　　　　2 000

第三，按前瞻法进行处理。

在前瞻法下，第三年既不调整期初该设备的账面价值，也不调整本期收益或前期留存收益，第二年年末，该设备按年数总和法计提两年折旧后的账面净值为12 000元（40 000-16 000-12 000），从第三年起，改按直线法后，该设备以12 000元作为折旧基数，每年计提的折旧额为6 000元（12 000÷2），而不是前两种方法的10 000元。

各类会计变更究竟应采用哪一种方法，主要视该类会计变更的特征而定。依据美国APB第20号意见书《会计变更》及国际上通行的做法，现将会计变更所采用的方法列示如下（见表16-2）。

表 16-2　　　　　　　　　　　　会计变更处理的国际惯例

会计变更的种类	处理方法	累积影响数的确认	比较财务报表
1. 会计政策变更			
正常情况	当期法	在当期收益表确认	保留前期数据（补充备考数据）
特殊情况	追溯法	在留存收益中确认	前期数据按新政策重新表述
2. 会计估计变更	前瞻法	不计算或报告累积影响数	保留前期数据
3. 会计主体变更	追溯法		

在我国具体准则中只推荐了追溯法（追溯调整法和追溯重述法）和前瞻法（即未来适用法），下面三节分别以该准则为依据，介绍会计政策变更、会计估计变更及差错更正的会计处理。

第二节 | 会计政策变更

一、会计政策变更会计处理规定

按照我国具体准则的规定，会计政策变更根据具体情况，分别按以下规定处理。

（1）企业依据法律或会计准则等行政法规、规章的要求变更会计政策，分以下情况处理。

① 国家发布相关的会计处理办法，则按照国家发布的相关会计处理规定进行处理。例如，税制改革后，增值税由价内税改为价外税，其核算的会计政策相应也要改变，国家在发布增值税会计处理办法的同时，又发布了有关的衔接办法。又如，《企业会计准则》（2006）实施后，导致企业许多会计政策发生变化，根据《企业会计准则第 38 号——首次执行企业会计准则》的规定，要求采用追溯调整法的会计政策变更有预计的资产弃置费用、可行权日在首次执行日或之后的股份支付、所得税等。采用未来适用法的有借款费用、超过正常付款条件实质上具有融资性质的购销业务、无形资产中内部开发成本的资本化、开办费、职工福利费等。

② 国家没有发布相关的会计处理办法，则采用追溯调整法进行会计处理。

（2）由于经济环境、客观情况的改变而变更会计政策，以便提供更可靠、更相关的企业财务状况、经营成果和现金流量等会计信息的，则应采用追溯调整法进行会计处理。

（3）如果会计政策变更的累积影响数不能合理确定，应当从可追溯调整的最早期间期初开始应用变更后的会计政策。当会计政策变更对以前各期的累积影响数不能合理确定的，应当采用未来适用法。

例如，企业如果因账簿、凭证超过法定保存期限而销毁，或因不可抗力而毁坏、遗失，如火灾、水灾等，或因人为因素，如盗窃、故意毁坏等，可能使会计政策变更的累积影响数无法计算。在这种情况下，会计政策变更可以采用未来适用法或从可追溯调整的最早期间期初开始应用变更后的会计政策进行处理。

同时，企业应按具体准则的规定，在会计报表附注中披露如下会计政策变更的有关事项：

第一，会计政策变更的性质、内容和原因；

第二，当期和各个列报前期财务报表中受影响的项目名称和调整金额；

第三，无法进行追溯调整的，说明该事实和原因以及开始应用变更后的会计政策时点、具体应用情况。

在以后期间的财务报表中，不需要重复披露在以前期间的附注中已披露的会计政策变更（包括前期差错更正）的信息。

二、会计政策变更会计处理程序与举例

由上面可以看出，会计政策变更的会计处理，除当会计政策变更的累积影响数不能确定时采用未来适用法外，主要以追溯调整法为主。追溯调整法的运用通常由以下几个步骤构成。

第一步：计算会计政策变更的累积影响。

（1）根据新的会计政策重新计算受影响的前期交易或事项；

（2）计算两种会计政策下的差异；

（3）计算差异的所得税影响金额；

（4）确定前期中每一期的税后差异；

（5）合计会计政策变更的累积影响数。

第二步：进行相关的会计处理。

第三步：调整会计报表相关项目。

第四步：附注说明。

下面举例说明会计政策变更按追溯调整法进行会计处理的全过程（该例取自具体准则）。

【例16-2】 珠江公司按照会计制度规定，对建造合同的收入确认由完成合同法改为从2019年起按完工百分比法确认收入，该公司保存的资料比较齐备，可以通过会计资料追溯计算。假设所得税税率为25%，所得税按资产负债表法核算，税法按完工百分比法计算收入并计入应纳税所得额。该公司按净利润的10%提取法定盈余公积，按净利润的5%提取任意盈余公积。两种方法计算的税前会计利润如表16-3所示（计算过程略）。

表 16-3　　　　　　　　　　　　两种方法计算的税前会计利润　　　　　　　　　　　　单位：元

年份	完工百分比法	完成合同法
2015 年以前	2 000 000	1 500 000
2015 年	1 200 000	1 000 000
2016 年	900 000	1 200 000
2017 年	1 000 000	800 000
2018 年	1 300 000	1 100 000
2019 年	1 500 000	1 600 000

第一步：计算改变建造合同核算方法后的累积影响数（见表16-4）。

表 16-4　　　　　　　　　　建造合同核算方法改变前后差异计算表　　　　　　　　　　单位：元

年份	完工百分比法	完成合同法	税前差异	所得税影响	税后差异
2015 年以前	2 000 000	1 500 000	500 000	125 000	375 000
2015 年	1 200 000	1 000 000	200 000	50 000	150 000
2016 年	900 000	1 200 000	−300 000	−75 000	−225 000
2017 年	1 000 000	800 000	200 000	50 000	150 000
2018 年	1 300 000	1 100 000	200 000	50 000	150 000
小计	6 400 000	5 600 000	800 000	200 000	600 000
2019 年	1 500 000	1 600 000	−100 000	−25 000	−75 000
总计	7 900 000	7 200 000	700 000	175 000	525 000

珠江公司在2019年以前按完工百分比法计算的税前利润为6 400 000元，按完成合同法计算的税前利润为5 600 000元，两者的所得税影响合计为200 000元，两者差异的税后净额为600 000元，即为该公司由完成合同法改为完工百分比法的累积影响数。

第二步：账务处理。

（1）调整会计政策变更累积影响数。

借：工程施工   800 000
  贷：利润分配——未分配利润   600 000
    递延所得税资产   200 000

（2）调整利润分配。

借：利润分配——未分配利润   90 000
  贷：盈余公积   90 000

第三步：报表调整。

珠江公司在编制2019年度的会计报表时，应调整资产负债表的年初数；利润及利润分配表的上年数也应做相应调整。表16-5列示了资产负债表年初数栏调整前和调整后的有关资料，表16-6列示了利润及利润分配表上年数栏调整前和调整后的有关资料。2019年12月31日资产负债表的期末数栏和利润及利润分配表上本年累计数栏的年初未分配利润应以调整后的数字为基础编制。

在利润及利润分配表中，根据账簿的记录，珠江公司重新确认了2018年的营业收入和营业成本分别为18 500 000元和13 300 000元。其结果为营业利润少计了200 000元，所得税费少计了50 000元，净利润少计了150 000元。

表16-5

资产负债表

编制单位：珠江公司   2019 年 12 月 31 日   单位：元

资产	年初数		负债和所有者权益	年初数	
	调整前	调整后		调整前	调整后
流动资产：			流动负债：		
货币资金	7 776 080	7 776 080	短期借款	1 500 000	1 500 000
交易性金融资产	100 000	100 000	应付票据	80 000	80 000
应收票据	600 000	600 000	应付账款	2 000 000	2 000 000
应收账款	5 000 000	5 000 000	预收账款	6 000 000	6 000 000
减：坏账准备	50 000	50 000	其他应付款	600 000	600 000
应收账款净额	4 950 000	4 950 000	应付职工薪酬	180 000	180 000
预付账款	4 250 000	4 250 000	应交税费	30 000	30 000
其他应收款	700 000	700 000	应付股利	1 000 000	1 000 000
存货	14 020 000	14 820 000	其他应付款	130 000	130 000
其中：工程施工	30 000	830 000	流动负债合计	11 520 000	11 520 000
流动资产合计	32 396 080	33 196 080	非流动负债：		
非流动资产：			长期借款	5 000 000	5 000 000
长期股权投资	1 600 000	1 600 000	长期负债合计	5 000 000	5 000 000
固定资产原价	40 000 000	40 000 000	负债合计	16 520 000	16 520 000
减：累计折旧	9 000 000	9 000 000	股东权益：		
固定资产净值	31 000 000	31 000 000	股本	45 000 000	45 000 000
无形资产	1 450 000	1 450 000	资本公积	3 000 000	3 000 000
长期待摊费用	150 000	150 000	盈余公积	1 700 000	1 790 000
递延所得税资产	500 000	300 000	未分配利润	876 080	1 386 080
非流动资产合计	34 500 000	34 500 000	股东权益合计	50 576 080	51 176 080
资产总计	67 096 080	67 696 080	负债和股东权益总计	67 096 080	67 696 080

表 16-6   利润及利润分配表[①]

编制单位：珠江公司   2019 年度   单位：元

项目	上年数	
	调整前	调整后
一、营业收入	18 000 000	18 500 000
减：营业成本	13 000 000	13 300 000
税金及附加	400 000	400 000
管理费用	1 100 000	1 100 000
财务费用	400 000	400 000
加：投资收益	150 000	150 000
资产处置收益	800 000	800 000
二、营业利润	4 050 000	4 250 000
加：营业外收入	100 000	100 000
减：营业外支出	90 000	90 000
三、利润总额	4 060 000	4 260 000
减：所得税	1 015 000	1 065 000
四、净利润	3 045 000	3 195 000
加：年初未分配利润	704 000	1 086 500[*]
五、可供分配的利润	3 749 000	4 281 500
减：提取法定盈余公积	304 500	319 500
提取任意盈余公积	152 250	159 750
六、可供股东分配的利润	3 292 250	3 802 250
减：应付普通股股利	2 416 170	2 416 170
七、未分配利润	876 080	1 386 080

*1 086 500=704 000+450 000×85%

450 000=375 000+150 000−225 000+150 000

第四步：附注说明。

2019年珠江公司按照会计制度规定，对建造合同的收入确认由完成合同法改为完工百分比法。此项会计政策变更采用追溯调整法，2018年的比较会计报表已重新表述。2019年运用新的方法追溯计算的会计政策变更累积影响数为600 000元。会计政策变更对2019年损益的影响为减少净利润75 000元，对2018年度报告的损益的影响为增加净利润150 000元，调增2018年的期初留存收益450 000元，其中，调增未分配利润382 500元。

三、首次执行企业会计准则会计政策变更的会计处理

《企业会计准则》（2006）颁布后，除小规模企业外，在2009年后，所有企业都开始执行这一套新的企业会计准则。对比以前的会计制度和会计准则，这一准则在会计政策上发生了很大变化，为了做好新旧会计政策的衔接工作，《企业会计准则第38号——首次执行企业会计准则》专门针对第一次执行2006年企业会计准则而导致会计政策变更的会计处理提供了指南。另外，以后执行小企业会计准则的企业在规模扩大后，转换到一般企业会计准则时的会计政策变更也按第38号具体准则执行。

① 本例题直接调整利润分配表，对所有者权益变动表的调整，请参见本章【例16-7】。

针对会计政策变更的会计处理主要集中在该准则的第五条~第十九条，除准则规定应当采用追溯调整法的项目外，其他因首次执行企业会计准则而发生的会计政策变更均采用未来适用法。

采用追溯调整法的事项可以分为以下几类，下面分别进行讨论。

（一）涉及采用公允价值的资产和负债项目

涉及采用公允价值的资产和负债项目是指以前企业按历史成本进行核算，执行新的会计准则后，改按公允价值进行核算，要求对这种会计政策的变化按追溯调整法进行处理。这些项目包括投资性房地产、以公允价值计量且其变动计入当期损益的金融资产和金融负债、可供出售金融资产、衍生金融工具等。追溯调整法应当调整期初未分配利润和盈余公积。

【例16-3】 2019年1月1日，海天公司开始执行新的会计准则，其中短期投资——债券投资成本与市价及已提减值准备，如表16-7所示。2019年1月1日后改按公允价值对短期投资——债券投资进行核算，公司按10%计提盈余公积，不考虑所得税影响。

表16-7　　　　　　　　　　海天公司短期投资债券成本与市价表　　　　　　　　单位：元

项目	2019 年 1 月 1 日		
短期投资	成本	市价	已提减值准备
A 企业债券	107 833	107 500	（333）
B 企业债券	203 000	203 550	0
合计	310 833	311 050	（333）

首先，将短期投资转入交易性债券账户，并冲减短期投资跌价准备。

借：交易性金融资产（成本）——A 企业债券　　107 833
　　　　　　　　　　　　　　——B 企业债券　　203 000
　　贷：短期投资——A 企业债券　　　　　　　　　　107 833
　　　　　　　　——B 企业债券　　　　　　　　　　203 000
借：短期投资跌价准备　　333
　　贷：未分配利润　　　　　333

其次，进行追溯调整（调整期初未分配利润和盈余公积）。

借：交易性金融资产（公允价值变动）——B 企业债券　　550
　　贷：交易性金融资产（公允价值变动）——A 企业债券　　333
　　　　未分配利润　　　　　217
借：利润分配——未分配利润［（333+217）×10%］　　55
　　贷：盈余公积　　　　　55

（二）涉及预计负债的项目

涉及预计负债的项目，是指在首次执行日，对满足预计负债确认条件而之前尚未确认的义务。这些项目包括资产弃置义务、辞退福利义务、重组义务等。以资产弃置义务为例，在首次执行日，对满足预计负债确认条件而之前尚未计入资产成本的弃置费用，应当增加该项资产成本，并确认相应的负债；同时将应补提的折旧调整留存收益。

【例16-4】 2019年1月1日，海天公司开始执行新的会计准则，其中，企业于2016年购置一台专用设备1 000 000元，按直线法分10年进行折旧（没有残值），由于该设备对环境造成的影响较大，使用期结束后，需要一定的清理费用，根据新准则的要求，需要预计资产弃置费用，预计该处置费用的折现值为200 000元，实际利率为6%，公司按10%计提法定盈余公积（本例题中不考虑所得税影响）。

2019年1月1日，相关调整处理如下：

第一步，计算考虑弃置费用后的累积影响数（见表16-8和表16-9）。

表 16-8 计算考虑弃置费用后的累积影响数表 单位：元

年份	不考虑弃置费用的折旧额	考虑弃置费用的折旧额	差异额
2016 年	100 000	120 000	20 000*
2017 年	100 000	120 000	20 000
2018 年	100 000	120 000	20 000
合计	300 000	360 000	60 000

*不考虑所得税影响。

表 16-9 计算考虑预计负债的累积调整影响数表 单位：元

年份	调整额 （1）=（2）×6%	预计负债账面余额 （2）=（2）+（1）	差异额 （3）=（1）
2016 年初		200 000	
2016 年	12 000	212 000	12 000
2017 年	12 720	224 720	12 720
2018 年	13 483.2	238 203.2	13 483.2
合计	38 203.2		38 203.2

第二步，账务处理。

（1）登记预计负债。

借：固定资产 200 000
　　贷：预计负债 200 000

（2）追溯调整累计折旧。

借：利润分配——未分配利润 60 000
　　贷：累计折旧 60 000

（3）追溯调整预计负债。

借：利润分配——未分配利润 38 203.2
　　贷：预计负债 38 203.2

（4）调整期初未分配利润。

借：盈余公积 [（60 000+38 203.2）×10%] 9 820.32
　　贷：利润分配——未分配利润 9 820.32

（5）从2019年开始，公司每年按120 000元计提折旧，并按6%的实际利率调整预计负债。

借：制造费用 120 000
　　贷：累计折旧 120 000
借：财务费用（238 203.2×6%） 14 292.19
　　贷：预计负债 14 292.19

第三步，报表列示与附注。

海天公司在编制2019年比较资产负债表时，应调整固定资产、累计折旧和预计负债期初数，所有者权益变动表的相关数据也应做相应调整。此外，在附注中做如下说明。公司某专用设备本期计提预计处理费用200 000元，计入固定资产成本，并做追溯调整，期初未分配利润减少88 382.88元，盈余公积减少9 820.32元。2019年后，该设备每年折旧额由原来的100 000元增加到120 000元，预计负债每年按6%的实际利率进行调整。

（三）其他

根据《企业会计准则第18号——所得税》的规定，执行新准则后，一律改用资产负债表债务法，并进行追溯调整。原采用应付税款法核算所得税费用的，按资产负债表债务法对资产、负债的账面价值与其计税基础进行比较，确定应纳税暂时性差异和可抵扣暂时性差异，采用适用税率计算递延所得税资产与递延所得税负债的金额，相应调整期初留存收益。

【例16-5】 2019年1月1日，海天公司从执行小企业会计准则转换为执行一般企业会计准则。海天公司原采用应付税款法核算企业所得税费用。所得税税率为25%。2019年1月1日，资产、负债的账面价值与其计税基础进行比较（见表16-10）。

表16-10　　　　　　　　资产、负债的账面价值与其计税基础比较表　　　　　　　　单位：元

项目	账面价值	计税基础	暂时性差异	
			应纳税差异	可抵扣差异
交易性金融资产	70 000	100 000		30 000
固定资产	900 000	800 000	100 000	
无形资产	500 000	450 000	50 000	
预计负债	100 000	0		100 000
合计			150 000	130 000

调整分录如下。

借：递延所得税资产　　　　　　　　　　　　　　　　　　　　　　32 500
　　盈余公积　　　　　　　　　　　　　　　　　　　　　　　　　　500
　　利润分配——未分配利润　　　　　　　　　　　　　　　　　　　4 500
　　贷：递延所得税负债　　　　　　　　　　　　　　　　　　　　　37 500

除以上提到的项目（即《企业会计准则第38号——首次执行企业会计准则》第五条~第十九条专门规定的项目）采用追溯调整法外，其他项目不应追溯调整，应当自首次执行日起采用未来适用法。这些项目包括借款费用、超过正常付款条件实质上具有融资性质的业务、无形资产中的内部开发成本的资本化、开办费、职工福利费等。

最后，在首份中期报告和年度报告的编制中，必须按新准则编制至少1年的比较信息，也就是说，2019年1月1日执行新准则，2018年的报表必须开始按新准则的要求进行编制。另外，在附注中，要详细披露相关数据的调整过程，以反映首次执行新准则对企业财务状况、经营成果的影响。

第三节　会计估计变更

一、会计估计变更会计处理规定

按照我国具体准则的规定，会计估计变更的会计处理应采用未来适用法，具体规定如下。

（1）如果会计估计的变更仅影响变更当期，有关估计变更的影响应于当期确认。

例如，企业原按应收账款余额的5%提取坏账准备，由于企业不能收回应收账款的比例已达10%，则企业改按应收账款余额的10%提取坏账准备，这类会计估计的变更，只影响变更当期，因此，应于变更当期确认。

（2）如果会计估计的变更既影响变更当期又影响未来期间，有关估计变更的影响应在当期及以后各期确认。

例如，可计提折旧固定资产，其有效使用年限或预计净残值的估计发生的变更，常常影响变更当期及资产以后使用年限内各个期间的折旧费用。因此，这类会计估计的变更，应于变更当期及以后各期确认。

会计估计变更的影响数应计入变更当期与前期相同的项目中。为了保证不同期间的会计报表具有可比性，会计估计变更的影响如果以前包括在企业日常经营活动的损益中，则以后也应

包括在相应的损益类项目中；如果会计估计变更的影响数以前包括在特殊项目中，则以后也相应作为特殊项目反映。

同时，企业应按具体准则的规定，在会计报表附注中披露以下会计估计变更的事项：

第一，会计估计变更的内容和原因；

第二，会计估计变更对当期及未来期间的影响数；

第三，会计估计变更的影响数不能确定的，披露这一事实和原因。

二、会计估计变更会计处理举例

【例16-6】 珠江公司于2015年1月1日开始对一台管理用设备计提折旧，价值120 000元，估计使用年限为10年，净残值为12 000元，按直线法计提折旧。至2019年年初，由于新技术的发展等原因，需要对原估计的使用年限和净残值做出修正，修改后该设备的耐用年限为8年，净残值为16 800元。

珠江公司对上述估计变更的处理方式如下。

（1）不调整以前各期折旧，也不计算累积影响数。

（2）变更日以后发生的经济业务改按新估计使用年限提取折旧。

按原估计，每年折旧额为10 800元，已提折旧4年，共计43 200元，固定资产净值为76 800元，则第五年相关科目的期初余额如下：

固定资产　　　　　　　120 000
减：累计折旧　　　　　（43 200）
固定资产净值　　　　　　76 800

改变估计使用年限后，2019年起每年计提的折旧费用为15 000元[（76 800-16 800）÷（8-4）]。2019年不必对以前年度已提折旧进行调整，只需按重新预计的使用年限和净残值计算年折旧费用，编制会计分录如下。

借：管理费用　　　　　　　　　　　　　　　　　　15 000
　　贷：累计折旧　　　　　　　　　　　　　　　　　　15 000

（3）附注说明。本公司一台2015年开始使用的管理用设备，原始价值120 000元，原估计使用年限为10年，预计净残值为12 000元，按直线法计提折旧。由于新技术的发展，该设备已不能按原估计使用年限计提折旧，本公司于2019年年初变更该设备的使用年限为8年，预计净残值为16 800元，以反映该设备的真实使用年限和净残值。此估计变更影响本年度净利润减少数为3 150元[（15 000-10 800）×（1-25%）]。

第四节　前期差错更正

一、前期差错更正的会计处理规定

按照我国以前的准则规定，会计差错应视属于本期和属于以前年度的会计差错，以及以前年度会计差错视重大会计差错和非重大会计差错分别进行不同的处理。年度资产负债表日至财务报告批准报出日之间发现的报告年度的会计差错及报告年度前的非重大会计差错，应按资产负债表日后事项的调整事项处理。

根据《企业会计准则第28号——会计政策、会计估计变更和差错更正》的规定，前期差错，是指由于没有运用或错误运用下列两种信息，而对前期财务报表造成的省略或错漏报：（1）编报前期财务报表时预期能够取得并加以考虑的可靠信息；（2）前期财务报告批准报出日能够取得的可靠信息。前期差错通常包括计算错误、应用会计政策错误、疏忽或曲解事实以及舞弊产生的影响，以及存货、固定资产盘盈等。

追溯重述法，是指在发现前期差错时，视同该项前期差错从未发生过，从而对财务报表相关项目进行更正的方法。企业应当采用追溯重述法更正重要的前期差错，如果确定前期差错影响数不切实可行的，可以从可追溯重述的最早期间开始调整留存收益的期初余额，财务报表其他相关项目的期初余额也应当　并调整，也可以采用未来适用法。

企业应当在重要的会计差错发现当期的财务报表中，调整前期比较数据。另外，在报表附注中披露与前期差错更正有关的信息：

（1）前期差错的性质；

（2）各个列报前期财务报表中受影响的项目名称和更正金额；

（3）无法进行追溯重述的，说明事实和原因以及对前期差错开始进行更正的时点、具体更正情况。

二、前期差错更正会计处理举例

【例16-7】　珠江公司2019年发现，2018年公司漏记一项固定资产的折旧费用300 000元，但在所得税申报中扣除了该项折旧。假设2018年适用所得税税率为25%，该公司所得税会计处理方法采用资产负债表法，上述折旧费用已登记75 000元的递延所得税负债，无其他纳税调整事项。该公司按净利润的10%提取法定盈余公积，按净利润的5%提取任意盈余公积。假定珠江公司流通在外的有表决权的股份为4 000 000股。

1. 分析错误的后果

2018年少计折旧费用300 000

少计累计折旧300 000

多计所得税费用（300 000×25%）75 000

多计净利润225 000

多计递延所得税负债（300 000×25%）75 000

多计法定盈余公积22 500

多计提任意盈余公积11 250

2. 账务处理

（1）补提折旧。

借：以前年度损益调整　　　　　　　　　　　　　　　300 000

　　贷：累计折旧　　　　　　　　　　　　　　　　　　　300 000

（2）调整递延所得税负债。

借：递延所得税负债　　　　　　　　　　　　　　　　75 000

　　贷：以前年度损益调整　　　　　　　　　　　　　　　75 000

（3）将"以前年度损益调整"科目的余额转入利润分配。

借：利润分配——未分配利润　　　　　　　　　　　225 000

　　贷：以前年度损益调整　　　　　　　　　　　　　　225 000

（4）调整利润分配有关数字。

借：盈余公积　　　　　　　　　　　　　　　　　　33 750

　　贷：利润分配——未分配利润　　　　　　　　　　　33 750

3. 报表调整

现将珠江公司2019年年度资产负债表的年初数和利润及利润分配表的上年数发生变化项目的增减金额列示如下。2019年年度资产负债表的期末数栏和利润及利润分配表的本年累计数栏的年初未分配利润，应按调整后的年初数为基础编制。

2019年年初发生变化的资产负债表项目增减金额

　　累计折旧+300 000

　　固定资产净值-300 000

　　资产总额-300 000

　　递延所得税负债-75 000

　　盈余公积-33 750

　　未分配利润-191 250

　　负债及所有者权益合计-300 000

2018年度发生变化的利润表项目增减金额

　　管理费用+300 000

　　所得税-75 000

　　净利润-225 000

　　基本每股收益-0.056 3

2018年发生变化的所有者权益变动项目增减金额

　　净利润-225 000（未分配利润栏）

　　利润分配（盈余公积）-33 750（盈余公积栏）

另外，2019年所有者权益变动表中，上年年末余额按更正前的金额列示，同时，填列前期更正各栏数据：盈余公积栏登记-33 750元、未分配利润栏登记-191 250元、所有者权益栏登记-225 000元，本年年初余额则为更正后的金额。

4. 附注说明

本年度发现2018年漏记固定资产折旧300 000元，在编制2018年与2019年可比的会计报表时，已对该项差错进行了更正。由于此项错误的影响，2018年虚增净利润及留存收益225 000元，少计累计折旧300 000元。

第五节　资产负债表日后事项

一、资产负债表日后事项概述

企业财务报告（特别是年度报告）的加工、整理和审计都需要一定的时间，在财务报告所反映的财务状况、经营成果和现金流量的截止日（即资产负债表日，按《中华人民共和国会计法》的规定为12月31日）到财务报告的批准报出日之间，可能还会发生一些对企业财务状况、经营成果和现金流量产生重大影响的交易或事项（即资产负债表日后事项），为了使信息使用者能更全面、及时、客观地了解企业的财务信息，企业有必要对这些交易或事项进行适当的会计处理（确认或披露）。我国《企业会计准则第29号——资产负债表日后事项》（以下简称具体准则）就是对这些交易或事项的会计处理所进行的规范。

资产负债表日后事项是指资产负债表日至财务报告批准报出日之间发生的有利或不利事项。我国年度资产负债表日为 12 月 31 日（资产负债表日也包括会计中期期末——半年度、季度和月度，本节讨论的主要是年度末的日后事项），无论国外母公司或子公司如何确定其会计年度，向国内提供的会计报表，均应按我国对会计年度的规定执行。资产负债表日后事项包括自年度资产负债表日至财务报告批准报出日之间发生的所有有利事项和不利事项。对于这两类事项，均应按同一原则处理，按具体准则规定，属于调整事项的，要进行确认并调整相关会计报表项目金额；属于非调整事项的重要事项，要在财务报告中进行披露说明。

财务报告批准报出日是指董事会批准财务报告报出的日期。通常是指对财务报告的内容负有法律责任的单位或个人批准财务报告向企业外部公布的日期，这里的"单位或个人"是指企业所有者、所有者的多数、董事会或经理（厂长）会议等。资产负债表日后事项所涵盖的日期是从资产负债表日到财务报告批准报出日之间。对上市公司而言，此期间涉及完成财务报表编制日、注册会计师出具审计报告日、董事会批准财务报告可以对外公布日、实际对外公布日。准则中所指的是前述日期中的第三个日期，即董事会批准财务报告可以对外报送日。在我国，这一日期一般在 1—4 月。

资产负债表日后事项按具体准则的分类，主要包括调整事项和非调整事项。调整事项是指对资产负债表日已存在的情况提供了新的或进一步证据的事项。这一定义表明资产负债表日后事项的两个特点：第一个特点是在资产负债表日或以前已经存在，资产负债表日后得以证实的事项。如已证实资产发生了减损、已确定获得或支付的赔偿等。例如，珠江公司应收某企业 500 000 元的货款，到期日为 2018 年 11 月 20 日，年末珠江公司也未收到这笔款项，并已经得知该公司面临严重财务危机，对该应收账款按 5%计提坏账准备。2019 年 1 月 20 日，珠江公司收到该企业的通知，该企业正式宣告破产。由于在资产负债表日以前，该公司财务状况的事实已经存在，而到了资产负债表日后，进一步得到了该企业破产的确凿证据，因此，这一事项属于典型的调整事项。按准则要求，珠江公司必须对原来进行的会计处理重新调整。调整事项的第二个特点表现为对按资产负债表日存在状况编制的会计报表产生重大影响的事项，如销货退回。调整事项还包括：

（1）资产负债表日后诉讼案件结案，法院判决证实了企业在资产负债表日已经存在现时义务，需要调整原先确认的与该诉讼案件相关的预计负债，或确认一项新负债；

（2）资产负债表日后取得确凿证据，表明该项资产在资产负债表日发生了减值或者需要调整该项资产原先确认的减值金额；

（3）资产负债表日后发现了财务报表舞弊或差错。

非调整事项是指资产负债表日以后才发生或存在的重大事项。与调整事项相同的是，非调整事项都是资产负债表日至财务报告批准报出日存在或发生的事项；不同的是，调整事项存在于资产负债表日或以前，资产负债表日后提供了对以前已存在的事项所做的进一步说明，而非调整事项是在资产负债表日尚未存在，只是在资产负债表日后才发生的，并且是重大的事项。例如，2018 年年底，珠江公司应收某企业一笔未到期的应收账款，该企业经营良好，而在 2019 年 1 月 30 日，该企业意外发生火灾，导致该企业遭受严重经济损失，可能无法归还珠江公司这笔货款。何谓重大，准则中提供了一些例子，但并未完全涵盖所有重大事项，这需要依靠会计人员的职业判断。非调整事项包括：

（1）资产负债表日后发生的重大诉讼、仲裁、承诺；

（2）资产负债表日后资产价格、税收政策、外汇汇率发生重大变化；

（3）资产负债表日后因自然灾害导致资产发生重大损失；

（4）资产负债表日后发行股票和债券以及其他巨额举债；

（5）资产负债表日后资本公积转增资本、发生的巨额亏损和企业合并与处置子公司等。

另外，资产负债表日后，企业利润分配方案中拟分配的以及经审议批准宣告发放的股利或利润，不确认为资产负债表日的负债，但应在附注中单独披露。

企业应当在附注中披露与资产负债表日后事项有关的下列信息。

（1）财务报告的批准报出者和财务报告批准报出日，如果企业所有者或其他有关方面有权对报出的财务报告进行修改的，应当披露这一情况。

（2）每项重要的资产负债表日后非调整事项的性质、内容，及其对财务状况和经营成果的影响，无法做出估计的，应当说明原因。

除上述需要单独披露的内容外，企业在资产负债表日后取得了影响资产负债表日存在状况新的或进一步的证据，应当调整与之相关的披露信息。

二、资产负债表日后事项的会计处理

由于非调整事项只需在报表附注中说明，这里不再举例进行说明。调整事项在发生时，同其他经济业务一样，先做相关的会计处理，但同时要对已经编制的会计报表进行调整。在具体处理时，涉及损益事项的，通过"以前年度损益调整"科目进行（当然，也可以不通过该科目而直接进行调整）；涉及利润分配的，则直接在"利润分配——未分配利润"中进行。调整事项的会计处理的具体步骤为：

第一步：确认和记录调整业务以及该业务对以前年度损益的影响；

第二步：调整应交所得税；

第三步：将以前年度损益调整科目转入利润分配；

第四步：调整报告年度会计报表相关项目的数字；

第五步：调整业务发生当月资产负债表的年初数。

下面通过一个实例说明调整事项会计处理的全过程。

【例16-8】 珠江公司于2018年12月15日向甲企业销售商品一批，售价100 000元，增值税税率16%，成本65 000元，合同约定现金折扣（含增值税款）条件为"2/10，n/30"。

情形一：甲企业收到商品后，发现商品有质量问题，要求按10%的价格进行折让（允许冲减应交增值税），珠江公司同意对方的要求，甲企业于当月25日付款。

情形二：假如2019年2月，甲企业又发现该批商品存在重大质量问题，提出退货，珠江公司核实情况属实，同意对方要求，如果退回的时间为2月24日（财务报告批准报出日之前）。

请编制上述二种情形的会计分录。

1. 第一种情形

（1）2018年12月15日销售时（按总价法）。

借：应收账款　　　　　　　　　　　　　　　116 000
　　贷：主营业务收入　　　　　　　　　　　　　　　100 000
　　　　应交税费——应交增值税（销项税额）　　　　 16 000
借：主营业务成本　　　　　　　　　　　　　 65 000
　　贷：库存商品　　　　　　　　　　　　　　　　　 65 000

（2）同意按10%的价格进行折让时。

借：主营业务收入　　　　　　　　　　　　　 10 000
　　应交税费——应交增值税（销项税额）　　　 1 600
　　贷：应收账款　　　　　　　　　　　　　　　　　 11 600

（3）2018年12月25日收款时。

借：银行存款[（116 000-11 600）×98%]　　　　　　　　　　　102 312

　　财务费用　　　　　　　　　　　　　　　　　　　　　　　2 088

　　贷：应收账款　　　　　　　　　　　　　　　　　　　　　　104 400

2. 第二种情形

若退回时间为2月24日，即在资产负债表日至财务会计报告批准报出日之前发生退回，应作为资产负债表日后事项的调整事项处理，相关处理如下。

第一步：确认和记录调整业务以及该业务对以前年度损益的影响。

借：以前年度损益调整（90 000-2 088）　　　　　　　　　　　87 912

　　应交税费——应交增值税（销项税额）　　14 400（16 000-1 600）

　　贷：银行存款　　　　　　　　　　　　　　　　　　　　　102 312

借：库存商品　　　　　　　　　　　　　　　　　　　　　　　65 000

　　贷：以前年度损益调整　　　　　　　　　　　　　　　　　　65 000

第二步：调整应交所得税。

借：应交税费——应交所得税[（87 912-65 000）×25%]　　　　　5 728

　　贷：以前年度损益调整　　　　　　　　　　　　　　　　　　5 728

第三步：将以前年度损益调整科目转入利润分配并调整利润分配的有关数据。

借：利润分配——未分配利润　　　　　　　　　　　　　　　　17 184

　　贷：以前年度损益调整　　　　　　　　　　　　　　　　　　17 184

第四步：调整报告年度会计报表相关项目的数字。资产负债表中银行存款减少102 312元，库存商品增加65 000元，应交税费减少20 128元（14 400+5 728），未分配利润减少17 184元。

利润表中冲减收入90 000元、成本65 000元、财务费用2 088元和所得税5 728元。

第五步：调整业务发生当月资产负债表的年初数。年初资产负债表中银行存款减少102 312元，库存商品增加65 000元，应交税费减少20 128元（14 400+5 728），未分配利润减少17 184元。

三、披露和分析

会计政策及会计估计变更、资产负债表日后事项的披露在前面的论述中都已经系统阐述了，这里不再赘述。

对于会计政策及会计估计变更、资产负债表日后事项的分析，会计估计变更和资产负债表日后事项中的调整事项已经在本期进行确认，影响已经体现在会计报表中。如果金额重大，我们要关注估计变更的理由是否充分，调整事项的划分是否准确。而资产负债表日后事项中的非调整事项，我们要关注其附注说明，以及相关事项对企业日后潜在的、持续的影响。

会计政策变更除了国家相关制度（或会计准则）变动导致的外，企业主动的会计政策变动是我们需要重点关注的，特别是一些敏感的会计政策变动，如将存货或固定资产转入投资性房地产，并按公允价值进行核算等。金宇车城（000803）是一家在深圳证券交易所上市的公司，因2015年和2016年连续两年亏损，其股票名称被标记为*ST，简称*ST金宇，主要经营业务包括生产、销售丝织品、房地产开发经营、汽车贸易、物业管理等。该公司这两年的资产负债率分别高达75%和88%。为了降低资产负债率和扭亏为盈，公司在2016年将部分存货、固定资产（含在建工程）转入投资性房地产，并按公允价值进行核算。这一会计政策变化给企业带来的好处：一是资产评估增值会降低企业资产负债率；二是公允价值上升会增加变动期间的净利润。果不其然，2017年，该公司扭亏为盈，成功摘掉了*ST的帽子。

思 考 题

1. 有的会计人员抱怨，现在的会计制度（准则）变化太快了，请指明原因，并说明这种变化对会计信息会产生什么影响。

2. 《华尔街日报》指出，美国近些年来很多公司都热衷于改变会计政策，为什么会出现这种情况？中国今后也会如此吗？

3. 请指出下列项目属于哪种类型，该如何处理？

（1）存货计价从先进先出法改为加权平均法；

（2）核销一笔被淘汰的存货；

（3）某项固定资产的折旧年限延长2年；

（4）对电子设备的折旧方法从原来的直线法改为双倍余额递减法；

（5）检查发现，低值易耗品未按要求在上年年末摊销；

（6）收到代销单位电话通知，委托对方代销的商品已售出，会计人员据此确认了营业收入。

4. 简要说明当期法的特点与运用。为何在我国《企业会计准则第28号——会计政策、会计估计变更和差错更正》中没有使用该方法？

5. 什么是追溯调整法和追溯重述法？指出两种方法的异同。

6. 什么是前瞻法？试比较一下追溯法与前瞻法。

7. 发生在资产负债表日至财务报告批准报出日之间的会计差错应如何处理？

8. 在《企业会计准则第28号——会计政策、会计估计变更和差错更正》和《企业会计准则第29号——资产负债表日后事项》等具体准则中，都涉及重要事项（如重大前期差错和重大诉讼等），但都未规定重大的数量标准，你认为作为一个会计人员应如何把握这一问题？在今后的会计工作中，职业判断显得越来越重要，一个会计人员如何建立和形成自己的职业判断能力？

9. 如何判断一项会计政策的变更是出于增加信息相关性的需要，还是出于盈余操纵的需要？

10. 调整事项与非调整事项的区别在哪里？其会计处理有何不同？

练 习 题

（一）会计政策变更

资料：2019年1月1日，南新公司达到一般企业规模后开始执行企业会计准则，其中企业于2014年购置一幢房产2 000 000元，主要用于出租，该房产按直线法分40年计提折旧（不考虑残值）。执行企业准则后，南方公司选择按公允价值模式对该房产进行核算。当日，该房产的公允价值为5 000 000元。公司适用所得税税率为25%，按10%计提法定盈余公积。

要求：运用追溯调整法做出相关会计处理。

（二）会计政策变更

资料：2019年1月1日，南新公司开始执行企业会计准则，其中，企业于2015年购置一台专用设备800 000元，按双倍余额法分10年计提折旧（没有残值），由于该设备对环境造成的影响较大，使用期结束后，需要一定的处置费用，根据企业会计准则的要求，需要预计资产弃置费用，预计该处置费用的折现值为150 000元，实际利率为7%。公司适用所得税税率为25%，按10%计提法定盈余公积。

要求：

1. 运用追溯调整法做出相关会计处理；

2. 编制2019年末固定资产折旧和预计负债调整分录。

（三）会计估计变更

资料：南方公司于2016年年末购入一台设备100 000元，残值10 000元，估计使用年限为10年，按直线法计提折旧，至2019年，由于市场产品更新的原因，需要缩短该设备使用年限，以加速对该设备计提折旧，从而将原设备折旧年限改为6年，残值也修改为15 000元。请按会计估计变更对该业务进行处理。

要求：运用未来适用法做出相关会计处理。

（四）前期差错更正

资料：南方公司2019年发现在2018年已出售的一批商品没有结转销售成本，金额为100 000元。2019年年初的未分配利润为200 000元，所得税税率为25%，该公司按净利润的10%计提法定盈余公积金。

要求：

1. 分析错误结果。

2. 编制会计分录。

3. 进行附注说明。

（五）资产负债表日后事项

资料：甲股份有限公司（以下简称甲公司）适用的所得税税率为25%，所得税采用资产负债表债务法核算。该公司按照净利润的10%提取法定盈余公积。甲公司2018年度财务会计报告于2019年2月18日批准对外报出。甲公司发生的有关事项如下。

（1）2018年12月1日，甲公司因其产品质量问题对李某造成人身伤害，被李某提起诉讼，要求赔偿200万元。至12月31日，法院尚未做出判决。甲公司预计该项诉讼很可能败诉，赔偿金额估计在100万～150万元，并且还需要支付诉讼费用2万元。考虑到公司已就该产品质量向保险公司投保，公司基本确定可从保险公司获得赔偿50万元，但尚未获得相关赔偿证明。

（2）2019年2月15日，法院判决甲公司向李某赔偿115万元，并负担诉讼费用2万元，甲公司和李某均不再上诉。

（3）2019年2月21日，甲公司从保险公司获得产品质量赔偿款50万元，并于当日用银行存款支付了对李某的赔偿款和诉讼费用。

要求：编制甲公司2018年12月31日、2019年2月15日和2019年2月21日与诉讼事项有关的会计分录。

（六）资产负债表日后事项

南方公司于2018年12月15日向甲企业销售商品一批，售价200 000元，增值税税率16%，成本150 000元，合同约定现金折扣（不含增值税税款）条件为"2/10，n/30"。

情形一：甲企业收到商品后，发现商品有质量问题，要求按10%的价格进行折让（允许冲减应交增值税），珠江公司同意对方的要求，甲企业于当月25日付款。

情形二：假如甲企业付款时间为2019年1月5日（按10%的折让价格支付），2019年2月，甲企业又发现该批商品存在重大质量问题，提出退货，公司核实情况属实，同意对方的要求，退回的时间为2月24日（财务报告批准报出日之前）。公司2018年年末按应收账款余额的5%计提坏账准备。

请编制上述两种情形的会计分录。

（提示：考虑应收账款坏账准备计提的影响，以及计提坏账准备的所得税影响）

案例分析：会计政策变更——三木集团①

---

① 本书每章后所增加的案例分析请参见本系列教材中配套出版的《会计教学案例》一书，后同。

资产负债表

✎ **本章要点**

- 会计报告与会计报表之间的关系
- 资产负债表的性质与作用
- 资产负债表的局限性
- 资产负债表的编制方法

📖 **章首故事**

资产负债表的变迁与趋势

资产负债表作为财务报表的第一报表，其发展历史约300年。1494年，复式簿记诞生。180年后，法国国王颁布《商业条例》，明确规定商人必须每两年编报财产目录（相当于资产负债表的左边部分）。这可以说是资产负债表的雏形。直至19世纪末20世纪初期，资产负债表才形成我们今天所见到的格式，即账户式的左边为资产、右边为负债和所有者权益，资产与负债分别按流动性的大小先后排列。国际会计准则对资产负债表的格式规定在排序上则稍有不同。

2001年，IASB改组后，开始全面与FASB合作，双方联手制定一套通用的、双方认可的会计准则。2004年双方将概念框架纳入联合研究项目，2008年发布一份题为"关于财务报表列报的初步意见"的征求意见稿。在这份讨论稿中，对三张财务报表的格式提出了较大的调整，其中资产负债表的改进格式如下：

IASB和FASB关于财务报表改革的新模式

财务状况表	全面收益表*	现金流量表
业务	业务	业务
经营资产和负债	经营收益和费用	经营现金流量
投资资产和负债	投资收益和费用	投资现金流量
筹资	筹资	筹资
筹资资产	筹资资产收益	筹资资产现金流量
筹资负债	筹资负债费用	筹资负债现金流量
所得税	持续经营所得税（业务与筹资）	所得税
终止经营	终止经营（扣除所得税后净额）	终止经营
	其他全面收益（扣除所得税后净额）	
权益		权益

*全面收益表是对利润表的改革模式。

这一改革模式，将资产负债表的名称变为"财务状况表"，并将企业经营活动分为持续经营与非持续经营两部分。在持续经营中又将企业的经营活动分为业务和筹资活动，并将所得税单列，最后列示权益，即所有资产减去负债后的余额。

据最新消息，由于该改革模式争议较大，目前已被搁置。

在完成了对基本会计要素的确认与计量问题的讨论后，我们就进入会计处理的最后一个程序——财务会计报告的编制环节。从程序上说，财务会计报告是企业每个会计期间财务会计工作的最后一道"工序"；从内容上看，财务会计报告是反映企业财务状况、经营成果、所有者权益变动和现金流量情况的书面文件，也是企业财务会计工作的最终产品。财务报告包括财务报表、报表附注、其他财务报告等内容。本章先对财务报表做一概述，然后重点讨论第一报表——资产负债表的作用、格式、内容及编制问题。

资产负债表的性质、作用与局限性

第一节　财务报表概述

一、财务会计报告与会计报表

财务会计报告是企业对外提供的反映企业某一特定日期的财务状况和某一期间的经营成果、所有者权益变动、现金流量等会计信息的文件。财务会计报告包括会计报表、报表附注、其他财务报告等。会计报表主要是以货币的形式反映企业特定日期的财务状况和某一期间的经营成果、所有者权益变动、现金流量等会计信息。由于企业很多信息无法用货币形式来计量，所以要全面、系统地反映一个企业整体情况，必须以非货币形式来反映。其他报告形式就是对会计报表的必要补充。

根据《企业会计准则第 30 号——财务报表列报》（2014）的规定，财务会计报表至少包括资产负债表、利润表、现金流量表、所有者权益（或股东权益）变动表、附注。上述四张报表的编号、名称和编制时间要求如表 17-1 所示。

表 17-1　　　　　　　　　　企业会计报表一览表

编号	会计报表名称	编报时期
会企 01 表	资产负债表	中期报告、年度报告
会企 02 表	利润表	中期报告、年度报告
会企 03 表	现金流量表	（至少）年度报告
会企 04 表	所有者权益变动表	（至少）年度报告

附注是对在资产负债表、利润表、现金流量表和所有者权益变动表中列示项目的文字描述或明细资料，以及未能在这些报表中列示项目的说明。附注的详细讨论在第二十章进行。

其他财务报告主要是为了增进信息使用者对企业的全面了解，对一些无法在会计报表中反映的信息进行披露和揭示。其他财务报告既包括定量信息，也包括定性信息；既包括财务信息，也包括非财务信息；既包括历史信息，也包括预测信息。两者之间的一个重要区别是，会计报表是依据会计准则的规定进行确认计量加工出来的，其他财务报告则是根据有关方面的规定（如中国证券监督委员会和信息使用者的需要）进行加工的。其他财务报告的详细讨论也将在第二十章进行。

二、会计报表的种类

根据不同的划分标准，财务会计报表可以分为不同的种类。

（1）按财务会计报表所反映的经济内容，可以分为资产负债表、利润表、现金流量表和所有者权益变动表。

资产负债表，是反映企业在某一特定日期资产、负债与所有者权益（或股东权益）状况的会计报表。利润表，是反映企业在一定会计期间经营成果的会计报表。现金流量表，是反映企业一定会计期间现金和现金等价物流入和流出的会计报表。所有者权益变动表反映构成所有者权益的各个组成部分的当期增减变动情况。四张报表从不同的侧面综合反映了企业经济活动的全貌及其结果。

（2）按财务会计报表编制的时期，可以分为年度、半年度、季度和月度财务会计报表。

年度财务报表要求揭示完整、反映全面，会计报表包括资产负债表、利润表、现金流量表、所有者权益变动表及相关附注。季度、月度财务报表要求简明扼要、及时，通常仅包括资产负债表和利润表。半年度、季度和月度财务会计报表统称为中期财务会计报表。

（3）按财务会计报表报送的对象，可以分为对外财务报表和对内财务报表。

对外财务报表，是指根据国家有关法规，企业定期向其利益相关者（如投资者、债权人、股东）以及有关部门（如银行、税务部门、财政部门）报送的财务报表，如资产负债表、利润表、现金流量表、所有者权益变动表以及相关的附注。对内财务报表，是指根据企业内部经营管理的需要，自行设计、填制的仅供内部管理部门使用的财务报表，如主要产品单位成本表、各种费用开支表等。

（4）按财务报表反映资金运动的方式，可以分为静态财务报表和动态财务报表。

静态财务报表是指反映企业在某一时点上全部资产以及全部负债和所有者权益状况的书面报告，一般根据各个账户的"期末余额"填制。动态财务报表，是指反映企业在报告期内资金运动全貌的报表，一般根据有关账户的"发生额"填制。

（5）按财务会计报表编制的范围，可以分为企业财务会计报表和合并财务会计报表。

企业财务会计报表，是指独立核算的企业根据会计账册和有关资料编制的，用来反映企业经营活动情况和财务状况的财务报表。合并财务会计报表，是指由母公司编制的，包括所有控股子公司财务报表的有关数据，反映企业集团整体财务状况、经营成果、现金流量和所有者权益变动的财务报表。

三、财务报表编制的基本要求

为了保证同一企业不同时期和同一期间不同企业的财务报表相互可比，企业在编制会计报表时应遵循下列基本要求。

第一，企业应当以持续经营为基础，根据实际发生的交易和事项，按照基本会计准则和其他具体准则的规定进行确认和计量，并在此基础上编制财务报表，不能以附注代替确认和计量。以持续经营为基础编制财务报表不再合理时，企业应当采用其他基础（如清算价值）来编制会计报表。

第二，财务报表项目的列报应当在各个会计期间保持一致，除非：（1）会计准则要求改变财务报表项目，如 2006 年准则实施要求将"短期投资"改为"交易性金融资产"；（2）企业经营业务的性质发生重大变化后，变更财务报表项目能提供更可靠、更相关的会计信息，如将固定资产房屋、建筑物的用途从自用改为出租时，将"固定资产"改为"投资性房地产"。

第三，除不具重要性的项目外，性质或功能不同的项目应当在财务报表中单独列报。如资产负债表中的货币资金、其他债权投资、预计负债、盈余公积等；利润表中的营业收入、营业成本、税金、税金及附加、公允价值变动损益等；所有者权益变动表中的实收资本或股本、资本公积、盈余公积、未分配利润的期初和期末余额及调节情况；现金流量表中销售商品提供劳务收到的现金、收回投资收到的现金、偿还债务支付的现金等项目，按规定都要求单独列示。

第四，财务报表中的资产与负债项目、收入与费用项目的金额不得相互抵消，但资产项目中减值金额的扣除，非经常性项目产生的损益以及收入扣除费用后的净额列示不属于抵消。

第五，当期财务报表的列报，至少应当提供所有列报项目上一可比期间的比较数据，以及与理解当期财务报表相关的说明。

另外，对于短于一年的会计期间，应当说明原因。

除了遵守以上规定外，企业在编制财务报表前，还要做好以下准备工作。

（1）清查财产物资。清查财产物资是保证报表数字真实的重要前提。在报告期末，特别在年终办理决算前，企业应对各种财产物资进行一次全面的清查盘点。如果发现溢余或短缺、毁损，应及时调整账目，保证账面资料与实际数额完全相符，并进一步查明原因，按规定办理审批手续。

（2）清理往来账款。年终决算时，企业应对各种应收应付款项进行一次全面清查核对，对于各种应收应付款，企业应及时催收或支付；一时不能结算的，也应通过函证等方式查对清楚。对于欠缴的税金和利润以及应付的职工薪酬等，企业应及时上缴或支付。

（3）为了保证应交税费（如所得税和流转税）的正确性，应当与税务机关及时沟通。对应税所得额的调整项目和调整金额，如可抵税工资金额的确定；对应交流转税的调整与缴纳，如增值税的抵扣项目和金额的确定；个人所得税的确定等，要与其交换意见。

（4）核对账簿记录。账簿记录是编制报表的重要依据，核对账簿记录是保证账证、账账、账实相符，正确编制报表的前提之一。企业在编制报表之前，必须对账簿记录进行一次全面检查核对，保证所有本报告期的账项已登记入账。企业不得为赶编报表而提前结账，也不得把属于其他报告期的账项记入本期，只有经过检查核对无误的账簿记录资料，才能作为编制报表的依据。

（5）实施准则后，公允价值得到充分运用，大量的判断、估计和调整将会出现，为了保证会计信息的可靠性和准确性，对于一些重要的需要估计和判断项目的会计方法的选择和运用，企业要与权威部门（如财政部门）和审计师沟通，并取得相对一致的意见。

下面先讨论资产负债表的编制。

第二节 资产负债表的编制

一、资产负债表的概念和作用

资产负债表是反映企业在某一特定日期财务状况的会计报表，也称财务状况表。所谓财务状况是指企业的资产、负债和所有者权益的构成情况以及资产、负债和所有者权益内部的结构。它反映了企业在某一特定日期所拥有或控制的经济资源、所承担的现有义务和所有者对企业净资产的要求权。

资产负债表能够揭示企业在报表日的财务状况，短期、长期偿债能力，现金支付能力，财务弹性的大小，资产、负债和所有者权益的结构等重要信息，为决策者提供重要的决策依据和参考。资产负债表的作用具体表现如下。

（一）揭示企业拥有和控制的经济资源及其分布情况

资产负债表把企业拥有和控制的经济资源——资产，按其经济性质和用途分为流动资产、长期投资、固定资产、无形资产、长期待摊费用、其他资产等类别，在各类别下，再分成若干项目，简明扼要地揭示了企业在某一时点资产的全貌及其占用形态和分布状况。这样，报表阅读者通过表上项目可以一目了然地了解企业资产方面的信息，有利于分析企业资产的规模和数量、质量和结构等。企业的规模孕育着企业竞争的潜在能力，资产的分布可以发现企业资源的布局是否合理，资源配置是否有效。

（二）揭示企业的资金来源及资本结构

现代企业的资金来源主要有两方面：一是债权人提供的资金；二是所有者的投资，两者共同构成企业的权益总额。而资本结构是指企业的权益总额中负债和所有者权益的相对比例。资产负债表按照资金来源的本来面目，把企业的权益分为负债和所有者权益两大类。负债按照偿还时间的长短分列为流动负债和长期负债，所有者权益按照永久性程度分列为实收资本、资本公积、盈余公积和未分配利润。负债的结构反映企业的资金来源渠道、财务风险或者企业利用财务杠杆的能力；所有者权益，即净资产则表示企业投资者实际的投资规模和财富。

（三）揭示企业的流动性及偿债能力

所谓流动性，又称变现能力，是指资产转换为现金或负债偿还所需时间的长短。资产转换为现金或负债到期清偿所需的时间越短，表明企业的流动性越强，偿债能力也就越强。由于资产负债表上的资产项目是按流动性排列的，负债项目又分成流动负债和长期负债，因此可以通过表上相关数据，例如，负债与资产之比，计算企业的资产负债率等指标，分析企业的财务风险；可以通过计算流动比率、速动比率等指标，评价企业的偿债能力和支付能力。

（四）揭示企业的财务弹性

财务弹性是指企业采取有效行动改变现金流量的数量和时间，以应付不可预见的变化的能力。企业的财务弹性越强，表明企业适应环境变化的能力越强。资产负债表中未直接提供企业财务弹性的信息，但可以通过表中所列示的相关资料，分析企业的财务弹性，如企业资产的流动性或变现能力、资产分布和负债比例、资本结构、企业筹措资金的能力、在不影响正常经营的前提下变卖部分现有资产换取现金的能力等。企业财务弹性较强，意味着企业能通过各种方式及时有效地取得现金，以应付各种环境变化。财务弹性一方面能抓住没有预期到的经营机遇，增强获利能力；另一方面能应对各种突发的局面，避免财务危机。

二、资产负债表的局限性

由于会计确认、计量技术的局限，以及基于成本效益原则的考虑，现行资产负债表还存在较大的局限性，这些局限性主要表现在以下几个方面。

（一）资产负债表中列示的资产和负债大多是以历史成本为基础的

以历史成本计量虽然具有客观性和可验证性的优点，但是在物价变动，特别是通货膨胀的情况下，资产负债的账面价值与现行价值可能相差很大，把按现行价值计量的收入与按历史成本计量的成本费用进行配比，必定会歪曲企业的损益，从而有可能误导信息使用者，使他们做出错误的判断和决策。为了使资产负债表提供的信息符合相关性原则的要求，新会计准则中大量运用公允价值计量属性，但存货、应收款项、长期资产仍然以历史成本计量属性为主。

（二）资产负债表中许多项目是通过人为的判断和估计来确定的

由于财务会计核算是以一定的假设为前提的，而谨慎性原则要求企业要预计可能的损失，同时，公允价值的运用要求在确认与计量中通过判断和估计来计算资产和负债的价值。因此，这些人为判断的数据与客观实际难免存在差异。并且，面临同样不确定性的因素和局面，不同的会计人员会做出不同的判断，得出不同的结果。

（三）资产负债表只能提供货币性的信息而不能提供非货币性的信息

基于会计核算以货币计量的特点，资产负债表只能反映用货币计量的会计信息，然而，有许多具有财务价值的信息却未能在报表中客观地反映。例如，公司员工在开发计算机新软件上的知识和技能，对公司来说无疑是最有价值的资产，但由于员工的价值和其他一些无形资产（如顾客基础、研究开发优势、良好的声誉等）难以用货币可靠计量，这些项目还是被资产负债表忽略了。

此外，资产负债表中还存在多种计量属性并存、计量方法不一致等情况，这些都会影响到资产负债表的使用价值。

三、资产负债表的结构与格式

资产负债表的结构分为三部分：表首、报表主体和表下附注。表首列示资产负债表的名称、编制单位、会计期间、报表编号、货币单位等。资产负债表是一张静态报表，其编制日期应具体到某年某月某日。报表主体即表内部分，列示资产、负债、所有者权益各项目的年初数和期末数，各项目按一定标准和一定顺序分类排列。表下附注是对报表的主要项目和编制基础等做进一步的解释和说明，以揭示一些表内不便或不能反映的重要信息。

资产负债表内各项目有按流动性与非流动性、货币性与非货币性等方式分类排列，我国的资产负债表按流动性排列。资产的流动性是指资产的变现能力，资产的变现能力越强，流动性就越强，在表中就越排在前面，如表中资产部分，先排列流动资产，后排列非流动资产；在流动资产中，按各项目的变现能力，流动资产排列的顺序为货币资金、按公允价值计量且其变动计入当期损益的金融资产、应收票据、应收账款等。负债的流动性是指负债的偿还期限，偿还期限越短的负债，流动性越强，所以，流动负债排在长期负债的前面。负债与所有者权益按债权人和投资者对企业资产要求权的先后顺序排列，债权人的要求权通常优于所有者，所以负债排在所有者权益之前。而所有者权益各项目则是按其永久性程度排列，永久性程度越大，越排在前面，因此排列顺序为实收资本或股本、资本公积、其他综合收益、盈余公积、未分配利润。

按准则规定，资产满足下列条件之一的，应归类为流动资产。

（1）预计在一个正常营业周期中变现、出售或者耗用。

（2）主要为交易的目的而持有。但并非所有的为交易而持有的资产都分类为流动资产，如自资产负债表日起超过 12 个月且预期持有超过 12 个月的衍生工具应划分为非流动资产或非流动负债。

（3）预计在资产负债表日起 1 年内（含 1 年）变现。

（4）自资产负债表日起 1 年内交换其他资产或清偿负债的能力不受限制的现金和现金等价物。

相应地，满足下列条件之一的负债，应归类为流动负债。

（1）预计在一个正常营业周期中清偿。

（2）主要为交易目的而持有。

（3）自资产负债表日起 1 年内到期应予以清偿。

（4）企业无权自主地将清偿推迟至资产负债表日后 1 年以上。

按流动性分类是以正常营业周期为标准的，当正常营业周期不能确定时，企业应当以一年作为正常营业周期。正常营业周期是指企业从购买用于加工的资产至实现现金或现金等价物的期间。营业周期通常短于 1 年，但超过 1 年的营业周期的资产如与房地产开发产品相关的产成品、原材料尽管超过 1 年才变现、出售或耗用，仍作为流动资产列示。超过 1 年的营业周期中的经营性负债即使在资产负债表日后超过 1 年才清偿的，仍划分为流动负债。

另外，持有待售的非流动资产，无论是被分为持有待售单项非流动资产还是处置中的资产，都应当在流动资产部分单独列报。类似的，被分为持有待售的处置中的与转让资产相关的负债应在流动负债中单独列报。资产负债表日或之前违反长期借款协议而导致贷款人可随时要求清偿的负债，应当归类为流动负债。

资产负债表的格式一般有两种：账户式和报告式。账户式依据"资产=负债+所有者权益"的平衡原理，按照左右对照的账户形式来编制，左方列示资产类项目，右方列示负债和所有者权益项目，左右平衡。我国采用账户式资产负债表（其格式参见表 17-3）。

报告式资产负债表是依据"资产−负债=所有者权益"的原理，把三大要素按上下顺序排列而编制的，先列资产，后列负债，最后是所有者权益。资产合计减负债合计等于所有者权益合计，格式如表 17-2 所示。

表 17-2　　　　　　　　　　　　资产负债表（报告式）

	资产	
流动资产	×××	
长期股权投资	×××	
固定资产	×××	
无形资产	×××	
长期待摊费用	×××	
其他资产	×××	
资产合计		×××
	负债	
流动负债	×××	
长期负债	×××	
负债合计		×××
	所有者权益	
实收资本（或股本）	×××	
资本公积	×××	
其他综合收益	×××	
盈余公积	×××	
未分配利润	×××	
所有者权益合计		×××

四、资产负债表的编制方法

资产负债表一般采用对比式填列，即每个项目均应对比填列两个或两个以上的时点数。这种编制方式称为比较资产负债表。它有利于进行纵向的对比分析，也有利于考察各项目在本期增减变动的情况。

我国的资产负债表填列两个时点数，即年初数与期末数。年初数是上年年末的数据，应根据上年年末资产负债表的"期末数"栏内所列数据填列，如果本年度资产负债表规定的各个项目的名称和内容与上年度不一致，应对上年年末资产负债表各项目的名称和数字按照本年度的规定进行调整，填入本期资产负债表中的"年初数"栏内。期末数是编制资产负债表当期期末的数据，如果是月度报表，就是该月月末的数据，如果是年度报表，就是该年年末的数据，"期末数"栏各项目主要根据资产、负债、所有者权益类科目的期末余额分析调整后填列。

资产负债表中的"期末数"栏内各项目的编制方法，归纳如下。

（1）根据总账科目期末余额直接填列。资产负债表部分报表项目的数据来源，主要是根据总账科目期末余额直接填列，如"交易性金融资产""应收票据""应收股利""短期借款""应付职工薪酬""实收资本""资本公积"等项目，均根据相应总账科目的期末余额直接填列。

（2）根据几个总账科目期末余额合计填列。资产负债表某些项目需要根据若干个总账科目的期末余额计算填列，如"货币资金"项目，根据"现金""银行存款""其他货币资金"科目的期末余额的合计数填列。

（3）根据明细科目余额计算填列。资产负债表某些项目需要根据有关科目所属的相关明细科目的期末余额计算填列，如"应付账款"项目根据"应付账款""预付账款"科目的所属相关明细科目的期末贷方余额计算填列；"未分配利润"报表项目根据"利润分配"科目中"未分配利润"的明细科目填列。

（4）根据总账科目和明细科目余额分析计算填列。资产负债表上某些项目需要根据总账科目和明细科目余额分析计算填列，如"长期借款""应付债券"等项目，应根据"长期借款"和"应付债券"总账科目余额扣除各自所属的明细科目中反映的将于 1 年内到期的长期负债部分分析计算填列，并将已扣除的 1 年内到期的长期负债部分单独列入流动负债中的"1 年内到期的非流动负债"项目反映。"债权投资"项目也应根据"债权投资"总账科目期末余额扣除"债权投资"中将于 1 年内到期的长期债权投资部分计算填列，并将已扣除的 1 年内到期的长期债权投资部分单独列入流动资产中的"一年内到期的非流动资产"项目反映。

（5）根据会计科目余额减去其备抵项目后的净额填列。如"其他债权投资""长期股权投资""投资性房地产""无形资产""固定资产"等项目，都是由该科目的期末余额减去备抵科目余额后按净额填列的。

（6）综合以上若干种方法分析计算填列。如"存货"项目，是先根据"材料采购""原材料""周转材料""库存商品""发出商品""委托加工物资""委托代销商品""生产成本"等科目的期末余额合计，再减去"代销商品款""存货跌价准备"等科目期末余额后的金额填列的。材料采用计划成本核算，以及库存商品采用计划成本或售价核算的企业，还应按加上或减去材料成本差异、商品进销差价后的金额填列。

（7）根据资产与负债科目差额填列。如"工程施工"与"工程结算"的差额分别以"已完工尚未结算款"或"已结算尚未完工款"填列；"应收融资租赁款"与"未实现融资收益"，以及"长期应付款"与"未确认融资费用"之间的差额就分别填列长期债权或长期债务等。

此外，下列报表项目必须单独列示，不得与其他报表项目合并和抵消，如应收账款不得与预收账款抵消后列示，固定资产不得与投资性房地产合并列示。这些项目包括：资产项目有货币资金、应收及预付款项、交易性金融资产、存货、债权投资、长期股权投资、投资性房地产、固定资产、递延所得税资产、无形资产；负债项目有短期借款、应付及预收款项、应付职工薪酬、预计负债、长期借款、长期应付款、应付债券、递延所得税负债；所有者权益项目有实收资本（或股本）、资本公积、盈余公积、未分配利润。

再有，其他综合收益项目要以所得税后净额列示。

最后，企业可根据实际需要在基本报表项目外增设所需要的列报项目，如在"其他综合收益"与"盈余公积"之间增设"专项储备"；在"一年内到期的非流动资产"或"一年内到期的非流动负债"之前增设"持有待售资产"或"持有待售负债"等。前者根据该科目的期末余额，减去"持有待售资产减值准备"科目的期末余额后的金额填列，后者根据在负债类科目新设置的"持有待售负债"科目的期末余额填列。

第三节 综合举例

本节通过一个大型例题，完整讲述资产负债表的编制过程。

【例17-1】 珠江公司为股份有限公司，股份等分为5 000 000份。该公司为增值税一般纳税人，适用增值税税率为16%，所得税税率为25%。该公司2018年12月31日的资产负债表如表17-3所示。

表17-3

资产负债表

会企01表

编制单位：珠江公司　　　　　　　　　　　　　　　2018 年 12 月 31 日　　　　　　　　　　　　　　　单位：元

资产	期末余额	年初余额	负债及所有者权益	期末余额	年初余额
流动资产：			流动负债：		
货币资金	820 745.00		短期借款	50 000.00	
交易性金融资产	0		应付票据	100 000.00	
应收票据	46 000.00		应付账款	953 800.00	
应收账款	598 200.00		应付职工薪酬	180 000.00	
预付账款	100 000.00		应交税费	211 944.00	
其他应收款	5 000.00		应付利息	0	
存货	2 574 700.00		其他应付款	50 000.00	
其他流动资产	0		其他流动负债	0	
流动资产合计	4 144 645.00		流动负债合计	1 545 744.00	
非流动资产：			非流动负债：		
其他债权投资	0		长期借款	1 160 000.00	
债权投资	0		应付债券	0	
长期股权投资	1 250 000.00		预计负债	0	
固定资产	2 901 000.00		递延所得税负债	0.00	
减：累计折旧	670 000.00		非流动负债合计	1 160 000.00	
工程物资	150 000.00		负债合计	2 705 744.00	
在建工程	578 000.00		所有者权益：		
无形资产	540 000.00		股本	5 000 000.00	
长期待摊费用	200 000.00		资本公积	0	
递延所得税资产	0		其他综合收益		
非流动资产合计	4 949 000.00		盈余公积	1 150 000.00	
			未分配利润	237 901.00	
			所有者权益合计	6 387 901.00	
资产总计	9 093 645.00		负债及所有者权益总计	9 093 645.00	

其中：货币资金包括现金20 745元，其他货币资金200 000元，银行存款600 000元；存货包括产成品1 000 000元，原材料1 500 000元，低值易耗品74 700元；应交税费包括应交所得税100 000元，未交增值税5 344元，其他应交税费106 600元。应收账款原值600 000元，坏账准备贷方余额1 800元。

该公司2019年发生以下经济业务。

（1）收到银行通知，用银行存款支付到期的商业承兑汇票100 000元。

（2）购入原材料一批，用银行存款支付货款1 500 000元，以及购入材料支付的增值税税额为240 000元，款项已付，材料已经验收入库。

（3）购买A公司股票100手，价款105 000元，交易费用210元，购买B公司股票200手，价款350 000元，交易费用700元。前者为短期持有，后者不打算近期出售，并指定按公允价值计量变动计入其他综合收益。

（4）用银行汇票支付采购材料价款100 000元以及增值税税款16 000元，原材料已验收入库。

（5）销售产品一批，销售价款300 000元，增值税税款48 000元，该批产品实际成本180 000元，产品已发出，价税款未收到。

（6）年初购买5年期国库券500 000元，年利率5%，该国债计划持有至到期，利息到期一次支付。

（7）购入不需安装的设备一台，价款90 813元，支付增值税14 530元，支付包装费等1 000元。价款及包装费均以银行存款支付。设备已交付使用。

（8）工程领用工程物资150 000元。另外，购入工程物资一批，价款150 000元，增值税税款24 000元，已用银行存款支付，并立即投入使用。

（9）工程应付工资200 000元，同时分别按工资的10%、6%、8%、2%和2%计提职工基本养老保险、医疗保险、住房公积、工会经费和职工教育经费。

（10）用银行存款支付上年未交增值税5 344元和应交所得税100 000元。

（11）工程完工，计算应负担的长期借款利息150 000元。该借款本息未付。

（12）公司在建工程完工，交付生产使用，已办理竣工手续。结转所有账面在建工程成本。

（13）基本生产车间一台机床报废，原价200 000元，已提折旧180 000元，清理费用500元，残值收入800元，均通过银行存款收支。该项固定资产已清理完毕。（不考虑增值税）

（14）从银行借入3年期年利率5%的借款4 000 000元，借款已存入银行账户，该项借款用于购建固定资产。

（15）销售产品一批，销售价款2 000 000元，增值税税额320 000元，销售产品的实际成本1 200 000元，货款1 173 000元已通过银行已收妥，余款未收。

（16）公司将要到期的一张面值为46 000元的无息银行承兑汇票，连同解讫通知和进账单交银行办理转账。收到银行盖章退回的进账单一联。款项银行已收妥。

（17）收到2018年度股息50 000元（该项投资占对方股权的30%，按权益法核算，对方所得税税率和本企业一致，均为25%），已存入银行。2019年，对方实现净利润1 000 000元，同时，净利润以外的净资产增加500 000元。

（18）公司出售一台不需用设备，收到价款300 000元，该设备原价400 000元，已提折旧150 000元。该项设备已由购入单位运走。增值税税率16%。

（19）借入短期借款250 000元，年利率3.5%。

（20）支付工资800 000元，其中包括支付给在建工程人员的工资200 000元。

（21）分配应支付的职工工资600 000元（不包括在建工程应负担的工资），其中生产人员工资400 000元，车间管理人员工资150 000元，行政管理部门人员工资50 000元。

（22）分别按上述工资额的10%、6%、8%、2%和2%计提职工基本养老保险、医疗保险、住房公积、工会经费和职工教育经费。

（23）提取应计入本期损益的借款利息共52 500元，其中，短期借款利息2 500元（已转账），长期借款利息50 000元（到期一次支付）。

（24）基本生产领用原材料，成本1 500 000元，领用低值易耗品50 000元，低值易耗品采用一次摊销法摊销。

（25）计提固定资产减值准备300 000元。

（26）摊销无形资产60 000元（该无形资产根据税法规定按每年摊销额的100%进行税前扣除）和长期待摊费用100 000元。

（27）计提固定资产折旧150 000元，其中计入制造费用100 000元，管理费用50 000元。税法上允许抵扣的金额为200 000元。

（28）年末按应收账款余额的1%计提坏账准备。

（29）年度中期，接受新的投资1 500 000元，其中500 000元作为投资溢价计入资本公积。

（30）用银行存款支付产品展览费10 000元。

（31）计算并结转本期完工产品成本，没有期初在产品，本期生产的产品全部完工入库。

（32）发生广告费20 000元，已用银行存款支付。

（33）公司采用商业承兑汇票结算方式销售产品一批，价款2 500 000元，增值税税额为400 000元，收到2 900 000元的商业承兑汇票一张，产品实际成本1 500 000元。

（34）公司将上述承兑汇票到银行办理贴现，贴现息为20 000元（假设为不带追索权票据贴现）。

（35）年末A公司和B公司股票市价分别为150 000元和500 000元。同时按国库券的票面利率计提本年度的应计利息收入。

（36）偿还长期借款500 000元。

（37）按全年产品销售额的2%计提产品保修费用，本年度未发生实际的修理费用。

（38）2018年度利润分配方案为：按税后利润的10%计提盈余公积，40%用于向投资者分配利润。上年度净利润为237 901元。另外，从2019年年初开始，为了激励高层管理人员，对考核排名前五名高管每人授予10 000份股份期权，三年届满后以每份2元的价格购买。签约时每份股份的公允价值为10元。

（39）按所缴纳的流转税额的7%和3%计算并缴纳本年度的城市维护建设税和教育费附加。

（40）用银行存款缴纳本期增值税500 000元，计算并结转未交增值税。

（41）结转本期产品销售成本。

（42）将损益类科目结转至"本年利润"科目，同时结转本年净利润。

（43）计算并结转应交所得税（税率为25%）。

（44）2019年度利润分配方案为：按税后利润的10%计提盈余公积，20%用于向投资者分配利润。

（45）用银行存款缴纳所得税200 000元。

下面分别根据上述资料编制当年会计分录、试算平衡表、比较资产负债表。

1. 会计分录

（1）借：应付票据   100 000

   贷：银行存款   100 000

（2）借：原材料   1 500 000

   应交税费——应交增值税（进项税额）   240 000

   贷：银行存款   1 740 000

（3）借：交易性金融资产   105 000

   投资收益   210

   其他债权投资   350 700

   贷：银行存款   455 910

（4）借：原材料　　　　　　　　　　　　　　　100 000

　　　　应交税费——应交增值税（进项税额）　　16 000

　　　　贷：其他货币资金　　　　　　　　　　　　　　116 000

（5）借：应收账款　　　　　　　　　　　　　　348 000

　　　　贷：主营业务收入　　　　　　　　　　　　　　300 000

　　　　　　应交税费——应交增值税（销项税额）　　48 000

（6）借：债权投资　　　　　　　　　　　　　　500 000

　　　　贷：银行存款　　　　　　　　　　　　　　　　500 000

（7）借：固定资产　　　　　　　　　　　　　　91 813

　　　　应交税费——应交增值税（进项税额）　　14 530

　　　　贷：银行存款　　　　　　　　　　　　　　　　106 343

（8）借：工程物资　　　　　　　　　　　　　　150 000

　　　　应交税费——应交增值税（进项税额）　　24 000

　　　　贷：银行存款　　　　　　　　　　　　　　　　174 000

　　借：在建工程　　　　　　　　　　　　　　　300 000

　　　　贷：工程物资　　　　　　　　　　　　　　　　300 000

（9）借：在建工程　　　　　　　　　　　　　　256 000

　　　　贷：应付职工薪酬　　　　　　　　　　　　　　256 000

（10）借：应交税费——应交所得税　　　　　　　100 000

　　　　　　　　　　——未交增值税　　　　　　　5 344

　　　　贷：银行存款　　　　　　　　　　　　　　　　105 344

（11）借：在建工程　　　　　　　　　　　　　　150 000

　　　　贷：长期借款　　　　　　　　　　　　　　　　150 000

（12）借：固定资产　　　　　　　　　　　　　　1 284 000

　　　　贷：在建工程　　　　　　　　　　　　　　　　1 284 000

（13）借：固定资产清理　　　　　　　　　　　　20 000

　　　　累计折旧　　　　　　　　　　　　　　　180 000

　　　　贷：固定资产　　　　　　　　　　　　　　　　200 000

　　借：固定资产清理　　　　　　　　　　　　　500

　　　　贷：银行存款　　　　　　　　　　　　　　　　500

　　借：银行存款　　　　　　　　　　　　　　　800

　　　　贷：固定资产清理　　　　　　　　　　　　　　800

　　借：资产处置损失　　　　　　　　　　　　　19 700

　　　　贷：固定资产清理　　　　　　　　　　　　　　19 700

（14）借：银行存款　　　　　　　　　　　　　　4 000 000

　　　　贷：长期借款　　　　　　　　　　　　　　　　4 000 000

（15）借：银行存款　　　　　　　　　　　　　　1 147 000

　　　　应收账款　　　　　　　　　　　　　　　1 173 000

　　　　贷：主营业务收入　　　　　　　　　　　　　　2 000 000

　　　　　　应交税费——应交增值税（销项税额）　　320 000

（16）借：银行存款　　　　　　　　　　　　　　46 000

　　　　贷：应收票据　　　　　　　　　　　　　　　　46 000

（17）借：银行存款 50 000

　　　贷：长期股权投资——损益调整 50 000

　　借：长期股权投资——损益调整 300 000

　　　贷：投资收益 300 000

　　借：长期股权投资——其他权益变动 150 000

　　　贷：资本公积——其他 150 000

（18）借：固定资产清理 250 000

　　　累计折旧 150 000

　　　贷：固定资产 400 000

　　借：银行存款 348 000

　　　贷：固定资产清理 300 000

　　　　应交税费——应交增值税（销项税额） 48 000

　　借：固定资产清理 50 000

　　　贷：资产处置收益 50 000

（19）借：银行存款 250 000

　　　贷：短期借款 250 000

（20）借：应付职工薪酬 800 000

　　　贷：银行存款 800 000

（21）借：生产成本 400 000

　　　制造费用 150 000

　　　管理费用 50 000

　　　贷：应付职工薪酬 600 000

（22）借：生产成本 112 000

　　　制造费用 42 000

　　　管理费用 14 000

　　　贷：应付职工薪酬 168 000

（23）借：财务费用 52 500

　　　贷：银行存款 2 500

　　　　长期借款 50 000

（24）借：生产成本 1 550 000

　　　贷：原材料 1 500 000

　　　　低值易耗品 50 000

（25）借：资产减值损失 300 000

　　　贷：固定资产减值准备 300 000

（26）借：管理费用 160 000

　　　贷：累计摊销 60 000

　　　　长期待摊费用 100 000

（27）借：制造费用 100 000

　　　管理费用 50 000

　　　贷：累计折旧 150 000

（28）借：资产减值损失（2 121 000×1%-1 800） 19 410

　　　贷：坏账准备 19 410

（29）借：银行存款   1 500 000
   贷：股本   1 000 000
     资本公积——股本溢价   500 000
（30）借：销售费用   10 000
   贷：银行存款   10 000
（31）借：生产成本   292 000
   贷：制造费用   292 000
  借：库存商品   2 354 000
   贷：生产成本   2 354 000
（32）借：销售费用   20 000
   贷：银行存款   20 000
（33）借：应收票据   2 900 000
   贷：主营业务收入   2 500 000
     应交税费——应交增值税（销项税额） 400 000
（34）借：银行存款   2 880 000
   财务费用   20 000
   贷：应收票据   2 900 000
（35）借：交易性金融资产   45 000
   其他债权投资   149 300
   贷：公允价值变动损益   45 000
     其他综合收益   149 300
  借：债权投资   25 000
   贷：投资收益   25 000
（36）借：长期借款   500 000
   贷：银行存款   500 000
（37）借：销售费用   96 000
   贷：预计负债   96 000
（38）借：利润分配——未分配利润   118 950.5
   贷：盈余公积   23 790.1
     银行存款   95 160.4
  借：管理费用（5×10 000×10÷3）   166 667
   贷：资本公积——其他   166 667
（39）借：税金及附加   52 147
   贷：应交税费*——应交城建税   36 502.9
        ——应交教育费附加   15 644.1
*根据现行税法，城建税和教育费附加按本期应交增值税和消费税作为计税基础。
  借：应交税费——应交城建税   36 502.9
       ——应交教育费附加   15 644.1
   贷：银行存款   52 147

（40）借：应交税费——应交增值税（已交）   500 000

       贷：银行存款   500 000

    借：应交税费——应交增值税（转出）   21 470

       贷：应交税费——未交增值税   21 470

（41）借：主营业务成本   2 880 000

       贷：库存商品   2 880 000

（42）借：本年利润   3 910 424

       贷：主营业务成本   2 880 000

           销售费用   126 000

           管理费用   440 667

           财务费用   72 500

           资产减值损失   319 410

           税金及附加   52 147

           资产处置损失   19 700

    借：主营业务收入   4 800 000

           投资收益   324 790

           资产处置收益   50 000

           公允价值变动损益   45 000

       贷：本年利润   5 219 790

（43）借：所得税   287 758.25

          递延所得税资产   103 852.5

          其他综合收益（149 300×25%）   37 325

       贷：递延所得税负债   61 075

           应交税费——应交所得税   367 860.75

    借：本年利润   287 758.25

       贷：所得税   287 758.25

应纳税所得额=1 309 366-300 000（股权投资收益）+300 000

         （固定资产减值准备）-50 000（固定资产折旧）

         -45 000（交易性证券公允价值变动）-25 000

         （国债利息）+96 000（产品担保准备）+166 667

         （管理人员股票期权）+19 410（坏账准备）

         =1 471 443（元）

应交所得税=1 471 443×25%=367 860.75（元）

递延所得税资产=[300 000（固定资产减值准备）+96 000（产品担保准备）+19 410（坏账准备）]×25%

         =103 852.5（元）

递延所得税负债=[50 000（固定资产折旧）+45 000

        （交易性证券公允价值变动）+149 300（可供出售证券公允价值变动）]×25%

        =61 075（元）

所得税费用=367 860.75+61 075-103 852.5-37 325

        =287 758.25（元）

结转净利润。

    借：本年利润   1 021 607.75

       贷：利润分配——未分配利润   1 021 607.75

净利润=1 308 562.6-287 557.4=1 021 005.2（元）

（44）只做登记，不做会计处理。

（45）借：应交税费——应交所得税 200 000

　　　　贷：银行存款 200 000

2. 试算平衡表（见表17-4）

表 17-4　　　　　　　　　　　　试算平衡表

编制公司：珠江公司　　　　　　　　　2019 年 12 月 31 日　　　　　　　　单位：元

项目	借方金额	贷方金额
现金	20 745.00	
银行存款	5 459 895.6	
其他货币资金	84 000.00	
交易性金融资产	150 000.00	
应收票据	0	
应收账款	2 121 000.00	
坏账准备		21 210
预付账款	100 000.00	
其他应收款	5 000.00	
产成品	474 000.00	
原材料	1 600 000.00	
低值易耗品	24 700.00	
可供出售金融资产	500 000.00	
其他债权投资	525 000.00	
债权投资	1 650 000.00	
固定资产	3 676 813	
累计折旧		490 000.00
固定资产减值准备		300 000.00
无形资产	540 000.00	
累计摊销		60 000.00
长期待摊费用	100 000.00	
递延所得税资产	103 852.5	
短期借款		300 000.00
应付票据		0
应付账款		953 800.00
其他应付款		50 000.00
应付职工薪酬		404 000.00
应交税费		295 930.75
长期借款		4 860 000.00
预计负债		96 000.00
递延所得税负债		61 075
股本		6 000 000.00
资本公积		816 667
其他综合收益		111 975
盈余公积		1 173 790.10
未分配利润		1 140 558.25
合计	17 135 006.1	17 135 006.1

3. 资产负债表（见表17-5）

表 17-5 　　　　　　　　　　　　资产负债表　　　　　　　　　　　会企 01 表

编制公司：珠江公司　　　　　　　　2019 年 12 月 31 日　　　　　　　单位：元

资产	期末余额	年初余额	负债及所有者权益	期末余额	年初余额
流动资产：			流动负债：		
货币资金	5 564 640.6	820 745.00	短期借款	300 000.00	50 000.00
交易性金融资产	150 000.00	0	应付票据		100 000.00
应收票据	0	46 000.00	应付账款	953 800.00	953 800.00
应收账款	2 099 790.00	598 200.00	应付职工薪酬	404 000.00	180 000.00
预付账款	100 000.00	100 000.00	应交税费	295 930.75	211 944.00
其他应收款	5 000.00	5 000.00	应付利息	0	0
存货	2 098 700.00	2 574 700.00	其他应付款	50 000.00	50 000.00
其他流动资产	0	0	其他流动负债	0	0
流动资产合计	10 018 130.60	4 144 645.00	流动负债合计	2 003 730.75	1 545 744.00
非流动资产：			非流动负债：		
其他债权投资	500 000.00	0	长期借款	4 860 000.00	1 160 000.00
债权投资	525 000.00	0	应付债券	0	0
长期股权投资	1 650 000.00	1 250 000.00	预计负债	96 000.00	0
固定资产	3 676 813.00	2 901 000.00	递延所得税负债	61 075.00	0
减：累计折旧	490 000.00	670 000.00	非流动负债合计	5 017 075.00	1 160 000.00
资产减值准备	300 000.00	0	负债合计	7 020 805.75	2 705 744.00
工程物资		150 000.00	所有者权益：		
在建工程		578 000.00	股本	6 000 000.00	5 000 000.00
无形资产	480 000.00	540 000.00	资本公积	816 667	0
长期待摊费用	100 000.00	200 000.00	其他综合收益	111 975	
递延所得税资产	103 852.50	0	盈余公积	1 173 790.10	1 150 000.00
非流动资产合计	6 245 665.50	4 949 000.00	未分配利润	1 140 558.25	237 901.00
			所有者权益合计	9 242 990.35	6 387 901.00
资产总计	16 263 796.10	9 093 645.00	负债及所有者权益总计	16 263 796.10	9 093 645.00

思 考 题

1. 什么是会计报告？什么是会计报表？两者的关系如何？
2. 简述会计报表的分类。
3. 简述资产负债表的作用、局限性及其改进方向。
4. 编制会计报表的基本要求是什么，如何编制资产负债表？
5. 结合学习和编制一张综合的资产负债表的体验，谈谈自己的感受。

练 习 题

资料：南方公司为股份有限公司，股份等分为5 000 000份，为增值税一般纳税人，适用增值税税率为16%，所得税税率为25%。该公司2018年12月31日的资产负债表如表17-6所示。

其中：货币资金包括现金18 000元，银行存款3 368 295元；存货包括产成品1 357 000元，原材料679 500元，在途物资250 000元；应交税费包括应交所得税40 000元，未交增值税703 840元，其他应交税费330 000元。

该公司2019年发生以下经济业务。

（1）购入原材料一批，用转账支票支付货款550 000元，以及购入材料的增值税税款88 000元，材料尚未到达。

（2）收到银行通知，用银行存款支付到期的商业承兑汇票11 700元。

表 17-6   资产负债表   会企01表

编制公司：南方公司   2018 年 12 月 31 日   单位：元

资产	行次	期末数	年初数	负债及所有者权益	行次	期末数	年初数
流动资产：				流动负债：			
货币资金	1	3 386 295		短期借款	25	1 500 000	
交易性金融资产	2	15 000		应付票据	26	68 300	
应收票据	3	46 800		应付账款	27	155 000	
应收账款	4	1 146 000		其他应付款	28	78 000	
减：坏账准备	5	5 730		应付职工薪酬	29	172 000	
应收账款净额	6	1 140 270		应交税费	30	1 073 840	
预付账款	7	50 000		流动负债合计	31	3 047 140	
其他应收款	8	59 200		长期负债：			
存货	9	2 286 500		长期借款	32	1 168 000	
流动资产合计	10	6 984 065		负债合计		4 215 140	
长期投资	11	490 000		所有者权益：			
固定资产：				股本	33	5 000 000	
固定资产原价	12	4 840 000		资本公积	34	2 000 000	
减：累计折旧	13	1 280 000		盈余公积	35	200 000	
固定资产净值	16	3 560 000		未分配利润	36	969 925	
工程物资	17	150 000		所有者权益合计	37	8 169 925	
在建工程	18	1 081 000					
固定资产合计	19	4 791 000					
无形资产及长期待摊费用：							
无形资产		10 000					
长期待摊费用	21	110 000					
无形资产及长期待摊费用合计	22	120 000					
资产总计	23	12 385 065		负债及所有者权益总计	38	12 385 065	

（3）上述材料和期初在途物资一起入库。

（4）委托开户行开出银行汇票一张，计120 000元。

（5）用银行汇票支付采购材料价款，公司收到开户银行转来银行汇票多余款收账通知，通知上填写多余款4 000元，购入材料价款及运费100 000元，支付的增值税税额16 000元，原材料已验收入库（运费不考虑抵扣增值税）。

（6）销售产品一批，销售价款4 000 000元，增值税销项税额640 000元，该批新产品实际成本2 400 000元，产品已发出，货税款同时收到。

（7）偿还长期借款200 000元及本期利息费用20 000元。

（8）用银行转账支票缴纳上年未交增值税703 840、所得税40 000元和其他应交税费130 000元，因逾期纳税，交滞纳金5 000元。

（9）购买甲公司股票1 000手，成交价每股5.3元（其中0.3元为每股现金股利），交易费用1 060元。该股票公司打算随时出售。现金股利随后收到。

（10）4月1日购买3年期国库券800 000元，年利率4.5%，该国债计划持有至到期，利息到期一次支付。

（11）投入工程物资一批，成本为150 000元。

（12）购入不需安装的设备一台，价款100 000元，支付的增值税16 000元，价款及税款均以银行存款支付。

（13）工程应付工资150 000元，同时分别按工资额的10%、6%、8%、2%和2%计提职工基本养老保险、医疗保险、住房公积、工会经费和职工教育经费。

（14）工程完工，计算应负担的长期借款利息150 000元。

（15）工程完工，交付生产使用，已办理竣工手续，固定资产价值840 000元。

（16）报废一台设备，原价150 000元，已提折旧140 000元，清理费用700元，残值收入1 200元，均通过银行存款收支。该项固定资产已清理完毕。（不考虑增值税）

（17）从银行借入3年期借款400 000元，借款已入银行账户，该项借款用于购建固定资产。

（18）销售产品一批，销售价款1 500 000元，增值税税额240 000元，销售产品的实际成本850 000元，货款尚未收到。

（19）收到股息30 000元，已存入银行，被投资方A公司的所得税税率为25%，南方公司按成本法核算长期投资。

（20）公司出售一台不需用设备，收到价款300 000元和增值税税款48 000克，该设备原价400 000元，已提折旧150 000元，清理费用2 000元。该项设备已由购入单位运走。

（21）归还短期借款本金500 000元。

（22）以银行存款600 000元支付本期研究与开发费用，其中研究支出400 000元，开发支出200 000元，并申请形成一项专利。该研发为"三新"项目，符合税法相关规定。

（23）支付工资800 000元，其中包括支付给在建工程人员的工资150 000元。

（24）分配应支付的职工工资650 000元（不包括工程应负担的工资），其中基本生产人员500 000元，工厂管理人员50 000元，公司管理人员100 000元。

（25）分别按工资额的10%、6%、8%、2%和2%计提职工基本养老保险、医疗保险、住房公积、工会经费和职工教育经费。

（26）期末评估某固定资产已减值100 000元。

（27）本期摊销长期待摊费用55 000元。

（28）提取应计入本期损益的借款利息共41 000元，其中短期借款利息23 000元，长期借款利息共18 000元。

（29）计提折旧320 000元，其中计入制造费用270 000元，管理费用50 000元，税法允许计提的折旧为400 000元。

（30）收到应收账款570 000元，存入银行。

（31）7月1日，公司对外发行3年期可转换公司债券5 000 000元，票面利率6%。1年后可按100元转换10份公司股份，债券到期一次还本付息。该选择权的市价无法获得。

（32）10月1日，公司以4 000 000元购买海珠公司25%的股份，年底海珠公司宣布实现净利润500 000元（假设该年实现的净利润平均分布），11月净利润和其他综合收益以外的净资产增加200 000元。海珠公司所得税税率为25%。

（33）10月1日，接受新投资2 500 000元，其中1 500 000元作为投资溢价计入资本公积。

（34）本年按全年销售额的1.5%计提产品修理费用，本年共发生产品修理费用（本年销售的产品）3 000元。年末按应收账款余额的2%计提坏账准备，本期发生坏账20 000元。

（35）年末甲公司股票市价为7元/股。同时按国库券的票面利率计提本年度的应计利息收入。

（36）产品展览费35 000元，已用银行存款支付；其他杂费12 000元，用现金支付。

（37）银行转账支付产品销售费用150 000元，管理费用85 000元，制造费用180 000元。

（38）收到银行存款利息收账通知8 000元。

（39）计算并结转本期完工产品成本。本期原材料期末库存100 000元。没有期初在产品，本期生产的产品全部完工入库。

（40）2018年度利润分配方案为：按税后利润的10%计提盈余公积，50%用于向投资者分配利润。上年度净利润为869 925元。

（41）按所缴纳的流转税税额的7%和3%计算并缴纳本年度的城市维护建设税和教育费附加。

（42）用银行存款缴纳本期增值税680 000元，同时转出未交增值税。

（43）结转本期产品销售成本。

（44）将损益类科目结转至"本年利润"科目，同时结转本年净利润。

（45）计算并结转应交所得税（税率为25%）。

（46）2019度利润分配方案为：按税后利润的10%计提盈余公积，30%用于向投资者分配利润。

（47）用银行存款缴纳所得税400 000元。

要求：

1. 编制相关会计分录；
2. 登记"T"形账；
3. 编制试算表；
4. 编制南方公司2019年年末资产负债表。

案例分析：负债还是权益——兖州煤业①

---

① 本书每章后所增加的案例分析请参见本系列教材中配套出版的《会计教学案例》一书，后同。

第十八章 利润表与所有者权益变动表

章首故事

综合收益表

除了所有者投入和分配给所有者利润外，期初资产负债表和期末资产负债表的联结纽带就是利润中的净损益。不考虑所有者投入和利润分配，期末净资产=期初净资产±利润或亏损。但是随着公允价值会计的推行，有越来越多的资产按照市价进行再确认和计量，市价与账面价值的差额作为一种未实现的利得或损失，一种计入当期损益，包括在利润表中，如交易性金融资产；一种计入权益，直接计入净资产中，也称其他综合收益，如可供出售金融资产。这样就出现一个问题，即上面的等式无法解释期末净资产的变化过程和结果。

为了解决这一问题，FASB 于 1997 年颁布 130 号准则公告《综合收益的列报》，要求企业以下述三种方式之一列报综合收益。

（1）一表法。将其他综合收益融入利润表中，在净利润指标下通过其他综合收益的调整，最后计算出综合收益总额。

（2）二表法。增加一张综合收益表，该表成为与其他三张报表并列的第四张报表。

（3）权益变动表法。在所有者权益变动表中反映期初净资产至期末净资产变化的全过程。

这一准则出台以后，在被调查的 600 家美国公司中，580 家报告了综合收益，其中 488 家以第三种方式列报了综合收益。

2009 年 6 月，财政部发布了《企业会计准则解释第 3 号》，要求企业在利润表中的净利润项下，列报其他综合收益和综合收益总额。2014 年 1 月，财政部修订的《企业会计准则——财务报表列报》正式采用这一方法。

本章主要讨论利润表和所有者权益变动表的概念、作用和编制。前面一章我们阐述了资产负债表的相关问题，资产负债表可以使投资者了解两个时点间资产、负债特别是所有者权益的变动结果。而利润表和所有者权益变动表则进一步揭示了这一结果的变化过程。利润表反映了企业经营给企业净资产带来的变化，所有者权益变动表则反映包括净利润的其他因素给净资产带来的变化。我们首先讨论有关利润表的问题。

利润表与收益质量

第一节 利润表概述

一、利润表的作用与局限

利润表，又称损益表，是反映企业在一定会计期间经营成果的会计报表。利润表是一张动态报表，它是根据收入实现原则和配比原则，把一定期间的收入与同一会计期间的相关费用（成本）相配比，计算出企业一定时期的净利润或净亏损。所以，利润表实际上就是一张利润计算表。然而由于公允价值会计的运用，净利润中也包括一部分未实现的公允价值变动损益。此外，由于企业经营模式的不断创新，收入实现方式越来越多样化，配比原则受到很大的冲击。

（一）利润表的作用

利润是企业经营业绩的综合体现，又是进行利润分配的依据，因此，利润表是会计报表中的主要报表，其作用主要表现在以下几个方面。

1. 能够反映企业的经营成果和获利能力

经营成果是一个绝对值指标，由一定期间的收入扣抵相关费用（成本）后的余额进行反映，体现企业资本增值或财富增长的规模。利润表直接揭示了企业一定期间经营成果形成的信息。获利能力是一个相对值指标，是企业运用一定的经济资源获取经营成果的能力，利润表虽未直接反映有关获利能力的信息，但通过利润表和其他会计报表提供的资料计算可得。

2. 有利于考核与评价企业管理人员的经营业绩

在现代企业制度下，企业的所有权与经营权相分离，因此，如何考核经营管理者的经营业绩，就成为一个重要而又现实的问题，也是企业所有者关心的首要问题。利润表所反映的经营成果，是企业生产经营过程中投入与产出对比的结果，它集中体现了企业在生产、经营、理财、投资等各项经营活动中的管理效率和效益，是一项综合性的信息。通过比较企业前后期的经营成果及其变动情况，比较企业与同行业、先进企业的经营成果，可以考核企业管理人员的经营业绩，评价其功过得失，从而及时总结经验，改善经营管理，提高业绩水平。

3. 可以分析企业未来利润的发展趋势

一期经营成果的好坏不足以说明企业一贯的业绩，而通过多期利润表中相关指标的比较，可以评价企业利润的完成情况，分析企业各项业务、各种产品的收入、成本、利润的变动规律，从而预测企业未来利润的发展趋势及获利能力。这些信息无论是对管理当局，还是对投资者的决策，都是至关重要的。

4. 有助于评估企业取得未来现金流量的风险和不确定性

通过分析利润表中各项收入和费用项目的结构和相互之间的关系，可以评估企业未来现金流量的风险和不确定性。例如，将收入分为营业收入和营业外收入，当期营业收入的比重越大，以后各期企业获取未来现金流量的风险就越小；反之，则说明企业获取未来现金流量的不稳定性增加，风险加大。

在市场经济中，经济利益是各企业竞争的驱动力，利润的信息也因此成为企业利益相关者密切关注的焦点。收入既是纳税的依据，也是考核两权分离条件下管理者的经营能力和激励合约履行情况的关键指标，同时也是利润分配的基础。因此，利润表在财务报表中的地位也日益凸显。通过利润表提供的经营成果信息，经营管理者、投资者、债权人等可以预测企业的获利能力，评价管理层的经营能力，评估企业取得未来现金流量的风险和不确定性，从而做出各自的决策。

（二）利润表的局限

虽然利润表在现代市场经济中发挥的作用越来越大，但由于它的编制受各种因素的影响，其所提供的收入、费用（或成本）及利润都带有较大的主观性，从而使其作用受到限制。这些局限性主要表现在以下几个方面。

1. 一些未实现和不可计量的项目未能在利润表上反映

会计是按收付实现原则确认损益，因此对于那些未实现的资产持有损益，由于其并未实现，会计不予确认。例如，对持有至到期证券投资的未实现利得，虽然可预见其对企业业绩会产生有利影响，但由于其价值的变化尚未确定，因而并不确认，未列入利润表中；同时，会计确认遵循可计量性原则，对于不可计量的项目，会计不予确认，如企业品牌的提升、产品质量的提高，都能为企业创造价值，增加收益，但是由于难以计量，无法确认。目前，对这一类项目的确认和报告框架尚未形成。

2. 利润表上的损益数据受所采用的会计方法的影响

无论在理论上还是实务中，对一些收入或费用项目的计量，都允许选择不同的会计方法。同一会计事项采用不同的会计方法，计算出的会计利润会有所不同。例如，对固定资产折旧方法的选择，假设一项固定资产的所有折旧因素一样，一个公司选用直线法，另一公司选用加速折旧法，同等条件下，两家公司计算出来的利润却不相同，造成损益的不可比。

3. 利润表中某些损益的计量涉及人为判断的因素

对于一些需要进行会计估计的收入、费用（或损失）项目的计量，由于受主观因素的影响，会造成费用的高估或低估。例如对资产减值的估计，在缺乏可参考的市场价格时，必须依靠人为的主观判断，不同的会计人员在同一资产减值额的判断上肯定会出现差异。可见，主观判断的不同，会直接影响损益的计量，从而影响报表阅读者对会计利润的利用价值。

二、利润表的格式

利润表通过一定的表格来反映企业的经营成果，对利润表提供信息的要求不同，形成了不同的表格格式，目前，比较普遍的利润表格式有两种，即单步式利润表和多步式利润表。我国一般采用多步式利润表格式（其格式参见表 18-3）。

（一）单步式利润表

单步式利润表格式简单，将当期所有的收入加在一起，然后将所有的成本、费用（或损失）加总在一起，一次计算出当期损益。这样的格式，令使用者易于理解。但单步式利润表只是对企业的各种收入和费用进行了简单归类，没有区分成本、费用与收入配比的层次，许多有意义的（指标）信息不能反映出来，不能满足会计报表使用者的各种需要。单步式利润表格式如表 18-1 所示。

表 18-1　　　　　　　　　　　　　　利润表（单步式）

编制单位：××　　　　　　　　　　　　_____年度____月　　　　　　　　　　　　　　单位：元

项目	行次	本月数	本年累计数
收入	1		
营业收入	2		
公允价值变动收益	3		
投资收益	4		
营业外收入	5		
收入合计	6		
减：费用	7		
营业成本	8		

续表

项目	行次	本月数	本年累计数
税金及附加	9		
管理费用	10		
销售费用	11		
财务费用	12		
公允价值变动损失	13		
投资损失	14		
营业外支出	15		
费用合计	16		
利润总额	17		
减：所得税	18		
净利润	19		

（二）多步式利润表

多步式利润表中（表格样式参见表 18-3）的当期净利润是经过多步计算确定的，通常分四步反映净利润的形成过程。

第一步，计算主营业务利润。

主营业务利润=主营业务收入-主营业务成本-税金及附加

第二步，计算营业利润。

营业利润=主营业务利润+其他业务利润-销售费用-管理费用-财务费用-资产减值损失±投资损益±公允价值变动损益±资产处置损益+其他收益

第三步，计算利润总额。

利润总额=营业利润+营业外收入-营业外支出

第四步，计算净利润。

净利润=利润总额-所得税

多步式利润表弥补了单步式利润表的诸多不足，其优点是能清楚地反映企业净利润的形成步骤，准确地揭示企业净利润各构成要素之间的内在联系，便于对企业生产经营情况进行分析，便于对不同企业之间进行比较，便于会计报表使用者预测企业今后的盈利能力。

利润表主要反映以下方面的内容。

（1）构成主营业务利润的各项要素。主营业务利润从主营业务收入出发，减去为取得主营业务收入而发生的相关费用（包括有关的流转税）后得出。

（2）构成营业利润的各项要素。营业利润在主营业务利润的基础上，加其他业务利润，减去资产减值损失、销售费用、管理费用和财务费用，再加上（或减去）投资收益（或损失）、公允价值变动收益（或损失）、资产处置收益（或损失）和其他收益后得出。

（3）构成利润总额（或亏损总额）的各项要素。利润总额（或亏损总额）在营业利润的基础上加减营业外收支等后得出。

（4）构成净利润（或净亏损）的各项要素。净利润（或净亏损）在利润总额（或亏损总额）的基础上，减去本期计入损益的所得税后得出。

另外，由于公允价值计量的大量运用，以及其他因素如长期股权投资权益法的使用、套期会计及外币报表折算等导致的不直接进入当期损益而直接计入权益的利得或损失，统一计入其他综合收益，其他综合收益与企业的净利润一起构成企业的全面收益（或综合收益总额），一起在利润表中列示。

最后，若是股份有限公司，还需要计算列示每股收益，包括基本每股收益和稀释每股收益。

三、收益质量

（一）盈余管理

利润表中的净利润是各方利润分配的基础，特别是在实施股票期权的上市公司中；净利润又是影响公司股价的一个重要因素，而股价的高低直接影响管理层所获得的股票期权的价值。为了使利润表中的利润达到一个理想水平，很多公司通过盈余管理来操纵企业利润。

盈余管理的具体手法大体有以下几种。

（1）冲凉（taking a bath）。即把所有费用、成本、支出全部在一个期间核销，如某管理人员发现自己本年度的盈余数不可能达到奖励标准时，索性把许多支出、费用和成本摊入这一期间，以提高以后期间的收益。

（2）收益最小化。把收益尽可能地降低，如为了少纳所得税所进行的盈余管理，就属于这种手法。

（3）收益最大化。如在管理报酬合约中，当收益处于奖励下限以上，收益越高，管理报酬就越高，这时管理者就会通过盈余管理的手法来提高企业收益；另外，承包到期时，这种情况也会很普遍。

（4）利润平滑。这一现象比较普遍，也是盈余管理的一个重要目的，为给投资者留下所投资企业一直处于一种稳定增长的态势的印象，提高公司市场价值，很多企业往往在盈利好时进行一些秘密准备，在业绩差时进行掺水（watered），使企业的收益比实际的好看一些。

一些国有承包企业、上市公司出于种种目的，如为了获得更大的承包利益，获得上市资格、配股权，避免连续三年亏损而被摘牌等，都通过盈余管理来调整利润，其手法如提前确认营业收入，推迟确认本期费用，潜亏挂账，变更会计政策，甚至出现账证不符、账实不符等许多伪造账目的现象。

对于盈余管理，我们要有一个正确的认识，要科学地评价它，首先，我们要明确一个界限：盈余管理（earnings management）和盈余操纵（earnings manipulation）是有区别的，前者是在制度许可的范围内，后者则超出了制度许可的范围，其手法如伪造账目等是违反会计法规和制度的。其次，我们要了解盈余管理的意义。盈余管理有两方面的意义，从积极的方面来说，在收益"硬约束"的条件下，在未来不确定的情况下，给予管理者一定的利润调整空间，有利于进一步激励管理者的创新能力；通过盈余管理（尤其是收益平滑），能使企业平稳发展，防止过度的股利分配；在政策不合理和政策滞后的情况下，盈余管理可以改进不合理的政策和创造新的会计方法，如陈小悦等人[①]（2 000）提到的，当证监会发现配股中存在严重的利润管理现象后，于1999年对配股条件进行了相应的修改，即要求净资产税后利润率三年平均在10%以上的同时，要求这一比率每年都在6%以上，因为以前的规定过于严厉，企业只能通过利润管理才能达到目的，因此，这次修改在一定程度上考虑到了减少企业利润管理的动机。

盈余管理的消极意义也是很明显的。盈余管理最大的缺陷是盈余管理所提供的信息不可靠，在一定程度上，造成报表上反映的企业业绩同企业经营实际脱节，从而给投资者、贷款人的投资与贷款决策造成误导，也给国家税收带来不利影响，使国家利益蒙受损失。如果管理者管理

[①] 陈小悦：《配股权与上市公司利润操纵》，载《会计研究》，2000（1）。

盈余的行为得不到约束和监督，管理者的机会主义行为就会得逞，这种机会主义行为一旦屡屡得逞而得不到纠正，管理者就会形成一种不良的行为定式，即通过盈余管理的方式而不是通过创新、努力而获取高额的管理报酬，从而极大地损害资本所有者的利益。更严重的是，如果这种现象在社会上蔓延开来成为一种常态，资本市场的发展就会受到阻碍，这时盈余管理就会向盈余操纵的方向发展。

（二）当期经营观与损益满计观

为了增强利润表的有用性，提高净利润的质量是十分重要的。对于利润表中的净利润应包括哪些内容，会计界分成两种观点：一种称为"当期经营观"（current operating concept），一种称为"损益满计观"（all inclusive concept）。

"当期经营观"认为，为了便于本期与前期之间的比较，净利润只能包括本期正常经营所得，而不包括其他所得。即仅将本期经营性的业务成果列入利润表，而前期的损益调整项目以及不属于本期的利润或收益，不列入利润表中。由于"当期经营观"只反映本期正常活动所取得的利润，忽略了本期影响所有者权益的其他项目，因而，往往会导致会计报表使用者忽略未列入净利润的其他项目的重要性。

"损益满计观"认为，本期利润应包括本期确认的经营性活动、非经营性活动以及前期调整的利润等全部利润项目。因此，对于报告期影响所有者权益的项目，除股利和企业与股东间其他经济业务外，都应列入利润表中，如一些非经常性项目，其中包括本期发生的非经常性项目、终止经营、利得与损失、前期项目或与会计政策变更有关的调整等，都分别列入净利润。这样能为财务报告使用者提供更为有用的资料，使之能对这些项目的重要性及其对经营成果的影响做出更好的评价。

我国一般采用多步式利润表格式，并以"损益满计观"在利润表中反映净利润的情况，但又与一般的"损益满计观"不完全相同，如前期项目及会计政策变更和部分利得与损失的调整是列入所有者权益变动表中的。

（三）非经常性项目

所谓收益质量就是利润的预测价值。报表使用者关注企业的利润指标就是用来预测企业未来的获利水平和未来现金流量的风险和不确定性。我们知道，只有企业经常性的经济业务产生的收入才能带来稳定的、可预计的现金流量，而偶发性的、非经常性的项目是无法带来稳定的、可预计的现金流量的。因此，将这些非经常性项目从主要经营业务中分离出来，就是为了提高收益的质量，增加预测的准确性。非经常性项目主要包括以下内容。

（1）终止经营。当企业一个主要经营分部被停止经营后，对企业净利润的影响来自两个方面：一是处置终止经营分部取得的损益；二是停止经营后重新计量产生的利得或损失。

（2）非常项目。企业有时发生一些性质比较特殊的事项产生的收入或损失，如诉讼赔偿、自然灾害保险赔偿等；或者一些不太经常发生的事项产生的收入或损失。

（3）利得或损失。利得或损失是指企业持有的资产价值变动产生的未实现收益或损失。其中一部分直接计入利润表，如交易性金融资产的价格变动；一部分计入所有者权益，如可供出售金融资产价格变动。

（4）会计政策、会计估计和会计差错更正。这些项目的调整会影响利润金额，有的是本期利润额，有的是前期利润额。一般而言，对前期利润的影响是通过未分配利润来调整的，对本期利润的影响，则通过调整当期的利润金额。

针对非经常性项目，中国证监会专门为此发布一份《公开发行证券的公司信息披露解释性公告第 1 号——非经常性损益（2008）》，公告指出："非经常性损益是指与公司正常经营业务无直接关系，以及虽与正常经营业务相关，但由于其性质特殊和偶发性，影响报表使用人对公司经营业绩和盈利能力做出正常判断的各项交易和事项产生的损益。" 并例举了一些非经常性损益的项目：①非流动性资产处置损益，包括已计提资产减值准备的冲销部分；②越权审批，或无正式批准文件，或偶发性的税收返还、减免；③计入当期损益的政府补助，但与公司正常经营业务密切相关，符合国家政策规定、照一定标准定额或定量持续享受的政府补助除外等二十一项。并要求对这些项目单独列示。

针对终止经营，财政部于 2017 年新增《企业会计准则第 42 号——持有待售的非流动资产、处置组和终止经营》专门对其会计处理进行规范，持有待售的非流动资产、处置组的会计处理前面已经讲述。终止经营是指满足下列条件之一的、能够单独区分的组成部分，且该组成部分已经处置或划分为持有待售类别：（1）该组成部分代表一项独立的主要业务或一个主要经营地区；（2）该组成部分是拟对一项独立的主要业务或一个单独的主要经营地区进行处置的一项相关联计划的一部分；（3）该组成部分是专为转售而取得的子公司。对于终止经营的会计处理主要集中在其报告方面：（1）终止经营的资产组①处置损益列入资产处置损益以及按公允价值计量其产生的与账面价值之间的差额（减去出售费用）计入当期损益，同时在净利润下，分项列示于终止经营净利润栏；（2）对于当期列示的终止经营，应在可比报表中将原来作为持续经营的信息重新调整为终止经营；（3）在报表附注中披露终止经营的收入、费用、利润总额、所得税费用（收益）、净利润等信息。

通过上面的讲述可以看出，我国利润表中的营业外收支项目的金额只是这里非经常项目的一部分。如果要预测企业未来可持续的盈利能力，需要对相关指标进行调整。

第二节 | 利润表

一、利润表的编制方法

按照我国企业利润表的格式特点，其编制方法如下。

利润表的金额栏有两栏，月度利润表的两栏分别为"本月数"和"本年累计数"，"本月数"栏反映各项目的本月实际发生数，"本年累计数"栏反映各项目自年初起至报告期末止的累计实际发生数。中期和年度利润表的两栏分别为"上年数"和"本年累计数"，即将"本月数"栏改成"上年数"栏，"上年数"栏填列上年同期累计实际发生数；在编制年度财务会计报告时，填列上年全年累计实际发生数。如果上年度利润表的项目名称和内容与本年度利润表不一致，应对上年度报表项目的名称和数字按照本年度的规定进行调整，填入该栏。

利润表各项目主要根据各损益类科目的发生额分析填列，具体填列方法如下。

（1）"营业收入"项目，反映企业经营主要业务和其他业务所取得的收入总额。本项目应根据"主营业务收入""其他业务收入"和"租赁收入"等科目的发生额分析填列。

（2）"营业成本"项目，反映企业经营主要和其他业务发生的实际成本。本项目应根据"主营业务成本""其他业务成本"等科目的发生额分析填列。

（3）"税金及附加"项目，反映企业经营主要业务应负担的消费税、城市维护建设税、资源税、土地增值税和教育费附加等。本项目应根据"税金及附加"科目的发生额分析填列。

---

① 资产组与终止经营的关系为：终止经营为能产出现金流的一个单元或一组单元，资产组则是一组现金产出单元、一个现金产出单元或某个现金产出单元的一部分。

（4）"销售费用"项目，反映企业在销售商品和商品流通企业在购入商品等过程中发生的费用。本项目应根据"销售费用"科目的发生额分析填列。

（5）"管理费用"项目，反映企业发生的管理费用。本项目应根据"管理费用"科目的发生额分析填列。

（6）"财务费用"项目，反映企业发生的财务费用。本项目应根据"财务费用"科目的发生额分析填列。

（7）"资产减值损失"项目，反映企业计提的各项资产损失减值准备。本项目应根据"资产减值损失"科目的发生额分析填列。

（8）"公允价值变动收益"项目，反映企业持有资产期末价格变动直接计入当期损益的金额。本项目应根据"公允价值变动损益"科目的发生额分析填列；如为公允价值变动损失，以"-"号填列。

（9）"投资收益"项目，反映企业以各种方式对外投资所取得的收益。本项目应根据"投资收益"科目的发生额分析填列；如为投资损失，以"-"号填列。

（10）"资产处置损益"反映企业出售划分为持有待售的非流动资产（金融工具、长期股权投资和投资性房地产除外）或处置组时确认的处置利得或损失，以及处置未划分为持有待售的固定资产、在建工程、生产性生物资产及无形资产而产生的处置利得或损失。债务重组中因处置非流动资产产生的利得或损失和非货币性资产交换产生的利得或损失也包括在本项目内。该项目应根据在损益类科目新设置的"资产处置损益"科目的发生额分析填列；如为处置损失，以"-"号填列。

（11）"其他收益"项目，反映计入其他收益的政府补助等。该项目应根据在损益类科目新设置的"其他收益"科目的发生额分析填列。

（12）"营业外收入"项目和"营业外支出"项目，反映企业发生的与其生产经营无直接关系的各项收入和支出。该项目主要包括债务重组利得和损失、与企业日常活动无关的政府补助、盘盈利得和盘亏损失、捐赠利得及公益性捐赠支出等。这两个项目应分别根据"营业外收入"科目和"营业外支出"科目的发生额分析填列。

（13）"利润总额"项目，反映企业实现的利润总额。如为亏损总额，以"-"号填列。

（14）"所得税"项目，反映企业按规定从本期损益中减去的所得税。本项目应根据"所得税"科目的发生额分析填列。

（15）"净利润"项目，反映企业实现的净利润。净利润下再分设"持续经营净利润"和"终止经营净利润"两个分项目，该项目分别反映净利润中与持续经营相关的净利润和与终止经营相关的净利润；如为净亏损，以"-"号填列。

（16）"每股收益"项目，反映企业每一普通股可分享的当期净利润额。如果企业资本结构为简单资本结构，则只需计算和填列基本每股收益；如为复杂资本结构，则要同时计算和填列基本和稀释每股收益。

（17）"其他综合收益"项目，其他综合收益主要包括两类：一类为以后会计期间不能重分类进损益的其他综合收益项目；另一类则是在以后期间满足条件时能重分类重新转入当期损益。

（18）"综合收益总额"项目，该项目反映的是净利润与其他综合收益的合计金额。

二、利润表编制举例

【例18-1】 根据第17章【例17-1】珠江公司的资料，编制2019年度珠江公司利润表。

该公司2019年度有关损益类科目的发生额，如表18-2所示。

表 18-2   2019 年损益类科目的发生额   单位：元

科目名称	借方发生额	贷方发生额
营业收入		4 800 000
营业成本	2 880 000	
税金及附加	52 147	
销售费用	126 000	
管理费用	440 667	
财务费用	72 500	
资产减值损失	319 410	
公允价值变动损益		45 000
投资收益		324 790
资产处置损失		50 000
资产处置收益	19 700	
所得税	287 758.25	

编制珠江公司2019年度利润表，如表18-3所示。

表 18-3   利润表   会企 02 表

编制单位：珠江公司   2019 年度   单位：元

项目	本期金额	上期金额
一、营业收入	4 800 000	
减：营业成本	2 880 000	
税金及附加	52 147	
销售费用	126 000	
管理费用	440 667	
财务费用	72 500	
资产减值损失	319 410	
加：公允价值变动收益（损失以"-"号填列）	45 000	
投资收益（损失以"-"号填列）	324 790	
其中：对联营企业和合营企业的投资收益	300 000	
加：资产处置收益（减：损失）	50 000 （19 700）	
其他收益	0	
二、营业利润（亏损以"-"号填列）	1 309 366	
加：营业外收入	0	
减：营业外支出	0	
三、利润总额（亏损总额以"-"号填列）	1 309 366	
减：所得税费用	287 758.25	
四、净利润（净亏损以"-"号填列）	1 021 607.75	
（一）持续经营净利润		
（二）终止经营净利润		
五、其他综合收益的税后净额	111 975	
（一）不能重分类进损益的其他综合收益		
1. 重新计量设定受益计划净变动额		

续表

项目	本期金额	上期金额
2. 权益法下不能转损益的其他综合收益		
（二）将重分类进损益的其他综合收益	111 975	
1. 权益法下可转损益的其他综合收益		
2. 其他债权投资公允价值变动	111 975	
3. 金融资产重分类计入其他综合收益的金额		
4. 现金流量套期储备		
5. 外币财务报表折算差额		
六、综合收益总额	1 133 582.75	
七、每股收益：		
（一）基本每股收益	0.185 6	
（二）稀释每股收益	0.184 3	

注：基本每股收益=1 021 607.75÷[5 000 000+（1 000 000×6÷12）]=0.185 7

股票股权增加的股数=（10-2）÷10×10 000×5=40 000

稀释每股收益=1 021 607.75÷（5 500 000+40 000）=0.184 4

111 975=149 300×（1-25%）

为了对照反映两个会计年度的利润表，特举例如下。

【例18-2】 假定2020年度珠江公司发生如下与利润表相关的事项，本年所得税税率为25%。

（1）各主要项目本期发生额如下。

营业收入：6 000 000元

营业成本：3 440 000元

税金及附加：60 200元

销售费用：140 000元

管理费用：557 820元

财务费用：125 000元

资产减值损失：0元

资产处置损失：20 000元

营业外收入：30 000元

（2）被投资方当年实现净利润1 000 000元，净利润和其他综合收益以外的净资产减少400 000元。

（3）A公司股票以170 000元出售，本年购入C公司股票（交易性金融资产），年终市价下跌60 000元。

（4）B公司股票的一半以240 000元出售，剩余股票的公允价值为230 000元（账面价值为250 000元）。

（5）本年国债计年利息25 000元。

（6）按2%计提产品保修准备120 000元，本年发生实际修理费用（上年销售产品）50 000元。

（7）本期股票期权费用166 667元。

首先，登记相关的会计分录（示意）。①

（1）营业收入等项目直接列入利润表中（见表18-4）。

（2）借：长期股权投资——损益调整　　　　　　　300 000

　　　　贷：投资收益　　　　　　　　　　　　　　　　300 000

　　借：资本公积——其他　　　　　　　　　　　120 000

　　　　贷：长期股权投资——其他权益变动　　　　　　　120 000

① 上述分录已经登记在公司账上，在此主要是将与利润表相关的分录重新列示出来，以明确各利润表项目的计算过程。

（3）借：银行存款　　　　　　　　　　　　　　　　　170 000
　　　　　公允价值变动损益　　　　　　　　　　　　　　45 000
　　　　　贷：交易性金融资产——成本　　　　　　　　　　　　105 000
　　　　　　　　　　　　　　——公允价值变动　　　　　　　　45 000
　　　　　　　投资收益　　　　　　　　　　　　　　　　　　　65 000

借：公允价值变动损益　　　　　　　　　　　　　　　　60 000
　　贷：交易性金融资产——C 股票　　　　　　　　　　　　　　60 000

（4）借：银行存款　　　　　　　　　　　　　　　　　240 000
　　　　　其他综合收益　　　　　　　　　　　　　　　74 650
　　　　　贷：其他债权投资——成本　　　　　　　　　　　　175 350
　　　　　　　　　　　　　——公允价值变动　　　　　　　　74 650
　　　　　　　投资收益　　　　　　　　　　　　　　　　　　　64 650

借：其他综合收益　　　　　　　　　　　　　　　　　20 000
　　贷：其他债权投资——公允价值变动　　　　　　　　　　　　20 000

（5）借：债权投资　　　　　　　　　　　　　　　　　25 000
　　　　　贷：投资收益　　　　　　　　　　　　　　　　　　　25 000

（6）借：销售费用　　　　　　　　　　　　　　　　　120 000
　　　　　贷：银行存款　　　　　　　　　　　　　　　　　　　50 000
　　　　　　　预计负债　　　　　　　　　　　　　　　　　　　70 000

（7）借：管理费用　　　　　　　　　　　　　　　　　166 667
　　　　　贷：资本公积——其他　　　　　　　　　　　　　　　166 667

本期投资收益=300 000+65 000+64 650+25 000
　　　　　　=454 650（元）

（8）本期所得税费用的会计处理如下。

借：所得税费用　　　　　　　　　　　　　　　　　　469 574.25
　　递延所得税负债　　　　　　　　　　　　　　　　34 912.50
　　递延所得税资产　　　　　　　　　　　　　　　　32 500.00
　　贷：应交税费　　　　　　　　　　　　　　　　　　　　513 324.25
　　　　其他综合收益　　　　　　　　　　　　　　　　　　　23 662.50

应交税所得额=2 036 630-300 000（股权投资收益）+45 000（出售交易性金融资产转出的公允
价值变动损益）+60 000（交易性证券公允价值变动）-25 000（国债利息）
　　　　　　+120 000（产品担保准备）-50 000（产品担保准备）
　　　　　　+166 667（管理人员股票期权）
　　　　　　=2 053 297（元）

应交所得税额=2 053 297×25%=513 324.25（元）

递延所得税资产增加=[60 000（交易性证券公允价值变动）+70 000（产品担保准备）]×25%
　　　　　　　　　=32 500（元）

递延所得税负债减少=[45 000（交易性证券的出售）+74 650（可供出售证券的出售）
　　　　　　　　　+20 000（可供出售证券的公允价值变动）]×25%
　　　　　　　　　=34 912.5（元）

所得税费用=513 324.25-（32 500+34 912.5-23 662.5）

　　　　　=469 574.25（元）

然后，编制2020年度珠江公司利润表（见表18-4）。

表18-4　　　　　　　　　　　　　　　利润表　　　　　　　　　　　　　会企02表

编制单位：珠江公司　　　　　　　　　　2020年度　　　　　　　　　　　　单位：元

项目	本期金额	上期金额
一、营业收入	6 000 000	4 800 000
减：营业成本	3 440 000	2 880 000
税金及附加	60 200	52 147
销售费用	140 000	126 000
管理费用	557 820	440 667
财务费用	125 000	72 500
资产减值损失	0	319 410
加：公允价值变动收益（损失以"-"号填列）	（105 000）	45 000
投资收益（损失以"-"号填列）	454 650	324 790
其中：对联营企业和合营企业的投资收益	300 000	300 000
加：资产处置收益（减：损失）	（20 000）	30 300
其他收益	0	0
二、营业利润（亏损以"-"号填列）	2 006 630	1 309 366
加：营业外收入	30 000	0
减：营业外支出		0
三、利润总额（亏损总额以"-"号填列）	2 036 630	1 309 366
减：所得税费用	468 574.25	287 758.25
四、净利润（净亏损以"-"号填列）	1 567 055.75	1 021 607.75
（一）持续经营净利润		
（二）终止经营净利润		
五、其他综合收益的税后净额	（70 987.5）	111 975
（一）不能重分类进损益的其他综合收益		
1. 重新计量设定受益计划变动额		
2. 权益法下不能转损益的其他综合收益		
（二）将重分类进损益的其他综合收益	（70 987.5）	111 975
1. 权益法下可转损益的其他综合收益		
2. 其他债权投资公允价值变动	（70 987.5）	111 975
3. 金融资产重分类计入其他综合收益的金额		
4. 现金流量套期储备		
5. 外币财务报表折算差额		
六、综合收益总额	1 496 068.25	1 133 582.75
七、每股收益：		
（一）基本每股收益	0.261	0.185 6
（二）稀释每股收益	0.259	0.184 3

注：基本每股收益=1 567 055.75÷6 000 000=0.261（元/股）

股票股权增加的股数=（10-2）÷10×10 000×5=40 000（股）

稀释每股收益=1 567 055.75÷（6 000 000+40 000）=0.259（元/股）

70 987.5=94 650×（1-25%）

第三节 所有者权益变动表

一、所有者权益变动表的作用和格式

所有者权益变动表是反映企业一定会计期间所有者权益变动过程的会计报表。在 2006 年全面实施会计准则之前，会计报表主要由资产负债表、利润表和现金流量表三张主表构成。实施会计准则以后，所有者权益变动表上升为主表之一，变成第四报表，并取代原来的利润表的附表利润分配表。

我们知道，主要有以下几个因素引起所有者权益发生变动：一是投资者投入或减少投资；二是已实现的净利润或净亏损；三是企业持有资产未实现的利得或损失；四是会计政策和前期差错更正导致所有者权益的变动；五是向所有者分配利润导致所有者权益的减少。以前我国会计制度主要使用历史成本，基本不确认企业持有资产未实现的利得或损失。因此，所有者权益变动不受第三个因素的影响。另外，第四、第五两个因素对所有者权益的影响通过利润分配表调节。

会计准则中由于大量运用公允价值计量属性，期末市价与原账面价值之间的差额一部分直接计入利润表中，如交易性金融资产；一部分则计入所有者权益的利得和损失。此次《企业会计准则——基本准则》为此专门新增两个会计要素：利得和损失。利得是指企业非日常活动所形成的、会导致所有者权益增加的、与所有者投入资本无关的经济利益流入。损失是指企业非日常活动所形成的、会导致所有者权益减少的、与所有者投入资本无关的经济利益流出。

为了全面反映期初净资产与期末净资产变化的全过程，我们可通过编制所有者权益变动表揭示上述五个方面的变化。

所有者权益变动表的格式如表 18-5 所示。

二、所有者权益变动表的编制方法

所有者权益变动表是一张动态报表，主要根据"利润分配"总账科目所属的各明细科目"资本公积""盈余公积"和"其他综合收益"等科目的发生额分析填列。

所有者权益变动表中的"本年金额"栏，根据上述科目及其所属明细科目的记录分析填列。

"上年金额"栏根据上年所有者权益变动表的数字直接填列。如果上年度所有者权益变动表与本年度所有者权益变动表的项目名称和内容不一致，应对上年度报表项目的名称与数字按照本年度的规定进行调整后填入。

所有者权益变动表各项目的内容及具体填列方法如下。

（1）"上年年末余额"项目，根据上年资产负债表中"实收资本（或股本）""资本公积""其他综合收益""盈余公积"和"未分配利润"等项目的年末余额填列。

（2）"会计政策变更"和"前期差错更正"项目，根据"盈余公积""利润分配""以前年度损益调整"等科目的发生额分析填列，并在"上年年末余额"的基础上调整得出"本年年初金额"项目。

（3）"本年增减变动金额"项目，分别反映以下内容。

① "综合收益总额"项目，反映的是企业当年的综合收益总额，是根据利润表中的"其他综合收益的税后净额"和"净利润"项目填列，并对应列在"其他综合收益"和"未分配利润"栏。

② "所有者投入和减少资本"项目，反映的是企业当年所有者投入的资本和减少的资本，其中，

"所有者投入资本"项目，反映企业接受投资者投入形成的实收资本（或股本）和资本公积，是根据"实收资本""资本公积"等科目的发生额分析填列的，并对应列在"实收资本"和"资本公积"栏。

"股份支付计入所有者权益的金额"项目，反映的是企业处于等待期中的以权益结算的股份支付当年计入资本公积的金额。是根据"资本公积"所属的"其他资本公积"二级科目的发生额分析填列，并对应列在"资本公积"栏。

③ "利润分配"下的各项目，反映当年对所有者（或股东）分配的利润（或股利）金额和按规定提取的盈余公积金额，并对应列在"未分配利润"和"盈余公积"栏。

④ "所有者权益内部结转"下各项目，反映不影响当年所有者权益总额的所有者权益各组成部分之间当年的增减变动，包括资本公积转增资本（或股本）、盈余公积转增资本（或股本）、盈余公积弥补亏损、其他综合收益结转留存收益等。

三、所有者权益变动表的编制举例

（一）单一年度所有者权益变动表编制举例

【例18-3】 接【例17-1】和【例18-1】，编制2019年度珠江公司所有者权益变动表（见表18-5）。

（二）连续两个年度所有者权益变动表编制举例

为了对照反映两个会计年度的所有者权益变动表，特举例如下。

【例18-4】 假定2020年度珠江公司发生以下与所有者权益变动表相关的事项。

（1）被投资方当年实现净利润为1 000 000元，净利润以外的净资产减少400 000元。

（2）B公司股票的一半以240 000元出售，剩余股票的公允价值为230 000元（账面价值为250 000元）。

（3）实行股票期权计入资本公积166 667元。

（4）所得税会计（其他债权投资形成的递延所得税负债）直接计入其他综合收益23 662.5元。

（5）2020年度实现净利润1 567 055.75元。

（6）2019年度利润分配按税后利润的10%计提盈余公积，20%向投资者分配利润。2010年度净利润为1 021 005.2元。

（7）2020年度利润分配方案为：按税后利润的10%计提盈余公积，30%用于向投资者分配利润。

（8）经查发现，某出纳私自将2019年的国债利息收入50 000元存入自己的账户。

编制2020年度珠江公司所有者权益变动表，如表18-6所示。

补登国债利息收入。

借：其他应收款——××　　　　　　　　　　　　　　　　　　50 000

　　贷：期初未分配利润　　　　　　　　　　　　　　　　　　　　50 000

2020年度珠江公司所有者权益变动表，如表18-6所示。

表 18-5

所有者权益变动表

2019 年度

编制单位: 珠江公司 　　会企 04 表　单位: 元

项目	本年金额							上年金额						
	实收资本	资本公积	减: 库存股	其他综合收益	盈余公积	未分配利润	所有者权益合计	实收资本	资本公积	减: 库存股	其他综合收益	盈余公积	未分配利润	所有者权益合计
一、上年年末余额	5 000 000				1 150 000	237 091	6 387 901							
加: 会计政策变更														
前期差错更正														
二、本年年初余额	5 000 000				1 150 000	237 901	6 387 901							
三、本年增减变动金额（减少以"-"号填列）	1 000 000	816 667		111 975	23 790.1	902 657.25	2 855 089.35							
（一）综合收益总额				111 975		1 021 607.75	1 133 582.75							
（二）所有者投入和减少资本							1 500 000							
1. 所有者投入的普通股	1 000 000	500 000												
2. 股份支付计入所有者权益的金额		16 667					166 667							
3. 其他														
（三）利润分配														
1. 提取盈余公积					23 790.1	(23 790.1)	0							
2. 对所有者（或股东）的分配						(95 160.4)	(95 160.4)							
3. 其他														
（四）所有者权益内部结转														
1. 资本公积转增资本（或股本）														
2. 盈余公积转增资本（或股本）														
3. 盈余公积弥补亏损														
4. 其他综合收益结转留存收益														
5. 其他														
（五）其他		150 000					150 000							
四、本年年末余额	6 000 000	816 667		111 975	1 173 790.1	1 140 558.25	9 242 990.35							

会企04表

单位：元

表18-6

所有者权益变动表

2020 年度

编制单位：珠江公司

项目	本年金额							上年金额						
	实收资本	资本公积	减：库存股	其他综合收益	盈余公积	未分配利润	所有者权益合计	实收资本	资本公积	减：库存股	其他综合收益	盈余公积	未分配利润	所有者权益合计
一、上年年末余额	6 000 000	816 667		111 975	1 173 790.1	1 140 558.25	9 242 990.35	5 000 000				1 150 000	237 091	6 387 901
加：会计政策变更						50 000	50 000							
前期差错更正														
二、本年年初余额	6 000 000	816 667		111 975	1 173 790.1	1 190 558.25	9 292 990.35	5 000 000				1 150 000	237 901	6 387 901
三、本年增减变动金额（减少以"—"号填列）		46 667		(70 987.5) *	107 160.78 **	1 245 573.42	1 328 413.7	1 000 000	816 667		111 975	23 790.1	902 657.25	2 855 089.35
（一）综合收益总额				(70 987.5)		1 567 055.75	1 496 068.25				111 975		1 021 607.75	1 133 582.75
（二）所有者投入和减少资本							166 667							1 500 000
1. 所有者投入资本								1 000 000	500 000					1 500 000
2. 股份支付计入所有者权益的金额		166 667					166 667		166 667					166 667
3. 其他														
（三）利润分配														
1. 提取盈余公积					107 160.78 **	(107 160.78)						23 790.1	(23 790.1)	0
2. 对所有者（或股东）的分配						(214 321.55)	(214 321.55)						(95 160.4)	(95 160.4)
3. 其他														
（四）所有者权益内部结转														
1. 资本公积转增资本（或股本）		(120 000)												
2. 盈余公积转增资本（或股本）														
3. 盈余公积弥补亏损														
4. 其他综合收益结转留存收益														
5. 其他									150 000					150 000
四、本年年末余额	6 000 000	863 334		40 987.5	1 280 950.88	2 436 131.67	10 621 404.05	6 000 000	816 667		111 975	1 173 790.1	1 140 558.25	9 242 990.35

* 107 160.78＝（1 021 607.75＋50 000）×10%
** 214 321.55＝（1 021 607.75＋50 000）×20%

思 考 题

1. 利润表的作用和局限性是什么？
2. 为什么利润表是利益相关者关注的一张主要报表？
3. 何谓盈余管理？盈余管理的方式与手法有哪些？如何认识盈余管理？
4. 什么是收益质量？如何提高收益质量？
5. 我国为何要将所有者权益变动表列为第四报表？
6. 区分全面收益与利得及损失之间的关系。

练 习 题

（一）利润表

资料：同第十七章的练习题。

要求：编制2019年南方公司利润表。

（二）所有者权益变动表

资料：同第十七章的练习题。

要求：编制2019年南方公司所有者权益变动表。

（三）利润表和所有者权益变动表

资料：假定2020年度南方公司发生如下与利润表相关的事项，2020年所得税税率由25%改为20%。

（1）各主要项目本期发生额如下：

营业收入：6 500 000元

营业成本：4 580 000元

税金及附加：95 890元

销售费用：325 000元

管理费用：480 000元

财务费用：279 000元

资产减值损失：50 000元

资产处置损失：32 800元

营业外收入：49 500元

（2）被投资方海珠公司当年实现净利润为800 000元；另外，南方公司收到另一家A公司宣布发放的现金股利40 000元。

（3）本期按每股8.5元全部出售甲公司股票；本年以每股6元购入乙公司股票2 000手（交易性金融资产），年终市价为4.5元/股。

（4）按1.5%计提产品保修准备，本年发生实际修理费用（上年销售产品）55 000元。本期管理费用含无形资产摊销费20 000元，按税法规定可加计50%税前抵扣。

（5）本期国债利息收入36 000元。

（6）2019年7月1日发行的可转换债券本年7月1日有一半实现转换，有一半未实现转换。

（7）2019年利润分配：按税后利润的10%计提盈余公积、30%用于向投资者分配利润。

要求：

（1）编制与利润表和所有者权益变动表项目相关的会计分录；

（2）编制2020年南方公司利润表和所有者权益变动表。

案例分析：造假分析（2）——万福生科[①]

---

① 本书每章后所增加的案例分析请参见本系列教材中配套出版的《会计教学案例》一书，后同。

第十九章

现金流量表

✍ 本章要点

- 现金流量表的演进
- 现金流量表的作用
- 现金及现金等价物的概念
- 现金流量的分类
- 现金流量表的编制方法
- 现金流量表的编制程序

👓 章首故事

银行承兑汇票是现金等价物吗?

青岛海尔（600690）在其 2005 年年报中披露：主营业务收入高达 165.09 亿元，而销售商品、提供劳务收到的现金却只有 39.74 亿元，销售收现比仅为 24%。对此现象，该公司的解释是："报告期内，公司购销业务中分别有 134.5 亿元、132.83 亿元系通过票据结算，另有 17.44 亿元货款系采用协议抵账方式结算。"

由于该公司将商业汇票排除在现金等价物之外，从而使得大量以商业汇票结算的销售没有计算在本期销售商品、提供劳务收到的现金这一指标中，造成公司很低的销售收现率。

对于是否应该将商业汇票中的银行承兑汇票归属于现金等价物，存在不同的观点。一种观点认为，应该将已经背书转让的银行承兑汇票作为现金等价物处理，而其他商业汇票不作为现金等价物处理。因为企业用银行承兑汇票背书转让已成为一种常用的支付手段。而中国注册会计师协会专家技术委员会援助小组信息公告第 7 号规定，银行承兑汇票不属于现金等价物，原因是其不符合现金等价物的定义，既需要可能的 6 个月的到期期间，也不存在发达市场，流动性和易于转换已知金额存在问题。

资料来源：改编自王大力，孙旭东：《会计博弈》，14～43 页，北京，中国财政经济出版社，2009。

第一节 现金流量表的作用

前两章分别讲述了资产负债表、利润表和所有者权益变动表。资产负债表主要反映一个企业某一时点上的资产的占用分布情况以及资产的权益构成，即负债和所有者权益的结构；利润表则是提供一个企业某一时期的经营成果；所有者权益变动表是揭示企业一定会计期间净资产的变动过程。但是，作为一个企业的信息使用者，他可能还会关注并提出以下一些问题。(1) 企业利润与企业经营中使用的现金有何关联？(2) 企业的利润到哪里去了？为什么利润增加了，股利分配并没有得到相应提高？(3) 企业扩展的现金是从哪

现金流量表的作用与编制方法

里来的？（4）为什么企业的利润增加后，现金却减少了？（5）增发的公司股票、发行的公司债券所取得的现金，都到哪里去了（特别是我国目前许多上市公司，刚刚发行新股，或者配股后，几年不到，账面现金就看不到了）？（6）企业债务是如何偿还的？（7）利润减少了，现金却反而增加了等。这些问题在资产负债表、利润表和所有者权益变动表中很难找到完整的答案。由此，必须提供另外一张报表来回答这些问题，这张报表就是我们通常所说的第三报表——现金流量表。本章主要讲述现金流量表的渊源、作用，现金及现金流量的基本概念，最后也是最重要的是讲述关于现金流量表的编制，这既是本章的重点，也是本章的难点。

一、现金流量表的演进

改革开放前，我国长期实行计划经济体制，国营企业的资金由财政和银行分口供应，企业只需编制资产负债表（当时称资金平衡表）和损益表（利润表）。实行市场经济体制后，企业的会计环境发生了重大变化，企业自身经营、投资和理财自主权逐渐扩大。外部经济环境的变化迫切要求企业编制财务状况变动表（或现金流量表）。1985 年财政部颁布的《中华人民共和国中外合资经营企业会计制度》及 1992 年 1 月 1 日起执行的《股份制试点企业会计制度》要求合资企业和股份制试点企业必须编制财务状况变动表。1992 年财政部颁布了《企业会计准则》，规定企业必须编制财务状况变动表，1998 年 3 月，财政部颁布了具体会计准则《现金流量表》，规定以现金流量表替代财务状况变动表。1998 年 1 月，财政部颁布的《股份有限公司会计制度》要求股份公司必须编制现金流量表。2001 年颁布的《企业会计制度》和修订后的具体准则《现金流量表》对以前规定的现金流量表的编制做了一定程度的简化。2006年新颁布的《企业会计准则第 31 号——现金流量表》基本维持了原准则的规定，只在某些地方做了一些调整。

二、现金流量表的作用

前面已经提到，企业外部信息使用者所关注的一些信息往往在资产负债表和利润表中找不到答案，而这些答案却可以在现金流量表中得到。总的来说，现金流量表所提供的是一个企业在一定期间现金流入与现金流出的基本信息，它对评价企业产生未来净现金流量的能力、偿还债务以及支付股利的能力、企业外部筹资的需求、说明净收益与现金收支之间差异的原因，以及企业现金和非现金筹资与投资活动等都有着十分重要的意义。具体而言，现金流量表具有以下作用。

（一）有利于分析、评价和预测企业产生未来现金流量的能力

企业的经营目标从利润最大化到股东财富最大化再到企业价值最大化，归根结底，企业经营目标的衡量是以货币作为基本尺度，即是以变现金额的大小来衡量的，这已经形成人们的一种共识。会计目标就是向投资者和债权人提供有助于评估预测企业未来现金流量金额、时间及不确定性的信息。现金流量表可以揭示过去现金流入与流出及现金流量净额变动的原因，分析来自经营活动的净收益和现金净流量之间的关系、投资和融资活动与现金净流量之间的关系。这些以现金流动制为基础的信息既有利于估量企业生成现金及现金等价物的能力，评价和比较不同企业未来现金流量的现值（现金流量信息提高了不同企业经营业绩的可比性），又可以评价企业的财务结构（含其资产流动性和偿债能力）以及企业为适应外部经济环境变化而对其现金流量金额、时间和不确定性进行调整的能力。

（二）有利于分析、评价和预测企业偿还债务和支付股利的能力

支付能力是保证企业生存和发展的一个关键因素，企业只有及时偿还到期债务，才不至于破产；只有持续稳定地支付股利，才有可能吸引投资、扩大规模。评估企业是否具有支付能力（偿还债务、发放股利），最直接的方法就是分析企业的净现金流量。如果企业没有足够的现金，债务就无法偿还，股利也就无法支付。企业经营活动的净现金流量代表企业自我创造现金的能力。虽然企业可能通过对外筹资的途径取得现金，但债券本息的偿还最终取决于企业经营活动的净现金流入。因此，经营活动的净现金流入占总现金流入的比重越高，表明企业的财务基础越稳固，支付能力越强。对企业管理人员而言，可依据企业的净现金流入情况确定企业的股利政策、投资及筹资决策。

（三）有利于分析、评价和预测企业经营净收益与经营产生净现金流量之间差异的原因

就企业全部经营期间而言，营业净收益的总和应等于结束清算、变卖资产并偿还各种债务后的净现金流入。但是为了定期计算损益，在引入权责发生制与配比原则后，损益的确认时间与现金收付的时间可能不能保持一致，这样就使企业经营净收益与经营产生的现金净流量不一致。不一致的原因在资产负债表和收益表中找不出来。资产负债表说明的是某一特定时日的资产和权益变动的结果，并不表明其变动的过程及原因；利润表提供的是本期经营的结果，这一结果同企业经营所取得的净现金流入并不吻合。因此，要评价、分析企业经营净收益与经营产生净现金流量的差异及差异的原因，只能借助现金流量表，这样就便于投资者、债权人更合理地预测企业未来的现金流量，评价净收益的可靠性。

（四）有利于分析、评价和预测企业现金和非现金筹资、投资活动的有效性

通过对企业筹资、投资活动的分析，可以掌握企业资产、负债是如何增加或减少的；为什么利润增加了，股利分配额并没有提高；企业新增设备的资金是从何而来的；企业发行的股票、债券干什么用了；为什么企业亏损了，现金却反而增加了等。通过对这些问题的了解，同时还可以进一步评价这些活动的有效性，企业筹资使用的效果，企业投资的回报率。回答这些问题，对信息的外部使用者而言，能更好地评价企业经营者的真实业绩和能力，增强投资者对企业投资的信心；对管理者而言，通过对这些信息的掌握，便于他们更有效地计划、调度、使用现金，充分发挥现金的使用效率。

第二节
现金及现金流量

现金流量表是以现金为基础进行编制的，在资金表的沿革中，流动资产、货币性（速动）资产、货币性资产净额、营运资本、资产总额、现金及现金等价物等都曾是其编制基础。此节首先定义现金及现金等价物的概念，然后讨论现金流量的分类问题。

一、现金及现金等价物的定义

在我国《企业会计准则第 31 号——现金流量表》（以下简称具体准则）中，现金是指"企业库存现金以及可以随时用于支付的存款"。现金等价物是指"企业持有的期限短、流动性强、易于转换为已知金额现金、价值变动风险很小的投资"。这一定义同 IASB 对现金及现金等价物的解释如出一辙。

在实务中，会计上所说的现金通常指企业的库存现金。而现金流量表中的"现金"不仅包括"现金"账户核算的库存现金，还包括企业"银行存款"账户核算的存入金融企业、随时可以用于支付的存款，也包括"其他货币资金"账户核算的外埠存款、银行汇票存款、银行本票存款和在途货币资金等其他货币资金。应注意的是，银行存款和其他货币资金中有些是不能随时用于支付的存款，如不能随时支取的定期存款等，不应作为现金，而应列作投资等；提前通知金融企业便可支取的定期存款，则应包括在现金范围内。

现金等价物是指企业持有的期限短、流动性强、易于转换为已知金额现金、价值变动风险很小的投资。现金等价物虽然不是现金，但因其支付能力与现金的差别不大，可视为现金。例如，企业为保证支付能力所持必要的现金，为了不使现金闲置，可以购买短期债券，在需要现金时随时可以变现。一项投资被确认为现金等价物必须同时具备四个条件：期限短、流动性强、易于转换为已知金额现金、价值变动风险很小。其中，期限较短，一般是指从购买日起 3 个月内到期，如可在证券市场上流通的 3 个月到期的短期债券投资等。而本身期限长于 3 个月的，在编制现金流量表时已不到 3 个月就到期的短期债券投资则不能作为现金等价物。但短期投资于股票，即使持有期在 3 个月内，也不能列入现金等价物的范围，这是由于股票价格的波动性不符合"易于转换为已知金额现金"及"价值变动风险小"这两个前提条件。以下提及现金时，均包括现金及现金等价物。

二、现金流量及其分类

现金的认定是编制现金流量表的基础，但现金流量表实际反映的是不同类型现金的流动情况，即现金流量。现金流量是指企业现金流入和流出的数量。因此，对现金流量的理解，包括对现金流量的分类，成为编制现金流量表的关键。

在企业实际发生的业务中，有的业务的现金收入在抵扣了相关的费用支出后，按净额收回；有的现金收入与相关现金支出是分别发生的。这两种情况下如何列示才更能恰当地反映企业的现金流量情况呢？我国具体准则中的规定是现金流量一般应分别按现金流入和现金流出总额反映。美国及国际会计准则委员会的相关准则中均采纳此种观点。但对有些项目，以净额来反映现金流量可能更为相关。我国会计准则中就同时规定了"代客户收取或支付的现金以及周转快、金额大、期限短的项目的现金收入或现金支出，应以净额列示"。特别是金融企业，由于其经营业务的性质，代客户收取或支付的现金以及周转快、金额大、期限短的项目较多，准则中对此专门做出了规定，下列项目可以净额列示：

（1）代客收取或支付的现金；

（2）周转快、金额大、期限短项目的现金流入和现金流出；

（3）金融企业的有关项目，包括短期贷款发放与收回的本金、活期存款的吸收与支付、同业存款和存放同业款项的存取、向其他金融企业拆借资金以及证券的买入与卖出等。

我国具体准则将现金流量分为三类，即经营活动、投资活动以及筹资活动所产生的现金流量，这也是美国及国际会计准则委员会的做法。

经营活动是指企业投资活动和筹资活动以外的所有交易和事项。根据上述定义，经营活动的范围很广，它包括了企业投资活动和筹资活动以外的所有交易和事项。就工商企业来说，经营活动主要包括：销售商品、提供劳务、经营性租赁、购买商品、接受劳务、广告宣传、推销产品、缴纳税款等。各类企业由于行业特点不同，对经营活动的认定存在一定差异，在编制现金流量表时，应根据企业的实际情况，对现金流量进行合理的归类。《企业会计准则——应用指南》中专门制定了适用于商业银行、保险公司、证券公司的现金流量表格式。

投资活动是指企业长期资产的购建和不包括在现金等价物范围内的投资及其处置活动。这里所指的长期资产是指固定资产、在建工程、无形资产、其他资产等持有期限在 1 年或一个营业周期以上的资产。这里之所以将"包括在现金等价物范围内的投资"排除在外，是因为已经将包括在现金等价物范围内的投资视同现金。投资活动主要包括：取得和收回投资，购建和处置固定资产、无形资产和其他长期资产等。

筹资活动是指导致企业资本及债务规模和构成发生变化的活动。这里所说的资本包括实收资本（股本）、资本溢价（股本溢价）。与资本有关的现金流入和流出项目，包括吸收投资、发行股票、分配利润等。这里"债务"是指企业对外举债所借入的款项，如发行债券、向金融企业借入款项以及偿还债务等。

即使各国将现金流量都分为三类，但每一类所包括的具体内容还是有差异的，以股利、利息为例，中国、美国及国际会计准则在分类上就不尽相同，列表说明如下（见表 19-1）。

表 19-1　　　　　　　　中国、美国、国际会计准则委员会对股利、利息的现金流量归类

事项	现金流量分类		
	美国	国际会计准则	中国
收到的股利	经营活动	经营活动 或投资活动	投资活动
支付的股利	经营活动	经营活动 或筹资活动	筹资活动
收到的利息	经营活动	经营活动 或投资活动	投资活动
支付的利息	经营活动	经营活动 或筹资活动	筹资活动

美国将收到的股利和利息以及支付的股利和利息作为经营活动的现金流量，主要是考虑到这几个项目都列入了损益表，这样处理，从权责发生制转换为收付实现制时比较方便。国际会计准则比较灵活，允许企业自由选择，当然前后期应当保持一致。我国则主要是从现金流量的性质上考虑，分别列入投资活动和筹资活动。

三、现金流量的影响因素

引起现金流量变化的业务通常可以分为两类：一类是现金内部各项目之间的交易，如将现金存入银行，或以银行存款购买 3 个月内的短期债券投资；另一类是现金与非现金项目之间的交易。前者的变动并不影响现金净流量的变化；而后者将引起现金的增加或减少，这是我们要考察的方面。

现金流量的增减，我们可借助资产负债表账户的变化来进行分析。现金流入量（增加额）是因资产（除现金之外）减少和负债、所有者权益增加所致；现金流出量（减少额）是因资产（除现金之外）增加和负债、所有者权益的减少所致；现金流入量与流出量之差额为期间现金余额的变化。这一关系可用下列现金变化等式来描述。

资产=负债+所有者权益

资产变化额=负债变化额+所有者权益变化额

现金变化额+现金之外资产的变化额=负债变化额+所有者权益变化额

现金变化额=负债变化额+所有者权益变化额-现金之外资产的变化额

现金增加额=负债增加额+所有者权益增加额+现金之外资产的减少额

　　　现金减少额=负债减少额+所有者权益减少额+现金之外资产的增加额

　　由上述等式可以看出，现金的流入量（增加额）有以下三类。

　　（1）除现金之外的资产减少。指现金之外资产的销售或其他处置收到现金而引起的现金流入量（增加额）。

　　（2）负债的增加。指通过举债筹资引起现金流入量（增加额），也包括其他负债的增加，如应付账款的增加意味着现金流出量减少，这实际上是现金的"节约"。

　　（3）所有者权益增加。指净收益和所有者追加投资所引起的现金增加额。当然，净收益产生的现金流量与净收益额不一定是相等的。

　　现金流出量（减少额）也可分为以下三类。

　　（1）除现金之外资产的增加。指购买资产引起的现金流出量，也包括其他资产增加所引起的现金流出，如应收账款的增加，意味着现金流入量的减少，这实际上是导致现金的流出。

　　（2）负债的减少。指偿付债务引起现金的流出。

　　（3）所有者权益的减少。这类引起现金流出量的交易较少，通常的交易是支付红利和收购库藏股。

　　总之，现金以外的资产的减少、负债和所有者权益的增加（这里所指的资产、负债和所有者权益的变动是指直接与现金联运的项目），都会带来现金的增加；现金以外的资产的增加、负债和所有者权益的减少，都会带来现金的减少。在间接法将净利润调节为经营活动现金流量时，现金以外的流动资产的减少与流动负债的增加，会增加当期经营活动现金流；而现金以外的流动资产的增加与流动负债的减少，会减少当期经营活动现金流。

　　以此为基础，我们简要分析一下经营活动中销售商品所引起的现金增加额和购买商品所引起的现金减少额的计算过程。

　　销售商品增加的现金一般包括：收回当期的销售货款（含增值税）、收回前期的销售货款以及转让应收票据所取得的现金收入等，发生的销货退回而支付的现金要从中扣除。其现金增加额的计算公式如下。

　　　销售商品的现金流入=当期销售商品收到的现金（含增值税）+当期收到前期的应收账款及应收票据+当期的预收账款-当期销售退回支付的现金+当期收回前期核销的坏账损失

　　上述公式中，主要是以收付实现制为基础来计算销售商品所带来的现金收入，这样，本期销售商品所取得的现金收入就包括两个部分：一是本期销售已经取得的现金收入；二是前期销售本期收回的现金收入。在该式中，当期销售取得的现金收入以及当期销售退回而支付的现金属于第一部分现金收入；而当期收到前期的应收账款、应收票据以及当期收回前期核销的坏账损失，属于现金以外资产项目的减少，当期的预收账款属于负债的增加额。

　　购买商品的现金支出包括当期购买商品而支付的现金（含增值税）、当期支付的前期购买商品的应付款以及购买商品而预付的现金等，其计算公式为如下。

　　　购买商品的现金流出=当期购买商品支付的现金（含增值税）+当期支付前期的应付账款、应付票据+当期预付账款-当期因购货退回而收到的现金

　　这一公式的计算原理同前一公式，只不过是购买商品的现金流出体现在负债项目的减少额和现金以外有关资产项目增加额上。

　　这里，我们只是说明现金流量的变化与现金以外的资产、负债和所有者权益变化的一个关系。由于目前财务会计核算依据的是权责发生制，所以现金流量表具体编制的基本原理就是将以权责发生制为基础编制的业务调整为以收付实现制为基础，从而得出实际现金流量的结果。下一节就是按这一原理讲述现金流量表的编制。

现金流量表的编制

一、现金流量表的结构

按照我国《企业会计准则第31号——现金流量表》的规定，现金流量表由主表和附注（补充资料）构成。主表由经营活动、投资活动、筹资活动所产生的现金流量为基本内容，另外包括汇率变动对现金的影响额；附注由现金流量表补充资料（即用间接法将净利润调节为经营活动现金流量）、取得与处置子公司及其他营业单位相关信息、现金及现金等价物三部分组成。现金流量表与补充资料的具体结构如表19-2所示。

表19-2   现金流量表   会企03表

编制单位：珠江公司   2019年度   单位：元

项目	本期金额	上期余额
一、经营活动产生的现金流量		
销售商品、提供劳务收到的现金	4 073 000	
收到的税费返还		
收到其他与经营活动有关的现金	48 000	
经营活动现金流入小计	4 121 000	
购买商品、接受劳务支付的现金	1 980 000	
支付给职工以及为职工支付的现金	600 000	
支付的各项税费	872 021	
支付其他与经营活动有关的现金	30 000	
经营活动现金流出小计	3 482 021	
经营活动产生的现金流量净额	638 979	
二、投资活动产生的现金流量		
收回投资收到的现金		
取得投资收益收到的现金	50 000	
处置固定资产、无形资产和其他长期资产收回的现金净额	300 300	
处置子公司及其他营业单位收到的现金净额		
收到其他与投资活动有关的现金		
投资活动现金流入小计	350 300	
购建固定资产、无形资产和其他长期资产支付的现金	441 813	
投资支付的现金	955 700	
取得子公司及其他营业单位支付的现金净额		
支付其他与投资活动有关的现金	210	
投资活动现金流出小计	1 397 723	
投资活动产生的现金流量净额	-1 047 423	
三、筹资活动产生的现金流量		
吸收投资收到的现金	1 500 000	
取得借款收到的现金	4 250 000	

续表

项目	本期金额	上期余额
收到其他与筹资活动有关的现金		
筹资活动现金流入小计	5 750 000	
偿还债务支付的现金	500 000	
分配股利、利润或偿付利息支付的现金	97 660.4	
支付其他与筹资活动有关的现金		
筹资活动现金流出小计	597 660.4	
筹资活动产生的现金流量净额	5 152 339.6	
四、汇率变动对现金及现金等价物的影响		
五、现金及现金等价物净增加额	4 743 895.6	
加：期初现金及现金等价物余额	820 745	
六、期末现金及现金等价物余额	5 564 640.6	

现金流量表补充资料：

补充资料	本期金额	上期余额
1. 将净利润调节为经营活动现金流量		
净利润	1 021 607.75	
加：资产减值准备	319 410	
固定资产折旧	150 000	
无形资产摊销	60 000	
长期待摊费用摊销	100 000	
处置固定资产、无形资产和其他长期资产的损失（收益以"−"号填列）	−50 000	
固定资产报废损失（收益以"−"号填列）	19 700	
公允价值变动损失（收益以"−"号填列）	−45 000	
财务费用（收益以"−"号填列）	52 500	
投资损失（收益以"−"号填列）	−324 790	
递延所得税资产减少（增加以"−"号填列）	−103 852.5	
递延所得税负债增加（减少以"−"号填列）	23 750	
存货的减少（增加以"−"号填列）	476 000	
经营性应收项目的减少（增加以"−"号填列）	−1 475 000	
经营性应付项目的增加（减少以"−"号填列）	247 986.75	
其他	166 667	
经营活动产生的现金流量净额	638 979	
2. 不涉及现金收支的重大投资和筹资活动		
债务转为资本		
一年内到期的可转换公司债		
融资租入固定资产		
3. 现金及现金等价物净变动情况		
现金的期末余额	5 564 640.6	
减：现金的期初余额	820 745	
加：现金等价物的期末余额		
减：现金等价物的期初余额		
现金及现金等价物净增加额	4 743 895.6	

由表 19-2 可知，现金流量表主要反映三类活动的现金流量信息，其中，经营活动所产生的现金流量又是信息使用者关注的焦点，因此，除在主表中按直接法对三类活动的现金流量进行反映外，在补充资料中还要按间接法将净利润调整为经营活动所产生的现金净流量。另外，在主表中，还包括一项汇率变动对现金的影响额。汇率变动对现金的影响，指企业外币现金流量及境外子公司的现金流量折算成记账本位币时，所采用的是现金流量发生日的汇率或平均汇率，而现金流量表最后一行"现金及现金等价物净增加额"中外币现金净增加额是按期末汇率折算的。这两者的差额即为汇率变动对现金的影响。

例如，某企业当期出口商品一批，售价 100 万美元，收汇当日汇率为 1：7.83，当期进口货物一批，价值 50 万美元，结汇当日汇率为 1：7.85，资产负债表日汇率为 1：7.80。假如当期没有其他业务发生。

本例中，汇率变动对现金的影响如下。

经营活动流入的现金	US$1 000 000
汇率变动（7.80-7.83）	×0.03
汇率变动对现金流入的影响额	(30 000)*
经营活动流出的现金	US$500 000
汇率变动（7.80-7.85）	×0.05
汇率变动对现金流出的影响额	(25 000)
汇率变动对现金的影响额	(5 000)
报表中：	
经营活动流入的现金	7 830 000
经营活动流出的现金	3 925 000
经营活动产生的现金流量净额	3 905 000
汇率变动对现金的影响	(5 000)
现金及现金等价物净增加额	3 900 000
报表附注中：	
现金及现金等价物净增加情况：	
银行存款的期末余额（US$500 000×7.8）	3 900 000
银行存款的期初余额	0
现金及现金等价物净增加额	3 900 000

* 未标注的金额一律为人民币，单位：元。

在企业的经济业务中，大部分投资与筹资活动都会对现金流量产生影响，但有些投资与筹资活动并不影响企业的现金流量，如以固定资产进行投资、发行股票换取无形资产或长期债券等。由于这些活动属于企业重大投资或筹资活动，因而，要在附表中予以说明。附表中的第三部分现金及现金等价物净增加额起一个验证的作用，以对主表中现金及现金等价物净增加额的结果进行检验。

现金流量表附注中另外两部分内容的披露格式如下（见表 19-3 和表 19-4）。

1. 当期取得或处置子公司及其他营业单位的有关信息

表 19-3　　　　　　　当期取得或处置子公司及其他营业单位的情况表　　　　　　单位：元

项目	金额
一、取得子公司及其他营业单位的有关信息	
1. 取得子公司及其他营业单位的价格	

项目	金额
2. 取得子公司及其他营业单位支付的现金和现金等价物	
减：子公司及其他营业单位持有的现金和现金等价物	
3. 取得子公司及其他营业单位支付的现金净额	
4. 取得子公司的净资产	
流动资产	
非流动资产	
流动负债	
非流动负债	
二、处置子公司及其他营业单位的有关信息	
1. 处置子公司及其他营业单位的价格	
2. 处置子公司及其他营业单位支付的现金和现金等价物	
减：子公司及其他营业单位持有的现金和现金等价物	
3. 处置子公司及其他营业单位支付的现金净额	
4. 处置子公司的净资产	
流动资产	
非流动资产	
流动负债	
非流动负债	

2. 现金及现金等价物

表 19-4 现金及现金等价物的情况表 单位：元

项目	本期金额	上期金额
一、现金		
其中：库存现金		
可随时用于支付的银行存款		
可随时用于支付的其他货币资金		
可随时用于支付的存放中央银行款项		
存放同业款项		
拆放同业款项		
二、现金等价物		
其中：3 个月内到期的债券投资		
三、期末现金及现金等价物		
其中：母公司或集团公司内子公司使用受限制的现金及现金等价物		

二、现金流量表的编制方法

现金流量表的编制方法主要包括两个方面：一是如何计算经营活动产生的现金净流量；二是采用何种会计技术方法编制现金流量表。计算经营活动现金净流量的方法主要有直接法和间接法；编制现金流量表的方法则有工作底稿法和"T"形账户法。采用何种会计技术方法编制现金流量表将在现金流量表的编制程序中结合讲解。

（一）直接法

在现金流量表中，经营活动所产生的现金流量的计算最复杂，原因就在于经营活动所获取的净收益与现金净流量不一致，按现行的会计处理，利润表中的净收益是按权责发生制确认的，净利润中可能包括未收现的收入和未付现的费用。这样就无法从利润表中直接获得来自经营活动的净现金流量，因此，为了计算来自经营活动的净现金流量，必须将以权责发生制为基础调整为以收付实现制为基础，直接法和间接法就是其调整的基本方法。

直接法又称利润表法（the income statement method），它直接分项目列示经营活动对现金流量的影响。换言之，这种方法是以同期利润表、比较资产负债表以及有关账户的明细资料为依据，以利润表中的各收入、费用项目为起算点，分别调整与经营活动有关的流动资产和流动负债的增减变动，将以权责发生制为基础确认的本期各项收支分析调整为以收付实现制为基础的经营活动现金流量，即以实际现金收支表达各项经营活动现金流量。不影响现金流量的收入与费用以及营业外收支则不必调整。这一方法的调整过程可简示如表 19-5 所示。

表 19-5 直接法调整示意表

权责发生制	调整的项目	收付实现制
营业收入	+应收账款（票据）减少额+应交税费（销项） -应收账款（票据）增加额	=销货收现
营业成本	+应付账款（票据）减少、存货增加额 +应交税费（进项） -应付账款（票据）增加、存货减少额	=购货付现
其他收入	+应收收入减少预收收入增加 -应收收入增加预收收入减少	=其他收入收现
其他费用	+应付费用减少预付费用增加 -应付费用增加预付费用减少	=其他费用付现
不涉及现金的收入 不涉及现金的费用 营业外收支 本期净收益	一般可与相关的科目抵销	经营活动净现金流入

（二）间接法

间接法又称调整法（reconciliation method），是以本期净利润（亏损）为起算点，调整经营活动中不影响现金流量的收入、费用、营业外收支以及与经营活动有关的流动资产和流动负债的增减变化，来确定经营活动所提供的净现金流量。采用间接法需要调整的项目可分为三类：第一类是没有实际支付现金的费用与没有收到现金的收益；第二类是不属于经营活动的损益；第三类是经营性应收应付项目的增减变动。在净收益的计算中，有些收入并没有增加现金，而有些费用也不减少现金，凡不增加现金流量的营业收入、营业外收入、非常项目应从本期净收益（亏损）中减去，凡不减少现金流量的费用、营业外支出以及非常损失应加回到本期净收益（亏损）中，如计提的固定资产减值准备和固定资产折旧等。再有，一些计入净收益的项目本身是不属于经营活动的，在调整时，要从中扣除，如投资收益项目。此外，还要调整与经营活动有关的流动资产和流动负债的增减变动，当与营业活动有关的非现金流动资产增加，如其他应收款增加时，或流动负债减少，如应付账款、其他应付款减少时，通常现金也减少；相反，当非现金流动资产减少或流动负债增加时，现金也增加。因而，按照间接法，非现金流动资产增加数或流动负债减少数应从本期净收益（亏损）中减去；反之，非现金流动资产减少数或流动负债增加数应加回到本期净收益（亏损）中去。其调整过程可用下列公式表示：

经营活动产生现金流量净额=净利润+计提的资产减值准备+当期计提的固定资产折旧+无形资产摊销+长期待摊费用摊销+公允价值变动损失（减：收益）+处置固定资产、无形资产和其他长期资产的损失（减：收益）+固定资产报废损失+财务费用+投资损失（减：收益）+递延所得税资产减少（减：增加）+递延所得税负债增加（减：减少）+存货的减少（减：增加）+经营性应收项目的减少（减：增加）+经营性应付项目的增加（减：减少）

式中，经营性应收项目主要指应收账款、应收票据和其他应收款中与经营活动有关的部分。经营性应付项目主要指应付账款、应付票据、应付职工薪酬、应交所得税、其他应付款中与经营活动有关的部分。

（三）直接法和间接法的比较

直接法能较详细地列示来自经营活动的各项现金流入量与现金流出量，揭示了现金流量与企业经营活动的内在联系。这与编制现金流量表的目的是一致的。按直接法有助于报表使用者预测企业未来经营活动产生的现金流量，正确评价企业的偿债能力和变现能力。间接法则是从另外一个角度发挥其作用，它主要是有助于分析净利润与经营活动净现金流量的差异，反映了现金流量表与利润表和资产负债表之间的联系，对真实评估企业业绩、内部管理者进行相关决策都很有价值。

但两种方法都存在不足，直接法在企业现金收支种类繁多、流动渠道错综复杂时，会增加编制的难度，同时，也不能揭示净利润与经营活动净现金流量之间的差异；而间接法相对而言工作量要小，使用者也易于理解和掌握，但这种方法不能反映经营活动的现金流入与现金流出量，因而起不到预测企业未来现金流量的作用，这就使得以此为基础编制的现金流量表意义不大。

正因为如此，IASB 和 FASB 都鼓励采用直接法，但同时也允许采用间接法。在使用直接法时，美国、澳大利亚、英国都要求同时披露基于净收益调整产生的经营活动净现金流量。基于同样的考虑，我国也要求在主表中按直接法揭示，在附表中按间接法披露。

三、现金流量表的编制程序

为了编制现金流量表，首先必须准备以下资料。

（1）比较资产负债表和利润表，它们提供从期初到期末资产、负债和所有者权益变动的数额。

（2）当期的利润表。当期利润表提供的数据有助于确定期内由经营活动所产生或运用的现金数额。

（3）其他相关信息。为解释资产负债表内除现金外其他账户余额的变化原因，分析期内现金来源或运用的具体情况，还需一些较详细的信息，这些信息一般从企业的会计记录中获得。

在准备好以上资料后，再结合具体的编制技术方法，确定基本的编制程序。编制技术方法常用的主要有工作底稿法和"T"形账户法。下面简要介绍这两种方法的基本程序。

（一）工作底稿法的编制程序（直接法）

采用工作底稿法编制现金流量表，就是以工作底稿为手段，以利润表和资产负债表数据为基础，对每一项目进行分析并编制调整分录，从而编制出现金流量表。

采用工作底稿法编制现金流量表的程序如下。

第一步，将利润表的本期数及资产负债表的期初数和期末数过入工作底稿的期初数栏和期末数栏。

第二步，对当期业务进行分析并编制调整分录。调整分录大体有这样几类：第一类涉及利润表中的收入、成本和费用项目以及资产负债表中的资产、负债及所有者权益项目，通过调整，将权责发生制下的收入费用转换为现金基础；第二类是涉及资产负债表和现金流量表中的投资、筹资项目，反映投资和筹资活动的现金流量；第三类是涉及利润表和现金流量表中的投资和筹资项目，目的是将利润表中有关投资和筹资方面的收入和费用列入现金流量表投资、筹资现金流量中去。此外，还有一些调整分录并不涉及现金收支，只是为了核对资产负债表项目的期末期初变动。

在调整分录中，有关现金和现金等价物的事项，并不直接借记或贷记现金，而是分别记入"经营活动产生的现金流量""投资活动产生的现金流量""筹资活动产生的现金流量"有关项目，借记表明现金流入，贷记表明现金流出。

第三步，将调整分录过入工作底稿中的相应部分（工作底稿的格式参见表19-8）。

第四步，核对调整分录，借贷合计应当相等，资产负债表项目期初数加减调整分录中的借贷金额以后，应当等于期末数。

第五步，根据工作底稿中的现金流量表项目部分编制正式的现金流量表。

（二）"T"形账户法的编制程序（直接法）

采用"T"形账户法，就是以"T"形账户为手段，以利润表和资产负债表数据为基础，对每一项目进行分析并编制调整分录，从而编制出现金流量表。采用"T"形账户法编制现金流量表的程序如下。

第一步，为所有的非现金项目（包括资产负债表项目和利润表项目）分别开设"T"形账户，并将各自的期末期初变动数过入各账户。

第二步，开设一个大的"现金及现金等价物""T"形账户，每边分为经营活动、投资活动和筹资活动三个部分，左边记现金流入，右边记现金流出。与其他账户一样，过入期末期初变动数。

第三步，以利润表项目为基础，结合资产负债表分析每一个非现金项目的增减变动，并据此编制调整分录。

第四步，将调整分录过入各"T"形账户，并进行核对，该账户借贷相抵后的余额与原先过入的期末期初变动数应当一致。

第五步，根据大的"现金及现金等价物""T"形账户编制正式的现金流量表。

在按直接法编制现金流量表主表后，再按间接法编制现金流量表补充资料部分。

四、综合举例

【例19-1】 接【例17-1】和【例18-1】。珠江公司的比较资产负债表和比较利润表如表19-6和表19-7所示。

表 19-6   比较资产负债表

编制公司：珠江公司   2019 年 12 月 31 日   单位：元

资产	年末余额	年初余额	负债及所有者权益	年末余额	年初余额
流动资产：			流动负债：		
货币资金	5 564 640.6	820 745.00	短期借款	300 000.00	50 000.00
交易性金融资产	150 000.00	0	应付票据		100 000.00
应收票据	0	46 000.00	应付账款	953 800.00	953 800.00
应收账款	2 099 790.00	598 200.00	应付职工薪酬	404 000.00	180 000.00

续表

资产	年末余额	年初余额	负债及所有者权益	年末余额	年初余额
预付账款	100 000.00	100 000.00	应交税费	295 930.75	211 944.00
其他应收款	5 000.00	5 000.00	应付利息	0	0
存货	2 098 700.00	2 574 700.00	其他应付款	50 000.00	50 000.00
其他流动资产	0	0	其他流动负债	0	0
流动资产合计	10 018 130.60	4 144 645.00	流动负债合计	2 003 730.75	1 545 744.00
非流动资产：			非流动负债：		
其他债权投资	500 000.00	0	长期借款	4 860 000.00	1 160 000.00
债权投资	525 000.00	0	应付债券	0	0
长期股权投资	1 650 000.00	1 250 000.00	预计负债	96 000.00	0
固定资产	3 676 813.00	2 901 000.00	递延所得税负债	61 075.00	0
减：累计折旧	490 000.00	670 000.00	非流动负债合计	5 017 075.00	1 160 000.00
资产减值准备	300 000.00	0	负债合计	7 020 805.75	2 705 744.00
工程物资		150 000.00	所有者权益：		
在建工程		578 000.00	股本	6 000 000.00	5 000 000.00
无形资产	480 000.00	540 000.00	资本公积	816 667	0
长期待摊费用	100 000.00	200 000.00	其他综合收益	111 975	
递延所得税资产	103 852.50	0	盈余公积	1 173 790.10	1 150 000.00
非流动资产合计	6 245 665.50	4 949 000.00	未分配利润	1 140 558.25	237 901.00
			所有者权益合计	9 242 990.35	6 387 901.00
资产总计	16 263 796.10	9 093 645.00	负债及所有者权益总计	16 263 796.10	9 093 645.00

表 19-7 　　　　　　　　　　　　利润表　　　　　　　　　　　　会企 02 表

编制单位：珠江公司　　　　　　　　　　2019 年度　　　　　　　　　　　　单位：元

项目	本期金额	上期金额
一、营业收入	4 800 000	
减：营业成本	2 880 000	
税金及附加	52 147	
销售费用	126 000	
管理费用	440 667	
财务费用	72 500	
资产减值损失	319 410	
加：公允价值变动收益（损失以"–"号填列）	45 000	
投资收益（损失以"–"号填列）	324 790	
其中：对联营企业和合营企业的投资收益	300 000	
加：资产处置收益（减：损失）	50 000	
	（19 700）	
其他收益	0	
二、营业利润（亏损以"–"号填列）	1 309 366	
加：营业外收入	0	
减：营业外支出	0	
其中：非流动资产处置损失	0	

续表

项目	本期金额	上期金额
三、利润总额（亏损总额以"-"号填列）	1 309 366	
减：所得税费用	287 758.25	
四、净利润（净亏损以"-"号填列）	1 021 607.75	
五、其他综合收益的税后净额	111 975	
（一）不能重分类进损益的其他综合收益		
1. 重新计量设定受益计划变动额		
2. 权益法下不能转损益的其他综合收益		
（二）将重分类进损益的其他综合收益	111 975	
1. 权益法下可转损益的其他综合收益		
2. 其他债权投资公允价值变动	111 975	
3. 金融资产重分类计入其他综合收益的金额		
4. 现金流量套期储备		
5. 外币财务报表折算差额		
六、综合收益总额	1 133 582.75	
七、每股收益：		
（一）基本每股收益	0.185 6	
（二）稀释每股收益	0.184 3	

（一）按直接法编制现金流量主表

采用工作底稿法编制，具体步骤如下。

第一步，将资产负债表的期初数和期末数过入工作底稿的期初数栏和期末数栏（见表19-8）。

第二步，对当期业务进行分析并编制调整分录。编制调整分录时，要以利润表项目为基础，从"主营业务收入"开始，结合资产负债表项目逐一进行分析。

本例调整分录如下。

（1）分析调整主营业务收入。

借：经营活动现金流量——销售商品收到的现金　　4 093 000

　　应收账款　　　　　　　　　　　　　　　　1 521 000

　　贷：主营业务收入　　　　　　　　　　　　　　　4 800 000

　　　　应交税费——应交增值税（销项税额）　　　　768 000

　　　　应收票据　　　　　　　　　　　　　　　　　46 000

利润表中的主营业务收入是按权责发生制反映的，应转换为现金制。为此，应调整应收账款和应收票据的增减变动。本例应收账款增加1 521 000元，应交税费为销售商品收到的增值税，而应收票据减少46 000元均系货款，应加回本期主营业务收入。

（2）分析调整主营业务成本。

借：主营业务成本　　　　　　　　　　　　　　2 880 000

　　应付票据　　　　　　　　　　　　　　　　　100 000

　　应交税费——应交增值税（进项税额）　　　　280 000

　　贷：经营活动现金流量——购买商品支付的现金　　2 784 000

　　　　存货　　　　　　　　　　　　　　　　　　　476 000

应付票据减少100 000元，表明本期用于购买存货的现金支出增加100 000元；存货减少476 000元，表明本期消耗的存货中有476 000元是原先库存的，也即使购买商品支付的现金减少相应的金额。

应交税费为购买商品支付的增值税。

（3）计算销售费用付现。

借：销售费用 126 000

　　贷：经营活动现金流量——支付其他与经营活动有关的现金 126 000

本例中利润表中所列营业费用与按现金制确认数相同。

（4）调整本年税金及附加。

借：税金及附加 52 147

　　贷：经营活动现金流量——支付的各项税费 52 147

（5）调整管理费用。

借：管理费用 440 667

　　贷：经营活动现金流量——支付的其他与经营活动有关的现金 440 667

管理费用中包含着不涉及现金支出的项目，此笔分录先将管理费用全额转入经营活动现金流量——支付的其他与经营活动有关的现金，至于不涉及现金支出的项目，再分别进行调整。

（6）分析调整财务费用。

借：财务费用 72 500

　　贷：经营活动现金流量——销售商品收到的现金 20 000

　　　　筹资活动现金流量——分配股利、利润和偿付利息支付的现金 2 500

　　　　长期借款 50 000

本期增加的财务费用中，有20 000元是票据贴现利息，由于在调整应收票据时已全额记入"经营活动现金流量——销售商品收到的现金"，所以要从"经营活动现金流量——销售商品收到的现金"项目内冲回，不能作为现金流入；2 500元为短期借款支付的利息，记入"筹资活动现金流量——分配股利、利润和偿付利息支付的现金"项目中，长期借款利息50 000元直接增加长期借款。

（7）分析调整资产减值损失。

借：资产减值损失 300 000

　　贷：固定资产减值准备 300 000

计提固定资产减值损失300 000元。

（8）调整公允价值变动损益。

借：交易性金融资产 45 000

　　其他债权投资 149 300

　　贷：公允价值变动损益 45 000

　　　　其他综合收益 149 300

交易性金融资产和其他债权投资期末市价分别调整45 000元和149 300元。

（9）分析调整投资收益。

借：投资活动现金流量——取得投资收益所收到的现金 50 000

　　长期股权投资 250 000

　　债权投资 25 000

　　贷：投资活动现金流量——支付其他与投资活动有关的现金 210

　　　　投资收益 324 790

投资收益应从利润表项目中调整出来，列入投资活动现金流量中。本例投资收益包括：一是分得现金股利50 000元；二是持有至到期投资的应计利息25 000元；三是按权益法核算长期股权投资时对方实现净利润之外净资产变动而对长期股权投资的调整额250 000元（300 000-50 000）；四是购买交易性金融资产支付的交易费用210元。

（10）分析调整资产处置收益。

借：投资活动现金流量——处置固定资产收到的现金 300 000

经营活动现金流量——收到其他与经营活动有关的现金 48 000

累计折旧 150 000

贷：资产处置收益 50 000

应交税费——应交增值税（销项税额） 48 000

固定资产 400 000

编制现金流量表时，需对资产处置损益进行分析，以列入现金流量表的不同部分。本例中资产处置收益50 000元是处置固定资产的利得，处置过程中收到的现金应列入投资活动现金流量中。

（11）分析调整资产处置损失。

借：资产处置损失 19 700

投资活动现金流量——处置固定资产收到的现金 300

累计折旧 180 000

贷：固定资产 200 000

本例中资产处置损失19 700元是处置固定资产的损失，处置过程中收到的现金应列入投资活动现金流量中。

（12）分析调整所得税。

借：所得税费用 287 758.25

递延所得税资产 103 852.5

其他综合收益 37 325

贷：递延所得税负债 61 075

应交税费——应交所得税 367 860.75

将利润表中的所得税费用调入应交税费。

（13）分析调整坏账准备。

借：资产减值损失 19 410

贷：坏账准备 19 410

此分录与分录（7）原理相同，两者可合二为一。

（14）分析调整交易性金融资产、其他债权投资、债权投资。

借：交易性金融资产 105 000

其他债权投资 350 700

债权投资 500 000

贷：投资活动现金流量——投资支付的现金 955 700

登记本期购买上述投资所支付的现金。

（15）分析调整长期股权投资。

借：长期股权投资——其他权益变动 150 000

贷：资本公积——其他 150 000

按权益法核算长期股权投资时，对方除净利润之外的净资产变动对长期股权投资的调整额为150 000元。

（16）分析调整固定资产。

借：固定资产　　　　　　　　　　　　　　　　　　1 375 813

　　应交税费——应交增值税（进项税额）　　　　　　14 530

　　贷：投资活动现金流量——购建固定资产支付的现金　　91 813

　　　　经营活动现金流量——支付的各项税费　　　　　14 530

　　　　在建工程　　　　　　　　　　　　　　　　1 284 000

本期固定资产的增加包括两部分，一是购入设备91 813元；二是在建工程完工转入1 284 000元。

（17）分析调整累计折旧。

借：经营活动现金流量——支付的其他与经营活动有关的现金　50 000

　　　　　　　　　　——购买商品支付的现金　　　　　100 000

　　贷：累计折旧　　　　　　　　　　　　　　　　　150 000

本期计提的折旧150 000元中，计入管理费用的50 000元，计入制造费用的100 000元，基于和第（5）笔分录同样的理由，应做补充调整。

（18）分析调整在建工程。

借：在建工程　　　　　　　　　　　　　　　　　　706 000

　　贷：投资活动现金流量——购建固定资产支付的现金　　350 000

　　　　长期借款　　　　　　　　　　　　　　　　150 000

　　　　应付职工薪酬　　　　　　　　　　　　　　　56 000

　　　　工程物资　　　　　　　　　　　　　　　　150 000

本期在建工程的增加原因，包括这样几个方面：一是以现金购买工程物资150 000元及支付工资200 000元；二是长期借款利息资本化150 000元；三是应付职工薪酬56 000元；四是投入使用工程物资150 000元到在建工程成本中。

（19）分析调整无形资产、长期待摊费用。

借：经营活动现金流量——支付的其他与经营活动有关的现金　160 000

　　贷：累计摊销　　　　　　　　　　　　　　　　　60 000

　　　　长期摊销费用　　　　　　　　　　　　　　100 000

无形资产和长期摊销费用摊销时已计入管理费用，所以应做补充调整。理由同第（5）笔分录。

（20）分析调整短期借款。

借：筹资活动现金流量——借款所收到的现金　　　　　250 000

　　贷：短期借款　　　　　　　　　　　　　　　　250 000

借入短期借款应列入筹资活动的现金流量。

（21）分析调整应付职工薪酬。

借：应付职工薪酬　　　　　　　　　　　　　　　　600 000

　　贷：经营活动现金流量——支付给职工以及为职工支付的现金　600 000

借：经营活动现金流量——购买商品支付的现金　　　　704 000

　　　　　　　　　　——支付的其他与经营活动有关的现金　64 000

　　贷：应付职工薪酬　　　　　　　　　　　　　　　768 000

本期应付职工薪酬与其他项目按本期差额调整不同，要同时按借方发生额和贷方发生额进行调整。上述分录中，由于工资费用分配时已分别计入制造费用和管理费用，所以要补充调整。

（22）分析调整应交税费。

借：应交税费　　　　　　　　　　　　　　　　　　805 344

　　贷：经营活动现金流量——支付的各项税费　　　　　805 344

支付的税费805 344元包括支付上期（105 344元）和本期的增值税（500 000元）及所得税（200 000元）。

（23）分析调整长期借款。

　借：长期借款　　　　　　　　　　　　　　　　　　　　　　500 000
　　　贷：筹资活动现金流量——偿还债务支付的现金　　　　　　　　　　500 000
以现金偿还长期贷款。

　借：筹资活动现金流量——借款收到的现金　　　　　　　　　4 000 000
　　　贷：长期借款　　　　　　　　　　　　　　　　　　　　　　4 000 000
举借长期借款。

（24）分析调整预计负债。

　借：经营活动现金流量——支付的其他与经营活动有关的现金　　96 000
　　　贷：预计负债　　　　　　　　　　　　　　　　　　　　　　96 000
调整预提产品保修费用96 000元，原理同（17）。

（25）分析调整实收资本。

　借：筹资活动现金流量——吸收投资收到的现金　　　　　　　1 500 000
　　　贷：股本　　　　　　　　　　　　　　　　　　　　　　1 000 000
　　　　　资本公积　　　　　　　　　　　　　　　　　　　　　500 000
投资者投入1 500 000元。

（26）分析调整资本公积。

　借：经营活动现金流量——支付的其他与经营活动有关的现金　166 667
　　　贷：资本公积　　　　　　　　　　　　　　　　　　　　　166 667
实施股票期权增加的资本公积。

（27）分析调整利润分配、盈余公积。

　借：利润分配　　　　　　　　　　　　　　　　　　　　　118 950.5
　　　贷：盈余公积　　　　　　　　　　　　　　　　　　　　23 790.1
　　　　　筹资活动现金流量——分配股利、利润或偿付利息支付的现金　95 160.4

（28）结转净利润。

　借：净利润　　　　　　　　　　　　　　　　　　　　　1 021 607.75
　　　贷：未分配利润　　　　　　　　　　　　　　　　　　1 021 607.75

（29）最后调整现金净变化额。

　借：库存现金　　　　　　　　　　　　　　　　　　　　　4 743 895.6
　　　贷：现金净增加额　　　　　　　　　　　　　　　　　　4 743 895.6

第三步，将调整分录过入工作底稿的相应部分（见表19-8）。

表19-8　　　　　　　　　　　　　　现金流量表工作底稿

编制单位：珠江公司　　　　　　　　　　　2019年度　　　　　　　　　　单位：元

项目	期初数	调整分录		期末数
一、资产负债表项目				
借方项目：				
货币资金	820 745	（29）4 743 895.6		5 564 640.6
交易性金融资产		（8）45 000		150 000
		（14）105 000		
应收票据	46 000		（1）46 000	0

续表

项目	期初数	调整分录		期末数
应收账款	600 000	（1）1 521 000		2 121 000
预付账款	100 000			100 000
应收利息				
应收股利				
其他应收款	5 000			5 000
存货	2 574 700		（2）476 000	2 098 700
一年内到期的非流动资产				
其他流动资产				
其他债权投资		（8）149 300 （14）350 700		500 000
债权投资		（9）25 000 （14）500 000		525 000
长期应收款				
长期股权投资	1 250 000	（9）250 000 （15）150 000		1 650 000
投资性房地产				
固定资产	2 901 000	（16）1 375 813	（11）200 000 （10）400 000	3 676 813
在建工程	578 000	（18）706 000	（16）1 284 000	0
工程物资	150 000		（18）150 000	0
固定资产清理				
无形资产	540 000			540 000
开发支出				
长期待摊费用	200 000		（19）100 000	100 000
递延所得税资产		（12）103 852.5		103 852.5
其他非流动资产				
借方项目合计	9 765 445			17 135 006.1
贷方项目：				
坏账准备	1 800		（13）19 410	21 210
累计折旧	670 000	（10）150 000 （11）180 000	（17）150 000	490 000
资产减值准备			（7）300 000	300 000
累计摊销			（19）60 000	60 000
短期借款	50 000		（20）250 000	300 000
应付票据	100 000	（2）100 000		0
应付账款	953 800			953 800
预收账款				
应付职工薪酬	180 000	（21）600 000	（18）56 000 （21）768 000	404 000
应交税费	211 944	（2）280 000 （16）14 530 （22）805 344	（1）768 000 （10）48 000 （12）367 860.75	295 930.75

项目	期初数	调整分录		期末数
应付利息				
应付股利				
其他应付款	50 000			50 000
一年内到期的非流动负债				
其他流动负债				
长期借款	1 160 000	（23）500 000	（6）50 000	4 860 000
			（18）150 000	
			（23）4 000 000	
应付债券				
长期应付款				
预计负债			（24）96 000	96 000
递延所得税负债			（12）61 075	61 075
其他非流动负债				
实收资本	5 000 000		（25）1 000 000	6 000 000
资本公积			（15）150 000	816 667
			（25）500 000	
			（26）166 667	
其他综合收益		（12）37 325	（8）149 300	111 975
盈余公积	1 150 000		（27）23 790.1	1 173 790.1
未分配利润	237 901	（27）118 950.5	（28）1 021 607.75	1 140 558.25
贷方项目合计	9 765 445			17 135 006.1
二、利润表项目				
营业收入			（1）4 800 000	4 800 000
营业成本		（2）2 880 000		2 880 000
税金及附加		（4）52 147		52 147
销售费用		（3）126 000		126 000
管理费用		（5）440 667		440 667
财务费用		（6）72 500		72 500
资产减值损失		（7）（13）319 410		319 410
公允价值变动损益			（8）45 000	45 000
投资收益			（9）324 790	324 790
资产处置收益			（10）50 000	50 000
资产处置损失		（11）19 700		19 700
所得税		（12）287 758.25		287 758.25
净利润				1 021 607.75
三、现金流量表项目				
（一）经营活动				
销售商品、提供劳务收到的现金		（1）4 093 000	（6）20 000	4 073 000
收到其他与经营活动有关的现金		（10）48 000		48 000
现金收入小计				4 121 000

续表

项目	期初数	调整分录		期末数
购买商品、接受劳务支付的现金		（17）100 000 （21）704 000	（2）2 784 000	1 980 000
支付给职工以及为职工支付的现金			（21）600 000	600 000
支付的各项税费			（4）52 147 （22）805 344	872 021
支付的其他与经营活动有关的现金		（16）14 530 （17）50 000 （19）160 000 （24）96 000 （21）64 000 （26）166 667	（3）126 000 （5）440 667	30 000
现金支出小计				3 482 021
经营活动产生现金流量净额				638 979
（二）投资活动				
取得投资收益收到的现金		（9）50 000		50 000
处置固定资产、无形资产和其他长期资产所收回的现金		（10）300 000 （11）300		300 300
现金流入小计				350 300
购建固定资产、无形资产和其他长期资产所支付的现金		（16）91 813 （18）350 000		441 813
投资支付的现金		（14）955 700		955 700
支付其他与投资活动有关的现金		（9）210		210
现金支出小计				1 397 723
投资活动产生的现金流量净额				-1 047 423
（三）筹资活动				
吸收投资收到的现金		（25）1 500 000		1 500 000
借款所收到的现金		（23）4 000 000 （20）250 000		4 250 000
现金流入小计				5 750 000
偿还债务所支付的现金			（23）500 000	500 000
分配股利、利润或偿付利息所支付的现金			（6）2 500 （27）95 160.4	97 660.4
现金支出小计				597 660.4
筹资活动产生现金流量净额				5 152 339.6
（四）现金及现金等价物净增减额			（29）4 743 895.6	4 743 895.6

第四步，核对调整分录，借方、贷方合计数均已相等，资产负债表项目期初数加减调整分录中的借贷金额以后，也已等于期末数。

第五步，根据工作底稿中的现金流量表项目部分编制正式的现金流量表（见表19-2）。

（二）编制现金流量表附注中的补充资料（间接法）

下面就补充资料每个项目的调整理由和计算过程说明如下。

1. 资产减值准备

资产减值准备包括坏账准备、存货跌价准备等各项准备，企业计提的各项准备均已从净利润中扣除，但并没有发生实际的现金支出，所以，在将净利润调节为经营活动的现金流量时需要加回。本项目可根据减值准备账户等科目记录分析填列。

本例中，由于发生一项坏账准备和一项减值准备，根据本期贷方发生额共计 319 410 元加回。

2. 固定资产折旧

固定资产折旧分别计入管理费用和制造费用。计入管理费用的部分，作为期间费用，从净利润中扣除，但并未发生实际现金支出，需要在调整时加回。计入制造费用的已变现部分，在计算净利润时通过销售成本予以扣除，但并未发生现金支出；计入制造费用中没有变现的部分，由于调节存货时已经扣除，但也不涉及现金支出，所以，调节时需要加回。本项目可根据"累计折旧"科目贷方发生额分析填列。

本例中，"累计折旧"贷方发生额为 150 000 元，两笔借方发生额不予考虑。

3. 无形资产摊销、长期待摊费用摊销

无形资产摊销、长期待摊费用摊销分别计入管理费用、营业费用或制造费用，其调整的原理与固定资产折旧相同。这两个项目可根据"无形资产""长期待摊费用"科目的贷方发生额填列。

本例中，根据"无形资产"和"长期待摊费用"贷方发生额加回 160 000 元。

4. 处置固定资产、无形资产和其他长期资产的损益

处置固定资产、无形资产和其他长期资产的损益，属于投资活动产生的损益，所以在调节时应当扣除。如为损失，应当加回；如为收益，予以扣除。本项目可根据"资产处置损益""其他业务收入""其他业务支出"等科目所属有关明细科目填列。

本例中，固定资产产生 50 000 元的处置收益，应予扣除。

5. 固定资产报废损失

固定资产报废损失，属于投资活动产生的损益，所以，在调节时应当扣除。如为损失，应当加回；如为收益，予以扣除。本项目可根据"资产处置损益""其他业务支出"等科目所属有关明细科目填列。

本例中，共发生固定资产报废损失 19 700 元。

6. 公允价值变动损益

计入当期净利润的公允价值变动损益反映的是企业持有资产未实现的收益，因此，并未带来实际的现金流量，在调节时要从净利润中扣除，如为损失，则予以加回。

本例中，共发生交易性金融资产公允价值变动收益 45 000 元，应予扣除。

7. 财务费用

企业发生的财务费用，有些属于经营活动，属于经营活动已经支付现金的不用调整，没有支付现金的，由于已经从净利润中扣除，调整时需要加回（扣减没有收到的利息收入）；如果是属于投资或筹资活动的财务费用，如购买固定资产产生的汇兑损益及支付的利息，前者属于投资活动，后者属于筹资活动，为此，应将其从净利润中扣除。加计财务费用，减计财务收益。

本例中，发生一笔购建固定资产长期借款利息费用 50 000 元，加上一笔支付属于筹资活动的短期借款利息 2 500 元，共计 52 500 元。

8. 投资损益

投资损益属于投资活动产生的损益，所以在调节时应当扣除。如为损失，应当加回；如为收益，予以扣除。本项目可根据利润表中"投资收益"项目的数额填列。

本例中，共发生三笔投资收益，一笔按权益法核算长期股权投资增加的投资收益 300 000 元，

一笔是持有至到期投资的应计利息收入 25 000 元，一笔是购买交易性金融资产支付的交易费用 210 元。

9. 递延所得税资产

在纳税影响会计法下，递延所得税资产反映的是企业未来可抵扣应交所得税的金额，本期递延所得税资产的增加要从净利润中扣除，减少则要加回。

本例中，递延所得税资产借方发生额为 103 852.5 元，调节时应当扣除。

10. 递延所得税负债

在纳税影响会计法下，递延所得税负债反映的是企业未来应纳所得税的金额，本期递延所得税负债的减少要从净利润中扣除，增加则要加回。

本例中，递延所得税负债增加额为 61 075 元，减去直接计入资本公积的 37 325 元后，余额 23 750 元调节时要加回。

11. 存货

如果期末存货大于期初存货，说明当期购入的存货除耗用外，还剩余一部分，这部分存货发生了实际的现金支出，但计算净利润中，没有扣除，所以调节时应予以抵扣；反过来，如果期末存货小于期初存货，说明当期耗用的存货有一部分是期初存货，这部分存货并没有发生实际的现金支出，但计算净利润中已经扣除，所以，调节时应予以加回。当然，存货的增减变化还涉及应付项目，这一因素在下面的"经营性应付项目"中考虑。如果存货的增减变化是因投资引起的，则不予考虑。

本例中，期末存货比期初存货减少 476 000 元。

12. 经营性应收项目

经营性应收项目期末余额小于其期初余额，说明本期收回的金额大于利润表中所确认的收入，所以调节时需要加回；经营性应收项目期末余额大于其期初余额，说明本期收回的金额小于利润表中所确认的收入，所以调节时需要冲减。本项目可根据"应收账款""应收票据"和"其他应收款"中与经营活动有关的金额填列。注意，应收账款按原值（即不抵扣坏账准备）相互比较。

本例中，"应收账款""应收票据"和"其他应收款"期末与期初余额的差额为 1 475 000 元 [（2 121 000+0+5 000）-（600 000+46 000+5 000）]。

13. 经营性应付项目

经营性应付项目期末余额大于其期初余额，说明本期购入的存货中有一部分没有支付现金，但在计算净利润时因为销售成本包括在内，所以调节时需要加回；经营性应付项目期末余额小于其期初余额，说明本期支付的现金大于净利润表中所确认的销售成本，所以调节时需要扣除。本项目可根据"应付账款""应付票据""应付职工薪酬""应交税费"和"其他应收款"中与经营活动有关的金额填列。与经营活动无关的应付项目金额要从相应的应付项目中扣减，本期应付职工薪酬中属于在建工程部门计提的社保基金不属于经营性应付项目，应予调整。

本例中，"应付账款""应付职工薪酬""应付票据""应交税费"和"其他应付款""预计负债"等项目期末与期初余额的差额为 247 986.75 元 [（953 800+404 000+96 000-56 000+295 930.75）-（953 800+100 000+180 000+211 944）]。

根据上述计算，编制现金流量表附注补充资料（见表 19-2）。

思 考 题

1. 编制现金流量表的主要目的是什么？它能提供哪些信息?

2. 指出经营活动、投资活动、筹资活动的差别。

3. 比较直接法和间接法。

4. 为什么一定要将净利润按间接法调整为经营活动提供的净现金流量？两者间的差异能说明什么问题？

5. 非现金的筹资与投资活动对企业的现金流量并不产生影响，为何要列入现金流量表的附表中？

6. 现金等价物必须具备哪几个基本条件？为什么？

7. 简要说明现金流量表的编制程序。

8. 指出下列项目分别是什么会计科目？其中哪些是现金及现金等价物？

（1）旅行支票；

（2）某公司普通股；

（3）已持有的3年期将在3个月内到期的国库券；

（4）牡丹卡存款；

（5）被银行拒付的客户支票；

（6）邮票；

（7）购买的3个月内到期的国库券；

（8）3个月定期存单；

（9）银行承兑汇票；

（10）银行汇票；

（11）信用证存款；

（12）活期存款；

（13）偿债基金；

（14）购入准备随时出售的股票。

9. 指出下列项目分别属于（1）经营活动；（2）投资活动；（3）筹资活动；（4）重大的非现金投资与筹资活动。

a. 购买设备　　　　b. 偿还债券　　　　c. 销售房产

d. 付现购买原材料　e. 以设备换家具　　f. 发行股票

g. 从顾客手中收回现金 h. 购买库藏股　　i. 发行债券用于购买土地

j. 支付股利　　　　k. 支付员工工资　　l. 以现金支付经营费用

练 习 题

资料：同第十七章练习题。

要求：

（1）编制调整分录；

（2）编制现金流量表工作底稿；

（3）编制现金流量表。

案例分析：现金净流量表——欧亚农业和万福生科[①]

第二十章

财务报告的充分披露

本章要点

- 披露与确认的关系
- 财务报表附注的形式和内容
- 报表重要项目的说明
- 关联方关系及交易
- 管理当局讨论与分析

章首故事

真实陈述，及时披露

北海银河股份有限公司（简称北海银河，股票代码000806）1998年在深圳证券交易所上市。1999年6月29日，因其股票连续三天涨停进行了公告，声明公司近期内无应披露未披露的内容。7月20日，北海银河向交易所报送了公司董事会决议公告，主要内容为：公司董事会就投资4500万元与南宁广播电视局有限电视台合作建设与经营"南宁有线电视综合信息网"项目形成了决议。次日，公司对外进行了公告。

交易所审查后发现，该公司早在1999年6月3日就与南宁广播电视局有线电视台签订了合作协议，而6月29日的股票异常波动并未如实陈述该重大事项，自签约后（6月4日）至实际公告日（7月21日），公司股价上涨100%以上。交易所认为北海银河信息披露存在以下问题。

（1）公司董事会在6月29日的公告中存在虚假陈述行为。

（2）公司董事会没有及时履行重大事件披露义务。公司于6月3日签订的协议涉及的投资金额超过公司1998年底净资产的10%，根据上市规则7.4.1条的规定，公司应于签订协议后两个工作日向交易所报告并公告，但公司直至7月21日才进行公告。

（3）公司运作不规范。公司董事会于7月19日召开董事会，审议通过该投资方案，而有关合作协议却早于6月3日签订，第一笔款项已于6月30日付出。先签订合同且已投资，再提交董事会审议，不符合有关法规及公司章程的规定。

最后，深圳证券交易所对北海银河此次信息披露问题进行了通报批评。

会计的首要目标是向有关的信息使用者及时提供既可靠又相关的财务信息，以便信息使用者做出正确的投资、贷款及相关决策。而财务报告是企业向外部信息使用者提供企业财务信息的基本途径。在前面章节中，我们已经讲述了会计报告最核心的内容——会计报表。本章主要阐述的是财务报告的其他两个重要内容：会计报表附注和其他财务报告。我们先从披露的基本概念、披露的形式以及相关规定开始；然后讨论财务报表附注的基本类型和附注的主要内容；最后论述其他财务报告的形式和内容。

第一节 | 披露的基本概念、形式及相关规定

一、披露的基本概念、形式与原则

财务报告是用来揭示（presentation）一个企业基本财务信息的，其中既包括定量的信息（以报表或报表附注的形式出现），也包括定性的信息（以报表附注和补充信息，以及其他财务报告形式出现）。在财务报表中反映一个企业基本财务信息的过程可称之为确认（recognition）和计量（measurement），在报表附注及其他财务报告中反映一个企业的基本财务信息称之为披露（disclosure）。在我国《企业会计准则》中，每一项与会计要素有关的具体会计准则主要包括四个部分的内容：首先是总则，即对该准则的基本定义和适用范围进行说明，然后是确认（包括再确认）和计量（包括后续计量），最后是披露。下面对确认、计量和披露的关系做进一步的说明。

首先，财务报表是财务报告的中心部分，是向企业外界传递会计信息的主要手段。在对外通用财务报告中，财务报表是由一系列指标的货币金额组成的表述，以反映企业某个时点的财务状况，或在一段期间内财务状况的一种或多种变动的会计记录。财务报表确认的项目，是企业的一定资源（资产）对这些资源的要求权（负债与业主权）以及引起这些资源和要求权变动的交易、其他事项或环境资产的财务表现。一个企业的财务报表是由来自相同数据并在本质上关联的一系列报表所组成的。

把某个符合可定义性、可计量性、可靠性和相关性的项目作为资产、负债、收入、费用等正式加以记录或列入某一主体财务报表的过程就是确认和计量。确认和计量包括同时用文字和数字描述一个项目，其数额包括在财务报表上的各个总计数之中，就资产或负债而言，确认和计量不仅要记录一个项目的取得或发生，而且要记录它的随后变化（包括那些未列入财务报表的变动）。由于财务报表的局限性，有些信息则要由或只能由报表附注、辅助资料或财务报告的其他手段提供。

（1）以报表附注或报表上括号加注形式揭示的信息，诸如重要的会计政策或对资产、负债项目的其他计量结果，是对确认于财务报表上信息的补充或解释。

（2）补充信息（如按 FAS89 关于价格影响的揭示）和财务报告的其他手段（如管理当局的讨论和分析），可以补充财务报表和报表附注所提供的信息，包括某些相关的但不符合全部确认标准的信息。

美国第 5 号概念公告对财务报告提供的信息做了如下分类：第一、第二类信息是确认和计量于财务报表中的基本信息，包括财务报表的注释；第三类信息为属于公认会计准则规范范畴内的辅助信息和补充资料；第四类信息为以财务报表其他手段提供的信息。以上四类信息是由公认会计准则和美国证券交易委员会（SEC）的相关制度规范并要求公司强制提供和披露的信息。第五类是公司自愿提供和披露的其他信息，以利于信息使用者更客观、全面地分析和评价公司的状况和业绩。

由上可见，财务报告、财务报表、确认计量与披露的关系，可用图 20-1 表示。确认和计量是指同时用文字和数据描述一个项目并将其数额包括在财务报表上的各个总计数之中，通常，关于资产、负债、收入、费用和财务报表其他项目及其计量的最有用信息（即相关性与可靠性最佳组合的信息）必须确认于财务报表中。财务报表附注和财务报告的其他手段则是披露

而不是确认。对于按公认会计准则和 SEC 的要求需要在财务报告中确认和披露的内容，属于强制揭示范畴；而对于在公认会计准则和 SEC 的相关规定中没有明确要求的，则是公司自愿揭示的范畴。

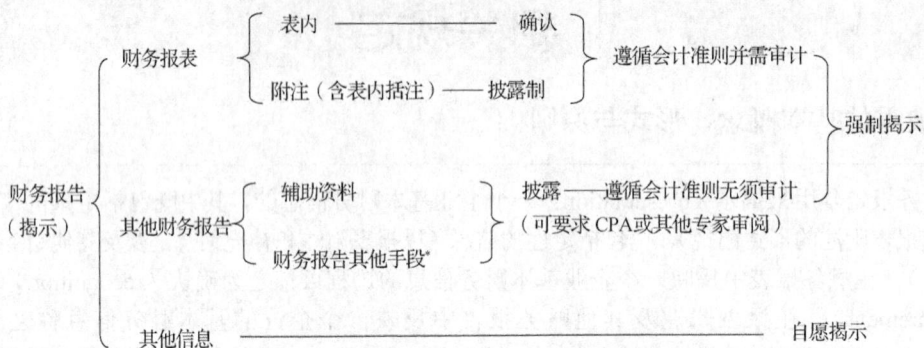

注：其他财务报告中有一部分是属于自愿披露的范畴，具体视各国规定而定

图 20-1　财务报告与财务报表、确认与披露的关系

第二章在讨论概念框架时，曾经提出披露的基本原则：一个企业在决定报告什么信息时，一般要遵循充分披露的原则，即提供那些足以影响有识的使用者判断和决策的信息。而要做到这一条必须兼顾两点：一点是信息足够详细充分；另一点必须足够简练、可理解，并尽量减少编制成本。

二、披露的体系及相关规定

严格来讲，在我国股市建立以前，我国财务报告只有会计报表、会计确认而无其他财务报告形式和会计披露，即使是会计报表附注，也只有几个非常简单的指标。随着我国现代企业制度的改革，股票交易市场的建立，会计信息披露也要求越来越充分、全面和严格，相关的会计法规和制度对会计披露的要求逐步形成一个完整的体系。这一体系主要由《企业会计准则——基本准则》、有关披露的具体准则（如《企业会计准则第 30 号——财务报表列报》《企业会计准则第 31 号——现金流量表》《企业会计准则第 32 号——中期财务报告》等）和具体准则中的披露部分及中国证券监督管理委员会（以下简称证监会）信息披露内容与格式准则（专门针对上市公司）等组成。大体上，我国营利企业的披露分为三个层次：一是小企业会计信息的披露，其披露要求由《小企业会计准则》来规范；二是一般企业的会计信息披露，主要由《企业会计准则》来规范；三是上市公司信息披露，主要由《企业会计准则》和中国证监会颁布的有关信息披露规则来规范。在这三个层次中，对会计披露要求最完善、最严格的是上市公司。

自 1990 年和 1991 年上海和深圳两地建立证券交易所以来，我国先后颁布了一系列关于会计信息披露的法规，从而形成了我国证券市场会计信息披露的基本框架，如《证券法》《公司法》《股票发行与交易管理暂行条例》《上市公司信息披露管理办法》《公开发行证券的公司信息披露的内容与格式准则》等。对于公开发行股票的公司，从其股票进入一级市场（发行市场），再进入二级市场（流通市场），进而在上市以后的运作过程中，都必须按照上述有关规定的要求披露相关的会计信息，这一基本的披露体系的详细介绍请参见本系列教材《高级财务会计》的有关内容。

应该说，在会计信息披露方面，美国的相关规定是最完善的。在美国，除了《证券法》《证券交易法》等对公开发行股票公司必须披露的会计信息做了原则性规定之外，有关会计信息披露中的具体内容、格式、技术处理等，均通过证券交易委员会颁布专业性规范文件加以管束，从而形成了 FASB 制定相关确认和计量的规则，而 SEC 则负责颁布上市公司信息披露的相关规定。

以下主要讨论会计披露的基本形式、报表附注和其他财务报告。

第二节　财务报表附注

一、财务报表附注的定义与形式

（一）财务报表附注①的定义

财务报表附注，是以括号或脚注等形式对基本报表的信息进行进一步的说明、补充或解释，以便使用者更好地理解或使用报表信息。《企业会计准则第 30 号——财务报表列报》将附注定义为："是对在资产负债表、利润表、现金流量表和所有者权益变动表等报表中列示项目的文字描述或明细资料，以及对未能在这些报表中列示项目的说明等。"作为财务报表的一个不可分割的部分，附注可以提供一些必要的定性信息，揭示报表项目的性质或有关的限制，列出报表中更详细的信息，对一些特殊项目、非常项目等进行必要的交代。总之，通过报表附注，使会计信息具有可比性、可理解性，报表信息使用者对于一些重大项目，可以更深入地进行了解。当然，尽管附注与基本报表共同构成财务报表的一个整体，但是附注中的定量与定性说明却不能用来更正表内的错误，也不能代替报表中的正常分类、计价与描述，或者与正文发生冲突。

财务报表附注的形式和内容

（二）财务报表附注的形式

会计实务中，财务报表附注主要以旁注（即括号说明）、底注以及补充报表的形式出现。

旁注，指在财务报表的有关项目旁直接用括号加注说明。旁注是最简单的报表注释方法。一般来说，旁注可揭示的信息包括：（1）某会计报表项目所采用的特定会计方法或计价基础，如在短期投资后注明（按市价法）；（2）说明某个项目的性质，如在某项资产后注明（已抵押）或在某项负债后括注（有优先求偿权）；（3）列示某个项目的构成，如股本后的括注（流通在外×××股，每股面值 1 元）；（4）按备选计价方法确定的某一项目的金额，如在存货的历史成本后用括号说明其现行市价；（5）提示，提醒使用者参见其他部分的说明。

底注，指在财务报表后用文字和数字所进行的补充说明。底注所包括的内容有：（1）会计报表编制基础等方面的定性性质，如会计政策及其变更；（2）非常项目及重大项目的详述；（3）或有事项及期后事项的说明等。

补充报表的实质是底注的另一种形式，它主要是以表格的形式做的一种定量的说明。

我国现行的附注形式主要是尾注。根据《企业会计准则第 30 号——财务报表列报》的规定，会计报表附注至少要披露以下内容：（1）企业的基本情况；（2）财务报表的编制基础；（3）遵循企业会计准则的声明；（4）重要会计政策和会计估计；（5）会计政策和会计估计变更以及差错更正的说明；（6）报表重要项目的说明；（7）或有和承诺事项，资产负债日后非调整事项，关联方关系及其交易等需要说明的事项；（8）有助于财务报表使用者评价企业管理体系的目标、

---

① 1995 年 12 月，中国证监会发布了对《信息披露的内容和格式准则第 2 号——年度报告的内容与格式》的第一次修订稿，以附件形式颁布了《财务报表附注指引》，1999 年 12 月，证监会对年度准则进行修订时将其名称改为现在的《公开发行股票公司信息披露的内容和格式准则第 2 号——年度报告的内容与格式》。2001 年 12 月在对 1999 年的年度准则进行修订时，取消了《财务报表附注指引》，同时指出，会计报表附注应当按照《企业会计准则》和证监会发布的其他相关规定编制。

政策及程序的信息。此外，企业还需披露其他综合收益的信息、终止经营相关的信息、股利宣布及发放的相关信息。

下面就我国现行附注的基本内容逐一进行论述。

二、企业基本情况与财务报表的编制基础

（一）企业基本情况

主要是对企业基本情况的说明，包括企业注册地、组织形式和总部地址，企业的业务性质和主要经营活动，母公司以及集团最终母公司的名称，财务报告的批准者和财务报告批准报出日。

（二）财务报表的编制基础

主要是指企业编制财务报表时应遵循的基本原则。这些原则主要包括以下几个方面。

（1）适用性原则。即确定的会计政策必须适应本公司的性质、规模及行业特点、发展阶段和管理水平等若干理财环境。

（2）公认性原则。即选定的会计政策必须与公认会计准则相符合。

（3）一致性原则。为保证会计信息的可比性，选定的会计政策，前后各期应尽量保持一致，不得随意变更。如按规定变更会计政策时，必须在会计报表中予以披露。

（4）重要性原则。对事关全局的会计原则和处理方法，必须做出明确的、无弹性的规定；对特殊核算业务或对会计核算无重大影响的会计业务则只做原则性规定。

（5）谨慎性原则。会计政策的选定要充分体现企业经营活动的不确定性和风险性，有利于提高企业抵御经营风险的能力。

（三）遵循《企业会计准则》的声明

为了保证企业会计信息的真实与完整，要求企业相关负责人（包括企业法人——董事长、总经理或企业财务负责人）提供声明，确保会计信息的真实与完整。

三、会计政策、会计估计及其变更与会计差错的说明

会计政策是企业编制财务报表时所采用的原则、基础、惯例、规则、方法和程序的总称。在现行会计实务中，同一项经济业务或事项往往有多种备选的处理程序，当企业在多种方法中进行不同的选择时，会使财务报表失去可比性，不便于使用者理解。因此，有必要要求企业对所采用的会计政策进行说明，以增进使用者对会计报表的理解。另外，虽然一致性原则要求企业在前后各期所采用的会计政策和会计估计尽可能保持连贯性，但由于主客观因素的影响，企业会计政策的使用仍然可能发生变化，这种会计政策的变更包括会计方法、程序和估计的变化。这些变动所带来的影响以及变动的原因都必须在报表附注中予以说明，以使各期会计信息具有可比性。

根据《企业会计准则第 30 号——财务报表列报》的要求，企业应当披露所采用的重要会计政策，并结合企业的具体实际披露其重要会计政策的确定依据和财务报表项目的计量基础。其中，会计政策确定的依据主要是指企业在运用会计政策过程中所做的重要判断，这些判断对在报表中确认的项目金额具有重要影响。企业应当披露的重要会计政策可参考我国《公开发行股票公司信息披露的内容与格式准则第 2 号〈年度报告的内容与格式〉》要求上市公司在年度报表中披露的主要会计政策。同时，按第 30 号准则的要求，企业应当披露重要的会计估计，并结合企业的具体实际披露其会计估计所采用的关键假设和不确定因素。最后，企业要按第 28 号准则的规定，披露会计政策和会计估计以及差错更正的情况。

四、重要项目的详细说明

由于使用者对财务报表信息详简程度的要求不同，以高度概括形式表现的报表正文信息往往难以满足不同信息使用者的需要。为了解决这一问题，报表的一些重要项目则在附注中（这些说明有些以底注叙述的形式，有些则以底注表格的形式）出现。这些项目主要包括应收账款、存货、固定资产、在建工程、无形资产和其他资产等。报表重要项目的明细金额合计，应当与报表项目金额相衔接。

另外，按第 30 号准则的规定，企业还需在附注中将费用按性质进行分类披露，即将费用分类为耗用的原材料、人工费用、折旧费用、摊销费用等。

其次，要对终止经营的收入、费用、利润总额、所得税费用和净利润的相关数据进行披露。这里的终止经营是指满足下列条件之一的已被企业处置或被企业归为持有待售的、在经营和编制报表时能够单独区分的组成部分：（1）该组成部分代表一项独立的主要业务或一个主要经营地区；（2）该组成部分是拟对一项独立的主要业务或一个主要经营地区进行处置计划的一部分；（3）该组成部分仅仅是为了再出售而取得的子公司。

最后，是对其他综合收益各项目的信息披露，包括：（1）其他综合收益各项目及其所得税影响；（2）其他综合收益各项目原计入其他综合收益、当期转出计入当期损益的金额；（3）其他综合收益各项目的期初和期末余额及其调节情况。上述（1）和（2）的具体披露格式如表 20-1 所示，（3）的具体披露参如表 20-2 所示。

表 20-1　　　　　　　　　　其他综合收益各项目及其所得税影响和转入损益情况

项目	本期发生额			上期发生额		
一、不能重分类进损益的其他综合收益						
1. 重新计量设定受益计划变动额						
2. 权益法下不能转换损益的其他综合收益						
二、将重分类进损益的其他综合收益						
1. 权益法下可转换损益的其他综合收益						
减：前期计入其他综合收益当期转入损益						
小计						
2. 其他债权投资公允价值变动损益						
减：前期计入其他综合收益当期转入损益						
小计						
3. 金融资产重分类计入其他综合收益的金额						
减：前期计入其他综合收益当期转入损益						
小计						
4. 现金流量套期损益的有效部分						
减：前期计入其他综合收益当期转入损益						
小计						
5. 外币财务报表折算差额						
减：前期计入其他综合收益当期转入损益						
小计						
……						
三、其他综合收益合计						

表 20-2　　　　　　　　　　　　其他综合收益各项目调节情况

	重新计量设定受益计划变动额	权益法下不能转损益的其他综合收益	权益法下可转损益的其他综合收益	其他债权投资公允价值变动损益	金融资产重分类计入其他综合收益的金额	现金流量套期损益的有效部分	外币财务报表折算差额	……	其他综合收益合计
一、上年年初余额									
本年增减变动额（减少以负号列示）									
三、本年年初余额									
四、本年增减变动额（减少以负号列示）									
五、本年年末余额									

五、或有事项与资产负债表日后事项

（一）或有事项

或有事项是指过去的交易或者事项形成的，其结果须由某些未来事项的发生或不发生予以决定的不确定事项。或有事项（主要是或有负债）根据其发生的可能性的大小以及其金额能否合理估计，存在三种处理方式：确认入账、注释披露和不予反映。

在我国《企业会计准则第 13 号——或有事项》第十四条和第十五条中，对三类或有事项的披露做了明确的规定，这三类事项分别是预计负债、或有负债和或有资产，具体披露内容请参见第十章的说明。

（二）资产负债表日后事项

资产负债表日后事项，也称期后事项，是指资产负债表日至财务报告批准报出日之间发生的有利或不利事项。这类事项可分为调整事项和非调整事项。所谓调整事项，是指对资产负债表日已存在的情况提供了新的或进一步证据的事项。例如，已证实资产发生了减损、销售退回、已确定获得或支付的赔偿、利润分配等；非调整事项是指资产负债表日以后才发生或存在的事项，这类事项如不加以说明，将会影响财务报告使用者做出正确估计和决策，这类事项有股票和债券的发行、对一个企业的巨额投资、自然灾害导致的资产损失、外汇汇率发生较大的变动等。

按照我国《企业会计准则第 29 号——资产负债表日后事项》的规定，对于调整事项，要进行相关的账务处理（其会计处理类似会计政策变更的调整，请参见第十七章），同时调整资产负债表日已编制的会计报表，并于表下进行附注说明。对于重要的非调整事项，要在报表附注中予以披露。披露的内容包括：说明该事项的内容，估计对财务状况、经营成果的影响；如无法做出估计，应说明原因。此外，资产负债表日后事项中，企业提议或宣布发放的股利和每股股利的金额应附注说明。

六、关联方关系及其交易

关联方关系及关联方交易的披露，是为了防止内幕交易，增强信息透明度的一个基本措施。下面首先界定关联方与关联方交易，然后再讨论关联方与关联方交易的披露内容。关联方与关联方交易的披露主要由《企业会计准则第 36 号——关联方披露》来规范。

（一）关联方关系及关联方交易的认定

一方控制、共同控制另一方或对另一方施加重大影响，以及两方或两方以上同受一方控制、共同控制或重大影响的构成关联方。

根据《企业会计准则第 36 号——关联方披露》第四条的规定，下列各方构成企业的关联方：

（1）该企业的母公司；

（2）该企业的子公司；

（3）与该企业受同一母公司控制的其他企业；

（4）对该企业实施共同控制的投资方；

（5）对该企业实施重大影响的投资方；

（6）该企业的合营企业；

（7）该企业的联营企业；

（8）该企业的主要投资者个人及与其有密切关系的家庭成员；

（9）该企业或其母公司的关键管理人员及与其关系密切的家庭成员；

（10）该企业主要投资者个人、关键管理人员或与其关系密切的家庭成员控制、共同控制或施加重大影响的其他企业。

上述关联方中，主要投资者个人，是指能够控制、共同控制一个企业或者对企业施加重大影响的个人投资者。关键管理人员，是指有权力并负责计划、指挥和控制企业活动的人员。与主要投资者个人或关键管理人员关系密切的家庭成员，是指在处理与企业的交易时可能影响该个人或受该个人影响的家庭成员。

关联方交易通常包括：购买或销售商品及购买或销售商品以外的其他资产、提供或接受劳务、担保、提供资金（贷款或股权投资）、租赁、代理、研究与开发项目的转移、许可协议、代表企业或由企业代表另一方进行债务结算、关键管理人员薪酬。

（二）关联方关系及关联方交易的披露

企业无论是否发生关联方交易，均应在附注中披露与母公司和子公司有关的下列信息。

（1）母公司和子公司的名称。母公司不是该企业最终控制方的，还应披露最终控制方的名称。母公司与最终控制方均不对外提供财务报表的，还应当披露母公司之上与其最近的对外提供财务报表母公司的名称。

（2）母公司和子公司的业务性质、注册地、注册资本（或实收资本、股本）及其变化。

（3）母公司对该企业或者该企业对子公司持股比例和表决权比例。

企业与关联方发生关联方交易的，应当在报表附注中披露该关联方关系的性质、交易类型及交易要素。交易要素至少应当包括：

（1）交易的金额；

（2）未结算项目的金额、条款和条件，以及有关提供或取得担保的信息；

（3）未结算应收项目的坏账准备金额；

（4）定价政策。

注意，企业只有在提供确凿证据的情况下，才能披露关联方交易是公允的。关联方关系及关联方交易披露的具体格式请参见《企业会计准则第 36 号——关联方披露》应用指南第四条的规定。

七、非常项目与其他信息披露

非常项目指企业无力控制、并不常见、通常与营业活动没有直接联系的项目。非常项目一般应同时具备两个条件：一是性质特殊，企业无法控制的；二是偶然发生，不重复出现的。非常项目披露说明的目的，一是指出非常项目对企业经营带来的影响；二是通过剔除非常项目的影响，管理者的真实业绩能购得到正确的评价；三是使用者在消除非常项目的影响后，能更好地评估企业未来的盈利能力和净现金流入情况。对非常项目的披露包括对该事件的描述及其对企业经营活动的影响。

除了上述需要披露的项目外，只要对使用者有帮助的其他重要项目，企业也需要进行披露说明。

第三节　其他报告形式

其他财务报告同财务报表附注有两个比较明显的差别：首先，财务报表附注是财务报表的延伸，是对财务报表的补充和详细的说明；其次，财务报表附注的披露必须符合基本会计准则，并须经过审计，属于强制披露的范畴。反观其他财务报告所提供的信息，主要是企业为了增进使用者的理解而自愿提供的不受会计准则约束的信息，主要以文字叙述为主，以定量为辅；既有财务信息，也有非财务信息；既包括历史信息，也包括预测信息。本节重点介绍管理当局讨论与分析、财务预测报告、审计报告和意见和简化年度报表等。

其他报告形式

一、管理当局讨论与分析

管理当局讨论与分析（management's discussion and analysis，MD&A）的主要目的是通过管理者对企业经营短期和长期发展的认识和分析，使投资者更好地了解企业。由于管理者与企业关系密切，并能影响一个企业未来的发展，因此，管理者对企业的看法及未来的规划，不仅可以使投资者了解财务报表中有关数据的变化原因，而且可以预测管理者将如何引导企业的发展。管理当局讨论与分析的焦点集中在前瞻性信息的提供上，具体包括一个企业的变现能力、资本来源、经营成果和基本分析。

（1）变现能力。管理当局应说明已知的可能增强或削弱企业长期或短期变现能力的所有事项、契约或趋势。如果发现变现能力严重不足，管理当局应阐明将要采取的措施。管理当局还应详细分析所有可用于变现的资源，并对主要的流动资产项目进行评估。

（2）资本来源。管理当局应披露可能发生资本支出的合同，解释签订这些合同的目的以及为履行合同所做的资金安排。在资本来源方面，管理当局必须分析未来有利或不利的情形，包括资本结构的重大变动及相应的资本成本，着重说明举债筹资占企业筹资的比重和增减变动情况，以及资产负债表外的各种筹资安排。

（3）经营成果。管理当局应对企业利润做以下分析。首先，要说明企业重大的正常或非正常的交易事项以及它们对利润的影响，这种影响要从收入和费用两个方面进行分析。其次，要评述所有已知的可能对利润产生有利或不利影响的事项或趋势。再次，如果预计收入与成本将会发生重大变动，那么管理当局要披露这一变动。最后，如果销售收入增长迅速，就应分析其原因，是由于价格提高、销售量增长，还是由于新产品的引进。还有，如果物价变动对企业利润有重大影响，管理当局还应就此发表看法。

（4）基本分析。除了披露上述三个方面的信息外，管理当局还要提供一些前瞻性的信息，即使用者了解企业财务状况变动所必须掌握的信息，包括企业未来发展趋势、现有态势、事件和不确定性对预测的影响。前瞻性信息主要集中在对企业所面临的机会与风险，管理部门的计划以及前期预测的反馈情况等方面。

虽然管理当局讨论与分析方面的信息是非常有用的，但由于它属于自愿披露的范畴，没有一定的规范要求，又不经过审计，因此，这部分信息的披露还存在许多问题，如分析肤浅，讨论不够完整，主观性较强等。要提高其有用性，必须做到以下几个方面：（1）增加更多的前瞻性信息；（2）着重于风险分析；（3）经过注册会计师审计。

二、财务预测报告

近年来，投资者对信息披露的质量要求越来越高，信息披露的数量要求也越来越多，一个集中表现就是对企业未来的预测信息的要求。财务预测是指管理当局根据将来的经营环境以及将采取的行动对企业的财务状况、经营成果和现金流动所做的预测。

从英美等国家的情况来看，有关法规除了要求企业在招股说明书中披露有关的财务信息（如盈利预测）外，对定期报告则不做强制要求，更多地采取鼓励的方式或自愿的方式披露。我国也是如此，但我国规定，凡是公司在年度报告中提供新一年度盈利预测报告的，该报告必须经具有证券从业资格的注册会计师审阅并发表意见。美国证券交易委员会为了鼓励企业披露财务预测信息，于1979年提出了"避风港"规则（safe harbor rule），该规则规定，只要预测信息有合理的依据并且是诚实善意的，那么即使预测与实际存在着偏差，企业也不必承担责任。然而在实际中，这条规定对企业回避诉讼风险的作用并不大。企业避免不必要指控的最好办法是尽可能地提高预测的可靠性。很多国家要求财务预测信息必须经过注册会计师的审阅并发表意见，以示公正可靠。

我国两大交易所对业绩预告也做了相关规定。按照《上海证券交易所股票上市规则》的要求，对于年度报告，如果上市公司预计全年可能出现亏损、扭亏为盈、净利润较前一年度增长或下降50%以上（基数过小的除外）等三类情况，应当在当期会计年度结束后的1月31日前进行业绩预告。如果不存在上述三类情况，可以不进行年度业绩预告。对于半年报和季度报告，也没有作强制要求。公司如果已经汇总完成当期财务数据，但因为年报尚没有编制完成，可以先行对外披露业绩快报，但不是强制性披露的。深交所对主板的上市公司做了类似的规定，并对预告的时间做了具体的要求：1.一季度业绩预告：报告期当年的4月15日前；2.半年度业绩预告：报告期当年的7月15日前；3.三季度业绩预告：报告期当年的10月15日前；4.年度业绩预告：报告期次年的1月31日前。同时，鼓励上市公司在定期报告披露前，主动披露定期报告业绩快报。另外，深交所对中小板和创业板的业绩披露也进行了相应的规定。

三、审计报告和意见

审计报告在财务报告中的篇幅一般都不大，但是由于它有助于使用者判断企业财务报告的真实性，因此，审计报告显得至关重要。也正是基于这一理由，在国内外上市公司的年度报告中，审计报告往往放在财务报表之前。审计师（即注册会计师，本章中两者通用）在审计过程中，应根据公认审计原则对公司的会计政策、会计记录及财务报告进行审计，并根据审查结果，就财务报表在是否遵守会计制度（或会计准则）方面发表意见。审计师出具的审计报告一般包括以下内容：（1）财务报表的编制是否遵守了会计准则（或其他会计规范）；（2）财务报表的披露是否充分，如果不是，应加以说明；（3）说明在前期发生而在本期未发生的情况；（4）应表述对财务报表的整体意见，或者解释不能对财务报表发表整体意见的原因。在通常情况下，审计师可能出具的四种基本类型的审计报告是：无保留意见、保留意见、否定意见和无法表示意见。

绝大多数情况下，当企业按照会计准则公允地反映了企业的财务状况、经营成果和现金流量情况时，审计师会出具无保留意见。但要注意，在出现下列情况时，审计师即使出具了无保留意见，也需要在审计报告中增加解释段，这些情况是：不确定性事项、重大事项或会计政策使用缺乏一贯性等。解释段分强调事项段和其他事项段。

强调事项段是指该事项已在财务报表中恰当列报或披露的事项，根据注册会计师的职业判断，该事项对财务报表使用者理解财务报表至关重要。增加强调事项段是为了提醒财务报表使用者关注某些事项，并不影响注册会计师的审计意见。

其他事项段是指该事项未在财务报表中列报或披露的事项，根据注册会计师的职业判断，该事项与财务报表使用者理解审计工作、注册会计师的责任或审计报告相关。

自 2016 年开始，审计意见中出现关键审计事项的说明，在第七章中，我们提到在 2017 年，中国人寿（601628）公司年报的审计意见中，公司审计师对公司金融资产的公允价值作为关键事项呈现出来，提示报表使用者注意其风险。

当审计师发现被审查企业的个别项目的真实性难以辨别，或者失实，或者其处理方法不符合有关规定时，对这些个别项目应出具保留意见。

当审计师发现被审公司财务报表在许多方面都不能恰当地反映实际情况，出具保留意见也不恰当时，就要发表反对意见。

当审计师审计过程中，由于被审公司的限制使得多数项目取证无法进行，实施审计程序无法顺利开展而难以最终提供审计报告时，应出具拒绝表示意见的审计报告，或放弃发表意见。

我国《公开发行股票公司信息披露的内容与格式准则第 2 号〈年度报告的内容与格式〉》规定，如果注册会计师出具的审计意见为无保留意见，且在审计报告中无其他说明，则在年度报告摘要中可不刊登全文，但应明确陈述注册会计师出具"无保留意见的审计报告"字样；若为保留意见或带解释性说明的审计报告，则应全文刊登。

表 20-3 为 2017 年中国 A 股上市公司年报审计意见统计表。

表 20-3　　　　　　2017 年中国 A 股上市公司年报审计意见统计表

审计意见	公司家数	公司举例
标准无保留意见	3 369 家	万科、神州高铁
带强调事项段的无保留意见	68 家	一汽夏利、天津磁卡
保留意见	34 家	獐子岛、云投生态
无法表示意见	17 家	天马股份、乐视网
否定意见	—	—

注：（1）2 000 年以后，A 股上市公司没有出现"否定意见"的年度审计报告；
（2）资料来源：CSMAR 数据库，统计时间截至 2018 年 5 月 13 日。

四、简化年度报告

首先，由于企业所面临的环境日益复杂，许多特殊业务大量出现，如衍生工具、租赁、企业合并、养老金等，同时，随着市场变化的加速，企业面临的风险日益增加，不确定性因素及事项也日益增多，因此，为了增进使用者对企业经营状况的了解，报表以外的附注也越来越多，以用来说明这些特殊业务、或有事项等的性质和对企业未来的影响。其次，随着企业兼并浪潮不断袭来，企业规模变得越来越大，经营范围也越来越广，分部报告、关联方及关联方交易的披露随即产生。再次，随着投资者对信息及时性的需求，中期报告也应运而生。总之，企业目前公布的会计报告已经存在信息过量的问题，从而造成信息拥有者对会计报告特别是年度报告阅读的困难。为了提高年度报告的可阅读性，国外一些企业开始编制简化年度报告，它是摘录传统年度报告的一些主要信息并经过高度浓缩后形成的，省略了年度报告内的许多财务信息。与年度报告相比，简化年度报告的内容比较简单、说明简短、项目集中、图表较少，阅读起来清楚、简单、扼要、明确，能够使使用者对企业经营状况有一个概括的了解。

目前，在国外的会计实务中，简化年度报告只能算是一个补充报告，不能代替公认会计原则要求编制的年度报告。公司发布简化年度报告时，呈送给股东的资料中还必须包括一套经过全面审计的报表和其他需要披露的财务信息。我国《公开发行证券的公司信息披露的内容与格式准则第 2 号〈年度报告的内容与格式〉》对上市公司也提出了类似的要求，公司除了编制年度报告外，还要在中国证监会指定的全国性报刊上刊登年度报告摘要，这样做有利于使用者从简化年度报告中选择重点，再从年度报告正本中了解他们所需要的主要信息。

按照我国的有关规定，上市公司年度报告主要包括公司简介和主要财务指标、公司业务概要、经营情况讨论与分析、重大事项、股份及股份变动与股东情况、董监事与管理层及员工情况、公司治理、公司债券情况、财务报告等内容。而在《企业会计准则第 30 号——财务报表列报》中，规定财务报告至少应当由资产负债表、利润表、现金流量表、所有者权益变动表和会计报表附注等组成。上述条例、准则对财务报告内容的规定都存在一定程度的差异，这也表明，不同的企业类型，在会计信息的披露程度和要求上是不一致的。

五、财务报告的改革趋势

随着知识经济的到来，以及人们对环境保护、社会责任意识的加强，许多企业都意识到，企业的成功不单是靠盈利的高低，还要看企业的社会责任感及公众的评价，以及企业所拥有的人力资源。因此，企业在财务报告中对社会责任、人力资源的信息披露也成为投资者关注的焦点。社会责任报告的主要内容包括教育、医疗卫生、公益事业、职工的就业与劳动保护、资源环境的保护以及城市的改造与开发等。职工报告的内容包括职工人数、年龄结构、文化教育程度、工资报酬、工作条件、职工的就业与培养等。这些信息地提供尽管目前仍处于发展阶段，但已有不少企业在其年度报告中披露这些信息。由于上述信息很难用一个统一的计量单位进行计量，尤其是难以用货币单位计量，要使这些内容真正成为财务报告的一个基本内容，还有待时日。因此，在实务中，企业主要还是通过其他财务报告或以单独的报告形式来对外进行相关社会责任及人力资源等方面内容的披露。

另外，随着我国加入 WTO，大量跨国公司的进入，也使得我国市场竞争日趋激烈，企业所面临的风险也越来越大，为了充分反映企业所面临的风险和机会，要求企业在财务报告中进行更全面的披露。1995 年，美国注册会计师协会在一份题为《论改进企业报告》中提出了要加大企业对非财务数据、前瞻性信息、高层管理人员和企业战略等方面信息的披露，将现行的以财务信息为主的报告模型扩充为按"企业报告"（business reporting）为基准的报告模型，其内容主要包括 5 个大类 10 个要素（见表 20-4）。这一报告为改进我国财务报告的质量提供了很好的方向。

表20-4   企业报告模型的基本内容

1. 财务数据与非财务数据
- 会计报表及相关信息
- 管理部门用来管理企业的高层次经营数据和业绩评价指标
2. 管理部门对财务和非财务数据的分析
- 有关财务、经营、业绩的数据发生变化的原因，关键趋势的特征及其对过去的影响
3. 前瞻性信息
- 机会和风险，包括关键趋势所引起的机会和风险
- 管理部门的计划，包括影响成功的重要因素
- 实际经营业绩与以前披露的机会、风险、管理部门的计划进行比较
4. 有关管理部门和股东的信息
- 董事、管理部门、酬金、大股东、关联方关系及交易
5. 公司背景
- 广泛的目标和战略
- 经营活动和财产的范围及内容
- 产业结构对企业的影响

与本章存在密切关系的分部报告和中期财务报告在本系列教材《高级财务会计》"上市公司信息披露"一章中讲述。

思 考 题

1. 说明财务报告与财务报表、确认与披露之间的关系。
2. 描述目前我国营利企业会计信息的三个层次。
3. 报表附注的类型有哪些？在附注中报告的主要内容是什么？
4. 目前我国企业会计信息的披露主要由哪些制度进行规范，这些制度之间的区别是什么？
5. 企业如何制定自己的会计制度？它与企业会计准则的区别是什么？
6. 什么样的会计政策要求披露？
7. 何谓重要事项？一个项目是否对每个企业都是重要的？
8. 或有事项需要重点披露哪些方面的信息？
9. 为何要披露关联方关系及其交易？
10. 管理当局讨论与分析披露的内容及特点是什么？作为一个信息使用者如何分析与使用管理当局的讨论与分析报告，使用时要注意哪些问题？
11. 在我国上市公司中，财务预测报告同企业实际业绩存在很大的差距，财务预测报告到底有多大作用？你是如何看待财务预测报告有用性这一问题的？
12. 什么是充分披露原则？为什么现在要求企业披露的内容越来越多？这种趋势一定对信息使用者有用吗？
13. 审计报告中出具的审计意见有哪些？请说明哪些因素使2005—2006年我国上市公司审计报告中被出具非标审计意见（保留意见、否定意见和无法表示意见）的现象越来越少，这是一种好的现象吗？

案例分析：审计意见——万福生科①

---

① 本书每章后所增加的案例分析请参见本系列教材中配套出版的《会计教学案例》一书，后同。